희망의 도시

서울연구원 엮음

최병두, 강내희, 조정환, 김용창, 신현방, 곽노완, 박배균,
정현주, 장세룡, 조명래, 정병순, 박세훈, 돈 미첼 지음

| 특별 대담: 박원순, 데이비드 하비 |

한울
아카데미

이 도서의 국립중앙도서관 출판예정도서목록(CIP)은 서지정보유통지원시스템 홈페이지(http://seoji.nl.go.kr)와 국가
자료공동목록시스템(http://www.nl.go.kr/kolisnet)에서 이용하실 수 있습니다.
(CIP제어번호 : CIP2017003147)

책을 펴내며

200여 년에 달하는 자본주의 역사는 시장경제가 확대·재생산되는 가운데 국가의 역할이 증대되고 이를 뒷받침하는 행정체제가 고도화되는 모습을 보였다. 20세기 중반 자본주의 황금기와 복지국가의 출현이 이러한 역사를 대변하는 것으로, 도시와 지역은 국가경제 및 정치행정의 한 부분을 담당하면서 자본주의 사회 속에 체계적으로 통합되는 면모를 보였다. 국가 대 도시를 중심으로 이러한 구조가 형성되면서 도시사회의 변화와 발전이 궁극적으로 국가의 경제사회적 변화와 발전에 의존하도록 만들었다.

20세기 후반 도래한 선진 자본주의 경제의 침체, 그리고 이와 병행되었던 '경제의 세계화'는 기존의 경제적·정치행정적 질서에 근본적 변화를 초래했다. 그 가운데 괄목할 만한 현상은 저명한 정치이론가인 벤저민 바버(B. Barber)가 최근에 피력한 바 있는, 이른바 '지는 국가와 뜨는 도시'이리라. 그가 주장한 내용의 핵심은 "한때 국민국가는 국민의 자유와 독립을 실현시키는 완벽한 정치적 해결 방안이었으나 상호의존성의 세상에서는 전혀 맞지 않게 되었다. 오늘날 전 지구화가 진행되고 있는 세계에서 인류의 서식지로서 도시가 다시 민주주의의 최고 희망"으로 부상했다는 것이다. 이러한 인식이 타당하다면, 이전 시대와 다르게 국가의 발전은 모름지기 도시와 지역의 발전에 깊이 의존할 수밖에 없다. 아울러 변화하는 시대에 도시의 지속가능한 발전을 향한 다양한 담론과 실천의 모색이 도시의 발전은 말할 것도 없고 국가 발전을 위해서도 중차

대한 과제가 될 것임에 틀림없다.

도시사회를 무대로 글로벌하게 전개되는 이 같은 시대사적 여건을 염두에 두고, 이제 시선을 내부로 돌려보자. 한국사회의 도시에서는 자본주의도시라는 일반적 성격에 더해 서구의 성숙한 도시와는 사뭇 다른 장면들이 출현하는데, 이 가운데 몇 가지는 도시 발전을 둘러싼 새로운 담론과 실천을 모색하는 데 매우 중요한 요소로 보인다.

우선 20세기 후반 역사적 국면에서 출현했던 도시의 장면으로, 이 시기 선진 자본주의도시들이 급격한 경제침체와 도시위기에 직면했다는 것은 이미 알려진 바와 같다. 한국의 도시들은 아이러니하게도 서구의 도시를 경제적 위기에 빠뜨렸던 산업의 구조조정 덕분에 급속한 성장과 번영을 경험했다. 선진국 경제를 떠받치던 주력 산업들이 사양화되면서 한국과 같은 저개발국으로 이전되는 글로벌 노동분업 속에 국가 주도로 경제발전전략을 추진한 것이 오늘날 한국의 도시들이 급속한 성장을 구가하게 된 주된 요인으로 지적된다. 한국의 도시가 200여 년의 자본주의 역사 속에 변화와 발전을 거듭해온 서구의 도시와는 다른 발전 경로와 모델을 보인다는 점은 향후 도시에 관한 담론과 실천을 모색하는 데서 일차적으로 고려되어야 할 '차별성의 장면'이다.

이러한 차별성의 장면과 함께 고려되어야 할 두 번째의 장면은 '유사성의 장면'이다. 잘 알려진 바와 같이 21세기를 전후해 출현한 두 차례의 글로벌 경제위기(1997년과 2008년)는 한국의 도시 여건을 질적으로 변화시킨 결정적인 요인이었다. 무엇보다도 글로벌 위기는 한국사회가 글로벌 경제 환경에 깊숙이 통합하는 계기로 작용했으며, 이 과정에서 도시경제의 부침이나 성쇠가 선진 대도시의 그것과 유사해지는 수렴 현상이 일어났다. 한국의 도시 또한 국가경제의 구조 변화 속에 고차 서비스산업 중심의 구조로 전환되는 가운데 저성장 체제로 돌입하는 뉴 노멀(new normal) 도시체제로 이행했다는 점이 주목할 만한 변화다. 특히 저성장과 관련해 도시의 경제위기와 구조조정이 오랜 기간에 걸쳐 지속되었던 서구의 도시와 다르게, 우리의 도시는 '압축성장'과 비견될 정도의 이른바 '압축저성장'을 보인다는 점에서 전례가 없는 도전의 한가운데에 놓여 있는 셈이다.

서구 도시들이 경험하고 있는 또 다른 경제사회적 구조 변화 역시 두 번째 장면을 구성하는 요소로, 고령화 사회로의 전환이 꼽힌다. 성숙한 단계의 국가와 도시들에서 나타나고 있는 고령화 추세는 저성장의 원인이자 결과로 작용할 수 있다는 점에서 향후 도시 발전이나 지속가능성 측면에서 적극적인 대응이 요구되는 근본적 과제로 부상했다. 심화되는 불평등 또한 도시의 담론과 실천의 맥락에서 주목해야 하는 글로벌 도시 현상으로 인식된다. 비록 불평등이 어느 시대, 어느 공간에서도 존재했다는 점은 분명하나, 20세기 말 세계화와 동반된 신자유주의 체제는 작금의 불평등을 전례가 없는 수준으로 만들고 있다. 더욱이 압축저성장이라는 개념에 함축되어 있듯이 한국의 도시는 미처 준비하기도 전에 저성장 체제가 빠르게 도래하는 가운데 경제사회적 불평등이 심화되고 있어서 폭발성이 강한 도시 의제로 부상하고 있다. 이 같은 도시의 변화상 또한 오늘날 한국사회가 직면하고 있는 주요 도시 장면의 하나로, 이것이 해결되지 않을 경우에는 사회적 불만과 갈등이 고조되고 그 결과로 지속가능한 도시 발전이 심각하게 위협받을 것이 분명하다.

마지막으로 거론할 다른 장면은 전환의 시대에 도시의 역할과 위상에 관한 것이다. 서구의 도시가 이미 국가에 대해 어느 정도의 자율성을 누리다가 새삼스럽게 최근 역사의 전면에 부상한 것과 다르게, 우리의 경우에는 국가주도형 도시 발전이라는 경로의존성을 지닌다. 이렇게 지방이 제한된 권력과 자원을 가진 여건에서 최근 자치와 분권을 위한 목소리가 전례가 없이 강화되는 점은 우리 모두가 중요하게 인식해야 할 도시 변화의 한 단면이다. 한편으로 한국동란 이후 약 60여 년에 지나지 않는 짧은 도시 발전사를 통해 다양한 경험과 자원이 축적되고, 다른 한편으로 글로벌 경제위기를 계기로 초래된 각종의 도시문제들에 대한 국가의 대응이 근본적인 한계를 노정하면서 자기주도적으로 도시를 발전시키겠다는 요구와 노력이 그 어느 시기보다 강화되고 있다는 점도 우리의 도시를 중심으로 출현하고 있는 새로운 장면의 하나로 다가온다.

이렇듯 도시를 무대로 새롭게 출현하고 있는 몇 가지 장면만 살펴봐도 우리의 도시가 거대한 도전에 직면해 있고, 이러한 도전에 대응하기 위한 다양한 담론과 실천이 시급한 과제임을 알 수 있다. 도시가 내보이고 있는 구조 변화와 이에 따른 도전에 적절히 대응하지 못할 경우, 우리의 도시는 위기 상황으로 치닫고 종국에는 도시의 지속가능성까지도 심각하게 위협받겠지만, 적절히 대응할 경우 자신의 몸을 불사르고 잿더미 속에서 다시 날아오르는 불사조처럼 우리의 도시도 새로운 도약과 질적 발전이 가능하다는 의미다.

이것이 '희망의 도시'가 함축하고 있는 메시지라 할 수 있는데, 이 희망의 도시로 나아가는 과정에서 다양한 의제를 중심으로 치열한 고민과 공론화가 필수 불가결할 것으로 생각한다. 이 책 『희망의 도시』는 이러한 인식의 바탕 위에 기획된 것으로, 도시에 대한 이론과 실천 담론들이 상실되고 있는 이 시대에 위기의 도시에서 희망의 도시로 거듭나기 위해 필요한 다양한 이론과 실천 담론을 담으려 노력했다. 여기에는 도시에 대한 개념적 이해와 새로운 도시 현상들의 발견 및 해부는 물론이거니와 현 시점에서 우리의 도시가 내재하고 있는 문제에 대한 진지한 성찰, 위기에 대한 면밀한 진단과 대안적 도시모델의 탐색, 그리고 이를 뒷받침하는 각종 실천을 포괄하고 있다. 이러한 희망의 도시로 나아가는 야심찬 도정에서 세미나와 출판 전반을 총괄하신 최병두 교수님과 이 책의 집필에 참여하신 많은 훌륭한 선생님들, 프로젝트 전반의 진행 간사로서 노고를 아끼지 않았던 이후빈 씨, 그리고 이 책의 출간을 흔쾌히 수용해주신 한울엠플러스 분들 모두에게 진심으로 감사의 말씀을 드린다.

서울연구원 원장 김수현

차례

머리말: 위기의 도시에서 희망의 도시로

1. 도시위기에서 벗어나 희망 찾기

지금 도시는 좌절하고 있다. 지난 40~50년간 압축적으로 전개되었던 산업화와 이를 뒷받침했던 도시화 과정은 1990년대 후반 이후 심각한 사회경제적 위기를 맞으면서 침체 국면에 빠지게 되었다. 경제의 물적 기반이었던 도시는 저성장의 길로 접어들면서 실업과 비정규직을 양산했고 도시인들의 노동조건을 악화시켰다. 실직자들뿐 아니라 사회에 첫발을 내딛는 청년들조차 일자리를 얻을 기회를 박탈당하고 거리를 헤매고 있다. 도시의 소비는 위축되었고 일상생활의 조건도 악화되었으며, 소득과 자산의 양극화로 사회공간적 불균등이 심화되었다. 노동의 재생산은 저출산과 고령화로 한계에 봉착해 있다.

도시경제를 되살리기 위한 정부의 정책은 대기업 재벌 중심 경제 살리기와 부동산 시장 활성화 대책에 의존해왔다. 건설투자가 국가 경제성장률을 추동하는 핵심 요소가 되었고, 도시화가 산업화를 이끌게 되었다. 현대판 인클로저를 위한 도시재생정책은 이른바 젠트리피케이션에 따른 도시공간의 무분별한 재편과 공유공간의 사유화를 부채질했다. 소득이 감소했음에도 급등하는 주택 가격과 주거 비용(임대료), 과다한 주택 담보 대출로 도시 가계는 점점 더 깊은 부채의 수렁으로 빠져들고 있다. 부실기업의 구조조정과 더불어 한계가구가 지고 있는 감당하기 어려운 부채는 언제 터질지 모르는 도시의 폭탄이 되고 있다.

기업가와 정치인들은 도시가 위기와 좌절의 상황에 처해 있음에도 자본의 논리와 법에 의한 통치를 앞세우며 이기적이고, 때로는 사악하게 자신들의 이익을 추구하는 데 몰두해왔다. 반면 도시 서민들의 노동과 삶은 물질적으로 심각하게 억압되고 위축되어왔으며, 정신적으로 엄청난 허탈감과 소외감에 사로잡히게 되었다. 이러한 상황이 지속되면서 소외된 도시인들의 가슴 속에 사회에 대한 비판과 분노가 누적되었다. 하지만 도시 서민들은 생계를 유지하기 위해 불가피하게 노동을 해야만 했고, 경제적 부와 정치권력에서 배제된 채 물질적·정신적 억압을 감내해왔다.

　그러나 어떤 계기가 촉매제로 작동하면, 도시 광장과 거리는 억압되고 소외된 도시인들이 점유하게 된다. 어둠이 깔린 도시공간은 수십만, 수백만 개의 촛불로 타오르게 된다. 도시는 울분에 찬 도시 서민들이 웅크렸던 가슴을 펴고 서로를 확인하고 공감하는 장소가 된다. 전국 방방곡곡의 도시들에서 기존의 경제·정치 체제를 비판하고 새로운 체제를 요구하는 거대한 함성이 울려 퍼진다. 기존 체제를 유지하려는 기득권 세력은 이러한 함성에 귀를 막고 외면하거나 심지어 반동적인 술수를 모색하겠지만, 결국 도시는 거대한 도전에 직면한다. 시민혁명이 시작되고, 좌절했던 도시인들이 새로운 희망을 찾아 나서게 된다.

　이처럼 소외된 도시인들이 도시 광장에서 수십만, 수백만 개의 촛불을 들고 도시의 희망을 찾아 나선 것처럼, 이 책 『희망의 도시』는 새로운 이론적 담론을 생산함으로써 도시의 희망을 찾아 나서려고 한다. 새로운 희망의 도시를 만들어내기 위한 노력은 실천과 이론의 변증법적 결합을 요구한다. 실천의 현장에서 울려 퍼지는 거대한 함성이 없다면, 도시인들의 삶을 억압하고 소외시키는 정치·경제 체제를 이론적으로만 비판하고 극복하는 것은 아무 의미가 없다. 그러나 이러한 함성이 단지 현재 체제에 도전하는 행위일 뿐이라면, 함성의 담론이 기존의 정치·경제 체제 어떻게 담아낼 것인가라는 의

문에 제대로 답을 할 수 없을 뿐더러, 체제 극복 이후 우리가 살아갈 도시가 어떠할 것인가라는 의문에 답을 할 수도 없다.

『희망의 도시』는 위기에 처한 도시를 극복하고 새로운 대안적 도시를 건설하고자 하는 관련 분야 연구자들의 이론적 실천의 산물이다. 이 책의 연구자들은 고통과 억압의 현실 속에서, 도시에서 분출되는 실천적 요구들을 반영한 이론적 담론의 생산을 추구한다. 그리고 이러한 작업이 다시 도시인의 새로운 삶과 실천에 반영되고 도시공간이 새롭게 근본적으로 재편될 수 있기를 희망한다. 달리 말해 이 책은 현재 도시공간을 지배하는 정치·경제 체제의 한계를 지적하는 한편, 이러한 한계를 어떻게 극복할 것인가 그리고 새로운 도시가 어떠해야 할 것인가라는 의문에 나름대로 답하고자 한다. 『희망의 도시』는 위기에 처한 도시공간에 대한 정치경제학적 비판과 이러한 비판을 승화시키는 도시적 상상력에 바탕을 두고 새로운 도시의 희망을 찾고자 한다.

2. 위기에 처한 도시공간에 대한 비판

1) 경제위기에서 도시위기로

『희망의 도시』를 위한 담론은 기본적으로 현재 우리가 어떤 위기에 처해 있는가라는 논의에서 출발한다. 이러한 점은 이 책에 실린 13편의 논문들 모두에서 전제되어 있지만, 서장에서 가장 명시적으로 논의되고 있다. 즉, 서장은 한국의 자본주의적 정치·경제 체제의 발달 과정에서 도시가 어떻게 위기에 처하게 되었는가를 분석하고, 이러한 위기의 도시에서 희망의 도시로 나아가기 위한 방안을 모색한다. 특히 서장은 한국사회가 처한 경제위기를 도시위기로 이해하고, 이러한 도시위기의 발생 과정과 주요 상황을 고찰하는 한편 이러한 도시위기를 극복하기 위한 대안을 모색한다. 이러한 연구를 위해 최병두는 우선 한국의 산업화 또는 자본주의 경제발전 과정에서 잉여자본이 설비 부문, 건설 부문, 지식재생산물 부문 등 세 부문에 어떻게 재투자되어왔는가를 분석하면서, 한국의 자본축적은 기본적으로 그리고 특히 위기 국면에서 건조환경 부문에 투자를 확대하면서 지속되어왔음을 강조한다.

도시의 위기는 바로 이러한 점, 즉 도시의 건조환경이 자본축적 과정에 형식적·실질적·금융적으로 포섭되고 이에 따라 도시공간과 일상생활이 재편되면서 발생한 것으로 이해된다. 도시위기는 해외 금융자본의 영향으로 발생한 외적 위기들(1997년 IMF 위기와 2008년 금융위기)과 결합하면서, 정부 및 기업 부문에 잉여자본이 누적되는 한편, 경기침체를 해소하고 자본 순환을 촉진하기 위해 경제주체들의 부채경제가 심화되었다. 특히 정부의 부동산정책과 금융정책 때문에 가계부채가 급증하면서 경제위기의 뇌관으로 인식되고 있다. 이렇게 한편으로 잉여자본이 누적되고 다른 한편으로 부채경제가 심화되는 상황에 대처하기 위해 도시위기를 해결하는 규범적 방안이 제시될 수 있다. 즉 실질임금의 인상, 건조환경의 투자 완화, 기술 및 복지 분야 투자 확대 등이 모색될 수 있지만, 국가와 자본에 이를 요구하는 운동 없이는 실현되기 어렵다는 점이 문제로 지적된다.

한국의 자본주의 정치·경제 체제와 도시화 과정에 관한 비판적 고찰은 서장뿐 아니라 모든 장에서 제시된다. 그러한 예로, 최병두가 「도시적 소외와 정의로운 도시」에서 다루고 있는 도시적 소외는 자본주의 발달 과정에서 자연 및 토지로부터의 소외와 자본축적 과정에서 소외된 노동, 그리고 이를 촉진하는 기술 발달과 노동분업에 기인하며, 탈산업사회에서 소외는 기본적으로 자본주의 지구-지방화 과정 및 금융화 과정을 통해 확장된 것으로 이해된다. 강내희와 조정환의 연구에서는 도시문제를 인문학적 관점에서 해석하면서 시적 또는 예술적 상상력을 강조하는데, 이러한 주장은 분명 한국 자본주의 도시가 처해 있는 위기 상황에 대한 통찰력을 기반으로 한다. 이러한 점에서 강내희는 "공간의 금융화는 공간 생산의 금융자본 의존 경향을 가리키며, 이런 경향은 금융자본과 부동산시장의 결합"에 기인하는 도시위기를 초래한다는 점을 강조한다. 또한 조정환은 유사한 맥락에서 오늘날 "신자유주의적 스펙터클 도시는 축적의 도시다. 이미지의 거대한 축적은 무엇보다도 금융화된 자본의 거대한 축적"이라고 주장한다. 이와 같이 오늘날 당면한 도시위기는 도시의 부동산시장과 결합한 금융화에 근본적으로 기인한 것으로 이해되며, 그보다 포괄적으로는 도시화와 (탈)산업화 간 복잡한 관계에서 초래된 것이라고 할 수 있다.

제2, 3, 4부에서 제시된 연구도 한국의 자본주의적 산업화와 도시화 과정에 대한 비판을 배경으로 한다. 제2부에서 박배균은 도시를 자본의 지속적 축적과 자본주의 재생산을 위한 필수적인 공간으로 이해한다. 특히 그는 르페브르가 제시한 '행성적 도시화' 개념을 인용하면서, 산업화와 도시화 간 복잡하고 상호 갈등적인 과정으로 규정한다. 즉, 산업화는 도시화의 조건과 수단을 제공하지만 또한 도시화는 자본주의적 산업화를 가능케 하는 물질적 토대로 이해한다. 제3부에서 신현방은 "도시화 과정과 산업화 과정을 압축적으로 겪은 발전국가의 경우 서구에 비해 좀 더 복잡한 과정"을 거쳤다고 주장한다. 특히 1980년대 중반 이후 한국에서는 "도시화가 산업화에 종속되었다고 판단되는 (과거의) 고속 경제성장기와는 대비해서 산업화가 도시화에 종속되는 관계의 역전이 이뤄"졌으며, "이 과정에서 부동산 투자의 극대화가 이뤄지고 부동산 투자를 통한 이윤 추구가 본격적으로 전개된다"라고 주장한다.

또한 제4부의 정병순의 연구에서 제시된 '발전도시'의 개념은 어떤 의미에서 이러한 자본주의적 산업화와 도시화 간의 관계 변화에서 파생된 것으로 이해된다. 즉, 한국을 포함한 동아시아 국가의 자본주의적 발전 과정을 설명하는 주요 개념인 '발전국가'는 기본적으로 대도시를 독점 권력과 자원의 소재지이며 경제활동의 집결지로 발전시켰다. 그러나 1980년대 후반 이후 서울과 같은 대도시는 경제의 중심성과 재정자립성에 기반을 두고 자기주도적인 시장경제를 추동하게 되었다. 이러한 점에서 대도시 서울은 과거 발전국가 시대에 학습한 발전주의 패러다임을 모방·응용한 '발전도시'가 되었다고 주장된다. 이러한 주장은 '발전국가'가 이미 쇠퇴한 상황에서 '발전도시'가 발전하게 되었다는 공간-규모적 괴리를 전제로 하지만, 1990년대 이후 국가의 경제발전은 도시공간 개발에 의해 추동되었음을 의미한다. 이러한 상황에서 발생하는 경제적 위기는 결국 도시적 위기와 결합하거나 도시적 위기로 전환하게 된다.

2) 도시의 인클로저와 사유화, 젠트리피케이션

이 책에서 전반적으로 (명시적 또는 암묵적으로) 논의된 바와 같이, 오늘날 우리가 당면한 위기는 한국의 자본주의적 산업화와 도시화 간 복잡한 상호관계, 즉 자본축적과 이를 위한 도시공간의 전유 과정 속에서 발생했다고 할 수 있다. 도시의 인클로저나 도시공간의 사유화, 젠트리피케이션 등에 관한 연구는 이러한 주장을 좀 더 자세히 해명하기 위한 구체적 주제에 초점을 둔 것이라고 할 수 있다. 김용창에 따르면 신자유주의 도시화는 자본축적을 위한 도시공간의 형식적·실질적 포섭을 의미하며, 도시공간의 인클로저는 이 사태가 구체적으로 전개되는 과정에서 가장 중요한 수단으로 간주된다. 즉, "현대 자본주의는 도시 인클로저를 통해 시초축적기의 원리를 현대적으로 재구성해서 탈취 기반 축적을 지속하고 있다". 이러한 도시 인클로저는 공적 소유를 경제적 공익 개념으로 해석해서 사적 자본의 이익을 위한 공적 수용을 명분으로 이루어지며, 이를 통해 생산 및 생존 수단에서 노동자의 분리·소외를 더욱 심화시키고 자유로운 장소 향유를 저지한다. 요컨대 오늘날 도시공간에서 자행되는 인클로저는 사적 이익으로 뒤얽힌 사회적 규범들이 공적 공간과 공간의 공공성을 지배하도록 만든다.

인클로저를 통한 도시 공적 공간의 사적 전유는 특히 최근 정부 정책에 의해 광범위하게 추동되는 도시재생사업이나 경제적(구조적) 또는 문화적(행위적) 과정을 통해 전개되는 젠트리피케이션을 통해 전형적으로 이루어진다. 이러한 점에서 신현방의 연구는 "한국 자본주의 체제에서 도시공간의 재편은 지대 변화를 촉진하고, 더 높은 지대에 기반을 둔 지대 차익의 획득을 위한 개발 행위"로 이해되며, 이러한 개발 행위 때문에 "기존 원주민을 포함한 토지 이용자의 비자발적 이주, 즉 강제 축출을 초래해서 사회적·공간적 양극화와 같은 도시문제"가 유발되는 것으로 이해된다. 도시공간의 재편을 통한 토지 이용의 변화뿐 아니라 토지 소유관계의 변화에 따른 강제 축출 과정 자체가 바로 젠트리피케이션으로 개념화된다. 이러한 점에서 젠트리피케이션은 권력관계를 반영한다. "지대 차이에 의한 젠트리피케이션의 물적 조건의 성숙이 발생한다 하더라도 이러한 물적 조건이 현실 과정으로 전환되어 젠트리피케이션이 발생하기 위해서는 원래의 토지 소유 및 점유자가 해당 공간 및 자산에 대한 권리가 권력관계에 따라 재편되는 과정을 거치며, 그 과정에서 축출을 겪게 되는 사회적 약자의 권리 강탈을 동반하게" 되기 때문이다.

이와 같은 도시 공적 공간의 파괴와 사유화 그리고 이를 그대로 보여주는 도시 젠트리피케이션 과정은 곽노완의 연구에서 도시공동체와 공유지 복원에 관한 논의의 배경이 된다. 그에 따르면 신자유주의 사유화와 도심 젠트리피케이션을 거쳐 공간 사유화가 확대되고 있으며, 이러한 도시공간의 사유화는 임대료 같은 지대 형태로 자본과 부동산 소유자가 가난한 임차인을 수탈하는 원천으로 작동하면서 자본의 착취와 함께 자본축적의 한축을 이루는 요인으로 이해된다. 이러한 점은 하비의 주장에 따라 오늘날 도시가 자본축적 과정에서 제2의 순환을 이루거나 탈취에 의한 축적을 하려는 전형적인 장소로 설명된다. 또는 네그리와 하트가 주장하는 바와 같이, 산업시대 공장이 탈산업시대로 전환하고 도시 전체로 확장되면서 초래된 결과로 개념화되기도 한다. 이 주장들 간에 세부적인 차이는 있겠지만, 요컨대 "도시공간이 노동착취와 더불어 노동 밖에서 수탈의 필수적인 장소라는 것을 공통적으로 강조"한다는 점이 인정된다.

돈 미첼의 연구는 이러한 도시 인클로저와 사유화 또는 젠트리피케이션 때문에 축출된 도시의 노숙자들을 미국의 사례에 바탕을 두고 논하고 있다. 그에 따르면 자본주의는 영구적인 과잉축적의 위기를 안고 있다. 왜냐하면 창출된 잉여가치의 실현과 실현된 잉여가치를 흡수하기 위해 자본주의는 복률적으로 성장해야 하지만, 현실에서 이러한 성장을 달성하기는 불가능하기 때문이다. 그뿐 아니라 이러한 복률적 성장은 노동의 착취와 환경의 악화를 복률적으로 초래한다. 노숙은 이와 같은 자본축적의 부산물들 가운데 하나이기 때문에, 법률적으로 노숙을 금지할 수 없다. 아무리 "쫓고 쫓고 또 쫓는다"라고 할지라도, 노숙은 사라지지 않는다. 이처럼 자본축적 과정이 필연적으로 노숙을 양산할 수밖에 없음에도, 정부는 계급권력을 보호하고 축적을 보장할 수 있는 방법을 찾고자 한다.

이들의 연구는 현재 도시에서 진행되는 인클로저와 사유화 과정 그리고 젠트리피케이션을 통해 도시화 과정이 어떻게 자본주의에 형식적·실질적·금융적(의제적)으로 포섭되는가, 또는 도시공간이 어떻게 자본축적(특히 탈취에 의한 축적) 과정의 새로운 축으로 등장하게 되었는가를 설명하고자 한다. 나아가 이들의 연구는 이에 따른 도시적 위기를 극복하기 위한 대안적 방안을 모색한다. 김용창의 연구는 상품과 물신성의 화신으로 이해되는 주택의 인식을 벗어나서 하이데거의 거주 개념, 즉 인간 실존의 근본 출발점으로서의 거주를 강조한다. 신현방은 젠트리피케이션에 대한 저항으로서 도시에 대한 권리를 강조하며, 곽노완은 도시공동체, 즉 도시 거주자들 모두가 향유하는 도시 공유지와 이에 대한 권리, 즉 도시공간의 직접적이고 평등한 사용권을 주장한다. 돈 미첼 역시 위기에 처한 도시의 대안으로 도시권에 바탕을 둔 '모두를 위한 도시'를 희망한다.

3) 도시적 소외, 이데올로기, 젠더 문제

도시의 위기는 일반적으로 말해 자본축적 과정에 도시공간의 포섭, 그리고 좀 더 구체적으로 도시공간의 인클로저 또는 젠트리피케이션에 의한 계급적 재편 과정에 따라 초래된다고 주장된다. 그러나 이러한 주장은 경제적 측면 외에 다른 측면이나 관점을 거부하는 것이 아니다. 자본축적 과정과 이에 따른 결과는 흔히 경제적·물적·계급적 영역에 한정되지 아니하고, 사회의 모든 영역(비물질적 이데올로기 영역을 포함해서)으로 확장되거나 다른 사회적 범주들(대표적으로 인종 및 젠더)과 중첩되기도 한다. 이러한 점에서 최병두는 자본주의도시화 과정을 자본축적의 고도화(그리고 이에 따른 위기의 발생) 과정이며 또한 동시에 이를 배경으로 한 도시적 소외의 심화 과정으로 규정한다. 박배균은 한국의 현대적 도시화를 도시 이데올로기와의 관계 속에서 설명하려 한다. 또한 정현주는 현대 도시화와 자본축적이 젠더화된 과정과 중첩되어 결합된 것으로 이해하려 한다.

「도시적 소외와 정의로운 도시」에서 제시된 최병두의 논의에 따르면, 산업사회에서 근대도시가 형성되고 발달하는 과정은 기본적으로 자연으로부터의 소외와 토지(즉, 생산수단)로부터의 소외를 초래했으며, 이를 배경으로 임금노동자들의 소외된 노동과 이를 심화시키는 기술 및 분업의 발달 과정을 동반했다. 산업사회의 도시에서 나타나는 이러한 소외는 탈산업사회로 전환하는 선진국들에서는 줄어들 것이라고 예상되었지만, 실제 산업사회에서 탈산업사회로의 전환은 소외를 완화시켰다기보다는 오히려 심화·확장시킨 것으로 이해된다. 즉, 탈산업사회의 도시적 소외는 이른바 지구-지방화 과정 및 신용 체계의 발달과 금융화 과정을 통해 공간적·시간적으로 확장되었다고 주장된다. 또한 자본축적의 메커니즘이 확장됨에 따라 도시적 소외는 소비와 여가 부문과 비물질적 영역으로 확대되었으며, 도시의 건조환경을 통한 자본순환 과정으로 인해 도시공간과 경관(스펙터클)으로부터의 소외도 심화되었다. 이러한 도시적 소외는 도시인들의 의식을 황폐화시켰고, 비정규직의 죽음이나 묻지마 살인과 같은 아노미 현상을 유발했다.

박배균의 연구는 오늘날 일반화된 아파트 단지 및 신도시 개발과 같은 한국의 도시화 과정을 도시 이데올로기의 관점에서 분석한다. 도시 이데올로기는 기득권적 이해관계를 가지는 지배 엘리트뿐 아니라 도시에서 살아가는 일반 시민들도 만들 수 있다. 이들이 만든 이데올로기는 오늘날 상식으로 간주되는 도시를 규정하는 특정한 사고방식, 지식, 담론, 정서 등을 주조한다. 특히 이 연구에 따르면 한국사회에서 고급 아파트단지와 화려한 시가지로 최고의 상징성을 가지는 서울 강남이 다른 모든 도시에 적용되는 이데올로기를 형성한다. 달리 말해 한국의 도시 중산층은 '강남 만들기(강남의 물리적 건설과 담론적 재현)'와 '강남 따라하기(강남 재현의 도시적 보편화와 강남의 공간적 복제)'라는 이데올로기적 과정에 사로잡혀 있다. 그는 이러한 도시 이데올로기(강남의 허구적 상징성 또는 물신성)가 "도시 중산층들로 하여금 도시를 특정한 방식으로 규정하고 상상하며, 특정한 도시공간의 모습을 욕망하고 소비하게 만들었고, 이 과정이 현재 한국의 도시화 과정을 형성하는 데 큰 영향을 주었음을 밝히려" 한다.

정현주의 연구는 이러한 도시적 이데올로기(관념)가 도시라는 물리적 실체와 함께 젠더화된 이분법에 기반을 두고 있음을 드러내고, 나아가 도시인들이 겪고 있는 젠더 억압의 근원과 실체에 대한 이해를 심화시키려 한다. 최근 자본축적의 고도화와 계급적 착취의 심화로 페미니즘의 유용성을 둘러싼 의

혹과 논란이 있지만, 페미니즘 연구는 도시공간의 일부에서 나타나는 여성적 주제에 국한된 지엽적 문제가 아니라는 점이 강조된다. 즉, 젠더는 도시의 노동과 공간의 재생산 영역에 한정되는 것이 아니라 도시화의 모든 과정에 깊숙이 개입하고 있으며, 따라서 도시 담론은 젠더 관점을 그 논의에 결합함으로써 설명력을 높일 수 있다고 주장된다. 이러한 점에서 도시적 억압은 계급뿐 아니라 젠더, 인종, 섹슈얼리티, 연령, 시민권, 장애, 종교 등에 의해 교차되어 형성되는 것으로 이해된다.

이들 연구는 도시위기에 대한 대안으로 탈소외와 마주침(encounter)의 장으로서의 도시 등을 제시한다. 이러한 대안들은 기본적으로 르페브르의 저작에 기초를 둔다는 점에서 공통점을 가지며, 특히 마주침의 도시와 이를 위한 정치는 메리필드의 주장에 준거한다. 최병두는 르페브르가 주장한 바와 같이 도시인들이 스스로 소외되어 있음을 인식하는 것이 탈소외의 계기를 만들 수 있음을 인정하지만, 이러한 인식이 국가 권력에 의해 억제될 수 있음을 지적한다. 또한 이러한 점에서 '도시에 대한 권리'에 대한 자각에서 나아가 분배적·생산적·인정적 정의의 결합적 실천에 바탕을 둔 정의로운 도시를 제안한다. 도시공간에서 마주침은 도시를 살아 있는 생명체와 같이 역동적으로 변화하도록 만들지만, 이러한 마주침이 오늘날 도시공간의 구획화와 사유화, 지배적인 도시 이데올로기에 가로막혀 있다. 이러한 점에서 다양하고 역동적인 만남과 마주침의 실천이 대안으로 제시된다. 정현주 역시 도시공간을 매개하는 마주침이야말로 젠더로 이분화된 도시를 벗어나게 하며, 궁극적으로 도시 혁명을 가능하게 하는 실천이며 개연적인 힘이라고 주장한다.

3. 대안적 도시공간을 위한 희망

1) 도시적 상상력과 정의로운 도시, 공통도시, 실존적 도시

희망의 도시는 이 땅에서 살아가는 인간에게 주어진 조건을 기본적으로 전제한다. 한정된 지표면에서 수십 억의 인구가 살아가기 위해서는 도시적 삶이 불가피하다. 희망의 도시 연구는 따라서 이중적(변증법적 의미에서) 접근 방법을 가진다. 한편으로 이 땅 위에 우리가 만들어놓은 도시가 어떻게 고통과 좌절을 초래하게 되었는가에 대한 사회과학적 비판, 그리고 다른 한편으로 우리는 이러한 도시에서 앞으로 어떻게 인간답게 살아갈 것인가에 대한 인문학적 상상력이 필요하다. 다시 말하지만, 도시적 상상력을 강조한다고 하더라도 희망의 도시는 무릉도원과 같은 이상 세계나 이 땅에 존재하지 않는 유토피아와 같은 곳이 결코 아니다. 희망의 도시를 위한 상상력은 이 땅의 현실 세계에서 겪는 억압과 고통 속에서 승화되는 상상력이다. 현실에서 승화된 도시적 상상력은 현대 도시에 만연한 불평등과 부정의를 극복하고 진정한 의미에서 정의로운 도시를 지향할 수 있는 이론적 정초를 마련한다.

이런 점에서 최병두는 서장에서 도시위기를 극복하기 위해 도시 공유재의 대안적 관리의 필요성을 강조한다. 그리고 '도시에 대한 권리'(줄여서 도시권)의 개념이 바로 이러한 도시공유재의 생산과 이용의 민주적 관리를 실천하기 위한 방안으로 제시된 것으로 이해한다. 나아가 최병두는 「도시적 소외와 정의로운 도시」에서 이러한 도시권이 도시적 소외를 극복하기 위한 수단이 될 수 있음을 인정한다. 즉, 도시적 소외란 오늘날 도시인들이 자신이 생산했음에도 자신이 통제할 수 없는 소원한 외적 힘에 의해 점점 더 강한 압박감을 느끼게 되었음을 의미한다. 하비에 따르면 도시권은 도시공간의 형성과 재편 과정에서 이루어지는 잉여의 생산과 배분, 재투입에 관한 집단적 권리로 이해된다. 이러한 주장을 연결시키면 도시권이란 도시인들이 공동으로 생산한 공유재를 민주적으로 관리하기 위한 집단적 권리로 규정되며, 도시인의 탈소외를 위한 핵심적 실천 방안이 된다고 주장될 수 있다. 하지만 이러한 도시권의 구체적 내용이 규정되지 않았고, 도시 서민들뿐 아니라 엘리트 계급도 도시권을 주장할 수 있다. 이러한 점에서, 최병두는 도시권의 개념에서 더 나아가, 도시적 소외가 극복될 수 있는 정의로운 도시, 즉 분배적 정의, 인정적 정의와 함께 생산적 정의가 구현되는 도시로 설정한다.

강내희는 도시권의 개념을 인문학적 상상력, 특히 '시적 정의'의 관점에서 재구성하려고 한다. 그의 주장에 의하면, 도시는 통념적으로 산문적인 것으로 간주되지만, 시(詩)를 어원적으로 해석하면 도시와 긴밀한 관계를 가진다. 즉, 시는 도회적 삶의 시작을 알리는 인간의 군집 생활을 위한 '원천적 원인과 이유'로 작용한다. 이러한 점은 도시권의 개념에서 도시가 왜 '작품'으로 취급되는가를 설명해준다. 달리 말해 도시권, 즉 "도시를 작품으로 만들어낼 권리는 도시를 허구와 창조의 대상으로 볼 권리를 말하는 것"으로 해석된다. 이러한 점에서 도시권은 '시적 정의'의 개념과 내밀한 관계를 가진다. 즉, 시적 정의는 '허구적으로 구현해내는 정의의 이상적 상태'이며 "실제 세계에서는 구현되지 않는다고 하더라도 적어도 염원의 대상"이 될 수 있다. 이러한 점은 도시권에 대한 하비의 주장, 즉 "도시에 대한 권리를 주장하는 것은 사실상 (언젠가 정말 존재했다손 치더라도) 더 이상 존재하지 않는 어떤 것에 대한 권리를 주장하는 것"이라는 주장과도 직결된다. 물론 "도시권의 관점에서 본다면 시적 정의의 구현은 현실에서는 불가능한 것을 상상으로 해결하는 문제로만 그치지" 아니하며, "도시권의 구현 과정에서 제기되는 민주주의에 대한 요구와 결합된다"라는 점이 강조된다.

조정환의 연구에서 도시는 "개체적인 차이와 전 개체적인 차이들의 마주침과 갈등적 공존의 공간이며 그런 의미에서의 공통장"이라고 규정된다. 그러나 자본축적을 위해 화려한 이미지들로 포장된 "신자유주의 스펙터클 도시는 공통장에서 공통인들(commoners)을 추방하고 배제함으로써 성립되는 소유의 도시"이며, 이러한 "소유도시에서는 '인간'이 공통장에 거주하는 공통인으로서가 아니라 소유에 따라 규정된 개인들(즉, 소유자들)로 나타난다." 이러한 스펙터클 도시는 또한 그 자체가 도시인의 창조물인데도 그것이 그들 자신과 분리되어 그들 자신을 무력하게 만드는 것으로 기능한다. 이 때문에 도시인들은 더 이상 자신이 공통장의 창조자라는 사실을 인식하지 못한다. 이러한 점에서 소유도시에 대항하는 반란과 탈주가 긴요하다. 이론적으로 하비는 금융투기가 낳은 창조적 파괴를 치유하기 위해 새로운 부의 공통장을 설립하자고 주장했으며, 네그리는 '아래'에서 구성된 '권력'에 의해 공통장을 해방시키려고 노력한 것으로 이해된다. 실천적으로 다양한 이슈를 둘러싸고 전개되었던 도시운동들(미국산 소 수입반대운동에서 반값등록금 운동에 이르기까지)은 이러한 공통장을 지키고 확대하려는 투쟁으로 강조된다.

김용창이 제시한 대안적 도시 역시 인문학적 상상력을 바탕으로 한다. 그는 "공간의 점령에서 즉흥적인 시위대의 집결과 시위캠프의 설치에 이르기까지 지구 상에서 일어나고 있는 점거 기반 실천운동을 자율도시 전략의 중요 요소"로 인정한다. 그러나 그는 하이데거의 거주 개념을 인간 실존의 근본 출발점으로 중시한다. 대안적 '세계 만들기', 즉 희망의 도시 만들기는 "기본적으로 거주 또는 머무름이라는 과정을 거치지 않고는 일어날 수 없"기 때문에, "생활세계, 장소와 공간의 형성은 삶의 과정으로서 거주와 떼려야 뗄 수 없는 관계"를 이루기 때문이다. 요컨대 거주가 없다면 세계도, 장소도 없다. 이러한 실존으로서의 거주성을 회복하기 위해 상품으로 물신화된 주택의 개념은 철저하게 극복되어야 하고, 세계와 도시 생활공간의 부조화, 특히 만연한 도시 인클로저를 넘어서 거주성으로서 주택의 본성을 보호하고 회복시키는 제도적 장치들이 마련되어야 한다는 점이 강조된다.

2) 도시의 공유화, 마주침의 도시, 도시 점유

도시적 상상력에 바탕을 둔 희망의 도시는 현실 세계에서 '가능성의 조건'을 제시하는 것이며, 초월적 관념이나 실현될 수 없는 이상을 지향하는 것은 결코 아니다. 그렇다고 할지라도 희망의 도시에 관한 연구는 좀 더 구체적이고 현실적인 대안을 제시하기 위해 전망의 추상 수준을 낮출 필요가 있다. 이러한 점에서 곽노완은 도시의 역사가 비록 공동체 파괴의 역사라고 할지라도, '도시 = 공동체의 파괴자'라는 등식은 단견이라고 주장한다. 왜냐하면 도시는 아직 많은 공유지와 공유재를 가지고 있으며, 이들을 보호하고 확충할 수 있는 '공유지의 희극'이 가능하다고 보기 때문이다. 공유지에 관한 오스트롬과 하비(그리고 하트와 네그리)의 주장에는 상당한 차이가 있지만, "사회적으로 생산된 공유지는 생산력이 증대됨에 따라 점점 더 큰 비중을 차지하게" 되었음을 공통적으로 지적한다. 그러나 문제는 이러한 도시의 공유물(즉, 잉여물)을 자본가와 재산 소유자가 전유하기 때문에 공유지가 줄어들고 있다는 점이다. 이러한 점에서 도시 공유지에 대한 권리가 강조되며, 현실적으로 공유지의 확대와 공유지 수익의 배당으로서 기본소득의 확대를 제안한다. 기본소득을 둘러싼 많은 논의와 논쟁이 있는데, 기본소득의 재원은 도시 공유지의 활용을 통한 수익의 배분으로 충당될 수 있을 것이다.

도시 공유재를 둘러싼 이러한 논의는 도시권에 관한 개념을 더 구체적인 현실에 뿌리를 두도록 한다. 이러한 점에서 신현방은 투기적 도시화, 젠트리피케이션의 확산에 대한 저항의 도구로 도시권, 특히 도시인들이 자신이 살고 있는 도시공간으로부터 축출되지 않고 '머무를 권리'를 보장할 것을 강조한다. 이와 같은 도시권이 강조되는 이유는 사실 그동안 도시인들이 자신이 누려야 할 권리를 강탈당했기 때문이다. 젠트리피케이션 과정에서 이루어지는 강탈은 단지 물리적 강탈(자산 자체의 갈취)뿐만 아니라 그 자산과 얽혀 있

24

는 비물리적 권리의 강탈도 수반한다. 이러한 점에서 도시에 대한 피지배계급의 권리 회복이 무엇보다 중요하다. 그러나 도시권은 흔히 공허한 구호로 치부되기 때문에, 더 구체적인 실천 프로그램이 필요하다는 점이 지적된다. 사실 하비가 주장하는 바와 같이, 도시권의 개념은 분명 아직 체계적 의미를 갖추지 못했다. 이러한 도시권의 개념을 정립하기 위해 르페브르나 하비의 이론적 연구에 의존할 수도 있겠지만, 도시의 거리나 지역사회에서 이루어지는 실천적 요구에 더 많이 의존할 필요가 있다.

실천적으로 도시권을 쟁취하기 위한 도시운동은 도시공간에서 이루어지는 다양한 형태의 만남을 활성화하기 위한 '마주침'의 정치와 도시의 공적 공간이 더 이상 사적으로 전유되지 않도록 하기 위해 도시공간 점유운동을 포함한다. '마주침'의 정치를 제안했던 메리필드에 따르면, 도시는 단지 고정된 공간적 구성물로 이해되어서는 안 되며 '도시적인 것', 즉 도시 안에서 그리고 도시를 통해 순환하는 상품, 자본, 화폐, 사람, 정보 등의 만남과 마주침을 통해 만들어지는 역동적인 유기체로 이해되어야 한다. 도시는 인간적 실재와 활동, 교환, 조합, 접근, 집중과 마주침 등을 벗어나서 도시 자체만으로는 아무것도 만들지 못한다고 주장된다. 따라서 도시공간을 역동적으로 변화하기 위해 마주침의 정치가 필요하다. 마주침의 정치는 단순히 만남과 마주침의 장소로서 도시를 변화시키는 것이 아니라 모인 주체들을 변화하도록 추동한다. 박배균은 도시를 이렇게 만남과 마주침의 장으로 보는 것은 대안적 도시 이데올로기를 만들어내고 궁극적으로 도시를 변화시키는 것이라고 강조한다. 정현주 역시 젠더로 이분화된 도시를 극복하기 위한 중요한 방안으로 이러한 마주침의 정치를 강조한다. 마주침의 정치는 도시의 마을공동체나 공동 부엌, 쉼터를 비롯한 다양한 안전공간을 구축할 수 있도록 한다. 그뿐 아니라 마주침의 정치는 '점령하라'라는 새로운 도시적 저항운동에 함의되어 있다. 즉, 이 운동은 도시공간 속에서 다양한 사람이 만나서 서로의 분노를 결집하고 표출함으로써 새로운 희망을 만들어내고자 한다.

　장세룡은 이러한 공간점거운동을 마주침의 정치에서 나아가 보다 포괄적으로 그 의미를 부여하고자 한다. 그에 의하면 공간점거운동에서 점거캠프는 "파열의 순간 새로운 가치의 정치경제학을 생성할 가능성을 열고자 준비하는 반(counter)시공간 장소이자, 일상의 사회적 재생산을 실천하는 사회적 배려의 장소로서 틈새 공간의 기능을 수행한다." 이러한 반(시)공간의 개념은 푸코와 르페브르가 논의한 헤테로토피아의 개념에 준거한다. 헤테로토피아에 관한 이들의 설명은 다소 다르다. "푸코의 헤테로토피아가 끊임없는 분산과 부재의 '반공간'에 맴돌며 머문다면, 르페브르의 헤테로토피아는 동종화와 합리성에 저항하며 자본주의적 공간화를 관통하는 핵심적 도시공간이며, 발생적으로 차이를 '통합'하는 공간이다." 장세룡의 연구는 헤테로토피아의 개념화에서 이러한 미묘한 차이를 사려 깊게 구분하면서, 공간점거운동의 의미를 재구성하고자 한다. 그에 따르면 공간점거운동은 지배계급의 사적 공간을 점유해서 대안적 공유공간을 생성하고 상호 차이와 유대감을 확인하는 과정이다. 이러한 운동은 조직과 권력의 유지 구조를 확보하기보다는 극적인 수행성의 순간들의 반복과 이를 통한 대안적 사회공간의 생산에 관심을 기울인다.

3) 진보도시, 포용도시, 사회적 경제, 그리고 그 너머

　도시의 희망은 도시에 거주하는 모든 사람, 특히 도시 서민들이 원하는 것과 그 실천을 의미하지만, 이를 실현할 수 있는 주요한 방안들 가운데 하나로 정부(특히 도시정부) 또는 정부를 포함한 다양한 도시 주체가 참여하는 거버넌스에 의해 추동될 수 있는 정책을 포함한다. 조명래는 '진보도시'의 관점에서 사람중심 도시 만들기를 주된 내용으로 구성된 도시정책을 제안한다. 그는 서울을 포함한 아시아 도시들이 "급격한 근대화를 겪으면서 화려한 물질적 성장과 장소적 번영을 이루었"지만, "도시적 삶의 온전함, 사람중심의 도시가치, 도시의 역사적 정체성, 도시 민주주의나 지속가능성 등은 갈수록 악화되고" 있다고 말한다. 진보도시는 "'장소의 번영'보다 '사람의 번영'이 곧 진보를 지향하는 도시"를 의미한다. 그리고 "커뮤니티, 공공공간, 사회경제, 토속문화, 인권과 정의, 참여 거버넌스, 도시권리 등이 곧 진보도시론을 구성하는 키워드"로 제시된다. 특히 이러한 진보도시를 구성하는 네 가지 통합적 개념으로 '과정'으로서 포용성과 분배정의, '결과 상태'로서 문화적 풍부화와 생태적 지속(가능)성이 강조된다.

정병순의 연구는 발전국가의 쇠퇴 이후 이를 이어 등장한 발전도시는 '의제적' 성격의 발전주의, 즉 '개발주의'에 입각해 도시 발전을 추동함으로써 여러 도전적 과제를 남기게 되었다고 지적한다. 이러한 점에서 발전도시 서울의 도전 과제로 뉴 노멀 시대에 지속가능한 도시경제의 확립, 성장지상주의/개발중심주의 정책가치에 대한 근본적 재성찰, 공공 주도 계획합리성과 효율주의 원리에서 벗어난 대전환 모색, 과잉개발주의에 따른 생활세계의 식민화와 공동체 해체의 극복, 대도시 내 심화되는 경제적·사회적 불평등의 완화와 해소, 공공 주도형 거버넌스에 따른 시민사회와 지역사회의 (미)발전 등이 열거된다. 이러한 도전 과제에 대처하기 위해 정병순은 '포용도시'라는 개념을 제안한다. 포용도시를 둘러싼 논의와 실천은 초기에는 '사회적 배제'의 해소 내지 '사회적 포용'의 관점에서 출발했다. 그러나 최근 포용도시의 개념은 '포용 성장'을 강조하며 이를 위한 '기회의 형평성 제고'와 소득재분배의 실현, 협치 구축 등을 부각시킨다. 이러한 점을 반영해서 희망의 도시를 위한 서울형 포용도시를 실현하기 위한 정책적 전략으로 지속가능한 대도시경제기반 구축, 소통과 배려의 공감도시 실현, 모두가 함께 번영하는 균형과 형평의 도시, 공동체 회복과 생활세계의 재영토화, 협력적 거버넌스의 질적 고도화 등이 제안된다.

박세훈의 연구에서 희망의 도시를 위해 제시되는 대안적 도시만들기는 '사회적 경제'에 기반을 둔다. 사회적 경제는 광의로는 "공적 부문과 사적 부문의 중간에 위치한 경제활동을 의미"하며, 그 대표적 사례로 "협동조합, 커뮤니티 비즈니스 등과 같이 수익을 창출하면서도 조직의 목적이 단순히 수익의 극대화가 아닌, 사회적 목표를 추구하는 활동"을 들 수 있다. 다른 한편 "전통적인 의미에서 사회적 경제는 특정 공동체의 자구적인 경제활동의 하나였으나 최근 사회적 경제는 사회문제, 특히 도시문제를 해결하기 위한 수단으로 부각되고 있다". 이러한 개념을 종합하면, "사회적 경제는 도시 및 지역정책이 개발과 성장 중심에서 지역사회 내부의 자생적 힘을 키우는 방식으로 전환하는 데 기여할 수" 있을 것이라는 점이 강조된다. 이러한 사회적 경제를 발전시키기 위한 핵심적 과제는 "시장경제에서 생존 가능하고, 행정의 제도적 관행에 완전히 포섭되지 않으면서, 도시사회에 새로운 가치를 어떻게 제공하는가"라고 할 수 있다. 이러한 점에서 박세훈은 대안적 도시만들기를 위한 방안으로 사회적 경제의 세 가지 측면, 즉 지역성, 수익성, 혁신성을 강조한다.

끝으로 박원순 서울시장과 데이비드 하비 교수 간 특별 대담은 희망의 도시를 위한 이론과 실천의 결합이라는 측면에서 상호 소통과 상호 인정의 극치를 보여준다. 박원순 서울시장은 실천운동에 바탕을 두고 정치에 입문한 대표적인 정책 실행자이자 행정가이며, 하비 교수는 도시공간 이론 나아가 마르크스 이론 분야의 세계적인 석학이다. 이들 사이에 진행되었던 대담은 현재 도시위기가 어떤 이론적 함의를 가지며, 이러한 위기를 극복하고 희망의 도시로 나아가기 위해 어떤 실천적 노력이 필요한가를 진지하게 보여준다. 하비 교수는 사회 권력에는 두 가지 논리가 있다고 주장하며 논의를 시작한다. 하나는 영토에 기초한 권리 논리고, 다른 하나는 화폐와 상품의 생산에 기초한 자본의 논리다. 권력에 관한 이 두 가지 논리는 하비 교수가 본래 신제국주의에 관해 논의할 때 제시했던 것이다. 대담에서 그는 "권력의 두 논리는 상호의존적이며…… 지방자치의 차원에서 뚜렷하게 나타난다"라고 주장한다. 즉, 도시정부가 권력의 영토적 논리에 근거를 두고 문화행사나 공적 공간을 대상으로 한 투자 등을 수행하고자 하지만, 이를 위해 도시정부는 불가피하게 자본주의의 필요와 요구에 부합하라는 요청을 받게 된다. 바로 이러한 점에서 하비 교수는 박원순 시장에게 "당신은 '모순의 중심'에 있다"라고 말한다.

　박원순 시장은 하비 교수의 이러한 통찰력 있는 지적을 민감하게 이해한다. "문제는 자본의 힘이 워낙 거대할 뿐만 아니라, 이를 규제하는 힘이 대부분 중앙정부에 속해 있기 때문에, 도시(정부)의 입장에서 보면 여러 가지 힘의 한계를" 갖게 된다는 점을 진솔하게 인정한다. 이러한 점에서 주택 임대료 인상이나 젠트리피케이션에 강력한 대응 방안을 시행하기 어렵다는 점을 토로한다. 하지만 박원순 시장은 "예컨대 사회적 경제를 증진한다든지, 또는 마을공동체를 추진해서, 말하자면 개인, 분산 고립화된 개인이 아니고 '함께 이런 문제를 해결해가자'라는 식의 노력을" 다하고 있다고 힘주어 말한다. 하비 역시 이 점에 공감하고, "통제를 벗어난 자본을 다시 통제하기 위해서는, 동맹이 만들어져야" 한다고 제안한다. 박원순 시장은 서울시에서 시행했던 다양한 정책이 바로 도시정부와 시민단체 그리고 지역주민들 간의 협력에 바탕을 두고 있음을 여러 사례를 통해 설명한다. 그리고 저성장 시대에 접어드는 시점에서, 공공성 대신 자본의 탐욕이 지배하는 도시에서 어떻게 힘을 합쳐서 문제를 함께 해결할 수 있을 것인가에 대해 다시 질문한다. 하비 교수는 자본을 이기기 위한 사회운동과 도시정부 간의 협력을 재차 강조하고, 박원순 시장은 도시의 모든 것이 "시민의 정신, 시민의 수준, 시민의 참여, 시민의 압력"에 좌우된다는 점을 강조한다.

4. 이 책의 출판 과정과 감사 말씀

마지막으로 이 책의 출판 과정과 기획에서 출판되기까지 도움을 준 많은 분께 감사를 표하고자 한다. 사실 이 책은 서울연구원과 한국공간환경학회가 공동으로 '희망의 도시' 프로젝트를 수행한 결과물을 편집·출판한 것이다. 2015년 7월 서울연구원에서 개최되었던 한 월례 발표회에 참석해서 '자본의 과잉축적과 도시의 위기'에 관한 논문(이 논문은 프로젝트의 연구 과제로 포함되지 않았지만, 약간 수정·보완해서 심포지엄의 기조 논문으로 발표했고, 이 책의 서장으로도 포함되었다)을 발표한 것을 계기로, 현대 도시의 위기를 극복하기 위한 대안으로서 '희망의 도시'에 관한 프로젝트를 추진하기로 서울연구원 측과 암묵적으로 합의했다.

다른 한편 이러한 연구 주제는 최근 사회과학 및 인문학 일반에서 공간(특히 도시공간)에 관한 관심의 증대와 확산에 대한 지리학자들의 자기 성찰과도 긴밀하게 연계되었다. 이러한 점에서 2015년 11월 개최되었던 지리학대회에서 '비판적 공간이론의 사회·인문학적 확장과 전망: 새로운 도시담론을 찾아서'라는 주제로 특별 세션을 구성하게 되었다. 이 특별 세션에 지리학 바깥에서 도시공간에 관한 연구를 주도하던 강내희, 장세룡, 곽노완 교수와 지리학계 내에서 활동하던 최병두, 김용창, 박배균 교수가 참여해 간략하게 주제 발표하고 진지한 토론이 이어졌다. 세션에는 이 대회에 참석한 지리학자들 외에도 서울연구원의 김수현 원장님 외 여러 연구자가 참석했다.

지리학 대회의 특별 세션 발표 후 열린 모임에서 프로젝트를 공식화하기로 하고 참여자들을 확대해 국내 연구자 12명, 외국인 연구자 3명 정도를 초청해서 연구 논문을 의뢰하며 프로젝트를 마무리하기 위한 심포지엄을 개최하기로 의견을 모았다. 이에 따라 2016년 초 서울연구원이 지원하는 '희망의 도시' 프로젝트가 탄생하게 되었고, 2016년 8월 말 최종 보고서를 제출하기로 했다. 참여자들을 최종 선정하는 과정에서 내국인 연구자 12명이 결정되었고, 접촉한 외국인 연구자들 가운데 돈 미첼만이 프로젝트에 적합하게 논문 집필과 투고를 할 의사가 있음을 확인하고 함께하게 되었다.

8개월이 채 되지 않는 짧은 기간이었지만, 프로젝트의 참여자들은 바쁜 일정 속에서도 진지하고 열정적으로 연구를 수행했다. 특히 이 과정에서 2015년 3~5월에 걸쳐 매월 월례 발표회를 개최해 연구 성과물을 발표했고, 열띤 토론을 통해 각자의 연구를 검토하고 전체적으로 연구 방향과 내용에 공통성을 갖추고자 노력했다. 월례 발표회에서 해외 연구자를 제외한 참여자 모두 자신의 논문을 발표했으며, 6월에 계획되었던 심포지엄은 본래 연구 참여자들만으로 진행될 예정이었다. 하지만 이 심포지엄이 개최되기 직전에 데이비드 하비 교수가 다른 목적으로 한국을 방문한다는 사실을 알게 되었고, 하비 교수와 박원순 서울시장과의 대담을 요청해 심포지엄의 특별 세션으로 포함하게 되었다.

이러한 과정을 거쳐 이 책 『희망의 도시』가 출간된다는 사실을 스스로 자축하며, 프로젝트에 참여한 모든 분께 감사드린다. 이 프로젝트에 참여한 연구자들의 학문 분야는 지리학을 포함해 사회과학뿐 아니라 문학, 역사학, 철학을 포함한 인문학 전반에 걸쳐 있다. 이 점은 『희망의 도시』가 현실 도시에 대한 비판적 분석에 바탕을 두어야 할 뿐 아니라 도시의 희망을 찾기 위한 인문학적 상상력을 필요로 한다는 점을 반영한다고 하겠다. 연구 참여자들 가운데, 심포지엄 발표를 위해 멀리 영국에서 참석해준 신현방 교수(영국 런던정치경제대학교), 외국인 연구자로 기꺼이 이 프로젝트에 공감하고 참여한 돈 미첼 교수(미국 시러큐스대학교)에게 특별히 감사드린다.

무엇보다도 매우 바쁜 일정에도 심포지엄에서 준비한 특별 대담에 참여하셔서 서로 거침없고 진솔하게 말씀해주신 박원순 서울시장님과 데이비드 하비 교수께 진심으로 감사드리며, 이 심포지엄에 참석해서 성황을 이루어주신 청중들께도 감사드린다. 또한 『희망의 도시』라는 연구 주제의 중요성을 포괄적으로 인정하고, 구체적 주제들에 대해서는 아무런 제한 없이 자유롭게 연구를 할 수 있도록 지원해준 서울연구원 김수현 원장님께도 감사한다. 프로젝트의 진행 과정과 심포지엄의 개최 등을 위해 실무 활동을 맡아준 한국공간환경학회 이후빈 간사와 서울연구원의 담당 실무팀에도 감사하며, 이 책의 편집·출판 과정에서 실무 작업을 담당해준 한울엠플러스 윤순현 차장님, 하명성 씨, 김경희 씨께도 감사드린다.

2016년 11월
최병두

서장

한국의 자본축적 과정과 도시화: 위기와 대안

최병두 | 대구대학교 지리교육과 교수, bdchoi@daegu.ac.kr

1. 현재 우리는 어떤 위기에 처해 있는가?

현재 우리 사회가 위기에 처해 있다는 점을 부정할 사람은 거의 없을 것이다. 물론 이 위기는 이를 경험하거나 이해하는 입장 또는 관점에 따라 다르게 인식될 수 있다. 우선 사회적 관점에서 위기를 감지할 수 있는 사건들이 일상생활 속에서 연이어 발생하고 있다. 그러한 예로, 2016년 5월 중순 강남역 인근 건물 화장실에서 전혀 알지 못하는 남성에게 20대 여성이 살해된 사건이 일어났고, 6월 초순에는 서울 지하철 2호선 구의역에서 스크린도어를 정비하던 19세의 젊은이가 사망하는 사건이 발생하기도 했다. 과거에도 이런 사건이 있었지만, 최근 사건들이 도시사회에 미치는 파장은 상당히 다른 양상을 보이고 있다. 즉, 이 사건들은 과거처럼 단순히 개인적 사건으로 치부되어 묻혀버리지 아니하고, '나를 두렵게' 하거나 '비정규직 하청회사의 청년 노동자'에게 '책임을 전가하는' 사회구조적 문제로 인식되면서, 많은 사람이 이를 안타까워하며 추모 열기를 만들어내고 있다. 이 사건들은 오늘날 도시공간에서 하위계층뿐 아니라 중간층을 포함한 대다수 시민이 울분을 터뜨리는 사회공간적 위기가 고조되고 있음을 나타내는 전형적 사례라고 할 수 있다.

다른 한편, 재벌 대기업과 경제 관련 전문가도 한국 경제가 현재 심각한 위기 상황에 처해 있다는 점을 공감한다. 한 언론사(≪한국일보≫, 2016년 1월 1일)가 2016년 1월 1일 최상위 재벌 그룹을 포함한 주요 대기업 CEO 45명, 그리고 국내 경제·경영학자 20명을 대상으로 설문조사를 실시한 결과, "우리 경제가 처한 운명의 시간을 '밤 11시 이후'로 답한 응답자가 64.4%"에 달했고, "'밤 11시 50분 이후', 즉 우리 경제가 극한의 위기를 맞을 수 있는 시간이 채 10분도 남지 않은 상황이라고 본 응답자도 26.7%"나 되었다. 응답자들은 이러한 "한국 경제위기의 가장 큰 요인(복수응답)으로 '글로벌 경기 침체' (60.4%), '기업의 수출 경쟁력 상실'(54.7%), '중국의 경기 둔화'(39.6%), '가계부채'(30.2%) 등을 꼽았다". 응답자들은 한국 경제의 위기가 점점 더 심각하게 노정되는 세계 경제의 위기와 관련된 요인들에 주목하고, 이어서 국내의 사회경제적 위기의 도화선으로 부상하고 있는 '가계부채'를 매우 심각한 요인으로 간주한다.

그러나 한국 경제가 처한 위기와 이에 대응하는 전략을 모색하는 점에서 정부가 보여준 인식은 재벌 기업들과는 차이를 보인다. 지난 연말 정부는 당면한 경제위기를 극복하기 위해 노동개혁의 필요성을 역설하면서 입법화를 강력하게 추진했지만, '비효율적 노동시장'을 경제위기 요인으로 꼽은 CEO는 13.9%에 지나지 않았다. 그뿐 아니라 경제위기를 유발하는 국내 요인으로 지적된 '가계부채'는 사실 정부가 지난 2년여의 기간 동안 추진했던 부동산 경기부양책에 기인한 것이라고 하겠다. 주택 담보인정비율(LTV)과 총부채상환비율(DTI) 등 부동산 대출 규제를 완화해 부동산 경기를 부양하고자 했지만, 실제로는 이 때문에 오히려 가계부채는 급증했고 소비는 위축되었으며, 결국 경제위기를 초래할 심각한 요인으로 지적받았다. 이와 같이 정부는 도시 서민들이 겪고 있는 사회적 위기에는 무관심할 뿐 아니라, 지구 경제의 위기와 함께 한국 경제가 겪고 있는 위기를 단지 자신의 관점에서만 이해하고, 정치적 통치 전략에 필요한 정책만 선택적으로 시행하고 있다.

이러한 사례들은 우선 오늘날 도시인들이 죽음과 생존의 위험이 노정되는 공간 속에서 살아가고 있음을 보여준다. 이 사건들은 단순히 현대 도시가 각종 재난 사고들이 발생하는 장소라는 의미를 넘어서 억압과 소외에 의한 적개심이나 비정규직 하청 노동에 의해 내몰리는 위험에 의해 언제든지 '죽음의 현장'이 될 수 있음을 확인시켜준다. 사회에서 배제된 자들은 다시 낯선 타자(특히 젠더화된 사회에서 약자인 여성)를 무작위로 혐오하며, 이 때문에 시민들이 일상적으로 사용하는 공적 공간은 공포감으로 가득 차게 되었다. 또한 계층적으로 분화된 (또는 금수저/흙수저라는 냉소적 비유에서 알 수 있는 것처럼, 대물림된) 노동시장에서 어렵게 일자리를 구한 도시 노동자들은 생명을 건 위험한 노동 현장에서 결국 죽음을 맞기도 한다. 이와 같은 파국적 위기 현상들은 도시의 수많은 사람들에게 공포와 울분을 자아내고 있다는 점에서, 단순히 개인적인 문제나 책임이 아니며 위기를 유발하는 경제적·정치적 배경에 관한 분석과 이를 극복하려는 노력이 절실히 필요하다는 점을 알려준다. 달리 말해, 오늘날 도시에서 발생하는 사회공간적 위기는 이들이 어떻게 자본주의 경제의 구조적 위기와 관련되며, 또한 이들에 제대로 대응하지 못하는 정부 정책의 한계에 기인하는가를 밝히고, 나아가 삶의 희망을 열어나갈 새로운 도시공간을 모색하도록 요구한다.

물론 한국 경제의 극한적 위기 상황을 인식한 재벌 기업인들도 이에 대처하려고 하겠지만, 이들은 기본적으로 자신들의 입장에서 이를 인식하고 그 대응 전략을 모색할 뿐이다. 이들은 당면한 위기의 핵심 요인으로 세계 경제의 침체와 국내 가계부채의 급증을 꼽고 있지만, 신자유주의적 세계 경제가 왜 위기에 처하게 되었는지, 그리고 이러한 경제위기가 어떻게 도시위기를 유발할 뿐 아니라 이와 결합되어 있는지를 체계적으로 이해할 필요가 있다. 대기업들뿐 아니라 관련 학자들도 그동안 한국의 경제성장 또는 자본축적 과정에서 중요한 역할을 담당했으며 또한 위기를 유발한 (가장) 중요한 요인이 도시화 과정, 즉 도시 내 및 도시 간 건조환경(엄청난 규모로 확장된 도시의 사무·주거·공공 건축물과 공단, 도로, 철도, 항만 등 물리적 인프라 또는 고정자본)을 통한 자본순환이었다는 점을 간과하고 있다. 물론 도시 건조환경을 통한 자본순환은 한국 경제에 한정된 것이 아니며, 세계의 거의 모든 국가에서 경제성장을 추동하는 핵심적 과정으로 작동하고 있다(최병두, 2012). 하지만 2008년 미국 서브프라임 모기지 사태가 촉발한 세계적 금융위기에서 드러난 바와 같이, 도시 건조환경을 통한 자본축적 과정은 세계적 금융위기를 유발했으며, 이러한 점에서 하비(Harvey, 2009)는 오늘날 경제위기란 '도시의 위기'라고 주장한다.[1]

국가의 임무 가운데 하나는 이러한 사회적·경제적 위기에 대처하기 위한 대응책을 제시하는 것이다. 하지만 그동안 정부의 대응책은 위기에 대한 전면적이고 합리적인 정책이라기보다는 특정 정치권력의 이해관계에 바탕을 둔 선택적이고 전략적인 정책에 지나지 않았다. 이로 인해 위기는 해소되는 것이 아니라 오히려 심화되거나, 새로운 양상을 만들어내고 있다. 고용의 유연성 제고와 산업구조 조정을 위한 정부의 '노동시장 개혁' 방안은 오히려 비정규직을 확대시킬 것으로 우려되며, 관련법 제정을 위해 국회를 압박했던 정부의 통치 양식은 점점 더 비소통적 권위주의로 흐르는 경향을 보여주었다. 또한 그동안 추진했던 정부의 부동산시장 활성화를 위한 규제완화 정책은 한편으로 도시 건조환경에의 투자가 자본축적 과정에 매우 중요한 역할을 담당하고 있으며, 대출규제완화와 같은 금융정책과 밀접하게 관련되어 있음

---

1)   즉, "1970년대 이후 세계적으로 397건의 금융위기가 있었으며, 이러한 금융위기들 가운데 많은 것이 도시화에 기반을 두고 있었다. 미국에서 이 위기의 기원은 서브프라임 모기지 위기에 의해 초래되었다. 그러나 이는 서브프라임 모기지의 위기가 아니라 도시위기다"라고 주장한다(Harvey, 2009).

을 보여주었지만, 오히려 전세 및 월세가 폭등하면서 서민들의 주거위기 심화와 소비 위축으로 경제를 더욱 침체시키는 부채위기를 초래하고 있다. 이와 같은 노동시장 개혁이나 부동산 규제완화 정책은 정치권력의 자기 재생산에 기여할지는 모르지만, 침체된 경제의 활성화와는 거리가 멀 뿐 아니라 도시공간에서 발생하는 사회적 위기를 더욱 심화시키고 있다.

이와 같은 도시위기의 심화와 기업 및 국가 전략의 한계는 이러한 상황에서 피해와 희생을 강요당하는 도시인들에게 위기를 자각하고 대안적 실천에 나설 것을 요구한다. 하지만 오늘날 자본축적과 권력 유지를 위한 정치경제적 힘이 지배하는 도시공간에서, 도시인들은 자신이 처한 사회공간적 질서가 어떻게 위기에 처하게 되었는가를 체계적으로 인식하지 못한 채, 점점 더 심각하게 다가오는 위험을 막연하게 느끼고 있을 뿐이다. 도시의 건조환경은 자본축적 과정에 편입·통합되고, 도시의 공적 공간은 자본과 국가권력에 의해 위험에 처해 있다. 도시인들은 자본주의적 경제·정치 논리에 의해 체계적으로 소외되어 정체성을 상실한 채, 이러한 도시의 위기를 제대로 인식하지 못하면서 살아간다. 오늘날 우리는 이러한 위기의 도시 속에서 소외와 절망으로 살아갈 것인가, 그렇지 않으면 소진되어 가는 주체성을 끌어 모아 자본과 권력이 지배하는 도시공간의 틈새에서 새로운 희망을 찾아나갈 것인가라는 중대한 기로에 서 있다. 답은 분명하다. 위기의 도시에서 희망의 도시로 바꾸어나가기 위한 전제로서, 도시공간이 자본주의 경제성장 과정에서 어떤 역할을 담당했으며, 특히 경제적 위기 국면에서 어떻게 재편되고 있는지, 그리고 도시의 위기에 대처하는 국가와 기업의 한계는 무엇이며, 이에 대처하기 위한 진정한 방안은 무엇인가에 대한 논의가 절실하게 필요하다.

2. 도시의 발달과 자본축적

인간이 처음 이 지구 상에 출현했을 때는 자연 속을 헤매면서 수렵과 채취로 생존했지만, 자연환경에 대한 인지능력 및 도구가 발달하면서 정착 생활을 하게 되었다. 이에 따라 소규모 집단생활이 이루어지면서 상대적으로 좁은 공간에 많은 사람이 모여드는 도시가 형성되었고, 이에 터전을 두고 문명을 발전시켜왔다. 이러한 점에서 인간의 문명은 도시와 함께 시작되었고, 도시는 인간 문명의 저장고라고 일컬어진다. 물론 이러한 도시의 기원에 관한 설명은 문명과 자연을 이분법적으로 구분하기 위한 것이 아니라, 문명과 자연 간의 변증법적 관계를 전제로 한다. 이러한 점에서 고대 그리스의 유랑 시인 호메로스의 서사시 〈오디세이아(Odysseia)〉는 고향 도시로 귀환하는 오디세이아가 과학적 지식과 신화적(또는 시적) 상상력을 이용해 미지의 자연을 어떻게 헤쳐 나가는가를 서술하고 있다.[2] 여기서 도시는 인간이 필사적으로 귀환하고자 하는 생존의 공간이며 과학적 지식 및 시적 상상력에 바탕을 두고 무지의 자연과 사악한 인간과의 투쟁을 통해 만들어내는 해방의 공간으로 묘사된다. J. M. 카우퍼(J. M. Cowper)의 말을 빌려 이러한 도시의 의미를 표현하면, "신은 인간을 만들었고, 인간은 도시를 만들었다".

물론 도시의 기원은 다양하게 설명될 수 있겠지만, 도시의 형성과 발달은 정착 생활과 더불어 누적된 잉여물이 집합·저장되는 장소, 그리고 이러한 잉여물을 전유하고 관리하는 정치적·경제적 지배계급, 즉 비생산계급의 거주지로서의 기능과 관련된다는 점은 분명하다. 이러한 점에서 도시는 주변 농촌

---

[2] 아도르노(1999)는 이러한 점에서 인간의 역사를 신화와 계몽(과학적 이성)의 '부정' 변증법으로 이해한다. 즉, 고대 신화 속에서 계몽적 요소는 인간을 자연으로부터 해방시켰지만, 근대 이후 도구적 이성에 기초한 현대 문명은 인간 해방을 돕기는커녕 오히려 인간을 새로운 종류의 야만으로 전락시키고 있다고 주장한다.

지역이나 다른 도시들로부터 수탈한 잉여물을 이용한 화려한 건축물들이 누적되고 지배계급의 사치스러운 생활양식이 영위되는 공간이었다. 인류 역사의 초기 사적 소유권이 확립되지 않았던 사회에서 구성원들은 이러한 잉여물을 공동으로 소유·이용하면서, 도시(공간)를 '공유재' 또는 '공통재'로 인식했을 것이다. 또한 아렌트(Arendt, 1958)가 『인간의 조건(The Human Condition)』에서 제시한 바와 같이, 고대 그리스의 폴리스(polis)처럼 도시공간은 물질적 해방을 전제로 자유로운 시민들이 민주적 정치를 논하는 공론의 장일 수 있었을 것이다. 그러나 잉여물은 누구에 의해, 어디서 어떻게 생산되든 소수의 지배집단에 의해 전유되고 관리된다는 점에서, 도시는 잉여물의 생산계급과 이를 전유하는 비생산계급 간의 갈등이 끊임없이 전개되는 계급투쟁의 장이기도 했다. 즉, 도시는 잉여생산물의 사회적·공간적 집적지였고, 도시화 과정은 언제나 계급적인 힘 관계 또는 계급투쟁의 소용돌이 속에서 전개되어왔다.

잉여물의 집적지이며 저장소로서 도시, 그리고 인간 생존의 조건이며 또한 동시에 계급투쟁의 장으로서 도시의 역할은 고대사회와 봉건사회를 거쳐 자본주의하에서도 지속되고 있지만, 자본주의도시가 담당하는 이러한 기능은 과거 사회와는 비교할 수 없을 정도로 역동적이고 강력하다. 왜냐하면 자본주의는 잉여가치의 지속적 생산을 필수적으로 전제하며, 도시공간은 단순히 이러한 잉여가치가 생산되는 장이 아니라 도시공간을 생산함으로써 잉여가치가 생산되고 재투자되는 장소이기 때문이다. 이러한 점에서, 르페브르(Lefebvre, 1973)는 도시공간이 자본주의 역동성의 가장 중요한 원천이며, 그 역동성이 전개되는 장일 뿐 아니라 자본주의가 그 자신을 지속적으로 존립시키기 위해 필수적으로 생산하고 재생산해야 할 수단이라고 주장한다. 하비(2014, 28)는 이러한 주장을 반영하고 더욱 나아가 자본주의 발전과 도시화 간의 불가분한 관계를 다음과 같이 서술한다.

자본주의의 토대는 잉여가치(이윤)의 영속적 추구다. 하지만 잉여가치를 만들어내려면 자본가는 잉여생산물을 생산하지 않으면 안 된다. 이 사실은 자본주의가 도시공간의 형성에 필요한 잉여생산물을 끊임없이 생산해야 한다는 것을 뜻한다. 그 역도 성립한다. 자본주의가 끊임없이 생산한 잉여생산물을 흡수하려면 도시공간의 형성을 필요로 할 수밖에 없다.

이와 같이 오늘날 도시공간은 단순히 자본주의의 일부로서 존재하는 것이 아니라 그 사회의 생성, 유지, 발전을 위한 필수적인 존립 수단이 되었다. 전자본주의 사회가 도시를 시골과 분리시키고 이들 간 모순을 심화시켰다면, 자본주의는 시골을 포함해 사회(국가 나아가 세계) 전체를 도시화하는 과정, 즉 자본의 도시화 과정을 통해 발전하며 모순을 심화시키는 체제로 이해된다. 봉건주의에서 자본주의로의 전환은 기본적으로 중세 도시의 해체와 새로운 근대 자본주의도시의 발달을 동반했다. 자본주의도시는 장거리 무역과 약탈을 통해 부를 누적시키는 한편, 봉건영주로부터 해방된 농노들이 모여들어 자유 임금노동자가 되는 장소였다. 토지 '인클로저'(울타리치기)는 도시 임금노동자의 형성과 동시에 봉건적 토지소유관계를 근대적 사적 소유(그리고 이에 따른 공유지의 소멸)로 바꾸는 중요한 계기가 되었다. 그뿐 아니라 토지의 사적 소유와 토지에서, 농노의 분리와 이에 따른 도시 임금노동자의 증가가 초기 자본 형성을 위한 중요한 수단이었다는 점에서, 이른바 '시원적 축적'의 발판이 되었다. 이러한 시원적 축적 과정과 토지(공간)의 인클로저는, 자본주의 초기 단계에 한정된 것이 아니라 오늘날에도 여전히 또는 더욱 심각하게 자본축적을 위한 주요 수단이 되고 있으며(Sevilla-Buitrago, 2015; 김용창, 2015), 하비(Harvey, 2005)는 이를 '탈취에 의한 축적(accumulation by dispossession)'이라고 지칭한다.

물론 자본주의 경제발전, 즉 자본축적의 확대 재생산에서 핵심적 과정은 임금노동자에 의한 가치와 잉여가치의 생산과 실현이다. 자본주의 경제에서 잉여가치의 창출은 그 특유한 생산방식, 즉 노동자들이 임금으로 받는 것 이상으로 판매할 수 있는 생산물을 생산하기 때문에 가능하다. 노동자가 생산한 가치와 잉여가치는 상품 그 자체에 내재된 것처럼 간주되고, 이는 시장에서 상품의 판매를 통해 얻게 되는 화폐 수입을 통해 실현된다. 잉여가치는 노동자들에 의해 생산되었음에도 노동자들은 이에 대해 아무런 통제권을 가지지 못한 채 소외되고, 자본가들은 생산수단을 독점함으로써 생산물의 가치와 생산과정에서 지출된 임금 및 자본재의 가치 간 차이, 즉 잉여가치를 전유한다. 자본가에 의해 전유된 잉여가치는 이윤과 이자, 지대 등으로 배분되어 일부는 사치재로 소비되지만, 자본축적의 확대 재생산을 위해 자본순환 과정에 재투입된다. 즉, 자본주의 경제가 지속적으로 성장하기 위해서는 가치와 잉여가치가 생산되고 실현되어야 할 뿐만 아니라, 생산된 가치와 잉여가치가 재투자될 수 있어야 한다.

하비(Harvey, 1982)의 자본순환 이론에 의하면, 창출된 잉여가치를 흡수할 수 있는 자본의 순환 경로는 세 가지 유형, 즉 직접적인 생산-소비관계와 이를 통한 재투자 과정, 건조환경(고정자본과 내구성 소비재)에의 투자, 기술·과학 및 사회적 지출(교육, 보건, 복지, 이데올로기, 치안, 국방 등) 부문에의 투입으로 이루어진다. 데이비드 하비(David Harvey)는 이러한 자본의 순환 경로들을 각각 1차, 2차, 3차 순환이라고 지칭했으며, 특히 그의 자본순환론은 자본축적의 위기(또는 공황) 이론과 결합되어 있다는 점에서 매우 유의한 것으로 평가된다. 즉, 자본순환의 경로는 한 영역에서 발생한 위기를 해소하기 위해 다른 영역으로 자본의 흐름을 유도하지만, 새로운 영역에서도 결국 위기를 초래하는 것으로 이해된다. 또한 그의 자본순환론은 자본주의도시공간이 단순히 자본순환의 장이 아니라 건조환경을 통한 자본축적의 핵심적 요소가 된다는 점을 강조한다. 그러나 하비의 자본순환론은 각 영역으로의 자본 흐름이 동시에 이루어지기보다는 순차적으로 진행되는 것처럼 보이도록 한다. 또한 과잉축적으로 유휴화된 자본이 제3차 순환 영역, 즉 기술과학 및 사회문화적 지출(즉 비물질적 생산)부문으로 흘러들어갈 수 있음을 보여주고 있으며, 실제 탈산업경제 이후 과학기술 및 사회문화 부문에 대한 투자가 강조됨에도, 하비는 이 영역에서 일어나는 자본 흐름의 배경과 결과에 대해서는 거의 논의하지 않고 있다.

이러한 도시의 발달과 자본축적에 관한 이론적 논의를 배경으로 우선 한국의 자본축적과 도시화 과정을 살펴 볼 수 있다. 한반도의 오랜 역사는 농촌 잉여물의 생산과 수탈, 도시 비생산(양반)계급에 의한 전유, 그리고 이에 따른 도시공간의 형성 과정으로 이해될 수 있다. 우리나라에서 자본축적의 맹아는 조선 후기 또는 일제 강점기에서 찾아볼 수 있다는 논의도 있다. 즉, 조선시대 후기에 자본축적의 맹아적 단초와 새로운 중인계급이 주도한 도시경제가 발달했다는 주장이 있으며, 일제 강점기에 일본에 의해 이식된 자본주의 체제가 곡물과 자원의 수탈(즉, 탈취에 의한 축적)에 바탕을 두고 발달하기 시작했다는 주장도 있다. 그러나 한국의 자본주의 경제성장과 자본의 축적 과정은 분명 1960년대 이후에야 본격적으로 전개되었다. 잘 알려진 바와 같이, 한국 경제는 초기에 외국의 자본과 기술을 유치하고 자원을 수입하고 저임금 노동력과 결합해서 생산된 상품을 해외로 수출하는 과정을 통해 성장을 이루었다. 당시 군사 쿠데타를 일으켜 권력을 장악했던 정부와 군부 엘리트에 의해 충원된 기술 관료들은 국가의 '경제성장'을 최고의 통치 목표로 설정하고 이를 기획·추동하고자 했다는 점에서 이 시기는 이른바 '발전주의' 국가에 의한 자본축적 과정으로 설명되기도 한다.

동서양을 막론하고 자본주의 경제발전은 기본적으로 자유 시장경제의 형성과 확대에 바탕을 두고 있었지만, 한국의 경제발전 과정은 일본이나 대만 등과 마찬가지로 국가주도로 추동되었으며, 이는 서구의 자유주의 경제발전과는 구분된다는 점에서 발전주의(또는 발전)국가라고 개념화되었다. 특히 강조되어야 할 점은 국가가 외국 차관뿐 아니라 한일협정 청구금, 월남전 수입 등 다양한 방법으로 외자를 유치했으며, 이렇게 유치된 외자의 대부분은 국가 총고정자본을 형성하는 과정에서 공단, 도로, 항만 등의 건설 부문에 집중적으로 투자되었다는 점이다. 예를 들어, 1968년 착공해 1970년 완공되었던 경부고속도로를 건설하기 위해 총공사비로 당시 공식적으로 약 430억 원이 투입되었고, 이에 필요한 재원은 각종 세금의 확대, 도로국채 발행, 통행료 수입, 양곡차관 등의 방식으로 끌어왔으며, 비공식적으로는 베트남 전쟁 특수에 따른 국가 수입과 대일 청구 자금의 상당 부분이 조달되었다. 또한 고속도로 건설을 위해 군사장비가 동원되었고 부지 확보를 위해 토지를 탈취하기도 했다(최병두, 2009).[3]

〈그림 1〉은 1970년대 이후 우리나라 고정자본의 형성을 설비투자, 건설투자, 지식재생산투자로 구분해서 나타낸 것으로, 이 세 가지 유형의 투자는 하비의 자본순환론에서 나온 세 가지 경로에 해당된다고 하겠다. 이 자료에 따르면, 1970년 총고정자본을 형성할 때 투입된 도로, 항만 등 인프라 부문의 건설투자는 13.2조 원, 공장과 기계 등 설비투자는 2.3조 원, 지식재생산투자는 0.2조 원으로, 건설투자가 다른 영역의 투자보다 월등히 높았음을 알 수 있다. 이러한 경향은 1980년대 이후 다소 줄어들었지만, 그 이후 1990년대 중반에 이르기까지 지속되어 총고정자본 형성에서 70% 이상의 비율을 유지했다〈그림 1〉, (가)]. 이 점은 건설 부문 투자가 한국의 경제성장(자본의 확대재생산)을 견인하는 지대한 요인이었음을 보여준다. 특히 1980년대 중반 이

---

3) 즉, 당시 "군수와 읍면장이 땅 주인에게 '국가 발전을 위해 땅을 국가에 헌납하거나 헌납은 하지 않더라도 싼 값으로 매각해줄 것'을 요청했다"라고 하는 점에서(손정목, 2003: 111), 건설투자를 통한 고정자본의 형성에서 이른바 '탈취에 의한 축적'이 이루어졌다고 할 수 있다.

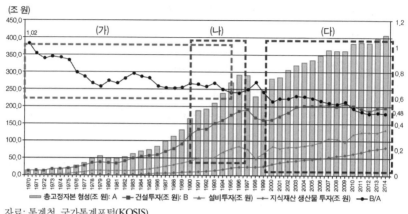

〈그림 1〉 한국의 부문별 고정자본형성 추이

자료: 통계청, 국가통계포털(KOSIS)

후 1997년 IMF 위기 이전까지 건설 부문 투자는 비중이 다소 감소했지만 절
대액이 크게 증가해, 설비투자의 급속한 증가와 더불어 내수시장의 확충을
주도했음을 알 수 있다〈그림 1〉, (나)〉. 2000년대 이후 설비투자와 지식재생
산물에 대한 투자가 크게 증가한 반면, 건설 부문 투자는 절대 금액이 거의
늘지 않아서 그 비중도 지속적으로 감소하고 있지만, 이에 대한 논의는 좀 더
세밀한 분석을 요한다〈그림 1〉, (다)〉.

이와 같은 건설 부문의 투자는 결국 도시 내 주거, 사무, 공업용 건축물의
건설(즉, 건축 부문)이나 도시를 연결하는 도로와 항만, 공항 등의 인프라 구
축과 확충(즉, 토목 부문)을 위해 투입된 것이라고 할 수 있다. 〈그림 2〉는 이
러한 건설 부문 투자 증감률이 경제성장률과 어떤 관계를 가지며, 또한 이들
이 어떤 주기를 가지고 변하는가를 보여준다. 여기서 추정할 수 있는 것처럼,
건설 부문 투자 증감률은 경제성장률과 밀접한 상관관계를 가지며, 또한
1970년대 이후 1990년대까지 대체로 10년 주기로 호황과 침체를 겪었음을
알 수 있다〈그림 2〉, (나)〉. 특히 건설 부문 투자 증감률에서는 4~5년 정도의

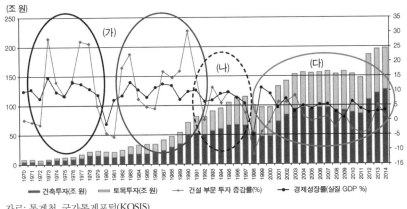

〈그림 2〉 건설 부문 투자 증감률과 경제성장률 변화 추이

자료: 통계청, 국가통계포털(KOSIS)

소주기를 확인할 수 있는데, 이는 실물경제와 부동산경제가 어떤 관계를 가지고 있는가를 추정할 수 있도록 한다. 즉, 경제침체기 이후 경기 활성화를 위한 국가의 부동산 규제완화 정책은 건설 부문 투자를 촉진했고, 이에 따라 경제가 어느 정도 활성화되면 다시 규제를 강화함으로써 건설 부문 투자가 감소했다. 하지만 실물경제가 급성장한 이후, 과잉축적의 위기를 맞으며 유휴화된 자본이 부동산시장으로 투입되면서 다시 건설 부문 투자가 급증하지만, 결국 경제침체와 더불어 부동산 거품이 붕괴되며 건설투자도 위축되는 양상을 보였다. 1990년대에는 1997년 IMF 위기 때문에 과잉축적의 위기에 따라 발생했던 부동산시장의 폭등은 없었다(〈그림 2〉, (나)]. 그러나 IMF 위기가 끝나자마자 건축 투자는 다시 큰 폭으로 증가했고, 2000년대 중반까지 지속되었다. 이러한 건조환경 부문에 대한 투자는 2008년 세계 금융위기에도 불구하고 이명박 정부의 대규모 토목사업으로 계속 유지되었고 이 사업이 끝난 후 다소 감소했지만 2012년 이후 다시 증가하고 있다(〈그림 2〉, (다)]. 이와 같이 과잉축적으로 인해 나타나는 경기 침체나 세계적 금융위기는 위기 국면

을 초래했으며, 국가와 기업의 부동산 관련 전략은 번번이 조정되어왔다. 이러한 위기의 조정 전략에서 가장 우선적이며 빈번하게 동원된 부동산정책은 다양한 이름으로 도시 건조환경의 확충과 도시공간의 재편을 촉진해왔다.

이와 같이 건설 부문의 막대한 (재)투자를 중심으로 한 총고정자본의 형성은 기본적으로 한국의 경제성장 또는 자본축적이 도시 내 및 도시 간 건축과 토목투자, 즉 도시화 과정의 물적 토대(건조환경) 구축을 통해 촉진되었으며, 또한 자본축적 과정에서 형성된 사회적 부(즉, 유휴자본)의 상당 부분이 도시의 건조환경에 재투입되어 도시공간에 체현되었음을 의미한다. 또한 도시의 건조환경은 경제성장의 동력으로서 그 자체가 자본순환의 기본 대상이며 경제적 위기를 해소하기 위한 주요 수단으로 작동하지만, 동시에 자본주의 경제위기를 공간적으로 표현할 뿐 아니라 이를 심화시키는 결정적 매체라고 할 수 있다. 근대적 도시화 과정과 도시공간의 편성이 자본주의적 산업화와 동시에 진행되었다면, 오늘날 탈산업화 과정에서 첨단기술경제, 지식기반경제, 창조경제 등 비물질적 생산 부문과 이에 따른 도시화 과정이 강조될 수 있다. 하지만 현실의 자본축적 과정은 아직 도시공간의 물리적 재편 과정에 상당히 의존하고 있다. 도시재생 또는 젠트리피케이션(gentrification) 등을 통한 새로운 도시화 과정은 서구 선진국들뿐 아니라 제3세계 국가들에서도 붐을 일으키면서 지구적 규모로 진행되고 있다는 점에서 '행성적 도시화' 또는 '행성적 젠트리피케이션'이라고 불리기도 한다(Merrifield, 2013; Lees, et al., 2016). 이러한 도시화 과정은 그동안 자본축적 과정에서 사회적 부를 누적시키면서 기업의 이윤을 보장하는 주요한 근원이 되었지만, 도시 건조환경에 투자(투기) 붐을 일으켜 결국 과잉투자·과잉공급에 따른 부동산시장의 위기를 유발하고, 나아가 전세 및 월세를 급등시켜 주거 위기와 난개발에 따른 환경 위기 등을 초래하면서 직간접적 피해를 고스란히 도시 서민들에게 전가하고 있다.

3. 경제의 위기에서 도시의 위기로

자본주의 경제의 위기는 단순히 공급과 수요의 불일치 또는 경기순환 과정에서 반복되는 불황이나 침체 국면이 아니라 자본축적 과정에 내재된 구조적 모순의 표출로 설명되어야 한다. 이러한 경제위기는 우선 직접 생산 영역에서 과잉축적의 위기로 나타나지만 이를 해소하기 위한 자본과 국가의 전략으로 일시적으로 해소될 수 있다. 즉, 실물생산에서 과잉축적의 위기는 신용체계의 발달과 더불어 과잉축적된 자본의 흐름을 다른 부문으로 전환시킴으로써 어느 정도 완화되지만, 또 다른 위기들, 특히 금융위기, 부동산위기를 유발하게 된다. 실물생산 영역에서 과잉생산과 이로 인한 시장의 포화가 발생하게 되면 과잉축적의 위기, 또는 하비(Harvey, 1982)가 위기의 제1차 국면이라고 부른 상황이 발생한다. 과잉축적의 위기는 상품 재고의 누적, 생산설비의 불완전한 가동, 과잉 화폐자본, 노동력의 유휴화 등으로 나타나고, 실질이윤율 저하를 초래한다.

그러면 생산된 잉여가치가 실현되지 않음으로써 발생하는 이러한 1차적 위기를 해소하기 위해, 즉 소비를 촉진해서 (잉여)가치를 실현하기 위해 신용체계가 발달하게 된다. 신용체계는 미래에 발생할 수입을 앞당겨 지출하기 위한 수단으로 '의제적 자본(fictitious capital)'을 작동시키는 과정이다. 이러한 신용체계의 구축과 발달은 노동시간, 상품의 생산 및 유통 기간, 자본의 회전 기간 등을 결정하며, 자본축적에 필수적인 계기가 된다. 신용체계에 기반을 둔 금융자본의 발달은 실물생산 부문에서 자본축적을 지원하고 과잉축적의 위기 상황에서 완충 역할을 담당한다. 금융자본은 생산자본의 기능을 활성화시키는 주요한 역할을 할 수 있지만, 필연적으로 의제적 성격을 띤 자본(신용카드, 국가와 기업의 채권, 주택 담보대출 등)이며 일정한 투자기회를 확보하지 못한 순전히 과잉 또는 유휴화된 자본의 성격을 가진다. 특히 금융자본의 자기 증식 과정은 결국 생산자본과 괴리되어 부동산 및 금융 시장에서 투기적 성향을 보이게 되며, 특히 미래의 생산이 불확실한 상황(즉 경제침체 또는 저성장)에서 외부 충격에 매우 취약해져서 결국 금융시장이 붕괴하는 금융위기를 맞게 된다.

이와 같이 과잉축적으로 유휴화된 자본은 신용체계의 발달에 의존해 부분적으로 일반 상품을 생산하기 위한 자본순환 과정에 재투입되지만, 또한 다른 영역으로 흐름의 경로를 바꾸기도 한다. 유휴자본이 흘러가는 2차 순환 경로는 도시의 건조환경 영역, 즉 물질적 고정자본과 내구성 소비재 영역이다. 도시 건조환경 부문에 들어가는 투자는, 물론 경제성장 과정 전반에서 진행되지만, 특히 실물경제의 위기와 밀접한 관계를 가진다. 또한 고정자본(공단과 공장, 기계 등과 같은 설비투자와 물리적 인프라 등 건설투자)과 내구성 소비재(주택, 자동차, 여타 가전제품 등)에 들어가는 투자는 장기적으로 생산 및 소비에 바탕이 되지만, 자본의 투자 규모가 크고 회전 기간이 길기 때문에 금융자본과 국가 정책의 지원에 의해 뒷받침되어야 한다. 금융자본은 도시의 건조환경(건축물이나 대규모 인프라 같은 고정자본과 주택 같은 내구성 소비재)을 통한 자본순환 과정에 결정적으로 중요한 역할을 한다. 도시의 부동산자본은 미래의 지대에서 파생되는 의제적 자본으로, 이를 뒷받침하는 신용체계의 발달과 금융자본의 기능을 통해 팽창한다. 또한 금융자본은 내적으로 부동산 증권화(부동산펀드, 리츠, 프로젝트 파이낸싱 등)를 통해 미래에 발생할 수입(개발)을 전제로 투기적 자본과 모험적 건설자본 간 연결고리를 만들어낸다. 그러나 부동산시장에서 실질적인 개발과 수요가 뒷받침되지 못하면, 결국 부동산자본과 금융자본은 더 큰 위기에 처하게 된다. 즉 실물경제에서 과잉축적의 위기는 자본 흐름이 신용체계의 발달과 도시 건조환경 부문으로 이행함으로써 일시적으로 완화되지만, 결국 도시 부동산위기와 금융위기로 확대된다.

물론 오늘날 자본주의 경제의 지구화 과정에서 한 국가의 경제적 위기는 단지 국가 내적으로 진행되는 자본축적 과정과 이에 내재된 모순의 발현에 한정되지 않는다. 특히 우리나라는 1997년 국제 금융자본이 투기적으로 작동하면서 IMF 위기를 맞았으며, 이로 인해 실물경제 시장이 붕괴되었을 뿐 아니라 경제를 확대 재생산하기 위해 고정자본에 들어가는 투자가 크게 둔화되었다. 이러한 점에서 우리나라는 IMF 위기를 극복하기 위해 신용체계의 구축과 통화량의 증대 및 여타 금융자본의 확충을 통해 유동성을 강화시키는 한편, 경기 활성화를 위해 다양한 부동산정책을 시행하고 또한 정보통신기술 부문에 대한 투자를 촉진해서, 자본의 순환 경로를 전반적으로 확대해 활성화시키고자 했다. 자본의 유동성 증가를 위한 신용체계의 활성화는 건설 부문의 투자 증대와 함께 부동산 가격의 상승을 좌우했다.

〈그림 3〉에서 확인할 수 있는 바와 같이, IMF 위기가 발발하며 1998년 경제지표들이 급락한 후, 1999년 다시 전반적인 반등 양상을 보였으며 특히 통화량(M1 기존)이 대폭 확대되고,[4] 건축허가면적도 급증하면서 서로 비슷한 변동성을 보였다(〈그림 3〉, 가). 그 후에도 통화량의 증감은 건축허가면적 증감율을 1~2년 정도 시차를 두고 선도하는 것을 볼 수 있다(〈그림 3〉, 나). 2008년 세계 금융위기의 충격 이후에도 비슷한 양상을 보였지만, 이 시기에는 이명박 정부의 4대강 토목사업 등으로 건축허가면적은 증대했지만 실제 주택매매가격에서 큰 상승은 일어나지 않았고, 오히려 2013~2014년 통화량의 증가와 더불어 건축허가면적이 다시 증가하는 양상을 보인다(〈그림 3〉, 다). 신용체계의 정비, 특히 금융자본의 발달이 부동산시장 및 가격에 미치는 영향에 대해서는 물론 좀 더 정밀하게 분석할 필요가 있지만, 부동산시장에

---

4) 여기서 통화량은 '협의의 통화량'(M1, 즉 현금통화량과 요구불예금 및 수시입출식 저축성 예금을 합한 것에서 이 금융상품의 예금취급 기관 간 상호거래분을 제외한 통화량)을 자료로 사용한 것이며, '광의의 통화량'(M2) 자료를 사용할 경우 그래프는 다소 다른 양상을 보인다.

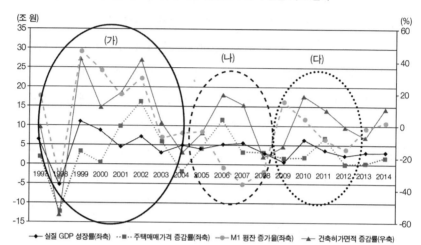

〈그림 3〉 IMF 위기 이후 통화량과 건축 관련 지표 변화

자료: 통계청, 국가통계포털(KOSIS)

투입되는 금융자본으로 부동산펀드와 리츠(부동산투자회사)자산의 급증 추세
에서 그 일면을 확인해볼 수 있다. 즉, 우리나라의 리츠 총자산은 2004년 1.4
조 원에서 2014년에는 15조 원으로, 부동산 펀드는 0.9조 원에서 29.7조 원으
로 각각 15배에서 30배 정도 급증했다는 사실(〈그림 4〉)은 이 시기 부동산 관
련 금융과 투자가 급속히 제도화, 체계화, 그리고 민영화되었음을 말해준다.

　도시의 주택·토지시장은 흔히 수요의 변동성과 공급의 비탄력성으로 인
해 상대적으로 불안정하고 불균형한 상태에 있는 것으로 이해된다. 특히 부
동산시장은 금융대출과 여타 방식으로 투입된 금융자본에 의해 수요와 공급
이 동시에 통제(또는 조작)되며, 정부는 여러 수단을 동원해 부동산 수요를 자
극하고 공급을 확대시키고자 한다. 이 과정을 통해 부동산시장이 활성화되
고 가격이 상승한다고 할지라도, 실제 부동산 개발과 실수요의 한계로 부동
산시장 및 이와 연계된 금융시장은 붕괴를 맞을 수 있다. 이런 상황에서 국가
와 자본은 부동산시장과 금융 시장의 붕괴 또는 국제 금융자본의 공격 등으

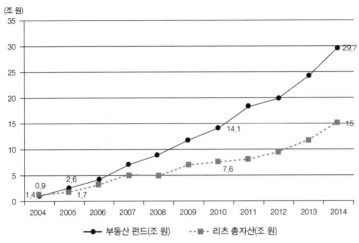

〈그림 4〉 부동산펀드, 리츠 추이

자료: 한국리츠협회

로 초래되는 금융위기에 대처하기 위해, 한편으로 잉여가치를 재투자하지 않고 내부에 누적시키지만(외환보유고, 잉여금 사내 보유 등), 다른 한편으로 부채(즉, 의제적 자본)를 동원해 자본순환을 촉진시키는 전략을 강구할 수 있다. 그러나 이 때문에 국가 및 기업의 부채는 점점 더 누적되고, 실물경제를 촉진하기 위해 가계대출 규제를 완화해 가계부채도 급속히 증가하게 되어, 결국 모든 경제주체가 부채의 덫에 빠지는 위기를 맞는다. 이와 같이 한편으로 사회적(국가 및 기업) 잉여의 누적과 다른 한편으로 부채의 누적적 증대 간 모순은 자본축적의 한계와 이에 따른 다양한 위기, 특히 오늘날 도시위기를 유발하는 핵심적 요인이라고 할 수 있다.

한국 경제의 경우, 2000년대 이후 노동생산성과 실질임금의 증가율은 심각하게 둔화되었고, 이에 따라 실물경제는 크게 위축되었다(〈그림 5〉). 반면 이러한 상황에서도 수출을 주도했던 재벌 대기업을 중심으로 기업의 총이익 잉여금은 2001년 48.4조 원에서 2010년 674조 원으로 약 14배 증가했고, 이

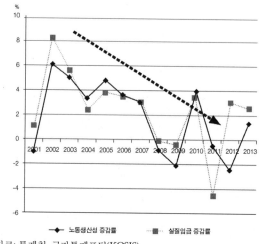

자료: 통계청, 국가통계포털(KOSIS)

가운데 기업 내 유보율은 2001년 4.6%에서 2007년 26.7%로 급증했으며, 이 비율은 2008년 금융위기로 다소 줄었지만 다시 증가하는 추세를 보인다(〈그림 6〉). 기업들이 막대한 이익잉여금을 올리면서 사내에 누적시키는 것은 한편으로 일정한 이윤율을 확보할 수 있는 투자 영역을 찾지 못했기 때문이고, 다른 한편으로 앞으로 언제든지 찾아올 금융위기(특히 유동성의 위기)에 대처하기 위한 것이라 할지라도, 결국 실질임금의 저하와 더불어 실물경제에서 자본순환을 더욱 위축시켰다. 대기업뿐만 아니라 국가도 사회적 잉여를 내적으로 누적시켜왔다. 그러한 예로, IMF 경제위기 이후 국제수지의 흑자 등에 힘입어, 1997년 89억 달러에 불과하던 외환보유액이 2007년 2622억 달러로 증가했고, 2008년 2012억 달러로 줄었으나 그 이후 계속 증가하여 2013년 3465억 달러에 이르렀다.

이와 같이 기업과 국가는 막대한 잉여금을 내적으로 누적시키면서도, 동시에 엄청난 부채를 급속히 확대시켜왔다. 2000년대 이후 노동생산성 및 실

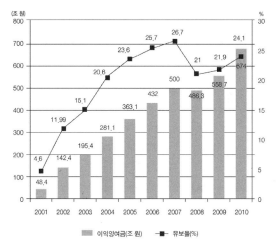

〈그림 6〉 기업의 이익잉여금과 사내 유보율

자료: 한국은행 기업경영보고서

질임금이 저하되는 한편, 국가와 기업은 막대한 잉여를 누적시키면서도 노동자들의 임금 인상을 억제하거나 심지어 해고 또는 비정규직 확대 등을 추진했을 뿐 아니라, 확대 재생산을 위한 투자를 제대로 하지 않음으로써 자본순환의 전반적 정체를 유발했다. 이러한 상황에서 각 경제주체들은 부채를 통해 자신들의 경제활동을 촉진시키려는 성향을 보여왔다. 즉, 자본축적의 규정력에 따라 가계는 소비를, 기업은 생산을, 정부는 재정 지출을 원활하게 하기 위해 부채에 의존했다. 이 때문에 2003년에서 2013년까지 10년 사이 정부(중앙 및 지방정부, 공기업) 부채는 276조 원에서 908조 원(3.3배)으로, 민간기업의 부채는 860조 원에서 1652조 원(1.9배)으로, 가계부채는 559조 원에서 1223조 원(2.2배)으로 급증했다(〈그림 7〉). 이에 따라 국가의 총 부채는 1696조 원에서 3783조 원으로 엄청나게 증가했고, 해당 연도 GDP 대비 비율도 209%에서 265%로 증가했다. 특히 2013년 경제 주체별 부채를 GDP 대비로 보면, 정부 63.6%, 기업 115.7%, 가계 85.6%로, OECD 국가들의 수준과 비

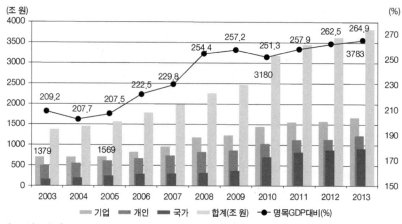

〈그림 7〉 경제주체별 부채 증감 추이

(조 원)

기업 · · · 개인 · · · 국가 · · · 합계(조 원) · · · 명목GDP대비(%)

자료: 한국은행

교하면 정부 부채를 제외하고 가계 및 기업의 부채는 이미 임계치를 넘어선 것으로 평가된다.[5]

이처럼 부채 수준이 임계치를 초과한 것도 문제지만, 더욱 심각한 점은 부채가 증가하는 속도가 매우 빠르고 회복되기 어려운 여건을 안고 있다는 점이다. 특히 가계부채는 급속히 증가할 뿐 아니라 한계가구[즉 금융자산에서 금융부채를 뺀 금융순자산이 마이너스이고 처분 가능 소득 대비 원리금 상환 비율(DSR)이 40%를 넘는 가구]가 계속 증가 추세를 보인다는 점에서 문제의 심각성이 있다. 전국 가구 중 부채를 안고 있는 가구는 2010년(3월 기준) 59.8%에서 2014년 65.9%로 증가했고 2015년에는 약간 떨어져 64.3%를 기록했으며, 부채보유가구의 평균값은 2015년 4321만 원으로 2014년에 비해 203만 원 증가했다(통계청, 2015). 이 가운데 한계가구는 158만 가구로 금융부채가 있는 전

---

5) Cechett et al.(2011)가 OECD 18개국에 대해 1980~2010년 자료를 이용해 분석한 결과, GDP 대비 부채수준이 정부 85%, 기업 90%, 가계 85%를 초과하면 GDP 성장에 부정적 영향을 미치기 시작하는 것으로 추정된다.

체 1072만 가구의 14.7%에 해당하며, 이들이 보유하고 있는 금융부채는 총 279조 원으로 가구당 1억 7700만 원에 달하는 것으로 추산되었다. 한계가구의 금융부채 현황은 부동산 관련 대출 규제가 크게 완화되었던 2014년에 비해 8만 가구, 27조 원이 증가한 것으로, 한계가구는 이자율의 인하로 가구의 처분 가능 소득에 비해 금융부채의 비율이 다소 개선되고 있다고 할지라도 여전히 5배가 넘는다는 점에서 매우 심각한 우려를 자아낸다.

이러한 각 경제주체들의 부채 증가는 도시위기를 가중시킨다. 정부의 부채는 금융 안정화(외환매입기금 등)에서 이자 및 원금 상환에 이르기까지 다양하지만 주요 원인 가운데 하나는 대규모 공공사업(수도권 뉴타운, 고속철도 건설, 4대강 사업 등)이었다. 기업의 부채는 은행 대출금, 장단기 기업채 등으로 구성되며 2000년대 초에 이미 임계치를 초과했는데, 특히 건설업체들의 자산 대비 부채 비율은 가장 높고 빠르게 증가해서 2007년 14.7%에서 2012년 205%에 달했다. 가계부채의 경우 예금은행 대출은 2005년 305.5조 원에서 2015년 563.7조 원으로 10년 사이 84.5% 증가했는데, 이 가운데 주택 담보대출은 2005년 68.1%를 차지했고, 2008년 다소 줄었지만 2013년 이후 다시 크게 증가해 2015년에는 71.3%를 차지하게 되었다(〈그림 8〉). 이러한 가계대출의 증가, 특히 주택 담보대출의 급증은 도시의 서민들에게 주택 구입을 유도함으로써 건설업체들이 자금 대출을 받아 건설·공급한 주택들의 수요를 확보하기 위한 것이었다.[6]

이와 같이 도시위기의 바탕을 이루는 부채 위기는 도시의 건조환경과 공

---

[6] 물론 주택 담보대출이라고 할지라도 주택 구입 용도가 아닌 생활자금 목적으로 지출될 수도 있다. 특히 2013년 이후 주택시장 금융규제완화 이후 이 비중이 증가했는데, 2013년 9월 전환대출 19.7%, 추가 대출 17.8%에서 2014년 9월에는 각각 25.3%, 26.3%에 달했다(≪한국일보≫, 2014.12.1). 이는 도시 서민들의 실질임금이 위축되면서 주택 담보대출로 생활 자금을 마련해야 할 정도로 생계가 어려워졌음을 보여준다.

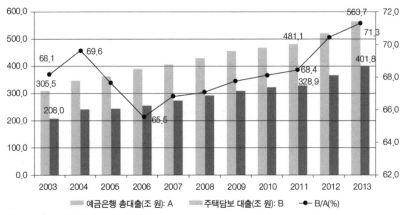

〈그림 8〉 가계부채와 주택 담보대출 현황

자료: 통계청, 국가통계포털(KOSIS)

간 재편을 통한 자본축적 과정에 내재된 모순의 발로라고 할 수 있다. 즉, 도시공간은 유휴자본을 흡수하는 데서 결정적인 역할을 담당하면서, 자본축적을 지속시키는 주요한 수단이 된다. 이러한 과정은 그동안 도시공간을 재구조화하기 위한 다양한 정책들은 다양한 이름(1970~1980년대의 도시재개발이나 도시정비사업에서부터 2000년대 이후 도시재생, 뉴타운과 도시르네상스, 경제자유구역 건설이나 특구 개발에 이르기까지)으로 추진되어왔다. 이에 따라 거대한 아파트단지들의 재개발뿐 아니라 초국적 기업의 연구개발센터, 유통자본의 쇼핑몰, 재벌 기업의 오피스 빌딩, 그리고 거대한 경기장이나 전시관 등이 조성되었다. 그러나 이러한 대규모 건조환경 조성을 통한 도시화 과정은 외형적으로 부동산 붐을 일으키는 것처럼 보이지만, 실제 이에 대한 수요가 뒷받침되지 않거나 또는 이에 대한 우려로 개발과정에서 자본 동원이 한계에 봉착하는 부동산위기·금융위기를 맞을 수 있다.

다른 한편 이러한 새로운 도시화 과정은 공익사업을 명분으로 공유 토지의 민영화 또는 개인 토지의 강제 매수를 통한 토지소유 관계의 변화 그리고 도시 서민들의 주거지와 생계형 가게들의 철거 등을 동반한다. 즉, 도시공간의 재편 과정은 항상 사회적 약자의 배제와 공적 공간의 탈취를 전제로 했다. 이러한 도시재개발은 도시공간이 자본의 지속적 축적과 자본주의의 재생산을 위해 필수적이며, 특히 과잉축적에 따른 경제적 위기를 해결하는 핵심적 수단임을 알 수 있게 한다. 그러나 이러한 도시재개발을 통한 자본 흡수의 또 다른 측면은 이른바 '창조적 파괴', 도시 젠트리피케이션, 도시 인클로저 등을 동반하면서, 한편으로 도시공간의 독점적 사유화의 증대와 이를 통한 자산 이득의 배타적 전유, 다른 한편으로 공동체적 도시 장소의 해체와 도시 서민들의 사회공간적 배제를 초래하는 경향이 있다. 이와 같이 자본축적 과정에서 발생한 경제적 위기는 도시공간에서 집중적으로 드러날 뿐 아니라 도시 건조환경을 통한 자본축적의 위기 그리고 이 과정에서 발생하는 부채 위기와 이로 인해 피해와 희생을 강요받는 도시 서민들의 사회적 위기, 요컨대 도시의 위기라고 할 수 있다.

4. 위기의 도시에서 희망의 도시로

1) 도시위기의 대응 전략과 한계

오늘날 도시의 위기는 기본적으로 도시의 건조환경이 자본의 축적 과정에 형식적 또는 실질적으로 포섭되고 이에 따라 도시공간이 재편되면서 발생한 것이다. 특히 도시공간은 실물생산자본이 집중할 뿐 아니라 새롭게 부각된 부동산자본과 금융자본이 작동하는 무대이며 수단이 되었다. 이에 따라 도시공간은 자본축적 과정에서 잉여가치를 생산하고 또 이를 재흡수 해야 하는 중요한 기능을 담당하고 있다. 오늘날 도시공간의 생산은 점점 더 자본에 의해 장악당하고 있고, 국가는 공익사업을 명분으로 다양한 정책들을 통해 이를 뒷받침하고 있다. 도시공간은 다양한 전략에 따라 실제로 개발되기도 하지만, 대부분 부동산 가격 폭등에 따른 이익(즉, 미래의 개발을 전제로 한 지대 수취)을 노리는 투기의 장이 되었다. 이 과정에서 기존의 건조환경과 공적 경관은 새로운 건설과 공간 조성을 위한 창조적 파괴로 사라졌고, 새로운 도시 경관들은 자본과 국가권력의 상징적 이미지들을 재현하는 스펙터클로 변모하고 있다. 이와 같이 도시 건조환경은 잉여가치를 창출하는 주요한 수단이고, 유휴화된 자본과 노동이 재투입될 수 있는 기회를 제공하며, 지배 권력의 스펙터클로 전환하게 되었다. 오늘날 이러한 과정은 가속적으로 촉진되고, 놀라울 정도로 규모를 확대시켰으며, 선진국들뿐 아니라 제3세계 국가들에서도 웅장한 건조환경을 자랑하는 메가시티들이 속속 등장하도록 만들었다.

이러한 도시 건조환경을 통한 자본축적과 도시공간의 재편 과정은 처음에는 실물경제에서 발생한 과잉자본을 흡수해 위기를 해소하는 데 기여할 수 있었다. 그러나 과잉자본을 흡수하기 위한 다양한 방식의 도시재개발에서 추진된 도시공간의 재편과 더불어 이러한 도시 건조환경을 재구축하기 위해 촉진된 규제완화 전략은, 결국 도시 부동산시장의 만성적 위기를 초래하게 된다. 도시재개발로 경관은 외형적으로 확대되고 정비된 것처럼 보이지만, 도시 내부 공간의 고밀화·고층화와 도시 주변의 난개발이 촉진되었고, 여타 도시 지역이나 주변 지역은 노후화·황폐화되면서 개발에서 소외되었다. 도시 인프라를 확충하기 위한 사업들은 국가의 재정 부족과 운영의 비효율성 등의 명분 때문에 민영화되면서, 공적 공간에 대한 민간자본의 사적 통제와 운영이 당연시되고 있다. 또한 이러한 도시재개발을 촉진하기 위한 국가와 기업의 금융 운영과 가계를 대상으로 한 부동산 대출의 확대는 모든 경제주체를 부채 위기에 빠지도록 했다. 도시 서민들은 실물생산 영역에서 실업이나 비정규직으로 저임금과 사회경제적 주변화를 경험하게 될 뿐 아니라 부동산시장의 관리, 개발과 운영에서 배제됨에 따라, 사회에 대한 소외감과 적대감을 점점 더 증폭시키게 되었다. 이로 인해 매우 다양한 방법(즉, 개인의 통제되지 않은 일탈적 방법에서부터 노동조합, 시민단체들의 연대적이고 공감적인 방법에 이르기까지)으로 사회에 대한 저항적 행동을 하게 되었다. 이에 따라 도시는 잉여가치의 창출과 재투자의 장이지만, 또한 동시에 이를 둘러싼 저항의 장소가 되고 있다.

물론 이와 같이 경제위기가 도시위기로 전환되고 중첩되면서 심화되고 있다고 할지라도 자본축적 과정 자체가 바로 중단되는 것은 아니다. 국가와 기업은 경제의 저성장(즉, 이윤율의 하락) 경향과 도시의 공간적·사회적 위기 노정에 대응하고 조정하기 위해, 우선 현재 정부가 추진하고자 하는 것처럼 '노동개혁'과 '산업구조 조정'을 명분으로 해고와 실업을 더욱 유연화하고, 이를 통해 임금 압박과 비정규직 확대 등을 강화할 수 있을 것이다. 그러나 이러한 방법은 실물생산 부문에서 과잉축적과 이에 따른 이윤율 하락에 직면한 기업들에게 임금과 고용의 유연화를 통해 일시적으로 위기를 해소할 수 있도록 하겠지만, 이는 결국 구매력 감소를 촉진하고, 가계의 부채를 증폭시키는 결과를 초래할 것이다.

또한 정부와 기업은 그동안 위기 국면에 직면해 흔히 그렇게 해온 것처럼, 도시 건조환경의 추가 개발을 지속·확대시키고, 이를 뒷받침하기 위한 부동산자본의 금융화·민영화 전략을 강화하며, 부동산시장을 관리·조작하기 위한 다양한 정책을 계속 시행할 수도 있을 것이다. 오늘날 금융자본과 이를 뒷받침하는 복잡한 제도들(금융기관, 금융적 관행, 금융 메커니즘 등)이 자본축적을 지속하기 위해 경제적 지배력을 증대시키고 있으며, 특히 자본주의 경제발전과 도시화 과정의 핵심적 논제가 되고 있다(French et al., 2011; 강내희, 2014). 그러나 이 방법(즉, 도시공간의 금융화)은 앞서 논의한 바와 같이 도시 건조환경의 실질적 수요에 대한 한계에 봉착해 부동산 거품이 붕괴(또는 의제적 자본의 가치 실현 불능)되면서 부동산위기와 금융위기를 심화시키게 된다.

또 다른 방법으로, 정부와 기업은 과잉자본을 과학기술 및 사회문화 영역으로 투입해, 비물질적 생산 부문을 확대하고 상품화를 촉진할 수 있다. 이른바 탈산업사회로 전환하고 나서, 기업들은 기술, 지식, 정보, 디자인, 문화(방송과 영상 이미지에서부터 지역 축제에 이르기까지 다양한 방식으로) 등 비물질적 생산을 통해 새로운 자본축적의 계기들을 마련했고, 국가는 지식경제, 문화경제, 창조경제 등의 이름으로 이를 촉진하고자 했다. 사실 오늘날 대도시에서 생산의 기초가 되는 것은 자연으로부터 얻은 토지나 자연자원 같은 물질적 요소라기보다는 인공적으로 만들어진 언어, 이미지, 지식, 코드, 습관, 관행 같은 비물질적인 것이다. 이에 따라 대도시들은 이러한 비물질적 요소들의 생산과 소비를 위해 화려한 스펙터클을 만들어내면서, 도시의 건조환경에 새로운 상징적 의미와 가치를 부여하고 있다(Negri and Hardt, 2009; 조정환, 2011). 그러나 이러한 비물질적 생산 영역을 통한 자본축적 역시 실수요를 전제로 하지만 실물생산이 위축된 상황에서 생산된 잉여가치가 실현되기 어렵고, 또한 그 자체적으로도 인간의 창의성, 언어와 기호, 지식과 문화까지 상품화시킴으로써 인간 사회의 실존적·문화적 위기를 초래하게 된다.

이러한 세 가지 대응 방법들은 사실 자본순환의 세 가지 경로와 관련된다. 만약 정부와 기업이 진실로 경제위기와 도시위기를 해소하고 지속가능한 경제와 사회를 유지·발전해나가고자 한다면, 이 방법들을 재검토해서 실질적인 효과를 가질 수 있도록 시행할 수도 있을 것이다. 첫째, 정부와 기업은 실질임금의 인상을 통해 생산성을 증대시키는 한편 구매력을 향상시켜서 국내 내수시장을 활성화시키고, 비록 세계 경제가 침체 국면에 봉착했다고 할지라도 실물경제의 성장을 촉진할 수 있을 것이다. 둘째, 과잉축적된 자본의 일부를 도시 건조환경의 개발에 투입해서 미래의 생산(인프라)과 도시인들의 생활(주택)에 필요한 물적 토대를 구축할 수 있을 것이다. 물론 이 경우, 실질적 수요에 조응할 수 있도록 개발을 통제해야 할 것이며, 도시 건조환경으로 유입되는 투기적 자본을 차단하고, 부동산자본의 과다한 금융화를 억제함으로써 부동산위기나 금융위기가 초래되지 않도록 철저히 관리해야 한다. 셋째, 과학기술 및 사회문화 영역으로 과잉자본을 투입함으로써 비물질적 생산과 소비를 촉진할 수 있지만, 이 부문의 생산방식의 특성(지적재산권에 근거한 정보재의 초과이윤 또는 독점지대)을 고려해서 사용료 인하 또는 무료 개방 같은 접근성을 증대해나가야 한다.

이와 같이 당면한 경제위기 및 도시위기를 해소하기 위한 개선된 방안으로 세 가지 정책, 즉 실질임금 인상과 이를 통한 내수시장의 실물경제 활성화, 실수요에 조응하는 도시 건조환경의 개발과 공적 운영, 그리고 비물질적 재화와 서비스의 탈상품화와 접근성 증대 정책 등이 제안될 수 있을 것이다. 이러한 방안은 자본축적의 메커니즘에 역행하는 것처럼 보이지만, 실제 경제적 위기와 도시의 사회공간적 위기를 해소하면서 자본축적을 지속할 수 있는 방안이 될 수도 있다. 하지만 바로 이러한 점, 즉 이 방안들이 자본축적의 메커니즘에 단기적으로 역행하는 것처럼 보일 뿐만 아니라 실제 그러하다는 점에서, 정부와 기업은 이러한 방안을 기피하게 된다. 또한 그보다 근본적인 관점에서 보면, 이러한 방안들은 자본축적의 기본 논리, 즉 '축적을 위한 축적'을 무시한 채 자본주의 경제의 지속성에 기여하게 되는 개량주의적 대안이라고 비판받을 수도 있을 것이다.

2) 공유재로서 도시 잉여의 관리

더 근본적인 대안은 더 근본적인 의문을 필요로 한다. 도시 건조환경을 통한 잉여가치의 창출과 여기에 재투자하는 과정은, 결국 도시 부동산시장의 만성적 위기를 초래하게 되었고, 도시 서민들의 사회적 위기를 고조시키고 있다. 이러한 경제위기 나아가 도시위기가 도시공간의 형성과 재편을 통해 잉여가치를 생산하고 재투자하기 위한 자본의 순환 과정에 내재된 모순에서 발생한 것이라면, 달리 말해, 도시가 자본주의 경제에서 잉여가치를 생산하고 재흡수하기 위한 가장 핵심적 수단이라면, 대체 누가 이 잉여가치를 통제하고 관리해야 하는가? 즉, 이 잉여가치는 누구의 것인가? 흔히 자본주의 사회에서 사회적 잉여의 처분권은 국가나 기업에 속하는 것으로 간주된다. 특히 시장경제의 복귀를 강조하는 신자유주의는 잉여의 관리를 민영화하는 경향이 있으며, 이 때문에 오늘날 도시공간은 민간자본의 이윤 추구, 나아가 자본의 확대 재생산(잉여가치의 생산과 재투자)을 지속하기 위해 재편되고 있다. 이 과정에서 기존의 도시공간에 산재해 있던 공적 공간은 파괴되고 공유재들은 사유화되며, 이와 더불어 도시 서민들이 소유하던 소규모 주택들과 영세 가게들은 철거되고 그 토지는 민간자본에 의해 탈취된다. 그리고 이러한 과정을 통해 재창출된 도시의 잉여는 자본과 도시 상위계급에게 편향적으로 배분되고 관리되며, 이로 인해 소득과 자산의 양극화는 점점 더 심화된다.

고대 사회뿐 아니라 현대사회에서도 사회적 잉여의 존재, 도시공간의 잉여물의 누적 그 자체는, 부정되기보다 오히려 생활의 질 향상과 도시 발전에 필수적인 것으로 간주될 수 있다. 그러나 도시의 잉여물은 누가 생산한 것이며 누가 관리해야 하는 것인가? 오늘날 잉여가치는 자본축적 과정에서, 특히 자본주의적 도시화 과정에서 발생·누적된 것이며 또한 경제적·도시적 위기를 심화시키고 있지만, 이는 분명 도시 서민, 정확히 말해 도시 노동자들이 생산한 것이고, 따라서 이들이 관리해야 한다. 달리 말해 도시의 건조환경에 물질적으로 체현될 뿐만 아니라 그 경관에 부여된 문화적 상징자본을 포함해서 도시의 잉여가치는 사회적으로 생산된 것이고, 따라서 도시의 잉여가치는 공유재로 인식되고 관리되어야 한다. 그동안 도시공간 속에서 잉여가치의 생산과 재투자가 지속적으로 확대되어왔으며, 따라서 도시의 잉여물이 누적되어왔음에도 도시의 공유재는 확대되기보다는 오히려 축소되고 있다. 왜냐하면, 오랜 역사를 통해 누적적으로 증가한 도시 공유재가 오늘날 자본주의적 (신자유주의적) 도시화 과정에서 파괴·소멸되면서 사적으로 전유되고 있기 때문이다.

이러한 점에서 도시위기를 극복하기 위해 도시 공유재에 대한 대안적 관리가 필요하다는 주장이 강조되고 있다. 그러한 예로, 지난 30여 년간 기승을 부린 신자유주의적 프로젝트는 잉여관리를 민영화하는 방향으로 촉진되었으며, 국가 이익과 기업 이익을 통합하는 새로운 거버넌스 시스템을 창출하며 이를 정당화했다. 이들은 화폐 권력(금융자본)과 국가기구를 동원해 도시화 과정에서 창출된 잉여가치의 관리권을 점차 사적 집단이나 그에 준하는 이익집단이 장악하도록 만들었다. 그러나 하비는, 도시의 잉여는 도시인들이 생산한 공유재이기 때문에, 도시의 "공유재를 사용할 권리는 공유재를 생산한 모든 사람에게 주어져야 한다"라고 주장한다. 유사한 맥락에서, 네그리와 하트(Negri and Hardt, 2009)는 과거 공장에서 이루어졌던 잉여가치의 생산이 오늘날에는 도시 전체로 확장되었다고 주장하며, 특히 기술과 정보, 지식의 생산에서부터 도시경관의 스펙터클과 이미지의 생산에 이르는 다양한 유형의 비물질적 생산과 소비는 오늘날 메트로폴리스가 거대한 공통재의 생산과 소비의 공간이 되도록 했다고 서술한다. 그리고 이들은 이러한 도시의 문화 공유재는 "노동의 산물임과 동시에 미래를 생산하는 수단"이며, 이러한 "공유재는 오랜 시간을 거치면서 구축된 것으로 원칙적으로 누구에게나 개방되어야 한다"라고 주장한다.

이러한 주장과 관련해 이른바 '공유지의 비극'에 관한 해결 방안, 나아가 공유재 관리를 둘러싼 광범위한 논의가 이루어지고 있다. 개릿 하딘(Garrett Hardin)이 1968년 제안했던 '공유지의 비극'에 관한 논의는 한정된 규모의 공동 목장에 가축을 과잉 방목하게 되면 결국 목장 전체가 황폐화될 것임을 전제로 해결 방안을 모색하고자 했다. 자본주의(신자유주의)적 방안은 공유지를 사유화해 독점적으로 통제하는 것으로, 도시 공유재의 소멸을 전제로 한다. 반면 자유주의(제도주의)적 방안은 공유지를 사용 규칙에 따라 분권적 자치를 통해 관리하는 것으로, 공유지 사용자들 간 사용 규칙 제정과 합의 준수를 전제로 한다. 근본주의(사회주의)적 방법은 가축(생산물 또는 잉여가치)을 공유화하고 공유지(생산 수단)를 공동으로 관리하는 것으로, 사적 소유제의 부정을 전제로 한다. 좀 더 체계적이고 학술적인 논의에서, 2009년 노벨 경제학상을 수상한 오스트롬(Ostrom, 1990)은 공유재의 관리를 위한 일반 원칙으로 분권적 제도와 다중심적 거버넌스를 제안했으며, 사회생태주의자 북친(Bookchin, 1992)은 직접 민주주의 방식으로 운영되는 자치제의 연합네트워크를 제시한다. 하비(Harvey, 2012)는 오스트롬의 제안을 일부 인정하고(공유재 관리를 위한 다양한 수단들의 조합과 국가를 인정하는 부분), 또한 북친의 도시 네트워크를 통한 사회운동에 동의하면서, 도시 공유재의 비상품적 재생산과 질의 확대를 위한 전유와 이용 보완이 필요하다고 주장한다.

　　최근 진보적 학계 및 사회운동 전반에서 새롭게 부각되고 있는 '도시에 대한 권리'라는 개념은 바로 이러한 도시 공유재(또는 잉여)의 생산과 이용의 민주적 관리를 실천적 방안으로 제시한 것이다(Mitchell, 2005; 강현수, 2010). 하비(2014, 148)에 따르면, 도시화는 "도시 공유재……를 끊임없이 생산하는 과정이며, 동시에 사적 이익집단이 도시 공유재를 끊임없이 전유하고 파괴하는 과정"이지만, 여기서 발생한 도시위기를 극복하기 위해 "도시를 생산한 집단적 노동자가 도시권을 요구할 근거"를 가진다. 하비가 강조하는 도시권의 개념은 사실 1968년 르페브르(Lefebvre, 1996)가 처음 제시한 것으로, 당시 프랑스를 휩쓸었던 사회·학생운동에 지대한 영향을 미쳤다. 물론 도시권 개념은 아직 체계적 의미를 갖추지 못했으며, 또한 자본과 상위계급이 일반 도시 서민들보다 더 강하게 도시권을 요구할 수도 있다. 그러나 도시권 개념을 채우기 위해 반드시 앙리 르페브르(Henri Lefebvre)나 데이비드 하비에게 의존할 필요는 없다. 왜냐하면, 하비 자신이 주장한 바와 같이, "도시권 사상은 (도시의) 거리에서, 지역사회에서 형성된 것"이며, 억압과 소외로 "절망하는 사람들의 도와달라는 절규"에서 나온 것이기 때문이다(하비, 2014, 13). 이러한 의미에서 도시권에 바탕을 둔 도시운동은 도시의 공적 공간이 더 이상 사적으로 전유되지 않도록 실천적으로 점거하고자 하며, 바로 이러한 개념에 근거해 2008년 금융위기 이후 미국의 '월스트리트 점령' 운동과 그 후 서구 도시들의 도시 공적 공간 점유운동이 전개되었다.

도시권의 개념과 이에 기반을 둔 도시운동은 도시 서민들이 도시의 잉여를 생산하는 조건(즉, 노동조건)과 더불어 생산된 잉여를 이용하고 재투자할 때 필요한 민주적 관리를 주장한다. 도시 서민들은 도시 공유재에 대한 권리를 요구함으로써 자신이 생산한 잉여의 생산과 분배를 사회화하고 누구나 이용가능한 공동의 부를 확립할 수 있게 된다. 이러한 점에서, 시민들은 도시의 잉여가 자신들의 노동의 결과물이며, 따라서 이에 대한 정당한 분배를 요구할 수 있을 뿐만 아니라 이를 도시공간에 재투입하는 과정에 민주적으로 참여할, 즉 자신의 희망에 따라 도시를 재창조할 권리를 가지고 있음을 깨닫는 것이 중요하다. 이러한 점에서 도시권은 도시에 산재한 공적 자원에 대한 접근 권리 또는 단순한 도시 자원의 '분배적 정의'에 대한 요구와 실현을 넘어선다. 즉, 도시권은 자신이 창출한 도시에서 소외된 시민들이 자신의 희망에 따라 도시를 재창출하려는 '생산적 정의'의 실현을 함의한다.

5. 희망의 도시, 어떻게 만들어나갈 것인가?

도시는 인간 생존의 장소이며, 잉여의 저장고다. 인간의 역사는 이러한 도시공간을 중심으로 문명을 발전시켜왔다. 현대 도시도 여전히 이런 역할을 담당한다. 그러나 자본주의도시에서 잉여가치가 생산되고 재투자되는 과정은 과거와는 전혀 다른 특성을 가진다. 자본주의도시공간은 단지 잉여물이 유통되거나 집중·저장되는 장소라기보다는 잉여가치의 생산과 실현을 위한 핵심적 수단이 된다. 이로 인해 자본축적에 내재된 경제위기는 도시위기로 전환된다. 경제위기는 도시 건조환경에 투자를 통해 일시적·부분적으로 조정되지만, 부동산자본과 금융자본이 작동하는 방식의 한계 때문에 도시위기를 초래한다. 국가와 기업들은 이런 도시위기 속에서 추가적인 도시화를 필연적인 것으로 받아들이고, 신자유주의적 전략들(상품화, 민영화, 금융화 등)을 계속 추진하고자 한다. 이러한 전략들은 자본축적에 내재된 모순이 얼마나 강하게 작동하는가를 느낄 수 있도록 한다.

도시위기는 도시인들의 생활 속에서 사회공간적 위기를 초래한다. 도시인들이 직면한 사회공간적 위기 양상들은 소득 감소와 부채 증가, 고용 불안, 불평등과 양극화의 심화, 육아·교육·보건의료 부문과 고령사회화에 대비하는 복지 부족과 같이 물질적 결핍뿐 아니라 소외와 배제, 정체성과 노동 동기의 상실, 억압감과 적대감, 그리고 이 때문에 발생하는 정신분열적 증상(예를 들어 분노조절장애와 왜곡된 여성혐오) 등 정신적 병리 현상이 도시공간에 만연해 있다. 이러한 도시인들의 정신적 위기는 물질적 위기와 마찬가지로 정부의 이데올로기 전략에 의해 조정·은폐되어왔다. 도시인들은 이러한 위기에 항상적으로 노출되어 있지만, 자본축적의 둔감한 규정력 때문에 일상생활 속에서 이러한 위기를 쉽게 잊고 살아간다. 이러한 점에서 박영균(2009, 154)은 "현대 도시의 위기는 일상생활에서 끊임없이 망각되며 조정된다는 점에서 진정한 위험이자 공포라고 할 수 있다"라고 주장한다.

하지만 최근 도시공간에서 목격되는 여러 위기적 증후군과 이에 대한 시민들의 대응을 보면, 도시의 위기에 대한 인내는 이제 거의 한계에 달한 것처럼 보인다. 오늘날 도시는 자본축적의 메커니즘에 의해 완전히 포섭되고 신자유주의적 국가 전략이 철저히 관철되는 공간이 되었지만, 또한 동시에 이러한 과정에 저항하고, 새로운 도시를 만들어가고자 하는 연대와 실천의 희망이 발아할 수 있는 공간이기도 하다. 절망과 희망이 교차하는 현실 속에서, 당면한 도시위기를 극복하기 위해 한편으로 이를 유발하는 자본축적 과정과 이를 뒷받침했던 국가 정책의 한계에 관한 과학적(정치경제학적) 연구가 필요하며, 다른 한편으로 도시위기를 극복하고 새로운 도시공간, '희망의 도시'를 만들어나가기 위한 인간적(인문학적) 성찰이 요구된다. 이 글에서는 자본축적 과정에 내재된 모순들이 발생시키는 경제적 위기가 어떻게 도시적 위기로 전이·확대되는가를 분석하려 했다. 그런데 이러한 분석적 연구는 도시인이 자신의 생존과 생활을 영위하기 위하여 당면한 위기를 어떻게 극복하고, 나아가 자신의 희망을 실현하기 위해 어떻게 도시를 만들어나갈 것인가에 대한 인문학적 논의를 필수적으로 요청한다. 물론 그 역도 성립한다. 즉, 희망의 도시에 관한 연구는 비판적이면서 동시에 생성적이며, 과학적이면서 동시에 성찰적이고, 이론적이면서 동시에 실천적이어야 한다.

우리는 희망의 도시를 이론화하기 위해, 그러한 예로 도시인의 소외를 극복하기 위한 도시권 개념에서 나아가 시적 정의와 생산적 정의가 관철되는 정의로운 도시, 또는 반자본주의적 공통도시를 만들어나가는 예술인간을 대안적 도시인으로 묘사해볼 수 있을 것이다. 또한 희망의 도시를 위한 정치적 대안으로 자본주의 헤게모니에 대항하는 대안적 도시 이데올로기를 모색하거나 도시 공동체와 공유지를 위한 새로운 사고를 개발하고, 도시권에 따른 도시공간점거에서 나타나는 수행성과 (비)재현의 공간행동주의를 고찰할 수 있다. 그뿐 아니라 도시 인클로저와 거주위기에 대응하는 거주자원의 공유화를 강조하고, 투기적 도시화를 촉발하는 젠트리피케이션에 반대하는 도시권 개념을 부각시킬 수 있으며, 자본주의의 가부장적 정치경제체제하에서 억압된 여성들이 꿈꾸는 새로운 도시를 그려볼 수 있다. 또한 희망의 도시로 나아가는 도시의 진보와 이를 위한 진보도시의 조건을 고찰하거나, 과거의 발전도시에서 벗어나 포용도시의 개념으로 새로운 도시 정체성을 재정립하거나, 사회적 경제를 통한 대안적 도시 만들기를 시도하는 정책을 강구할 수도 있다.

이처럼 희망의 도시에 대한 연구와 담론은 다양한 주제로 다양하게 구성될 수 있지만, 이들은 공통적으로 희망의 도시에 대한 의지와 잠재력을 표현하고 있다. 인간은 장구한 역사 속에서 희망을 잃지 않고 인간의 삶과 그 삶이 영위되는 도시를 바꾸어왔다. 물론 인간의 역사는 단지 희망의 역사가 아니라 생산양식들 속에 함의된 모순의 역사이기도 하다. 그동안 많은 연구가 자본주의하에서라도 유토피아적 도시를 꿈꾸고 이를 실현하고자 했지만, 자본축적의 모순은 더욱 심화되어왔다고 할 수 있다. 그러나 독일 극작가 브레히트가 말하고 하비가 공감한 것처럼, "희망은 모순 속에 숨어 있다"(하비, 2014: 384). 희망의 도시에 관한 연구는 위기의 도시 속에서도 새로운 도시공간이 가능하다는 의지를 가지고, 이를 실현시켜나가기 위한 설계도를 만드는 작업이라고 할 수 있다. 우리는 이러한 연구를 통해 인간의 본성 속에 위기의 도시를 새로운 희망의 도시로 바꾸어나갈 수 있는 의지와 잠재력이 있음을 확인하고 이를 실현할 역량이 아직 남아 있기를 희망한다.

참고문헌

강내희. 2014. 『신자유주의 금융화와 문화정치경제』. 문화과학사.

강현수. 2010. 『도시에 대한 권리』. 책세상.

김용창. 2015. 「신자유주의 도시화와 도시 인클로저(1): 이론적 검토」. ≪대한지리학회지≫, 50(4), 431~449쪽.

박영균. 2009. 「욕망의 정치경제학과 현대 도시의 위기」. ≪마르크스주의 연구≫, 6(2), 152~186쪽.

손정목. 2003. 「경부고속도로 건설과 도시 체계」. ≪도시문제≫, 411, 106~117쪽.

아도르노, 테오도어(Theodor Adorno). 1999. 『부정변증법』. 홍승용 옮김. 한길사.

조정환. 2011. 『인지자본주의』. 갈무리.

하비, 데이비드(David Harvey). 2014. 『반란의 도시: 도시에 대한 권리에서 점령운동까지』. 한상연 옮김. 에이도스.

최병두. 2009. 「경부고속도로: 이동성과 구획화의 정치경제지리」. ≪한국경제지리학회지≫, 13(3), 312~334쪽.

_____. 2012. 『자본의 도시: 신자유주의적 도시화와 도시정책』. 한울.

통계청. 2015. 「2015년 가계금융·복지조사 결과」(보도자료).

≪한국일보≫. 2014.12.1. "LTV, DTI 규제완화했지만 초이노믹스 부양효과 창출은 별로".

_____. 2016.1.1. "위기의 한국경제, 운명의 시계는 밤 11시".

Arendt, H. 1958. *The Human Condition.* Univ. of Chicago Press.

Bookchin, M. 1992. *Urbanization without Cities: The Rise and Decline of Citizenship.* Black Rose.

Cecchetti et al. 2011. *The Real Effect of Debt.* BIS Working Paper.

French, S., A. Leyshon and T. Wainwright. 2011. Financializing space, spacing financialization. *Progress in Human Geography,* 35(6), pp. 798~819.

Negri, A. and M. Hardt. 2009. *Commonwealth.* Harvard Univ. Press.

Harvey, D. 1982. *The Limits to Capital*. Blackwell.

_____. 2005. *A Brief History of Neoliberalism*. Oxford Univ. Press.

_____. 2009. The right to the city and alternatives to neoliberalism. http://wsf2009. wordpress.com/2009/01/30/the-right-to-the-city-and-alternatives-to-neoliberalism/

Lees, L., H-B. Shin and E. Lopez-Morales. 2016. *Planetary Gentrification*. Polity.

Lefebvre, H. 1973. *The Survival of Capitalism: Reproduction of the Relations of Production*. St Martin's press.

_____. 1996. The right to the city, in H. Lefebvre(ed.). *Writings on Cities*. Blackwell. pp. 63~184.

Merrifield, A. 2013. "The urban question under planetary urbanization." *International Journal of Urban and Regional Research*, 37(3), pp. 909~922.

Mitchell, D. 2005. *The Right to the City: Social Justice and the Fight for Public Space*. Guilford Press.

Ostrom, E. 1990. *Governing the Commons: The Evolution of Institutions for Collective Action, CUP*. Cambridge.

Sevilla-Buitrago, A. 2015. "Capitalist formations of enclosure: space and the extinction of the commons." *Antipode*, 47(4), pp. 999~1020.

· 제1부 ·

희망의 도시,
어떻게 이론화할 것인가?

도시적 소외와 정의로운 도시

최병두 | 대구대학교 지리교육과 교수, bdchoi@daegu.ac.kr

1. 위기로서 도시적 소외

오늘날 도시인들은 점점 더 깊어가는 소외 속에서 살아가고 있다. 자본주의적 경제성장과 이에 따른 물질적 풍요에도 불구하고, 도시인들은 자신이 통제할 수 없이 소원한 외적 힘에 점점 더 강한 압박감을 느끼고 있다. 도시공간에서 우리는 이러한 압박에 적대감을 느낌으로써 나타나는 사회공간적 병리현상들을 점점 더 자주 목격하게 되었다. 현대 도시공간에서 나타나는 소외의 유형은 매우 다양하다. 저임금 노동(실질임금의 저하)과 고용 불안(실업과 비정규직화), 세분화된 분업과 발전된 기술에 의한 통제, 점점 심화되는 소득·자산의 양극화, 상업광고와 대중매체들에 의해 강제되는 과시적 소비, 부채 급증과 투기적 부동산·금융자본의 횡포, 낯선 도시경관과 인위적으로 조작된 도시문화, 빈번한 재해와 자연으로부터 거리감, 이들 모두는 도시공간에서 다양한 유형의 소외를 유발하는 요소들이다. 도시적 소외를 유발하는 이러한 다양한 요소는 여러 원인에 의해 만들어지겠지만, 가장 핵심적으로 자본축적 과정에 내재된 모순들에 기인한 것으로 설명될 수 있다. 이러한 점에서, 현대 도시가 직면한 위기의 한 면이 자본축적의 모순에 따른 위기라고 한다면, 도시위기의 또 다른 면은 도시인들이 일상생활에서 겪게 되는 소외로 인한 위기라고 할 수 있다.

소외에 관한 이론적·철학적 논의는 게오르크 헤겔(G. W. F. Hegel)과 카를 마르크스(Karl Marx)의 초기 저술까지 거슬러 올라간다(콕스, 2009; 무스토, 2011). 이들은 소외를 인간 노동과 관련된 보편적 현상으로 파악했지만, 후기 저술들에서 마르크스는 소외의 개념 대신 상품의 물신성 개념을 강조했으며, 이 개념은 게오르크 루카치(Georg Lukacs)의 사회적 물상화 개념에 반영되었다. 이들의 소외론은 기본적으로 임금노동에 의해 생산과정에서 발생하는 소외, 즉 경제적 측면의 소외에 초점을 두었다. 르페브르는 마르크스의 초기 저서와 하이데거의 후기 연구에서 제시된 소외의 개념을 결합시키고, 생산 영역에 국한되었던 소외된 노동이나 상품 물신화와 관련된 개념을 인간의 존재론적 조건이자, 특히 일상생활의 모든 생활영역에 확장된 개념으로 전환시켰다. 프랑크푸르트 학파(특히 마르쿠제와 프롬)도 소외의 개념을 인간의 보편적 조건 또는 일반적 감정으로 이해했다는 점에서, 소외는 경제적 영역에서 사회 전체로 확대된 것으로 이해된다. 이러한 개념사적 발달 과정을 거치면서 소외에 관한 논의는 1960~1970년대에 정점을 이루었지만 그 이후 철학자나 사회이론가들의 관심에서 사라졌다. 소외에 관한 학문적 관심이 사라진 이유는 확실하지 않지만(Yuill, 2011), 산업사회에서 탈산업사회로 전환되면서 사회적 소외 현상이 완화된 것처럼 보였기 때문인 것으로 추론해볼 수도 있다. 그러나 실제 현실에서 소외는 자본축적에 내재된 모순과 위기의 심화로 계속 확대되어왔다고 할 수 있다.

이러한 소외 개념의 연구과정에서 이 개념이 1970년대 이후 왜 학자들의 관심에서 사라졌는가라는 의문과 함께, 르페브르(Lefebvre, 2003)가 소외 현상이 자본주의도시화 과정에서 우선적으로 유발된 것으로 주장했음에도 소외의 도시적 양상이나 배경에 관한 논의, 즉 '도시적 소외'의 개념은 왜 그 이후 이어지지 않았는가라는 의문이 제기될 수 있다(Fraser, 2015). 물론 여러 철학자 및 사회이론가가 제시한 소외 개념이나 이론들은 암묵적으로 도시를 전제로 하거나 도시공간에 적용될 수도 있을 것이고, 소외 연구가 정점을 이루었던 1970년대에는 명시적으로 '도시 소외'를 다룬 논문들이 발표되기도 했다(Seeman, 1971; Fischer, 1973 참조). 그러나 당시 도시 소외에 관한 연구는 소외 현상들이 도시(인)에서 집중적으로 드러날 뿐 아니라 도시 그 자체가 소외를 유발하는 결정적 매체가 된다는 점을 적절히 이해하지 못했다. 이러한 점에서 우리는 산업 자본주의 및 탈산업(후기) 자본주의도시에서 나타나고 매개되는 다양한 소외 양상들을 살펴보고자 한다.

그뿐 아니라 최근 소외 현상과 이에 관한 개념이 새롭게 관심을 끌기 시작했다는 점에 주목할 필요가 있다. 이는 한편으로 후기 자본주의 사회에서 소외가 더욱 심화되고 광범위하게 확산되었으며 또한 새로운 유형의 소외가 나타나고 있기 때문이라고 할 수 있다. 즉, 하비(2014b, 104)가 이러한 점이 '보편적 소외(universal alienation)'라고 주장한 것처럼, "갈수록 많은 사람이 문명이 직접 빚어낸 야만에 넌더리를 내며 외면함에 따라 보편적인 소외감이 훨씬 위협적인 수준으로 증폭하고" 있다. 하비가 이러한 '보편적 소외'에 관심을 가지는 또 다른 이유는 현대 자본주의 사회에 만연한 위협적 소외의 탈피가 위기의 도시를 극복하고 희망의 도시를 만들어나감에 있어 핵심 이슈가 된다는 것이다. 즉, 하비는 자본축적의 모순을 극복하기 위해 어떤 기본 개념을 중심으로 정치적 주체성이 결집되어야 하는데, "이러한 기본 개념으로 가장 적절한 것이 소외의 개념"이라고 강조한다(하비, 2014b, 387). 이와 같이 소외 개념을 중심으로 정치적 주체성이 결집하는 것은 (특히 도시적) 소외를 극복하고 탈소외된 노동과 도시공간, 나아가 세계를 만들기 위함이다. 이러한 점에서 우리는 희망의 도시를 구현하기 위해 탈소외된 도시가 어떻게 정의로운 도시로서 전망될 수 있는가를 논의하고자 한다.

2. 근대도시의 발달과 소외의 근원

인간의 역사에서 도시는 기본적으로 자연 속에서 인간의 집단적 거주지를 만드는 과정이다. 그러나 르페브르(Lefebvre, 1991b: 48, 234~252)가 '절대적 공간'으로 개념화한 것처럼 고대의 도시공간은 자연과 대립되어 구축된 인간의 거주지라기보다는, 자연을 신성시하는 상징적 건축물들의 입지 장소이기도 했다. 이러한 도시공간은 잉여물의 전유를 위해 점차 그 주변 공간(즉, 농촌 공간)과 갈등 관계에 들어가면서 계급사회의 등장 배경이 되었다. 이러한 도시/시골 간의 갈등은 봉건제하에서 다소 완화되지만, 자본주의가 발달하고 근대도시들이 새롭게 등장하면서 도시 주변에서 나아가 전체 사회 공간을 도시화하게 되었다. 자본주의도시는 생태적 손상을 우선적으로 그리고 가장 심각하게 입은 장소일 뿐만 아니라 잉여가치를 추출하기 위한 활동이 가장 먼저 활발하게 이루어진 곳이기도 했다. 이러한 도시의 발달은 인간과 자연 간 신진대사적 상호행위를 교란시켰다. 도시인의 필요를 충족시키기 위해 농산물의 생산이 가속적으로 증가해 도시로 공급되었지만, 도시인들이 버린 폐기물들은 자연으로 되돌아가지 못했다. 도시 노동자들의 노동 및 주거 환경이 악화되었으며, 농촌 노동자들의 경작 양식이 변화하고 자연이 파괴되었다(Marx, 1976, 637; 최병두, 2009a, 254~255).

그러나 근대도시의 발달은 단지 자연의 순환 과정과 이로 인한 인간의 생산 및 생활 조건을 물리적으로 악화시키는 것만이 아니었다. 인간의 본성은 기본적으로 '사회적'이며 또한 동시에 '자연적'이다. "인간의 물리적·정신적 활동이 자연과 연계되어 있다는 점"은 간단히 "인간은 자연의 일부"라는 사실에서도 확인된다. 자연과의 상호관계에서 인간은 다른 종들과 달리 능동적이며, 노동은 인간이 능동적으로 자연과 관계를 가지도록 하는 것이다. 노동과정에서 인간은 자신의 신체적·정신적 본성을 (재)생산하고, 사회를 (재)

구성·발전시키게 된다. 인간은 대상적 세계, 즉 자연에 대한 그의 노동을 통해 자아를 실현하는 유적 존재임을 확인할 수 있다. 그러나 근대 자본주의도시의 발달은 인간의 생활과 생산 활동을 자연에서 점점 더 멀어지게 함으로서, 유적 존재로서 자아실현을 할 기회를 점점 더 박탈하게 되었다. 근대도시에서 자연으로부터 소외는 단지 자연으로부터 멀어짐, 즉 거리감 그 자체라기보다는 자연에서 유래한 인간 본성의 괴리에 따른 것이다.

근대도시화 과정에 내재되어 있는 자연으로부터의 소외는 인간본성으로부터의 소외다. 이러한 자연으로부터의 도시적 소외는 특히 유한한 자연으로부터 자원을 획득해서 무한히 '축적을 위한 축적'을 추구하는 자본주의 경제의 발달로 심화된다. 자본주의 경제의 바탕을 이루는 사적 소유제와 교환가치의 일반화는 자연으로부터의 소외를 심화시킨다. 사적 소유제가 생산수단으로부터 생산자를 분리시키게 되어 "인간을 그 자신의 신체 그리고 외적 자연과 정신적 측면, 즉 그의 인간적 측면으로부터 괴리시킨다"(Marx, 1977: 69). 또한 "교환가치가 지배하는 세상이 되면서 상품(그 사용가치)과의 촉감을 통한 접촉은 사라지고 자연과의 감각적인 관계는 막혀 버렸다"(하비, 2014b: 389). 자본주의적 기술의 발달은 이러한 자연으로부터의 소외를 더욱 촉진한다. 도구와 기술은 인간과 자연을 매개하는 노동의 연장이며 이를 통해 자연과의 효율적 신진대사 관계를 구축할 수도 있지만, 근대 사회(도시)에서 기술은 인간에 의한 자연의 대상화와 지배를 가속화하는 방향으로 발전해왔다.

이러한 자연으로부터의 소외는 최근 자본과 국가에 의한 신자유주의적 자연 관리(또는 생산) 전략에 의해 심화되고 있다. 특히 신자유주의적 '환경적 조정'은 자연의 모든 측면들을 사유화·상품화·화폐화하고 있다. 공해오염물질의 처리시설에서부터 유전물질의 복제에 이르기까지 자연을 통제하고 관리하고 생산하는 과정은 자본의 논리에 종속되었다(최병두, 2009b). 또한 자연을 구성하는 무수한 이질적이고 다양한 구성요소는 상품화와 사유화 과정에서 교환가치로 환원됨에 따라 동질화·정량화·추상화되었다. 추상화된 자연은 그 내용물을 상실하고 도구적 기술의 지배 대상이 되지만, 동시에 인간 본성으로부터 소외되고 인간 본성을 소외시킨다. 요컨대 자본주의도시의 발달과 자본축적을 위한 '환경적 조정'은 인간과 자연과의 신진대사 관계를 점점 더 자본의 지배하에 두도록 했으며, 이에 따른 자연으로부터의 소외는 결국 인간 본성과 인간 종이 지닌 잠재력으로부터의 소외를 동반한다.

이러한 자연의 구성요소들 가운데 인간 생활, 자본축적 과정과 가장 밀접하게 연계되어 있는 요소가 토지다. 토지는 기본적으로 자연의 일부로서 '자연의 공여물'이며 따라서 모든 사람이 공유하고 공동으로 이용하는 공유재로 인식된다. 그러나 사적 소유제의 확립과 이에 기반을 둔 자본주의 경제의 발달 과정은 토지에 가격을 매겨서 토지가 마치 그 자체로 가치를 가지는 것처럼 물신화시킴으로써 도시적 소외의 주요 근원이 되었다. 역사적으로 공유지의 사유화 과정은 봉건제에서 자본주의로의 전환 과정에서 나타났던 인클로저(울타리치기)와 이에 따른 '시원적 축적' 과정에서 대규모로 이루어졌다. 16~17세기 장원 체제에서 근대적 토지소유관계로 전환하면서 자행되었던 인클로저는 토지의 사적 소유관계를 확립시켰을 뿐 아니라 농노들을 토지에서 분리시켜 도시의 자유 임금노동자가 되도록 했다. 즉, 이러한 인클로저는 영세 농민들의 토지 이용을 박탈하고 토지를 사적 소유의 대상이 되도록 함으로써 자본의 순환 과정에 투입될 초기 자본의 형성에 기여했으며, 또한 봉건영주뿐 아니라 생산수단(토지)에서 자유롭게 된 도시의 임금노동자 증대를 가능하게 했다.

이러한 인클로저와 이를 통한 토지의 사유화와 상품화는 단순히 농촌공동체의 해체나 장소성의 상실에서 나아가, 생산 및 생존수단과 농업 노동자들을 분리시키고 소외를 심화시키는 물상화 과정이며, 또한 명목상으로 자유로운 주체가 도시의 노동시장과 자본축적의 객체로 전환하는 소외 과정이었다

(Amaral, 2015). 인클로저에 의한 토지의 탈취 과정은 자본주의 초기, 즉 시원적 축적단계에서 나타났다 사라진 것이 아니라 현대 대도시에도 만연해 있다 (Sevilla-Buitrago, 2015; 김용창, 2015). 오늘날 선진국과 후진국을 막론하고 지구적으로 전개되고 있는 도시재개발 과정은 이러한 인클로저의 현대판으로 간주된다. 도시재생, 젠트리피케이션 등의 이름으로 전개되는 도시재개발 과정은 도시공간의 기존 사용가치(또는 공적 가치)를 제거하고 도시의 약자들을 축출·배제해서 토지에서 소외시키는 한편, 토지 그 자체가 마치 가치를 가지는 것처럼 물상화시킴으로써 더 높은 교환가치와 더 많은 이윤을 얻을 수 있는 공간으로 전환시키고자 하는 현대 도시공간에서의 울타리치기라고 할 수 있다.

자본주의도시에서 소외를 유발하는 배경이 이와 같은 자연과 토지로부터의 소외라면, 가장 근본적 요인은 인간 노동의 소외다. 농촌을 떠나온 (즉, 생산수단을 상실한) 도시 노동자들은 생존을 위하여, 즉 필요를 충족시키기 위하여 임금을 대가로 자신의 유일한 소유물인 노동력을 자본가에게 팔지 않으면 안 된다. 즉, "노동자들은 법적으로 자신의 노동력에 대한 사용권을 정해진 기간에 임금을 받고 자본가에게 양도(소외)한다. …… 노동자는 노동 계약 기간에, 그리고 …… 일반적으로 계약 기간 이후에도 다른 노동자로부터, 자연과 사회생활의 모든 측면으로부터 멀어질 뿐 아니라 자신의 노동의 산물에서도 멀어진다. 박탈과 탈취는 노동자 자신의 창조적 본능이 좌절된 데 대한 슬픔과 상실의 감정으로 경험되고 내면화된다(하비, 2014b, 388)". 이와 같이 노동력이 양도되기 위해서는 우선 노동시장에서 노동의 상품화와 화폐에 의한 측정이 전제된다. 이 과정에서 구체적 노동은 시간 단위로 계산되는 추상적 노동이 된다. 이러한 노동의 상품화는 노동시장에서 평등한 것처럼 보이지만, 작업장(즉, 생산과정)에서는 불평등한 관계와 소외의 근원이 된다.

상품화된 노동은 작업장에서 자신이 받은 임금보다 더 많은 가치, 즉 잉여가치를 생산하지만, 실현된 잉여가치는 자본가의 이윤으로 전유된다. 이 과정을 촉진하기 위해 작업장의 생산과정은 잉여가치(이윤)의 극대화를 위한 상품의 교환가치 생산을 중심으로 조직되지만, 노동자들은 생산과정과 이를 통해 생산된 상품에 대해 아무런 통제권을 가지지 못한다. 상품은 분명 노동의 생산물임에도 마치 그 자체로 가치를 가지는 것처럼 신비화, 즉 물신화된다. 상품의 물신성과 이를 매개하는 교환가치는 인간들의 사회적 연계를 사물들의 사회적 관계로 전환시킨다. 이에 따른 "사물의 인격화와 인간의 사물화"는 노동의 조건이 마치 자율적인 힘을 가지는 것처럼 보이도록 하며, "노동의 물질적 조건이 노동자의 지배를 받는 것이 아니라 노동자가 그것에 의해 지배받는" 관계를 만들어낸다(Marx, 1976: 1054). 노동자는 가치를 생산하지만 자신이 만들어낸 가치에서 소외되고 노동의 조건으로 지배되게 된다. 이와 같이 자본주의 (도시)사회에서 소외란 개인의 문제, 마음의 문제가 아니라 사회적 현상이며 실제 권력의 문제로 이해된다. 즉, 소외는 생산과정에서의 임금노동에 기인하며, 그 결과 사람들 간 사회적 관계가 상품(사물)들 간 관계로 전환하고, 이에 의해 지배됨을 의미한다.

자연과 노동의 상품화와 이에 따른 소외는 이들 간의 관계에 개입하는 기술 및 분업의 발달에 의해 더욱 심화된다. 기술은 자연에 개입하는 인간 노동의 연장이라고 할 수 있다. 노동과정에 투입되는 기술은 노동자의 존재를 풍요롭게도 할 수 있고, 초라하게 만들 수도 있다. 기술은 분명 노동의 효율성을 향상시키고, 노동에 수반된 고통과 시간을 줄이는 방향으로 사용될 수 있다. 그러나 자본주의 사회에서 기술 변화의 역동성은 노동자의 권력을 빼앗고, 노동의 참여 기회를 축소시키는 방향으로 전개되어왔다. 즉, 기술은 자연을 도구적인 방식으로 대상화하고, 진정한 노동의 실현 기회를 박탈했다. 이러한 점에서 기술이 그 자체로는 양면성을 가진다고 할지라도, 자본축적 과정에서 생산성과 잉여가치의 증대에 동원되는 기술은 자연을 더 많이 지배하고 또한 이를 위해 인간의 노동과정, 나아가 인간의 삶 전체를 지배하고자 한다. 특히 산업혁명을 전후해, 장인-도제 관계와 주문자 생산에 주로 의존했던 가내수공업에서 대량생산 공장제 기계공업으로의 전환은 노동자들이 기계를 관리하고 통제하는 것이 아니라, 단순한 기계조작자나 기계의 부속물이 되도록 했다. 그뿐 아니라 이러한 공장제 공업의 발달은 노동자의 노동시간의 장소(작업장)와 비노동(여가)시간의 장소(일상생활의 장소)를 분리시켰다. 작업장에서 노동자들은 자신의 노동을 자신의 삶을 위한 것으로 느끼지 않게 되었고, 정해진 시간에 맞춰 작업장에 출근하는 생활은 도시인들을 소외의 공간으로 들어가도록 했다.

자본주의가 발달하고 작업장의 주문제 수공업의 장인 노동이 공장제 기계공업의 조립라인 노동으로 전환하면서, 노동의 소외는 더욱 증대했다. 반면 포드주의에서 포스트포드주의로 전환하면서 노동의 유연적 전문화는 '인간화된 노동', 즉 소외가 경감되거나 해소된 노동으로 나아가고 있는 것처럼 보일 수도 있다(Archibald, 2009). 최근 대도시를 중심으로 진행되는 첨단기술의 발달은 노동과정에서 노동자의 자율성을 확대시키고 도시인들의 삶을 더 풍요롭게 할 것으로 기대되었다. 첨단기술 서비스나 지식경제에 종사하는 노동자들은 보통 높은 교육 수준과 지식, 체화된 기능을 가지며, 이들의 노동과정은 작업장의 육체노동자들에 비해 훨씬 덜 소외된 노동이라고 추정되기도 한다. 그러나 이들은 더 많은 지식과 기능을 가진 노동, 상당한 책임감과 통제력을 가진 노동과정을 수행하지만, 근본적으로 기술이 노동과정에 더 깊게 편입됨에 따라 오히려 소외를 더 심화시켰다. 첨단기술에 바탕을 둔 이른바 지식기반경제나 창조경제에서 심지어 인간의 창조성(정신적 노동)까지도 상품화되고 인간 자신이 아니라 자본의 축적에 기여하도록 추동된다. 달리 말해, 자본주의에서 과학과 지식의 발달과 기술과 정보의 역동성은 인간 창조성이 상품화·화폐화될 수 있을 경우에만 유의한 것으로 왜곡함으로써 자아

상실감을 촉진하고 인간의 실존적 영역을 축소시킨다. 이러한 기술혁신의 궤적은 노동자의 풍요로운 삶과 자아실현에 대한 희망과 양립하기 어렵다.

그뿐만 아니라 기술의 발달은 이에 내재된 도구적 합리성과 이를 추동하는 기술관료적 계획에 의해 도시적 소외를 촉진한다. 하이데거의 주장처럼, 오늘날 자본주의 사회에서 기술은 과잉 발전했고 과잉 가치화되어 있다. 이러한 점에서 르페브르는 "과잉 가치화된 기술에 내재된 위험"을 인지하고, 근대 기술의 본질적 위험을 기술적 생산물이나 과정에서 찾기보다는 특정한 재현양식[또는 그가 '틀지우기(enframing)'라고 명명한]에 기인한다고 주장한다. 즉, 기술의 위험은 자연의 물리적 파괴만이 아니라 틀지우기가 모든 다른 재현 양식들을 배제하게 되는 세계(그리고 공간)의 소외라고 할 수 있다. 기술관료적(도구적) 합리성에 바탕을 둔 이러한 공간의 재현은 단순히 자본주의적 사회적 관계의 물신화된 표현이라기보다 "체험된 경험에 대해 무서운 환원적 권력을 휘두르는 추상화"의 기술로 기능한다(Lefebvre, 1991b: 52). 그러한 예로, 기술관료적 합리성에 바탕을 둔 공간의 재현은 오늘날 도시공간의 계획과 재편이 도시인의 삶을 배제하고 자본과 권력이 지배하는 추상공간을 만들어내도록 한다. 이러한 점에서 현대 도시의 소외는 생산수단의 소유와 임노동에 기반을 둔 소외라기보다 노동에 활용되는 기술관료주의적 속성에 더 많이 근거를 둔다고 주장할 수 있다.

기술의 발달이 자연과 인간 간의 노동과정에 물리적으로 개입하는 방식을 고도화하는 것이라면, 분업의 발달은 노동과정의 효율성을 증대시키기 위해 사회적 관계를 조직하는 방식을 체계화하는 것이라고 할 수 있다. 분업은 인간의 개별적인 신체적·정신적 조건에 근거를 두고 육체적 노동과 정신적 노동 간 사회적·기능적 분화에서 출발했다. 그러나 자원 분포의 지리적 차이에 근거하는 생산의 지역적 특화와 이에 따른 생산물의 교환, 즉 노동의 공간적 분업도 생산성의 증대와 경제발전에 지대한 기여를 했다. 하지만 공간적 분업 역시 생산과 소비의 공간적 분리, 생산체계의 공간적 분화, 그리고 이에 따른 교환에 전제되는 사적 소유와 상품화의 촉진 등을 통해 자연과 노동의 소외를 심화시켜왔다. 우선 사회공간적 분업의 발달은 특정 지역에 특정한 생산과 소비를 촉진함으로써 생산 지역의 자원 고갈과 소비 지역의 폐기물 누적을 초래한다. 생산과 소비의 사회공간적 분리는 특정 집단이나 지역에서 생산된 상품이 다른 어떤 집단이나 지역에서 소비될 것인가를 알기 어렵게 하고, 그 역도 마찬가지다. 이 때문에 생산자는 소비에 대해, 소비자는 생산에 대해 소외된다. 즉, 노동의 분업은 생산과정에서 투입되는 노동과 자연의 능력을 착취하는 것이고, 이들의 존엄성을 박탈함으로써 이들로부터의 소외를 심화시킨다.

오늘날 노동의 사회공간적 분업은 생산체계의 분화로 더욱 촉진되고 있다. 즉, 상품의 생산체계가 원료 생산에서 부품이나 중간재의 생산, 그리고 완제품의 생산에 이르는 다양한 단계로 분화되고, 특히 상품을 기획하고 연구·개발하는 구상기능과 상품을 직접 생산하는 실행기능 간 분화가 촉진되고 있다. 이에 따라 사무실 공간에서 구상기능을 담당하는 노동자들은 작업장 공간에서 실행기능을 담당하는 육체노동자들에 비해 노동의 물리적 강도는 약화되고 노동 시간과 어느 정도의 자율성이 보장된 것처럼 보이게 되었다. 그러나 공장 노동자들이 기계의 부속품처럼 노동하는 것처럼, 오늘날 사무실 노동자들도 컴퓨터와 각종 전자 사무기기에 얽매여 노동하고 있다. 요컨대 노동자들은 갈수록 복잡해지는 분업체계 안에서 자신이 생산하는 상품이 무엇인지, 누구를 위해 생산을 하는지를 알지 못한 채, 분업 체계 내의 한 지점에 붙들려서 파편화된 객체로 전락하게 된다. 이 때문에 노동자는 고립화·개별화되고, 경쟁에서 서로에게 소외되며, 전체에 대한 느낌이나 의식을 상실하게 되었다. 분업이 사회공간적으로 확장되면서, 지역적 불균등과 사회적 불평등은 더욱 커질 뿐 아니라 노동자들의 소외는 더욱 깊어가고 있다.

3. 후기 자본주의도시와 소외의 심화

산업 자본주의에서 후기 (탈산업) 자본주의로 전환되면서 소외가 완화되었는지 또는 더 심화되었는지에 대한 논란이 있었다(Archibald, 2009). 일부 학자들은 작업장에서 소외된 노동이 오늘날 높은 소비 수준에 의해 보상되고 있을 뿐 아니라 학력의 상승과 기술의 체화로 노동과정에 대한 노동자의 통제력이 증가함에 따라 소외가 점차 줄어들거나 사라지고 있다고 주장한다. 그러나 탈산업사회로 전환되었음에도, 소외가 줄어들었다기보다는 오히려 심화되었다는 증거가 더 많다는 주장도 있다. 후기 자본주의적 도시화 과정에서 소외가 더욱 심화되었다는 점은 우선 지구-지방화 과정에서 생산체계는 지구적 규모로 확장·분화되고, 각 지역의 생산과 소비는 지구적 거리로 멀어졌을 뿐 아니라 초국적 자본에 의해 통제되고 있다는 점에서 나타난다. 또한 도시인들의 생산수단, 나아가 생활수단이 상품화되면서 소외된 소비로 내몰리게 되었고, 소외된 생산과 소비는 물질적 부문에서 비물질적 부문(다양한 생산자서비스 부문들과 과학과 지식, 정보, 이미지, 등의 생산과 소비)으로 확대되었다. 또한 과잉축적의 위기를 해소하기 위한 자본과 국가의 신자유주의적 전략은 금융화와 건조환경을 통한 '탈취에 의한 축적'을 만연시킴에 따라 도시적 소외는 새로운 국면에 접어들게 되었다. 즉, 후기 자본주의 사회와 도시에서 노동자들은 노동시장과 작업장에서 피고용자의 지위 향상이나 노동조건의 개선으로 소외를 줄였다기보다는 오히려 더욱 심각하게 실업과 고용 불안을 겪고 있는 노동의 소외에 더해, 자본주의 경제의 지구-지방화, 소비 및 여가 나아가 일상생활 전반의 상품화, 비물질적 생산과 소비의 역할 증대, 도시 건조환경을 통한 자본순환의 확대, 금융자본의 발달과 도시공간의 금융화 등에 의한 소외의 확장과 중첩적 심화로 고통받게 되었다.

우선 자본주의 경제의 세계화 또는 지구-지방화로 인해 상품뿐 아니라 자본과 노동이 세계적으로 이동하게 되었고, 이에 따라 생산과 소비 간 관계, 생산 체계의 각 부문들 간 연계, 그리고 자본과 노동 간의 관계가 세계적 규모로 확대되었고, 이에 따라 소외의 조건은 지구적 맥락으로 확장되었다. 자유무역과 세계 시장의 통합을 강조하는 신자유주의는 국가 간 교역을 가로막는 모든 장애을 제거함으로써 생산과 소비 간의 물리적 거리를 지구적 차원으로 확대시켰다. 소외란 단순히 물리적으로 멀리 떨어져 있기 때문에 느끼는 소원함을 의미하는 것은 아니지만, 생산과 소비 간 물리적 거리의 확장은 상품의 기능적 관계를 강화시킴으로써 사회적 관계가 상품들 간의 관계로 치환되는 것을 더욱 촉진한다. 하비(2014b, 196)가 서술한 것처럼, 이러한 상황에서, 즉 "무엇보다 노동자들이 매일 아침 식사를 차리기 위해 멀리 떨어져 있는 낯선 이들에게 이렇게도 깊이 의존하고 있는 상황에서 어떻게 자신의 운명을 직접 지배하고 있다는 느낌을 갖기를 기대할 수 있을까?"

이러한 자본주의 경제의 지구-지방화 과정에서, 사회공간적 분업은 지구적 규모로 확장되고 다규모화된다. 즉, 자본이 생산성 증대와 잉여가치의 창출을 위해 생산-소비관계와 함께 생산체계 내 노동과정을 효율적으로 조직하고자 함에 따라, 분업은 작업장 내에서 이루어지는 세세한 분업에서부터 지역들 간 분업, 국가 간 국제적·지구적 분업에 이르기까지 다규모적으로 발전하게 되었다. 특히 교통통신 기술의 발달에 따른 시공간적 압축과 더불어 생산체계의 지구적 확장과 재구축은 상품 생산의 각 과정을 담당하는 공장들을 세계의 어떤 지점이든 이윤을 극대화할 수 있는 곳으로 이전하도록 한다. 이러한 흐름에 따라 입지한 분공장 또는 다공장 체제는 지역경제나 지역 노동자들과는 무관하며 역외 초국적기업에 의해 좌우된다. 제3세계의 분공장 노동자들은 자신의 임금이 얼마인지에 관심을 가질 뿐이고, 자신의 노동과정과 생산품이 누구에 의해 통제되고 관리되는지 더욱 알 수 없게 되었다.

이와 같은 자본주의 경제의 지구-지방화 과정은 세계도시 체계의 발달, 또는 지구적-도시화 또는 행성적 도시화를 동반했다. 중심-준주변-주변 도시들 간의 포섭 관계를 나타내는 세계도시 체계는 오늘날 대도시가 인접한 주변도 시들보다는 세계적으로 더 큰 규모의 대도시들과 연계되어 있음을 보여준다. 지구적-도시화란 오늘날 도시화가 도시 주민들에 의한 내생적 발전이 아니 라 지구적 자본과 권력(초국적기업, 국제금융자본, IMF, 세계은행 등)에 더 많이 의존하고 있음을 의미한다. 행성적 도시화란 "지구적 규모의 광대한 영역들 이 도시적 공간 편성의 확장을 통해 지구적 노동분업 속으로 재설계되고 통 합되는 과정"을 의미한다(Merrifield, 2013). 이러한 도시체계의 발달이나 도시 화 과정은 세계가 단일의 도시경제로 통합되고 고밀도로 모든 것을 집중시키 는 초메가시티로 발전하거나, 대도시의 정체성이 세계시민주의로 재구축되 었음을 의미하는 것이 아니다. 오히려 세계의 모든 도시는 이윤극대화를 추 구하는 초국적자본(이들의 분공장이나 금융자본)에 의해 통제되고, 노동자들은 고용기회와 임금에 따라 낯선 환경으로 이주하게 되었으며, 이들의 의식은 단절화·파편화되면서 자신의 존재를 행성적 차원에서 소외되도록 만들었다.

후기 자본주의에서 도시적 소외는 자본주의적 생산체계와 생산-소비 관계 의 지구적 (외연적) 확장뿐 아니라, 생산 영역에서 소비 영역으로 자본의 지 배 확충 그리고 물질적 생산 영역에서 비물질적 생산 영역으로 자본의 (내포 적) 포섭 확산에 의해 더욱 심화되고 있다. 자본에 의한 소비 영역의 지배는 생산과정(즉, 잉여가치의 생산)에 기본적으로 근원을 두었던 소외가 잉여가치 를 실현하기 위한 소비의 촉진과 소비과정 및 여가생활 자체의 상품화를 통 한 일상생활의 소외를 동반하게 되었다. 대도시에서의 소비는 개인의 물질 적 필요의 충족에서 나아가 서로 차별화하거나 또는 다른 사람들과의 비교를 통해 자신을 드러내기 위한 과시적 소비의 경향을 띠게 되었다. 오늘날 유행 하는 명품 소비(심리)는 자본이 기존에 사용하던 것과 비교했을 때 사용가치 가 동일하거나 더 적지만 값은 오히려 더 비싼 상품을 추구하는 욕구를 만들어냈기 때문이다. 다양한 방식의 광고와 마케팅 홍보를 통해, 자본은 소비자들로 하여금 특정 상품의 구매가 사치스러움과 여유, 행복감과 향상된 신분감을 준다는 식으로 인식하도록 만든다. 이러한 충동소비 또는 과시적 소비는 인간의 필요나 욕구의 충족과는 별로 관계가 없고, 이러한 상품은 '보상심리 해소용 상품'에 지나지 않는다. 오늘날 도시인은 "소비주의적 도시공간에서 길을 잃고, 넘쳐 나는 보상심리 해소용 상품 속에서 허우적댄다"(하비, 2014b, 398).

이러한 점에서 자본이 필요로 하는 것은 도시인들의 필요(사용가치로 파악되는)를 충족시키는 것이라기보다는, 필요(교환가치로 비교되는)의 새로운 창출이다. 도시인들은 자본에 의해 창출된 이러한 필요를 스스로 통제하지 못하고 어떠한 수단과 방법을 동원해서라도 충족시키려 한다. 이러한 소외된 소비를 위해 (즉, 자신의 필요에서 소외된) 도시인들은 과도한 장시간 노동도 마다하지 않지만, 금전적 보상이 없는 활동은 더 이상 수용하지 않으려 한다. 이러한 과시적 소비는 소비상품에 대한 경쟁을 통해 개인주의를 부추김으로써 사회적 연대와 결속력을 해체하는 데도 기여한다. 그러나 이러한 소비주의는 과잉생산에 따른 상품시장의 포화와 함께 임금 억제로 인한 유효수요의 저하나 기술이 노동을 대체하면서 대규모 실업이 발생함에 따른 잉여가치 실현의 한계를 해결하기 위한 자본의 전략에 불과하다. 이러한 점에서, 드보르(Debord, 2002, 13; 무스토, 2011, 98 재인용)는 다음과 같이 서술한다.

업무 시간이 끝나면, 노동자는 갑자기 생산의 조직과 감시의 모든 측면에서 그토록 노골적으로 가해지던 총체적 멸시로부터 벗어나 소비자라는 이름으로 지극히 공손하게 어른 취급을 받게 된다. 바로 이 순간 상품의 휴머니즘은 노동자의 '여가와 인간성'을 책임지는데, 그것은 단지 정치경제가 이제 이러한 영역을 지배할 수 있게 되었고 또 지배해야 하기 때문이다.

이러한 소비 자본주의의 발달로 인한 소외의 심화는 물질적으로 생산된 상품의 소비뿐 아니라, 특히 비물질적 생산과 소비 과정에서 나타나는 소외에도 더 많은 관심을 기울이도록 한다. 드보르는 이미지들에 의해 매개되는 사람들 간의 사회적 관계를 스펙터클로 개념화하고, 스펙터클의 사회적 기능은 구체적인 소외 생산"이며, 스펙터클을 통해 "상품의 물신숭배는······ 궁극적으로 실현된다"라고 주장한다(Debord, 2002: 11~12). 이러한 상황에서 소외는 개인들이 자본에 의해 창출된 필요를 충족시키기 위해 소비하도록, 즉 '지배적인 이미지들과 동일시'하도록 해서, 개인들을 그들이 실제 필요로 하는 바의 충족이나 실제 자신의 존재에서 더욱 멀어지도록 한다. 보드리야르도 드보르와 유사하게 소외의 개념에 초점을 두고 후기 자본주의의 소비 사회를 비판한다(김남희, 2002 참조). 그에 의하면, 오늘날 (도시) 사회에서 일상적 삶은 상품의 생산보다 기호(또는 코드)의 법칙에 의해 틀지어지며, 상품의 교환가치가 사용가치로부터 분리됨에 따라 소외를 유발한 것처럼, 특정한 기호가 그 지시대상으로부터 분리됨에 따라 소외를 유발한다고 주장한다. 즉, 산업자본주의에서 상품의 교환가치적 질서에 의해 착취와 억압 그리고 소외가 주도되었다면, 후기 자본주의 사회에서 소외는 기호에 부여된 이데올로기(지시대상과 괴리된)를 통해 이루어지고 있다.

이와 같이 지시 대상(물질적 상품)과 괴리된 기호가치에 의해 발생하는 소외의 개념은 언어나 지식, 문화와 습관, 관행과 제도 등 다양한 비물질적 요소들의 생산과 소비에도 적용될 수 있다. 오늘날 경제활동은 물질적 생산에서 비물질적 생산들, 예를 들어 새로운 아이디어의 개발, 새로운 디자인과 이미지 창출, 컴퓨터와 인공두뇌의 활용, 암묵적 지식과 공동학습, 상호협력과 사회적 자본 등에 더 많이 의존하는 것처럼 보인다. 이 때문에 오늘날 소비자들은 물질적 재화보다 정보, 이미지, 메시지 등 다양한 상징적 재화를 구입하고 소비하는 데 점점 더 많은 지출을 하게 되었다. 그뿐 아니라 경제활동 전반에서 물질적 재화의 생산과 소비보다 소비자 및 생산자에게 비물질적 재화를 제공하는 서비스경제(교육과 의료, 연구개발, 금융·보험, 법률·경영 자문, 광고와 시장조사 등)가 중심을 이루게 되었고, 축제와 관광, 스포츠 경기, 다양한 전시 및 예술 활동 같이 문화산업이 새로운 경제활동 영역으로 부상하고 있다. 이러한 비물질적 생산과 소비의 급속한 팽창은 도시생활과 공간의 재편에 지대한 영향을 미치고 있다(조정환, 2011: 255~271; 네그리와 하트, 2014). 산업도시들에서 자본축적이 대규모 생산설비와 거대한 사회간접시설 등에 물적 기반을 두었다면, 후기 자본주의의 포스트모던 도시들은 상징적 가치들이 도시공간을 화려하게 뒤덮은, 물신화된 스펙터클의 생산과 소비를 자랑한다.

이러한 비물질적 생산과 소비를 통한 경제활동은 물질적 영역뿐 아니라 문화적 상징적 영역 모두를 상품화시키고 자본의 순환 과정에 편입되도록 하며 나아가 도시공간 전체를 자본축적 과정에 실질적으로 포섭한다. 즉, 과거 물질적 생산(그리고 소외된 노동)이 작업장(공장)에 한정되었다면, 오늘날 비물질적 생산과 소비는 공장을 벗어나 가정(사적 공간)이나 거리(공적 공간)를 막론하고 심지어 사이버공간을 포함하는 도시공간 전체로 확장되었다. 이 때문에 도시공간에서 생산, 유통, 소비를 구분하는 것이 어렵게 되었고, 생산에서 소비에 이르는 일련의 과정 전체가 소외되었다. 특히 도시공간에서 비물질적 이미지의 생산(엄격히 말해 재현)과 소비는 물리적 시공간에 의해 분리되지 아니하고 즉각적으로 결합한다. 예를 들어 거리의 전자 광고판은 끊임없이 상징적 언어들을 생산하고, 그 옆을 지나가는 사람들에게 바로 유통되고 소비된다. 그러나 이러한 비물질적 생산과 소비는 생산과 소비의 주체 없이 무작위로 작동한다는 점에서 물신화의 극치를 이룬다. 또한 언어, 이미지, 지식, 정동, 코드, 습관, 관행이나 도시경관의 상징성이나 심미성, 역사성 등은 사회적 생산물 또는 인공적인 공통재고 이들이 작동하는 공간은 누구나 참여하고 이용할 수 있는 공적 공간이지만, 이들은 점점 더 자본축적 과정에 포섭되어 사적으로 전유되면서 도시인들로부터 소외되었다.

물론 이러한 도시공간에서 비물질적 생산과 소비의 역할과 이로 인한 소외에 관한 관심 중대는 도시의 경제활동과 사회생활에서 물적 토대의 역할이 감소했음을 의미하는 것은 아니다. 오히려 도시의 물질적 건조환경을 통한 자본순환의 메커니즘과 이에 내재된 모순은 도시적 소외를 심화시키는 데 중요한 역할을 하게 되었다. 즉, 후기 자본주의에서 자본은 생산체계와 생산-소비 연계의 지구적 확장, 잉여가치 실현을 위한 소비영역의 지배, 그리고 비물질적 생산과 소비 부문의 편입 등을 통해 (임금노동에 의한) 확대 재생산뿐 아니라 도시의 건조환경을 통한 자본순환 경로의 확장과 이와 관련된 금융자본의 발달 및 도시공간의 금융화를 통한 축적, 하비가 지칭한 '탈취에 의한 축적'을 통해 축적을 지속시키고자 한다. 탈취에 의한 축적은 "도시토지의 상품화(도시…… 주민들을 그들의 보금자리로부터의 추방을 유도하는), 공적 자산의 민영화와 상품화(자연자원과 토지, 공적 서비스와 기관들을 포함해), 소유권의 전환, 국가 부채와 신용체계의 이용(노동과 토지의 장기적 탈취의 수단으로서 금융화), 토착적 생산(과 생활)형태의 억압, 교환의 화폐화(즉, 사용가치에 대한 교환가치의 지배) 등"을 통해 이루어진다(Bayirbag and Penpecioglu, 2015; Harvey, 2005). 그러나 이와 같은 건조환경을 통한 자본의 순환, 탈취에 의한 축적을 추구하는 도시공간의 재편은 도시공간의 생산에서 소외와 건조환경의 물상화를 더욱 심화시킨다(Amaral, 2015).

도시재개발 과정은 토지 이용의 집약화뿐 아니라 토지소유권의 전환과 건조환경을 통한 자본축적을 촉진시키고자 하지만, 동시에 도시 서민과 영세 상인들의 토지소유와 이용을 박탈하고 이들을 생산 및 생활수단에서 분리시킴으로써 소외를 심화시킨다. 이와 같이 기존 토지 소유 및 이용 관계를 해체하고, 토지를 사유화함으로써 자본축적 과정에 편입시키고자 하는 인클로저는 자본주의 초기 단계에만 한정된 것이 아니라 오늘날에도 지구적 규모로 전개되면서 지구화된 경제에서 도시의 역할을 부각시키고 있다(김용창, 2015). 이러한 도시의 건조환경 또는 도시공간의 재편은 분명 도시인들(더 분명히 말해 도시 노동자들)의 생산물임에도 불구하고, 자본에 의해 사적으로 전유되고 일반 도시인들은 통제할 수 없는 생산과 생활의 객관적 조건으로 대상화된다. 건조환경을 통한 자본축적은 이와 같이 도시인들로 하여금 자신이 소유 또는 이용하던 토지나 공적 공간으로부터 축출되어 소외될 뿐만 아니라, 자신들이 만들어낸 도시 건조환경(이에 부착된 경관도 포함해)은 자본의 통제하에 물상화되어 도시인들을 억압하는 외적 조건이 된다. 이러한 점에서, 하비는 (도시 건조환경을 통한) "자본의 실현 영역에서는 탈취에 의한 축적에 시달리며 누적된 불만이 끓어 넘친다. 자유는 지배가 되고, 노예의 삶이 자유를 대신한다"라고 서술한다(하비, 2014b: 389). 이러한 점에서 오늘날 도시공간에서 소외의 본질적 유발 요인은 바로 이러한 탈취에 의한 축적이라고 할 수 있다.

도시 건조환경을 둘러싼 자본축적(특히 탈취에 의한 축적) 과정은 건설 및 부동산자본에 의해서만 작동되는 것이 아니라 금융자본과 국가의 개입에 의해 뒷받침되어야 한다. 도로나 철도 기타 인프라 등 도시 건조환경의 구축과 운영은 기본적으로 공공적 목적을 전제로 하며, 투자의 규모가 클 뿐 아니라 그 성과가 나오기까지 상당한 시간이 소요되기 때문에, 산업자본주의에서는 주로 국가에 의해 이루어진다. 그러나 오늘날 도시 건조환경은 금융자본이 뒷받침하는 건설자본과 부동산자본에 의해 조성·운영된다(최병두, 2012). 금융기관은 건설회사에 자금을 대출하고, 건설회사는 이를 투입해 토지를 구입·개발해 주택을 건설·공급한다. 금융기관은 또한 구매자들에게도 자금을 대출해주고, 구매자들은 이 대출금으로 주택을 구입한다. 주택 구매자는 실수요자일 수 있지만 주택 가격 상승을 기대하는 투기자일 수도 있다. 어떠한 경우도 주택 가격이 침체·하락하는 경우 자신의 수입으로 대출금의 이자와 원금을 갚아야 한다. 그러나 금융대출에 의존해 주택을 구매한 사람들은 자신의 미래 수입 일부에 대해 통제권을 상실하게 된다. 특히 부동산경기가 침체될 경우 주택 담보대출을 통한 주택 구매자는 대출금이 주택 가격을 능가하는 상황을 맞게 된다. 이러한 상황에서 주택 구매자는 자신의 미래 수입에 대한 통제권의 상실할 뿐 아니라 주택의 소유권마저 박탈당하게 된다.

이와 같이 도시 건조환경에서 작동하는 금융자본은 기본적으로 대출한 원금에 이자가 붙어 환수되기를 기대하고 투입되는 '의제적(ficticious)' 자본이다. 의제자본의 순환은 부동산 가치의 생산과 실현 과정을 완결시키는 데 필수적이지만, 원칙적으로 미래의 수입에 의존하기 때문에 경기변동에 매우 취약하다. 미국의 서브프라임 모기지 사태에서 드러난 것처럼, 막대한 양의 의제자본이 주택금융으로 유입되어 주택의 공급과 수요를 부추겼지만, 실물경제에서 실질임금에 의해 대출금(원금+이자) 상환이 보장되지 않을 경우 심각한 금융위기를 초래할 수 있다. 도시 부동산시장에서 작동하는 금융자본은 물론 단지 은행(대출)자본만 아니라 다양한 방식(부동산펀드, 리츠, 프로젝트 파이낸싱 등)으로 확보되지만, 공통적으로 투기성이 매우 높은 의제자본이다. 의제자본의 작동은 신용체계의 발달에 기반을 둔다. 창출된 잉여가치가 실현되기 위해서는 신용체계의 발달이 필수적이다. 소비자들은, 예를 들어 신용카드를 사용해 내구성 소비재나 고가의 과시적 소비상품을 구매할 수 있다. 이러한 신용체계에 바탕을 둔 소비는 창출된 잉여가치의 실현을 원활하게 함으로써 자본의 확대 재생산을 지속시킨다.

그러나 이러한 의제적 자본의 순환과 이를 뒷받침하는 신용체계의 발달은 상품 세계의 물신화를 촉진하고 도시인들의 소외를 더 이상 감당하기 어려울 지경까지 고조시킨다. 의제자본의 순환 과정은 어떤 가치를 창출한 것처럼 보이지만, 실제 아무것도 생산하지 않는다. 주택 구매자에게 대출된 자금은 이자가 붙어 자본으로 환수되지만, 여기서 이자는 실물생산에서 얻어진 수익의 일부를 전유했을 뿐이다. 따라서 이러한 자본은 실물생산과 괴리된 채 이에 기생한 것이다. 도시 부동산시장과 선물시장에서 작동하는 각종 금융자본과 파생상품은 이러한 화폐의 물신성을 엄청나게 확장시킨다. 화폐의 물신성이란 "화폐는 다른 모든 상품의 겉모양을 벗겨낸 것이자 보편적 소외의 산물"임을 의미한다(Marx, 1976: 205). 화폐의 물신성 때문에 화폐의 거대한 힘은 마치 그 자체로 자연적 속성인 것처럼 작동한다. 화폐에 대한 사람들의 태도는 자본주의적 물신숭배의 두드러진 사례이며, 그 절정은 '이자를 낳는 자본'(즉, 의제적 자본)이다(콕스, 2009). 그러나 오늘날 이러한 금융자본의 물신성이 자본축적의 지속에서 중요한 모멘트로 작동할 뿐 아니라 일상생활의 모든 곳으로 침투하고 있다. 주택구입에서부터 학자금 대출이나 생계를 유지하기 위해 가속적으로 증가한 도시 서민들의 부채는, 이런저런 형태의 비참한 문제들을 유발하고 결국 인간 노동과 생존의 조건을 억압한다. 생산과 소비의 현재 영역들을 넘어서, 미래 삶의 조건까지 확대된 자본주의적 소외와 물신성, 이를 어떻게 극복할 것인가라는 문제는 자본주의의 모순을 해결하고 희망의 도시를 만들어가기 위한 가장 핵심적인 과제라고 할 수 있다.

4. 탈소외로서 정의로운 도시

1) 소외 극복을 위한 이론과 현실

이러한 논의들에 바탕을 두고, 현대 (후기 자본주의) 사회에서 심화되고 있는 도시적 소외의 주요 특성을 요약하면 다음과 같다(〈그림 9〉 및 〈그림 10〉). 즉, 도시의 형성과 발달 과정(도시화)은 그 자체로 자연으로부터 소외되는 과정이며, 시골 농업에서 도시 공업으로 전환하는 과정(산업화)은 토지로부터

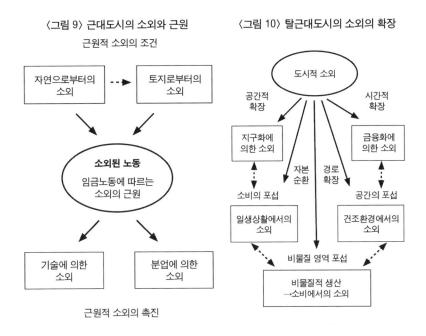

〈그림 9〉 근대도시의 소외와 근원

근원적 소외의 조건

자연으로부터의 소외 → 토지로부터의 소외

소외된 노동
임금노동에 따르는 소외의 근원

기술에 의한 소외   분업에 의한 소외

근원적 소외의 촉진

〈그림 10〉 탈근대도시의 소외의 확장

도시적 소외

공간적 확장   시간적 확장

지구화에 의한 소외   금융화에 의한 소외

자본 순환   경로 확장

소비의 포섭   공간의 포섭

일생상활에서의 소외   건조환경에서의 소외

비물질 영역 포섭

비물질적 생산 →소비에서의 소외

축출된 농노들이 도시의 임금노동자로 전환하는 과정이었으며, 이는 노동자들을 토지(기본적 생산수단)로부터 소외시키는 과정이었다.

이러한 자연과 토지로부터의 소외를 배경으로 자본주의도시의 임금노동자들은 (잉여) 가치의 창출 과정에서 자신이 생산한 생산물로부터, 그리고 노동과정과 노동하는 자신으로부터 소외된다. 이러한 노동의 소외는 가치 창출을 촉진하기 위해 노동과정에 개입하는 도구적 기술과 사회공간적 분업의 발달로 더욱 심화된다. 산업사회에서 탈산업사회로 전환되는 과정은 소외를 완화시켰다기보다는 오히려 심화·확장시킨 것으로 이해된다. 즉, 탈산업사회의 도시적 소외는 이른바 지구-지방화 과정을 통해 세계적 규모로 공간적으로 확장되었고, 신용체계와 금융화 과정을 통해 시간적으로 확장되어 미래의 노동에 대한 소외를 심화시키고 있다. 또한 자본축적의 논리가 생산뿐 아니라 소비(여가) 부문, 그리고 비물질적 영역(지식, 기호, 이미지, 습관, 감정 등)으로 확대되었으며, 특히 도시의 건조환경을 통한 자본의 순환 과정에서 도시공간과 경관(스펙터클)으로부터 소외되었다. 이러한 소외의 심화·확장 과정은 사회적 관계와 개인의 심리적 상태(적대감과 불안감 등)로 내면화되고, 오늘날 도시공간에 심각한 이탈 현상을 유발하면서 인간 삶을 황폐화시키고 위기에 처하도록 한다. 도시위기의 극복은 이러한 도시적 소외를 비판적으로 고찰하고 여기서 탈출하는 것, 즉 탈소외된 도시를 전망하고 실천하는 것이다.

소외이론이 그러한 것처럼 소외에 대한 비판과 탈소외에 대한 이론적 전망도 헤겔과 마르크스로 소급될 수 있다. 마르크스는 초기 저술에서 임금노동과 사적 소유 및 노동의 분업으로 자유로운 인간이 노동과정에서 자유를 상실하고 소외되었음을 지적하고, 사유재산제와 노동의 분업 폐지를 통한 소외의 극복을 주장한다. 사적 소유제의 폐지는 노동자가 자연(토지)과 자신이 맺는 소외된 관계, 그리고 노동자가 자신이 생산한 생산물의 사적 전유로 인해 발생하는 소외를 극복할 수 있도록 한다. 자본주의적 분업의 폐지는 화폐에 의해 기능적으로 연계된 생산-소비 관계를 극복하고 자율적인 공동체적 경제활동을 가능하게 할 것으로 추정된다. 마르크스는 후기 저작에서는 상품의 물신성으로부터 해방을 위해, 생산수단의 공유와 임금노동에 의한 생산체계의 극복이 주장된다. 그는 대안적 사회공간으로 다양한 형태의 노동력이 자각해 사회적 노동력으로 확장된 자유인들의 연합체로 결합된 생산자들과 이들에 의해 자연과의 신진대사에 대한 합리적 통제(최소 노력과 인간성에 조응하는 관계)를 제시한다(최병두, 2009a). 탈소외를 위한 마르크스의 이러한 제안은 물론 이론적으로 재검토되어야 하겠지만, 현실적인 가능성에 관한 의문과 더불어 현대사회에서 소외는 생산 영역에서 벗어나 사회공간적인 모든 영역으로 확장되었다는 점에서 새로운 대안의 모색을 요구한다.

현대적 소외가 생산 영역에서 사회공간의 모든 영역으로 확장되었다는 점에서 제시된 대안들의 대표적 사례들은 프랑크푸르트학파의 헤르베르트 마르쿠제(Herbert Marcuse)와 에리히 프롬(Erich Fromm)의 소외론에서 찾아볼 수 있다(무스토, 2011 참조). 마르쿠제에 따르면 소외에 대한 비판은 노동과 기술 일반에 대한 비판이며, 소외의 극복은 생산 활동에서 부정된 자유를 획득하기 위한 유희를 통해서만 가능하다고 제시된다(Marcuse, 1966). 즉, 그는 마르크스가 제기한 생산수단의 공동소유에 기반을 둔 탈소외된 사회의 가능성을 폐기하고, 오직 노동의 종말과 리비도(libido)의 실현만이 소외된 인간을 해방시킬 수 있다고 보았다. 프롬은 생산과정에서 유발된 소외를 극복하고 '적극적인 자유'를 실현하기 위해 '생산적 인간'과 '건전한 사회'의 형성이 필요하다고 주장한다. 생산적 인간(또는 '생산적 성격 유형')은 인간이 이성에 의해 인도되어질 때 가능한 것으로 자기 자신의 재능을 스스로 이용하고 타고난 잠재력을 실현시키는 인간(성격) 유형을 의미한다(Fromm, 1949). 마르쿠제의 대안은 기술 지배 일반에 반대하면서, 모든 노동을 자유 및 희열과 대립시키고, 노동의 영역 밖에서 탈소외의 계기를 찾고자 했다는 점에서 한계를 지닌다. 프롬의 대안은 인간이 생산적 인간으로 살아갈 때 자신의 힘을 자신이 실제로 구현할 수 있다는 점에서 인간 본성의 회복을 강조하지만, 생산적 인간이 어떻게 구체적으로 (이성이 아니라 진정한 노동을 통해) 실현될 수 있는가에 대해서는 분명하지 않았다.

탈소외에 관한 르페브르의 견해는 마르쿠제나 프롬과는 다르다. 후자는 노동의 영역 밖에서 탈소외의 계기를 찾고자 하지만, 전자는 소외된 노동 또는 소외된 일상생활 자체에서 탈출의 계기를 찾고자 한다. 르페브르의 『일상생활 비판』에서 비판은 "가능성, 아직 완수되지 않은 가능성"을 의미한다. 따라서 "비판의 과제는 이러한 가능성과 완수되지 않은 것이 무엇인가를 논증하는 것이다"(Lefebvre, 1991a: 18~19). 이러한 점에서 일상생활은 기술관료적 생산주의에 종속되어 있지만 또한 이에 저항적이며, 따라서 소외의 영역이면서 또한 가능한 '탈소외'의 자리이기도 하다. 일상적 생활 속에서 사람들은 자신이 소외되었음을 의식함으로써 탈소외의 가능성을 찾게 된다. 소외(낯섦에 대한 인식을 낯설게 하는)에 관한 의식은 우리를 소외로부터 해방시키거나 해방시킬 수 있는 단초를 제공한다. 인간은 소외에 관한 의식을 통해 그 자신을 탈소외시킬 수 있다. 일상적 인간은 실천 인간이며, 실천만이 그를 소외에서 해방시킬 수 있다(Lefebvre, 1991a: 20~23). 이러한 일상생활의 소외 의식으로부터 탈소외의 가능성 모색은 그가 『공간의 생산』에서 제시한 추상공간에서 차별공간으로의 전환은 현실적인 것 내에서 가능한 것의 추구, 즉 기존의 도시공간(그리고 이의 재현)에 존재하는 잠재적 탈자본주의 공간을 의미한다. 즉, 추상공간의 소외에 관한 비판은 추상공간이 차별적 공간의 가능한 탈소외에 대립적으로 이해될 것을 요청한다(Wilson, 2013).

르페브르가 제시한 탈소외 공간으로서 차별공간은 자율성 또는 자주관리(autogestion)와 이를 위한 차이의 정치 등에 바탕을 둔 '혁명적 낭만주의'에 관한 그의 관심과 관련된다. 일상생활을 생산주의적 규정력에 종속되도록 하는 기술관료적인 도구적 합리성은 추상화를 통해 사회를 지속적으로 지배하려 한다. 르페브르는 이러한 추상공간의 소외된 현실에 개입해, 탈생산주의적 공간으로서 차별공간의 인식과 실천을 강조한다. 자율화 또는 자주관리는 교환가치에 대한 사용가치의 우선성을 강조하고, 생산의 집단적 자기관리를 의미한다(Lefebvre, 1991b, 18). 이러한 자율화, 즉 탈소외의 정치는 동질화, 추상화에 의한 체험된 경험의 지배에 반대하는 차이의 정치를 통해 일상생활을 차별의 공간으로 전환시키려 한다. 차별공간의 생산은 교환가치에 대한 사용가치, 동질성에 대한 차이, 정량화에 대한 정성화, 인지된 것에 대한 체험된 것의 우선성, 그리고 생산주의의 극복과 탈생산주의적 사회로의 전환 등을 포함한다. 여기서 생산주의 극복은 노동에 의한 생산의 포기가 아니라 기술관료적 성장 이데올로기 극복을 의미한다. "성장 이데올로기로부터의 해방은 침체된 내핍을 의미하는 것이 아니라, 물질적 풍요와 창조적 자유의 탈소외된 사회를 가능하게 하는 것이다(Wilson, 2013, 10)." 르페브르의 혁명적 낭만주의는 그의 평생 연구에서 이러한 가능성의 집단적 실현을 위한 희망의 표현이었다.

탈소외에 관한 르페브르의 주장들은 이론적·실천적으로 매우 중요한 의미를 가지지만, 한 가지 의문을 일으킨다. "인간은 소외에 관한 의식을 통해 그 자신을 탈소외시킬 수 있다"라는 그의 주장은, 물론 현대사회(도시)의 소외된 일반 시민들을 전제로 한 것이다. 그러나 헤겔과 마르크스 이후 많은 철학자와 사회이론가들이 소외의 근원과 그 심화 과정에 관해 그렇게 심각하게 비판했음에도 불구하고, 현대사회에서 소외는 어떻게 점점 더 심화되었고, 탈소외의 가능성은 점점 더 줄어들었는가? 이러한 의문은 소외를 심화시키는 자본축적 과정과 이에 내재된 모순들에 관한 더 체계적인 연구를 요청하며, 또한 소외의 심화로 인한 도시인들의 주체적 의식과 실천 가능성의 소진에 관해서 더 심각하게 검토할 것을 요구한다. 또한 탈소외를 위한 이상적 전망과 현실적 대안 간의 괴리에 주목하고, 대안의 실현가능성과 함께 진정성/의사성 여부도 평가해볼 필요가 있다. 예를 들어 오늘날과 같이 지구적 인구성장과 생산체계의 지구적 확장, 그리고 이에 따른 행성적 도시화 과정에서, 탈소외를 위한 노동의 사회공간적 분업은 폐기되어야 하는가, 만약 그렇다면 어떻게 폐기될 수 있는가 같은 의문이 제기될 수 있다.

그뿐 아니라 이와 같이 현대(도시)사회에서 소외가 더욱 심화되고 있는 것은 이를 유발하는 자본과 국가가 소외(의 외형적 표출)를 일정하게 통제하거나 소외된 노동자들이 자신의 소외를 의식하지 못하도록 억제하기 때문일 수도 있다. 사실 그동안 자본주의의 발전 과정에서 자본과 국가는 다양한 방법으로 소외를 경감하거나 억제하기 위한 전략들을 수행해왔다(Bayirbag and

Penpecioglu, 2015). 고용·해고 조건 및 (최소) 임금 수준 통제, 노동조직의 제도화, 작업장 환경 개선(표준화) 등은 노동자의 소외를 직접적으로 관리하기 위한 대책이었다고 할 수 있다. 그러나 이러한 직접적인 정책만으로 소외를 관리하기는 부족했고, 일상생활과 생활공간에 대한 다양한 제도들이 모색되었다. 대표적으로 다양한 유형의 사회복지제도들은 노동자들의 소외를 비노동 생활(공간)에서 부분적으로 경감시켜주기 위한 방안이라고 할 수 있다. 또한 한때 논의되었던 노동계급의 자산보조 정책이나 최근 관심을 끌고 있는 기본소득 보장 정책은 소외를 경감시키기에 유의한 정책이라고 할 수 있다. 그뿐만 아니라 공공주택의 공급, 임대차 보호, 공유재(또는 공공재, 예로 버스와 지하철)의 확충 등은 생활공간의 보호를 통해 작업장에서 소외의 부정적 영향을 보다 쉽게 억제할 수 있도록 했다, 그러나 이러한 소외 완화/경감을 위한 복지정책들은 공적 재원의 한계와 함께 경제침체 국면에서 신자유주의로 전환되면서 급속히 축소되었다.

시장 경제로의 회귀를 전제로 한 신자유주의 정책과 이에 따른 도시화 과정은 노동의 양적 유연화를 강화하면서 고용··해고 조건과 작업장의 노동조건을 심각하게 악화시켰고, 이는 소득 및 자산보유의 격차를 크게 확대시켰다. 그뿐 아니라 앞서 논의한 바와 같이 공유재의 민영화와 서민들의 토지 및 주거의 탈취와 배제, 공적 공간의 인클로저에 의한 사유화와 상품화, 복지보다 경제성장과 도시개발을 우선하는 기업주의 도시, 역외 자본의 유치와 저임금 이주노동자의 활용, 도시 브랜딩이나 마케팅 등을 통한 소비주의의 촉진, 그리고 세계화 또는 세계도시를 지향하는 국가(도시) 발전 담론, 인간의 창조성까지 상품화하고자 하는 창조경제 전략 등은 현대 도시에서 소외를 더욱 심화시키는 전략들이라고 할 수 있다. 그럼에도 도시인들이 자신들의 소외를 의식하지 못하는 것은, 이러한 전략들이 소외의 의식화를 억제하고 있기 때문이라고 할 수 있다. 그러한 예로 공적 공간의 상품화와 탈취에 대한 대중적 저항을 억제하기 위해, 정부는 관련 사업에 직접 참여(보장)하거나 공적 담론을 홍보해 민간 자본에 의한 사업도 마치 공공성을 가지는 것처럼 보이도록 한다(민자도로의 건설과 운영 같은 예에서). 또한 도시적 소외를 심화시키는 정책들은 대부분 공동체적 결속을 도시경제에 편입시키는 담론을 가지거나(공동학습, 사회적 자본 등), 또는 역으로 공동체적 기반을 파괴하거나(도시재개발) 불만의 조직적 표출을 억제하는 이데올로기적·폭력적 대책을 강구하기도 한다(용산참사처럼). 이러한 점에서 오늘날 도시의 위기는 "자본주의에 의해 만들어진 소외의 효과로 인해 유발된 잠재적 불만을 통제하고자 하는 정치적 전략의 실패"에 기인한다고 주장되기도 한다(Bayirbag and Penpecioglu, 2015). 그러나 이러한 신자유주의적 소외 억제 전략들은 분명 한계를 가지고, 소외의 문제를 더욱 확대·심화시킬 뿐이다.

2) 도시권에서 정의로운 도시로

마르크스와 그 이후 많은 학자가 소외의 문제를 심각하게 제기했음에도 소외가 지속적으로 심화되어온 것은, 물론 근본적으로 자본축적의 확대 재생산에 기인한 것이며 소외에 대한 진정한 (이론적이라기보다 실천적) 의식의 부족과 더불어 이를 경감 또는 억제하기 위한 자본과 국가의 전략에 기인한다고 할 수 있다. 이러한 상황에서 르페브르의 탈소외이론이 가지는 또 다른 유의성은 그의 이론이 현실 세계에서의 실천(또는 운동)으로 전환될 수 있는 '도시에 대한 권리' 개념과 긴밀하게 연계되어 있다는 점이다. 68운동이 프랑스를 휩쓸던 시기에 제시된 그의 『도시에 대한 권리』는 그의 관심을 일상생활에서 도시로 전환시키는 주요한 계기가 되었을 뿐 아니라, 실제 68운동에 지대한 영향을 미쳤다. 그에 따르면 도시는 그 자체가 작품(oeuvre)이다. 즉, 화폐와 상업, 교환과 생산물을 추구하는 경향과 반대되는 특성을 가지고 있다.

작품은 사용가치고 생산물은 교환가치다." 그러나 현대 자본주의도시에서 사용가치보다 교환가치가 중시되고 이로 인해 집합적 작품인 도시가 소외되고 있다. 도시에 대한 권리는 도시 거주자들이 공동 작품으로서 도시에 대한 권리를 되찾는 것이다. "도시에 대한 권리는…… 도시 생활에 대한 권리, 부활된 도시중심성에 대한 권리, 만남과 교류의 장소에 대한 권리, 생활 리듬과 시간 사용에 대한 권리, 완전하고 완벽한 시간과 장소의 사용을 가능하게 하는 권리인 것이다"(Lefebvre, 1996: 66~67).

르페브르에 따르면, 도시에 대한 권리는 공동 작품으로서 도시에 대한 권리, 사적 소유권과 교환가치에 대해 사용가치를 우선한 전유의 권리, 도시공간의 생산을 둘러싼 의사결정에 참여할 권리, 도시재개발로 인해 배제된 도시 중심부에 대한 권리, 도시공간의 동질화에 반대하는 차이의 권리와 도시공간을 자율적으로 이용할 수 있는 정보의 권리, 국가에 의해 부여되는 시민권이 아니라 도시 주거에 기반을 둔 거주자의 권리 등을 포함한다(강현수, 2010). 이러한 도시에 대한 권리 개념은 그의 탈소외 개념과 긴밀한 관계를 가지고 있으며 이를 실천하기 위한 전략으로 이해될 수 있다. 퍼셀(Purcell, 2013: 49)에 따르면, "마르크스가 자본이 생산수단과 노동의 생산물을 노동자로부터 소외시킨 것으로 이해한 것처럼, 르페브르는 재산권이 도시공간을 도시 주민들에게서 소외시켰다고 보았다. 이에 따라 르페브르는 도시에 대한 권리를 도시공간을 탈소외화하기 위한, 이를 사회적 연계성의 망으로 재통합하기 위한 투쟁으로 이해한다. 그는 전유의 관점에서 이러한 탈소외를 논한다. 도시에 대한 권리에 관한 그의 사고는 도시에서 공간을 전유하는 주민들을 포함한다." 이러한 점에서 르페브르의 도시에 대한 권리 개념은 그 자체로 의미를 가질 뿐 아니라 그가 주장한 탈소외와 자주관리를 위해, 즉 도시의 공간을 그들 자신의 것으로 다시 만들고자 하는 주민들의 실천 전략이라고 할 수 있다.

르페브르의 도시에 대한 권리 개념은 최근 하비의 『반란의 도시』에서 재조명되면서 대안적 도시를 모색하는 연구자와 실천가들의 많은 관심을 끌고 있다. 하비에 의하면 도시권은 기본적으로 도시화 과정에서 전개되는 "잉여의 생산과 이용의 민주적 관리"에 관한 권리다(하비, 2014a: 56). 그에 따르면 도시화는 잉여가치를 끊임없이 생산해야 할 뿐만 아니라 생산한 잉여생산물을 지속적으로 흡수하는 역할을 수행한다. 이러한 점에서 도시권은 도시공간의 형성과 재편 과정에서 이루어지는 잉여의 생산과 배분, 재투입에 관한 집단적 권리로 이해된다. 특히 하비는 도시를 온갖 유형과 계급의 사람들이 살아가면서 공유재를 생산하는 장이며, 따라서 도시권은 도시인들이 공동으로 생산한 공유재에 대한 집단적 권리로 규정한다. 이러한 하비의 도시권 개념은 분명 그의 자본순환론과 탈취에 의한 축적의 개념과 긴밀하게 연계되어 있겠지만, 하비는 도시권 개념을 이론적으로 정립하기보다 현장에서 실천되어야 할 개념으로 간주한다. 그에 따르면 "도시권 개념이 되살아나고 있지만 이를 설명하기 위해 반드시 르페브르의 지적 유산으로 되돌아가야 하는 것은 아니"다. 왜냐하면 "도시사회운동에서 중요한 것은 현장에서 전개되는 상황"이기 때문이다. 나아가 그는 도시권을 "내재적이고 초월적이지 않은 여러 가능성으로 채워져야 하는 텅 빈 기표"로 간주한다. 이러한 점에서 도시권은 도시의 주민이나 노동자들에게만 주어져 있는 것이 아니라, 금융투자가와 도시개발업자가 홈리스나 불법 이민자들보다 더 강하게 도시권을 요구할 수도 있다(하비, 2014a: 12, 232, 18).

하비가 주장하는 것처럼 "권리를 정의하는 것은 그 자체가 투쟁의 대상이며, 또 권리를 정의하는 투쟁은 권리를 실현하기 위한 투쟁과 병행해서 진행될 수밖에 없다"(하비, 2014a, 18). 달리 말해 도시권은 "내재적이고 초월적이지 않은 여러 가능성으로 채워져야" 할 기표라고 할 수 있다. 그러나 도시권 개념을 단지 현장에서 투쟁하는 사람들이 채워야 하는 것은 아니다. 물론 도시권에 대한 요구와 그 내용은 일상생활의 위기에서 비롯된 실존적 고통, 즉 소외에 따른 불만과 저항에서 나와야 할 것이다. 그러나 도시인들이 자신의 소외를 의식하고 탈소외를 주장한다고 해서 문제가 해소되지 않는 것처럼, 도시권을 인식하고 이를 요구한다고 해서 그 내용이 진정하게 구성되고 실행되는 것은 아니다. 하비가 『반란의 도시』에서 도시권 개념을 논의하는 과정에서 분석한 것처럼, 도시권의 개념과 이에 대한 요구가 왜 중요한가라는 문제는 신용체계의 발달과 의제자본의 순환 과정, 공유재로서 도시문화와 독점지대, 나아가 자본축적 과정에 내재된 모순들, 특히 오늘날 도시공간에서 자행되는 탈취에 의한 축적을 배경으로 이해되어야 한다.

이러한 점에서 도시권의 내용을 채우기 위해 다시 르페브르의 일상생활 비판 및 공간의 생산에 관한 이론 특히 소외/탈소외의 개념과 좀 더 긴밀하게 관련시켜 이해하고, 나아가 마르크스의 소외론이나 물신화이론까지 소급해서 재검토할 필요가 있다. 르페브르가 소외/탈소외와 관련해 논의한 핵심적 개념들 가운데 하나는 기술관료적 생산주의 비판이다. 생산주의에 대한 그의 비판에 따르면, "성장의 문제와 이에 내포된 정량주의가 근본적 문제이며 전략적 목표는 무한한 성장이라는 사고"에 기인한다(Lefebvre, 1973, 100). 여기서 재검토되어야 할 점은 기술관료적 생산주의에 의한 추상화(그리고 추상공간) 그 자체가 소외를 유발하는 주요 요인이지만, 더 큰 문제는 생산주의가 추상화를 통해 인간의 노동과 일상생활을 통제해 지속적으로 생산과정에 투입되도록 한다는 점이다. 이러한 생산주의는 '거대한 규모'의 공간을 생산할 수 있는 조직적 능력을 갖춘 국가 형태의 발전을 요구하면서, 그 효과를 전체 영토, 국가, 대륙으로 확장시키지만, 다른 한편 노동자들의 노동과정을 강제하고 그 결과물을 국가 관리로 전환시킴으로써 소외를 심화시킨다(Wilson, 2013). 이러한 점에서 탈소외를 위한 탈생산주의로의 전환은 사적 소유제의 폐지에 기반을 둔 분배의 문제라기보다 강제(소외)되지 않은 노동의 자율성을 전제로 한 생산의 문제로 이해될 수 있다.

이러한 점에서 탈소외된 도시의 추구나 이를 위한 도시권의 요구는 자유노동을 위한 생산적 정의 및 인정의 정의와 관련된다고 주장할 수 있다. 최근 '도시에 대한 권리'의 개념을 중심으로 '공간적 정의' 또는 '정의로운 도시'에 대한 관심이 부활하고 있지만, 이들은 소외/탈소외의 개념을 간과할 뿐 아니라 '정의로운 도시'의 개념을 체계적으로 재구성하지는 못했다. 예를 들어 소자(Soja, 2010: 6)는 오늘날 도시화 과정에 대한 비판적 관점은 르페브르에서 기원한 '도시에 대한 권리'를 둘러싸고 투쟁하기 위한 '공간적 정의'의 모색과 연계되어 있다고 주장한다. 그러나 부정의한 지리(공간)의 생산에 관한 비판이나 공간적 정의에 대한 이론적 요구에서도 르페브르가 논의한 소외/탈소외에 관한 개념을 전혀 언급하지 않는다. 다른 한편 이프타첼 등(Yiftachel et al., 2009)은 도시적 정의의 핵심 요소로 인정(recognition)의 개념을 강조한다. 즉, "인정 또는 인정의 부재는 사회적 및 공간적 정의를 향상시키거나 손상시킨다"라는 점을 강조한다. 그러나 이들은 이러한 인정의 정의 개념을 주로 인정과 재분배 간 관계를 둘러싼 논쟁과 관련시켜 이해하면서, 이 개념의 근원이 소외에 관한 헤겔의 연구에서 기원함을 간과한다.

탈소외로서 정의로운 도시의 관점에서 도시권의 개념은 도시의 불평등 해소를 위한 정당한 분배의 요구, 즉 분배적 정의를 내포한다. 도시 서민들이 필요를 충족시킬 수 있도록 충분한 소득(노동에 대한 정당한 임금)이 주어져야 하며, 또한 개인적 소득만으로 충분하지 않을 경우 국가에 의한 재분배가 적절하게 이루어져야 한다. 시장 메커니즘에 따른 분배는 개인들의 필요를 적절하게 충족시킬 수 없으며, 오히려 한편으로 구매력 부족과 다른 한편으로 과시적 소비를 유발해 소비의 양극화를 초래하고 있다. 도시공간의 배타적 사적 소유와 이용을 지양하고 도시 공유재를 공동으로 활용할 수 있는 방안을 모색해야 한다. 특히 도시재생, 도시 젠트리피케이션 등 도시 인클로저를 통한 도시공간의 소유권 이전이나 공적 공간의 사유화, 나아가 거의 모든 부문에서 진행되고 있는 탈취에 의한 축적은 기본적으로 근절되어야 한다. 왜냐하면 이러한 축적은 사실 새로운 부를 생산하기보다는 기존에 생산된 사회적 잉여가치를 사적으로 전유함으로써 분배적 부정의와 도시적 소외를 초래하는 전형적인 메커니즘이기 때문이다. 특히 금융화와 이에 내재된 탈취 메커니즘에 기인해 엄청나게 급증한 부채는 미래의 노동까지 소외시키고 있다는 점에서 체계적으로 관리·완화되어야 한다.

오늘날 도시적 소외는 이러한 분배적 정의의 새로운 방안들의 모색만으로 극복되기 어렵다. 자본주의적 도시 소외의 핵심은 노동 및 생산과정에 있다. 노동은 인간이 물질세계와 관계를 맺는 과정이며, 이를 통해 자기 자신을 계발할 뿐만 아니라 사회적 관계를 형성한다. 그러나 노동은 자본주의 사회에서 잉여가치의 창출을 위한 임금노동으로 전락함으로써 소외의 가장 핵심적 요인이 되었다. 하지만 노동이 소외되었다고 해서 노동의 영역 밖에서 탈소외의 방안을 모색하는 것은 불가능하다. 왜냐하면 비록 그 바깥에서 탈소외의 가능성을 실현한다고 할지라도 노동의 영역은 여전히 소외되기 때문이다. 따라서 생산과정에서 노동이 소외되지 않도록 하기 위한 생산적 정의가 필요하다. 생산적 정의란 노동자가 자신의 능력에 따라 일할 수 있는 기회를 보장하고 노동을 통해 자신의 자존감과 자아실현을 성취할 수 있도록 보장하는 것이다. 이러한 점에서 노동자들이 자신의 능력에 따라 일할 수 있는 기회, 즉 양질의 일자리는 최대한 제공되어야 하고, 반면 임금을 줄이기 위한 고용과 해고의 유연성은 축소되어야 하며, 궁극적으로 잉여가치의 극대화를 추구하는 임금노동은 지양되어야 한다. 또한 자본에 의해 지배되는 지나친 기술의 발달과 분업의 세분화는 억제되어야 한다. 왜냐하면 이들은 노동자들이 더 이상 자신이 무엇을 위해 일하는가를 알 수 없을 정도로 노동자를 생산물과 분리시키기 때문이다. 이러한 점에서 기술은 노동자가 스스로 통제할 수 있는 기능으로 체화되어야 하며, 분업은 노동자들이 자신의 노동이 생산체계 전체에서 어디에 위치해 있는가, 또는 자신의 생산이 누구에 의해 소비되는 가를 이해하고 관리될 수 있는 정도로 한정되어야 한다.

끝으로 도시적 소외의 극복은 헤겔의 소외론에서 기원하는 인정의 정의를 요구한다. (상호) 인정은 타자와의 대상적 관계 속에서 자신의 정체성을 획득하는 상호보완적 과정이며, 자기의식은 상호보완적 행동의 구조, 즉 '인정을 위한 투쟁'의 결과로 이해된다. 이러한 투쟁에서 상호인정이 아니라 타자의 삶을 억누르고 거부하게 되면, 자아는 자기 삶의 불충분, 즉 자신으로부터의 소외를 경험하게 된다. 이러한 사고는 호네스가 주장한 것처럼 마르크스의 노동 개념에 암묵적으로 내재되어 있다. 즉, "생산함에서 한 사람은 그 자신을 실현할…… 뿐만 아니라 또한 동시에 그의 상호행위 상대자들 모두가 필요를 가진 공동주체일 것이라고 기대하기 때문에 이들을 애정 깊게 인정하게 된다"(최병두, 2009a: 330에서 재인용). 이러한 인정의 정의는 자연과 인간의 관계뿐만 아니라 인간 주체들의 관계도 매개하는 노동이 매개 대상물들의 상호 인정, 즉 자연에 대한 인간의 배려와 더불어 물신화된 사회적 관계를 인간적 관계로 재전환시켜줄 수 있다. 이러한 인정의 정의는 특히 도시를 구성하는 다양한 개인과 집단들이 가지는 정체성이나 차이의 상호 인정을 촉진한다는 점에서 의의를 가질 뿐만 아니라, 분배적 정의와 생산적 정의가 기본적으로 사회적 관계에서 상호 인정을 전제로 한다는 점에서 유의성을 가진다.

참고문헌

강현수. 2010. 『도시에 대한 권리: 도시의 주인은 누구인가』. 책세상.

김남희. 2002. 『자본주의와 후기 자본주의, 그리고 인간 소외』. ≪한국시민윤리학회보≫, 15, 321~343쪽.

김용창. 2015. 「신자유주의 도시화와 도시 인클로저 (1): 이론적 검토」. ≪대한지리학회지≫, 50(4), 431~449쪽.

네그리·하트(A. Negri and M. Hardt). 2014. 『공통체: 자본과 국가 너머 세상』. 정남영·윤영광 옮김. 사월의 책.

무스토, 마르셀로(M. Musto). 2011. 「마르크스 소외 개념에 대한 재논의, 마르크스주의 연구」. 최용찬 옮김. ≪마르크스주의 연구≫, 8(2), 85~113쪽.

조정환. 2011. 『인지자본주의: 현대 세계의 거대한 전환과 사회적 삶의 재구성』. 갈무리.

최병두. 2009a. 『비판적 생태학과 환경정의』. 한울.

_____. 2009b. 「자연의 신자유주의화: (1) 자연과 자본축적 간 관계」. ≪마르크스주의연구≫, 6(1), 5~51쪽.

_____. 2012. 『자본의 도시: 신자유주의적 도시화와 도시정책』. 한울.

콕스, 주디(J. Cox). 2009. 「마르크스의 소외론」. 김인식 옮김. ≪마르크스 21≫, 3, 189~220쪽.

하비, 데이비드(D. Harvey). 2014a. 『반란의 도시: 도시에 대한 권리에서 점령운동까지』. 한상연 옮김. 에이도스.

_____. 2014b. 『자본의 17가지 모순』. 황성원 옮김. 동녘.

Amaral, C. 2015. "Urban enclosure: Contemporary strategies of dispossession and reification in London's spatial production". http://www.enhr.net/pastwinners.

Archibald, W. P. 2009. "Marx, globalization and alienation: received and underappreciated wisdoms". *Critical Sociology*, 35(2), pp. 151~174.

Bayirbag, M. K. and Penpecioglu, M. 2015. "Urban crisis: 'Limits to governance of alienation." *Urban Studies*, DOI: 10.1177/0042098015617079.

Debord, G. 2002. *The Society of the Spectacle*. Hobgoblin.

Fischer, C. S. 1973. "On urban alienations and anomie: powerlessness and social isolation."

American Sociological Review, 38, 311~326.

Fraser, B. 2015. "Urban alienation and cultural studies: Henri Lefebvre's recalibrated Marxism." in Fraser, B.(ed.). *Toward an Urban Cultural Studies: Henri Lefebvre and the Humanities*. Palgrave McMillan. pp. 43~67.

Fromm, E. 1949. *Man for Himself*. Routledge and Kegan Paul.

Harvey, D. 2005. *A Brief History of Neoliberalism*. Oxford Univ. Press.

Lefebvre, H. 1973. *The Survival of Capitalism: Reproduction of the Relations of Production*. St Martin's press.

_____. 1991a(1947). *Critique of Everyday Life*, Vol. 1. Verso.

_____. 1991b(1973). *The Production of Space*. Blackwell.

_____. 1996. *The right to the city*. in H. Lefebvre(ed.). *Writings on Cities*. Blackwell.

_____. 2003(1970). *The Urban Revolution*. Univ. of Minnesota Press.

_____. 1966. *Eros and Civilization*. Beacon Press.

Marcuse, H. 1966. *Eros and Civilization*. Beacon Press. 김인환 옮김. 『에로스와 문명』. 나남.

Marx, K. 1976. *Capital*, vol. 1. Penguin.

_____. 1977. *Economic and philosophic manuscripts of 1844*. Lawrence & Wishart.

Merrifield, A. 2013. "The urban question under planetary urbanization." *International Journal of Urban and Regional Research*, 37(3), pp. 909~922.

Purcell, M. 2013. "Possible worlds: Henri Lefebvre and the right to the city." *Journal of Urban Affairs*, 36(1), pp. 141~154.

Seeman, M. 1971. The urban alienations: Some dubious theses from Marx to Marcuse. *Journal of Personality and Social Psychology*, 19(2), pp. 135~143.

Sevilla-Buitrago, A. 2015. "Capitalist formations of enclosure: space and the extinction of the commons." *Antipode*, 47(4), pp. 999~1020.

Soja, E. 2010 "Seeking Spatial Justice." Univ. of Minnesota Press.

Wilson, J. 2013. "The devastating conquest of the lived by the conceived: the concept of abstract space in the work of Henri Lefebvre." *Space and Culture*, 16(3), pp. 364~380.

Yiftachel, O. Goldhabar, R. and Nuriel, R. 2009. "Urban justice and recognition: affirmation and hostility." in Marcuse, P., Connolly, J., Novy, J., Oliio, I., Peter, C. and Steil, J.(eds.). *Searching For the Just City*. Routledge. pp. 130~143.

Yuill, C. 2011. "Forgetting and remembering alienation theory." *History of the Human Sciences*, 24, 103~119.

도시에 대한 권리와 시적 정의

강내희 | 지식순환협동조합 대안대학 학장, kangnh09@gmail.com

1. 서언

'도시에 대한 권리' 또는 줄여서 '도시권'이 오늘날 인류의 가장 중요한 권리 중 하나로 떠오른 듯하다. 도시권이 중요해진 것은 인류가 도시 중심의 삶을 살아가게 되었고, 이 권리를 보장하고 행사하는 여러 양상이 인간적 삶의 성격, 방식, 질 등을 주로 결정하고 있기 때문일 것이다. 사실 오늘날 대중의 삶에서 도시의 중요성은 아무리 강조해도 지나침이 없다고 하겠는데, 이런 점은 도시 인구가 세계 전체 인구의 절반을 넘어섰다는 사실을 통해서도 확인된다. 세계은행에 따르면, 도시 인구는 2010년에 세계 인구의 50%를 넘어섰고, 2014년에는 53.4%에 이르렀으며(The World Bank, n.d.), 앞으로도 도시 인구의 증가 추세는 계속될 전망이다. 2014년에 나온 유엔의 「세계도시화 전망」 보고서에 따르면, 2050년 도시 인구는 세계 전체 인구의 66%에 이를 것으로 예상된다(UN Department of Economic and Social Affairs, 2014). '도시권'이 오늘날 인류의 중대한 현안으로 떠오른 것은 세계 인구가 이처럼 비가역적으로 도시 인구로 전환되고 있다는 사실과 깊은 연관이 있다고 하겠다.

하지만 인류의 삶이 갈수록 도시 중심으로 이루어지고 있다는 점과는 별개로, 도시권은 아직은 개념으로서 널리 승인되거나 그 중요성이 깊이 인지되고 있는 것 같지는 않다. 르페브르가 '도시권'을 핵심적인 인권 개념으로 제기한 것이 벌써 반세기 전의 일이지만, 그와 관련한 논의는 비교적 소수의 이론가와 연구자들에 의해서만 이루어졌을 뿐이다. 그동안 도시권에 주목한 사람은 일부 공간 이론가, 비판적 도시연구자들로서, 인문사회과학 영역 전반에서 그들의 논의는 아직은 제한된 반향을 불러일으켰을 뿐이고, 그런 점 때문인지 도시권 개념을 공간 생산 정책에 반영하려는 시도도 드물고, 그에 대한 대중적 이해 또한 일천한 편이다. 한국의 경우 도시권에 대한 논의는 르페브르가 펼친 공간이론이 소자(Soja, 2000: 2010), 미첼(Mitchell, 2003), 하비(Harvey, 2008: 2012) 등을 통해 소개되고, 2000년대 초반에 세계 사회포럼, 아메리카 사회포럼, 세계도시포럼, 바르셀로나 회의 등을 거치며 '도시에 대한 권리 세계헌장'이 채택되면서 생겨난 관심과 궤를 함께해왔다. 김용창(2009), 강현수(2009), 황진태(2010), 곽노완(2010; 2011) 등의 연구가 나온 것은 그런 맥락일 것이다. 하지만 한국에서도 도시권에 대한 논의는 아직은 개념 소개 수준에서 크게 벗어난 것 같지 않으며, 그래서 더 심화될 필요가 있는 것으로 보인다.

이 글에서 내가 살펴보려는 것은 도시권과 '시적 정의'의 관계라는 문제다. 이런 주제를 논의 대상으로 설정하는 것은 오늘날 인류 최대의 문제에 속하게 된 도시문제를 인문학적 관점에서 살펴보기 위함이다. 그동안 도시, 특히 도시권에 대한 논의를 주도해온 도시이론가들은 전통적인 인문학과는 거리가 있는 편에 속한다. 하비, 미첼, 소자 등 최근에 들어와 도시권을 중요한 의제로 살펴보기 시작한 외국 학자들은 물론이고, 국내에서 관련 논의를 진행한 학자들도 대부분이 사회과학자다. 사회과학자들이 도시권을 사회적 의제로 제기하고 그 함의를 논의하기 시작한 것은 유의미한 학문적 기여임이 분명하지만, 그렇다고 도시의 문제나 도시와 관련해 행사되는 권리의 문제를 사회과학이 독점해 다뤄야 하는 것은 아니다. 하지만 다른 한편, 인문학 분야가 그동안 도시권에 대한 별다른 논의를 진행하지 못한 것은 그것대로 중대한 문제라고 하겠는데, 왜냐하면 그것은 인문학이 도시문제가 인류에게 갈수록 중요해지고 있음을 깨닫지 못했음을 보여주는 지적 나태의 징표일 수도 있기 때문이다. '도시에 대한 권리' 개념을 애초에 처음 제기한 사람이 철학자인 르페브르였다는 사실을 상기해본다면, 인문학은 자신의 전통도 제대로 잇지 못한 셈이라고도 할 수 있다. 이 글은 시적 정의와 도시권, 또는 시와 도시의 관계를 생각해봄으로써 도시, 도시문제, 도시권에 대한 인문학적 사유의 폭을 넓히고, 나아가 인문학과 사회과학을 소통시키려는 통합 학문적 시도에 속한다.

2. 도시와 시

도회적 삶, 도시의 결은 시적이 아니라 산문적이라는 통념이 있다. 농촌과 자연이 시의 세계에 속한다면 도시는 산문의 세계에 속한다는 생각이 널리 퍼져 있는 것이다. 이런 생각은 도시생활을 버리고 양치기의 생활을 주제로 삶을 노래한 고대 로마 이후의 목가시 전통, 도회의 벼슬을 버리고 고향으로 은거해 들어가며 「귀거래사」를 쓴 중국 동진의 도연명(陶淵明), 자본주의적 삶이 본격적으로 시작된 도시 대신 자연을 예찬하던 영국 낭만주의 시 전통 등을 떠오르게 한다.[1] 하지만 도시를 시와는 거리가 있는, 또는 시를 허용하

---

[1]   시와 도시의 관계는 통상 자연과 과학의 관계를 통해 이해되곤 했다. 과학의 발전으로 문명이 발전하고 이에 따라 도시가 삶의 중심권으로 들어오게 되면, 자연과 시는 퇴보한다는 생각이다. 19세기 영국의 저명한 에세이스트 토머스 매콜리(Thomas Macaulay)가 "문명이 진보함에 따라 시는 거의 필연적으로 퇴보한다(Macaulay, 1891: 4)"라고 한 것

지 않는 공간인 것으로 여기는 것은 속단이다. 도시란 시와 단절된 곳이라고 본다면, 예컨대 샤를 보들레르(Charles Baudelaire)가 19세기의 파리를 주제로 『악의 꽃』에 포함된 시편을 써서 모더니즘 시 전통을 개척했다는 사실을 어떻게 설명할 수 있겠는가. 한국의 시 전통에서도 도시가 중요한 주제로 떠오르는 경우가 많다. 내 세대의 시인들만 보면, 김정환이나 황지우 등 도회적 감성을 기반으로 해 시를 쓴 시인들이 적지 않다. 도시를 시와 무관하다고 여기는 것은 따라서 도시를 노래한 시의 존재를 아예 무시한 것이 아니면 시를 너무 협소하게 정의했기 때문일 것이다. 사실 동서양을 막론하고 시야말로 도시를 형성하는 근원적이고 핵심적인 힘으로 여기는 전통도 강력하다.

한자 문화권에서는 시와 도시의 관계가 어떻게 이해되었을까? 시는 그 최초의 문자적 의미를 살펴보면, '관청의 말'이라는 의미를 가졌던 것으로 여겨진다. 물론 이런 해석은 동아시아 문화의 주류적 위치를 차지해온 유학 전통에서 시가 이해되어온 것과는 좀 어긋나 보이는 것이 사실이다. 후한의 경학자 허신(許愼)이 지은 『설문해자(說文解字)』를 보면 "시는 뜻이다"라는 풀이가 나온다. 이 정의에 대해 청나라 고증학자 단옥재(段玉裁)는 『설문해자주(說文解字注)』에서 『모시서(毛詩序)』를 인용하며, "시란 뜻이 가는 바다. 마음에 있으면 뜻이 되고, 말로 나타내면 시가 된다"라는 주석을 달고 있다(段玉裁, 1988, 90). 이런 해석에서 시는 일견 도시와는 무관한 것으로 보인다. 시가 마음속 뜻을 나타내는 것이라면 도시나 시골이라는 장소적 구분을 넘어서는 보편적 표현일 것이기 때문이다. 그러나 한자 '시(詩)'의 구성 성분을 살펴보면 다른 해석의 여지도 없지 않다.

'詩'는 보다시피 '말씀 언(言)'과 '절 사(寺)'가 합쳐져 이루어진 글자다. 이 글자가 '관청의 말' 또는 '공적인 말'이라는 의미를 가질 수 있는 것은 그 소리

이 대표적인 언명이다.

및 의미 부분을 이루고 있는 '시(寺)' 자 때문이다. '시(寺)'는 통상 '절 사'라고 불리지만, 그런 발음과 의미가 생겨난 것은 공원(公元) 전후 중국에 불교가 전래된 이후의 일로서, 이전에는 다른 소리(즉, '시')와 의미를 가졌다. 원래 '寺'는 발뒤꿈치가 땅에 닿아 있는 상태를 가리키는 '멈출 지(止)'와 '일을 하다'라는 뜻을 지닌 '도울 우(又)'가 합쳐져 "어느 한 곳에서 공적인 일을 하는 사람 혹은 그런 사람들이 일하는 곳"이라는 의미를 지니고 있었다고 한다(장의균, 2014: 345). '시(詩)'가 '공적인 말'을 의미할 수 있는 것은 '寺'가 선 상태로 공적인 일을 하는 사람 또는 그런 사람이 일하는 곳을 가리키기 때문이다.

'시(詩)'에 대한 이런 어원학적 해석은 허신의 『설문해자』와 단옥재의 『설문해자주』가 따르고 있는 경학적 해석과도 사실 크게 어긋나지 않는다. 유가의 경학 전통이 시를 이해할 때 특히 강조하는 것이 '뜻'이므로 이 말의 의미가 무엇인지 살펴볼 필요가 있다. '뜻(志)'은 '멈출 지(止)'와 '마음 심(心)'이 합쳐진 말로 '마음이 가다(바라다)'를 의미하며, '마음속의 생각'이라는 의미의 '뜻 의(意)', '어떤 기호나 표시를 새기다'라는 의미를 지닌 '새길 시(戠)'와 '말씀 언(言)'을 더해 '제대로 알고 적었다 또는 적힌 걸 알았다'를 의미하는 '알식 또는 적을 지(識)', 그리고 '실마리를 일으키다'라는 의미의 '일어날 기(己)'와 '말씀 언(言)'을 더해 '어떤 일의 실마리를 삼기 위해 보다 뚜렷한 표시를 하다 또는 말을 써두다'라는 의미를 지니는 '적을 기 또는 외워둘 기(記)' 등과 상통하는 글자다(段玉裁, 1988: 502; 장의균, 2014: 386, 260, 426). 이런 의미의 '뜻'은 마음에서 돌발적으로 일어나는 심적 작용이라기보다는 오래 품은, 그래서 간절한 생각에 가깝다고 할 수 있다. 또한 '뜻'은 사특한 것일 수가 없는데, 왜냐하면 이때의 뜻은 성인, 현자가 지향하는 바이기 때문이다. 뜻은 그래서 기본적으로 공적인 성격을 갖는다고 볼 수 있다. 이런 점은 공자가 『논어』의 『위정』 편에서 자신이 모은 시 300여 수의 근본 취지를 "한마디로 말해 '사무사(思無邪)'다"라고 규정했다는 데서도 확인된다. 공자는 제자들에게

시를 언행의 표준으로 삼도록 가르쳤다고 전해지는데, 그것은 그가 시는 사람들을 감화시키는 공적 역능을 지닌다고 믿었기 때문이다. 시의 근본 취지가 '사무사'라는 것은 그것이 관청의 말, 공적인 발언이라는 것과 통한다.

시가 공적인 말이라는 것은 시가 형성되었을 때 이미 사람들의 '더불어 삶', 즉 도회 생활이 이루어졌다는 말이 된다. 오늘날 『시경』으로 불리는 책에 실린 시는 300여 수에 지나지 않지만, 이것은 공자가 원래 있었던 3000여 수 가운데 일부만 골라냈기 때문이다. 원래 시는 주나라에서 채시관이 시정을 돌며 수집한 것으로 전해져온다. 이런 사실은 오래 존재했으나 정식 시로 인정되지 않던 다양한 언어적 표현물이 국가 관리에 의해 채집됨으로써 시라는 공식적인 정체성을 얻었을 것이라는 점을 시사하고 있다.[2] 그렇다면 시의 존재는 도회적 삶과 그것을 관리하는 정치적이고 문화적인 공적 제도의 존재와 작용을 전제하는 셈이다. 시를 시로서 채집한 관리가 있었다는 것은 국가, 이 국가의 중심부로서 도성, 그리고 거기서 영위되는 도회적 삶의 존재를 전제하는 것이다. 시가 공적인 발언이라는 것은 이런 점에서 시란 도시에서 이루어지는 발언이라는 말도 된다.

시와 도시가 밀접한 관련을 맺고 있다는 인식은 서유럽의 문화전통에서도 확인된다. 그리스 신화에서 도시를 건설한 사람은 전형적으로 시인으로 등장하는데, 이런 신화는 르네상스에 와서 새롭게 왕성하게 살아나기도 했다. 영국 엘리자베스 여왕 시대 평론가 조지 퍼트넘(George Puttenham)은 『영시의 기술(The Arte of English Poesie)』에서 다음과 같이 말하고 있다.

시의 직과 그 용도는 처음부터 아주 오래된 것으로, 많은 이가 잘못 생각하고

---

[2] '시'로 공식 분류된 표현물은 이후 공자가 그중 소수를 선정해 『시경』에 올림으로써 한층 더 경전화(canonization)되는 과정을 거친다. 시가 공적인 발언이 된 것은 이렇게 보면 국가의 공적인 인준, '성인' 공자의 도덕적 인준을 받았다는 사실과 무관하지 않다.

있듯이 인간들 사이에 문명한 사회가 생긴 이후가 아니라, 이전에 있었다. 왜 냐하면 시는 사람들이 전에는 숲과 산에서 야수들처럼 헤매며 흩어져 살고, 벌 거벗은 채 멋대로 굴며, 또는 옷도 거의 입지 못하고, 자양물을 제공할 좋은 필 수적 식량이 전혀 구비되어 있지 않은 채로 있던 꼴이 들판의 금수와 하등 다 를 바 없을 때, 그들이 최초로 이룬 집결의 원천적 원인이자 이유였다고 전해 져오기 때문이다. 그래서 초기 시대 두 시인 암피온과 오르페우스 가운데 한 사람, 즉 암피온은 도시들을 세웠고 자기 하프 소리에 무더기로 움직이는 돌로 벽을 쌓아올려 감미롭고 감동적인 설득으로 냉정하고 돌 같은 마음을 누그러 뜨린다는 것을 보여줬다는 것이다. 그리고 오르페우스는 야생동물을 불러 모 아 무리지어 자기 음악을 들으러 오게 하고 그런 방식으로 그들을 길들였으니, 이는 그런 식으로 조화 있게 말한 사려 깊고 건전한 교훈에 의해 또 고운 선율 의 악기로 그가 어떻게 거칠고 미개한 사람들을 더욱 문명화되고 예의바른 삶 으로 이끌었는지 암시해주는바, 인간의 잔인하고 완고한 심통을 고치고 교화 하기로는 그것보다 더 효과적이고 적절한 것이 없어 보인다(Puttenham, 1589: 22~23).

여기서 퍼트넘은 시가 도회적 삶의 시작을 알리는 인간의 군집 생활을 위 한 "원천적 원인과 이유"로 작용하게 된 까닭을 그것이 "냉정하고 돌 같은 마 음"을 지닌 자연환경을 다스릴 수 있다는 데서, 동물들처럼 흩어져 살던 사람 들을 고운 선율과 교훈이 깃든 말로 서로 함께 어울리는 "문명화되고 예의바 른 삶"으로 이끌 수 있었다는 데서 찾고 있다. 이렇게 이해된 시는 인류의 역 사에서 도시 형성을 가능하게 하는 근원적 힘이요 도시의 유력한 최초의 형 성인(形成因)으로 간주되는 셈이 되겠다.

시가 도시 건설의 원인과 이유라는 생각이 성립하는 것은 시가 그만큼 큰 힘을 갖고 있다는 말일 것이다. 퍼트넘의 시론이 나온 지 1세기가 더 지난

1699년에 발표된 『인문교육론(On Humanistic Education)』에서 잠바티스타 비코(Giambattista Vico)는 다음과 같이 말한다.

이런 이유로 정말 현명한 시인들은 칠현금으로 야생동물을 길들인 오르페우스와 음악에 따라 저절로 배열되는 돌들을 자신의 노래로 움직여 테베의 벽을 세울 수 있었던 암피온에 대한, 시로 된 그들의 이야기들을 만들어냈다. 자신들이 행한 위업 덕분에 한 사람의 칠현금과 다른 사람의 돌고래가 하늘로 내던져져 별들 사이에 보이고 있다. 그 돌들, 오크나무 가지들, 야생동물들은 사람들 가운데 바보들이다. 오르페우스와 암피온은 그들의 수사법(eloquence)으로 신적이고 인간적인 일들에 대한 지식을 결합하고 고립된 인간들을 화합으로, 즉 자기애에서 인간 공동체의 돌봄으로, 나태함에서 목적을 지닌 활동으로, 제멋대로의 방종에서 법에의 순종으로 이끌었고, 동등한 권리를 부여함으로써 자기 힘을 억제하지 못하는 자들을 약자와 하나로 묶었다(Vico, 1993, 130~131).[3]

'원형적' 시인으로서 오르페우스와 암피온은 여기서 크게 두 가지 일을 하는 것으로 제시되고 있다. 첫째로 그들은 노래, 음악, 이야기 등을 포함하는 넓은 의미의 시를 통해 사물과 금수를 감동시키는 신비로운 일을 해낸다. 그들은 노래로 돌을 움직이고 음악으로 돌고래를 부린다. 둘째, 무엇보다 그들은 사람들로 하여금 고립된 삶의 한계를 벗어나 집합적 삶을 이루며 살 수 있

---

3) 비코가 여기서 돌고래를 언급한 것은 암피온과 아리온을 혼동했기 때문으로 보인다. 해적들을 만나 죽을 고비에서 노래를 부르자 돌고래가 나타나 목숨을 구한 것은 아리온이었기 때문이다. 칠현금을 연주해 테베의 성벽을 쌓았다는 시인은 암피온이고, 죽음의 세계에 빠진 아내 에우리디케를 찾아가다가 바위와 산에 대고 노래를 불러 호랑이의 마음을 녹이고 오크나무로 하여금 자리를 바꾸게 한 것은 오르페우스였다.

게 해준다. 비코는 집합적 삶에 필수적인, 사람들 간의 조화와 화합을 조성하기 위해 시인들이 사용하는 것이 '수사법'임을 시사하고 있다. 수사법은 이때 시인들 고유의 화법으로서 인간적 화합의 촉매제로 간주된다. 이처럼 사람들이 더불어 살 수 있도록 하는 촉매제로 작용한다면, 시와 그 수사법은 집합적 삶의 장소인 도시 형성에 핵심적인 기능을 하는 것으로 볼 수 있겠다.

비코의 인용문이 확인해주는 또 다른 중요한 사실은, 시는 질서의 힘으로서 법적 강제성을 행사하기 때문에 도시 건설에 기여하게 된다는 것이다. 시적인 수사법은 짐승이나 사물들 수준에 머문 인간 '바보들'의 고립된 삶을 공동체적인 화합의 삶으로 이끌지만, 이런 '승화'는 방종한 삶의 방식을 억제하고 법에 순종할 것을 전제한다는 점에서 일정한 강제를 필요로 한다고 볼 수 있다. 시를 통해 인간의 삶이 조화와 화합에 바탕을 둔 질서를 이룬다면, 그리고 그에 따라 도회적 삶이 구축되는 것이라면 이런 강제가 어떤 식으로든 통하기 때문일 터, 이는 시가 유도하는 삶은 자연적 삶과 일정한 거리 두기, 단절을 전제한다는 말이기도 하다. 암피온과 오르페우스가 "법적 화합의 (우화적) 창시자"(Irvin, 2014: 71)로 불리는 것도 이런 점에 기인한다고 하겠는데,[4] 시란 그래서 우화, 수사, 화법, 표현이 중시되는 예술적 효능만 지닌 것이 아니라 사회적 질서를 수립하는 정치적 기능도 갖는다는 점이 중요하다. 시는 이렇게 법적 질서를 강제해내는 힘을 발휘하는 셈인데, 이것은 또한 시

---

4) 매슈 어빈(Matthew Irvin)은 기독교 전통의 다윗도 오르페우스와 암피온처럼 시를 '법적 화합'의 수단으로 만들었다고 말한다. 다윗은 음악가-시인이자 동시에 왕이었다는 점에서 시와 예술을 정치와 결합시켜 사회적 질서를 주조해낸 셈이며 따라서 '법적 화합'의 창시자인 것이다. 어빈은 중세 영국의 시인 존 가워(John Gower)가 도시에 정의, 평화, 화합을 가져오려면 사랑이 중요하다며, 항해 도중 풍랑을 만났으나 하프를 연주해 돌고래를 타고 살아 돌아왔다는 아리온(Arion)을 그런 사랑의 시인인 것으로 본 점을 중시한다(Irvin, 2014: 70~72). "아리온은 도시를 세우거나 지배하지 않지만 사람들을 적절함(decorum)와 고결함(honestas)으로, 사랑의 정치체가 지닌 평화로 되돌려준다"는 것이다(Irvin, 2014, 71).

가 지닌 문화적 힘이기도 하다.

도시 건설의 전설 가운데는 도시가 시적인 소환 — 이것이 비록 강제성을 띠었다고는 하더라도 — 에 의해 화합의 장소로 제시되기보다는, 폭력과 살인의 장소로 이해되는 경우도 없지 않다. 인류 역사상 가장 전형적인 도시 가운데 하나로 꼽히는 로마의 설립 과정에서 끔찍한 형제 살해가 일어났다는 이야기가 좋은 예다. '로마'라는 이름은 아이네이아스의 후손 '로물루스'에서 나왔다는 이야기가 전해진다. 이에 따르면 로마가 로마인 것은 로물루스가 새로 건설한 도시의 지배권을 놓고 쌍둥이 형제 레무스와 다투다가 그를 죽이고 왕이 된 결과다(Livy, 1919: 25). 기독교 전통에서도 도시 건설과 관련된 형제 살해 이야기가 전해온다. 동생 아벨을 죽여 '인류 최초의 살인자'로 간주되는 카인이 아들 이름을 따서 최초의 성 또는 도시 에녹을 건설했다고 말하는 성경의 창세기 4장 17절 이야기가 그것이다. 형제를 살해한 자가 건설한 것으로 되어 있는 만큼, 기독교 전통에서는 도시가 저주의 공간으로 간주되는 경향이 크다. 아우구스티누스가 『신의 도시』에서 카인이 '최초의 도시' 에녹을 건설했다는 이야기를 주해하면서 인간이 악의 지배를 받는 이 '지상의 도시'보다는 '천상의 도시' 또는 '신의 도시'가 대안임을 주장한 것이 좋은 예다 (Augustine, 1890, 465).

형제 살해를 포함한 도시 건설 이야기는 시가 도시 건설에서 어떤 역할을 하는지 명확하게 언급하지 않는다. 그 까닭은 "인간의 잔인하고 완고한 심통을 고치고 교화하"(Puttenham, 1589: 23)는 데 가장 "효과적이고 적절한" 힘을 지녔다고 하더라도, 로물루스가 레무스를 죽이고 카인이 아벨을 죽이는 원초적 폭력이 난무하는 공간에서는 시가 아무런 실질적 기능을 발휘하지 못하는 데 있지 않을까 한다. 하지만 로물루스가 행한 형제 살인이 시와 연결될 여지가 전혀 없는 것은 아니다. 형제 살인의 순간에는 폭력이 지배하겠지만, 일단그 순간이 지나고 나면 질서가 구축될 수 있다. 레무스의 피가 흐른 땅에 건설된 로마는 '영원한 도시'가 된 뒤, 팍스 로마나의 기반이 되었고, 세계 어떤 도시보다도 강력한 질서의 중심이 되었다. 레무스가 살아남아 지배권을 놓고 로물루스와 계속 다퉜더라면 로마가 누린 질서와 평화는 구축되긴 어려웠을 것이다. 그런 질서는 무엇보다도 정치적 질서라고 해야겠지만, 그런 질서를 구축한 도시가 시의 화합 기능을 배척한다고 볼 수는 없다.[5]

　이상 몇몇 문헌을 통해 시는 도시와는 무관할 것이라는 통념과는 달리 도시의 탄생 및 그 유지에 시와 그 기능이 어떻게 깊숙이 관여하는지 살펴봤다. 이 과정에서 우리는 시와 도시는 상호 전제적인 관계를 맺고 있다는 인식이 상당히 광범위하게 퍼져 있음을 보게 된다. 시는 이때 교화와 문화 또는 문명화의 힘으로서 도시가 도시로서 설립되고 유지되는 데 기여한다고 할 수 있다. 하지만 아울러 기억할 점은 신화의 세계 또는 고대 사회에서 시는 엘리트적 권력을 표상하기도 한다는 점이다. 유가 전통을 보면 이 점을 분명히 확인할 수 있다. 고대 중국에서 요임금에 이어 성인정치를 펼쳤다는 순임금은 기(夔)를 전악(典樂)의 자리에 임명하고 왕공귀족 자제에게 시를 가르치도록 명한 것으로 전해진다. 공영달(孔穎達)에 따르면, 순임금의 명령은 "시악으로 세상의 적장자를 가르치고, 그들로 하여금 정직하되 온화하고, 너그럽되 위엄 있고, 꿋꿋하되 가혹하지 않고, 간소하되 오만하지 않도록 하라"라는 것이었다(孔穎達, 1980; 陳飛, 2005에서 재인용). 이런 사실은 시가 엘리트 교육의 일환이었음을 말해준다. 공자가 채시관이 모은 시 3000여 편 가운데 300여 편만 따로 골라낸 것도 시의 교육적이고 나아가 교화적 효능을 더 강화하기 위함이었을 것이다.

---

5) 기독교 전통에서 도시는 인간적 삶이 구원받기 위해서는 버려야 할 곳으로 간주되기도 한다. 이는 최초의 살인, 그것도 형제 살인을 범했다는 카인이 처음 건설했다는 점과 무관하지 않을 것이다. 아우구스티누스가 '신의 도시'를 인간을 구원할 공간으로 제시한 것은 로마로 상징되는 '지상의 도시'를 버린 셈이 된다.

시가 교화의 수단으로 여겨진 것은 서양에서도 마찬가지였다. 비코에 따르면, 시가 "고립된 인간들을 화합으로" 이끈 것은 사람들의 삶에 "목적을 지닌 활동", "법에의 순종", "동등한 권리"를 가져올 수 있는 화법 또는 수사법을 가졌기 때문이다. 이런 기능은 "감미롭고 감동적인 설득"(Puttenham, 1589: 22)이고, 따라서 직접적인 폭력 행사와는 분명 다른 방식이기는 하지만 나름의 강제성이 없지는 않다. 비코는 시가 사람들을 "제멋대로의 방종에서 법에의 순종으로 이끌었고, 동등한 권리를 부여함으로써 자기 힘을 억제하지 못하는 자들을 약자들과 하나로 묶었다"(Vico, 1993: 131)라고 말한다. 여기서 시는 교화만이 아니라 강제의 작용도 하는 문화적 힘으로 나타난다. 이때 문화적 행위는 이미 통치의 행위다.[6]

3. 도시권과 시적 정의

이제는 '도시권'과 '시적 정의'의 관계를 생각해보자. 우리는 위에서 시와 도시는 긴밀한 상호 전제적인 관계를 맺고 있으며 거기서 시가 하는 역할에는 통치, 교화 등 엘리트적 역할이 포함된다는 점을 확인했다. 도시의 문제를 권리의 문제로, 그리고 시의 역할을 정의의 차원에서 생각해보려는 것은 이와 같은 관점, 다시 말해 도시를 지배의 관점에서 보고, 시를 교화의 역할을 하는 것으로 보는 엘리트주의적, 지배자의 관점을 교정해야 할 필요성이 있다고 보기 때문이다.

---

6) 통치로서의 문화 개념은 한국에서도 지배적인 것이었다. '문화'는 19세기 말 일본에서 영어 'culture'의 한자 번역어로 채택되어 새로운 의미를 갖기 전까지는 '문치교화'의 약자로 이해되었다. 서양 근대에 문화와 통치가 불가분의 관계를 맺고 있었음을 문학 교육의 발생을 사례로 삼아 보여주는 연구로는 Hunter(1988)를 참고.

도시권은 도시에 대해 사람들이 갖고 있는 권리로서 다양한 개념적 층위를 지닌다. 도시권 개념을 처음 설정한 르페브르는 그것을 ① 도시를 작품으로 취급할 권리, ② 도시를 전유할 권리, ③ 도시에 거주할 권리, ④ 도시에 대한 의사결정 과정에 참여할 권리, ⑤ 도시에서 차이공간을 생산할 권리, ⑥ 도시생활에 필요한 정보에 대한 권리, ⑦ 도시 중심에 대한 권리, ⑧ 도시생활에 대한 권리 등 다양하게 이해하고 있다.[7] '시적 정의'의 관점에서 볼 때 도시권의 이들 차원들 가운데 특히 주목해야 할 것은 '도시를 작품으로 취급할 권리'가 아닐까 싶다. 곧 더 자세하게 보겠지만, 시적 정의는 허구적 정의에 속하며, 허구란 '작품'을 생산하는 활동이기 때문이다.

도시를 작품으로 취급하기 위해서는 도시권의 다른 측면들도 당연히 중요하다. 예컨대 도시에 거주할 권리나 도시생활을 할 수 있는 권리가 없다면 도시를 작품으로 취급할 수 있는 기회조차 주어지지 않을 것이고, 도시에 대한 의사결정 과정에 참여할 수 없다면 도시를 작품으로 만들어낼 수 있는 기회는 크게 제한될 것이며, 차이공간 — 르페브르가 공간적 동질성을 생산하는 자본주의적 추상공간의 대안 형태로 제시한 — 을 생산할 권리가 없다면 작품으로 만들어지더라도 도시가 오늘날 지배적인 자본주의적 공간 형태에서 크게 벗어나지 못할 것이다. 작품으로서의 도시에 초점을 맞춰 도시권을 생각하는 것은, 이런 점에서 도시권의 다른 측면들을 외면하려는 것이라기보다는 그런 측면들을 전제한 가운데 작품-도시에 대한 권리가 시적 정의의 관점에서 특히 중요하다고 여기는 일이 된다.

시적 정의의 관점에서는 왜 작품-도시에 대한 권리가 중요한 것인가? 그것은 무엇보다도 시적 정의가 제대로 구현되기 위해서는 '작품 세계'라고 부를 수 있는 공간이 필요하기 때문일 것이다. 작품 세계는 허구성의 원리에 의해

---

7) 여기서 언급한 도시권 종류는 강현수(2009: 50~58)와 곽노완(2011: 203)을 참고해 나름대로 정리한 것이다.

구성되는 세계로서, 이를 가장 잘 보여주는 것이 '시'다. '시'는 여기서 좁은 의미의 '시'만이 아니라 넓게는 문학과 음악과 미술을 포괄하는 예술, 나아가 인문학과 과학 등 허구적 창조의 가능성을 지닌 인간 영역 전반을 포괄하는 것으로 이해된다. 다시 말해 그것은 인간의 창조적 활동 전반을 가리키며, 그리스 사람들이 '포이에시스'라고 부른 것에 해당하는 것으로 볼 수 있다. 포이에시스는 좁게는 시로, 넓게는 창조의 의미로 쓰이며, 창조는 이때 무에서 유를 존재하게 하는 것으로서 없는 일을 사실처럼 만든다는 의미의 허구와 통한다(Plato, 2008: 42). 도시를 작품으로 만들어낼 권리는 이렇게 볼 때 도시를 허구와 창조의 대상으로 볼 권리를 말한다고 하겠으며, 시적 정의는 이 맥락에서 도시가 작품 세계로 변할 경우 그 위에서 가장 잘 구현될 수 있는 정의가 되겠다.

'시적 정의'는 17세기 후반 영국의 비평가 토머스 라이머(Thomas Rymer)가 만들어낸 용어로, "문학작품 끝부분에서 여러 인물의 미덕 또는 악덕에 따라 현세의 보상과 처벌이 배분되는 것"을 가리킨다. 이 용어를 만들며 라이머가 가졌던 생각은 "시(드라마의 비극을 포함하는 의미의)란 그 자체의 이상적 영역으로서 적절함과 도덕의 이상적 원칙을 따라야 하는 것이지 현실 세계에서 흔히 사태가 풀리듯 무작위한 방식을 따라서는 안 된다는 것이었다"(Abrams and Harpham, 2009: 270). 따라서 시적 정의는 정의(正義)의 이상적 형태에 해당한다. 작품 세계에서 선량한 인물은 보상을 받고 악덕한 인물은 징벌을 받는 것은, 시 또는 문학의 세계에서는 구성적 원칙 또는 이념으로서보다는 규제적 원칙 또는 이념으로서 정의가 나타난다는 것을 의미하며 그런 점에서 정의의 이상적 형태가 구현되는 셈이다. 칸트에 따르면 구성적 이념이 현실적으로 존재하는 어떤 주어진 대상에 대한 생각이라면, 규제적 이념은 현실적으로 존재하지는 않지만 상정은 할 수 있는 생각에 속한다(Kant, 1996). 예컨대 '지구'나 '사회', '신' 등은 우리가 직접 경험하는 대상이 아니라는 점에서 설정된 대상이며, 그런 점에서 어떤 것을 이해하는 데 지침이 되는 규제적 원칙 또는 이념으로 간주된다. 시적 정의가 규제적 이념의 한 형태가 될 수 있는 것은 그것이 허구적으로 구현해내는 정의의 이상적 상태가 실제 세계에서는 구현되지 않는다고 하더라도, 적어도 염원의 대상이 되는 것은 가능하기 때문이다. 시적 정의가 그런 염원을 충족해줄 수 있는 능력은 그 허구성에서 나오는 것으로 헤아려진다.

'시적 정의'에 해당하는 영어 표현 'poetic justice'가 처음 만들어진 것은 17세기일지 몰라도, 기원전 4세기에 아리스토텔레스가 말한 '네메시스(nemesis)'에도 비슷한 개념이 포함되어 있었다. 아리스토텔레스는 네메시스를 "부당한 행운 또는 불운에 대해 느껴지는 고통, 또는 정당한 행운 또는 불운에 대해 느껴지는 기쁨에 대해 고대인들이 제출한 이름"(Curzer, 2012, 244에서 재인용)으로 이해했다. 여기서 강조하고 싶은 것은 네메시스를 포함해서 정의란 기본적으로 어떤 바람이나 요청이지, 미리 주어진 현실 상태는 아니라는 점이다. 설령 어떤 정의로운 상태가 현실로 구현될 수 있다고 하더라도 그런 일이 일어나는 것은 아주 드문 경우다. 정의 실현이 흔히 윤리적 요청의 형태로 제시되곤 하는 것도 그것이 현실성을 갖기 어렵거나 드물기 때문이다. 이결과 네메시스는 당위나 허구의 형태를 띠는 경우가 허다한데, 그것이 시적정의와 결합되는 경향이 큰 이유도 그 때문이라고 할 수 있다. 시적 정의는 시가 구성하는 작품 세계에서 정의가 허구적으로 실현된 형태다. 허구 — 또는 창조 — 는 이때 현실에서 쉽게 구현되지 않는 네메시스를 구현할 수 있는 가장 우호적인 환경 즉 작품-세계를 구축할 수 있는 원동력이 된다. 도시권을 시적 정의의 측면에서 생각해볼 여지도 여기서 나오는 듯하다. 오늘날 도시권을 시적 정의의 관점에서 생각해보려는 것은 네메시스처럼 그것이 어렵거나 드물게만 구현되고 있다는 점과 관련된다.

이 글을 시작하며 나는 도시권이 "인류의 가장 중요한 권리의 하나"로 떠오른 주된 이유를 "세계 인구가 비가역적으로 도시 인구로 전환되고 있다는 사실", 다시 말해 최근 들어와 더욱 뚜렷해진 도시화의 급속한 전개에서 찾을 수 있을 것이라고 말했다. 그런데 우리가 지금 도시권에 주목해야 하는 것은 도시화 전개라는 '객관적'인 사실 때문만은 아닐 것이다. 지금 도시권이 시급한 인권 사안, 정치적 쟁점으로 부상했다면, 그것은 무엇보다도 소수의 특정 세력이 그 권리를 배타적으로 독점해 대다수 인구를 배제시키고 있기 때문이다. 이런 상황이 전개된 것은 무엇보다도 '신자유주의적 도시화'에 의한 결과라고 할 수 있다. 신자유주의적 도시화는 이 맥락에서 신자유주의적 지배 또는 자본축적을 위한 도시화로서, 무엇보다도 도시화를 통해 그런 지배와 축적이 이루어지는 과정을 가리킨다. 물론 이는 어제오늘의 현상이 아니다. 르페브르가 1960년대 말 도시에 대한 권리를 "하나의 외침이요 하나의 요구"(Lefebvre, 1996: 158)라고 강조한 것도 그때 이미 도시화가 비가역적으로 진행되고 있어서 도시를 전유해 작품으로 만들어낼 권리, 만남의 장소이자 사용가치가 우선성을 갖는 도시에 대한 권리가 더 중요해졌다고 봤기 때문이다. 그는 농촌, 자연마저 도시화 과정에 포획된 나머지, "구입되고 판매되는 교환가치와 상품"(Lefebvre, 1996: 158)이 되고 만 상황에서는, 자연에 대한 권리를 주장하는 것은 가짜 권리에 굴복해 오히려 도시화의 흐름에 동참하는 셈이라고 여기고, 도시 또는 도회적인 것에 대한 권리 회복이 더욱 긴요한 과제로 떠올랐다고 생각했던 것으로 보인다. 그러나 오늘날의 도시화는 르페브르가 주목한 1960년대의 도시화와도 상당한 차이가 있는 것 같다. 이제는 도시화의 정도가 훨씬 더 심화되었을 뿐만 아니라, 도시화를 통해 작동되는 자본축적의 메커니즘에도 일정한 변동이 생겼으며, 그 효과 또한 더욱 파괴적이 된 것이다.

에드워드 소자에 따르면 최근의 도시 형태는 "포스트-포드주의적이고 포스트모던한 메트로폴리스"의 그것으로 이 메트로폴리스를 대규모로 구축하는 것이 오늘날 도시 과정의 주된 경향이다. 포스트메트로폴리스화는 전통적인 메트로폴리스화의 변형으로서, "삶의 도회적 방식과 교외적 방식 간의 분명한, 전형적으로 단일 중심적인 분할"을 특징으로 하는 후자와는 달리, "옛 경계들을 허물고 전례 없는 규모와 복잡성을 띠며 확장하는 도시 권역과 권역적 도시로 이루어진 다중심적 네트워크를 만들어내는" 경향이 크다(Soja, 2010: 194). 소자가 이때 주목하는 것은 도시의 형태론적 변화라고 할 수 있는데, 도시로 하여금 그런 변화를 일으키게 만든 기본적인 사회적 메커니즘을 이해하는 것이 핵심적으로 중요할 듯싶다. 포스트메트로폴리스는 '선진' 자본주의 국가들에서 1970년대 초부터 등장하기 시작했고, 제3세계에 속해 있던 국가들에서는 1980년대 후반 이후에 등장하기 시작했다. 한국에서 그 과정이 시작된 것은 1980년대 말이고, 더 큰 가속도를 내기 시작한 것은 1990년대 말 외환위기로 인해 IMF 구제금융을 받게 된 것을 계기로 신자유주의적 금융화가 본격적으로 추진되면서 이루어진 일이다.[8]

포스트메트로폴리스화는 자본주의적 공간 생산 과정인 도시화의 새로운 형태에 해당한다. 도시화는 자본의 축적과 긴밀하게 연동되어 있으며, 자본의 축적체제가 바뀌면 그것의 양상 또한 바뀌게 되어 있다. 1960년대까지 '관리형 도시' 또는 '복지 도시'가 도시의 주요 형태였던 것은 그때는 케인스주의 또는 수정자유주의 축적체제에 의해 국가의 공적 기능이 도시의 생산 및 관리에서 중심축 역할을 했기 때문이다. 하지만 1970년대 이후 신자유주의 축

---

8) 한국에서 포스트메트로폴리스화가 시작된 시점은 1980년대 말 노태우 정부가 주택 200만 호 건립 정책을 시행하며 위성도시들을 건설하기 시작한 때로 볼 수 있다. 하지만 1980년대 말에 시작된 이 도시화는 포스트메트로폴리스화를 본격적으로 추동한 금융자본의 영향을 아직은 크게 받지 않았던 편이다. 1990년대 말 이후 급속한 포스트메트로폴리스화가 진행된 것은 그 무렵부터 금융파생상품, 기획금융(PF), ABS, MBS, ABCP, CMO, CDO, CDS, 리츠, 뮤추얼 펀드 등 다양한 형태의 금융기제 및 금융상품이 도입되면서, 대대적인 신자유주의적 공간 생산이 진행된 결과에 해당한다.

적체제가 구축되기 시작하면서 도시는 미국 등 선진 자본주의 국가에서는 '기업가형'으로 바뀌기 시작한다(강내희, 2014: 393~394). 이 변화를 추동한 주된 요인은 자본의 축적이 금융화 전략에 의해 지배된 데서 찾을 수 있는바, 최근 공간의 금융화가 심화된 것도 이 결과다. 공간의 금융화는 공간 생산이 금융자본에 의존하는 경향을 가리키며, 이런 경향은 금융자본과 부동산시장의 결합, 다시 말해 도시화를 촉진하는 각종 개발 사업 — 대규모 부동산 개발, 사회적 하부구조 프로젝트, PPP(공공민간협력) 사업 등 — 의 금융적 매개 또는 중개가 증가하는 현상에서 단적으로 확인된다(강내희, 2014: 384~391). 오늘날 부동산 개발 등의 공간 생산을 위한 재원 조달은 "새로운 금융 수단의 개발 및 제도화"로 인해 "지역의 축적망으로부터 탈착"되어 있고, "지구적 자본시장으로 휩쓸려" 들어간 경우가 허다하다(Gotham, 2009: 363). 21세기에 들어와서 부산과 서울 등 한국의 대도시 권역에서도 초고층 건물이 빈번하게 건설되는 것을 볼 수 있다.9) 이런 일이 가능해진 것은 신자유주의적 금융화가 심화되어 "건조환경 시장이 갈수록 지구적 규모로 조직되고, 그 위에서 기능하게 되기 때문이다"(Theurillat, 2011: 6).

도시권의 측면에서 볼 때 신자유주의적 금융화가 제기하는 문제는 무엇일까? 오늘날 도시권에 대한 요구가 절박하게 제기되고 있다면, 그것은 도시권이 소수의 특권으로 둔갑해 대다수 사람들은 도시권을 박탈당하게 되었다는 사실 때문일 것이다. 도시권의 개념이 새롭게 설정될 필요가 생겨나는 것도 그런 점 때문이다. 이와 관련해 최근 하비가 도시권을 새롭게 이해할 것을 요청하며 하는 말을 청취할 필요가 있을 것 같다.

도시에 대한 권리는 도시 자원에 접근할 개인적 자유 훨씬 이상의 것이다. 그

---

9) 한국은 2015년 기준 50층 이상 건물 수가 104개로 세계에서 네 번째로 많다(≪건축문화신문≫, 2016.1.1).

것은 도시를 바꿈으로써 우리 자신을 바꿀 권리다. 더구나 그것은 이 변혁이 불가피하게 도시화 과정을 고쳐 만들 집합적 권력 행사에 의존해야 한다는 점에서, 개인의 권리라기보다는 공통적 권리다(Harvey, 2008, 23).

하비가 도시권을 "개인적 자유", "개인적 권리"를 넘어선 권리로 볼 것을 요청하는 이유는 명확하다. "도시 자원에 접근할" 권리로서 "개인적 자유"는 사실 이미 너무 많이 허용되고 있다고 봐야 한다. 금융화에 기반을 둔 자본축적 전략을 통해 추진되는 신자유주의적 공간 생산은 바로 그런 자유, 통상 말하는 '소유의 자유'를 최대한 보장하려는 것이 지배적 특징이기 때문이다. 도시 자원을 활용하는 개인적 자유는 신자유주의 체제하에서 주로 '협치(governance)'라고 하는 형태로 보장되었고, 이런 의사-민주주의적 정치 행위는 공간 생산에 적용될 경우 공간을 실제로 생산한 노동자, 여성, 성소수자, 이주노동자, 비정규직 노동자 등 갈수록 프레카리아트로 전환되고 있는 민중은 배제한 채 정치인, 행정가, 학자, 법률가, 사업가, 금융가, 시민사회 지도자 등 소수 전문가 집단의 전유물이 되었다. 이런 점을 잘 보여주는 예가 부동산 개발에서 널리 활용되는 공공-민간 협력(PPP)이다. 통상 협치의 형태로 진행되곤 하지만, PPP는 공공 부문과 개인 부문에 대한 사적 지배를 강화한다는 점에서 의사-민주주의적 의사결정 행위에 속한다.[10] 닐루파 카놈(Nilufa Khanom)에 따르면, "PPP의 언어는 다른 전략과 목적들을 '제대로 보지 못하게' 하기 위한 게임이다. 그런 목적 가운데 하나는 민영화고, 사적 제공자들로 하여금 공적 조직에 손해를 입히며 공적 서비스를 공급하도록 장려하는 것이다"(Khanom, 2009: 7). 공통적 권리로서의 도시권을 강화하자는 것은 이런 맥락에서 도시권을 소수의 특권적 자유로 국한시키는 PPP와 같은 신자유

---

10) 공공 부문과 개인 부문, 사적 부문 간의 차이와 관계에 대해서는 곽노완(2011: 207~208) 참조.

주의적 공간 생산 방식을 중단시키고, 그 과정에서 배제되는 사람들을 위해 공통적인 것을 복원하거나 확대하자고 하는 제안이라고 하겠다.

4. 시적 정의와 민주주의

오늘날 도시권의 구현을 위해 시적 정의가 요청된다면, 그것은 무엇보다도 도시권을 공통적 권리로 만들기 위함이라고 할 수 있다. 공통적 권리보다는 사적 이익을 위한 개인적 권리 성격을 더 강하게 띠고 있는 오늘날의 지배적 도시권을 공통적 권리로 전환시키기 위해서는 어떤 조건이나 환경이 필요할 것이다. 이 환경을 '시적 정의의 공간'으로 간주할 수 있지 않을까 생각한다. 왜냐하면 그런 환경은 현실에서는 쉽사리 주어지지 않는 만큼 '이상적으로' 설정되어야 할 것이기 때문이다. 단, 이 이상적 공간이 꼭 비현실적인 상상의 세계로만 존재하는 것은 아님을 강조할 필요가 있다. 시적 정의는 통상 '허구적'인 세계 — 상상된 다른 세상, 시적 또는 서사적 작품의 내부 세계, 작중 인물들이 거주하는 '이야기'의 세계 — 에서 구현되는 것으로 여겨진다. 하지만 그런 허구적 세계가 꼭 비현실적인 이차원(異次元)에서만 존재하지 않는 것은 무릇 정의를 구현하려는 노력은 현실 속에서도 이루어져야만 하기 때문이다. 오르페우스와 암피온이 "제멋대로의 방종에서 법에의 순종으로"(Vico, 1993: 131) 이끌었을 때 사용했다는 수사법은 그때까지 존재하지 않던 도시공간을 만들어냈다는 점에서 허구적·구성적 효과를 갖지만, 그 때문에 법적 질서를 만들어냈다는 점에서는 강력한 정치적 기능을 갖고 있었던 것으로 이해되며, 나아가서 그 질서가 현실로 나타났다는 점에서 현실적·구성적이라고 할 수 있다. 시적 정의 구현이 허구의 세계에 속한다고 하더라도, 이 세계가 현실의 한 층위를 이룰 수 있는 이유가 여기에 있다. 허구적 세계는 이때 시적 정의를 구현하려는 실천, 활동이 일어나는 공간에 해당하는 셈이고, 도시권의 맥락에서 볼 때 그것은 '또 다른 세상' 또는 '작품-도시'를 만들어내려는 다양한 실천들 — 도시권을 획득하기 위한 투쟁, 작품-도시를 위한 기획과 토론 등 — 이 이루어지는 공간이 될 것이다.11) 허구적 실천은 그렇다면 시적 정의 구현을 위해 요청되는 어떤 현실적 차원, 다시 말해 윤리와 당위의 실현을 위해 현실 안에서 이루어져야 할 실천의 차원인 것으로 이해될 수도 있다.

　이런 실천 영역을 확보하는 일이 탁월하게 정치적일 것임을 새삼 강조할 필요가 있을까? 도시권을 공통적 권리로 확보하기 위한 허구적 실천, 즉 시적 정의를 구현하려는 실천은 도시권을 개인적 자유로 전유해 공통적 권리로서의 도시권을 억압하려는 세력 — 신자유주의 체제에서 도시권을 독점하고 있는 갈수록 적은 특권적 소수 — 과의 투쟁과 더불어 일어나기 마련이다. 여기서 말하는 허구적 실천은, 그래서 기본적으로 '민주주의적'이라고 할 수 있다. 앞에서 살펴본 것처럼 도시의 초기 건설 과정에서 시가 중요한 역할을 했던 것은 대체로 시가 교화하고 문명화하는 힘을 가졌기 때문이었다. 하지만 오늘날 새롭게 정의될 필요가 있는 도시권, 즉 공통적 권리로서의 도시권의 관점에서 본다면, 시적 정의의 구현은 현실에서는 불가능한 것을 상상으로 해결하는 문제에서 그치지 않는다. 이제 그것은 도시권의 구현 과정에서 제기되는 민주주의에 대한 요구와 결합된다고 볼 수 있다. 이런 결합이 허구라는 장치를 통해 이루어진다는 점이 중요하다. 허구는 이때 현실과 이차원에 걸쳐서 작동하는 어떤 '가능성의 장치'가 된다고 하겠다.

　이런 역할을 하는 허구가 탁월하게 정치적 성격을 갖는 것은 그것이 민주

---

11) 개인 차원에서 이런 공간은 버지니아 울프(Virginia Woolf)가 말한, '자기만의 방'을 환기시킨다. 울프는 여성이 창작 생활을 영위할 수 있으려면 "1년에 500파운드와 문에 자물쇠가 붙어 있는 방 하나"가 필수적이라고 봤다(Woolf, 1977: 113). '자기만의 방'은 현실 속 건물에 존재하는 것이지 다른 세상에 존재하는 것이 아니다.

적인 원리로 작용할 수 있기 때문이다. 허구의 능력은 상상의 능력이며, 상상은 공감을 불러일으키는 효력을 갖는다.

상상은 공감과 같다. 우리는 다른 사람들이 겪은 것을 모두 경험할 수 없지만 허구적 작품에서는 아무리 가공할 사람일지라도 이해할 수가 있다. 훌륭한 소설은 사람들의 복잡성을 보여주고 이들 인물 모두가 목소리를 낼 수 있는 충분한 공간을 만들어내는 소설이다. 그래서 소설은 민주적이라고 여겨진다. 이는 소설이 민주주의를 주장한다는 것이 아니라 본성상 민주적이라는 것이다 (Nafisi, 2003: 32; Hess, n.d., 18에서 재인용).

여기서 나피시는 소설이 "본성상 민주적인" 이유를 궁극적으로 그것이 상상의 산물이라는 데서 찾고 있다. 현실적으로는 타자의 경험을 공유하기가 어려워도 작품 속 인물의 목소리를 듣거나 내면을 들여다보는 것이 가능한 것은 소설이 그런 공감을 할 수 있도록 상상적이고 허구적인 세계를 구축해낼 수 있기 때문이다. 소설의 민주주의는 그렇다면 무엇보다 소설이 공감의 가교를 만들어낸다는 사실에서 기원하는 셈이다. "소설은 우리를 우리와는 다른 사람들의 삶과 대면시키고, 그리하여 우리로 하여금 그 인물들에 대해 공감할 수 있도록 해준다"(Hess, n.d., 7). 여기서 언급되는 "우리와 다른 사람들"은 나피시가 말하는 "가공할 사람" 이외에도 타자화되어 배제된 모든 사람을 포함한다고 봐야 할 것이다. 그런 타자-인물들에게 공감 능력은 민주주의를 실행하는 데 필수적이라고 할 수 있다.

타자-인물들과의 공감을 가능케 한다는 점에서 허구는 "본성상 민주적"일지 모르지만, 이때 민주주의는 자칫 위험한 것일 수도 있다. 허구는 모든 또는 최대한의 가능성에 열려 있고, 그런 점에서 일정한 위험을 내포하는 셈이다. 어느 누구와도 상상에 의한 공감이 가능하다면, 허구가 정의와 위배되는 실천으로 이어질 가능성도 배제할 수 없다. 악인을 보상하고 선인을 징벌하는 질서를 찬양하는 일까지 생길 수 있는 것이다. 반면에 시적 정의는 그런 가능성을 지닌 허구를 바탕으로 구현되기는 하지만, 정의의 이상적 형태로서 "그 자체의 이상적 영역"을 갖는 것으로 이해된다. 이것은 모든 것이 가능한 허구적 작품 세계에서도 "현실 세계에서 사태가 풀리듯 무작위한 방식"이 아니라, "적절함과 도덕의 이상적 원칙"(Abrams and Harpham, 2009: 270)이 작동되어야만 시적 정의가 구현될 수 있다는 말이다.12) 이런 점은 시적 정의는 기본적으로 허구적 실천에 의해 구현된다 하더라도 동시에 허구적 실천에 '올바른' 지침과 방향을 제시하는 원리로 작용함을 보여준다고 하겠다.

허구적 실천에서 시적 정의가 이런 역할을 하는 것이라면, 도시권 개념을 수정할 때도 시적 정의의 원리를 고려하는 것이 꼭 필요해 보인다. 도시권은 어느 누구의 권리도 될 수 있다. 다시 말해 도시권은 사실상 '텅 빈 기표'로서 어떤 허구적 실천에 의해 누가 채우느냐에 따라 그 구체적 의미와 모습이 달라지는 것이다. 오늘날 도시권이 소수에 의한 배타적 독점권의 형태를 띠고 있는 것이 바로 그런 경우라고 하겠는데, 도시권의 재개념화에서 시적 정의가 요청되는 것도 그 때문이라고 할 수 있다. 이와 관련해서 하비의 다음 언급은 시사하는 바가 크다.

도시에 대한 권리를 주장하는 것은 사실상 (언젠가 정말 존재했다손 치더라도)

---

12) 아리스토텔레스는 『시학』에서 시와 역사 또는 연대기를 구분하면서, "연대기 작가는 실제로 일어난 일을 이야기하고 시인은 일어날 수 있는 일을 이야기"하기 때문에 "시는 연대기보다 더 철학적이고 고귀하다"라고 말한다(아리스토텔레스, 2010: 196). 시인이 "일어날 수 있는 일을 이야기한다"라는 것은 그가 개연성의 원칙에 의해 재현 대상을 다룬다는 말이다. 실제 역사에서는 악인이 성공하는 경우가 허다한 반면에 시의 세계에서는 네메시스가 실현될 수 있다면, 그것은 시가 개연성의 원리에 의해 이야기를 꾸밀 수 있기 때문이다.

더 이상 존재하지 않는 어떤 것에 대한 권리를 주장하는 것이다. 더 나아가 도시에 대한 권리는 텅 빈 기표다. 모든 것은 누가 그것을 의미로 채우느냐에 달려 있다. 금융가와 개발업자도 그것을 주장하고 그렇게 할 모든 권리를 가질 수 있다. 우리는 마르크스가 『자본론』에서 말하듯, "동등한 권리와 권리가 서로 맞섰을 때는 힘이 문제를 결정한다"(마르크스, 2015: 313)는 점을 인식하되, 누구의 권리가 인정받고 있는 것인가 하는 문제와 직면할 수밖에 없다. 권리의 정의는 그 자체로 투쟁의 대상이며, 그 투쟁은 그 권리를 실현하기 위한 투쟁과 동반되어 이루어져야 한다(Harvey, 2012: xv).

도시권은 도시에 거주하거나 거주하고자 하는 모든 사람이 동등하게 누려야 할 권리겠지만, 문제는 마르크스의 말대로 동등한 권리와 권리 사이에 경쟁과 투쟁이 발생하면 늘 힘이 센 쪽이 이기고 만다는 것이다. 그 결과 오늘날 신자유주의적으로 정의된 도시권을 개인적 소유권이 아니라 공통적 권리로 새로이 만들어내려면 아래로부터의 투쟁이 요청되는바, 이 투쟁의 도덕적·윤리적 근거를 시적 정의 또는 그와 유사한 개념이 제공한다고 볼 수 있다. 시적 정의는 도시권이 지금 과두세력의 협치에 의해 장악되고 있음을 고려할 때 그런 상황을 허용하는 자유민주주의와는 다른 형태의, 더 급진적이고 근본적인 민주주의를 지지하는 원리라고 하겠다.

5. 시적 정의와 도시 재창조

시적 정의의 관점을 취하면 도시권의 다양한 의미 가운데 특히 작품으로서의 도시에 대한 권리가 중요하다고 앞에서 말한 바 있다. 도시권이 이제는 공통적 권리로서 근본적 민주주의라는 관점에서 이해되어야 한다면, 작품-도시에 대한 권리로서 도시권의 의미도 새롭게 이해되어야 할 것 같다. 그동안 도시는 소수 전문가 또는 엘리트 집단의 계산과 상상에 의해 그들만의 작품으로 만들어져왔다. 공공민간협력(PPP)에 의한 '도시개발', 젠트리피케이션에 의한 '도시재생' 같은 것이 대표적인 예다.[13] 하지만 시적 정의의 관점에서 새롭게 이해된 도시권이 행사된다면, 작품으로서의 도시도 이제 그에 따라 근본적으로 다른 방식으로 재창조될 필요가 있다.

이 과정에서 요청되는 도시권은 "이미 존재하는 것에 대한 권리", 다시 말해 지금처럼 소수에 의해 도시를 개발하고 재개발하는 권리와는 구분된다는 점을 다시 환기하자. 하비가 지적하고 있듯이 도시권은 이제 "도시를 완전히 다른 이미지의 사회주의적인 정치적 통일체로서 재건하고 재창조할 권리로 해석될 필요가 있다"(Harvey, 2012: 138). 여기서 언급된 "사회주의적인 정치적 통일체"가 구체적으로 어떤 사회 형태인지는 명확하지 않지만 적어도 그것은 도시로부터 '배제되는 자들'을 다시 끌어안으려는 지향을 지닌 사회일 것이 분명하다. 하지만 도시가 그런 경향을 갖기 위해서는 "영속적인 자본축적을 촉진하는, 도시화의 파괴적 형태들 생산"(Harvey, 2012: 138)이 중단되어야 한다. 시적 정의의 관점에 입각한 작품-도시의 재창조는 신자유주의적 지배체제에서 흔히 볼 수 있는 위로부터의 계획이 아니라 배제된 자들이 제출하는 아래로부터의 요구에 의해 이루어져야 할 것이기 때문이다. 아래로부터의 요구를 충족시키는 도시는 어떤 형태를 띠어야 할까? 새로운 도시 형태는 오늘날의 지배적 도시공간 생산 방식과는 다른 형성 원리를 따를 필요가 있을 것이다.

---

13) 도시의 개발 및 재생에 소요되는 재원은 기획금융(PF)에 의존하는 경우가 많지만, PF는 "금융, 법률, 도시계획, 정치 등의 분야 전문가나 엘리트가 참여하여 이루어지는 전문적 금융공학"(강내희, 2014: 49)에 속한다. PPP나 젠트리피케이션은 기본적으로 신자유주의적 공간 생산 방식인 것이다.

오늘날 도시화가 파괴적인 형태를 띠는 것은 기본적으로 도시의 시공간과 그 직조, 다시 말해 도시의 역사성이나 장소, 결 등이 자본축적 논리에 의해 유린됨으로써 생겨난 결과다. 도시 형태의 특징을 기본적으로 규정하는 것은 수직적인 축과 수평적인 축이라고 할 수 있다. 도시공간을 생산하는 과정에서 수직성의 원리가 도입된 것은 오래전부터, 예컨대 높은 성루나 교회 건물을 짓기 시작했을 때부터이지만, 수직성이 도시의 지배적인 시각적 특징을 전면적으로 구성하기 시작한 것은 자본축적이 도시 건설을 지배하기 시작한 뒤부터다. 20세기 초부터 마천루가 대표적인 도시적 건물로 등장했다는 점이 이런 것을 단적으로 보여주는 예다. 마천루는 오늘날 사적 소유 건물만이 아니라 공공 및 국가 건물들의 지배적 형태가 되었고, 그 "오만한 수직성은 시각적 영역에 남근적인, 더 정확히는 남근-지배적인 요소를 도입하고 있다"(Lefebvre, 1991: 98). 자본주의적 도시가 이런 형태론적 특징을 드러내게 된 것은 자본축적을 위한 추상공간으로 작용해 '작품'보다는 '제품'으로서의 자신의 성격을 강화한 결과다. 제품은 여기서 사용가치보다는 교환가치가 중시되는 자본주의적 산물로서, 오늘날 도시의 수직적인 시각적 특징을 만들어내는 마천루들은 대부분 자본축적의 논리에 따라 건설되었다는 점에서 제품인 셈이다. 이런 건물들은 수많은 사람들의 투기를 야기하는 한국의 타워팰리스 같은 주상복합건물 사례가 보여주듯이 자본축적을 위한 탁월한 경쟁의 장이라 할 수 있다.

마천루의 수직성이 자본축적의 집중화를 표상한다면, 도시 형태가 수평적으로 포스트메트로폴리스를 지향하는 것은 자본 논리가 외연적으로 확장되는 모습일 것이다. 포스트메트로폴리스화는 '슈퍼 도시'의 형성과 궤를 함께 한다. 슈퍼 도시는 개별 도시들 간, 또는 농촌과 도시 간 구분을 불가능하게 만드는 스프롤 현상, 즉 도시적 직조의 확산을 통해 구성되며, 오늘날 도시화의 최종 산물이다. 도시의 이런 수평적 확장이 멈추지 않는 것은 도시공간이 갈수록 자본축적을 위한 핵심적 매개로 작용하고 있다는 말과 다르지 않다. 도시화는 이때 자본축적의 단순한 수단으로 그치지 않고, 자본의 축적을 가능하게 하는 것, 자본이 자신의 축적을 위해 갈수록 더욱 의존해야만 과정이라고 할 수 있다. 오늘날 농촌과 도시의 구분이 거의 소멸해가고 있고, 곳곳에 마천루가 들어서는 것은 자본의 축적을 위해서는 도시적 공간의 생산이 필수적이기 때문일 것이다.

시적 정의와 도시권의 결합으로 제출되는 아래로부터의 요구는 이런 상황에서 도시에 대한 공통적 권리 회복에 어떻게 기여할 수 있는 것일까? 공통적 권리로서의 도시권을 회복하려면, 도시로부터 배제되고 주변화된 사람들, 도시 '중심' ― 자유로운 접근의 대상, 만남의 장소, 집단적 토론과 의사결정의 공간으로 작용하는 ― 이 제공하는 각종 기회와 권리로부터 소외된 사람들이 도시를 그들 자신의 공간으로 만들 수 있어야 한다. 도시권은 이때 "도시를 바꿈으로써 우리 자신을 바꾸는 권리"(Harvey, 2008: 23)가 될 것이다. 즉, 도시의 변화를 통해 우리 자신을 새로운 인간으로 탄생시킬 수 있는 기회를 획득하는 것, 그것이 바로 도시권의 회복일 것이라는 말이다. 새로운 도시의 탄생과 우리 자신의 변화는 그렇다면 어떤 인과관계를 맺고 있는 것일까? 양자는 어느 한쪽이 다른 한쪽을 일방적으로 기계적으로 결정한다기보다는 서로 상대방을 전제하는 변증법적인 관계를 맺고 있는 것으로 여겨진다. 도시가 새롭게 탄생하면 우리 자신도 새로운 인간으로 변하겠지만, 새로운 도시공간을 만들어내려면 우리 자신의 역능이 동시에 필요할 것이다. 공통적 권리로서의 도시권의 회복은 이런 관점에서 보면, 한편으로는 소수 세력에 의해 장악된 도시를 새로운 형태로 전환시키기 위해 우리 자신의 집합적 역능을 발휘할 기회를 얻는 일이면서, 다른 한편으로는 그런 기회를 발휘해 바꿔낸 공간 형태 속에서 우리 자신이 새로운 삶을 영위하는 일이 될 수 있다. 이때 시적 정의의 관점이 중요한 것은 그동안 도시화 과정에서 역능을 제대로 발휘하지 못한 배제된 집합적 주체로서 '우리 자신'의 목소리와 관점, 희망, 욕망을 되찾을 필요가 있기 때문이다. 도시의 공간적 변화와 그것을 통한 우리 자신의 변화를 실현하려면 반드시 창조적·허구적·시적 능력이 그런 변화의 과정에서 발휘될 필요가 있다. 이것은 도시를 보고 상상하고 만드는 새로운 관점이 필요하다는 말이기도 하다.

오늘날 도시를 지배하는 관점이 있다면 그것은 확장된 패놉티콘적 시선 또는 패놉티콘적인 '정점 시선(zenith view)'으로 나타난다고 할 수 있다. 이것은 도시공간을 수평축과 수직축으로 나눠 한꺼번에 정밀 주사(走査)하는 시선으로, 인공위성에서 지표면의 세세한 부분까지 짚어내는 '이글 아이' 또는 '고공 시선'에 의해 단적으로 표상된다(강내희, 2016: 235~237). 하늘 아래 모든 것을 주시하고자 하는 이런 시선이 우리 각자를 자본주의적 공리계, 자본축적의 시공간적 좌표, 또는 자본주의적 추상공간의 한 위치로 가장 빠르고 정확하게 동정하는 시선으로 작동한다는 것을 굳이 말할 필요가 있을까? 오늘날 도시에서 공통적 권리를 회복하고 시적 정의를 구현하기 위해서 필요한 것은, 따라서 무엇보다도 우리를 이런 구도에서 벗어나도록 돕는 새로운 시선과 관점, 그리고 그와 함께 도시를 새롭게 보고 상상하며 그려낼 수 있는 역능이라고 할 수 있다. 이 역능은 넓은 의미의 창조적 능력, 즉 포이에시스로서의 시적 능력에 속한다.

중요한 것은 지금 요청되는 시적 능력은 공통적 권리로서의 도시권 회복을 위해 요청되는 것인 만큼, 신화적 도시 건설에서 작용한 것으로 전해지는 교화 및 문화의 힘으로서의 시와는 구분된다는 것이다. 우리에게 필요한 시선이 지금 지배적 위치에 있는 고공 또는 정점 시선일 수는 없다. 미셸 드 세르토(Michel de Certeau)의 표현법을 빌리자면, 이런 시선은 마천루 꼭대기 층과 일치하는 '전략적' 위치에 속할 것이다. 세르토는 이런 위치만 고집할 경우 '아래'를 결코 보지 못한다고 말하고, '아랫것들'의 '전술'이 지닌 전복적 역할을 강조한 바 있다(Certeau, 1985).[14] 지금 우리에게 필요한 시선은 차라리 '불결한 시선(impure view)'일지도 모른다. 도시를 볼 때 사람들은 "관찰자의 원거리 시각"을 취하기 쉬운데, 이는 "이미 창조된 순수하고 손대선 안 될 멋진 것들을 정관하는 수동적 태도"(Escobar, 2009: 138)로서 자신도 모르게 지배적인 정점 시선에 종속된 모습이다. '불결한 시선'과 그 관점은 그런 습속의 전복을 지향한다. 그것은 수직성의 원리가 지배하는 곳에서는 '아래'에 위치할 것이고, 수평적 확산 논리가 지배하는 곳에서는 '변두리'에 위치할 것이다. 불결한 시선의 채택은 그런 점에서 자본주의적 공간 생산에 대한 문제를 제기하고, 나아가 새로운 공간 생산을 지향하는 의미가 있다. 그런 시선을 취하는 것은 사회적 권리를 회복하려는 시도인 동시에 상상의 민주주의를 되살리려는 시도이기도 하다. 불결한 시선은 새로 보기, 새로 생각하기, 새로 상상하기에 필요한 시선으로서, 소유에 의한 지배가 '일상의 질서'가 된 상황에서 새로운 삶을 꿈꾸는 시선일 것이기 때문이다. 도시권과 시적 정의의 결합은 이런 점에서 도시의 문제를 상상의 문제, 허구의 문제로 이해하도록 만든다. '우리'의 꿈과 희망을 실현하는 또 다른 도시를 창조하려면 도시권과 시적 정의의 결합이 요청되고, 이 결합이 풍부해지려면 새로운 상상적·허구적 실천이 필수적이라는 말이다.

6. 결어

지금까지 도시권을 온전하게 회복하기 위해서는 도시권이 소수의 개인적

---

14) 세르토의 이런 생각은 비판받을 여지도 없지 않다. 전략만 고집해도 안 되겠지만 전술만으로도 사회변혁은 불가능하다고 봐야 한다. 이 문제에 대한 필자의 견해는 강내희(2016: 229~232) 참조.

자유권으로 행사되지 않고 배제된 자들의 공통적 권리로 행사되어야 하며, 도시의 형태를 바꿔내는 데 배제된 자들의 상상력이 가동될 수 있으려면 시적 정의가 함께 존중되어야 한다는 점을 강조한 셈이다. 도시권이 중요한 의제로 등장한 것은 도시문제, 도시권 문제가 인류 전체의 문제로 부상했기 때문이다. 하지만 그동안 도시권에 대한 논의를 주도해온 것은 주로 사회과학자들이며, 인문학자들은 그런 권리의 중요성을 인식하지 못했거나 인식했더라도 큰 관심을 기울이지 않았던 편이다. 여기서 도시권의 일부 측면을 시적 정의의 관점에서 생각해본 것은 내가 인문학자로서 그런 안이한 태도를 지양할 필요를 느꼈기 때문이다. 이 글에서 전개한 논의가 다른 인문학자들은 물론이고 사회과학자들과의 토론을 통해 더 정교해질 수 있기를 기대한다.

참고문헌

강내희. 2011. 「인문학과 향연: 시학과 발명학으로서의 인문학」. ≪영미문화≫, 10(3), 1~27쪽.
_____. 2014. 「신자유주의 세계화와 문화정치경제」. 문화과학사.
_____. 2016. 「길의 역사: 직립 존재의 발자취」. 문화과학사.
강현수. 2009. 「'도시에 대한 권리' 개념 및 관련 실천 운동의 흐름」. ≪공간과 사회≫, 32, 42~90쪽.
곽노완. 2010. 「21세기 도시권과 정의의 철학」. ≪시대와 철학≫, 21(4), 1~30쪽.
_____. 2011. 「도시권에서 도시공유권으로」. ≪마르크스주의 연구≫, 8(3), 202~220쪽.
김용창. 2009. 「물리적 도시재개발에서 도시권으로」. ≪창작과 비평≫, 37(2), 339~353쪽.
마르크스, 카를(Karl Marx). 2015. 『자본론: 정치경제학비판 II[상]』. 김수행 옮김. 비봉출판사.
아리스토텔레스. 2010. 『시학』. 로즐린 뒤퐁록·장 랄로 주해. 김한식 옮김. 펭귄클래식코리아.
장의균. 2014. 『보면 보이는 우리말 한자』. 개마서원.
황진태. 2010. 「신자유주의 도시에서 '도시에 대한 권리'의 실현: 해치맨 프로젝트를 사례로」. ≪공간과사회≫, 34, 33~59쪽.

≪건축문화신문≫. 2016.1.1. "세계 4위 초고층 건물 보유국, 안전한가?"

孔穎達. 1980. 『尚书正义 卷三 舜典 孔穎达 疏文』. 中华书局 十三经注疏本.
段玉裁. 1988. 『說文解字注』. 上海古籍出版社.
陈飞. 2005. 「发言为诗」说. ≪文学评论≫, 2005年第 1期.

Abrams, M. H. and Harpham, G. G. 2009. *A Glossary of Literary Terms*(9th ed.). Wadsworth Cengage Learning.
Aristotle. 1984. *The Complete Works of Aristotle*. Barnes, J.(ed.). Princeton University Press.
Augustine of Hippo. 1890. "The City of God." in P. Schaff(ed.). *St. Augustine's City of God and Christian Doctrine*. M. Dods and G. Grand Rapids(trans). WM. B. Eerdmans

Publishing Company, MI.

Certeau, M. de. 1985. "Practices of Space." in Blonsky, M.(ed.). *On Signs*. Johns Hopkins University Press.

Curzer, H. J. 2012. *Aristotle and the Virtues*. Oxford University Press.

Escobar, M. G. 2009. "Derives and Social Aesthetics in the Cities: Urban Marks in El Raval de Barcelona, Spain." *Journal of Alternative Perspectives in the Social Sciences*, 1(2), pp. 136~151.

Gotham, K. F. 2009. "Creating Liquidity out of Spatial Fixity: The Secondary Circuit of Capital and the Subprime Mortgage Crisis." *International Journal of Urban and Regional Research*, 33(2), pp. 355~371.

Harvey, D. 2008. "The Right to the City." *New Left Review*, 53, pp. 23~40.

_____. 2012. *Rebel Cities: From the Right to the City to the Urban Revolution*. Verso.

Hess, C. L., n.d. Novel Approach to Justice: The Power of Fiction in Working for Justice, Available at: http://old.religiouseducation.net/member/06_rea_papers/Hess_Carol_ Lakey.pdf 접속일: 2016년 5월 24일.

Hunter, I. 1988. *Culture and Government: The Emergence of Literary Education*. Macmillan.

Irvin, M. W. 2014. *The Poetic Voices of John Gower*. Boydell & Brewer.

Kant, I. 1996. *The Critique of Pure Reason*. W. S. Pluhar(trans.). Hackett Publishing Company.

Khanom, N. A. 2009. "Conceptual Issues in Defining Public Private Partnerships(PPPs)." Paper for Asian Business Research Conference 2009.

Lefebvre, H. 1991. *The Production of Space*. D. Nicholson-Smith(trans.). Blackwell.

_____. 1996. *Writings on the Cities*. E. Kofman and E. Lebas(trans.). Blackwell.

Livy. 1919. *The History of Rome*, Vol. I. Harvard University Press.

Macaulay, T. B. 1891. *Select Essays of Macaulay: Milton, Bunyan, Johnson, Goldsmith, Madame D'Arblay*. Allyn and Bacon.

Mitchell, D. 2003. *The Right to the City: Social Justice and the Fight for Public Space*. Guilford Press.

Nafisi, A. 2003. *Reading Lolita in Tehran: A Memoir in Books*. Random House.

Plato. 2008. *The Symposium*. Cambridge University Press.

Puttenham, G. 1589. *The Arte of English Poesie*.

Soja, E. W. 2000. *Postmetropolis: Critical Studies of Cities and Regions*. Wiley-Blackwell.

Soja, E. W. 2010. *Seeking Spatial Justice*. University of Minnesota Press.

Theurillat, T. 2011. The negotiated city: between financialization and sustainability, Availabl e at: http://www2.unine.ch/files/content/sites/socio/files/shared/documents/public ations/workingpapers/wp_2009_02_e.pdf.

The World Bank, n.d. Urban Population(% of Total) in World. Available at: http:// www.tradingeconomics.com/world/urban-population-percent-of-total-wb-data.html 접속일자: 2016년 5월 8일.

UN Department of Economic and Social Affairs. 2014. "World Urbanization Prospects, The 2014 Revision, New York." Available at: http://esa.un.org/unpd/wup/Publications/ Files/WUP2014-Highlights.pdf 접속일자: 2016년 5월 8일.

Vico, G. 1993. *On Humanistic Education*. G. A. Pinton and W. Shippee(trans.). Cornell University Press.

Woolf, V. 1977. *A Room of One's Own*. Grafton.

예술인간의 탄생과 반자본주의적 공통도시의 전망

조정환 | 다중지성의 정원 대표, amelano56@gmail.com

1. 공통장으로서의 도시와 그것의 두 차원

여기에서 나는 도시를, 인간 및 자연의 사회적 관계가 공간적으로 경관화되어 나타나는 물질적이거나 비물질적인 신체를 가리키는 것으로 정의한다. 거시적 도시는 미시적 도시들의 복합체다. 지구 상에 서식하는 무수한 생명개체는 그 자체로 복수의 전 개체적 힘들이 서식하는 미시적인 도시들이며 일종의 애벌레 도시들이다. 도시는 개체적인 차이와 전 개체적인 차이들이 마주치고 갈등적으로 공존하는 공간이며 그런 의미에서의 공통장[1]이다.

---

1) 나는 여기에서 공통장(共通場)을 '공유지(commons)'와 '공통적인 것(the common)'을 포함하는 의미로 사용한다. 공유지(commons)는 근대 이전의 공동 영유지를 지칭하는 역사적 용어이고 '공통적인 것(the common)'은 공유지를 넘어서 공기, 물, 바람, 태양, 지구 등의 자연적인 공통적인 것과, 언어나 사회화된 노동력과 같은 사회적인 공통적인 것을 지칭하기 위해 만들어진 신조어다. 멕시코(사파티스타)나 에콰도르(CONAIE, 에콰도르 주민 연대)의 원주민 운동에서 보이듯, 오늘날에도 세계 전역에서 공유지를 위한 투쟁이 여전히 중요한 점을 고려하면서 '공통적인 것'을 사고하기 위해서는 이 양자를 통합할 수 있는 용어가 필요한데, '場'이 흙 '土'와 태양이 솟아오름을 뜻하는 별 '昜'이 결합된 것으로 ① 물리학적인 분자적 운동의 공간 ② 생물학적 발생의 공간 ③ 사물의 유통의 공간 ④ 사회적 구조화의 공간 ⑤ 연극적 정치적 인지적 공간 등을 두루 지칭할 수 있

도시 공통장에서는 잠재적인 차원과 현실적인 차원을 구분하는 것이 중요하다. 잠재적 공통장은 모든 현실적인 것이 놓이는 미분적 공존의 표면이며, 현실적인 것은 그 공존의 표면에 놓인 차이들이 적분적(통합적)으로 실현되는 장이다. 잠재적 공통장은 역량(puissance)의 장이며 현실적 공통장은 권력(pouvoir)의 장이다. 질 들뢰즈(Gilles Deleuze)는 이것을 몸체의 '위도(latitude)'와 '경도(longitude)'라는 말로 표현하기도 한다.[2] 위도는 역량의 특정한 정도에 따라, 또는 이 정도의 한계들에 따라 몸체가 취할 수 있는 정동들(affects)의 집합이다. 다시 말해 서로 다른 역량들이 자신들의 한계에 따라 나타내는 내포적이고 강도(强度)적인 정동들의 장이 위도다. 반면 경도는 특정한 운동과 정지, 빠름과 느림 등의 상대적 관계 아래에서 몸체에 속하는 물질적 요소들이 이루는 집합(들뢰즈와 가타리, 2001, 493)으로서, 외연적 부분들이 특정한 관계 아래에서 조직되는 것을 지칭한다.

생물학적 사례로, 진드기가 ① 빛에 이끌려 나뭇가지의 첨점까지 오르고, ② 포유동물의 냄새를 맡아 그 동물 위로 떨어지고, ③ 털이 적게 난 곳을 느껴 그곳의 피부 밑으로 파고들 때, '이끌리다', '맡다', '느끼다', '오르다', '떨어지다', '파고들다' 등의 내포적이며 분자적인 진동들을 진드기의 위도로 볼 수 있다면, 그것들을 외연적으로 수행하는 진드기의 눈, 머리, 가슴, 다리, 배, 주둥이 등과 같은 유기체적 기관과 그것들의 운동과 정지, 느림과 빠름의 운동, 그 관계를 진드기의 경도로 해석할 수 있다. 즉, 도시의 위도는 그 속에서

는 용어다. 이러한 점을 고려해 우리 시대의 공통된 물리적·생물적·사물적·사회적·인지적 공간을 지칭하기 위해 '공통장'이라는 용어를 만들어 사용한다. 이러한 의미의 공통장을 창조하고 변형하며 사용하는 사람들을 공통인(commoner)으로 명명한다.

2) 들뢰즈와 가타리(2001)의 487쪽 1~3줄, "몸체의 경도라고 불리는 것은 역량의 특정한 정도에 따라, 또는 차라리 이 정도의 한계들에 따라 몸체가 취할 수 있는 변용태들이다"에서 '경도'는 '위도'의 잘못이다. 그리고 이 문장에서 '변용태'는 'affect'의 번역인데, 나는 'affect'를 '변용태'가 아니라 '정동'으로 옮기는 방식으로 글을 서술한다.

내포적으로 전개되는 무수한 자연적·인간적·기술적·인지적 진동이며, 도시의 경도는 그 진동들이 외연적으로 재현되고 경관화되는 관계와 운동이다.

이해를 위해 조금 규모가 큰 지역적 사례를 들어보자. 일본 동북부 후쿠시마에 지진이 발생하고 해일이 덮쳐 수많은 사람과 가옥이 물에 잠기고 원자력발전소에서 방사능이 누출되어 사람들, 동물들이 오염되고 두려움에 빠진 시민들이 정보망에서 정보를 얻으면서 대피했을 때, 폭발하고 덮치고 빠지고 누출하고 다치고 두려워하고 소통하고 도망하는 물리적이고 정동적인 미시적 진동들이 후쿠시마와 그 주변 지역의 위도라면, 그것들로 인해 아비규환의 공간으로 바뀐 후쿠시마, 공포와 두려움에 떠는 사람들, 가동이 중지되어 멜트다운될 위기에 놓인 원자력발전소와 과도한 접속으로 마비되어버린 통신시설, 신뢰를 잃어버린 정부 등의 상태나 그것들의 운동적 관계가 후쿠시마와 그 주변 지역의 경도다.

그렇다면 좀 더 거시적인 사회적 수준, 즉 도시 수준에서 위도와 경도는 어떻게 구분되며 어떻게 기능할까? 『자본론』제8편 '이른바 시초축적'은 중세 도시들이 해체되고 자본주의적 근대도시가 형성되는 과정을 그 위도와 경도의 차원에서 분석한다. 생산수단인 토지로부터 농민들의 폭력적 '분리'는, 무자비한 폭력으로 농촌주민으로부터 토지를 수탈해 자기노동에 입각한 사적 소유를 철폐하는 방식으로 이루어졌다(마르크스, 1990: 973). 그 분리는 다르게 이루어지기도 하는데, 교회 재산을 몰수하거나 국유지를 사기적으로 양도하거나 공유지를 횡령하거나 봉건적·씨족적 소유를 약탈해 그것들을 근대적 사적 소유로 바꾸는 식이다(마르크스, 1990: 922). 이러한 분리는 두 가지 효과를 낳는다. 하나는 토지를 자본에 결합시킴으로써 자본주의적 농업을 위한 무대를 마련하는 것이다. 그리고 다른 하나는, 도시의 산업에 필요한 무일푼의 자유로운 프롤레타리아라는 주체를 공급함으로써 자영수공업자 중심으로 구성되었던 중세 자치도시들을 자본가와 노동자로 분리된 자본주의적 근대도시로 바꾸는 것이다(마르크스, 1990: 900, 922).

근대적 도시화에서 국가 폭력은 이 두 가지 과정을 촉진하고 또 완성시킨다. 농민이 토지로부터 분리된 후 신흥 도시에 재흡수되기까지의 시간 간격에서 나타나는 '떠돎'을 제거함으로써 '떠돌이'들을 신속하게 도시 프롤레타리아로 전화시켜 도시에 흡수되도록 만들기 때문이다. 국가권력은 부랑을 금지하는 법을 제정해 부랑자를 태형, 감금, 낙인, 고문, 노동교화, 사형 등으로 처벌함으로써 분리와 프롤레타리아화를 촉진했다.3) 분리된 노동자가 살아남기 위해 자본에 고용된 노동자가 된 후에도 국가권력은 동일한 기능을 계속하는데, 최고임금을 규정하되 최저임금은 규정하지 않는 노동법을 제정해 자본으로 더 많은 가치가 이전되는 것을 보장하거나, 단결금지법을 제정해 힘의 불균형을 조성함으로써 자본의 시초축적을 촉진하는 등의 역할을 수행했다. 시초축적은 국내적 수준에서만이 아니라 국제적 수준에서도 전개되었다. "아메리카에서 금은의 발견, 원주민의 섬멸과 노예화 및 광산에서의 생매장, 동인도의 정복과 약탈의 개시, 아프리카 상업적 흑인 수렵장화"(마르크스, 1990: 944)와 같은 식민제도, 생활수단에 무거운 과세(이른바 '근대적 조세제도')를 매기는 데 기초한 국공채의 발행, 보호무역제도와 지구를 무대로 하는 유럽 국민들의 무역전쟁(마르크스, 1990: 952) 등이 그것이다. 자본주의적 근대도시를 위한 시초축적의 요소는 이러한 계급적·인종적 착취와 수탈에만 한정되지 않는다.

그 과정은 무자비한 성적 착취를 수반하는데, 마르크스가 누락한 이 측면은 실비아 페데리치(Silvia Federici)에 의해 상세히 규명되었다(페데리치, 2011: 235~308). 그녀에 따르면, 마르크스가 말한 피의 입법과 거의 동시기에 전개된 여성에 대한 테러 전쟁, 즉 마녀사냥이야말로 시초축적에 대한 이해에서

---

3) 이 주제는 미셸 푸코(Michel Foucault)에 의해 정신병과 정신병동의 탄생이라는 고고학적 문제의식하에서 더욱 깊이 연구되었다.

빼놓아서는 안 될 가장 중요한 요소들 가운데 하나다. 국가와 자본은 예술가들을 동원해 마녀의 인물과 악행에 대한 상상된 세밀화를 그리게 하고, 법학자와 변호사, 정치가, 과학자, 신학자, 치안판사, 악마 연구자들 같은 지식인을 동원해 마녀 박해를 위한 지적·법적 장치를 체계화했다. 또 유럽의 국가들은 법적·행정적·사회적 수준에서 유사한 제도들을 도입함으로써 마녀 박해를 위한 범 유럽적 수준의 연대 관계를 구축했다. 이렇게 전 사회적이고 전 유럽적인 수준에서 고안된 마녀 박해의 기획은 고발-고문-자백-화형으로 이어지는 처벌 절차를 통해 마치 농민에게서 공유지를 박탈하듯이 여성의 신체를 박탈했다. 끔찍한 화형식 광경은 자본주의적 노동 규율과 양립할 수 없는 관습, 신념, 사회적 주체를 파괴하고 여성과 남성을 성적으로 분리시키며 여성을 무급 가사노동을 담당하는 하위 주체로 배치함으로써 여성의 신체를 오직 가사노동과 노동력 재생산만을 위한 기계장치로 전락시켰다.

로자 룩셈부르크(Rosa Luxemburg) 이후에, 이러한 시초축적의 요소를 이미 지나가버린 일회적인 역사적 사실이 아니라 지금도 일상적으로 되풀이 되면서 자본주의적 사회관계를 재생산하는 현행적인 요소로 파악하는 인식이 널리 공유되고 있다. 오늘날도 더욱 확대되고 더욱 심화된 규모로, 그리고 변형된 형태로 성적·인종적·계급적·화폐적 착취와 수탈의 장면들을 재생산하고 있는 이러한 시초축적의 미시적 요소들이 자본주의적 근대도시 체제의 외연적 경도를 가져오는 내포적 진동, 즉 위도라고 할 수 있다.

2. 풍경의 '발견'과 풍경의 '창조'

일반적으로 도시의 외연적 경도는 '풍경'으로 나타난다. 풍경이, 외부세계에 관심을 갖지 않는 근대의 내면화된 인간에 의해 도착(倒錯)적으로 발견되었다는 것은 가라타니 고진(柄谷行人)이 내놓은 생각이다(고진, 2010: 11). 그런데 근대화란, 무관심한 마음으로 외부 세계를 주어진 것으로 받아들이는 것이 아니라 그것을 가공 가능한 것으로, 변경할 수 있는 것으로 파악하고 또 그 변경을 가속화한 시대가 아니었던가? 요컨대 풍경을 주어진 것으로 받아들이는 것이 아니라 창조 가능한 것으로 인식하기 시작한 것이 근대화의 효과가 아니었던가? 근대 이후 '자연'이 새로운 의미를 갖게 된 것도 이 때문이다. 근대 이전의 자연이 인간이 깃들어 살 주어진 집이라는 의미를 가졌다면, 근대 이후에 그것은 아직 인간의 가공이 가해지지 않은 것, 하지만 인간이 주체로서 자신의 것으로 가공할 수 있는 대상이라는 의미를 가지기 시작했다. 자연은 이제 인간의 것, 즉 능동적 인간의 '비유기적 몸'(마르크스)으로 간주되기 시작한다.

근대인이 지닌 이 주체적이고 능동적인 경향에 대한 표상은 '외부 세계에 관심을 갖지 않는 내면화된 인간'이라는 가라타니의 근대인 표상과 충돌한다. 이 상반된 표상들은 서로 모순되지만, 근대화 과정의 계급적 분화를 고려하면 그 모순이 해소될 수 있다. 세계를 자신의 것으로 파악하면서 세계에 대한 능동적 관심을 표현했던 것은 부르주아지였다. 모든 것이, 심지어 노동자 자신의 노동능력조차 자본의 것으로 현상하는 자본주의적 근대화 과정에서 프롤레타리아의 눈에 세계는 부르주아지의 것일 뿐, 자신이 적극적 관심을 가질 수 있는 대상이 아닌 것으로 나타난다. 프롤레타리아는 노동을 통해 이 세계를 실제로 변화시키는 능동 신체지만, 사적 소유체제하에서 강제되는 생산수단으로부터의 소외, 생산물로부터의 소외, 그리고 자기 자신으로부터의 소외와 같은 몇 겹의 소외로 인해 세계 그 자체로부터 소외를 겪게 되고 외부 세계에 무관심한 수동성의 특징을 갖게 되었다고 추론할 수 있다. 따라서 가라타니가 말하는 내면화된 인간이란 근대인 일반의 특징이 아니라 근대 프롤레타리아의 특징으로 이해할 수 있다.

하지만 그 특징은 사적 소유 체제에 의해 부과되고 강제된 것으로서, 외부 세계에 무관심한 그 '내면화된 인간' 자신이야말로 외부 세계를 실제로 개조하고 창조하는 바로 그 주체라는 사실이 지워질 수 있는 것은 아니다. 근대 이후 주어진 풍경을 깨뜨리면서 도래하는 외부 세계에 대한 관심, 풍경을 자신의 세계로 전유하고자 하는 운동, 아래로부터의 반란과 혁명이 그것을 증언한다. 이런 점을 고려한다면 풍경은, 그것이 정적인 외관을 취할 때조차, 모순과 갈등 속에서 드러나는 복합체이며 하나의 긴장된 사회사적 사건으로 이해되어야 할 것이다.

풍경이 전통적이거나 현대적인 여러 사회적·기술적 장치들의 긴장과 복합 속에서 꾸며지는 하나의 예를 들어보자. 제주도의 영등굿은 바다의 신인 '영등할망'을 모시는 굿으로 매년 음력 2월 1일부터 2월 15일 사이에 행해진다. 1일의 굿을 영등환영제, 15일의 굿을 영등송별제라 부른다. 제주도민들은 영등할망이 강남 천자국에 살면서 매년 2월 1일에 제주의 서쪽 끝인 비양도를 통해 들어온 후, 보름에 제주 동쪽 끝인 우도를 거쳐 본국으로 떠나기까지 한라산과 제주 바다를 돌며 꽃씨를 뿌리고 들판에는 오곡의 씨를, 바다에는 소라, 전복, 해삼 등 해산물의 씨를 뿌린다고 믿어왔다. 영등제는 이 영등할망을 지극 정성으로 모셔 풍농풍어를 기원하는 전통적 의식(儀式)이다. 이 제사굿은 이 보름에 걸쳐 영등할망의 이동 시간을 고려하면서 제주 전역에서 순차적으로 진행된다. 2016년 음력 2월 14일 제주 동북쪽 북촌리 영등제에는 십여 대의 카메라와 여러 대의 드론이 동원되어 ① 큰대세움 ② 초감제 ③ 요왕맞이 ④ 씨드림 ⑤ 지아룀 ⑥ 산받음 ⑦ 배방선에 이르는 전 과정을 촬영했다. 영등신을 본국으로 보내는 제차로서 스티로폼을 이용해 작은 배를 만들고, 거기에 여러 가지 제물을 조금씩 실어 바다에 띄워 보내는 배방선 절차에서는 보트에 탄 카메라맨들이, 제물을 어선에 싣고 바다로 나가며 춤을 추고 노래를 부르는 해녀들의 모습을 촬영했다. 지상, 상공, 해상에 걸친 입체

적 시점에서 '풍경'이 만들어진 것이다. 다음날 우도에서 열린 영등송별제에
는 카메라맨만이 아니라 (제주 민예총 소속의) 예술가들도 참여해 영등제의 풍
경화에 한몫을 했다.

무당과 드론의 이러한 마주침, 그리고 오래된 전통 축제와 포스트모던 영
상기술의 만남, 그리고 방송과 주민 및 지역예술가들의 연결은 원주민들의
전통 축제를 관광상품화해 부가가치를 창출한다는 제주도의 산업 기획의 일
부다. 이런 방식으로 제주도가 품어온 영등제 풍습은 미디어화를 통해 일종
의 미디어마크가 됨으로써 랜드마크 제주도에 다른 풍경을 부여한다. 풍경
은 이제 더 이상 자연 풍경이나 사회 풍경만을 뜻하지 않는다. 풍경은 점점
미디어화되고 있고, 또 미디어화되어야만 풍경으로서 기능한다. 인지자본주
의로의 이행이, 미디어화되지 않은 풍경을 더 이상 풍경으로 간주하지 않는
문화를 만들어내기에 이르렀기 때문이다. 텔레비전, 인터넷, 스마트폰은 랜
드스케이프를 미디어스케이프로 만들어내고, 다시 미디어스케이프를 랜드
스케이프로 만들어내는 장치로 기능한다. 카메라를 앞세운 미디어화와 예술
가를 앞세운 젠트리화를 통해 추진되는 산업적 투어리즘(tourism)이 제주도
가 국제 관광도시화되는 실상인데 이것은 '풍경의 발견'을 넘어 '풍경의 창조'
를 통해서 추진되고 있다. 그러므로 풍경의 혁신을 사유함에서 현대 도시의
경도적 풍경을 낳는 내적 진동, 그 내포적 위도를 파악하는 것은 중요한 문제
로 주어진다.

3. 스펙터클 투어시티와 그 구성요소

사진 기술이 인간의 지각을 '손'에서 '눈'으로 옮긴다고 말한 사람은 발터
벤야민(Walter Benjamin)이다. 그런데 오늘날 인간의 눈은 생물학적 눈이라기

보다 기계에 의해 매개된 '기술적 눈'이다. 하늘을 나는 드론 기술은 '인간의 눈'이 수행하는 원근 지각뿐 아니라 '새의 눈'과 같이 부감 지각을 가능하게 만든다. 원근 경험이 부분을 구체적으로 지각하는 것이라면, 부감 지각은 전체를 조망하는 지각이다. 편집은 이 두 지각 양식을 결합시킬 것이다.

드론에 앞서 인공위성이 부감지각을 대중화시켰다. 구글맵은 우리에게 부감된 지도의 풍경을 제공한다. 오늘날 투어(tour)는 단순한 둘러봄이 아니다. 여행하는 사람은 인공위성의 눈으로 본 지도에서 자신이 여행할 곳을 선정한 후에 그곳을 둘러본다. 전체적 조망이 부분적 둘러봄에 선행하는 것이다. 신자유주의 세계화는 전체와 부분을 편집하고, 원근법과 부감법의 결합을 일반화시킨다. 금융자본은 세계 전체를 광속으로 돌아다니는데, 그 투어는 지구 전체의 기업 분포를 조감한 후에 국지적 투자 지역을 결정하는 방식으로 이루어진다. 미국의 전쟁 투어 역시 지구의 분쟁 지역을 전체적으로 조망하고 나서 국지적으로 수행된다. 높이의 기술이 거리와 넓이를 지배한다.

투어 지각의 범위는 점점 넓어지고 있다. 그것은 휴일 활동에 국한되었던 일상의 관광지각을 넘어서 레저, 사업, 또 그 외의 다른 목적으로 꽤 장기적으로 자신의 통상적 환경 외부에서 머무르면서 이동하는 지각 형태 모두를 가리키기도 한다. 이러한 지각 형태는 점점 일반화되어 '워킹홀리데이'에서 보이듯 노동이나 학업 등에서도 투어적 지각 양식, 즉 관광객적이고 구경꾼적인 지각이 나타난다. 이뿐일까? 기 드보르(Guy Debord)는 이 구경꾼적 지각 양식의 출현을 자본주의의 변형과 연결시킨다. 이러한 지각 양식은 사회생활이 이미지, 스펙터클의 거대한 축적이 되고 직접적으로 체험되었던 것이 단순한 이미지적 재현이 되는 자본주의 단계의 산물이라는 것이다(드보르, 2014: 10). 가라타니 고진이 근대화와 연결시켰던 외부 세계의 풍경화는 세계의 스펙터클화 속에서 더 거대하게 재생산된다. 일상의 삶과 분리된 이미지들은 하나의 공동의 흐름 속으로 녹아들고 실재는 관조의 대상이 된 하나의 보편적 유사세계로, 비-삶의 자율적 운동, 삶의 구체적 전도로서의 스펙터클이 된다는 것이다. 기 드보르는 스펙터클이 단순히 이미지들의 집합에 그치는 것이 아니고, 이미지들에 의해 매개되는 사람들의 사회적 관계라고 표현한다. 그렇다면 스펙터클에서는, 가라타니의 생각에서처럼 풍경에서 독립된 '내면화된 인간'이 풍경 건너편에 따로 있는 것이 아니다. 오직 기술적으로 매개된 스펙터클 속에서 서로 관계 맺는 구경꾼들이 있을 뿐이다.

기 드보르가 주장한 스펙터클론은 주로 영화를 염두에 둔 것이었지만, 우리 시대에는 텔레비전이 스펙터클을 일반화하는 더 대표적인 장치다. 텔레비전을 통해 이미지의 삶이 누구나 누리는 보편적인 삶의 형태로 자리 잡기 때문이다. 지금은 성별, 계급, 인종을 가리지 않고 누구나가 텔레비전 화면에 구현되는 풍경화된 세계, 세계-풍경과 관계를 맺는다. 컴퓨터 그래픽은 체험을 넘는 환상적 세계를 꾸며내고, 초고속 카메라는 극사실적 장면을 연출한다. 시청자들은 안방에서 카메라가 이동하는 경로를 따라 세계 구석구석을 구경할 수 있으며, 인공위성 카메라를 통해 격전지의 생생한 상황까지 현장감을 느끼며 응시할 수 있다. 나아가 문자발생기를 이용해 구현하는 문자, 기호, 도표, 만화, 이모티콘 영상 자막들은 시청자들이 직접 느끼고 사고할 필요성을 없애면서 제작자의 감각 양식과 지각 양식을 시청자에게 투여한다. 이런 방식으로 구성된 미디어스케이프가 랜드스케이프로 전화하면서 이제 모든 사람은 집 밖을 나가지 않아도 이미 구경꾼이며 관광객이다. 누구나가 관광객이며 매일 매시가 관광 시간이다. 삶은 그 자체로 관광, 즉 경관을 구경하는 투어다. 투어리즘의 시간이 휴일에 국한되지 않는 매일인 것처럼, 그것이 진행되는 공간은 특정한 장소에 국한되지 않는 모든 곳이다. 또 특정한 계층에 속하지 않는 모든 사람이 투어리즘의 행위자다. 이렇게 거대하고 복잡한 이미지가 축적되어 연속적이고 독자적인 흐름으로 나타나는 스펙터클이 사람들을 항상적 투어리스트로 만들면서 자기 자신을 유일무이한 삶으로 주장하는 시간이 인지자본주의의 시간이다. 스펙터클화한 자본만이 유일한 주체성으로 나타나는 이 보편적 시간 속에서, 시청자를 고전적 의미의 '구경꾼'이라고 부르는 것도 적절하지 않을지 모른다. 오히려 그들은 구경이 가능하기 위해 필요한 '흥미'나 '관심'은 물론이고 '내면화된 자기'조차 잃어버린 채, 미디어화된 랜드스케이프를 물끄러미 바라보는 관찰 카메라를 닮아가고 있기 때문이다.

거대하고 화려하며 사실적인 가상들로 사람들을 이처럼 수동화한 이 스펙터클 도시, 흔히 '창조도시'라는 그럴듯한 이름으로 불리곤 하는 이 도시는 어떤 얼굴들, 어떤 관계들을 감추고 있는 것일까?

첫째로 신자유주의적 스펙터클 도시는 축적의 도시다. 이미지의 거대한 축적은 무엇보다도 금융화된 자본의 거대한 축적이며 미디어화되고 무수히 반복되는 도시의 풍경들은 세계에 대한 지각 양식을 자신의 필요에 맞게 고정하는 거대하게 축적된 권력이다. 이 도시는 더 큰 부가가치, 더 큰 이윤, 즉 자본의 더 큰 축적을 향해 정향된다.

둘째로 스펙터클 도시는 스펙터클이라는 통합된 모습을 보이지만 실제로는 자본주의적으로 양극화된 도시, 즉 두 개의 도시로의 분열을 은폐한다. 마이크 데이비스(Mike Davis)가 분석하듯이, 마천루가 즐비한 도시의 뒷골목에는 마치 그것의 그림자처럼 슬럼가가 넓게 펼쳐져 있다(데이비스, 2007). 스펙터클은 이 공간에서 전개되는 범죄를 집중적으로 노출시켜 악마화하고 여기에 사람들의 이목을 집중시킴으로써 마천루에서 전개되는 더 큰 범죄들은 은폐한다.

셋째로 스펙터클 도시는 울리히 벡(Ulrich Beck)이 분석하듯이 위기도시다. 근본적으로 과학기술적 가상에 의존하는 스펙터클 도시는 핵 위기, 환경 위기, 교통 위기, 전쟁 위기 등 다가오거나 이미 닥친 재난의 얼굴을 은폐한다. 스펙터클 도시의 저변에서 발생하고 또 발전하고 있는 이 재난적 위기들은 사람들의 평상시 지각 능력을 벗어나 있다. 또 위험은 도시의 양극적 구조에 따라 다르게 분배되는데, 스펙터클은 그 위험에 다량으로 그리고 직접적으로 노출되는 사람들의 지각을 수동적인 구경꾼적 지각으로 구조화함으로써 이 위험에 대한 도시의 대응 능력을 위축시킨다.

4. 스펙터클 도시와 예술인간, 그리고 공통장

스펙터클 도시는 이렇듯 자신의 분열되고 위험하고 고압적인 다른 얼굴들을 가리면서 자신을 친밀하고 자상하며 다정한 봉사의 주체로 내세우지만, 스펙터클의 시청자들은 끊임없이 채널을 돌린다. 비록 이 채널 돌림은 이미 주어진 채널들 사이에서 이루어질 뿐이지만, 이는 시청자들이 스펙터클 이미지에 점점 시들해지고 있다는 사실을 보여주기도 한다. 그것은 시청자들이 권태로워하고 있다는 사실을, 뭔가 새로운 것을 원하고 있다는 사실을 드러내는 일종의 고통의 증상이다. 왜 시청자들은 화려한 이미지들로 포장된 스펙터클의 저 친절하고 자상한 봉사활동을 권태로워하는 것일까?

그 권태는, 지금 스펙터클의 구경꾼으로 배치되어 있는 그들이 사실은 스펙터클로 통합되는 무수한 인간적·기계적·사물적 구성요소의 창조자들이라는 사실에서 비롯된다. 스펙터클 도시 그 자체가 자신의 창조물인데도 그것이 그들 자신과 분리되어 그들 자신을 무력하게 만드는 것으로 기능하고 있다는 사실에서 권태의 계기가 주어진다. 산업자본주의에서 노동자들이 자신들이 생산한 생산수단과 생산물, 공장에서 분리되어 소외되듯이, 인지자본주의에서 창조자들은 자신이 생산한 기계장치, 이미지, 그리고 도시에서 분리되어 소외된다. 스펙터클은 창조물이 창조자와 분리됨으로써 생겨나는 도착의 효과다. 스펙터클 도시는 그 창조자를 그들 자신의 도시에서 체계적으로 분리시키고 소외시키는 장치다. 텔레비전이 홍수처럼 쏟아내는 정보들은 시청자들의 감각과 지각의 양식, 정동구조와 사유양식을 그들 자신의 삶의 필요와 분리시키고 혼란스럽게 만든다. 정치권력이 자본의 이익을 국익으로 선언하고 사법권력이 부르주아적 사적 소유자들의 이익을 정의로 심판하며 사유화된 국가나 소수의 대주주에 의해 장악된 미디어 기구가 본질적으로 사적인 이해관계를 공중 일반의 이익으로 제시하는 현실에서 스크린, 모니터, 지면을 채우는 스펙터클의 풍경은 인지적 창조자의 삶의 행복과는 배치되는 풍경들, 다시 말해 고통스러울 정도로 지루하고 역겨울 정도로 외설적이고 슬플 정도로 맹목적인 풍경들이다. 이러한 풍경들의 일상적 반복이 우리의 지각 습관을 고정시키고 정동능력을 교란시키며 행동능력을 침식한다.

만약 도시에서 스펙터클 장치에 의한 분리가 없다고 가정하면 어떻게 될까? 그런 가정하에서는 마르크스가 그려본 것처럼, 도시의 삶에서 대상들의 상호적 가치가 우리 자신의 상호적 가치로 나타날 수 있을 것이다. 우선 도시의 창조자들인 다중의 생산 과정은 그들의 개성과 특이성을 대상화할 것이다. 그 과정에서 그들은 자신의 "개성적인 생명외화를 향유할 것이고 그 대상들을 직관하면서 개성적인 기쁨을, 감각적으로 직관 가능한 것으로서의 자신의 인격을 향유할 것이며, 그리하여 자신의 의심할 수 없는 힘을 향유할 것이다"(마르크스, 2013: 208~209). 둘째로 도시에서 다중의 생산물을 타인이 향유하고 사용하는 동안에 다중은 "자신의 노동에 의해 타인의 인간적 필요를 만족시켰다는 의식을, 인간적 본질을 대상화했다는 의식을, 그리하여 다른 인간적 본질들의 필요에 부응하는 대상을 창조했다는 의식을 직접 향유할 것이다"(마르크스, 2013: 209). 셋째로 도시의 "당신에게 있어서 나는, 당신과 유(Gattung) 사이의 매개자일 것이고 당신 자신에 의해서 나는 당신의 고유한 본질들의 보충으로, 당신 자신의 필연적 일부로 인정되고 또 느껴지게 될 것이며, 또한 나는 당신의 생각과 당신의 사랑 안에서 내가 인정됨을 알 수 있을 것이다"(마르크스, 2013: 209). 넷째로 도시의 "나의 개성적인 생명의 외화 속에서, 나는 당신의 생명의 외화를 직접 경험할 것이고, 나의 개성적 활동 속에서 나는 직접적으로 나의 진정한 본질을, 나의 인간적 본질을, 나의 공동 본질(Gemeinwesen)을 입증하고 실현할 것이다"(마르크스, 2013: 209).

이렇게 자유로운 생명외화이고 그 생명의 향유일 다중의 상호적 창조와 향유의 활동은 사적 소유와 그에 기초한 스펙터클적 분리의 장치를 매개로 그 창조자와 분리되어 생명소외로 귀착된다. 이렇게 되면 창조활동은 살기 위해, 생활수단을 조달하기 위해 어쩔 수 없이 수행하는 활동으로 변질되고 더 이상 창조활동은 생명활동이 아니게 된다. 그리하여 "나의 개성은 나의 활동이 내게 증오스럽게 느껴지고 고통이 되고 활동의 가상과 다름없는 것이 될 정도로, 그리하여 내적으로 필연적인 필요가 아니라 단지 외적이고 우연 적인 필요에 의해서 나에게 강요된 활동이 될 정도로 소외된다"(마르크스, 2013: 210). 자신의 강제된 창조활동의 산물인 도시가 자신으로부터 분리되어 물끄러미 바라봐야만 하는 이미지-대상으로 나타날 때, 그것은 자기상실과 무기력을 명백하게 표현하는 것이 되며 오직 권태만이 그 자기상실과 무기력 의 표현이자 동시에 그것에 대한 약한 거부를 함축하는 이중의 감정으로 출 현하게 되는 것이다.

스펙터클 앞에서 느끼는 다중의 권태감은 그러므로 다중 자신이 "인간적 공동 본질", 즉 공통장의 창조자라는 사실을 증언하는 역설적 현상이고 스펙 터클적 도시 관계와는 다른 도시 관계, 도시 형태를 창조할 필요성에 대한 증 언이기도 하다. 『예술인간의 탄생』에서 서술한 바 있듯, 스펙터클 도시는 부 르주아적 사적 소유 체제하에서 예술인간 도시가 나타나는 도착적 이미지다 (조정환, 2015: 210~220).

스펙터클이 도착적 현상임에도 예술인간의 창작품이라는 사실은 무엇을 함의하는가? 오늘날의 다중은 창조하도록 요구받을 뿐만 아니라 창조를 통해서만 그 존재 이유를 입증받는다. 지식, 정보, 상징, 정서, 소통의 생산이 주요한 생산 영역이 되고 독창성이 지적재산권의 핵심축으로 규정되고 있는 엄연한 현실이 다중으로 하여금 매순간 인지적 창조능력을 보이도록 강제하기 때문이다. 직접적으로 지식이나 상징을 생산하고 유통시키는 활동에서는 말할 것도 없고, 돌보고 보살피는 활동에서도 남다름과 창조성이 요구된다. 이러한 능력의 소통에서 축적하는 플랫폼이 늘어날수록, 남다르게 소통할 수 있는 능력의 의미는 점점 커진다. 심지어 사물의 생산조차 편리함, 편안함, 즐거움, 따뜻함, 달콤함, 멋짐, 귀여움, 안전함, 만족함, 빠름, 화끈함, 무서움 등 감각적이거나 감성적인 것을 생산하기 위한 물적 구성요소로 위치지어지면서, 감각적이고 감성적인 창조성에 대한 요구는 한층 커진다. 지금까지 예술가들이 보여주었던 능력과 자질이, 생산하는 다중 누구나에게 보편적으로 요구되는 능력과 자질이 된다. 누구나가 예술가이기를 요구받고, 또 그렇게 되는 현실이야말로 예술인간의 탄생과 성장의 조건이다.

스펙터클 풍경은 이 모든 예술적 창조능력을 자본과 권력의 축적이라는 목적에 맞추어 포획하고 집적·집중시키고 편집하고 재구성한 산물이다. 그 결과 개별적 수준에서 다중의 다양한 지식들은 사회적 수준에서 집합적인 무지를 낳는 소음들로 배치되고, 따뜻함과 달콤함을 생산하는 능력은 양극적 사회의 잔인하고 냉혹한 풍경을 가리는 스크린으로 작용하며, 안전함과 만족감을 생산하는 능력은 사람들이 경험하는 위험, 불안, 공포를 잊게 만드는 위안 기제로 작동하고, 다중의 부단한 웅얼거림과 소통 능력은 스펙터클 속에서 소통의 극단적 단절과 고독함을 창출하는 것으로 귀결되며, 새로운 것을 생산하는 능력은 스펙터클 속에서 더 없이 낡고 타성적인 것의 무한 반복이 된다. 이처럼 스펙터클 속에서 예술인간의 잠재력은 냉소 기계의 에너지로 기능하며 그 속에서는 가상 풍경과 실제 풍경의 분리, 가상 풍경에 의한 실제 풍경의 은폐, 가상 풍경의 실제 풍경 대체가 체계적으로 생산되는 것이다.

하지만 스펙터클 장치들이 무지와 둔감과 단절과 냉소의 효과를 낳는다고 해서 인지화된 노동자들이 직접적으로 그러한 것을 생산했음을 의미하지는 않으며 또 그러한 것을 생산하는 존재임을 의미하지도 않는다. 한편에서 인지화된 노동자들은 집단지성적 방식으로 지식을 생산하고 소통을 생산하지만 그것들이 놓이는 스펙터클적 상황과 스펙터클적 편집은 그것들을 무지와 불통의 요소로 전화시킨다. 다른 한편에서 인지화된 노동자들은 스펙터클이 요구하는 인지적 능력들만을 발휘하도록 억압당하기 때문에 비스펙터클적 지식과 수평적인 소통, 그리고 스펙터클을 벗어날 수 있는 대안을 생산하는 길에서 제약받는다.

스펙터클 도시는 사람들을 압도적 힘으로 통합시킴으로써 효과를 발휘한다. 그런데 스펙터클의 통합할 수 있는 힘은 그것을 구성하는 요소들이 인간의 공통본질(Gemeinwesen)을 구현하고 있다는 사실에서 기인한다. 메트로폴리스에서 어떻게 인간의 공통본질이 스펙터클로 전화하는 것일까? 메트로폴리스의 스펙터클화에서 우리는 세 가지 과정에 주목할 수 있다. 젠트리피케이션(gentrification), 미디어타이제이션(mediatization), 투어리피케이션(tourification)이 그것이다. 젠트리피케이션은 물리적 공간을 대상으로, 미디어타이제이션은 정신적 공간을 대상으로, 투어리피케이션은 소비 공간을 대상으로 전개된다. 요컨대 미술관을 비롯한 문화 공간을 건축하고 예술 행사를 일상적으로 펼치며(젠트리화) 미디어를 통해 이 사실들을 유통시키고(미디어화) 사람들이 그것들을 보러오도록 유혹하는 것(투어화)이다. 이것들은 다중의 창조활동과 인지적 소통, 그리고 다차원적 교류를 가치축적망 속에 가두는 스펙터클 장치다(조정환, 2015: 214). 이러한 스펙터클이 예술가, 기술자, 지식인 등을 앞세워 전개된다는 사실은 스펙터클 도시가 공통장을 창조하는 예술 인간적 능력에 기초한다는 것을 방증한다. 랜드마크의 구축, 예술 프로그램들, 문화 예술적 투어 등이 물리적 정신적 생산 공간과 물리적·정신적 소비

공간 모두에서 도시를 갱신하는(자본의 입장에서는 이윤을 창출하는) 수단이 될 수 있는 것은, 안토니오 네그리(Antonio Negri)가 말하듯 예술이 도시 속에서 공통장으로 기능할 특이한 언어를 발명하는 행위이기 때문이다(네그리, 2010: 40). 다시 말해 예술 형식이 특이성들을 기초로 한 집단적 결정과 공통적인 협치의 사례를 제시하기 때문이다. 이처럼 도시의 갱생은, 그것이 자본주의적 축적의 수단이 되는 경우에도 사람들의 관심을 끌고 사랑을 받는 이러한 공통성의 예술 형식, 예술인간적 다중의 힘을 필요로 한다.

5. 인지자본주의에서 공통장으로부터의 배제와 소유도시

이번에는 서울 도심지에서 벌어진 사례를 놓고 생각해보자. 싸이가 건물주가 된 후에, 자신들이 구축한 공간에서 추방될 운명을 맞은 한남동 '꼼데거리'의 테이크아웃드로잉은 작가들의 작업 공간이자 전시 공간이자 동시에 서점이다. 영화 〈건축학개론〉에서 주인공이 차를 마신 장소로 쓰인 카페이기도 하다. 이곳은 삼성 리움 바로 아래쪽에 위치하고 있지만, 리움과는 달리 권위적인 화이트큐브를 거부하고 지역 및 예술가들과 밀접히 소통하는 '접는 미술관'을 추구한다. 정부에서 지원금을 받아 연명하는 예속적 창작 방식의 대안으로 선택된 것이 커피 열풍을 적용한 예술 레지던시 카페다. 테이크아웃드로잉이 예술가에게 일정 기간 카페 공간 전부를 작업실로 제공하면 작가는 그 지역 및 카페를 방문한 사람들과 교류하면서 카페를 창작물로 채운다. 카페를 방문한 사람들은 커피를 마시는 고객이기도 하지만 예술가의 창작을 고무하는 창작 참여자인[4] 동시에 예술작품을 즐기는 관람자이기도 하다. 타

---

4) 내가 테이크아웃드로잉을 방문했을 때, 한 만화가는 애니메이션 프로그램으로 만화를 그리고 있었는데, 그곳에 앉은 나는 실시간으로 그 만화가 그려지는 과정을 볼 수 있었

블로이드판으로 제작되는 메뉴판은 테이크아웃드로잉의 소식과 작품을 소개하는 일종의 신문의 역할을 하며 제공되는 음식도 입주한 작가의 주제를 재해석해서 만들어지는 작품이다. 테이크아웃드로잉이 입주한 후에 랜드마크 패션 매장 꼼데가르송이 바로 맞은편에 들어서면서 이 지역은 일명 '꼼데거리'라는 이름이 붙은 예술, 전시, 패션의 공간으로 부상한다. 이것이 지대를 상승시키는 한 요인으로 작용한 것은 분명하다. 누가 보아도 건물가치가 상승된 것은 건물주가 노력한 결과가 아니다. 건물가치의 상승은 예술적 감수성으로 공간을 변화시키고 유통시키면서 사람들을 이끌어 들였던 예술가들, 그들의 활동에 참여하고 그것을 관람하고 이 공간을 사용했던 이용자들, 이 지역의 주변 거리를 가꾸고 지켰던 지역민들과 노동자들, 지역의 성격과 어울리는 가로수를 심고 관리한 이 지역의 주변 환경에 대한 공적 투자, 미디어의 주목과 재현, 해당 지역을 찾은 관광객 등, 요컨대 공통장의 확장이 가져온 이른바 '외부효과'다. 그런데 건물주가 자본주의적 사적 소유권에 기초해 그 가치 상승의 효과를 지대차액으로 독점할 수 있기 때문에, 그 공통장이 확장되는 데 기여했음에도 상승한 지대를 지불할 능력이 없는 예술가들이 추방되는 역설적 과정이 전개되는 것이다.

공통장을 형성한 후에 그곳에서 추방되는 것은 예술가라는 특수한 직업을 가진 사람들만이 아니다. 자연공간과 사회공간에서는 예술가라는 직업을 갖지 않은 무수한 생명 개체들이 공통장의 실제적 구성요소임에도 배제되고 추방된다. 우리가 알고 있는 자연은, 헤아릴 수 없을 만큼 많은 생명 개체가 만든 공동의 작품이다. 또 마을은 마을주민과 방문객, 그리고 그 외의 다른 많은 행위자가 함께 가꾸고 지켜가는 공통장이다. 수많은 사람과 존재의 감성적·예술적 노력 없이는 자연이나 마을은 구축될 수도, 유지될 수도 없다. 이

다. 필요하다면 창작에 개입할 수도 있었을 것이다. 만화가는 "잠시 화장실에 다녀오겠습니다"라는 글을 모니터에 쓰고 화장실로 갔다.

런 의미에서 자연과 마을은 집단 창작품이며 이런 의미에서 그 속에서의 삶은 예술로서의 삶이라고 할 수 있다(심슨, 2016). 신자유주의적 자본주의의 젠트리피케이션은 수익성 있는 사용(즉, '공통장'의 자본주의적 사용)을 위해 이러한 자연적인 공통장과 사회적인 공통장을 파괴한다. 제주 강정 마을의 구럼비를 깨뜨리고 평화롭던 마을을 군사 훈련이 전개되는 해군기지로 만든 것은 자연적이고 사회적인 공통장을 깨뜨린 예다. 수도권에 전기를 공급하기 위해 원자력발전소와 도심지를 잇는 구간에 송전탑을 건설하는 과정에서 밀양의 자연환경과 마을공동체를 깨뜨린 것도 같은 사례다. 이외에도 신도시의 건설 과정은 이미 무수히 많은 자연적이고 사회적인 공통장을 파괴해왔다. 주지하다시피 그것은 또 무수히 많은 사람이 공통장에서 분리되는 결과를, 즉 강제 이주를 가져왔다.[5]

추방은 좀 더 인지적인 공간인 미디어스케이프에서도 전개된다. 신문, 방송, 디지털 매체 등의 미디어는 과학기술의 집단지성적 발전과 그것을 이용하는 '공중'의 형성에 의해 형성되는 공통장이다(타르드, 2012: 1장). 오늘날 다양하고 이질적인 이용자 참여가 확대되면서 미디어들은 다중의 공통장을 구성한다. 하지만 미디어스케이프에서도 배제되는 사람들이 있다. 가난한 사람, 이주민, 동성애자 등의 소수자는 미디어스케이프의 스크린이나 지면에서 배제되어 그 존재 자체가 은폐된다. 랜드스케이프에서 빈민촌, 슬럼가, 사창가 등이 가려지고 은폐되듯이, 미디어스케이프에서 다양한 소수자의 목소리와 얼굴은 체계적으로 차단된다. 미디어에서 배제되면 폴리스케이프(Political Landscape)에서도 제대로 재현되기 어렵다. 폴리스케이프가 미디어스케이프에 의해 규정되고 있기 때문이다. 소수자들이 자신을 대의할 정치가나 정치 정당을 갖기도 어렵지만, 어렵사리 그러한 정치가나 정치 정당을 확보한 경

---

5)　이른바 '광주대단지 사건'으로 불리는 1971년 성남 지역 일대의 주민봉기는 이러한 조치에 대항하는 대규모 저항이었다.

우에도 미디어스케이프에서 집중적으로 공격당하고 철저히 배제됨으로써 그 존재조차 인정받기 어렵다.[6] 공통장으로부터의 추방과 배제, 표현에 대한 금지와 재현에 대한 제한은 이처럼 자본주의적 사적 소유에 근거한 신자유주의 스펙터클 도시가 작동하는 메커니즘이다.

이처럼 신자유주의 스펙터클 도시는 공통장에서 공통인들(commoners)을 추방하고 배제함으로써 성립되는 소유의 도시다. 하지만 이 소유의 도시가 공통장이나 공통인과 분리되어 그것과 대립되는 위치에 있는 것은 아니다. 소유도시와 공통장의 관계를 좀 더 명확하게 이해하기 위해서는 안또니오 네그리와 마이클 하트(Michael Hardt)와 구분한 세 가지 철학적 범주를 응용해 보는 것이 유익할 수 있다. 초재적인 것, 초월적인 것, 내재적인 것이 그 세 범주이다. 우선 초재적인 것(the transcendent)이란 내재적인 것으로부터 분리되어 그것과 대립하는 것으로, 공통장 외부에서 그 공통장을 지배하는 권력으로 이해할 수 있다. 공통인들의 권리를 정지시키고 법 위에 군림하는 군주권력이나 독재권력, 또는 예외 상태 같은 것이 초재적인 것의 예가 될 수 있을 것이다. 그것은 주로 권위와 폭력에 의존한다. 이와 달리 초월적인 것(the transcendental)은 내재적인 것의 추상으로서, 내재적인 것과 분리되어 있다는 점에서는 초재적인 것과 같지만 내재적인 것을 포섭하고 전유하여 내부화하는 방식으로 그것과 재접속된다는 점에서는 초재적인 것과 구별된다. 초월적인 것은 공통장에서 분리되지만 공통장을 기반으로 삼아 공통장의 발전을 꾀한다. 법에 의해 뒷받침되면서 시민들의 활동을 촉진하는 것으로 시민들을 지배하는 근대 국가권력이나, 다중의 소통 활동을 촉진시키는 플랫폼을 통해 사적 축적을 도모하는 구글 같은 것이 초월적 권력의 예라고 할 수 있을 것이다. 마지막으로 내재적인 것(the immanent)은 자기 생성하는 존재론적

---

6) 20대 총선에서 녹색당은 정당득표율의 0.7%를 득표했고 노동당과 민중연합당은 그 이하를 득표했다.

차이로서 초재적인 것 외부에서 그것과 대립할 뿐 아니라 초월적인 것 안에서도 그것에 대항하며 새로운 것을 구성하는 힘이다(조정환, 2014). 공통장 그 자체가 바로 이 내재적인 것의 사례다. 이러한 범주적 구분법에 따를 때 스펙터클적 소유도시는 초재적이거나 내재적인 도시라기보다 초월적인 도시의 유형에 해당한다고 볼 수 있다.

소유도시는 소유를 인간의 사고와 행동에서 가장 본질적인 것으로 정의한다. 소유도시에서 소유는 사회적 삶의 실제적 경험 조건이다. 그래서 소유도시에서는 '인간'이 공통장에 거주하는 공통인으로서가 아니라 소유에 따라 규정된 개인들(즉, 소유자들)로 나타난다. 소유도시에서 소유 그 자체는 공통인과 분리되어 대립하는 초재적 형상이라고 할 수 있다. 하지만 개인 범주는 공통인들을 추상하면서 적법성의 형식 속에 그들을 재규정해 포섭하는 초월적 형상으로 기능한다. 소유를 기준으로 조직된 소유도시에서 소유하지 못한 개인들의 위치는 이중적이다. 형식적으로 그들은 법적 인격을 가진 것으로 나타나지만 실제로는 사회와 인간의 경계 밖으로 배제된다. 이런 배제를 거친 후, 소유하지 못한 개인들은 다시 소유의 위계에 종속된 기계적 부품으로, 소유자들에게 이용될 공통장을 뒷받침하는 역할로 그 소유체제에 재편입된다. 소유도시에서 개개인의 권리를 보장하는 법과 제도들은 배제와 재편입이라는 이 이중적인 사회적 관계와 과정을 구조화하는 초월적 장치들이며 공통장을 공통인들의 것이 아니라 소유자들의 독점물로 항구화하는 장치들이다(조정환, 2014).

그러므로 여기서 분명해지는 것은 소유도시의 부를 생산하고 재생산하는 예술인간들(즉, 공통인 다중)에게는 소유도시의 잔여인 내재적 공통도시를 소유도시에 대항하고 그것을 넘어서는 대안으로 현실화하는 것이 절실하게 필요하게 된다는 사실이다. 그 필요는 소유관계에 의해 일그러져 있는 공통장을 소유자 개인의 이익이 아니라 공통인들의 해방, 자유, 행복을 위하는 방향으로 재정향하고 확장하는 것을 통해 충족될 수 있는 성격의 것이다. 그런데 소유도시가 초재적이지 않고 초월적이며 공통인들이 그 도시의 시민-개인들로 위치 지어져 있다는 사실 때문에 공통도시를 실현하는 문제는 세 가지 계기를 포함하게 된다. 첫째는 소유관계에 포획되고 있는 공통장들을 기초로 소유관계에 대항하는 반란(저항)의 계기이며, 둘째는 공통장들 자체를 소유도시의 체계에서 분리시키는 도주의 계기이고, 셋째는 저항하고 도주하는 공통장이 카오스로 빠져들지 않도록 공통장들의 공통장을 구축하는 구성의 계기다. 이제 이 각각의 계기를 조금 더 자세히 살펴보도록 하자.

6. 소유도시에 대항하는 반란과 탈주

하비는 금융투기가 낳은 창조적 파괴의 손실이 치유되려면 잉여가치와 잉여분배의 사회화가 이루어지고 모든 사람에게 개방된 새로운 부의 공통장이 설립되어야 한다고 주장하면서 최근 공통장 이론의 부활이 갖는 중요성에 주의를 돌린다(Harvey, 2013: 86~87). 그는, 만약 국가가 공급하는 공공재가 줄어들거나 사적 축적의 단순한 도구로 전락하면 주민들이 취할 수 있는 대안은 오직 그들 스스로 공통재를 공급하는 것뿐인데, 볼리비아의 엘 알토에서의 물 공급 투쟁이 그러한 사례 가운데 하나라고 말한다. 볼리비아 정부가 공공서비스를 민영화해서 수도사업권을 초국적 수도 회사인 일리마니 사(社)에 넘기자 원래 지리적으로 물이 부족했던 엘 알토에서는 이 때문에 수도 공급이 더욱 악화되었다. 이에 맞서 주민들은 동맹파업과 단식투쟁 등으로 일리마니 사를 몰아내는 데 성공했다. 하비가 보기에 이러한 반란의 성공 사례는, 사회적 혜택을 위해 공통장이 생산되고 보존되고 이용될 수 있다는 정치적 인식이야말로 자본주의적 권력에 저항하고 반자본주의적 이행의 정치학을 다시 사유할 수 있는 틀을 제공한다는 것을 의미한다(Harvey, 2013: 87).

인지자본주의에서 시장메커니즘은 공통장을 제도적으로 약탈할 기회를 제공하고, 소유공화국은 공통장의 사유화를 촉진하는 합법적 폭력 장치로 기능한다. 이런 점을 고려할 때 약탈되어 사유화됨으로써 다중으로부터 분리되어버린 물질적·비물질적 공통장을 재전유하고 그것을 다중의 필요에 맞게 재목적화해서 재생산하는 것은 소유도시를 공통도시로 전환시키는 데 필수불가결한 일임이 분명하다. 공동장의 재전유는 결코 갈등 없이 순조롭게 진행될 수 있는 성격의 일이 아니다. 그것은 반란이라는 계기를 포함하지 않을 수 없다. 볼리비아에서 일어난 엘 알토 투쟁(2003~2005)만이 아니라 1994년 공유지인 에히도(ejido)의 사유화에 맞서 일어난 멕시코 사파티스타 봉기, 세계시장에 지역을 편입시킬 철도나 고속도로를 건설하기 위해 원주민 공유지를 수용하려던 푸에블라-파나마 플랜에 맞선 2006년 멕시코의 와하카(Oaxaca) 투쟁, 2008년 서울 시청광장과 청계광장에서의 촛불봉기, 그리고 2011년 이후 이집트 카이로의 타르히르 광장, 스페인 마드리드의 솔 광장, 아테네의 신타그마 광장 등에서 일어난 반란은 공통장의 신자유주의적 사유화에 반대하고 다양한 공통장을 보존하기 위한 투쟁이었다. 2008년 미국 볼티모어 내항의 노동자들은 내항에서 일하는 모든 노동자의 교육, 보건, 존엄한 노동이 보장되어야 한다고 주장하며 인권지대(human rights zone)를 선포하고 행진했다. 이것은 이 지역을 일종의 인권 공통장으로 선포한 것을 의미한다. 이것은 그로부터 7년 뒤인 2015년 인권투쟁의 기폭제가 된 힘으로 작용한다. 한 청년노동자가 경찰과 눈이 마주쳤다는 이유로 경찰에게 구타당하고 경찰차에 짐짝처럼 실려서 이리저리 끌려 다니다 마침내 척추와 허리가 손상되어 사망에 이르렀을 때, 이에 항의하는 즉각적이고 광범위한 투쟁이 일어났다. 이 투쟁은 전례 없을 정도로 격렬해서 뉴욕, 워싱턴, 미니애폴리스, 보스턴, 휴스턴, 필라델피아 등 인근 도시로까지 퍼져나가는 폭발력을 보여주었다. 이런 상황에서 세계에 인권을 수출하는 나라로 자임해온 미국이 메릴랜드 주에 계엄과 통행금지를 선포하고 주 방위군을 투입하는 반인권적 조치로 대응하지 않으면 안 되었다.

공통장을 계기로 폭발하는 이런 반란 행동 그 자체는 다시, 신자유주의하에서 이윤을 목적으로 독점적으로 전유되던 도로, 광장, 통신망, 통신기구, 차량, 시간, 신체 등을 공통장으로 만드는 직접적 계기가 된다. 반란이 동시에 탈주의 힘도 갖는 것은 이 때문이다. 탈주의 힘이 가장 분명하게 확인된 역사적 사건은 두 가지다. 하나는 동유럽 사회주의로부터의 거대한 엑소더스다. 1989년 8월 동독에서 헝가리까지 이어진 종단 여행인 '범 유럽 피크닉' 중에 헝가리 국경이 개방되자 헝가리를 여행하던 동독 시민 수천 명이 오스트리아 국경을 넘어 서독으로 탈출한 사건은 동유럽 사회주의 해체의 시발점이었다. 그로부터 3개월 뒤인 11월 10일 베를린 장벽이 붕괴되면서 나타난 동독에서 서독으로 탈주하는 흐름은 커다란 물결을 이루어 약 1년 사이에 60만 명에 가까운 사람이 서독으로 이주하는 결과를 가져온다. 이러한 탈주 흐름은 소련 사회주의를 해체시키고 더 이상 기존의 국가사회주의적 체제가 지속될 수 없도록 만든 계기가 되었다. 또 하나는 옛 제3세계 지역에서 서구를 향한 거대한 이주의 물결이다. 이 이주 물결은, 제3세계 지역의 토지 가격이 상승해 농업 환경이 척박해지고 세계적 수준에서 소득 격차가 커지는 상황에서 더 나은 소득, 더 나은 삶을 찾으려는 제3세계 다중의 요구와, 자국에서 임금이 상승하는 조건에서 더 값싼 노동력을 필요로 하는 서구 각국의 요구가 맞물려 발생했다. 그러나 이주민에 대한 본국의 차별 정책과 이 차별에 맞서 자신을 보호하려는 이주민의 집단화와 세력화는 서구사회를 두 개의 사회로 갈라놓았다. 이러한 상황에서 서구의 소수자 집단과 이주자 집단이 문화적으로 용해되고 서로 연합함으로써 오늘날 '서구사회로부터의 엑소더스'라고 불러야 할 세 번째의 거대한 탈주 흐름이 새로이 만들어지고 있다. 2005

년 프랑스 방리외 봉기, 수많은 이주노동 인구가 하루 동안 일터에 가기를 거부했을 때 LA와 시카고의 많은 가게가 문을 닫아야 했던 2006년 미국에서의 이주민 권리운동, 2007년 이후 장기적으로 전개된 그리스에서의 반란 등 전례 없는 반란이 이런 흐름 속에서 지속적으로 폭발하고 있다. 2015년 12월의 파리 테러와 2016년 3월의 브뤼셀 테러를 계기로 서구 세계가 무슬림과 이주민에 대한 대테러전쟁을 수행하고 있는 것은 세계자본주의가 직면한 위기를 공포정치를 통해 다스리려는 기획이다. 하지만 이것은 역으로, 갈라진 서구 사회의 이주민에 대한 공포를 이용한다는 점에서 동유럽 사회주의를 해체시킨 것과 동일한 탈주의 힘이 서구 자본주의를 해체시킬 잠재적 폭발력으로 남아 있음을 보여준다.

그러므로 우리는 국경을 벗어나는 이동만이 아니라 한 사회체제에서 벗어나는 탈주와 체제 이행을 포함하는 광의의 탈주를 생각해야 한다. 오늘날 가장 중요한 탈주는 공통장의 탈주, 다시 말해 인지자본주의에 유폐된 공통장을 아래로부터 전유해서 다중의 자기관리로 전환시키는 방향을 향하고 있다. 자급, 자치, 자기가치화, 자기조직화라는 말은 이러한 방향을 가리키는 개념적 용어다. 임금을 받는 어떠한 노동도 수행하지 않기로 하고 정부의 군대에 맞서 싸우는 과테말라의 레지스탕스 공동체의 소농경제(미즈와 벤홀트-톰젠, 2013: 7장), 공유지를 근거로 한 멕시코 치아파스 주 사파티스타 원주민들의 자치경제(클리버, 1998: 1부 7장) 등이 그런 사례일 것이다. '상업경제'와 달리 '문화에 대한 접근이 가격에 의해 규정되지 않고 사회적 관계의 복잡한 조합에 의해 규정되는 경제 양식'[로렌스 레식(Lawrence Lessig)]으로서의 공유경제도 공통장을 인지자본주의에서 탈출시키려는 하나의 시도로 볼 수 있다. 상업화되어 온디맨드 경제(수요맞춤형 경제)의 요소가 되기 이전의 초기 에어비앤비나 우버 등이 가옥이나 자동차 같은 물질의 공유재화를 추구했다면, 위키피디아는 비물질적 정보와 지식의 공유재화를 추구하고, 마이크로뱅킹이나 크라우드펀딩은 화폐의 공유재화를 추구한다. 공정무역(Fair Trade), 지역화폐(LETS), 생활협동조합, 사회적 기업, 마을기업 등 민주적 의사결정 구조를 갖추고 자본에 따른 수익 배분을 제한하는 원칙에 따라 운영되는 조직의 활동을 의미하는 '사회적 경제'도 일정하게는 공통장을 자본관계에서 이탈시키려는 시도의 한 영역을 구성한다고 볼 수 있다.

7. 공통도시를 위한 구성적 제도화

하지만 국경을 넘는 탈주와 이주, 그리고 인지자본주의적 유폐를 넘어 공통장을 해방시키려는 노력들이 처한 현실, 그것이 현재의 조건에서 겪고 있는 위태롭고 불안정한 경험 실태가 간과되어서는 안 된다. 탈주와 이주의 운동은 게토화되곤 하며 본국 노동자들의 임금을 저하시켜 노동의 전반적 불안정화를 가져오는 요인으로도 작용하고, 네오파시즘이나 제노포비아적 반작용을 불러오기도 한다. 자급경제는 시장경제의 압박을 받아 위축되거나 그 하위 경제체계로 배치되곤 하며, 플랫폼을 매개로 하는 공유경제는 끊임없이 이윤 논리에 이끌려 공유의 이념이 침식되고, 기존의 자본주의 국가의 정치적 재배분 권력에 의존하는 사회적 경제는 공통장을 관료 집단의 통제하에 놓게 만들 위험성을 갖는다.

저항과 탈주에 기초한 대안적 시도들이 이러한 위험에 노출되어 적절한 대항력을 갖지 못하게 되는 것은 왜일까? 저항과 탈주가 공통장을 사유화하는 인지자본주의 내부의 낡은 흐름들을 대체하기 위한 갈등적 시도를 통해 위도 수준에서 다른 흐름을 창출하지만 경도의 수준에서 자본주의 국민국가와 신자유주의 제국이라는 틀을 방임함으로써 결국 창출된 위도적 흐름이 지배체제에 재흡수되어버리기 때문이다. 이 수동혁명적 과정이 지배체제에 가져오는 변형의 의미를 과소평가하는 것은 곤란한 일이겠지만, 그렇다고 그것의 반혁명적 형식과 그것에 수반되는 지체, 되풀이, 지배의 더 큰 확장 등이 가져오는 위험을 무시하는 것은 그 이상으로 곤란한 일일 것이다. 그러므로 위도 수준에서 전개되는 새로운 흐름의 성과를 종합하고 또 다른 위도에서 발생할 수 있는 반복의 발판으로 기능할 새로운 경도를 구축하는 것이 필수적이라 할 것이다. 하비는 『반란의 도시』에서 "탈중심화와 자치는 신자유주의를 통해 더 큰 불평등을 생산하는 주요한 장치다"(Harvey, 2013: 83)라는 말로 이러한 문제의식을 드러낸다. 물론 그가 탈중심화 그 자체를 반대하는 것은 아니다. 그보다 그는 급진좌파들(특히 아나키스트들이나 자율주의자들)이 주장하는 다중심주의나 탈중심화의 형식이 어떤 강력한 위계적 구조의 작용 없이 작동할 수 있으리라는 믿음이 소박한 생각이라고 보는 것이다(Harvey, 2013: 84).

그런데 하비의 평가와는 달리, 자율주의의 주요 이론가 가운데 한 사람인 네그리는 1992년에 출간된 『제헌권력』(Negri, 1992)에서부터 '아래'로부터 구성되는 '권력'을 주장해왔고, 2006년에 출간된 『글로발』(Negri and Cocco, 2006)에서는 라틴 아메리카의 탈식민적 좌파적 변동을 분석하면서 운동(movement, 위도)과 통치(government, 경도)의 절합 필요성에 대해 강조해왔다. 그러므로 문제는 탈중심주의인가 위계주의인가, 위도인가 경도인가 사이에 나타나는 양자택일이 아니라, 이 두 차원의 결합이 어떤 방식, 어떤 형태로 구성될 것인가에 있다고 할 것이다.

이 문제와 관련해 이후 네그리는 하트와 함께 쓴 『공통체』에서 이 결합의 정치철학적 원리들을 구체적으로 제시하고 있으므로(네그리와 하트, 2014) 이를 조금 더 자세히 살펴보자. 근대성에 대한 저항과 탈주를 표현하는 반근대적 운동들 속에서도 두 가지 다른 경향을, 즉 주권의 해방을 추구하는 반근대성과 저항과 구성의 확대를 추구하는 해방적 반근대성을 구별할 수 있는데,

대안근대성은 후자의 흐름에서 구축되어야 한다는 것이 첫 번째 원리다. 두 번째 원리는 이러한 대안근대적 흐름을 상상이나 일과적 운동을 넘어서 삶형태나 사회적 습관, 관행, 제도로 안착시킬 필요가 있다는 것이다. 하지만 이 습관, 관행, 제도는 고정불변의 것으로 이해되어서는 안 되며 부단하게 변이하고 변신하는 습관과 관행으로, 영구 혁신 속의 제도로 이해되어야 한다. 이를 위해서 이 제도적 안착은 정체성 사이의 계약론적 관계로서의 제도 구축과는 다른 것이 되어야 한다는 것이 세 번째의 원리다. 우리가 익히 알고 있는 계약론적 제도 형식은 정체성 사이의 계약, 특정 정체성의 헤게모니 확립, 권리의 양도, 권위의 수립, 중앙집권 등의 절차를 거쳐 결국 특정한 형태의 주권을 구축하는 것이다. 이와 달리 대안제도는 계약이 아닌 갈등을 사회제도화의 항구적 토대로 받아들여야 한다. 그럴 때 그것은 정체성들을 평행 정렬과 우발적 마주침에 개방해, 그것들을 특이화시키는 것에서 시작하되 그 특이성들이 자신의 특이성을 잃지 않으면서 기쁨을 증대시키는 방향으로 새로운 공통의 관계를 맺도록 만드는 항구적인 반복과 변신의 제도가 될 수 있을 것이기 때문이다.

이런 원리들을 고려할 때 우리에게 친숙한 근대의 장치들, 즉 가족이나 기업 같은 사적 장치나 국민이나 국가와 같은 공적 장치들, 그리고 근대적 대의제도도 대안근대성을 위한 제도 장치들로 직접 사용될 수는 없다. 이것들은 공통장에 기초하면서도 그것을 부패시키고 제한하고 고갈시키며 궁극적으로는 공통장에서 다중을 분리시키는 관리 방식들이기 때문이다. 개별 상품의 가치를 재현하고 유통시키는 보편적 등가물을 관리하는 화폐제도와 생산된 사회적 가치 전체를 재현하고 통제하는 금융제도는 공통장을 그 외부에서 측정하고 재현하면서 장악하는 수탈의 제도 형태이기 때문에 역시 대안근대성의 제도로 직접 사용될 수 없다. 그렇다고 물물교환으로 회귀하는 것은 공통장에 대한 사유나 관리를 불가능하게 할 것이다. 또 공정무역이나 등가교환처럼 개별적 가치 재현을 보존하되 사회적 장 전체에서의 재현을 무시하는 것은 공통장과의 관계 능력을 침식할 것이다. 이런 판단하에 네그리는 다중이 화폐를 재전유해서 공통장에서의 개별적 재현과 사회적 재현을 관리할 새로운 제도 형식이 필요하다고 주장한다. 전 지구적 주권의 제도 형식인 제국적 협치도 대안근대성의 제도 형식이 될 수는 없다. 왜냐하면 그것은 하향 대신 상향, 연역 대신 귀납을 방법론적 원리로 삼고 있으면서도 공통장의 창조적 확장과 다중적 사용에 필요한 다양성과 개방성을 심각하게 제한하고 있어, 위(군주제)와 아래(민주제) 모두와 갈등하면서 위기를 먹고 사는 귀족정이기 때문이다.

이렇게 공통장이 모든 제도의 근본에 놓여 있는데도, 그것을 측정하고 재현하고 관리하고 이용하는 제도 형식들은 그 공통장의 창조적 발전과 다중적 사용을 보장하기는커녕 그것을 제한·수탈·고갈하고 생산자 다중과 그것을 분리시키는 것이 오늘날의 현실이다. 이런 상황에서는 이 제도 형식에 대항하는 분노와 저항의 자기조직화로서의 반란(자크리)이 출발점이 될 수밖에 없다. 네그리는 인지자본주의적 현대의 반란들이 시간과 공간이라는 두 축을 통해 제도적으로 안정화될 수 있다고 본다. 시간의 축에서 볼 때, 산업자본주의하에서 노동자들의 반란은 필요노동 시간과 잉여노동 시간의 분할방식에 대한 저항과 필요노동 시간의 확대 요구라는 기획 속에서 전개되었다. 하지만 필요노동 시간과 잉여노동 시간의 구분은 물론이고 노동시간과 삶 시간의 구분마저 불가능해진 오늘날의 인지자본주의에서, 반란은 어떤 기획 속에서 전개될 수 있을까? 이에 대해 네그리는, 모든 척도를 초과하고 자본주의적 착취 메커니즘을 넘쳐흐르는 예외와 초과의 시간을 조직하는 기획이 가능하다고 주장한다. 그 기획은, 자본의 현재에 노동의 미래를 대치시켰던 산업노동자들의 반란과는 달리, 지금 여기에서 엑소더스의 시간을 조직하고 제도화하는 기획이어야 한다. 그렇다면 반란과 그 요구를 공간축에서 제도화하는 방향은 무엇일까? 주지하다시피 산업노동자들의 반란은 잉여가치가 생산되는 장소이면서 그것을 착취하는 공간으로 파악되었던 공장을 중심으로 전개되었다. 하지만 인지자본주의에서 다중의 반란은 메트로폴리스를 무대로 전개된다. 왜냐하면 메트로폴리스야말로 공통장의 생산과 재생산의 장소이면서 동시에 지대수탈의 공간으로 기능하고 있기 때문이다. 다중의 반란은 메트로폴리스의 위계, 분할, 폭력, 지대수탈에 대항하면서 메트로폴리스를 흐르는 지식, 정동, 소통, 협력을, 즉 공통의 부를 다중 자신의 것으로 전유할 수 있는 제도화를 필요로 한다. 요컨대 메트로폴리스를 공통도시로 전환시키는 것이 필요하다. 그리고 반란, 탈주, 구성의 노력들을 이 전환의 필요에 조응시키는 것이 필요하다.[7]

8. 맺음말: 공통도시로 가는 길

반란과 탈주에 기초한 구성, 즉 운동과 통치를 절합하는 논리는 결코 이론적 제안에 머물지 않는다. 카라카스 봉기의 요구들이 차베스 정부의 정책으로 제도화되었던 베네수엘라의 경우나 원주민 운동의 요구들이 모랄레스 정부의 정책으로 제도화되었던 볼리비아의 경우에서처럼, 운동이 정부와 대립하기보다 갈등을 기반으로 절합되면서 나아가는 사례들은 21세기 초 라틴아메리카의 좌파화 물결에서 널리 확인된다. 십수 년에 걸친 좌파집권기 동안에 라틴아메리카 민중의 생활조건과 문화적 삶은 향상되었다. 하지만 이곳에서 중국 수입의 축소와 수출용 원자재가 하락에 따른 국제수지 악화, 이를 보완할 국내 산업 연관의 미성숙, 그리고 재정위기 상황에서 악화하는 관료

---

7) 이런 관점에서는 공장에서의 착취와 고용 불안정에 대항하는 파업투쟁과 도시에서의 재개발, 수용, 수탈에 대항하는 점거투쟁을 종합할 투쟁연결망의 구축이 절실하다.

적 부패 등은 더 나은 삶을 바라는 대중의 요구와 상충되고 라틴아메리카 좌파연대에 균열이 초래되고 있고 통치의 위기를 겪고 있다. 이것은 운동에 조응해 설립된 제도들이 아래에서 시작된 미분적 운동의 요구들에 비추어 끊임없이 혁신되지 않으면 안 되며, 운동의 제도들을 특정 지역을 넘어 전 지구적 수준에서 연대적으로 혁신하는 것이 절대적으로 필요하다는 사실을 보여주는 방증이기도 하다.

최근 유럽에서는 이탈리아의 생태주의 정치조직인 '오성운동'8), 그리스의 '시리자'9), 스페인의 '포데모스' 등이 아래에서 시작된 운동을 위에서 시행되는 정책으로 정착시키고자 하는 정치적 기관으로 등장하고 있다. 이 중에서 특히 포데모스는 북아프리카에서 시작해 미국의 오큐파이 운동으로 이어진 2011년의 전 지구적 반란의 와중에, 스페인 정부의 긴축정책과 서민경제 파괴에 반대하며 출현한 마드리드 솔 광장의 '분노하는 사람들(Indignados)'에 그 모태를 두고 있는 점에서 주목할 만하다. 스페인어로 '우리는 할 수 있다'란 의미를 지닌 '포데모스'는, 신자유주의적 부패를 대체할 실질민주주의를 요구하며 등장했던 인디그나도스(15M) 시위 캠프를 느슨하게 네트워크화된 300개 이상의 지역 총회 운동으로 확대시킨 후, 2014년 1월 "카드를 들자: 분노를 정치적 변화로 전환시키자"라는 선언을 발의하면서 새로운 정당 창당 운동으로 전화한 것이다. 포데모스는 창당 후 2년도 채 되지 않아서 의회 진출에 성공했고 스페인 최대 도시인 마드리드와 바로셀로나에서 시장을 배출했다. 포데모스는 금융자본이 부채 정치로 전 유럽적 차원에서 공통장을 수

---

8) 오성운동이 추진한 다섯 가지 주제는 공공 수도, 지속가능한 이동성, 개발, 접속 가능성, 그리고 생태주의다.

9) 2015년 집권한 시리자는 급진좌파연합에서 출발했지만 2013년부터는 단일 '정당'으로 재구성되면서 '연합사회주의전선(United Social Front)'을 추가해 (영어로는) 'SYRIZA-USF'로 표기된다.

탈하는 신자유주의적 유럽을 민주주의적 유럽으로 재구성하는 인디그나도스 운동의 요구를 정치적으로 안착시켜야 하는 과제를 맡고 있다. 이를 위해 포데모스는 신자유주의적 부패에 맞서는 정의, 양극화와 빈곤에 맞서는 평등, 긴축에 맞서는 복지, 노동 불안정화와 비참함에 맞서는 기본소득, 전 유럽적 차원의 장벽 없는 협력 등의 정책을 제시했다. 이것들은 공통장을 보존하고 그것의 성과를 공통인 다중에 배분하며 그것의 확대 재생산을 도모할 수 있는 최소한의 정치적 조건들이다. 이러한 정책으로 포데모스는 2015년 12월 총선에서 20.7%의 득표율로 69석을 얻어 스페인의 고질적인 양당체제를 깨뜨리고 제3당으로 부상했다.

한국에서도 도시 공통장을 지키고 확대하려는 투쟁은 지속되어왔고 또 점점 중요해지고 있다. 광우병 위험이 있는 미국산 소를 수입하는 정책에 대한 반대에서 촉발되어, 신자유주의적 세계화와 사유화에 대한 일반적 반대로까지 발전한 2008년의 촛불봉기, 지식과 교육을 공통장으로 사유하도록 만든 2011년의 반값등록금 운동, 마을공동체와 자연(구럼비 바위와 그곳의 생물권)의 파괴에 저항한 강정 해군기지 건설반대투쟁(2011 이후)과 밀양 송전탑 건설반대투쟁(2012 이후), 정리해고를 모든 사람의 문제로 받아들이도록 만든 김진숙 위원장의 한진중공업 85호 크레인 점거 고공농성 및 평택 쌍용자동차 해고반대투쟁과 희망버스 운동(2011), 용산 남일당 참사에 대한 항의(2009)에서 시작되어 홍대 앞 두리반(2009~2011), 명동 카페마리(2011), 한남동 테이크아웃드로잉(2015~2016), 우장창창(2016) 등으로 이어져온 젠트리피케이션 반대투쟁, 그리고 세월호 참사 진실규명 투쟁(2014 이후) 등은 공통장의 수탈에 기초한 현대의 메트로폴리스에 대한 첨예한 비판을 함축하는 투쟁이며 신자유주의적 메트로폴리스의 근본적 구조 개혁 없이는 해결될 수 없는 문제를 제기하는 활동이다.

그러나 다양한 각도에서 공통장과 연관된 이 투쟁들의 요구가 그간 제도

적으로 충분히 대의되기는커녕 이명박 정부와 박근혜 정부로 이어져온 보수
정권에 의해 폭력적으로 억압되어왔다는 것은 주지의 사실이다. 하지만 이
런 악조건 속에서도 일부 도시에서 이러한 요구들을 부분적으로 받아 안는
시장들이 당선되고 더 많은 지역에서 혁신교육, 평등교육, 교육복지를 주장
하는 교육감들이 당선된 것은 중요한 변화다. 또 2016년 4월 13일에 치러진
총선에서 녹색당과 노동당, 민중연합당, 그리고 정의당은 명시적으로나 묵시
적으로 포데모스와 시리자의 사례를 참고하면서 지난 수년간 쌓아온 운동의
성과를 강령, 정책, 공약, 인물 속에 담아내고 의회 권력으로 안착시키려고
시도했다. 하지만 냉전의 오랜 영향하에서 형성된 보수 양당 체제의 두꺼운
벽 앞에서 큰 성과를 내지는 못했으며, 향후 어떤 돌파구가 가능한지 새롭게
검토해야 할 상황에 놓여 있다.

　이러한 상황이 우리에게 보여주는 것은 도시의 위도와 경도를 축으로 하
는 전략적 도시분석의 필요성이다. 지금까지 말해온 바와 같이, 새로운 문제
를 제기함으로써 특이성의 역량을 분출하고 그 특이성들의 네트워크를 통해
우리가 살아가는 삶의 공간을 공통장으로 만들려고 하는 아래로부터의 위도
적 운동들은, 중요할 뿐 아니라 언제나 근본적인 문제다. 하지만 그 운동들의
요구와 성과를 경도적 수준에서 제도적으로 집약하고 안착시키며 그것들을
불가역적인 습관, 관행, 규칙으로 만드는 것도 그에 못지않은 중요성을 갖는
다. 이것이 메트로폴리스 공통도시로 전환되기 위해 고려해야 할 두 축이다.
이런 관점에서 이루어지는 도시분석, 즉 인지자본주의적 도시상황과 그 도시
의 창조자인 다중의 입장에서 그 두 축의 상태와 관계가 어떠한지, 그것들이
지금 어떤 문제에 직면해 있는지, 그 문제들을 극복할 대안과 진로가 무엇인
지를 살피는 것에서 출발해 공통장의 동태, 그것의 귀속관계와 문제점, 대안
적 관리 방향 등을 주된 관심사로 삼는 전략적 도시분석이 공통도시 구축을
위한 운동과 통치에서 없어서는 안 될 중요한 요소라는 사실이 분명해진다.

참고문헌

고진, 가라타니(柄谷行人). 2010. 『일본근대문학의 기원』. 박유하 옮김. 도서출판 b.

네그리, 안토니오(A. Negri). 2010. 『예술과 다중』. 심세광 옮김. 갈무리.

네그리·하트(A. Negri and M. Hardt). 2014. 『공통체』. 정남영·윤영광 옮김. 사월의 책.

데이비스, 마이크(M. Davis). 2007. 『슬럼, 지구를 뒤덮다』. 김정아 옮김. 돌베개.

드보르, 기(G. Debord). 2014. 『스펙터클의 사회』. 유재홍 옮김. 울력.

들뢰즈·가타리(G. Deleuze and F. Guattari). 2001. 『천개의 고원』. 김재인 옮김. 새물결.

마르크스, 칼(K. Marx). 1990. 『자본』 1. 김수행 옮김. 비봉출판사.

_____. 2013. 「화폐체제 및 신용체제에서의 사적 생산과 공동체에서의 인간적 생산의 의미」.
조정환 옮김. ≪자음과 모음≫, 19호.

미즈·벤홀트-톰젠(M. Mies and V. Bennholdt-Thomsen). 2013. 『자급의 삶은 가능한가』. (꿈
지모 옮김. 동연(와이미디어).

심슨, 재커리(Z. Simpson). 2016. 『예술로서의 삶』. 김동규·윤동민 옮김. 갈무리.

조정환. 2014. 「네그리와 하트의 내재적 장치론과 혁명의 제도화 문제」. 『공통체』. 네그리와
하트 지음. 정남영·윤영광 옮김. 사월의 책.

_____. 2015. 『예술인간의 탄생』. 갈무리.

클리버, 해리(H. Cleaver). 1998. 『사빠띠스따』. 이원영 옮김. 갈무리.

페데리치, 실비아(S. Federici). 2011. 『캘리번과 마녀: 여성, 신체 그리고 시초축적』. 황성원·
김민철 옮김. 갈무리.

타르드, 가브리엘(G. Tarde). 2012. 『여론과 군중』. 이상률 옮김. 지도리.

Harvey, D. 2013. *The Rebel City*. Verso.

Negri, A. 1992, *Il potere costituente: saggio sulle alternative del moderno*. Carnago,
SugarCo.

Negri, A. and G. Cocco. 2006. *GlobAL*. Ediciones Paidos Iberica.

· 제 2 부 ·

희망의 도시,
정치적 대안은 무엇인가?

신자유주의 도시 인클로저와 실존의 위기, 거주자원의 공유화

김용창 | 서울대학교 지리학과 교수. kimyc@snu.ac.kr

1. 인클로저와 공유화의 이중운동으로서 도시 이해

새로이 땅에 경계를 표시하고 울타리를 치면서 그동안 관습적으로 그 땅을 사용하던 사람들을 몰아내는 인클로저(enclosure)는 얼핏 시골 마을에서 이루어진 작은 과정처럼 보였지만 자본주의의와 거대 산업도시의 탄생을 이끈 동력이었다. 마르크스는 땅으로부터 이러한 분리와 지속적인 확대 재생산을 자본주의 체제의 탄생과 지속에서 필수적이라고 보았다. 영국 시인 존클레어(John Clare)는 나폴레옹 군대와 힘든 전쟁을 치루는 와중에 이루어진 토지로부터 축출 과정 때문에 고향 마을 헬프스톤이 해체되는 것을 우울하게 지켜보았다. 그는 가축에게 풀을 뜯게 할 공유지와 삶의 거처를 빼앗아 고향을 뿔뿔이 떠나게 만든 인클로저 운동에 대해 독설에 가까운 항변과 강력한 저항시를 남긴다. 그에게 인클로저는 넉넉하지는 않아도 하루 세끼 먹으면서 나름의 자유와 권리를 누리던 삶의 터전을 강탈하고, 노예와 속박의 삶을 강요한 찬탈자이자 인간에 대한 배신이었다(오호진, 2015).

첨단 정보통신과 글로벌 공간통합의 시대인 오늘날, 흘러간 시대의 유물인 듯한 인클로저라는 관점으로 현대의 도시를 바라보아야 하는 이유는 무엇

〈표 1〉 자본주의와 토지 인클로저

자본주의 시스템은 모든 재산 소유(property)에서 노동자의 완전한 분리를 전제한다. 일단 자본주의 생산이 발을 내딛자마자 이러한 분리를 유지하는 것뿐 아니라 계속해서 확장된 규모로 이 분리를 재생산한다(Marx, 1954: 668).	
The Mores	황무지
Each little tyrant with his little sign Shows where man claims earth glows no more divine On paths to freedom and to childhood dear A board sticks up its notice "no road here". By John Clare	작은 폭군들 각자가 그의 작은 표지로 인간이 토지를 점유하는 곳은 더 이상 성스럽게 빛나지 않음을 보여준다. 자유와 소중한 유년 시절로 가는 길 위에 판자 위로 "여긴 길 없음"이란 표지가 붙어 있다. (번역: 장성현, 2013)

일까? 현대의 인클로저는 예전처럼 농촌에서만 일어나는 일이 아니다. 인클로저는 선진국과 후진국을 막론하고 도시를 비롯한 생활공간 전역에서 존 클레어가 읊었던 것처럼 땅과 공간의 경계를 새롭게 설정하고, 재산권 체계의 변화를 가져오면서 생존과 거주의 위기를 낳고 있다.

주지하다시피 자본은 이윤 창출과 축적을 멈추지 않기 위해 자신의 이해관계 안으로 포섭해야 할 대상과 영역을 끊임없이 바꾸고 있으며, 이것을 일컬어 자본의 혁신 역량이자 창조적 파괴라고 한다. 물론 그 과정은 IMF 금융위기나 일반적인 불황 국면이 보여주는 것처럼 수많은 사람이 커다란 대가와 고통을 치러야 한다. 자본의 이러한 포섭 과정은 한편으로는 자본주의적 이해관계가 작동하지 않던 영역과 대상으로 그 이해관계를 새로이 펼치고, 이미 자리 잡은 이해관계는 더욱 더 심화시키는 방향으로 작동한다.

이미 자본주의적 이해관계가 가장 많이 작동하고 있는 도시공간이 다시금 자본의 중심적인 활동 무대가 된 것은 무엇보다도 새로이 활력을 찾으려는 쇠퇴한 산업도시의 필요 때문이기도 하지만, 또 다른 이유는 글로벌 공간통합 시대에서 도시공간 자체가 자본 일반 입장에서는 이윤 창출을 위한 중요한 사업 대상이 되었기 때문이다. 종래의 공간은 사회경제시스템을 뒷받침하는 틀이나 하부구조라는 인식, 일종의 '담는 그릇'이라는 인식이 강했다. 그러나 이제는 상품으로서 공간의 생산, 특히 자본집약도 높은 도시에서 이루어지는 거대공간 개발사업(mega project)은 이윤창출 가능성 측면에서 중요한 출구가 되었다. 그리고 새로운 글로벌 공간 네트워크의 구축에서 도시 시스템이 핵심적인 역할을 담당하고 있는 관계로 자본 입장에서는 도시공간의 생산이 일거양득을 안기는 영역인 것이다. 아울러 거대 개발사업에 필요한 자금은 대규모이기 때문에 종래의 기업 대출과 같은 조달 방식으로는 어렵게 되었고, 이른바 금융의 증권화(securitization) 방식을 활용하면서 도시공간의 생산은 금융자본주의 발달의 산물이자 금융상품의 혁신을 이끄는 계기로도 작용하고 있다. 이처럼 신자유주의적 담론과 정책들이 계속해서 도시개발 지형을 전투적으로 재구성하고 있으며, 도시공간의 생산이 자본주의 시스템 자체를 재생산하는 인큐베이터이자 생성적 거점(generative nodes)으로 기능하고 있다(Peck et al., 2013).

이제 도시공간은 21세기 들어서 더욱더 중요한 자본의 포섭 대상으로 떠올랐으며, 신자유주의 도시화를 전개하는 과정에서 가장 핵심적인 장치로 도시 인클로저를 활용하고 있다. 과거 농촌 지역의 인클로저가 자본주의 시스템의 탄생과 산업도시의 발전을 이끈 것처럼 오늘날 자본주의는 도시 인클로저를 통해 과거 시초(원시적) 축적기(primitive accumulation)의 원리를 현대적으로 재구성해서 탈취를 통한 자본축적을 지속하고 있다. 이러한 과정에서 신자유주의 국가는 그 명칭과는 달리 자유방임적 탈규제가 아니라 국가권력을 동원해 시장 규범을 다시 만들고 확장을 도모함으로써 개별 자본 스스로 발굴하지 못하거나 정당화 명분을 쌓지 못하는 영역과 대상에 상품논리와 시장논리, 국가를 등에 업은 시장화라는 모순된 논리가 관철되도록 만든다(Birch and Siemiatycki, 2016). 국가와 시장의 얽히고설킨 거미줄이 도시공간은 물론, 삶의 모든 영역에 드리워지고 인클로저가 일상적으로 벌어진다. 도시공간의 생산에서 인클로저가 만연한다는 것은 국가와 시장 모두로부터 현재뿐만 아니라 미래 삶의 영역도 배제당할 수 있다는 것과 같다.

일반적으로 인클로저는 기존의 공유자원(commons)을 배타적인 사적 소유 대상으로 전환시키면서 그 자원에 대한 공유권(입회권, common right)을 소멸시키는 것을 말한다. 그러나 새로운 도시 인클로저는 이러한 전통적 의미에 더해서 주거의 상실처럼 기존에 향유하던 이해관계나 자원들을 탈취(dispossession)해서 재배치하는 것이며, 나아가 자본주의적 합리성으로 길들여진 행위주체를 만듦으로써 사람관계, 장소, 일상생활 영역에서 자본주의적 상품화와 경쟁의 논리를 당연하게 여기도록 만들어 모든 것을 칸막이로 가두는 것을 포괄한다(Jeffrey et al., 2012; Hodkinson, 2012).

최근 들어 신자유주의 도시화를 인클로저의 관점에서 이해하려는 시도들이 나오는 것은 인클로저와 자본축적 사이 관계를 다시 주목함으로써 이론적으로는 현대 자본주의 발전 경로의 특성은 무엇이며, 그에 상응해 공간구성방식(spatial formations)은 어떻게 변하고 있는가를 밝히려고 하기 때문이다. 그리고 실천적으로는 이러한 이론적 규명을 토대로 대안적 공간실천 전략 또는 플랫폼을 구상하는 데 기여할 수 있다고 믿기 때문이다. 즉, 자본주의적 팽창은 새로운 형태의 인클로저로 인식하고, 그에 대한 대안은 공유화(commoning)로 모색하는 일종의 인클로저와 공유화의 이중운동으로 자본주의 발전을 이해하는 것이다(Sevilla-Buitrago, 2015; Vasudevan, 2015; De Angelis, 2007).

이 글에서는 전통적인 의미와 새로운 의미의 인클로저가 잘 드러나는 두 대상을 사례로 신자유주의 도시화를 인클로저의 관점에서 검토한다. 하나는 도시공간을 새로운 공간상품 영역으로 포섭하는 도시재생이다. 작금의 도시재생은 토지재산권의 재편성과 국가권력을 동원한 법제적 폭력, 시장효율성

기반으로 공익 담론이 변경됨으로써 거처와 생활 터전의 상실을 수반한다. 다른 하나는 공간개발 및 주택의 생산에서 지배적인 수단으로 떠오른 금융의 증권화가 가져온 주택 압류와 주거 위기다. 이는 과거의 저축과 미래의 노동 성과를 모두 빼앗아 부채를 평생 짊어지는 삶과 탈취 기반의 자원 재배분을 동반하며, 도시에서 기본 거주 자체를 상실케 하는 과정이기도 하다. 마지막 으로는 삶의 터전과 거주위기의 대안으로 자율도시운동과 더불어 거주자원 의 공유화를 위한 정책적 장치로서 토지주택은행 시스템을 살펴본다.

2. 신자유주의 도시 인클로저

1) 현대 인클로저의 의미

전통적인 의미의 인클로저는 영국에서 15세기 이후 19세기에 걸쳐 공유 지, 미개간지, 황무지, 개방경지, 교회 토지 등에 울타리를 치고 경계 표시를 세워 사유지로 전환시키며, 오랫동안 관습적으로 농사짓고 살던 기존 농민들 을 합의가 아니라 강제적으로 내쫓은 과정을 말한다. 인클로저에서 일차적 으로 이득을 본 집단은 젠트리[향신(鄕紳), gentry)]라 불리는 지주계층이었으 며, 이들은 후에 의회 등으로 진출하고 상업·금융업과의 관계를 강화하면서 자본주의 사회에서 새로운 지배계층으로 성장했다.

인클로저는 크게 두 번에 걸쳐 일어났다. 제1차 인클로저 운동은 15세기 말에서 17세기 중반까지의 시기로서 곡물 가격보다 양모 가격이 급등하자 봉건 영주들이 경작지를 목장지로 전환시키면서 일어났다. 이들은 민간 부 문의 비합법적 과정을 통해 토지의 사유화를 추구했다. 두 번째는 인구 증가 에 따라 식량 수요가 급증하자 농업 생산성을 향상시키기 위해 18~19세기에 걸쳐 의회의 입법 과정(parliamentary enclosure)을 통해 이루어졌다. 1차를 민간 주도적 인클로저라고 한다면, 2차는 국가의 정책 개입을 통한 인클로저라고 할 수 있다. 이러한 인클로저, 특히 2차 인클로저를 통해 개방지에 대한 절대적 소유권과 토지의 사유재산 제도 확립, 토지 병합과 대토지 소유, 자본가적 농업 경영, 자본주의적 생산관계와 근대적 임금노동자의 창출, 산업도시의 형성을 촉진했다. 이른바 자본주의 시초축적의 기초를 이룬 것이다(김용창, 2015a; Wordie, 1983; 田代正一, 2007).

인클로저가 자본주의 체제에서 중요한 이유는 자본주의 탄생과 발전에서 핵심적 역할을 수행하기 때문이다. 자본주의적 사회관계가 형성되고 지속되는 데 근간을 이루는 사유재산 제도 형성과 유지, 생존 근거지인 토지에서의 지속적 배제, 노동자와 생산수단의 분리를 위한 제도적 발판을 마련해주기 때문이다. 즉, 잉여가치 생산과 전유체계의 핵심을 이루는 임금노동 기반의 사회관계 형성과 지속에서 인클로저가 핵심 역할을 수행하는 것이고, 이를 발판으로 자본주의의 가치 및 잉여가치 법칙이 작동하는 것이다(Marx, 1954). 주지하다시피 자본주의 체제를 지속적으로 유지하기 위해서는 생산수단으로부터 사람의 분리, 즉 노동력 이외에는 달리 생존수단이 없는 인구집단을 끊임없이 만들어야 한다. 토지 인클로저는 이러한 인구집단을 만드는 가장 기본적인 과정이다. 생존 근거지에서 축출당하는 이러한 과정은 사회나 개인에게 가장 냉혹한 변혁에 해당하는 일이다. 앞서 살펴본 클레어의 시는 이러한 야수적 과정을 표현한 것이다(Hodkinson, 2012; Perelman, 2000).

이와 같은 전통적 해석의 인클로저는 자본주의적 포섭(subsumption)의 구체적 실행 과정이며, 자본주의적 사회경제 관계가 확립되지 않은 영역들을 자본주의적 이해관계로 흡수·통합함으로써 지속적 자본축적을 위한 길을 닦는 수단이다. 이러한 전통적 의미의 인클로저가 단지 지나간 시절의 자본주의의 유물이 아니고, 여전히 자본주의의 탈바꿈과 공간 편성 방식에 핵심적으로 작동하고 있다는 관점이 인클로저의 현대적 해석이다. 새로운 해석들은 재산 목록이나 사적 소유의 대상이 아닌 것들을 새로이 사적 재산으로 전환시키는 과정, 사람들이나 사회가 공동으로 창출한 공유자원이나 재산으로부터 다시금 사람을 분리시키는 과정에 인클로저 개념을 적용함으로써 현대 자본주의의 전환 과정과 성격을 이해하려고 한다.[1]

예컨대 하비가 현대 자본주의에 대해 탈취를 통한 축적체제라고 부르면서 구체적인 작동 방식으로 제시한 네 가지 방식은 현대 인클로저의 구체적인 작동 방식이라고 할 수 있다. 즉 ① 새로운 이윤 창출 영역을 만들기 위한 민영화와 상품화 과정, ② 인수합병, 파생금융상품, 주식상장 등 자산가치의 재배분과 잠식을 위한 자본의 금융화 과정, ③ 경제적 부를 가난한 나라에서 부유한 나라로 이전하기 위한 국제적 차원의 위기관리와 조작 과정, ④ 복지국가 시스템을 개혁하고 상위계급에서 하위계급으로의 부의 흐름을 역전시키기 위한 국가 차원의 재분배 과정 등이 그것이다(Harvey, 2003).

이러한 인클로저 작동 영역과 대상은 대자본의 저개발국 토지수탈(land grabbing)이나 낙후 도시지역의 강제수용과 같은 고전적인 토지 영역은 물론, 물, 자연경관, 에너지, 공적연금, 교육, 의료, 주택, 가사영역, 교통, 공개광장, 공원 등 물불을 가리지 않고 작동하고 있다. 그리고 신자유주의 체제의 강화에 따라 사유재산권 이데올로기가 심화되면서 나타나는 자연과 사회 사이 관계 설정 변화, 자연자원의 사유재산화, 자연의 탈자연화에 대한 논의도 인클

---

1) 이러한 시초축적과 자본축적, 인클로저의 관계에 대한 해석에는 두 가지 관점이 있다. 전통적인 해석은 자본주의 생산양식의 전제조건을 탄생시킨, 빅뱅처럼 단 한 번 일어난 과거의 역사적 과정으로 해석하며, 이러한 해석에는 레닌이 대표적이다. 다른 해석은 로자 룩셈부르크 관점의 해석으로서 과거에 일시적으로 일어난 사건이 아니라 성숙자본주의에서도 필연적으로 존재하고, 지속적인 성격을 갖는다고 본다. 즉, 마르크스의 시초축적 개념은 자본주의에서 일종의 선험성을 갖는 것이며, 시공간상에서 자취를 감춘 것이 아니라 자본주의 체제를 지탱하는 지속적 과정으로 본다(김용창, 2015a).

로저와 탈취기반 축적으로 연결된다. 이때의 인클로저는 과거 시장 거래에서 방패가 쳐져 있거나 다양한 이유로 가격을 매기지 않던 대상이 시장의 거래 대상이 되고, 양도성과 교환성을 부여받는 과정으로 정의된다. 이러한 인클로저의 공간적 차원을 보면, 신자유주의 도시화가 구역, 거리, 골목, 마을, 도심부, 도시, 국가, 세계 등 공간 규모와 단위를 유연하게 재구성하거나 다시 짜기(re-scaling)를 통해 이루어지면서, 인클로저 역시 다양한 공간 단위와 규모에서 울타리치기(new urban enclosures)로 나타나고 있다. 아울러 이들 다양한 영역과 공간 단위에서 나타나는 자율도시운동이나 협동조합운동처럼 그에 대응하기 위한 공유화 운동도 인클로저 반대의 차원에서 역시 활발하게 이루어지고 있다(Hodkinson and Essen, 2015; Blomley, 2008).

이러한 새로운 인클로저 해석들은 자연자원을 비롯한 새로운 영역에서 이루어지는 자본주의적 상품화와 도시공간의 재편성 현상들에 적용하는 과정에서 지나치게 용어의 사용이 확대되고 있다는 비판도 받고 있지만, 크게 다음과 같이 인클로저의 현대적 의미를 다시 정립할 수 있다. 과거와 가장 크게 다른 점은 기본적으로 사회경제 전 영역에서 자본주의 시스템이 잘 발달하고 사유재산 제도가 확립된 이후에 합법적 장치를 가장해 새로운 사유화와 상품화, 재산권의 재편성을 꾀한다는 점이다. 구체적으로는 다음과 같은 세 가지 과정으로 현대적 인클로저를 정리할 수 있다.

첫째, 도시재생 과정에서 잘 드러나는 것처럼 사적 편익이나 사적 자본을 위해 국가기구를 이용해 기존의 공간 이용 이해관계를 새롭게 사유화하거나 자본 중심으로 재편성하는 과정을 의미한다. 둘째, 공유재산이나 사유화가 이루어지지 않은 영역이나 대상에서 자본주의적 사유재산 제도를 도입해 배타적 사용·수익·처분권을 확립하는 과정을 말한다. 셋째, 기존의 공간 이용에서 이미 확보되어 있는 공공성이나 공공영역을 해체해서 새로이 사적 이해관계로 전환하는 과정을 말한다. 따라서 현대적 인클로저 과정은 자본주의적 가치 법칙 아래 비자본주의적 사회공간들을 포섭함으로써 공간의 추상화와 상품화 운동을 지속시킬 수 있는 토대를 새로이 구축하고, 이러한 토대의 안정적 운용을 위해 제도적·문화적·정신적 시스템을 결합하는 공간적 합리성(spatial rationality)의 총체적 재구축 과정이라고 할 수 있다. 신자유주의적 세계화와 공간 편성의 핵심 특성이자 과정이 인클로저인 것이다(김용창, 2015a; Sevilla-Buitrago, 2015).

2) 도시 인클로저의 양상

신자유주의의 놀라운 점은 시장경쟁과 성장 이데올로기의 촉진을 통해 탈취와 인클로저가 합법적인 동시에 합리적인 과정이며, 시장경제 메커니즘의 자연스러운 결과로 받아들이게 한다는 것이다. 이러한 상황에 대해 에드워드 소자(Edward Soja)는 공적·사적 공간 모두에서 인클로저 현상이 새로운 것은 아니지만, 거대 쇼핑 공간의 생산에서 첨단 보안·경보 장치, 레이저와 이어 쓰레기통에 이르기까지 더욱 심화되고 있으며, 사회적 통제와 공간적 통제를 위한 세세하고 정교한 기법들(microtechnologies)이 일상생활에 횡행하고 있다고 주장한 바 있다(Soja, 2010). 이는 현대 도시에서 인클로저의 기법들이 더욱 정교하게 발전하고 있다는 것을 의미한다.

도시공간이 이렇게 인클로저의 주 무대가 된 것은 도시공간 자체가 자본집약적이고 활동 밀도가 높은 관계로, 특정한 개인의 개별적인 노력이나 투자에 의해 만들어지는 것이 아니라 토지 가격 상승, 상권과 장소성 형성처럼 집단적 노력으로 만들어지는 재화, 즉 공유자원이 많기 때문이다. 이를 일컬어 도시재화(urban goods)라고 부르기도 하며, 도시는 공유자원을 생산하는 공장이라고도 한다. 따라서 신자유주의 도시화는 개별적 기여를 쉽사리 구분하기 힘든 공유자원을 끊임없이 생산하는 과정인 동시에, 특정 이해집단이나 자본 분파들이 이들 공유자원이라는 신천지를 배타적으로 독점하려고 이해관계의 갈등을 촉발하는 과정이라고 말할 수 있다(Sheila and Iaione, 2016; Borch and Kornberger, 2015; Harvey, 2012).

새로운 자원의 사용과 그 재편성을 둘러싸고 도시공간에서 벌어지는 이해관계 충돌로서의 도시 인클로저 과정은, 추상적으로 말하자면 구분하기와 담 쌓기를 통해 현대 도시생활에서 배제와 소외, 폭력의 생산과 타자 만들기 과정이며, 그것을 공간상에서 구현하는 과정이라고 할 수 있다. 이렇게 만들어지는 도시공간을 일컬어 모순적 관계의 산물, 충돌하는 이해관계의 결과물들이 다양한 차원에서 결합한 집합체로서 도시, 이른바 도시 아상블라주(city as assemblage)라고도 표현한다(McFarlane, 2011).

1980년대 이후 도시공간의 변화를 도시 인클로저 관점에서 새롭게 해석할 수 있는 전기를 마련한 것은 아나키스트 집단인 '한밤의 쪽지연대(Midnight Notes Collective)'다. 이들은 글로벌 경제통합에 따라 지구적 차원에서 동시적으로 전개되는 경제위기가 인클로저를 역사적으로 전례 없는 전 지구적 현상으로 만들고 있다고 본다. 아울러 자연자원처럼 새로운 대상을 이윤창출을 위한 상품화와 사적 소유의 대상으로 삼고, 도시재생이나 금융위기 등을 기화로 기존에 형성되어 있는 소유 또는 재산 관계를 해체해서 새로운 자본축적 출구를 찾으려고 할 뿐이 아니라 축적 과정 자체를 광범위하게 재조직화하려는 것으로 해석한다. 따라서 현대의 인클로저는 고전적인 토지수탈에서부터 인간 정서의 연대성 해체, 공적 생활서비스의 사적 공급, 비물질적 대상의 상품화에 이르기까지 광범위하게 걸쳐 있다고 주장한다(Sevilla-Buitrago, 2015; Jeffrey et al., 2012; Vasudevan et al., 2008; Midnight Notes Collective, 1990).[2]

---

2) 전통적 인클로저 해석과 구분되는 새로운 인클로저 해석은 인클로저의 재출현을 1970 년대 경제위기 이후에 두드러진 특징으로 보려는 관점과 자본주의에 본래적인 항구적

자본축적 과정의 광범위한 재조직화 차원에서 인클로저를 적극적으로 해석하는 대표적인 학자가 호킨슨(Hodkinson, 2012)이다. 그는 다음과 같은 세 차원을 결합함으로써 도시 인클로저가 자본축적의 지속과 확대 재생산에 기여한다고 본다. ① 기존 재산과 자원에 대한 권리관계의 재구성을 의미하는 사유화(privatisation), ② 접근성과 자원배분의 변동을 의미하는 탈취(dispossession) 및 영토를 탈환하는 식의 장악과 개발(revanchist), ③ 신자유주의적 합리성과 자본주의적으로 길들여진 주체 만들기(capitalist subjectification).

오늘날 도시 인클로저는 우리 주변에서 다양하게 발생하고 있다. 젠트리피케이션(gentrification)은 대표적 사례다. 한국에서는 이 표현을 도시공간이 새롭게 개발되거나 재생되면서 해당 공간의 점유자가 바뀌는 것을 총칭하는 상당히 넓은 의미로서 사용하고 있다. 그러나 이 말의 본래적 의미로 본다면 공간의 교환가치적 상품성이 현저하게 떨어진 퇴락 주거지역의 거주민을 재개발을 통해 중상류층으로 교체하는 것이다. 이외에도 공공임대주택의 불하와 사유화 과정은 소유자 사회의 구현을 명분으로 노동자계급의 연대의식 균열을 위해 이루어졌다. 도로, 에너지 등 공공 하부구조와 공공서비스 공급에서 다양한 민간투자사업과 증권화 기반의 민간투자금융(PFI) 방식을 이용하는 사례들은 자본의 새로운 출구와 공적 서비스의 사적공급을 잘 보여준다. 장소의 브랜드 재구성(rebranding)을 통해서 기존의 장소 정체성을 변경하는 것은 기존에 해당 장소에 이해관계를 갖고 있던 주민과 이용자들을 교체하는 과정에 해당한다.

또한 일반 시민에 대한 개방성과 접근성이 보장되면서 다양한 집단이 이용할 수 있게 하던 기존 도심부 공간의 다양성을 해체해 거대자본을 위한 동

특징으로 해석하려는 관점으로 다시 나눌 수 있다. 1970년대 이후 주기적 과잉축적 문제를 돌파하기 위한 자본주의의 역사적 국면으로 해석하는 대표적 입장은 하비를 들 수 있고, 정상적이고 일상적인 과정으로 이해하려는 입장으로는 안젤리스를 들 수 있다.

질적인 대규모 쇼핑몰로 개발함으로써, 사실상 특정 집단의 지배적 이용으로 전환하는 지금의 도심 재생은 전 세계 대도시에서 나타나는 흔한 도시 인클로저 과정이다. 사유재산가치 보호와 공통이익에 기초한 주거단지 개발(common-interest housing developments, CIDs)은 공간과 사회 측면 모두에서 또 다른 도시 인클로저의 대표적 사례다. 거대 부동산 개발업자들이 선호하는 이러한 주거단지 개발은 다양한 고급 편익시설과 서비스 및 높은 수준의 치안서비스를 사적으로 제공하며, 1970년대 이후 미국에서 급증해 2015년 기준 33만 8000개의 단지에 6800만 명이 거주하고 있다. 양극화의 심화에 따른 사회경제적 불안으로 공공적·민주적 절차에 근거한 통치가 작동하지 못하자 스스로 고품질의 거주와 생활의 안전성을 확보해야만 하는 자본주의 역설을 보여준다. 이러한 주거지역은 조합주의적 형태를 띠면서 사적 자치원리가 작동하는 공간으로서 도시의 한 구성 부분이기는 하지만 공적통치의 영역을 벗어나 사적통치체제(private government)에 기초한 유토피아, 즉 프리바토피아(privatopia)를 추구한다(McKenzie, 2016).

3) 도시 인클로저와 재산권

현대의 도시 인클로저 작동은 많은 경우 인종적·성적 분화 및 배제주의에 토대를 두고 있고, 시장효율성 촉진, 글로벌 경쟁 환경에서 '장소전쟁'이라는 미명 아래 민주적 의사결정을 우회하는 지배 엘리트 중심의 도시 거버넌스를 통해 이루어지고 있다. 그 결과는 도시하층계급이나 사회적 약자들을 축출·배제하면서 보다 많은 이윤을 낳을 수 있는 공간의 생산이다. 따라서 이들의 공간 점유나 이용의 권리를 어떻게 인식할 것인가는 중요한 인클로저 쟁점이 된다.

앞서의 사례에서 알 수 있듯이 이러한 도시공간의 재편성과 인클로저의 핵심에는 늘 재산권이라는 쟁점이 자리하고 있다. 그 구체적 형태는 사회경제체제에 따라 다양한 형태를 띠고 있다. 대규모 토지 집중을 초래하는 토지수탈은 개발도상국뿐 아니라 유럽에서도 심각한 문제이며, 거대도시의 폭발적 성장에 따른 슬럼과 비공식 주거지의 급증, 연간 500만 명이 처해 있는 강제철거 위험은 거주의 안정성을 위협하고 있다. 부족의 관습적 토지 보유가 일반적인 지역에서는 여성과 아동들의 토지접근권이 박탈되면서 이들의 사회적 지위가 불안해지고 빈곤에 빠지는 악순환을 낳고 있다. 그리고 체제전환기에 있는 국가들은 중국의 집단적 토지분쟁(mass incidents, 群体性突發事件)처럼 재산권 체제 개혁에 따른 사회문제를 낳고 있다. 선진국의 경우도 광범위하게 진행되는 도시재생, 경제개발 촉진 지역 정책은 국가 개입과 공용수용을 통해 사회적 약자의 사유재산을 박탈하고 있다. 이처럼 재산과 소유, 특히 토지와 주택의 소유, 점유, 통제를 둘러싼 문제와 갈등은 21세기 초반의 현재 시점에서 선진국이나 후진국을 막론하고 당면한 글로벌 쟁점이자 현상이다(Jacobs, 2013).

재산권은 전통적으로 진보적 사고방식에서는 발전을 가로막는 개념으로 간주되었다. 특히 사적 재산권이 소수의 손에 생산수단이 집중되는 현상을 촉진해왔을 뿐 아니라, 소수가 무제한으로 경제적 부를 축적하도록 만들었다는 인식과 연관되어 있기 때문이다. 그러나 오늘날 직면한 재산권 문제는 그렇게 간단하게 처리할 수 있는 것이 아니다. 재산권을 인권 차원에서 논의하는 경우가 그에 해당한다. 세계인권선언 제17조는 모든 사람은 혼자 또는 공동으로 재산을 소유할 권리가 있으며, 어느 누구도 자기의 재산을 정당한 사유 없이 함부로 빼앗기지 않는다고 규정하고 있다. 2차 세계대전 이후 냉전 시기에 자본주의 진영과 공산주의 진영 사이 타협의 산물인 이 조항은 재산의 소유 형태, 소유 대상으로서 재산이 무엇인지 정의를 내리지 못한 관계로 그 모호성 때문에 많은 논란을 낳고 있다.

그러나 이 규정 논의 당시에는 현재와는 다른 맥락을 갖고 있었다. 세계인 권선언을 작성할 때 기본적인 초안 역할을 했던 험프리(Humphrey) 초안의 재산권 조항은 "모든 사람은 품위 있는 삶에 근본적으로 필요한 것을 충족시키고, 개인과 가정의 존엄을 유지하는 데 도움이 되는 재산을 소유할 권리를 가지며, 그 재산은 임의로 박탈당하지 않는다"라고 되어 있었다. 아울러 이 초안은 국가의 부는 모든 국민에 속하며, 생업에 필요한 만큼 국민소득에 대한 공평한 몫의 권리를 갖는다는 일종의 재산권 형태로서의 사회권에 해당하는 내용도 담고 있었다. 품위 있는 삶과 인간 존엄성에 필수적인 물질적 재화에 대한 권리를 재산권으로 본 것이다(Morsink, 1999). 인권으로서의 재산권 전략을 검토할 때 중요한 준거로 삼을 수 있는 논리다.

현재 유엔은 안정적인 토지점유와 토지에 대한 접근권은 거주와 일상생활에 가장 중요하며, 인권을 실현하고 빈곤을 줄이는 데 중요한 토대라는 인식을 갖고 있다.[3] 모든 사람을 위한 토지재산(Land Right for All)이라는 실행 전략이 성차별, 취약집단의 사회적 배제, 광범위한 사회적·경제적 불평등이라는 3대 반인권적 현상을 해소하는 데 핵심적 역할을 수행할 수 있다고 보는 것이다. 따라서 현재 인권으로서의 재산권 논의는 서구사회에 만연한 소유적 개인주의에 기반을 둔 재산권 개념과는 다르게 남녀, 인종, 민족에 차별 없이 동등하게 인권을 적용해 삶의 질을 개선하려는 공동체주의적(communitarian) 뿌리를 갖는다고 볼 수 있다(UN-Habitat, 2008).

재산권과 사유재산 개념은 자연적이거나 초역사적인 개념이 아니라 시공간적 한계를 갖는 개념이다. 실무적으로도 사회적·법적 제도로서 재산과 소유 개념은 늘 진화하고 있다. 한때는 사람도 재산과 소유의 대상이었으며, 고

---

3) 이러한 인식을 하는 이유는 저개발국에서 토지에 대한 안정적인 권리가 주거상황 개선, 토지 및 경제활동에 대한 투자를 장려하며, 시민참여 확대, 공공서비스와 신용자원에 대한 접근성을 높인다고 보기 때문이다.

유의 지식이 사적재산으로서 보편적 거래 대상이 된 것은 얼마 되지 않았다. 원래 재산권 개념은 다른 사람들을 배제하고 특정한 물건을 사용·수익할 수 있는 권리와 더불어 사회가 공동으로 사용하도록 선언한 물건들의 사용과 수익에서 배제당하지 않을 권리를 모두 포함하고 있었다. 그러나 현대의 재산권 개념은 이익을 낼 수 있는 물건들을 사용·수익·처분할 수 있는 배타적 권리라는 의미로 축소되었다(김서기, 2012). 오늘날 도시 인클로저와 그 기저를 이루는 재산권 갈등은 품위 있는 삶을 위한 인권으로서의 재산권 맥락과 이윤 추구만을 목적으로 하는 좁은 의미의 자본주의적 재산권 맥락 사이에 거대한 충돌이라는 역사적 전환기 속에 위치해 있는 것이다.

3. 도시재생과 글로벌 금융위기에서 인클로저

1) 도시재생에서 사적공용수용과 인클로저

오늘날 도시에 대한 연구와 정책 모두에서 가장 많이 유행하는 말이 도시재생이다. 도시재생사업은 1970년대 이후 선진국 산업도시의 탈공업화와 교외화에 따라 발생한 도시 내 퇴락 지역(blighted area)에 활력을 불어넣고, 도시경제성장을 촉진하기 위한 의도를 갖고 있었다. 그러나 지금은 접근성이 좋지만 과소이용 상태에 있는 도심부나 도시지역을 다시 개발해 새로운 공간을 창출하고, 증가한 가치를 사유화하는 도시정책을 포장하기 위한 말로, 거의 대부분의 국가와 도시에서 이루어지고 있다. 본래적 의미에서 퇴락 지역은 탈산업화 과정에서 발생한 공지 또는 버려진 토지와 주택, 공업화 시대의 유산으로서 오염된 부지, 토지와 시설의 장기간 과소이용, 장기침체를 겪고 있는 지역경제, 낙후된 공공서비스 환경 등의 특징들을 가지고 있다. 그러나 도시재생사업을 위해 실무적인 차원에서 퇴락 지역를 지정하는 것은 도시 정부와 도시 상황에 따라 매우 자의적으로 이루어지고 있으며, 퇴락 상태와 퇴락 지역을 규정하는 것은 일종의 예술작품이라는 비난도 받고 있다. 그만큼 많은 논란과 이해관계 충돌을 낳고 있다는 것이다.

문제는 이러한 도시재생사업이 전형적인 도시 인클로저 형태로 전개되는 경우가 많다는 것이다. 도시재생사업에서 핵심적인 절차인 토지정리 과정은 공적사용(공익, public use)이라는 명분 아래 국가주권을 동원한 강제수용(공용수용, eminent domain) 방식으로 사유재산권 박탈과 이전을 수반하며, 실정법상으로는 합법적인 형태를 띠고 있다. 실제로는 사적 자본의 이익을 위한 공용수용이며, 이를 일컬어 사익을 위한 공용수용, 사적공용수용(private-public taking)이라고 한다. 이러한 사적공용수용이 광범위하게 이루어지는 국가의 사례로는 사유재산 제도와 자본주의가 가장 발달되었다고 하는 미국을 들 수 있다. 오늘날 미국 도시개발과 재생 사업에서는 글로벌 기업의 첨단 연구개발시설을 짓기 위해 일반 가족의 집을 허물고, 카지노 호텔의 주차장을 건설하기 위해 미망인의 재산을 몰수하며, 프로스포츠 팀의 경기장, 거대 유통자본의 쇼핑몰, 대자본의 오피스빌딩을 짓기 위해 작은 가게와 주택을 강제로 철거하는 일들이 공익사업이라는 명분 아래 강제매수(공용수용) 방식으로 광범위하게 이루어지고 있다(김용창, 2012b).

도시재생사업에서 이러한 인클로저 과정은 행위양식 통제와 탈취라는 측면에서 시대와 대상을 달리한 시초축적기의 모습이라고 볼 수 있다. 먼저 행위양식 통제 및 자본주의적 행위주체로 길들이기 측면에서 보면, 시초축적 시기에 토지 인클로저를 시행했을 때는 법제적 정당성을 위해 토지 인클로저 법(Land Enclosure Acts)을 제정하는 동시에 방랑자와 임노동자의 행동문화에 대한 통제 규범을 만들었다. 18세기 영국에서 무엇보다도 강력했던 흐름은 반인클로저와 공유경제(common-right economy) 주장에 대한 광범위한 이데올로기적 공세를 가하면서 인클로저가 곧 국익이라는 담론을 널리 확산시킨 것이다. 반대로 공유경제를 옹호하는 자들에게는 극단적인 혐오감과 불신을 드러냈으며, 국가 경제성장과 진보를 가로막는다는 이데올로기를 주입했다. 그리고 공유지 점유자들(commoners)은 후진성의 본보기, 추악한 집단, 게으르고 야만적이며 위험한 존재, 미개인, 사악하고 비열한 사람들이라는 인식을 심었다(김용창, 2015a; Neeson, 1993: 25~33).

이러한 인클로저 이데올로기는 사적공용수용에 기초한 현대의 도시재생 정책에서도 활용되고 있다. 미국의 조지 부시(George W. Bush) 대통령은 2002년 도시재생을 촉진하기 위한 법에 서명하면서 해당 사업지구를 지역사회에 아무런 가치를 더하지 못하면서 문제만 유발하는 수많은 흉물(eyesore)로 규정했다. 강제수용 관련 판결에서는 인종적·계층적 편견이 더해져 도시재생사업 지역은 해당 거주민을 짐승의 상태로 만들어 정신을 질식사시키는 곳, 지역사회의 종기이자 병충이라고 규정하기도 했다. 재생사업지구 지정 자체도 자의적으로 이루어지는 경우가 많아 문제를 안고 있지만, 무엇보다 핵심은 재산권의 강제 박탈을 동반하는 공용수용의 정당화 기반인 공적사용 또는 공익논리의 변경이다. 공익에 기초한 공용수용은 헌법적 정당성을 확보하는 중요한 장치이기 때문에 해당 재생사업이 과연 공익에 부합하는가 여부는 민간사업에 국가권력을 동원해 재산권을 강제로 박탈하고, 기존 거주민과 이용자를 축출하는 과정에서 결정적인 사안이다. 오늘날 세계적인 추세는 공공적 소유라는 좁은 의미의 공익개념을 버리고 경제적 공익개념을 포괄하는 매우 넓은 공익개념으로 바뀌는 것이 일반적이다. 그만큼 자본의 공간 지배에서 법제적 정당성을 확보하는 것이 매우 쉬워지고 있다. 전형적인 인클로저의 모습이다.

미국 도시재생사업에서 공익개념의 변화는 이러한 추세를 가장 잘 보여준다. 미국 연방대법원과 주법원의 판례를 분석하면 일반적으로 세 가지 서로 다른 범주의 공익개념이 나타나며, 20세기 중반 이후로 올수록 재산권의 강제 박탈에 더 넓은 공익요건을 적용하고 있다. 첫 번째는 수용한 재산을 공공이 소유해야만 하는 '공공소유(public ownership)'가 공익이며, 가장 좁은 의미의 해석으로 인식되고 있다. 이 관점은 19세기 초 이래 민영 철도회사와 같은 사기업에 공용수용권을 부여하면서 공적 소유 기준은 유지할 수 없게 되었다. 두 번째는 '공중에 의한 사용(use by the public)', 일반 공중의 '공적 접근(public access)'을 공익요건으로 간주하는 것이다. 이러한 정의에서는 수용 이후 누가 재산을 소유하는가는 의미가 없고, 해당 재산이 권리의 차원에서 일반 공중에게 개방되어 있는가 여부가 중요한 판단 기준이 된다. 공적 접근이 보장된다면 정부가 사유재산을 강제로 수용해서 민간의 사적 주체에게 이전할 수 있다는 관점이다. 이러한 기준 역시 오늘날 관점에서 본다면 좁은 의미의 공익개념으로 볼 수 있다. 세 번째는 공익을 '공적목적' 또는 '공적편익(public purpose or benefit)'으로 해석하는 입장으로서 가장 넓은 의미의 공익개념에 해당한다. 20세기 중반 이래 미 연방대법원은 통상 이 관점을 지지하고 있으며, 지금까지 가장 지배적인 관점이다. 경제개발 목적을 포함해 공적 이해관계에 따른 정당성이 있으면 어떤 목적으로라도 사유재산을 수용할 수 있다는 것이기 때문에 잠재적으로는 공용수용 권한의 행사에 제한이 없게 되었다(김용창, 2012b).[4]

오늘날 이러한 공적편익으로 꼽는 대표적인 목록이 글로벌 도시경쟁력 강화, 지역경제 회생, 일자리 창출, 조세기반 강화 또는 조세수입 증가, 지방재정 확충 등이다. 즉, 이러한 사업 효과를 내세우면 공익사업에 해당하기 때문에 비록 사적 자본의 이익을 위한 개발사업이라고 하더라도 공권력을 동원한

---

[4] 대표적인 3대 판결이 1954년 버만 사건(Berman v. Parker), 1984년 하와이주택공사 사건(Hawaii Housing Authority v. Midkiff), 2005년 켈로 사건(Kelo v. City of New London) 판결이다.

강제적인 개인 재산권 박탈도 합헌이고 정당하다는 것이다. 또 다른 커다란 문제는 해당 사업이 시행되어서 실제 이러한 효과를 달성하는가도 불확실하다는 것이고, 사업 효과의 이행을 강제할 방법도 없는 상태에서 사회적 약자의 강제적 재산권 박탈이 먼저 이루어진다는 것이다. 이렇게 해서 만들어진 새로운 도시공간은 고급 업무 공간, 스펙터클 도시경관, 거대 쇼핑몰, 호텔, 거대 주상복합건물, 고급 폐쇄 주거단지 등 매우 다양하며, 대부분 도시경쟁력 확보의 상징으로 표상된다.

이러한 양상은 합법을 가장한 인클로저의 또 다른 측면인 탈취적 특성을 잘 드러낸다. 이러한 탈취적 성격은 일차적으로는 공용수용 전후의 재산가치 변동과 향유 주체의 불평등한 이익 배분에서 나타난다. 공용수용의 대가는 통상 공정시장가격으로 산정한 보상액이다. 이를 정당보상이라고 하며, 한국과 미국을 비롯한 대부분의 국가에서 헌법의 재산권 조항에 규정하고 있다. 그러나 공정시장가격은 말 그대로 정상적인 시장환경하에서 시장가격으로 환산할 수 있는 거래 가능한 재산만을 보상가격으로 산정하는 것이다. 따라서 기존 재산권자가 해당 재산에 부여하고 있는 비시장거래 가치나 재산권 이전 후의 사후적인 다양한 비용과 손실을 포괄할 수 없어서 늘 과소보상의 가능성을 안고 있다. 무엇보다도 가격개념 기반의 보상개념은 앞서 살펴본 좁은 의미의 재산권 개념에 근거하는 것이다. 따라서 생활공간과 생활공간 대체에 따른 다양한 사항을 포괄할 수 없기 때문에 지리학적 관점에서 보면 근본적인 결함을 않고 있는 보상개념이라고 할 수 있다. 그리고 도시개발에 따른 실질적인 이익은 공권력을 매개로 강제로 재산권 이전이 이루어진 후에 사적 개발 주체가 갖게 된다. 아울러 이러한 개발사업에서 재산가치는 통상 소유권 이전 후에 급격하게 증가하기 때문에, 사적공용수용의 상황에서는 마지막 소유자가 되려는 지대추구(rent-seeking) 행태를 유발한다. 우리나라의 아파트개발사업에서도 개발이익의 대부분은 개발업자, 건설업자, 최초의 아파트 수분양자의 손에 들어간다. 이처럼 공익사업이라는 명분으로 시행되는 사업이지만 이익의 호혜성 측면에서도 큰 결함을 안고 있는 것이다(Cohen, 2006).

문제는 경제개발을 목적으로 하는 사업들이 공익개념으로 정당성을 부여받으면서 도시재생 지역에서 사적 자본이나 사적 이익을 추구하려는 대부분의 개발사업이 공용수용을 통해 이루어지는 데 있다. 이는 사적 이익으로 뒤얽힌(private tangled) 사회적 규범들이 공적공간과 공간의 공공성, 자원의 공유성을 지배한다는 것을 의미한다(Amaral, 2015). 도시개발사업이 지금처럼 매우 넓은 의미의 공익개념에 근거하면 자본투자를 많이 하거나 토지 이용 집약도를 높이는 모든 개발사업은 사실상 모조리 공익사업에 해당하기에 언제 어디서 평범한 소유자의 재산권이 강제로 박탈당할지 모른다는 위험에 처하게 된다. 이 말을 달리 표현하면 더 많은 이윤을 창출할 수 있는 자에게 재산을 이전하는 것이 공익에 부합하는 것이고, 이를 위해 정부가 공용수용 권한을 행사해서 한 개인의 재산을 다른 개인에게 강제로 이전시킬 수 있다는 것이다. 선진국에서도 사적 이익을 위한 강제몰수(condemnation)의 유령이 모든 재산에 드리워져 있는 것이다. 그리고 이러한 인클로저의 수혜자들은 평범한 소유자들을 희생 대가로 이윤을 추구하는 부자나 강력한 정치경제적 권력을 가진 이해관계자들이 될 것이다. 특히 해당 재산이 생활 수단의 대부분인 약자들의 경우에 이러한 공용수용은 거주와 생활 모두에서 기초적 생존권을 파괴하는 것이 된다. 인클로저는 사유재산 제도가 확립되는 데 토대를 놓았지만, 역설적이게도 오늘날의 도시 인클로저 상황에서 사회적 약자의 사유재산은 더 이상 신성불가침(sanctity and inviolability)의 권리가 아닌 것이다. 이처럼 오늘날 공용수용을 매개로 하는 도시재생사업은 사유재산권의 차별, 사익을 위한 공용수용 남용, 공적사인수용(public-private taking), 사칭수용(pretextual taking), '뒤집어진 로빈 후드'라는 논란을 낳고 있다(김용창,

2012a; 2012b; Coughlin, 2005).

한국에서도 공용수용을 규정한 100개의 개별 법률 중 민간에게 수용권을 허용한 법률이 49개에 달하고 있다. 한국의 사적 자본을 위한 수용 판례 역시 미국의 논리와 크게 다르지 않다. 예컨대 아산시 탕정면 삼성전자 산업단지 판례(2009.9.24. 2007헌바114 전원재판부)는 이를 잘 보여준다. 이 판결에서 헌법재판소는 다음과 같이 판결했다. "산업입지가 원활히 공급된다면 산업단지의 건설이 용이해질 수 있고, 따라서 산업단지의 건설을 통하여 효과적인 경제적 발전 내지 성장을 기대할 수 있다. 나아가 산업단지의 개발로 인한 경제적 발전은, 그간 우리 사회의 사회문화적 발전에서도 큰 초석이 되어왔다. 그와 같은 경제의 발전이 해당 국가공동체에서 영위되는 삶의 문명사적 수준을 신장시킨 주요한 동력이 되어왔다는 점에서, 산업단지 개발의 사회적 중요성을 확인할 수 있다. …… 이 사건 수용조항은 헌법 제23조 제3항의 '공공필요성'을 갖추고 있다고 보인다."

2) 글로벌 금융위기, 부채자본주의와 인클로저

도시공간을 만드는 과정에서 자금 조달을 금융의 증권화 방식에 더욱더 의존하면서 도시공간과 생활은 글로벌 금융자본의 논리에 그만큼 포섭되고 있다. 특히 위험을 분산시키려고 만들었던 파생 금융상품이 역설적이게도 위험과 위기를 더욱 증폭시키고 있다. 도시공간이 금융자본에 얽히면서 자국이나 도시 자체의 경제 논리가 아닌 외부의 충격에 취약해졌고, 위기의 글로벌 동조 현상, 즉 위기의 전염 효과 또한 심화되었다. 그 결과 금융위기를 매개로 도시에서 생활 터전과 주거의 상실이 일상적으로 일어나고 있다.

비근한 예로 2007년 미국 주택금융 부문에서 초래된 금융위기는 은행위기, 신용경색, 주택시장 및 주식시장 붕괴를 동반한 대형 위기로 전 지구적 경기침체와 주거불안정을 불러왔다. IMF가 21개 선진국 경제를 대상으로 지난 50년간의 경기변동과 관련해서 122개 경기침체를 분석한 자료를 보면, 글로벌 경기침체는 선진국, 신흥성장국, 개발도상국을 가리지 않고 서로가 원인을 제공하고 있으며, 국가들 사이 동조 현상도 커지고 있다. 그리고 국가부도, 투자은행의 부도, 환율위기, 자산가치 급락 등 다양한 원인에서 발생하는 금융 스트레스는 지구화된 금융시스템을 통해 전 세계에 동시적으로 영향을 미치는 사태로 번지는 경향을 보인다(IMF, 2009). 지구 어딘가에 이름도 모르는 동네의 개별 거주 장소와 가족의 삶이 그들이 일으키지 않은 원인으로 위협받고 있는 시대다. 그만큼 거주의 실존을 위협하는 금융위기가 지구 환경 전체 차원에서 만연하고 있다는 것이다.

금융자본주의 시대에 들어 주거 부문이 더욱 취약하게 된 이유는 무엇보다도 주택이라는 상품을 둘러싼 이데올로기와 거래 구조에 있다. 대부분의 국가에서 중산층 생활과 성공의 핵심 요소로 주택 소유를 꼽고 있으며, 자가 소유를 촉진하기 위해 다양한 주택금융정책을 시행하고 있다. 주택건설 자본의 회전율을 높이면서 더 많은 이윤을 실현하고 주택공급을 확대하기 위해서는 주택상품의 빠른 소비가 필수적이다. 그런데 주택은 아주 비싼 상품이기 때문에 개인의 저축만으로는 구입할 수 없고, 빚을 내서 집을 사게 하는 신용 시스템과 다양한 세제지원 정책이 발달할 수밖에 없다. 주택시장의 활성화와 거래 촉진을 위해 주택금융의 규제완화가 지속적으로 이루어졌고, 대출 받기 어려운 계층에도 약탈적 대출을 감행하기에 이른 것이다. 동시에 은행 자본의 회전율 제고와 대출 확대를 위해서 주택 담보대출을 다시 담보로 잡고 돈을 조달하는 다양한 증권화 방식이 고도로 발달하면서 금융자본주의의 핵심적인 고리 역할을 하고 있다. 달리 말하면 '부채자본주의'와 그 위기의 한가운데에 주택소유가 있는 것이다. 그리고 임차인, 잠재적 자가소유자를 포함한 대부분의 사람이 주택 소유를 둘러싼 문제와 밀접하게 연관되어 있기 때문에 위기의 파급 효과가 그만큼 클 수밖에 없다.

특히 1980년대 영국과 미국을 비롯한 신자유주의 보수 정권에서 주택에 대한 소유자사회(ownership society) 모델은 이러한 부채자본주의적 주거 소비 시스템을 더욱 강화시켰다. 이 모델은 사람들이 주택을 소유하면 자신의 재산가치에 영향을 줄 수 있는 사회와 국가에 더 많은 관심을 갖게 되고, 보유재산을 적극적으로 활용하려는 욕구가 커지기 때문에 국가 전체의 생산성도 커지고 정치 참여가 활성화된다는 모델이다. 이러한 주택정책 모델에서는 부채자본을 활용한 주택 소유를 더욱 장려하게 된다. 그에 따라 거처에 대한 접근권을 보장하며 점유의 안정성을 추구하는 주택정책이 아니라 금융위험을 감수하는 주택 소유 정책에 치중할 수밖에 없다. 즉, 모든 사람의 주거 고민을 '고위험 금융모험' 속으로 밀어 넣은 것이다. 금융위기 이후 주택정책에서도 점유 안정성을 제고하려는 노력보다는 주거용 담보대출의 채무 재조정 같은 금융대책이 주택시장안정화 계획의 중심을 이루게 된다(Dyal-Chand, 2011; Dickerson, 2009).

그러나 이러한 부채자본주의에 근거한 주택소유 정책 모델은 저성장과 고용 불안정 시대에서는 매우 취약한 모델임이 드러났다. 주택소비자 입장에서도 기회비용이 크고, 더 이상 유용한 선택 대안이 아니다. 2007년 미국 금융위기에서 나타난 대규모 주택압류(foreclosures) 사태가 대표적이다. 금융위기는 주택 소유와 주택의 존재 이유에 본질적인 문제를 제기한다. 즉, 금융위기는 주택시장의 붕괴와 주거 상실을 유발하면서 인간의 실존성과 생활세계를 일거에 무너뜨린다. 이는 자신의 의지와 상관없이 어느 날 불어닥친 인위적인 경제재난과 금융재난이 만드는 생활공간의 박탈과 봉쇄이며, 경제난민·주거난민의 일상화를 의미한다. 부채를 권장하는 주택금융정책과 금융위기를 매개로 한 사실상의 강제적인 재산 이전이다.

금융위기에 따른 주택압류는 오늘날 가장 강력한 축출 사례를 보여준다.

주택구입에 들어간 평생 노동의 성과가 한순간에 날아가버리는 것은 물론, 대출금을 갚지 못 해서 종종 주거지가 없는 상태에 빠지고, 야영, 이동 주거, 차량 거주, 텐트촌 거주 같이 불안정한 생활을 하게 된다. 주거불안정은 일차적으로 상수도, 에너지, 위생 등 기본적인 생활편익시설에 대한 접근에서 직접적인 어려움을 초래하고 신용등급 강등과 결합해 고용 불안정과 다양한 시민참여를 어렵게 만든다. 임대 주거지를 마련하는 경우도 강제적인 주거 이전에 따른 생활불안정과 불충분한 조건들을 감내하게 만든다. 가족과 개인의 지역사회 기반과 사회적 네트워크 해체를 수반하며, 어린이에게도 정서 불안과 학업성취도 저하 같은 악영향을 미치게 된다. 한마디로 주택압류를 통한 주거박탈은 하이데거의 표현을 빌리면 거주의 본성을 급격하게 해체시키는 것이고, 생활의 해체를 의미한다. 나아가 압류주택의 증가는 지역사회에도 악영향을 미친다. 부동산 가치 하락, 지방세수 감소에 따른 재정압박은 물론, '깨진 창(Broken Windows)' 이론에서 주장하는 것처럼 범죄, 방화, 기물파손, 빈곤 등을 증가시켜 지역사회의 공공안전성과 사회적 유대감을 해치고, 지역사회의 퇴락을 가져오기도 한다(Immergluck, 2016; Parr, 2015; Kenna, 2011).

그리고 이러한 압류위기는 선제적으로 대처하지 못하는 경우, 국가 차원에서 막대한 재정투입을 해야 겨우 진정시킬 수 있고, 진정시킨 후에도 치유하기 힘든 극심한 사회경제적 양극화를 산물로 남긴다는 점에서 심각성이 있다. 미국의 2007년 주택금융위기의 경우 글로벌 경제에 악영향을 준 것은 물론, 깡통주택(negative equity)을 양산했고, 대규모 주택압류를 발생시켰으며, 수많은 주택이 미점유 방기(vacancy and abandonment) 상태로 버려졌다.[5] 이

---

5) 미국의 주택금융위기 때 2008년 한 해 동안 120만 호의 주택압류가 발생했고, 2009년 초에는 이미 방기 주택의 수가 1400만 호에 이르렀다. 이 위기를 해결하고자 연방의회는 2008년 '주택경기 및 경제회복법(the Housing and Economic Recovery Act of 2008, HERA)', 2009년 '미국경제회복 및 재투자법(the American Recovery and Reinvestment

위기를 해결하기 위해 미국은 연방주택 저당공사(Fannie Mae)와 연방주택 금융저당공사(Freddie Mac)의 긴급구제를 위해 총 1875억 달러(약 210조 원)를 투입했고, 이어서 7000억 달러(약 780조 5000억 원) 규모의 부실자산 구제 프로그램(TARP)을 마련해야 했다. 주택압류와 방기 지역의 회생을 위해 '근린 지역 안정화 프로그램(NSP)'으로만 2008년부터 총 세 차례에 걸쳐 70억 달러(약 7조 3000억 원)의 연방 자금을 투입했다(김용창, 2015b).

오늘날 글로벌 경제체제와 금융위기의 상존은 사회경제적 양극화와 주거 난민을 지구적 공통 현상으로 만들고 있다. 자본주의가 고도로 발달한 미국의 주택압류와 텐트촌, 이동 주거, 영국의 보트족 등이 이를 상징적으로 보여준다. 고도성장을 지속한 중국도 마찬가지다. 중국에서는 '푸얼다이(富二代, 부를 물려받은 사람)', '핀얼다이(貧二代, 가난을 대물림한 세대)', '이쭈(蟻族, 개미족)', '팡누(房奴, 집의 노예)'라는 용어가 일상적으로 사용된다. 주택 구입에 과다한 부채를 짊어지면서 나타나는 팡누는 중국판 하우스푸어로서 일생에 걸쳐 대출금을 갚으면서 집의 노예로 살아야 하는 사람들을 일컫는 말이다. 이제 오지도 않은 미래의 노동을 담보로 현재의 삶을 꾸리기 위해 돈을 빌려야 하고, 그 빚을 갚는 것으로 일생을 허덕대며 사는 평생 부채인생과 주거상실 위기가 지구자본주의 시대 일반인 삶의 양식이 되었다.

우리나라의 가계부채는 아직은 미국과 같은 대규모 주택압류와 거처의 상실을 동반하지는 않고 있다. 그러나 최근의 금융위기는 빠르고 광범위한 글로벌 전염성을 동반하기 때문에 한국도 주택과 얽힌 과다한 가계부채의 위험이 상존하고 있다. 한국의 이른바 하우스푸어(house poor) 논란도 이러한 부

Act, ARRA)', 2010년 '도드-프랭크 금융개혁법(Dodd-Frank Act)'을 잇달아 제정했다. 아울러 압류당한 주택에 거주하고 있는 임차인을 보호하기 위해 연방법으로 2014년 만료되는 기한부 '압류주택의 임차인보호법(Protecting Tenants at Foreclosure Act)'을 제정했다.

〈표 2〉 한국의 하우스푸어 관련 추계 연구

연구기관	추계방법	추계규모(가구)	주요 특징
새누리당 (2012)	•고위험군: 순부채 상태, 거주주택 처분으로 부채완제 어려움 •중위험군: 순자산 상태, 소득기준 현상유지 불가, 거주주택 처분으로 부채상환 가능 •잠재위험군: 순자산 상태, 소득으로 원리금상환 가능, 거주주택 처분으로 부채상환 가능	•고위험군: 3.2만 •중위험군: 7.0만 •잠재위험군: 18.2만 •상기합계(하우스푸어): 28.4만	•KB금융경영 연구소(2012)의 분석자료 이용 •잠재적 위험군 중 거주주택 처분해야 부채를 상환할 수 있는 가구, 중위험군 중 거주주택 처분해야 하는 가구, 고위험군의 자가 가구(20%)를 하우스푸어 대상자로 간주
현대 경제연구원 (이준협·김동빈, 2011)	•광의: 부채로 주택을 산 주택보유자, 원리금상환 부담과 가계지출 축소 가구 •협의: 부채를 진 1주택 가구, 상환 부담과 가계지출 축소, DSR≧10%	•광의: 156.9만(549.1만 명), 상환 불능 12.7만 •협의: 108.4만(374.4만 명), 상환 불능 9.1만	•수도권에 거주하면서 아파트를 보유한 30~40대의 중산층 •자산 대부분을 거주주택에 투자, 대졸 이상이 많음
KB금융 경영연구소 (김진성, 2012)	•잠재위험군: 총자산〉총부채, 상환 여력 충분 •중위험(하우스푸어): 광의는 부채 상환 가능, 협의는 주택처분을 통한 부채상환 •고위험: 총자산〈총부채, 상환여력 없음	•잠재위험군: 30.7만 •중위험(하우스푸어): 광의 7.9만, 협의 7.1만 •고위험: 15.9만 •부실군: 3.4만	•보유주택 가격이 증가할수록 부채보유 가구 비율이 상승 •잠재위험군은 소득에 비해 과다한 부채 보유(주택구입 레버리지 활용) •고위험군은 대부분 무주택자
금융위원회 한국금융 연구원 (서정호 외, 2012)	•잠재위험가구: DSR〉60% •고위험가구1: 금융대출〉부동산 평가액×0.6+금융자산 •고위험가구2: 금융대출〉부동산 평가액+금융자산 •고위험가구3: 순자산〈0	•잠재위험가구: 56.9만 •고위험가구1: 10.1만 •고위험가구2: 2.4만 •고위험가구3: 3.0만	•잠재위험가구 40대~50대, 자영업자, 수도권에 집중 •주택 가격과 소득이 동시에 20% 하락 시 고위험가구는 유형별로 6.0~19.7만 가구까지 증가
임진(2015)	•상동	•잠재위험가구: 74만 •고위험가구1: 9.1만	•주택 가격 및 소득이 동시에 20% 하락 시 고위험가구1 유형은 17.2만으로 증가
김준형 (2013)	•상환부담가구: DTI 30%이상 60% 미만 •상환위험가구(하우스푸어): DTI ≧60%	•상환부담가구: 25.7만 •하우스푸어: 7.2만	•하우스푸어는 저량(자산)이 아닌 유량(소득)의 관점으로 접근해야 함 •50대, 아파트, 수도권, 고소득층 비중이 높음
이창무·임미화 (2013)	•광의 부채위험가구: DSR 30%, LTI 200%, LTV 70% •협의 부채위험가구: DSR 50%, LTI 300%, LTV 90%	•광의와 협의 부채위험가구: 16.4만, 5.5만 •광의와 협의 재무위험가구: 114만, 66만 •자산위험가구: 14.5만	•부채위험가구 비율이 높으나 시장을 통한 자발적 부채조정과정으로 해소 가능 •투매 가능성 가구는 8.3만 가구에 불과

서울연구원 (박은철· 홍인옥, 2013)	•하우스푸어: DTI) 30%, 1주택가구 •렌트푸어1: 소득 대비 주택임차료 +보증금 마련 대출 원리금 상환 액 30% 초과 •렌트푸어2: 잔여소득≤최저생계비	•하우스푸어: 서울 1.8 만, 수도권 6.3만 •렌트푸어1: 서울 26. 7만, 수도권 46.3만 •렌트푸어2: 서울 31. 1만, 수도권 67.0만	•하우스푸어는 대졸 이상, 아파 트 거주, 주거상향이동 대출, 소 득 대비 비싼 주거 특성 •렌트푸어는 40대 이하의 고등 학교 이상 학력 특성
토지주택 연구원 (이종권외, 2014)	•하우스푸어1: DSR≥40%, LTA > 100%, 주택평가액 60%, 1주택보유 •하우스푸어2: DSR≥40%, LTA > 100%, 주택평가액 100%, 1주택보 유	•하우스푸어1: 9.8만 •하우스푸어2: 1.6만 •1주택보유, DSR≥ 40%: 73.7만 •위험가구(DSR≥ 40%, LTA > 100%): 29.5만	•소득 5분위면서 자산 5분위 가 구, 고등학교 졸업, 아파트 거 주 가구의 비중이 높음 •주거전용면적 85m² 이하 가구 가 60% 내외로 가장 높은 비중
한국은행 (2015)	•한계가구: DSR) 40%, 순금융자산⟨0 •고위험가구: HDRI) 100, DSR) 40%, DTA) 100% •고DSR가구: HDRI) 100, DSR) 40%, DTA≤100% •고DTA가구: HDRI) 100, DSR≤ 40%, DTA) 100%	•한계가구: 150.0만 •고위험가구: 28.9만 •고DSR가구: 32.3만 •고DTA가구: 51.0만 •HDRI 기준 위험가 구합계: 112.2만	•소득과 자산을 동시 고려하는 새로운 판정지표 개발·적용 •위험부채 중 고소득·고자산계 층 비중이 높음 •고자산보유 가구가 금리 상승 및 주택 가격 하락 충격에 상대 적으로 크게 취약함

주: 연구기관의 구체적 출처는 지면 제약 관계로 참고문헌에서 생략함.

채자본주의의 현실을 반영하는 것이다. 2016년 1분기 말 현재 총 가계부채 규모는 1223조 7000억 원이다. 하우스푸어 규모는 대부분 통계청의 '가계금융복지조사'를 공통적으로 사용하고 있지만 연구기관에 따라 정의와 분류 기준이 상이하기 때문에 최소 3만에서 최대 157만 가구로 큰 차이를 보이고 있다. 그러나 잠재적 위험집단은 40~50대, 대졸자, 수도권 아파트 보유자 등 비교적 고소득·고자산 집단이 높은 비중을 차지하고 있어 한국사회의 대표적인 중산층이 연계되어 있음을 알 수 있다. 대부분의 논의가 담보대출을 받은 1주택 소유자만을 대상으로 하는 규모 추정과 부동산시장의 붕괴 위험성이 없다는 점을 강조하는 데 치우쳐 있지만, 부채자본주의 기반의 주택정책 모델의 지속가능성 여부를 심각하게 받아들여야 할 시점이라는 것을 인식해야 한다.

4. 도시공유화 운동과 거주자원의 공유

1) 자율도시 전략의 도시공유화 운동

지금까지 살펴본 것처럼 신자유주의 도시 인클로저는 많은 문제를 낳고 있기 때문에 이에 대항하기 위한 대안전략 연구와 실천운동 차원의 논의들 또한 자연히 이루어지고 있다. 이들은 대체로 도시에 대한 권리 개념에 기초해 협동조합주의, 도시자원의 공유화(urban commoning)에 초점을 맞추고 있다. 대안적 관점에서는 공간의 인클로저와 사유화 또는 독점화를 전체 지역 사회의 공통적 이해에 반하는 일종의 폭력(violence) 행위로 간주한다. 담론 차원에서는 기존의 자본주의 부르주아적 협소한 재산권의 의미를 새로이 설정하려고 한다. 예컨대 모든 사람이 동일한 접근과 권리를 갖는 공유자원 집합체로서의 도시, 상호의존 및 협동에 기초하는 비배제적 생활양식, 장소와 지역에 기초한 집합적 관리, 도시공간을 점유하고 향유할 권리 확립 등을 기본 원리로 제시하고 있다(김용창, 2015a; 이계수, 2014; 강현수, 2010; Mackenzie, 2013; Mansfield, 2008).

최근 구체적인 실천운동의 한 전략으로서 도시에 대한 권리 개념에 기초한 자율도시(autonomous city) 전략을 꼽을 수 있다. 이 전략은 공간에 대한 접근과 통제에서 기존의 규범과 인식을 뒤집고, 공통적 이해관계에 기초한 공간 누리기 개념의 이른바 창조적 재전유를 구사하고 있다. 창조적 재전유 차원에서 거주 문제를 점거의 관점으로 다시 해석하고 있다. 점거운동은 글로벌 금융위기에 따라 서구 정부가 전개한 긴축정책에 대항하는 다양한 대응 가운데 하나이다. 이 운동은 새로운 '대안적 도시화'의 중요한 특성을 공간의 점거와 수복(reclaim) 충동에서 찾으며, 사회변혁의 수단으로 간주한다. 공간의 점령(seizure)에서부터 즉흥적인 시위대의 집결과 시위캠프의 설치에 이르기까지 전 지구 상에서 일어나고 있는 점거 기반 실천(occupation-based prac-tices) 운동을 자율도시 전략의 중요 요소로 간주하는 것이다. 도시거주의 자율적(자주적) 형태, 하부구조 생산과 이용의 급진정치화, 정치적 행동을 위한 공유공간의 생산 등을 통해 점거행위가 수행할 수 있는 사회 구성적 역할(공간의 적극적 구성), 나아가 대안적 도시화 방법으로서 자율도시 가능성을 찾는다(Vasudevan, 2015).

점거행위가 만드는 공간적 구성 능력과 지리적 생성(generative) 역량을 중시하는 대표적인 움직임이 도시 활동의 비공식성을 강조하는 무단점유운동이다. 예컨대 주거문제와 관련해 소유보다는 점유에 기초한 무허가 정착지 권리 주장의 근거로 로마의 우수카피오(usucapio, 사용취득)6) 개념을 불러낸다. 아울러 최근 유럽에서 활발하게 이루어지는 도시무단점유도 주거자율성 개념을 확산시키려는 일련의 시도로 간주한다. 무단점유 공간이 급진적 도시 공유지의 만들기와 그 행위 주체 형성의 핵심 지점이라고 적극적 의미를 부여한다(Vasudevan, 2015). 이러한 관점에서 리처드 플로리다(Richard Florida)가 생각하는 도시 창조계층론은 자본주의적 상상력에서만 작동하는 것, 즉 젠트리피케이션(gentrification)을 이끄는 사람과 부유한 사람의 이익을 대변하는 것일 뿐이며, 정치사회적 전환에 대한 주체성은 없다고 잘라 말한다. "플로리다가 젠트리피케이션이라고 말하면 우리는 점거라고 말한다"라는 주

---

6) 로마법에서는 당사자의 의사에 의하지 않고 일정 기간 계속된 점유에 따라서 소유권 취득을 인정하는 제도로서 시민법상의 사용취득(usucapio) 제도가 있었다. 시민법이 적용되지 않았던 속주(屬州)에서는 장기점유의 항변이라는 제도가 있어서 사용취득 제도와 동일한 기능을 담당하고 있었다. 이러한 제도들은 불가능한 증명의 부담을 없애주거나 현실의 이용자를 보호하기 위한 것이다. 독일을 제외하고, 프랑스, 스페인, 일본 등을 비롯한 대륙법계 국가들에서는 대체로 로마상의 취득시효 제도를 이어받아 취득 기간의 장단에 차이는 있으나, 우리나라 민법 제245조의 취득시효 제도와 같은 형태의 취득시효 제도를 두고 있다(민법 제245조 제1항에 대한 헌법소원 헌법재판소 전원재판부 1993.7.29. 92헌바20).

장은 점거운동을 대안적 도시화의 주체성 형성으로 간주하는 것을 잘 보여준다(Rosler, 2012).

그러나 이러한 점거운동은 규모와 지속적 가능성에서 한계를 갖고 있다. 그리고 공유화 운동이 기존 공유자원의 소극적 방어보다는 팽창하는 자본주의에 적극적으로 대응하기 위해서는 공유자원의 확대 재생산으로 방향전환을 고려할 필요가 있다. 이러한 점에서 공동체주의적으로 도시공간과 하부구조를 다시 누리기 위한 하나의 방편으로서 자조·자율주의 실천(이른바 DIY 실천)이나 소규모의 도시공간점거와 같은 반란(insurgent) 형태는 지속성과 확장성에서 제한적이라는 비판을 받는다. 이러한 비공식적 도시생활 전술들이 제도화되고, 앞서 살펴본 미국의 공동이익개발 주거단지처럼 신자유주의적 도시재개발을 위한 새로운 전략으로 활용됨에 따라 초기 의도와는 반대로 도시공간 상품화의 주요 메커니즘이 될 수 있기 때문이다(Balaban, 2011).

도시공유자원의 생산과 유지, 탈상품화를 위한 또 다른 실천전략으로서 협동조합주택을 포함하는 협동조합운동도 광범위한 지지를 받으면서 다양한 영역에서 전개되고 있다. 자본주의가 고도로 발달하고 신자유주의 논리가 지배적이라는 미국에서도 위스콘신대학교 연구에 따르면 전국에 걸쳐 약 3만여 개의 주요 협동조합이 운영되고 있다. 사회공공서비스 부문 협동조합으로 분류되는 주택협동조합도 약 9500여 개가 운영되고 있다. 그리고 덴마크를 비롯한 서구의 선진국에서 주택은 일종의 도시공유자원으로 인식되면서 협동조합원리를 통해 관리되고 있다(Borch and Kornberger, 2015; Deller et al., 2009).

2) 실존으로서 거주성의 실현과 토지주택은행

신자유주의 도시재생과 글로벌 금융위기에 따른 인클로저의 만연은 현대

도시에 대한 어떠한 성장 전략이나 미사여구에도 불구하고 생활과 거주의 위기가 일상적이라는 것을 잘 보여준다.[7] 제2차 세계대전 중에 나치스에게 협력했다는 비판을 받고 있지만 마르틴 하이데거(Martin Heidegger)는 거주 (Wohnen, Dwelling)를 인간 실존의 근본적인 출발점이자 철학의 대상으로 삼을 만큼 중시했다. 하이데거의 사유방식으로 볼 때, '세계 만들기'는 기본적으로 거주 또는 머무름이라는 과정을 거치지 않고는 일어날 수 없기 때문에 생활세계, 장소와 공간의 형성은 삶의 과정으로서 거주와 떼려야 뗄 수 없는 관계를 이룬다. 특히 1951년에는 다름슈타트(Darmstadt)에서 열린 '인간과 공간'이라는 주제의 심포지엄에 참석했는데, 이때 「건축, 거주, 사유(Bauen, Wohnen, Denken)」라는 제목의 강연에서 세계를 구성하는 하늘, 대지, 신, 그리고 유한한 삶의 인간이라는 네 가지 요소(사방. Geviert, Fourfold)를 소중히 보살피고, 연결(관계)하면서 그 조화의 터전을 만드는 인간 실천과정으로서의 거주를 설정한다. 그만큼 거주는 삶과 생활의 기초이고, 인간존재 양식의 핵심이다. 거주가 없다면 세계도 장소도 없는 것이다(Heidegger, 2001; 서도식, 2010).

거주의 실존적 의미에서 보자면 주거공간의 생산은 앞의 네 가지 요소를 한데 모아 조화로운 세계를 만들기 위한 터전을 만드는 과정이지, 단지 돈을 더 많이 벌기 위한 수단에 그치는 일이 아니다. 물리적 사물로서 주택은 거주라는 삶의 과정 속에서 인간적 의미 부여를 통해 그 쓰임새와 쓰일 자리를 비로소 찾으며, 세계와 장소를 형성하는 토대가 된다. 즉, 물리적 사물로서 주택과 주택 건축 자체가 세계를 만드는 거주(삶의 과정)의 형성을 보장하는 것은 아니다.

물론 오늘날 자본주의 체제의 주택은 다양한 의미와 목적을 갖고 있으며,

---

7) 이하 본 항의 내용은 김용창(2015b)을 수정·축약한 것이다.

때로는 개인 차원에서조차 그 의미가 충돌하기도 한다. 우선 물리적 거처와 안식처로서 주택은 기본적으로 삶을 제공하는 공간과 가정으로서 의미를 갖는다. 이러한 의미 속에서 주택은 사회경제적 관계의 기본적인 구성단위로서 가정의 토대이며, 생활양식과 생활경험의 기초적 관계가 만들어지는 공간이다. 그리고 인권으로서 주거권과 거주의 안정성은 품위 있는 생활과 인간의 존엄성을 갖추기 위한 필수적 권리 가운데 하나로 인식하는 것이다. 그러나 무엇보다도 현재의 지배적인 관념은 자산 및 투자대상으로서 주택이라는 것도 현실이다. 이때는 자본이나 개인 모두에 부(wealth)를 축적하는 수단이라는 의미가 가장 두드러진다.

주택을 둘러싼 이러한 여러 가지 의미는 결국에는 하이데거가 말하는 거주성으로서의 주택과 부의 축적으로서의 주택이 충돌하는 형태로 정리될 수 있을 것이다. 전자는 세계 속의 존재로서 인간 실존을 우위에 두는 것이고, 후자는 도구성(수단성)이 실존을 압도하는 상황이라고 할 수 있다. 21세기 들어 더욱 빠르게 진행되고 있는 경제적 공익 이데올로기에 입각한 도시재생과 사적 이익을 위한 강제수용, 경제의 세계화와 금융화, 부동산금융의 발달은 실존으로서의 거주를 더욱 불안정하게 만드는 것은 물론, 거주의 위기를 만성화하고 있다. 카지노 자본주의 체제에 거주의 운명이 놓여 있는 것이다.

이렇게 거주의 본질적 의미가 심각하게 퇴색하고, 거주의 상실에 따른 생활과 생존의 위기가 상존하는 상황에서 어떤 대안을 모색해야 하는가? 앞서의 자율도시 전략에 따른 점거운동과 협동조합주의도 대안이 될 수 있지만 금융위기에 선제적으로 대응하면서 주거에서 공유자원을 더 많이 비축할 수 있는 토지주택은행 체제가 하나의 대안이 될 수 있다. 토지주택은행 체제는 개발이익을 공유하는 형태의 계층혼합적 주택정책(inclusionary housing) 및 사회적 약자에게 보조금을 지원하는 정책과 결합하면, 공간적 격리가 아닌 형태이면서 기회의 다양성을 제공하는 주거입지에서 기초적인 주거서비스를 제공할 수 있다(Jacobus, 2015).

기존의 토지은행 제도는 통상 미래 토지 수요에 대비하기 위해 사전에 비교적 저렴한 가격에 공적으로 토지를 비축했다가 공익사업, 특정 목적 사업, 도시성장 관리, 시장조절 목적 등으로 사용하는 것을 말한다. 그간의 역사적 경험을 보면 토지은행 제도는 매우 다양하지만 고도성장기 토지비축 모델, 금융위기와 부동산 가격 하락기 대응 모델, 체제전환기 토지자원 배분 모델, 농업생산성 향상을 위한 토지정리 모델 등 크게 네 가지로 구분할 수 있다.

역설적이지만 이러한 토지은행 모델 가운데 금융위기에 선제적으로 대처하면서 주거자원 공유화를 촉진하기 위한 모델로는 미국 토지은행 제도를 준거로 삼을 수 있다. 위기관리형으로서 미국의 토지은행 제도는 이름과는 다르게 토지주택은행이며, 급격하게 인구가 감소한 산업도시에서 발생한 조세체납, 압류, 미점유, 방기 부동산을 재활용하기 위해 시작되었다. 1971년 세인트루이스를 시작으로 클리블랜드, 루이빌, 애틀랜타에서 20세기 후반 지방정부 조직으로 등장했다. 이후 2007년 서브프라임 모기지 사태에 따른 주택압류 위기를 해결하는 과정에서 폭발적으로 증가한다.

미국 토지은행은 지역마다 차이가 있지만, 기본적으로 연방정부의 자금 지원, 주 정부의 수권 법률 제정, 지역사회 주도적 운영과 같은 거버넌스를 갖추고 있다. 토지은행의 일반적 기능은 조세체납, 압류, 방기 부동산이 야기하는 각종 해악을 제거함으로써 정상적인 시장성을 회복시키고, 다시 생산적 용도로 문제 부동산을 복귀시키는 것이다. 이를 통해 조세 기반의 안정을 꾀하고, 지역사회의 안정과 활력을 되찾는 것이 토지은행의 주요 목적이다. 토지은행은 증여, 이전, 교환, 구매, 기부 등을 통해 미점유, 방기 및 조세체납 부동산을 취득할 수 있고, 특히 과세당국과 협약을 맺어서 민간 부문에 앞서 우선적으로 문제 부동산을 취득할 수 있다. 토지은행은 운용 측면에서도 보유재산을 활용하는 데 상당한 유연성을 부여받는다. 또 다른 중요한 특징은 지방정부와 조세공유협정(tax recapture agreement)⁸⁾을 맺어서 토지은행이 정상 시장으로 복구시킨 부동산들에 대해 최대 5년간 50%의 재산세를 공유해 토지은행 운용 재원으로 충당할 수 있다.

미국과 비교할 때 우리나라 토지은행은 경제금융위기에 대응하기에는 부적합한 모델이다. '공공토지의 비축에 관한 법률'에 따른 토지은행은 공공토지의 비축 및 공급, 토지비축계획 수립 지원, 토지수급조사 등 토지은행 사업 시행을 위해 한국토지주택공사에 설치하는 토지은행 계정을 의미한다. 기본적으로 부동산 가격 상승기를 전제로 한 모델이다. 아울러 지방정부가 이러한 기능을 수행하기 위해 토지은행 명칭을 사용하는 것을 금지하고 있다.

미국 모델처럼 위기에 대응하기 위한 토지주택은행 체계로 바꾸기 위해서는 다음과 같이 근본적으로 방향을 전환해야 할 필요가 있다. 첫째로는 토지은행 목적을 다시 설정해서 기존의 공익사업용지 사전 비축 중심의 목적에서 벗어나 이른바 하우스푸어 문제를 포괄하고, 미국처럼 문제 지역이나 침체 지역의 활력을 회복하는 차원에 초점을 맞추어야 한다. 이를 위해서는 주택·토지에 대해서는 금융자본 논리 중심의 일반적인 부실채권 처리 방식을 벗어나야 하고, 거주성 회복에 우선을 두어야 한다. 둘째로 경제금융위기 상존시대, 장기적 저성장시대라는 점을 고려해 부동산 가격 상승기를 전제로 한 현재의 토지은행 시스템을 전면적으로 개편해야 한다. 주택을 포함하는 토지주택은행 개념으로 전환하고, 공공임대주택 리즈 개념도 포괄할 수 있도록 부동산의 취득, 보유, 운용, 처분, 조세 등 제도 운용 과정에서 유연성을 확보해야 한다. 마지막으로 위기 국면이라고 하더라도 각 지역마다 직면하는 토지주택 문제

---

8) 조세공유협정의 핵심 전제는 재산세 수입이 발생하지 않던 조세체납 부동산을 토지은행이 정상화시켜 사적 주체에게 이전하면, 그 부동산은 다시 과세대장(tax rolls)에 등재되고 일정 기간 토지은행과 지방정부가 재산세 수입을 공유하는 것이다. 이러한 방식은 미시간 주에서 처음으로 도입되었다.

가 다르고, 도시 성격이 다르다는 점을 감안해 지방정부가 자율적으로 토지주택은행제도를 운용하게 하거나 적극적인 참여가 가능하도록 더 개방적인 체제를 만들 필요가 있다. 기본적인 철학은 거주자원의 공유성을 확보하고 확대 재생산할 수 있는 토지주택은행으로 전환해야 한다는 것이다.

5. 맺음말 : 거주의 실존성 회복

다시 하이데거의 '실존으로서 거주'라는 철학적 사유로 돌아가면, 실존적 차원에서 거주성을 회복하기 위해서는 상품과 물신성의 화신으로서 주택이라는 단순 관념을 우리가 반드시 철저하게 극복해야 한다. 거주의 의미를 부차적으로 만드는 현재의 주거와 주택 개념은 세계와 도시 생활공간의 부조화, 도시 인클로저의 만연을 만드는 일차적 원인이다. 이러한 거주 실존의 위기에 대응하기 위한 토지주택은행체제는 무엇보다도 거주성으로서 주택의 본성을 보호하고, 회복시키기 위한 제도적 장치로 발전해야 한다. 그래야 세계 내 존재로서 인간의 실천과 조화로운 세계형성이 이루어진다. 거주성이 뒷전으로 밀리는 주택의미와 주택정책, 도시정책은 인간의 세계 내 존재로서 실존성을 망각하는 것이며, 결국에는 주택과 주택건설자본, 금융자본 스스로의 존립 근거도 소멸시킬 것이다. 하이데거의 다음 말을 되새겨야 할 것이다 (김용창, 2015b; Heidegger, 2001: 158~159).

도처에서 주택 부족을 말한다. 말만 하는 것이 아니라 주택을 공급하고, 건설을 촉진함으로써 그 욕구를 채우려고 행동한다. …… 그러나 주택의 부족을 위협하는 것은 그대로 쓰라리게 남는다. 거주의 진짜 역경은 단지 주택의 부족에 있지 않다. …… 진짜 역경은 유한한 삶을 사는 인간들이 거주의 본성을 도대체 새로이 찾으려 들지 않는다는 데 있으며, 거주의 의미를 반드시 알아야만 한다는 데 있다. …… 인간이 거주의 진짜 역경을 여전히 역경으로 생각조차 하지 않는다는 데 인간의 고향 상실(Heimatlosigkeit, 존재의 진리 망각)이 있다.

네그리와 하트(Negri and Hardt, 2009)는 단순히 방어하는 것이 아니라 삶의 새로운 형태를 생성시키는 이상적인 것으로서 공유적인 것을 위치시키고 있다. 그것도 같음의 범주가 아니라 특이성들의 긍정(affirmation of singularities), 즉 다중에서 발견할 수 있는 전위 정치로부터 더욱 전진하기 위해 특이성에 기초한 공유적인 것을 생각하고 실천하는 활동을 강조하고 있다. 도시 인클로저와 공유화의 변증법적 관계는 오늘날 실존으로서 거주의 문제를 사유하고 해결하는 데 하나의 중요한 접근법을 제공한다.

참고문헌

강현수. 2010. 『도시에 대한 권리: 도시의 주인은 누구인가』. 책세상.

김서기. 2012. 「재산권 개념의 변화: 맥퍼슨의 이해를 중심으로」. ≪법조≫, 61(6), 189~224쪽.

김용창. 2012a. 「미국 도시재생사업과 사유재산권 보호의 차별: 법제지리학의 관점」. ≪대한지리학회지≫, 47(2), 245~267쪽.

_____. 2012b. 「미국 도시개발 사업에서 사적 이익을 위한 공용수용: 연방 및 주 대법원 판례를 중심으로」. ≪국토연구≫, 74, 127~148쪽.

_____. 2015a. 「신자유주의 도시화와 도시 인클로저(I): 이론적 검토」. ≪대한지리학회지≫, 50(4), 431~449쪽.

_____. 2015b. 「불확실성시대, 실존으로서 거주(Wohnen)와 토지주택은행정책」. ≪부동산시장조사분석≫, 11, 60~68쪽.

서도식. 2010. 「존재의 토폴로지: M. 하이데거의 공간 이론」. ≪시대와 철학≫, 21(4), 221~249쪽.

오호진. 2015. 「존 클레어의 엘레지(Elegy) 연구: 인클로저와 헬프스톤」. ≪영어영문학≫, 20(3), 139~163쪽.

이계수. 2014. 「도시민의 불복종과 도시법의 도전」. ≪민주법학≫, 56, 137~178쪽.

장성현. 2013. 「존 클레어의 '푸른 언어'와 그 한계: 클레어의 인클로저 저항시 읽기」. ≪문학과환경≫, 12(2), 195~217쪽.

田代正一. 2007. 「イギリスにおける土地所有の近代化と地主制の形成」. ≪鹿兒島大學農學部學術報告≫, 57, 37~47쪽.

Amaral, C. 2015. "Urban enclosure: Contemporary strategies of dispossession and reification in London's spatial production." http://www.enhr.net/pastwinners.php

Balaban, U. 2011. "The enclosure of urban space and consolidation of the capitalist land regime." *Urban Studies*, 48(10), pp. 2162~2179.

Birch, K. and M. Siemiatycki. 2016. "Neoliberalism and the geographies of marketization:

The entangling of state and markets." *Progress in Human Geography*, 40(2), pp. 177~198.

Blomley, N. 2008. "Enclosure, common right and the property of the poor." *Social and Legal Studies*, 17(3), pp. 311~331.

Borch, C. and M. Kornberger. 2015. *Urban Commons: Rethinking the City*. Routledge.

Cohen, C. E. 2006. "Eminent domain after Kelo v. City of New London: An argument for banning economic development takings." *Harvard Journal of Law and Public Policy*, 29(2), pp. 491~568.

Coughlin, M. J. 2005. "Absolute deference leads to unconstitutional governance: the need for a new public use rule." *Catholic University Law Review*, 54(3), 1001~1038.

De Angelis, M. 2007. *The Beginning of History: Value Struggles and Global Capital*. Pluto Press.

Deller, S., A. Hoyt and Sundaram-Stukel, B. 2009. *Research on the Economic Impact of Cooperatives*. University of Wisconsin Center for Cooperatives.

Dickerson, A. M. 2009. "The myth of home ownership and why home ownership is not always a good thing." *Indiana Law Journal*, 84(1), pp. 189~237.

Dyal-Chand, R. 2011. "Home as ownership, dispossession as foreclosure: The impact of the current crisis on the American model of 'home'." in L. Fox O'Mahony and J. Sweeney(eds.). *The Idea of Home in Law: Displacement and Dispossession*. Ashgate. pp. 41~54.

Harvey, D. 2003. *The New Imperialism*. Oxford University Press.

_____. 2012. *Rebel Cities: From the Right to the City to the Urban Revolution*. Verso.

Heidegger, M. 2001. "Building, dwelling, thinking, in Poetry, Language, Thought." *Harper Perennial Modern Classics*, pp. 141~159.

Hodkinson, S. 2012. "The new urban enclosures." *City*, 16(5), pp. 500~518.

Hodkinson, S. and Essen, C. 2015. "Grounding accumulation by dispossession in everyday life: The unjust geographies of urban regeneration under the Private Finance Initiative." *International Journal of Law in the Built Environment*. 7(1), pp. 72~91.

IMF. 2009. "From Recession to Recovery: How Soon and How Strong?" *World Economic Outlook: Crisis and Recovery*.

Immergluck, D. 2016. "Foreclosures and neighborhoods: The shape and impacts of the U.S. mortgage crisis." in G. W. McCarthy, G. K. Ingram and S. A. Moody(eds.). *Land and the City*. Lincoln Land Institute, pp. 203~231.

Jacobs, H. M. 2013. "Private property and human rights: A mismatch in the 21st century?" *International Journal of Social Welfare*, 22(1), pp. 85~101.

Jacobus, R. 2015. *Inclusionary Housing: Creating and Maintaining Equitable Communities*. Lincoln Institute of Land Policy.

Jeffrey, A., McFarlane, C. and A. Vasudevan. 2012. "Rethinking enclosure: Space, subjectivity and the commons." *Antipode*, 44(4), pp. 1247~1267.

Kenna, P. 2011. "Can international housing rights based on public international law really impact on contemporary housing systems?" in L. Fox O'Mahony and J. Sweeney (eds.). *The Idea of Home in Law: Displacement and Dispossession*. Ashgate, pp. 133~164.

Mackenzie, A. F. D. 2013. *Places of Possibility: Property, Nature and Community Land Ownership*. Wiley-Blackwell. Oxford.

Mansfield, B. 2008. *Privatization: Property and the Remaking of Nature-Society Relations*. Blackwell Publishing.

Marx, K. 1954. *Capital: Vol. 1*. Progress Publishers.

McFarlane, C. 2011. "The city as assemblage: Dwelling and urban space." *Environment and Planning D*, 29(4), pp. 649~671.

McKenzie, E. 2016. "The relationship between the rise of private communities and increasing socioeconomic stratification." in G. W. McCarthy, G. K. Ingram and S. A. Moody(eds.). *Land and the City*. Lincoln Land Institute, pp. 361~389.

Midnight Notes Collective. 1990. "Introduction to the new enclosures." *Midnight Notes*, 10, pp. 1~9. http://www.midnightnotes.org/mnpublic.html

Morsink, J. 1999. *The Universal Declaration of Human Rights: Origins, Drafting, and Intent*. University of Pennsylvania Press.

Neeson, J. M. 1993. *Commoners: Common Right, Enclosure and Social Change in England, 1700~1820*. Cambridge University Press.

Negri, A. and M. Hardt. 2009. *Commonwealth*. Harvard University Press.

Parr, A. 2015. "Urban debt, neoliberalism and the politics of the commons." *Theory, Culture & Society*, 32(3), pp. 69~91.

Peck, J., N. Theodore and N. Brenner. 2013. "Neoliberal urbanism redux?" *International Journal of Urban and Regional Research*, 37(3), pp. 1091~1099.

Perelman, M. 2000. *The Invention of Capitalism: Classical Political Economy and the Secret History of Primitive Accumulation*. Duke University Press.

Rosler, M. 2012. "The Artistic Mode of Revolution: From Gentrification to Occupation." *e-flux*, 33(3). http://www.e-flux.com/issues/33-march/.

Sevilla-Buitrago, A. 2015. "Capitalist formations of enclosure: Space and the extinction of the commons." *Antipode*, doi: 10.1111/anti.12143, pp. 1~22.

Sheila, F. and C. Iaione. 2016. "The city as a commons." *Yale Law and Policy Review*, 34(2), pp. 1~64.

Soja, E. 2010. *Seeking Spatial Justice*. University of Minnesota Press.

UN-Habitat. 2008. *Secure Land Right for All*. UN-Habitat.

Vasudevan, A. 2015. *The autonomous city: Towards a critical geography of occupation*. Progress in Human Geography, 39(3), pp. 316~337.

Vasudevan, A., C. McFarlane and A. Jeffrey. 2008. "Spaces of enclosure." *Geoforum*, 39(5), pp. 1641~1646.

Wordie, J. R. 1983. "The chronology of English enclosure, 1500~1914." *Economic History Review*, 36(4), pp. 483~505.

투기적 도시화, 젠트리피케이션, 도시권

신현방 | 런던정치경제대학교 지리환경학과 교수, H.B.Shin@lse.ac.uk

최근 1~2년 사이, 한국에서 젠트리피케이션은 신문이나 온라인매체에서 종종 등장하는 표현이 되었다. 서울의 경우, 북촌, 상수동, 연남동, 경리단길, 삼청동 등 소위 말하는 뜨는 지역이 젠트리피케이션의 주요 현장으로 지적되곤 한다. 2015년 10월에는 〈힐링캠프〉라는 TV프로그램에 유명 가수가 등장해 젠트리피케이션의 폐해를 지적하기도 했다. 언론매체에서 언급되는 젠트리피케이션은 주로 주거지역의 상업화 또는 기존 상업지역에서의 영세 자영업자의 내몰림 현상으로 이해되고 있으며, 그 과정에서 발생하는 소상인 등 상가세입자, 문화예술인 등의 불만을 담고 있다. 그들의 불만은 도시재생이 부동산 중심의 도시개발, 젠트리피케이션과 등치되면서 겪게 되는 소외, 불평등한 처지를 반영한 것이라 할 수 있다. 이러한 모습은 이전까지는 학술지 등에서나 가끔 논의의 대상이었던 젠트리피케이션이 학술적 용어에서 벗어나 도시공간의 불평등한 변화를 지칭하는 하나의 사회적 언어로 자리매김하고 사람들의 관심사가 되었음을 의미한다. 이는 또한 실천적 대안을 마련하기 위해 학문적 논의와 도시운동이 만나야 할 필요성을 제기하는 것이기도 하다.

서구의 경험을 토대로 한 기존 연구에서는 젠트리피케이션이 다양한 형태로 드러남을 알 수 있는데(Lees et al., 2008 참조)[1], 한국에서 최근 회자되는 젠트리피케이션은 부동산 축적구조의 위기로 인해 위험성이 큰 대규모 신축 개발보다 국지적 개별자본의 이해가 더욱 반영된 상업 젠트리피케이션이 도시공간 재편을 주도한 결과로 파악할 수 있다. 즉, 2000년대 초반까지 이루어졌던 대규모 기획에 의한 도시개발이 더 이상 힘들어짐에 따라 부동산 자산축적이 새로운 국면에 들어섰고, 이에 따라 대규모 개발에 따른 신축 젠트리피케이션보다는 국부적·선택적 투자 대상으로 상업 부동산이 좀 더 관심을 받고 이에 따라 상업 젠트리피케이션이 젠트리피케이션의 주요 형태로 자리매김한 것으로 생각해볼 수 있다.

젠트리피케이션이 비록 최근에서야 집중적으로 여론에 등장했고 그 이전에는 학술적 용어로만 사용되었다 해도 압축적이면서 투기적인 도시화 과정을 겪은 한국에서, 부동산이 자산축적의 주요 수단으로 지난 수십 년 동안 기능해온 한국에서 도시민의 삶은 오랜 기간 본질적으로 젠트리피케이션으로 지칭되는 변화 흐름에 지배되었다고 할 수 있다. 한국 자본주의 체제에서 도시공간의 재편은 지대 변화를 촉진하고, 더 높은 지대에 기반을 둔 지대 차익을 획득하기 위한 개발 행위는 기존 원주민을 포함한 토지 이용자의 비자발적 이주, 즉 강제 축출을 초래해 사회적·공간적 양극화 같은 도시문제를 유발했는데, 이러한 과정 자체가 젠트리피케이션에 다름 아니기 때문이다.

위와 같은 문제의식에 의거해 이 글에서는 이러한 젠트리피케이션 논의가 한국 도시화 맥락에서 어떻게 이해될 수 있는지를 우선 고찰하고, 도시정의

---

1) 젠트리피케이션 발생 지역의 주된 용도를 기준으로 주거지 젠트리피케이션 및 상업 젠트리피케이션으로 구분하기도 하며, 누가 주도했는지를 기준으로 국가 주도형 젠트리피케이션 또는 예술가 주도형 젠트리피케이션을 논의하기도 한다. 또한 현지 건축물을 개량·보수해서 새로운 용도로 전환한 것이 아니라 철거 후 신축을 했을 경우, 고전적인 젠트리피케이션과 구분해 신축 젠트리피케이션이라고 일컫는다.

관점에서 사회적 약자의 도시권 쟁취를 위해 젠트리피케이션 논쟁이 어떤 기여를 할 수 있는지를 다루려 한다. 결론에 앞서 마지막으로 대안적 도시정책 관점에서 반(反)젠트리피케이션을 위한 연대에서 연대의 중요 당사자는 누구일지를 실험적으로 살펴보고 글을 맺는다.

1. 젠트리피케이션과 축출의 정의

젠트리피케이션이라는 용어는 1964년 영국의 사회학자 루스 글래스(Ruth Glass)가 처음 사용한 것에서 유래한다(Glass, 1964). 런던 도심의 노동자계급 거주 지역이었던 동네가 개별 주택의 점진적 개량 보수 등을 통해 중산층 동네로 인구 구성과 경관의 질적인 변화를 겪는 것을 보고 젠트리피케이션이라고 지칭했던 것이다. 이는 노동자계급 거주 인구가 축출되는 부정적 현상을 설명하기 위함이었다. '젠트리'라는 영국의 특정 사회계급이 지주로서 지대라는 불로소득을 얻어 상대적으로 안락한 생활을 하는 것을 비꼬고자 젠트리라는 용어를 도입해 젠트리피케이션이라는 개념을 만든 것이라 이해할 수 있다. 이에 따라 젠트리피케이션은 낙후된 곳이 멋진 곳으로 변화는 것을 설명하려 하기보다는, 기존 토지 사용자가 외부에서 유입된 새로운 사용자에 의해 밀려나고, 부동산 가치 상승에 따른 이익을 신규 전입자가 전유하는 것을 비판적으로 이해하려는 개념이었던 것이다. 레이와 테오(Ley and Teo, 2014)가 2014년 논문에서 언급했듯이, 젠트리피케이션은 "퇴거, 주민의 축출, 철거 및 재개발을 아우르는 물리적·사회적 변화를 일관되게 설명할 수 있는 이론적 일관성 및 비판적 시각을 제공한다".

젠트리피케이션은 태생부터 객관적 현상에 대한 기술이라기보다는 비판적 시각으로 도시공간의 변화를 설명하려는 노력에서 비롯되었다. 그러한 맥락에서 일부에서 얘기하는 것과 같은 '좋은 젠트리피케이션'은 형용모순이라 할 수 있다. 하지만 낙후지역의 개발 등을 통해 세수 증대를 바라는 지방정부, 부동산 개발이익을 노리는 부동산자본과 개별 소유주 입장에서는 젠트리피케이션이 더 큰 물질적 이득을 가져다준다는 측면에서 여전히 젠트리피케이션을 긍정적인 현상으로 이해하려는 시도가 존재한다(Lees, Slater and Wyly, 2008, 6장 참조). 일례로 ≪이코노미스트(The Economist)≫(2015)에 실린 어떤 기사는 젠트리피케이션이 도시 빈민에게 유익한 변화라고 강변한다. 이처럼 젠트리피케이션을 긍정적 도시 변화의 과정으로, '도시 회춘'의 과정으로 이해하려는 시각은 기존 토지 소유주 일부 및 대다수 점유자(이 글에서는 이 둘을 통틀어 토지 이용자라 일컫는다)의 축출이라는 부정적 현상을 간과함으로써 젠트리피케이션 개념이 지녔던 본래의 비판적 의미를 탈색하고 해당 개념이 오히려 객관적이고 가치중립적이거나 긍정적인 현상을 지칭하는 것으로 개념의 계급적 변형 시도가 이루어진 것으로 봐야 할 것이다(Slater, 2006 참조).

클라크(Clark, 2005)가 지적하듯이, 젠트리피케이션이라는 개념은 1964년에 처음 등장했다 해서 젠트리피케이션이라는 현상이 1964년 이후에만 존재하고 그 이전에는 존재하지 않았다고 할 수는 없다. 이는 또한 젠트리피케이션이라는 개념이 사용되기 전에는 동일하거나 비슷한 현상이 다른 표현으로 불렸을 가능성도 내포한다. 비슷한 맥락에서 데이비드 레이(David Ley)와 그의 동료 역시 홍콩의 젠트리피케이션을 고찰하는 논문(Ley and Teo, 2014)에서 젠트리피케이션이라는 용어가 여전히 홍콩에서는 낯설고 제한적으로 사용되지만, 그렇다고 해서 홍콩이라는 도시의 변화 과정에서 젠트리피케이션 현상이 부재함을 의미하는 것은 아니라고 지적하고 있다.

초창기 젠트리피케이션은 점진적 주택 개량 위주의 주거지 젠트리피케이션으로 이해되었지만, 이후 전개된 여러 시공간의 경험을 토대로 살펴볼 때 젠트리피케이션이 다양한 형태로 발생한다는 것을 알 수 있다. 지대 차이에 근거한 개발이익의 추구는 단지 주거지역에만 국한되는 것이 아니며, 이는 상업지역에서 발생할 수도 있고, 농촌지역에서 발생할 수도 있다. 젠트리피케이션은 처음 제기될 때만 해도 점진적인 개량 보수 위주로 다루어졌는데, 이제는 이뿐만 아니라 전면 철거 재개발을 통해 대단위 단지가 들어서는 것 역시 젠트리피케이션의 한 형태로 이해할 수 있을 것이다(Davidson and Lees, 2005). 1980년대 이후 서구 도시에서는 부동산정책이 경제정책의 기본이 되고 금융화 수법이 고도화되면서 전면 철거, 상업적 재개발 같은 대규모 철거 재개발이 많이 벌어졌으며(Hackworth and Smith, 2001), 이에 따라 신축 젠트리피케이션이 확대되었던 것이다. 이는 한국사회에서도 오래전부터 너무나도 익숙한 형태의 발전 방식이었기에 낯설지 않다(Shin, 2009; Shin and Kim, 2016).

그렇다면 젠트리피케이션을 어떻게 정의할 것인가? 루스 글래스 이후 젠트리피케이션에 대한 여러 논의가 있었지만, 그중에서도 에릭 클라크(Eric Clark)의 정의가 가장 간결하면서도 핵심적 의미를 담고 있다고 여겨진다. 그에 따르면 "젠트리피케이션은 고정자본의 재투자를 통해 건조환경의 변화가 이뤄지고, 이에 동반해 기존 토지 이용자가 더 높은 사회경제적 지위를 가진 신규 이용자에 의해 대체되는" 과정이라 한다(Clark, 2005: 263). 좀 더 구체적으로 살펴보면(Lees, Shin and López-Morales, 2016 참조), 젠트리피케이션은 지대 차이에 따른 개발이익을 극대화하기 위한 자본의 투자 또는 재투자를 포함하고, 이 과정에서 더 높은 소득 계층이 유입됨으로써 지역사회 계급구조가 변화하며, 기존 토지 이용자(토지 및 가옥 소유자뿐만 아니라 주거세입자, 상가세입자 등 점유자도 포함)의 축출(displacement)을 수반하는 과정을 아우른다고 할 수 있다.[2] 개발이익을 극대화하기 위해서 공간의 상품화가 적극 추진되며, 여기에는 특히 시장경제에 편입되지 않았던 공공임대 주택단지나 비공식 주거공간 등이 해체되고 그 과정에서, 해당 토지가 시장경제에 편입되어 상업적 개발이 이루어지는 과정 등이 포함된다. 그리고 지대 차이란, 지금 현재의 토지 사용에 기반을 둔 지대를 '실현된 지대'라 하고, 그 토지가 좀 더 높은 효율과 이익을 극대화하는 방향으로 쓰일 때 얻을 수 있는 지대를 '잠재적 지대'라고 했을 때, 이 두 지대의 차이를 지칭한다(Smith, 1979; Shin, 2009 및 López-Morales, 2011 참조). 이 차이가 점점 벌어질 때, 어떤 한 지역의 젠트리피케이션이 발생하기 위한 물리적 환경이 조성된다. 단, 이러한 물리적 조건이 충족된 모든 곳에서 젠트리피케이션이 일어나는 것은 아닌데, 결국엔 사회정치적 관계, 투쟁 그리고 여러 권력관계의 비대칭에 의거해서 물리적 조건의 전환, 즉 젠트리피케이션의 발생 여부가 결정된다고 이해할 수 있다.

축출의 문제는 사실 젠트리피케이션 정의를 위한 가장 핵심적인 사항이다.3) 하지만 축출에 대한 이해 역시 많이 부족하고 이러한 이해의 부족이 도시 정책 한계로 이어지기도 한다. 크게 보면 축출은 어느 한 공간에서 다른 공간으로의 물리적 이동이 수반되는 물리적 축출도 포함하고, 나아가 현상학적 축출도 포함한다. 마르쿠제(Marcuse, 1985)는 축출을 논의하면서 다양한 개념을 제시했는데, 여기에는 최종 거주자의 축출(last-resident displacement), 연쇄 축출(chain displacement), 배제적 축출(exclusionary displacement) 등이 포함되며4), 축출 압력 역시 중요한 연구 대상으로 삼아야 한다고 역설한다.

---

2) 원주민이 타 지역으로 이동하는 것을 이주라고 지칭하기도 한다. 그런데 이주가 가치중립적인 표현이라면, 축출은 외부적 강압, 압력에 의한 이주를 지칭하기에 좀 더 현실에 적합한 번역이라고 생각해, 영어 표현인 'displacement'를 축출로 번역했다

3) 이러한 의미에서 지난 2016년 5월, 국립국어원이 젠트리피케이션을 대체할 우리말로 '둥지내몰림'이라는 표현을 제안한 것은 기존 토지 이용자의 축출이라는 핵심적 측면에 주목했다는 점에서 의미가 있다고 할 수 있다.

4) 최종 거주자 축출은 조사 시점에서 최종적으로 거주했던 주민의 축출을 지칭하는 것으로서, 예를 들어 재개발 과정에서 공식 통계로 집계하는 이주 세대 숫자가 최종 거주자 축출 규모라고 이해할 수 있다. 물론 이 경우 공식 통계에 잡히지 않는 비공식 거주 세대

물리적 축출과 대비되는 개념으로 최근 논의되기 시작한 것이 현상학적(phe-nomenological) 축출인데, 이는 개발 이후 지역이 너무 많이 변해서 자기가 살아왔던 공간에 대한 공감을 더 이상 느끼지 못하고 소외되고 고립되는 현상을 지칭한다(Davidson and Lees, 2010). 이에 따르면 재개발, 재건축 과정에서 원주민이 재수용되더라도, 그들이 사회적 관계에서 고립된다면 이 역시 축출로 봐야 한다. 물리적 축출과 현상학적 축출에 덧붙어 더 고민해봐야 할 지점은 과연 축출이 언제부터 시작되는가라는 점이다. 셀레스티나의 연구(Celestina, 2016)에 따르면, 물리적 축출이 이뤄지진 않더라도 '공간에 대한 감각(senses of place)' 등이 여러 요인에 의해 변형되고, 이러한 변형이 물리적 축출에 선행하여 원주민의 공간으로부터의 정서적 분리가 이뤄진다고 한다. 이러한 과정은 과연 축출의 시점을 어디서부터 잡아야 하는가라는 질문을 던지게 한다. 마찬가지로 물리적 축출 이후 정착지에서 새로운 인적네트워크를 형성하고 해당 지역의 사회적·경제적 환경에 적응하기까지 많은 시일이 소요된다는 점에서 축출의 과정이 언제 종료되는지에 대해서도 깊이 생각해봐야 할 것이다(Shin, 2008 참조). 따라서 젠트리피케이션 방지 정책을 수립할 때에는 물리적·현상학적 축출을 이해하는 것뿐 아니라 축출의 시작과 종료 시점이 언제인지도 함께 고민해야 할 것이다.

등도 실질적으로는 최종 거주자 축출에 합산되어야 할 것이다. 연쇄 축출은 최종 거주자 축출이 발생하기 이전 거주했던 이들의 축출을 지칭하는데, 해당 지역이 선호 주거지역이지만 철거 개발 등의 이유로 부딪칠 불편함과 어려움 등을 미리 피하고자 타 지역으로의 비자발적 이주를 결정한 이들의 축출을 지칭한다. 개발의 기간이 길어질 경우 연쇄 축출의 규모 역시 커질 것이라고 예상할 수 있다. 배제적 축출은 적정 주거지역이 개발 등의 이유로 소멸되면서 적정 주거지역의 축소 같은 문제가 일어나 겪는 간접적 축출을 의미한다. 이 경우 잔존 적정 주거지역에 대한 수요가 증가해서 임대료가 오르더라도 불가피하게 높은 임대료를 부담하면서도 해당 지역에 계속 거주를 해야 하는 상황에 직면하기도 하며, 이 때문에 빈곤 집중 지역이 형성될 수도 있는데, 이 모두 배제적 축출의 결과로 이해할 수 있다(Marcuse, 1985 참조).

앞서 젠트리피케이션에 대한 정의를 설명했지만, 젠트리피케이션의 동인과 정의는 여전히 학술논쟁에서 끊이지 않고 거론된다. 특히 닐 스미스(Neil Smith)가 제시한 '지대 차이(Rent Gap)' 이론은 여전히 논쟁의 대상이 되고 있다(Smith, 1979). '지대 차이' 이론은 1970년대 스미스가 '자본의 회귀'라는 명제로 자본축적 관점에서 젠트리피케이션의 발생을 설명하고, 이것의 이론적 근거로 제시했는데, 이는 종종 경제결정론으로 치부되는 경향이 있다. 즉, 어느 지역의 물리적 환경이 변하고, 이에 따라 지대 차이가 발생하며, 이 지대 차이가 극대화되었을 때 자동적으로 재투자가 이루어지고 원주민이 축출되면서 젠트리피케이션이 발생한다고 도식화되어 설명되고 비판의 대상이 되는 것이다. 하지만 물질적 환경의 성숙이 젠트리피케이션의 발생을 자동으로 결정한다는 비판은 스미스 주장을 오역한 것이라고 봐야 할 것이다. 스미스는 젠트리피케이션에 대항하기 위한 사회정치적 투쟁의 중요성을 강조했는데(Smith, 1996), 이는 물질적 환경이 아무리 성숙했다고 하더라도, 즉 지대 차이가 극대화됐다고 하더라도 다양한 사회정치적 요인 때문에 젠트리피케이션이 촉진 또는 저지될 수 있다는 점 역시 시사하며 실천의 가능성을 제공한다 하겠다.

스미스의 경우, 서구 후기산업도시가 건조환경의 쇠퇴, 낙후 같은 이유로 부동산의 가치저하를 겪고, 이것이 시간이 지남에 따라 불균등 발전에 따른 지대 차이를 발생시킨다고 주장하고 있다(Smith, 1996). 따라서 스미스의 지대 차이 이론은 부동산이 경제정책의 주요 축으로 자리 잡은 1970~1980년대 이후 서구 후기산업도시에서 특히 유의미한 이론틀로 여겨질 수 있지만, 차별화된 도시화의 과정을 밟는 비서구 도시에서는 지대 차이가 발현하는 방식이 다소 변형되어 설명되어야 할 것으로 보인다.[5] 특히 한국에서는 1980년

---

5) 비서구 도시화 과정에서의 젠트리피케이션 대두에 대해서는 리스와 신현방, 로페즈-모랄레스(Loretta Lees, Hyun Bang Shin and Ernesto López-Morales)의 2016년 공저 참조.

대 초반부터 경험했던 도시재개발과 재건축 과정이 젠트리피케이션 그 자체라고 할 수 있다. 20세기 중반 이후 도시화와 산업화를 압축적으로 경험했던 한국에서 부동산은 경제정책과 국토계획에서 중요한 역할을 담당했는데, 정부가 적극적으로 개입해서 경제정책을 짜고 도시정책을 폈으며 그 과정에서 자본과 정치권력이 연합해 발전을 추구하고 개발 수익을 극대화했다. 이 과정에서 사회간접시설에 대한 소위 '생산적 투자'가 이루어지고, 인구 증가와 중산층 증대에 따른 주택 수요의 증대한 상황 등은 주택의 노후화에 따라 지대 차이가 발생한 결과라기보다는 잠재적 지대의 급증에 따른 지대 차이의 확대가 더 큰 요인이라고 할 수 있다. 이러한 과정은 산업화가 도시화에 종속되는 1980년대 이후 부동산 축적체제의 성립으로 이어지는 것으로 판단되는데, 이에 대해서는 다음 절에서 좀 더 다루도록 하겠다.

2. 한국에서의 투기적 도시화: 사람보다 부동산

1970년대를 거치며 자본축적의 내재적 모순이 극대화되고 이에 따른 축적 위기를 겪은 서구 도시에서는 위기를 타개하기 위한 일환으로 부동산 개발이 도시정책의 주요 수단으로 대두하기 시작한다. 페인스틴(Fainstein, 2001: 218)은 1980년부터 2000년 사이 뉴욕과 런던의 도시개발 경험에 대한 연구를 토

정치경제학적 관점에서 쓰인 이 책은 자본의 건조환경에 대한 투자, 특히 부동산에 대한 투자가 경제정책 수단으로 적극 활용되고 있는 현대 도시의 특성을 지적하고, 이러한 현상이 서구뿐만 아니라 비서구 발전국가에서도 점차 중요성을 가지는 점, 그리고 이에 비례해 젠트리피케이션 역시 도시화의 중요 과정으로 대두되고 있다는 점을 설명하고 있다. 나아가 공간의 다양성과 불균등 발전에 착안해, 도시화 과정 역시 다양함을 인정하고 젠트리피케이션으로 이해할 수 있는 도시화 과정이 기타 도시화 과정과 어떤 상호작용을 하는지, 어떤 과정이 더욱 지배적인지를 구체적으로 이해하는 것을 강조하고 있다.

대로 "경제성장 전략으로서 부동산 개발에 대한 과도한 의존"이 이들 대도시에서 도드라진 현상으로 나타남을 지적한다. 1970년대 이전까지의 전후 부동산 개발, 특히 주택개발의 경우 국가가 공급한 공공주택이 대규모 투자의 주요 대상이었다면, 국가의 자본재 투자 및 복지 지출 역량이 현저히 줄어든 1970년대 이후 부동산 투자는 이윤 극대화를 추구하는 방향으로 바뀌며, 이에 따라 부동산정책이 도시 정책의 주요 수단으로 자리 잡은 것이다. 앨런 코크레인(Alan Cochrane)은 2007년 글에서 도시정책의 세계화를 다루면서 현시대 도시정책의 초점이 '건조환경을 통한 축적'에 맞추어져 있다고 주장한 바 있다(Cochrane, 2007). 특히 지대 이익 추구에 따른 다양한 도시 제 세력의 연합을 지적한 로건과 몰로치(Logan and Molotch, 1987)의 주장은 부동산정책을 추구하는 과정에서 단지 정치 및 경제 부문의 엘리트뿐 아니라 다양한 이해당사자가 성장 및 지대 이익 추구를 위해 전통적인 노동-자본의 대립마저 극복할 수 있음을 시사한다.

하비(Harvey, 1978)의 도시 축적 위기론에 비추어 설명하자면, 서구 자본주의의 위기는 우선 자본축적의 1차 순환 구조에서 일어난 위기라 할 수 있는데, 이는 이윤율 저하에 따른 과잉생산과 잉여노동력 팽창으로 표현된다. 이를 타개하기 위한 방책으로 잉여자본을 건조환경에 생산적으로 투자함으로써(spatial fix) 사회간접시설 등을 확충하고 미래 축적 역량의 강화를 추구하며, 다른 한편으로는 부동산에 투자함으로써 투기적 이윤을 획득하려고 노력한다. 이는 축적 위기의 타개책으로 자본축적의 2차 순환 구조(secondary circuit of capital accumulation)가 부상함을 의미하는데, 르페브르(Henri Lefebvre, 2003)와 하비(Harvey, 1978) 모두 이러한 2차 순환 구조의 부상을 현대 자본주의가 제시하는 주요 성장 전략의 일환으로 이해하고 있다. 특히 르페브르(Lefebvre, 2003)는 '도시혁명'이라는 글에서 산업생산으로 대변되는 1차 순환이 쇠퇴하면서 부동산이라는 2차 부문이 잉여가치 생산의 주요 원천이 된다고 지적하고 있다. 부동산 투자의 확대는 결국 젠트리피케이션이 더 이상 주택 개량을 통한 점진적 과정으로서 제기되는 것이 아니라, 다양한 규모의 자본 투자를 통해 주거지역, 상업지역, CBD 등에서 모두 일어날 수 있음을 의미한다. 수전 페인스틴(Susan Fainstein)의 지적처럼 경제성장 전략의 주요 수단으로 부동산 개발이 이용된다면, 젠트리피케이션 역시 성장 중심주의 도시정책의 주요 수단이 될 수 있음을 의미한다.

지금까지 언급한 현상이 주로 산업의 쇠퇴를 겪은 서구 도시의 모습을 지적한 것이라면, 도시화 과정과 산업화 과정을 압축적으로 겪은 발전국가의 경우 서구에 비해 좀 더 복잡한 과정을 거쳐 도시화 및 산업화와 관계 맺음을 경험한다고 할 수 있다(Shin, 2014 참조). 여기서 도시화는 단지 전체 인구 대비 도시 인구의 증가로 대변되는 것이 아니라, 건조환경에 대한 다양한 형태의 투자가 자본축적으로 이어지는 제 과정을 지칭하며 이를 촉진하기 위해 수반되는 정치적·사회적·경제적 변화를 포함한다(Shin, in press 참조). 발전국가에서의 도시화 및 산업화 관계 맺음을 생각할 때 여러 가지 변수가 존재할 수 있을 것이다. 첫째, 도시화는 급속히 진행되지만 산업화는 이에 미치지 못하는 상태를 생각해볼 수 있다. 이 경우 산업화를 통한 경제발전은 미진하지만 기존 도시 또는 그 주변 지역으로 인구가 급속히 유입되는 모습이 여기에 해당한다고 할 수 있다. 한국의 경우 1950년대나 1960년대 급속하게 농촌 인구가 도시로 유입되면서 서울에 판자촌과 달동네가 대규모로 형성된 것이 적절한 예다(김수현, 2011; 싱가포르 사례는 Loh, 2013 참조). 둘째, 도시화와 산업화가 상호작용하면서 동시에 급속히 진행되는 경우를 생각해볼 수 있다. 동아시아 발전국가의 압축적 산업화 경험이 여기에 해당한다. 도시화에 따른 급속한 인구 증가는 저임금 노동력에 기반을 둔 노동집약적 산업 발전을 동반하고, 국가주도형 산업단지의 건설 등을 통해 중화학공업 발전에 필요한 노동력의 주거시설을 확충하면서 야기되는 도시화 등을 생각해볼 수 있겠다.

예를 들어 경제특구의 조성을 통해 산업화를 도모하고, 여기에 종사하는 노동자 및 그 가족을 수용하기 위해 주거지를 신설하거나 확충하는 방식이 있을 것이다(Park, 2005). 여기서 방점은 산업화에 찍을 수 있으며, 발전국가가 주도하는 산업화에 도시화 과정이 종속된다고 볼 수 있다. 한국의 경우, 1970년대 말, 1980년대 초반까지의 도시화가 이에 해당한다고 생각된다(〈그림 11〉 참조). 이 시기 한국의 도시 발전은 서울의 경우 기존 판자촌, 달동네 등의 철거를 추진했으나 여의치 않자, 최대한 이들 비공식 주거지역의 추가 건설 및 확산을 방지하는 정책을 한 축으로 하고(Mobrand, 2008) 공식 부문 주택의 대량 보급을 위한 아파트촌의 건설을 다른 한 축으로 했다(장경석, 2006).[6]

1980년대 중반 이후 산업생산에서의 이윤율 저하를 경험한 한국은 도시화와 산업화의 관계맺음에서 질적인 변화를 겪는다. 특히 선행연구(Shin, 1998에서 인용한 Jang, 1995 참조)에 따르면 제조업 산업의 순 이윤율이 지속적으로 저하되는 경향을 보인다. 즉, 1963년부터 1971년 사이 39.7%에 달했던 순 이윤율이 1972년부터 1980년 사이에는 27.7%, 1981년부터 1990년 사이에는 16.9%로 급속히 저하된 것으로 조사되었다. 이러한 국내 제조업 산업의 순 이윤율 저하는 한편으로는 생산설비의 해외 이전 추진으로 이어지며, 다른 한편으로는 부동산 가격의 급등에 기댄 기업의 부동산 보유 확대 및 부동산 투자의 확대 등으로 이어진다. 이 경우, 도시화가 산업화에 종속되었다고 판단되는 고속 경제성장기와는 대비해서 산업화가 도시화에 종속되는 관계의 역전이 이뤄지는 것이다. 이 과정에서 부동산 투자의 극대화가 이뤄지고 부동산 투자를 통한 이윤 추구가 본격적으로 전개된다고 할 수 있다(Shin, 2016; Shin and Kim, 2016 참조).

---

6) 1983년 발간되어 당해 한국소설문학상을 수상한 신석상의 장편소설 『아파트 공화국』을 보면, 1970년대에 집중적으로 건설되기 시작한 아파트단지 내의 생활상을 엿볼 수 있다.

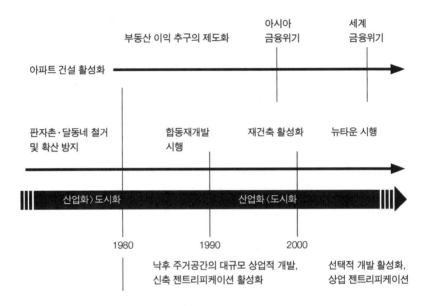

〈그림 11〉 한국 도시화 과정의 변천 및 주요 특징

1970년대 만성적인 주택 부족과 맞물려 신규 건설 주택에 대한 투기수요가 사회적인 문제로 대두되었는데, 1980년대 이후에는 부동산 자본축적구조에서 투기가 내재화되었다고 할 수 있다. 즉, 1980년대 이후 본격적으로 대두된 대규모 신도시 개발, 주택재개발, 재건축 사업의 확산은 모두 부동산 투자를 통한 건조환경 투자의 확대, 그리고 이로 대변되는 도시화의 확산으로 이해할 수 있다. 이러한 도시화의 근저에는 부동산 가격의 폭등과 이에 편승한 기업과 개인 모두의 투기적 시장 개입이 버티고 있다. 국토연구원 보고에 따르면(Jung, 1998: 141 참조), 1980년대의 경우 매년 10~20%의 토지가 손바뀜을 겪은 것으로 나타났다고 하는데, 이는 부동산 경기가 활황이었던 일본에 비해서도 무척 높은 수치였다.[7] 최근 언론매체의 보도에 따르면(하남현, 2015) 1964년 이후 50년간 한국의 부동산 평균지가는 2976배 증가했고, 이는

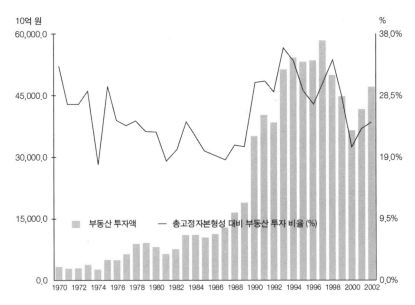

〈그림 12〉 한국 부동산 투자액 증가 추이, 1970~2002(년)

부동산 투자액   ── 총고정자본형성 대비 부동산 투자 비율 (%)

자료: The Bank of Korea(2004).

명목 GDP가 동 기간 1933배 증가한 것에 비교해서도 큰 폭의 증가이며, 같
은 기간 쌀이나 연탄 같은 생필품이 50~60배 정도 증가한 것을 고려한다면
가히 천문학적 증가라고 할 수 있다. 이처럼 부동산 부가 큰 폭으로 증가함에
따라 2013년 기준 국내 자산의 89%가 부동산 자산인 것으로 파악된다(하남
현, 2015). 이는 곧 투기로 이해할 수밖에 없는 공격적 부동산 투자가 일상화
될 수 있는 물적 토대를 제공한다. 이는 큰 위험을 동반하며, 이러한 위험은
국가뿐 아니라 자본도 직면하는 문제이고, 나아가 투기적 이윤을 추구하는
일반 가정 역시 직면하는 문제다. 이 과정에서 부동산에 보유자산의 상당 부

───────────────

7)   1987년의 경우, 일본에서는 주거용지 가운데 단 2% 거래되었다고 한다. Noguchi(1990)
     를 인용한 Jung(1998: 141) 참조.

분을 쏟아붓는 중산층의 경우, 국가 및 자본의 이해관계에 자신들의 이해관계를 합치시키는 모습을 볼 수 있으며, 이는 중산층을 진보적 사회변혁의 주체로 상정하는 기존 인식이 한계를 가짐을 나타낸다.

　한국에서는 1980년대 초반 시작한 합동재개발, 1990년 중반 본격적으로 대두된 재건축, 2000년대 초반 등장한 뉴타운 등은 모두 낙후지역이나 기존 주거지역을 개발함으로써 개발 이후 부동산 부의 극대화를 추구했다. 이러한 과정은 토지 이용의 변화가 기존 토지 이용자 대다수의 축출을 동반했다는 점에서 젠트리피케이션 그 자체라고 할 수 있다(이 글 220~221쪽 젠트리피케이션 정의 참조). 서울의 불량 주거지역 철거 및 신축 재개발, 다세대·다가구 집중 지역이나 저층 아파트의 고밀도 재건축 등은 1980년대 이후 사람보다 부동산이 더욱 강조되었던 서울의 개발 역사고, 이는 결국 젠트리피케이션의 역사였다. 단지 우리가 젠트리피케이션이라는 용어를 이용해서 개념을 정립하지 않았던 것이지, 젠트리피케이션은 한국 도시화 과정에서 내생적으로(endogenous) 발현한 것이라고 이해할 수 있다(Shin and Kim, 2016 참조). 이러한 개발 방식은 개발 이후 주택의 시세 차익 및 토지 가치 상승에 따른 지대 차이를 기반으로 한 개발이익을 극대화하기 위해 지방정부와 기업, 외지 가옥주 등이 개발연합을 형성해 젠트리피케이션을 추동한 것으로 해석할 수 있다. 이 과정에서 지역사회 인구 구성이 변하고, 국공유지의 부동산시장 편입 등을 통해 공간의 상품화가 이루어졌으며, 기존 토지 이용자인 현지 가옥주나 세입자 등은 대부분 외지로 밀려났다. 2000년대 초반 시작되어 광풍이 불었던 뉴타운 사업은 그 자체가 대규모 지역을 하나의 개발 대상 지구로 삼고, 이를 여러 소규모 구역으로 나누어 재개발, 재건축, 도심정비 등 다양한 개발 수법을 적용해 개발하려 했는데, 이러한 측면에서 뉴타운은 젠트리피케이션 종합 패키지라고 할 것이다. 정리하면 압축적 도시화와 산업화를 경험했던 한국에서 부동산은 경제정책, 국토계획에서 중요한 역할을 담당했으며, 정부는 여기에 적극적으로 개입하고 재벌 자본과 연합해 부동산 개발을 추진해 사람보다 부동산을 우선 중요하게 여기는 개발을 추진함으로써 이익을 극대화한 것이다.

서울 대부분의 지역이 1980년대 이래 각종 철거 재개발, 재건축 사업에 노출되었는데, 이에 직접적 영향을 받은 원주민의 규모 역시 상상을 초월한다. 아시아주거연합(Asian Coalition for Housing Rights, 1989a)이 발표한 바에 따르면 1983년에서 1988년 사이 올림픽 개최를 준비하던 서울에서 철거 재개발의 압력에 시달렸던 사람은 대략 72만 명으로 추산되는데, 이는 당시 서울인구의 10% 정도에 해당하는 규모였다. 또한 뉴타운이 처음 제기되었던 2000년대 초반, 뉴타운 개발 광풍에 노출되어 이주의 압력을 받은 인구가 서울인구의 8% 가까이 되는 것으로 나타났다(Shin and Kim, 2016). 전면 철거 재개발의 과정은 무척 억압적이었는데, 저항하는 세입자의 강제퇴거, 개발 비동의자 주거 수용 등이 직간접적인 폭력을 수반하며 이루어졌으며, 특히 부동산 소유주가 아니어서 현 개발 제도하에서는 재산권을 행사할 수 없는 세입자에 대한 폭력이 만연했다(Asian Coalition for Housing Rights, 1989b; 한국도시연구소, 1998).

급속히 추진되고 많은 지역을 포괄했지만 세계 금융위기 전후로 추진동력을 잃고 표류하게 된 뉴타운 사업은 한국 도시개발 및 부동산 개발에 여러 시사점을 전해주며, 나아가 신축 젠트리피케이션이 젠트리피케이션의 주요 형태였던 한국에서 이와는 다른 형태의 국지적 젠트리피케이션이 본격적으로 전개될 수 있는 여건을 제공했다. 최근 들어 종종 다루어지는 상업 젠트리피케이션은 대규모 개발의 기회가 제약된 상태에서 유휴 부동산자본이 건물 단위 재건축 등에 집중하고 재개발, 재건축을 비껴간 동네의 상업화로 이해할 수 있다. 이 경우 개별 자본의 성격(예를 들어 건물 매입을 통해 시세차익을 노리는 연예인 자본), 한국사회의 특수한 상거래 문화(근린공간의 임대차 관계에서 도드라지는, 권리금을 둘러싼 갈등 등이 여기에 해당한다) 등에 대한 고찰이 상업 젠트리피케이션의 성격을 이해하기 위해 필요할 것으로 보인다. 상업 젠트리피케이션 전개 과정에서도 폭력적 행태는 여전히 만연한 것으로 나타나는데, 이는 재개발, 재건축 같은 신축 젠트리피케이션 과정에서 드러났던 폭력의 정도에 비해 낮은 수위이긴 하지만, 강제퇴거 과정에서 개별 임차인에게 가해지는 신체적·언어적 폭력은 여전하며, 이는 1980년대, 1990년대 재개발 사업의 어두운 유산이라 할 수 있다.

3. 도시권: 누구를 위한 권리인가?

그렇다면 투기적 도시화와 젠트리피케이션이 확산되는 상황하에서, 이에 저항할 수 있는 도구는 무엇일지 고민해본다. 도시민의 축출, 그리고 이로 인해 개발이익의 사적 전유가 젠트리피케이션을 이해하는 데 핵심 개념이라 한다면, 젠트리피케이션에 대한 저항에서 가장 중요하게 고민되어야 할 점은 도시민의 '머무를 권리(Right to Stay Put)'를 보장하는 것이라 할 수 있다. 한국에서도 이에 대한 관심이 증가하면서 2013년 세계 주거의 날을 맞이해 한국 준비위원회 차원에서 '머무를 권리를 선언'하는 행사를 열기도 했다. 이는 한국의 인권단체들이, 특히 용산 참사 이후 꾸준히 주장해왔던, 하지만 성사되지 못했던 '강제퇴거 금지법' 제정 운동과 궤를 같이 한다고 할 수 있다.

또 다른 중요한 개념은 하비가 '강탈에 의한 (자본)축적(Accumulation by Dispossession)'을 논의하면서 강조하는 '권리의 강탈'이다(Harvey, 2003). 마르크스는 자본론에서 생산자의 생산수단으로부터의 분리가 어떠한 역사적 과정을 통해 이루어졌는지를 밝히고 이를 통한 산업자본의 출현과 노동계급의 출현을 논의하는데, 이때 생산자와 생산수단의 분리에 의한 자본의 시초축적이 갈등으로 점철된, 특히 사기와 약탈, 폭력 등으로 얼룩진 과정의 결과라고 이해한다. 하비는 자본의 시초축적에서 나타났다고 이해된 폭력적 자본축적이 단지 시초축적에만 국한된 것이 아니라 자본주의 축적 메커니즘에 내재해 현대 자본주의에서도 축적의 중요한 동력을 제공한다고 설명하며, 특히 축적 위기를 극복하기 위해 끊임없이 추가 영역의 확보를 위한 강탈이 작동한다고 설명한다. 여기서 중요한 점은 하비(Harvey, 2010: 99)가 2010년 어느 인터뷰에서 설명하듯이 "강탈에 의한 축적은 타인의 권리를 빼앗고 약탈하는 것"이라는 점이다. 즉, 강탈은 단지 물리적 강탈로서 자산 자체를 갈취하는 형태로만 일어나는 것이 아니라, 그 자산과 얽혀 있는 비물리적 권리 역시 강탈한다는 것이다.

젠트리피케이션이 구체적으로 어떻게 발현되는지 알아볼 때 강탈과 축출에 대한 논의는 무척 중요하다. 예를 들어 앞서 설명한 바와 같은 지대 차이에 의한 젠트리피케이션의 물적 조건의 성숙이 발생한다 하더라도 이러한 물적 조건이 현실 과정으로 전환되어 젠트리피케이션이 발생하기 위해서는 원래 토지를 소유하거나 점유한 자의 해당 공간 및 자산에 대한 권리가 권력관계에 따라 재편되는 과정을 거치며, 그 과정에서 축출을 겪게 되는 사회적 약자의 권리 강탈을 동반하게 되는 것이다. 1980년대 합동재개발 과정에서는 이러한 강탈이 대부분의 세입자 점유권 강탈로 나타났으며, 신규 분양 아파트의 분양 대금을 낼 엄두가 나지 않아 입주권을 팔고 타지로 이주한 거주 가옥주의 경우, 외지 가옥주가 관리 처분과 함께 가져가는 개발이익 공유 권리에서의 일부 제외라는 소극적 의미의 강탈을 겪는다고 할 수 있다. 특히 재개발이 주는 환상에 속아 재개발에 동의했지만 결국 현실을 알게 되고 개발에 반대하다 조합 결정에 의해 수용처분을 받는 거주 가옥주는 사기 등에 의한 권리의 강탈을 겪는다고 이해할 수 있다. 한편 최근 서울에서 문제되는 상업 젠트리피케이션의 경우, 지구 단위의 재개발이나 재건축 대상이 아니기에 거주 가옥주 등이 겪는 권리 강탈은 없다고 할 수 있으며, 대부분의 강탈은 기존 상가세입자가 축출되는 과정에서 건물주에 의한 상가세입자의 권리 강탈이라 하겠다. 특히 젠트리피케이션을 겪는 대표 지역으로 소개된 곳을 대상으로 조사한 바에 따르면, 폐업하는 음식점의 평균 영업 기간이 2015년 기준, 상수동의 경우 2.11년, 이태원역의 경우 2.55년, 경리단길의 경우 2.83년 등 무척 짧은 것으로 나타났는데(서울특별시 정보기획관, 2016), 이는 상가임대차보호법의 임대 보장 기간 5년에 턱없이 못 미치는 것으로서 건물주에 의한 임차인의 권리 강탈 가능성을 내포한다고 볼 수 있을 것이다. 이러한 짧은 영업 기간은 도시민의 '작고 오래된 단골집을 가질 권리'[8] 역시 강탈됨을 시사한다.

　이러한 인식하에 젠트리피케이션에 저항하고 대안을 고민하기 위한 유용한 이론틀과 실천 수단으로서의 도시권을 생각해본다.[9] 하비(Harvey, 1976: 314)는 도시를 자본주의 체제하에서 "도시가 소수에 의한 다수의 착취가 이루어지는" 공간으로 이해하며, 이러한 착취구조를 타개하기 위해서는 도시에 대한 피지배계급의 권리 회복이 이루어져야 한다고 주장한다. 르페브르와 하비 모두 도시권의 쟁취는 단지 개별적인 권리의 쟁취가 아니라, 공간 생산 과정을 전반적으로 통제할 수 있는 힘이 국가나 자본이 아닌 도시민에게 있어야 한다고 주장한다(Harvey, 2012; Lefebvre, 1996). 도시권은 종종 공허한 구호로 치부되기도 한다. 거시적 주장만 있을 뿐 구체적인 실천 프로그램이 부재하며, 도시권을 쟁취하기 위한 전략적 지침이 부재한다는 점이 지적되기도 한다. 도시권의 실천적 한계를 극복하고자 피터 마르쿠제(Peter Marcuse)는 도시권을 "물질적 결핍을 경험하고 법적 보호를 받지 못한 이들이 당면한 요구이자, 자신들을 둘러싼 삶이 본인들의 성장 및 창조적 역량의 개발을 저

---

8)　월간지 ≪작은 것이 아름답다≫의 2015년 12월 특집호 참조.
9)　한국에서의 도시권 논의는 강현수·황진태(2012), 김용창(2009) 등 참조.

해하는 불만족인 이들의 미래에 대한 욕망"이라 정의한다(Marcuse, 2009, 190). 마르쿠제는 나아가 도시권에 대한 사회 제 세력의 관계를 설명하는데, 이를 위해 물질적 이해관계와 문화적 이해관계 두 가지를 구분한다.

첫째, 물질적 이해관계에 따른 분류는 대략 계급적 구분을 따른다. 고위직에 선출되었거나 이를 열망하는 정치인, 체제 수호에 복무하는 지식인 그룹(미디어 종사자, 학자 및 예술가 등 포함), 자본가(대기업 소유주나 경영진), 젠트리(여기에는 상대적으로 성공적인 중소기업 경영진이나 전문가 그룹 등을 포함), 개인사업자 등은 결핍층에 비해 이미 도시권을 가졌다고 할 수 있다. 결핍층에는 착취를 겪는 기존 노동계급뿐 아니라 기존 노동계급 운동의 성과로 획득한 다양한 장치에 따른 보호를 받지 못하는 이들을 포함하는데, 이들이야말로 도시에 대한 권리가 시급하다고 마르쿠제는 주장한다. 특히 후자의 경우, 예를 들어 남성 중심의 노동운동에서 소외되고 권리의 침해를 받기도 했던 여성노동자 등이 여기에 해당할 수 있으며, 법적으로 노조 결성 권리가 보장되지 않은 소규모 사업장에서 근무하는 노동자, 동일 노동을 하면서도 차별을 받는 파견직 노동자 등도 포함될 것이다.

둘째, 문화적 기준에 따른 분류의 경우, 체제 수호에 복무하는 다양한 이데올로기 및 신념체계의 생산에 복무하는 이들이나 권력 비호에 힘쓰는 지식인 그룹 등은 이미 도시에 대한 권리를 충분히 행사한다고 생각할 수 있다. 도시권 보장이 가장 시급한 그룹은 청소년, 예술가, 체제에 저항하는 다양한 지식인 그룹 등의 소외계층과 인종, 민족, 성, 생활양식 등 때문에 억압받는 이들이라고 할 수 있다. 마르쿠제(Marcuse, 2009: 192)는 궁극적으로 체제 저항과 대안적 운동을 위해서는 어떤 세력들이 연합전선을 형성해야 하는지를 묻는다. 조직된 노동운동에 의거한 체제저항운동은 현대 자본주의 사회에서 한계가 있으며, 현 자본주의 시스템하에서 결핍을 경험하고 억압을 겪는 다양한 그룹이 자본주의 극복을 꾀하고 이를 위해 도시권을 공통의 목적으로 상정하여 거대한 사회적 블록을 형성하는 것을 고민한다.

마르쿠제의 이와 같은 시도를 한국적 상황에 맞춘 반(反)젠트리피케이션 운동에 적용해보는 것은 어떨까? 물질적 분류는 부동산 축적체제하에서 부동산 소유에 따른 불로소득을 향유하는 정도에 따라 생각해볼 수 있을 것이다(〈표 3〉 참조). 대규모 부동산 자산을 보유하고 운용하고 있는 대기업, 지주, 다가구 주택소유주, 상대적으로 소규모의 부동산 자산을 운용하면서 불로소득의 임대수익을 올리는 지주 그룹, 부동산 투자를 통한 자산증식에 매진하고 결과적으로 불평등 구조의 재생산에 복무하는 부동산중개업자, 연예인 그룹, 현 부동산 축적체제의 재생산에 매진하는 정치세력, 각종 자문 을 제공하는 전문가그룹 및 고위 행정직 등은 이미 도시에 대한 권리를 가지고 젠트리피케이션에 따른 부동산 불로소득의 이익을 공유한다고 할 수 있다. 반면, 자가소유주(특히 복수의 주택을 보유함으로써 추가 임대수익을 올리는 주택소유주가 아닌), 상가세입자, 민간주택 세입자, 공공임대 세입자, 쪽방 거주자, 노숙인, 청년 등 주거빈곤층은 모두 젠트리피케이션과 부동산 축적구조의 가장 큰 피해자이며 도시에 대한 권리를 누리지 못한다고 할 수 있다.

또한 문화적 측면에 따른 분류를 시도하면, 부동산 축적구조를 재생산하고 유지하기 위한 각종 이데올로기를 재생산하는 데 기여하는 전문가 그룹, 지식인, 그리고 젠트리피케이션에 대한 저항을 (예를 들어 명도소송에 저항하는 상가세입자 등) 이기적이고 자기중심적인 욕심의 발현으로 표현하는 각종 미디어 등은 이미 젠트리피케이션의 혜택을 보고 있으며, 도시권을 향유한다고 할 수 있다. 여기에 반해 젠트리피케이션 때문에 예술 활동 공간에서 쫓겨나는 예술가, 문화운동가, 노동을 제공하고 공간 생산에 기여하면서도 자신들의 목소리를 인정받는 데 어려움을 겪는 이주노동자, 대안적 도시공간 창출을 고민하며 어려운 환경에서 다양한 실험을 수행하는 도시운동가 역시 젠트리피케이션의 피해자이며, 도시에 대한 권리를 인정받아야 할 그룹이라 할

<표 3> 반(反)젠트리피케이션과 도시권: 누구와 연대할 수 있는가?

물질적 분류	부동산 소유에 따른 불로소득 향유 정도	• 재벌기업 • 대규모 부동산 자산을 운용하는 지주 그룹 • 각종 부동산 중개업자 • 젠트리피케이션을 선도하는 연예인 등 개별 투자자 • 부동산 축적체제 재생산에 기여하는 정치세력, 전문가 그룹, 고위 행정직 등	• 일반 자가 거주자 • 상가세입자 • 민간주택 세입자 • 공공임대 세입자 • 쪽방 거주자, 노숙인, 청년 등 주거 빈곤층
문화적 분류	현 체제의 재생산을 위한 각종 이데올로기 및 담론을 제공하는 세력	• 이데올로기 재생산에 복무하는 전문가 그룹, 지식인 • 도시운동이나 세입자 운동을 격하하는 미디어 등	• 활동 공간에서 쫓겨나는 예술가, 문화운동가 • 이주노동자 및 가족 • 대안적 활동을 하는 도시운동가

수 있다.

이러한 분류 시도는 젠트리피케이션 극복을 고민하고 현재의 부동산 축적 체제의 극복을 추구하는 이들에게 저항운동의 연대 대상이 누가 될 수 있는지 시사한다. 나아가 반(反)젠트리피케이션 운동이 단지 상가세입자나 주거 세입자의 운동으로 그치기보다는 보다 폭넓은 연대의 블록을 형성하는 것이 필요함을 보여준다. 한국사회에서는 젠트리피케이션의 광풍 아래 일반 자가 거주자, 세입자, 영세민, 주거빈곤자, 청년, 예술가, 활동가, 이주노동자 가족 등은 모두 하나의 운명공동체이며, 연대의 대상인 것이다. 이에 반해 1980년 대, 1990년대 철거재개발의 폐해를 살폈던 연구는 종종 재개발 철거 이주 대상이었던 영세 가옥주, 자가세입자만을 이윤 추구에 따른 공간 재생산의 주요 피해자로 인식했으며, 상가세입자 등과 같은 토지 이용자는 주요 연구대상에서 제외되곤 했다. 한국에서 1980년대 재개발 임대아파트 쟁취 투쟁 등은 일부 세입자의 재정착 가능성을 증대하고 주택 공공성에 대한 인식을 증진하는 데 기여했지만, 기존 부동산 축적체제가 그대로 유지되고 지주의 이해가 지속적으로 관철되어왔다는 점에서 젠트리피케이션을 막기엔 한계가 있다고 할 수 있다.

4. 결론: 공간과 삶의 다양성

얼마 전 타계한 지리학자 매시(Massey, 1999: 280)는 공간적 "다양성은 곧잘 시간적 차이로 여겨진다"라고 비판한다. 즉, "1인당 소득이 상대적으로 낮은 지역이 '뒤처졌거나' '낙후한' 것으로 간주되며, '발전'의······ 정도가 낮은 나라들이 저개발국가, 발전도상국가 또는 신흥공업국가 등으로 인식되곤 한다"라고 지적하고 있다(Massey, 1999: 280). 나아가 "(시간적 차이보다) 공간적 차이의 인식은······ 다양한 서술이 존재할 수 있음을 시사한다"라고 주장한다(Massey, 1999: 281). 도린 매시(Doreen Massey)의 이러한 비판은 젠트리피케이션을 바라보는 우리에게도 많은 시사점을 전해준다. 정책입안자나 정치인, 기업인뿐만 아니라 일반인도 도시에서 발견되는 다양한 공간을 바라보면서 우열을 매기고 낙인찍기를 한다. 과거 달동네, 판자촌은 단독주택단지나 아파트지구에 비해 낙후된 곳으로 인식되어 철거 개발의 대상으로 여겨졌는데, 주거지역의 다양성이 다양성 그 자체로 인정받지 못하고 공간의 서열 매기기가 이루어진 것으로 이해할 수 있다. 스미스의 관점에서 얘기하자면, 지대 차이가 곧 공간의 우열로 간주되어, 낮은 지대의 공간은 높은 지대의 공간에 비해 열악하고 낙후되었으며, 곧 개발을 통해 더 높은 수준의 공간, 즉 중산층과 부유층의 공간으로 재편되는 것이다. 이는 곧 낮은 지대의 공간을 점유한 사용자가 끊임없이 높은 지대의 공간 사용자와 비교되고 축출의 대상이 되는 것으로도 이해할 수 있다. 말 그대로 공간 이용의 다양성이 인정받지 못하는 상황이 젠트리피케이션의 모습인 것이다.

따라서 젠트리피케이션을 막고 투기적 도시화 과정을 극복하며 소유자뿐 아니라 사용자의 도시권리가 인정받기 위해서는, 우선 도시공간의 다양성을 인정하는 것이 필요할 것이다. 저소득층이 축출의 대상으로 여겨지지 않고 공존의 권리를 인정받는 것, 상가세입자가 건물주의 횡포로 쫓겨나는 것이 아니라, 정당한 권리를 행사하고 공간의 사용가치 창출에 기여하는 주체로 인정받는 것, 도시민이 말 그대로 '작고 오래된 단골집을 가질 권리를 갖는 것' 등은 모두 이러한 다양성의 인정에서 출발한다고 생각해볼 수 있다. 이러한 인식에 기초해 제도적 측면에서 어떻게 이러한 다양성이 보장될 수 있는지를 고민하는 것이 좀 더 소극적 의미의 반(反)젠트리피케이션 운동이라 한다면, 투기적 도시화의 근간을 이루는, 부동산 소유를 통한 불로소득이 창출되는 자본주의적 축적구조 자체에 문제를 제기하고, 공간의 '사회적' 생산에 적극 관여하며 이를 통제할 수 있는 방안을 고민하는 것이, 즉 도시권 운동의 한국적 맥락에서의 적용을 통해 도시민의 도시에 대한 권리를 쟁취하는 것이 궁극적인 의미에서의 반(反)젠트리피케이션 운동이라 할 수 있다.

참고문헌

강현수·황진태 외. 2012. 『도시와 권리: 현대 도시 권리 담론』. 라움:

김수현. 2011. 「무허가 정착지 정책과 국가 역할: 서울, 홍콩, 싱가포르의 경험을 중심으로」. ≪주택연구≫, 19(1), 35~61쪽.

김용창. 2009. 「물리적 도시재개발에서 도시권으로」. ≪창작과비평≫, 37(2), 339~353쪽.

서울특별시 정보기획관. 2016.8.23. 「젠트리피케이션 데이터 분석결과 보고」. http://open gov.seoul.go.kr/sanction/9429898.

신현준·이기웅 엮음. 2016. 『서울, 젠트리피케이션을 말하다: 8인의 연구자가 서울 8동네에서 만난 132명의 사람들. 1095일의 현장조사』. 성공회대 동아시아연구소 지음. 푸른숲.

장경석. 2006. 「발전국가의 공간개발: 1960~1980년대 서울 한강변 아파트 주거지역 형성 과정을 중심으로」. ≪공간과사회≫, 25, 194~212쪽.

한국도시연구소. 1998. 『철거민이 본 철거』. 한국도시연구소.

하남현. 2015. "쌀값 50배, 기름값 77배 뛰는 동안 땅값은 3000배 올랐다."(≪중앙일보≫. 2015.11.17)

Asian Coalition for Housing Rights. 1989a. "Battle for Housing Rights in Korea: Report of the South Korea Project of the Asian Coalition for Housing Rights." Asia Coalition for Housing Rights (and) Third World Network, Bangkok.

_____. 1989b. "Evictions in Seoul, South Korea." *Environment & Urbanization*, 1(1), pp. 89~94.

Celestina, M. 2016. "'Displacement' before displacement: Time, place and the case of rural Urabá." *Journal of Latin American Studies*, 48(2), pp. 367~390

Clark, E. 2005. "The order and simplicity of gentrification: A political challenge." in R. Atkinson and G. Bridge(eds.). *Gentrification in a Global Context: The New Urban Colonialism*. Routledge, pp. 256~268.

Cochrane, A. 2007. *Understanding Urban Policy*. Blackwell.

Davidson, M. and L. Lees. 2005. "New-build 'gentrification' and London's riverside renaissance." *Environment and Planning A*, 37, pp. 1165~1190.

_____. 2010. "New-build gentrification: Its histories, trajectories, and critical geographies, Population." *Space and Place*, 16, pp. 395~411.

Fainstein, S. S. 2001. *The City Builders: Property Development in New York and London, 1980~2000*(2nd edition). University Press of Kansas. Lawrence.

Glass, R. (ed.). 1964. *London: Aspects of Change*. MacKibbon and Kee.

Hackworth, J. and N. Smith. 2001. "The changing state of gentrification." *Tijdschrift poor Economische en Sociale Geografie*, 92(4), pp. 464~477.

Harvey, D. 1976(2009). *Social Justice and the City*(Revised edition). University of Georgia Press.

_____. 1978. "The urban process under capitalism: A framework for analysis." *International Journal of Urban and Regional Research*, 2(1~4), pp. 101~131.

_____. 2003. *The New Imperialism*. Oxford University Press.

_____. 2010. "An interview with David Harvey." conducted by Michael J. Thompson, in A. L. Buzby(ed.). 『Communicative Action: The Logos Interviews』. Lexington Books, pp. 99~105.

_____. 2012. *Rebel Cities: From the Right to the City to the Urban Revolution*. Verso Books.

Jang, H. W. 1995. "Phases of Capital Accumulation in Korea and Evolution of Government Growth Strategy, 1963~1990." Unpublished DPhil thesis, University of Oxford.

Jung, H. N. 1998. "Land prices and land markets in Korea, 1963~1996: Explanations from political economy perspectives." *The Korea Spatial Planning Review*, 27, pp. 127~146.

Lees, L., H. B. Shin and E. López-Morales. 2016. *Planetary Gentrification*. Polity Press.

Lees, L., T. Slater and E. Wyly. 2008. *Gentrification*. Routledge.

Lefebvre, H. 1996. *Writings on Cities*. Blackwell.

_____. 2003. *The Urban Revolution*. R. Bononno(trans.). University of Minnesota Press.

Ley, D. and S. Y. Teo. 2014. "Gentrification in Hong Kong? Epistemology vs. Ontology." *International Journal of Urban and Regional Research*, 38(4), pp. 1286~1303.

Logan, J. R. and H. L. Molotch. 1987. *Urban Fortunes: The Political Economy of Place*. University of California Press, Berkeley.

Loh, K. S. 2013. *Squatters into Citizens: The 1961 Bukit Ho Swee Fire and the Making of*

Modern Singapore. NIAS Press.

López-Morales, E. 2011. "Gentrification by ground rent dispossession: The shadows cast by large scale urban renewal in Santiago de Chile." International Journal of Urban and Regional Research 35(2), pp. 330~357.

Massey, D. 1999. "Spaces of politics." in D. Massey, J. Allen and P. Sarre(eds.). *Human Geography Today*, Polity Press, pp. 279~294.

Marcuse, P. 1985. "Gentrification, abandonment and displacement: Connections, causes and policy responses in New York City." *Journal of Urban and Contemporary Law*, 28, pp. 195~240.

_____. 2009. "From critical urban theory to the right to the city." *City*, 13, pp. 185~197.

Mobrand, E. 2008. "Struggles over unlicensed housing in Seoul, 1960-80." *Urban Studies*, 45(2), pp. 367~389.

Noguchi, Y. 1990. "Japan's land problem." *Japan Economic Studies*, 18(4), pp. 48~64.

Park, B-G. 2005. Spatially selective liberalization and graduated sovereignty: Politics of neo-liberalism and "special economic zones" in South Korea, Political Geography, 24(7), pp. 850~873.

Shin, G-H. 1998. "The crisis and workers' movement in South Korea." *International Socialism*, 78(Spring), pp. 39~54.

Shin, H. B. 2008. "Living on the edge: financing post-displacement housing in urban redevelopment projects in Seoul." *Environment and Urbanization*, 20(2), pp. 411~426.

_____. 2009. "Property-based redevelopment and gentrification: The case of Seoul, South Korea." *Geoforum*, 40(5), pp. 906~917.

_____. 2014. "Contesting speculative urbanisation and strategising discontents." *City*, 18 (4~5), pp. 509~516.

_____. 2016. "La economía política de urbananización especulativa en Asia Oriental." in L. Alvarez, G. Delgado and A. Leal(eds.). *Los Desafios de la Ciudad del Siglo XXI*. Senado de la Republica / Ceiich-Puc-Pues., pp. 421~438.

_____. in press. "Geography: Rethinking the urban and urbanisation." in D. Iossifova, A. Gasparatos and C. Doll(eds.). *Defining the Urban: Perspectives across the Academic Disciplines and Professional Fields*. Ashgate.

Shin, H.B. and Kim, S-H. 2016. "The developmental state, speculative urbanisation and the politics of displacement in gentrifying Seoul." *Urban Studies*, 53(3), pp. 540~559.

Slater, T. 2006. "The eviction of critical perspectives from gentrification research." *International Journal of Urban and Regional Research*, 30(4), pp. 737~757.

Smith, N. 1979. "Toward a theory of gentrification: A back to the city movement by capital not people." *Journal of the American Planning Association*, 45, pp. 538~548.

_____. 1996. *The New Urban Frontier: Gentrification and the Revanchist City*. Routledge.

The Bank of Korea. 2004. *National Accounts 2004*. The Bank of Korea.

The Economist. 2015.2.21. "Gentrification: Bring on the hipsters."

도시공동체와 공유지

곽노완 | 서울시립대학교 도시인문학연구소 HK교수. kwacks79@hanmail.net

1. 들어가는 말: 도시공동체와 오늘날의 메트로폴리스

오늘날의 메트로폴리스는 공동체인가? 아니, 그전에 애초에 도시가 공동
체일 수 있는가? 도시를 공동체의 파괴자로 낙인찍어왔던 낭만적 복고주의
의 입장이나 급속한 도시화를 경험하면서 이웃을 모르는 현재 대한민국 국민
의 상식에서 보면, 서울과 같은 오늘날의 대도시와 그 이전에 도시는 공동체
의 파괴자일 것이다. 이러한 우리의 상식은 어쩌면 당연한 것인지도 모른다.
그간 서울의 급속한 인구 집중과 재개발, 그리고 서울시민이 겪은 잦은 이사
는, 적어도 서울에서 이웃과 타인을 낯선 방해자로 보는 서울시민을 조장한
것이 사실이기 때문이다. 서울시의 마을공동체 만들기 사업은 상실한 공동
체를 '복원'하려 한다는 점에서 이러한 상식에 부합한다.

도시가 태생적으로 공동체의 파괴자라면, 도시가 인류의 새로운 고향으로
자리 잡은 오늘날 인류는 공동체를 점점 잃어갈 것이라는 비관적 미래상만
남을 것이다. 그러나 고대 그리스의 폴리스나 중세의 코뮌도시가 공유지[1]와

---

1) 이 글에서 공유지(commons)의 개념은 법적인 개념으로 '총유(總有)'에 해당한다. 총유
란 개인주의적 공동소유 형태의 하나로 재산의 관리와 처분의 권능은 공동체에 속하지

공유재를 농촌보다 더 풍요롭게 갖춘 공동체로서 정체성을 갖춘 점을 고려하면, '도시=공동체의 파괴자'라는 상식은 단견일 것이다. 아무리 신자유주의 사유화와 도심 젠트리피케이션을 거쳐 공간사유화가 확대된 오늘날이라고 해도, 도시는 농촌의 저수지에 못지않게 다른 종류의 많은 공유지와 공유재를 갖고 있으며 그런 점에서 농촌과 다른 공동체성을 띤다. 광장과 넓은 보행로, 공원, 학교, 관청, 개발된 지하공간 등은 도시의 전형적인 공유지라 할 수 있다(곽노완, 2016: 208). 물론 오늘날의 자본주의 대도시는 그 밀도와 용적률만큼이나 높은 비율의 사유지를 담고 있다. 그리고 이러한 사유지는 임대료 같은 지대의 형태로 자본과 부동산 소유주가 가난한 임차인을 수탈하는 원천으로 작동하면서 자본의 착취와 함께 자본축적의 한 축을 이룬다(강내희, 2016: 311). 이런 점에서 '도시=공동체'라는 등식도 단견이다. 오늘날의 도시는 자본축적 과정에서 제2의 순환을 이룬다거나(Harvey, 2012), 공장의 공간적 확대라고 보는(네그리와 하트, 2014: 350~351) 주장은, 세부적으로는 차이가 있지만 도시공간이 노동착취와 더불어 노동 밖에서 수탈의 필수적인 장소라는 것을 공통적으로 강조하고 있다.

오늘날 메트로폴리스는 노동자와 자본가로 대별되는 두 계급만의 장소가 아니다. 메트로폴리스는 여러 곳에서 몰려온 학생, 프레카리아트(Precariat, 불안정한 무산자), 고령자, 주부, 이주자, 전문직, 자영업자 등 다양한 부류의 특이성을 가진 사람들이 마주쳐서 함께 공유지를 만들며 또 이를 사유지로 수탈하거나 수탈당하기도 하는 장소다(곽노완, 2016: 103~104). 도시의 거주자들이 낸 세금으로 만들어진 공원이나 지하철역은 인근 지역 부동산의 사용가치와 가치를 상승시킨다. 이러한 가치 상승은 그곳 부동산 소유주의 노력으로 만들어진 것이 아니라, 도시거주자들의 공동부담으로 만들어진 것이므로 공

만, 그 재산의 사용과 수익의 권능은 공동체의 각 구성원에 속한다. 그런 점에서 국가나 정부의 소유를 뜻하는 '공공적 소유'와는 명확히 구분되는 개념이다.

유지 내지 공유재다. 그러나 그 가치 상승분은 토지소유자에게 사적으로 전유된다. 이는 공유지 생산을 매개로 해서 의도와 상관없이 해당토지소유주들이 도시거주자들을 수탈하는 메커니즘이다. 그런데 마이너스 공유지도 생산될 수 있다. 예를 들어 한국의 수도권 미세먼지가 그 예다. 중국에서 넘어온 부분을 제외한다면 이 미세먼지는 석탄을 연료로 한 화력발전소, 경유자동차 매연, 건설 현장과 장비에서 발생하는 먼지, 숯불이나 불가마 등에서 발생한다. 이 미세먼지에서 비롯된 경제적으로 환산된 손실액은 수도권 거주자들에게 거의 1/N로 분담된다. 미세먼지 발생 과정에서 이 1/N의 손실액보다 큰 이득을 보는 공장주, 찜질방 주인, 경유 자동차 소유주는 크고 작은 정도로 수도권 거주자들을 수탈하는 셈이다.[2]

따라서 공유재의 생산과 전유가 이처럼 분리될 수 있다는 점을 고려할 때, 도시가 공동체가 되거나 도시 안에 많은 공동체가 있다는 것은 도시에 긍정적인 공유지가 많이 생산되었다는 것을 넘어서서 더 나아가 그렇게 생산된 공유지의 대다수가 사유화되지 않고 1/N의 권리로 공유된다는 것을 뜻한다.

필자가 '글로컬폴리스'(곽노완, 2016: 103)로 명명한 오늘날의 메트로폴리스는 토지용도 변경, 용적률 상향 등에 따라 경제적 가치를 갖는 새로운 도시적 공유지가 생산되면서 이 공유지를 둘러싸고 공동체적 전유와 사유화가 대결하는 장소라 할 수 있다. 이 글로컬폴리스가 도시공동체가 되는 것은 지구/국가/도시/지방이 겹친 여러 공간에서 공유지를 공동체적으로 전유하는 한에서다. 공동체적으로 전유되는 공유지가 많을수록 그 도시는 밀도 높은 도

---

[2] 네그리와 하트는 이와 비슷하게 오염, 교통문제, 사회적 갈등 등을 메트로폴리스에서 부정적 형태의 공통적인 것이라고 언급하고 있다(네그리와 하트, 2014: 354~355). 최근 환경부는 나사와 함께 한국 수도권 미세먼지의 원인을 정밀 조사했다. 그 결과 석탄을 연료로 쓰는 노후화된 화력발전소가 미세먼지의 원인 가운데 큰 비중을 차지한다는 것을 밝혀냈다. 이에 따라 정부는 노후화된 석탄 화력발전소를 점진적으로 폐기할 것이라고 발표했다.

시공동체라 할 수 있다.

그런데 지속가능한 공유지와 공동체의 성공적인 지속성을 이론적·경험적으로 논증할 수 있는가? 우리는 공유지는 황폐화를 낳는다는 하딘의 '공유지의 비극'에 대해서 익히 들어왔다. 이를 넘어선 '공유지의 희극'을 논증할 수 있을 것인가?

2. 공유지의 희극은 가능한가

생태학자인 하딘에 따르면, 모두가 자유롭게 이용할 수 있는 공유지(commons)에서는 각자가 자신의 최대이익을 추구하면서 공유지를 황폐하게 만든다. 곧 "공유지에서 자유는 모두에게 황폐함을 가져온다"(Hardin, 1968: 1244)라는 것이다. '공유지의 비극'이라는 제목이 붙은 논문에서 제시된 하딘의 테제는, 이후 공유지의 지속 불가능성과 사유지의 우월성을 확증하는 무차별적인 논거로 제시되어왔다. 그런데 하딘의 논점은 공유지를 사유화하자는 것이라기보다는, 필수적인 자연환경 등 공유지의 황폐화를 막기 위해서는 외부의 강제력이 불가피하다는 것이다(Hardin, 1978: 310 이하). 더 구체적으로 그는 인구 통제를 유일한 해결책으로 제시했다(Harvey, 2012: 68에서 재인용). 이를 감안할 때 하딘이 공유지의 사유화를 정당화했다는 찬반 양측의 해석은 하비의 지적대로 오해라고 할 수 있다(Harvey, 2012: 173).

여하튼 하딘의 '공유지의 비극'에 대해서 질리언 로즈(Gillian Rose)와 엘리너 오스트롬(Elinor Ostrom)은 연이어서 주목할 만한 비판을 가했다.

법학자인 로즈는 1986년에 「공유지의 희극(The Comedy of the Commons)」이라는 글에서 공유지를 옹호했다. 그에 따르면 사유재산과 정부 통제의 '공적 재산(public property)' 바깥에 다른 종류의 '본래적으로 공적인 재산

(inherently public property)'이 있다.[3] 이 재산은 정부나 사적인 주체 누구에 의해서도 완전히 통제되지도 않는다. 이는 집단적으로 '소유'되고 사회에 의해 '관리되는' 재산이며 정부 관리자의 요청에 우선한다(Rose, 1986: 720). 로즈는 이처럼 '본래적으로 공적인 재산'의 대표적인 예로 도시의 공공 광장을 제시한다. 로즈에 따르면, 이 광장은 우리가 소통하고 사교하며 함께 흥청거리고, 공동체의 유대를 확립하며 사회적 자본과 신뢰를 창출하는 장소로 공동체를 육성하는 데 필수불가결한 요소다. 이런 이유로 이러한 장소에서 열리는 축제나 스포츠 행사에 참가할 권리, 곧 공유지에 참여할 권리는 사유재산 내지 울타리치고 소유하며 배제할 권리보다 더 근본적인 재산권이라고 한다. 그에 따르면 더 많은 개인이 여기에 참가할수록 이 축제나 공동행사의 가치는 높아진다. "이는 '공유지의 비극'의 정반대다. 그것은 '많을수록 좋다'는 격언에 적절히 표현된 대로 '공유지의 희극'이다(Rose, 1986: 768)." 물론 그가 모든 사유재산을 부정하고 공유지만을 옹호하는 것은 아니다. 그는 재산이 사적인 인격체에 의해 독점될 수 있음을 인정한다. 하지만 그는 공적인 권리가 사적인 소유자의 권리에 우선한다고 본다. 왜냐하면 재산 자체는 무한히 많은 사람이 공적으로 사용할 때 최대의 가치를 갖기 때문이라는 것이다(Rose, 1986: 774). 그리하여 그는 재화와 서비스의 '공공성(publicness)'이 재산의 '지대'를 창출하며 이러한 공적 재산의 원칙이 공적으로 창출된 지대를 사적으로 차지하지 못하도록 보호한다고 본다(Rose, 1986: 774). 이러한 로즈의 테제는 사유재산의 소유자가 사회적으로 창출된 지대를 일단 전유하게 되는

---

3) 이처럼 '본래적으로 공적인 재산'은 정부 통제 아래 있지 않고 원리적으로 모두가 향유할 재산이므로 '공유지 내지 공유재산('commons' 또는 'sharing property')'이라고 불려야 적절하다. 그러나 로즈는 개념상으로는 '공유재산'과 '공적 재산'을 구분하면서도, 용어상으로는 명확히 구분하지 않고 있다. 아래에서 로즈가 '공적 재산'으로 부르는 것은 모두 '공유재산'에 해당한다.

데, 이를 세금 등의 형태로 사회에 반납하는 것이 정당하다는 것을 뜻한다. 물론 한국에서도 이러한 공유지의 우선성은 어느 정도 법제화되어 있고 통용되기도 한다. 영동대로변에 100층을 넘는 빌딩 건축을 인가받는 조건으로 현대자동차그룹에서 1조 4000억 원의 공공기여금을 서울시에 낸 것이 그 예다. 그런데 이 공공기여금이 다시 현대자동차그룹 사유지의 지가를 앙등시키거나 인근 부동산 소유주들에게 대박을 안겨주는 데 사용된다는 점은, 서울시청과 강남구청이 주관해 공유지라 할 수 있는 용적률 등의 공중권을 서울시민들의 동의도 없이 재차 사유화하는 과정이라 할 수 있다.

로즈의 테제를 이어받아 오스트롬은 공유지에 대한 역사적 고찰을 통해 공유지가 자율적인 방식으로도 지속적으로 운용될 수 있음을 논증했다. 2009년 노벨경제학상 수상자인 제이 월재스퍼(Jay Walljasper)는 다음과 같이 정리한다.

스위스 마을의 농부들이 소들을 방목하는 용도로 1517년 이래 지금까지 잘 공유하고 있음을 밝혀냈다. 여기서는 '공유지의 비극'론이 주장한 과다방목으로 인한 공유지 훼손의 문제가 발생하지 않았다. 이는 마을주민들이 과다방목이 발생하지 않도록 공동으로 어떤 룰에 합의했고 이를 잘 준수했기 때문이다. 그룰은, 누구도 겨울 동안 스스로 돌볼 수 있는 소보다 더 많은 소를 공유목초지에 방목해서는 안 된다는 것이다. 그리고 그는 이와 유사한 경우가 케냐, 과테말라, 네팔, 터키, 그리고 로스앤젤레스에도 있다는 것을 밝혀냈다. 이 연구에서 오스트롬은 공동체가 민주적인 의사결정과 모니터링을 통해 공유지를 지속적으로 평등하게 사용할 수 있다는 결론을 도출하고 있다(Walljasper, 2010: 22~23; 곽노완, 2016: 157에서 재인용).[4]

---

4) 오스트롬은 공유지와 자율적인 공동체에 반하는 이론모델로 공유지의 비극뿐 아니라 게임이론에서 죄수의 딜레마, 올슨의 집합 행동의 논리를 상세히 검토하고 있다. 집합 행

하비의 말대로 이러한 오스트롬의 결론은 하딘의 '공유지의 비극'에 대한 비판을 넘어서서, 공유지 문제에 대해 외부 권력기관을 통한 완전한 중앙집권적인 규제 아니면 완전한 사유재산권 보장의 이분법, 또는 국가 아니면 시장이라는 이분법의 교리를 부술 만큼 위력적인 것이었다(Harvey, 2012: 69).[5]

그러나 다른 한편으로 하비의 지적대로 오스트롬의 연구는 대체로 수백 명에서 최대 1만 5000명 이내의 공동체의 공유지에서만 진행되었기 때문에 직접적인 협상과 직접민주주의적인 의사결정을 실현하기 어려운 그보다 큰 공동체에 곧바로 적용하기에는 무리가 따를 수도 있다(Harvey, 2012: 69). 곧 작은 규모의 공동체가 공유지를 사용하는 데서는 신뢰와 유대가 쉽게 달성될 수 있지만, 기후온난화에 대응해 지구적 규모에서 이산화탄소의 배출을 억제하고 좋은 기후라는 공유지를 보존하는 문제에서는 신뢰와 유대에 기초한 자발적인 협력이 이루어지기 어려우며, 조직에서 수평적인 원칙을 무조건적으로 신봉하는 것이 능사가 아닐 수 있다(Harvey, 2012: 70). 심지어 범위를 좁혀 대한민국 수도권의 심각한 미세먼지 현황을 보아도 맑은 공기라는 공유지를 보존하는 문제가 수도권 거주자들의 자율적인 조정이나 수도권 내 기초지자체 간 협상을 통해 해결되기는 난망하다는 것을 알 수 있다.[6] 대한민국 수도

동의 논리에 따르면, 구성원의 수가 아주 적거나 구성원들의 공동 이익을 강제할 장치가 없는 한 합리적인 개인은 집단 이익을 추구하는 행동을 하지 않는다(Olson, 1965: 2; 오스트롬, 2010: 29에서 재인용). 왜냐하면 어떤 구성원을 강제적으로 편익의 향유에서 배제시킬 수 없다면 무임 승차자가 증가해서 집합적 편익은 최적 수준에 못 미칠 것이기 때문이라는 것이다(오스트롬, 2010: 30). 그러나 오스트롬에 따르면, 각 구성원이 서로 감시하는 제도를 확립할 수 있다면 자율적으로 계약을 맺어 협동하는 것이 감시와 처벌을 위한 외부의 강제력을 도입하는 것에 비해 감시 비용을 줄일 수 있기 때문에 자율적인 공동체의 지속가능성을 증가시킨다(오스트롬, 2010: 48~49).

5) 제러미 리프킨(Jeremy Rifkin)도 오스트롬의 공유지 연구가 극단적인 관료주의와 신자유주의적인 시장만능주의의 양자에 대해 새로운 공유지 경제모델의 지속가능성을 보여준다는 점에 동의하고 있다(Rifkin, 2014: 162~164).

권 미세먼지를 도쿄, 파리, 런던 등의 수준으로 저감시키기 위해서는, 거주자들의 적극적인 참여를 유도하고 독려하기 위해서도 최소한 수도권 광역지자체나 중앙정부 차원의 심급에서 주도해 문제의 심각성과 대책 방안을 공론화하고 최종적으로 강제성 있는 제도를 도입해야 할 것이다.[7]

더구나 대한민국 수도권의 미세먼지는 많은 사람이 참여하고 사용할수록 공유지의 가치가 올라간다는 로즈의 '공유지의 희극' 테제가 항상 맞는 것이 아니며, 오히려 '공유지의 비극'이 타당한 영역이 있다는 것을 보여주는 사례이기도 하다. 곧 로즈의 말대로 많은 사람이 사용할수록 가치가 올라가는 공유지도 있지만, 반대로 많은 사람이 사용할수록 가치가 떨어지거나 황폐화되는 공유지도 있다. 이는 공유지가 무조건적으로 금기시되는 것도, 반대로 무조건적으로 신봉되는 것도 타당하지 않다는 것을 보여준다. 특히 맑은 공기처럼 많은 사람이 사용할수록 사용가치뿐 아니라 가치도 떨어지는 공유지의 경우, 공동체 성원들의 자율적인 대책을 기다리기보다는 정부가 주도해 공동체 성원들의 참여를 유도하고 독려하며 때로는 강제성을 띤 제도를 도입할 필요가 있다.

공유지의 공간적 규모나 성격에 따라 공동체 성원들의 미시적인 자율성만이 아니라 정부라는 대표성 있는 기구가 불가피하게 요청되는 것이다. 공유지와 공동체의 원리인 1/N의 원리는 자율만이 아니라 내부에 자율을 조정하

6) 한국 수도권 미세먼지의 30~50%는 중국에서 기인한다고 한다. 그러나 나머지 50~70%는 수도권 내부에서 발생하는데, 최근에 밝혀진 석탄 화력발전소는 논외로 하더라도 강제성 없는 자율에 맡길 경우 자동차(특히 경유 자동차)나 건설 장비의 매연, 난로 및 농업 잔재물 소각, 연료 연소 사업장 등에서 발생하는 미세먼지를 선진국 수준인 절반으로 낮추기에는 역부족이다. 이러한 미세먼지 원인에는 찜질방의 불가마, 숯불구이 등이 포함되어 있다.

7) 2012년 기준 수도권의 미세먼지 농도는 서울 41µg/m³, 인천 47µg/m³, 경기도 49µg/m³로, 동경 21µg/m³, 파리 27µg/m³, 런던 31µg/m³에 비해 2배 가까이 높은 수준이다(김동영, 2013: 5).

는 심급으로서 정부와 같은 기구를 필요로 한다. 그러므로 공유지의 원리는 정부의 불필요성과 자율의 만능을 신봉하는 원리라기보다는 ① 1/N의 원리에 따라 정부를 구성하며, ② 공유지의 가치를 훼손하지 않고 높이는 한에서 자율의 영역을 확대하는 원리로 재정식화할 수 있다.

그리고 국가와 지역, 광역과 기초 단체 간에도 수평적인 원칙으로 해결되지 않는 경우가 있다. 이런 점에서 작은 단위들 사이의 관계에 대해 '다중심의 질서(polycentric order)'를 제시하는 오스트롬의 답변은 하비의 말대로 티뷰 가설(Tiebout hypothesis)의 함정에 빠질 위험에 있다. 찰스 티뷰(Charles Tiebout)는 많은 구역이 서로 다르게 특정한 방식으로 지역세를 걷고 각각의 거주자에게 특정한 공공재 묶음을 제공하는 파편화된 메트로폴리스를 제안했다. 이는 거주자들이 '발로 투표할 것(vote with their feet)'이라는 가설에 기초한 것이었다. 곧 거주자들은 자신의 필요와 선호에 따라 각자 거주지를 선택하게 될 것이라는 예상에 기초한 셈이다. 그런데 결과적으로 부자들은 부촌으로 거주지를 옮기면서 우수한 공공교육을 제공받았지만, 가난한 사람들은 열악한 공공교육이 제공되는 가난한 구역에 살 수밖에 없었다. 다중심의 거버넌스를 통해 민주주의와 평등이 확대되는 것이 아니라, 계급 특권과 권력이 재생산되었던 것이다(Harvey, 2012: 82). 이런 점에서 탈중심화와 자치는 불평등을 확대하는 주요 장치일 수도 있다. 이는 다중심의 뉴욕 주 안에서 구역별로 차별적인 공교육의 실패가 나타나고 유로존이 재앙에 빠지는 사례에서도 확인되는 사실이다. 곧 공간적 스케일에 따라서는 공유지의 문제를 자율로 해결하는 것이 능사가 아니라는 점을 알 수 있다(Harvey, 2012: 82~84). 물론 그렇다고 국가 차원에서 각 지역공동체의 자율성과 차별성을 고려하지 않고 하나의 통합된 공유지 원칙으로 접근하는 것은 오스트롬의 견해를 수용하는 리프킨의 말대로 관료화에 따라 공동체의 성원의 필요에 어긋나거나 공유지에 대한 해당 공동체 성원의 주체적이고 자율적인 결정을 가로막을 위험이 있다(Rifkin, 2014: 161 참조). 이처럼 분산적이고 자율적인 공유지 개념과 중앙집중적인 공유지 개념이라는 양극단의 편향을 벗어나기 위해서는, 각각의 공유지를 지역/도시/국가/지구 등 여러 차원의 공간에 겹쳐 있는 것으로 고찰할 필요가 있다.

다른 한편 공유지의 생산과 전유 차원을 구분할 필요가 있다. 오스트롬은 초기에는 공유지의 예로 주로 자연자원을 들고 있지만, 이후에는 그외에도 유전자, 지식, 문화재산 등 다른 형태의 공유지도 연구했다(Harvey, 2012: 72에서 재인용). 그에 따르면 자연자원과 달리 지식과 문화재산 등은 헤아릴 수 없이 많은 사람이 공동으로 협력해서 생산한 공유지라고 할 수 있다. 따라서 오스트롬은 지식공유지는 원칙적으로 모두에게 개방되어야 마땅하다고 본다(Harvey, 2012: 72).

이에 더해 하비는 도시화를 통해 갈수록 도시공유지가 생산되고 있다고 본다(Harvey, 2012: 80). 그런데 도시공유지는 건조환경(built environment)만이 아니라 사실상 도시 전역에 걸쳐 있다고 할 수 있다. 예를 들어 새롭게 지하철역이 들어선 인근 지역의 부동산 가격은 유동인구의 증가와 교통편의성의 증대로 크게 상승한다. 지하철역과 함께 상승된 부동산 가격은 원리적으로 봤을 때 새롭게 생산된 공유지라고 할 수 있다. 그러나 이처럼 상승된 부동산 가격은 해당 토지소유주에게 거의 독점적으로 귀속되는 것이 자본주의의 현실이다. 재산세 증액이나 양도세는 이처럼 사유화된 공유지의 극히 일부만을 공적으로 환수하는 제도이며, 각종 면세제도를 통해 공유지의 사유화를 방치하는 장식에 지나지 않는다. 이러한 도시 공유지 사유화는 소득의 양극화만큼, 아니 그 이상으로 재산의 양극화를 초래하는 요인이다.

오스트롬과 하비의 말대로 이처럼 사회적으로 생산된 공유지는 생산력이 증대함에 따라 점점 더 큰 비중을 차지하게 된다. 그런데 지식과 토지가 상품화된 자본주의 사회에서는 사회적인 협력을 통해 생산된 지식이나 장소의 새로운 사용가치와 가격을 특허권자나 토지소유주가 독점적으로 전유하게 된다. 이렇듯 자본주의에서는 사회제도의 변화를 통한, 아니면 모두가 함께 생산하는 새로운 공유지는 자본가와 재산 소유자에게 전유된다. 자본가뿐 아니라 토지소유자 등 수많은 재산 소유자는 본인의 의지와는 무관하게 일정 부분 공유지의 수탈자에 합류하면서 자본주의적인 양극화를 공고히 뒷받침하는 셈이다.

이는 부의 양극화가 갈수록 심각해지는 이유이기도 하다. 이런 점에서 공유지 생산의 확대가 모두의 삶을 풍요롭게 한다는 보장이 없다. 따라서 공유지의 외연을 확대해서 용적률 향상, 공원이나 지하철역 건설에 수반되는 도시의 지가 상승까지 포괄하는 확장된 공유지의 새로운 개념을 제도적으로 확립할 필요가 있다. 그리고 공유지를 생산하는 것보다 상품화되지 않는 공유지를 생산하는 것이 중요하다. 만약 생산된 공유지가 상품화되거나 사적으로 소유될 수밖에 없다면 그 공유지에서 발생한 수익이 과세 등을 통해 사회 성원 모두에게 전유되는 체계를 확보하는 것이 중요하다고 할 수 있다.

이처럼 공유지가 폐쇄적인 자율 공동체의 특권이 되거나 자본가나 재산가에게 독점적으로 전유되지 않을 장치가 확보된다면, 공유지는 사람들이 평등하게 향유할 재산이며 각자 원하는 삶을 살 수 있는 실질적 기반인 평등한 기회의 원천이기도 하다. 특히 생산된 공유지의 경우 이를 누리려는 사람들이 늘어날수록 공유지의 가치가 확대 재생산되는 경향이 있다. 특히 오늘날과 같은 디지털 자본주의의 시대에 가입자와 접속자가 늘어날수록 페이스북과 같은 소셜미디어(Social Media)의 가치는 폭등한다. 이처럼 많은 사람이 사용할수록 가치가 증가하는 공유지의 확산은 '공유지의 비극'을 넘어 로즈가 제기한 '공유지의 희극'이라고 할 수 있을 것이다. 그러나 이렇게 생산된 공유지의 수익이 이른바 '콘텐츠 벡터 계급'에게 독점적으로 전유되는 현황은 '마이크로페이먼트' 내지 '보편적 기본소득'을 통해 생산자나 사회성원 모두에게 재전유되어야 한다는 정의론적 요청을 낳기도 한다(이항우, 2014: 246~249).

3. 도시공유지와 도시공동체

공유시대의 도래라고 할 정도로 공유기업과 공유지의 생산이 활성화되는 상황에서 공유지의 전유자 내지 향유자 문제로 넘어가보자. 이 향유자는 원리적으로 바로 '공동체' 또는 공동체의 성원들이라고 할 수 있다. 특히 고대부터 아고라(광장)라는 공유지의 산실이었던 도시, 그리고 새롭게 공유지의 주요 생산지로 부상한 오늘날의 메트로폴리스를 배경으로 공유도시 내지 도시공유지에 모아진 우리의 논점에 따라 도시공동체 문제로 넘어가보자. 공동체는 장 뤽 낭시(Jean Luc Nancy)가 말한 대로 '공동-내-존재(블랑쇼와 낭시, 2005: 122)'로서 인간의 근원에 대한 물음이기도 하고 "공산주의가 그동안 강압적으로 은폐해왔지만 또한 나타나도록 만들었던 것"(블랑쇼와 낭시: 2005, 121)인 정치철학의 문제이기도 하다.

도시 내지 도시화는 흔히 전통적인 (농촌)공동체의 파괴자이자 자신 안의 거주자를 낯설고 소외되게 만든다고 비난받아왔다. 또 동시에 도시는 사람들을 소외시킴으로써 오히려 비평과 예술의 주체를 만들어낸다는 칭송도 받아왔다(보들레르, 벤야민). 그러나 후자의 논자들도 도시가 공동체를 파괴하며 인간을 소외시킨다는 견해는 공유하고 있다. 특히 해방 이후 급격한 도시화를 경험했던 한국 사람들에게는 도시를 공동체의 태생적인 적으로 간주하는 견해가 팽배해 있다.

박원순 서울시장 취임 이래 서울에서 '성미산마을' 및 '장수마을'과 같은 자율적인 도시마을공동체가 서울이라는 삭막한 도시에서 희망의 공동체를 복원하는 모범적인 사례로 각광받는 것도, 어찌 보면 '도시=반공동체인 소외의 공간'이라는 우울한 경험과 공감대가 팽배해 있기 때문이다. 실제로 박원순 서울시장이 추진하는 '마을공동체 만들기 사업'은 "피폐해진 시민의 삶을 치유하고 잊혀져간 사람 간의 관계망을 복원해 공동체를 회복하려는, '사람의 가치'와 '신뢰의 관계망'을 만들어가려는 서울시의 노력"이라고 천명되고 있다(서울시, 2011). 곧 서울이라는 도시는 사람 간의 관계망 내지 '공동체'를 피폐하게 만들었는데, 이제 이 피폐한 공동체를 복원해야 한다는 것이다. 서울이라는 도시에서 공동체를 복원해야 할 그 무엇으로 보는 것은 서울이 그동안 공동체에 파괴적이었다는 것을 전제하는 것이기도 하다. 또 그 복원해야 할 공동체의 원형은 농촌, 특히 농촌공동체일 것이다.[8]

그런데 도시나 도시화가 공동체의 파괴자인지 아니면 또 다른 공동체의 발생지인지는 사회역사적인 맥락에 따라 다르다. 고대 그리스의 폴리스나 중세의 코뮌도시는 그 자체로 정치적으로나 경제적으로나 문화적으로나 공유공간 및 공유재가 농촌보다 더 발달해 있었고, 따라서 더 확고한 공동체성을 갖고 있었다. 반면에 산업화와 더불어 급속히 (농촌)공동체가 해체되고 도시화가 진행되던 시기의 도시는 상대적으로 도시거주자가 누릴 공유자원과 공동체적 정체성보다 소외와 분열의 병리현상을 더 많이 담고 있다. 그리고 도시가 팽창기를 지나 안정기에 접어들면서 그곳에서 수십 년 이상을 살아온 사람들이 많아질수록 이질감과 소외감이 감소하고 공동체의 문화적인 정체성이 확대된다. 나아가 도시거주자가 자유롭게 향유할 공유공간과 공유재가 풍부한가 여부에 따라 같은 시대의 도시라 해도 도시의 공동체적 정체성은 차별화될 것이다. 예를 들어 공유공간 및 공유재가 상대적으로 많은 브라질의 쿠리치바는 상파울루와 대조적으로 거주자들의 행복지수 및 공동체적 정

---

8) "나는 지역과 농촌이야말로 21세기 한국의 미래를 열어갈 '블루 오션'임을 발견했다. 절망적인 상황 속에서도 지역사회의 공동체를 복원하고 활성화하려는 집요하고도 다양하며 눈물겨울 만치 노력하는 사람들을 만났다(박원순, 2009. 7. 강조는 인용자)."

체성이 강한 편이다.

국내에서도 도시전문가 내지 도시연구자들이 도시를 공동체의 적으로 여기는 풍조는, 최근 반세기 동안 서울을 비롯한 대도시로의 인구이동이 급속히 진행되면서 도시에서 공유공간 및 공유재가 확대되고 공동체적 문화가 형성되기보다는 이질성과 빈부격차의 급속한 확대에 따른 불안감과 소외의 증가가 더 두드러지게 나타났기 때문일 것이다.

그렇지만 '도시=공동체의 파괴자', '농촌=공동체'라는 단순 도식은 레이먼드 윌리엄스(Raymond Williams)가 지적하듯이 농촌낭만주의의 복고적인 환상에 지나지 않는다(윌리엄스, 2013: 214, 328). '도시공동체 만들기'는 복고의 과정이 아니라 오히려 지역/국가/지구의 공간차원이 겹치는(overlapping) 도시에서 공유지와 도시공동체의 주체를 생산하고 재생산하는 과정이다.

그런데 '도시는 공동체의 파괴자인가?'라는 질문은 공동체 개념에 대한 해명을 필요로 한다. 무엇을 공동체로 보는가에 따라 이 질문은 정반대의 의미일 수도 있기 때문이다. 그런데 공동체 개념은 쓰는 사람에 따라 천차만별일만큼 다의적이다. 따라서 그 자체가 전장이기도 한 공동체 개념의 용례를 분석하고 이에 기초해서 이 글에서 사용할 공동체 개념을 정의할 필요가 있다.

공동체(영어로는 'community', 독일어로는 'Gemeinwesen' 내지 'Gemeinschaft', 불어로는 'commune' 내지 'communauté')는 넓게는 다양한 인구집단에 두루 적용되는 의미로 쓰인다. 지구공동체, 인류공동체, 민족공동체, 지역공동체, 혈연공동체, 친족공동체, 가족공동체, 직업공동체 등등. 그래서 공동체의 내포와 외연을 제한할 필요가 있다. 공동체의 외연을 제한하는 기준으로는 여러 가지가 제시되고 있다.

우선 대체로 영어권의 일상용어에서처럼 공동체의 범위를 공간적으로 제한하는 것이 가장 흔한 시도라 할 수 있다. 영어권에서는 공동체(community)가 보통 지역공동체 내지 지역사회라는 뜻으로 쓰인다. 이때 'community'는 우리나라의 구나 면 정도의 행정구역을 뜻한다.[9] 독일어에서도 'Gemeinwe-sen' 내지 'Gemeinschaft'의 유래가 된 공간적 용어로 'Gemeinde'를 들 수 있는데, 'Gemeinde'도 영어의 'community'와 유사하게, 구나 면 정도에 해당하는 행정구역으로서 지역공동체 내지 지역사회를 뜻한다. 불어의 'commune' 도 이와 비슷하게 쓰이는 경우가 있다(고트디너와 버드, 2013: 30 참조). 곧 일상적인 서양어에서 공동체는 대체로 장소적·공간적으로 제한된 범위의 이웃이라는 의미를 담고 있는 셈이다.

이보다 더 나아가 앤더슨(Anderson)은 현실적 공동체의 외연을 일상용어에서보다 더 공간적으로 제한한다. 그는 '현실적 공동체'를 상상적 공동체와 대비하여 서로 알고 있는 대면 커뮤니케이션의 범위로 좁힌다. 이 기준에 따르면 대면관계를 넘어선 큰 마을조차도 현실적 공동체라기보다는 상상된 것에 지나지 않는다(정성훈, 2013: 29에서 재인용). 서울시에서 추진하는 마을공동체 사업에서의 마을공동체는 바로 앤더슨이 공간적인 인접성과 대면관계, 자발성 등을 통해 제한하려고 한 공동체에 해당한다.[10]

그러나 이처럼 구성원들의 정체성을 강하게 규정하는 공동체의 외연을 근린 지역이나 대면관계 같이 공간적으로 제한하는 것은 한계에 부딪친다.

첫째로 교통의 발달과 더불어 이동성이 확대된 오늘날에 나의 근린 거주지역은 나의 소속감과 정체성을 규정하는 공동체로서의 역할을 수행하는 데 충분하지 못하다. 특히 서울시민의 경우 평균 4년에 한 번꼴로 이사를 할 정

---

9) 이러한 공간적 인접성에도 미국의 'community'는 구성원들에게 미리 주어져 있는 이웃들의 원초적 공동체에 그치지 않고 전통적 공동체와 달리 지속적이고 참여적인 풀뿌리 민주주의의 장소이기도 하다. 이런 점에서 마이클 샌델(Michael Sandel)은 미국의 'community'를 구성원들의 정열적인 참여가 이루어지는 협동적 공동체로 본다(Gorz, 1997: 171에서 재인용).

10) 마을공동체 운동을 하는 사람들은 '마을'을 걸어서 10~15분 거리의 생활 단위로 규정하고 있다(강상구, 2014: 55~56).

도도 정주성이 약하다. 이는 서울에서 장기임대제가 일반화되지 못하고 자가 점유 비율도 낮기 때문이다.[11] 이런 상황에서 서울의 마을공동체는 중장기적으로 정주성이 강하고 안정적인 중산층에 해당하는 40% 수준의 자가 정주자 중심의 공동체일 수밖에 없다. 더구나 연령대별로 젊은 세대일수록 자가 비율이 낮은 점을 고려하면, 서울의 마을공동체 운동은 40~50대 이상의 중장년층에 치우칠 수밖에 없다.[12] 그리고 도시거주자는 지구/국가/지역의 겹친 공간들에서 다중적으로 활동하거나 복수의 공동체들에 동시에 속하는 경우가 많다. 특히 자가 정주 비율이 낮고 장시간 노동이나 학습에 시달리는 서울의 거주자들은 마을공동체 밖의 직업 활동이나 다른 공동체 활동을 우선하는 경우가 더 많다. 따라서 서울에서 마을공동체가 지속적으로 강한 공동체로서 정체성의 원천이 되기에는 한계가 있다.

둘째로 인터넷과 통신의 발전으로 물리적 공간의 제약을 상당 부분 뛰어넘어 자주 얼굴을 맞대지 않고도 서로 알고 소통하며 강한 친밀감과 소속감을 느끼는 관계가 가능하게 되었다(고트디너와 버드, 2013: 30~33 참조). 이러한 관계는 밴드를 통해 활성화된 동창회처럼 과거의 비자발적인 공동체에서 비롯된 것일 수도 있지만, 기본소득지구네트워크나 ATTAC(시민을 위한 금융거래과세 연합), shareable.net처럼 인접성의 제약을 벗어나 지구적 차원에서의 자발성에 기초한 것일 수도 있다. 이처럼 현재 공간적 인접성에서 부분적으로 또는 온전히 벗어나 강한 친밀감과 소속감을 갖는 모임을 공동체의 외연에서 배제할 수는 없는 일이다. 이 중에서 특히 자발성에 기초한 공동체는

---

11) 서울시에서 주택 자가 점유 비율은 2000년 40.9%, 2005년 44.6%, 2010년 41.1%로 큰 변동이 없다(강상구, 2014: 57에서 재인용). 2014년에도 서울시 자가 비율은 41.2%로 큰 변동이 없다(정보기획관·통계데이터담당관, 2015: 22).

12) 2014년도에 서울에서 30대의 자가 비율은 15.5%, 40대의 자가 비율은 42.7%, 50대의 자가 비율은 60.9%에 달한다. 그리고 60세 이상의 자가 비율은 다시 57.2%로 떨어진다(정보기획관·통계데이터담당관, 2015: 22).

공유하는 '가치' 내지 '목표'가 친밀성과 소속감의 원천이 되는 경향이 있다.

공간적 인접성을 공동체의 필수 요건으로 설정하는 것은 교통의 발전으로 이동성과 삶의 반경이 커지고 인터넷을 통해 소통과 교류의 범위가 확대된 오늘날의 변화를 제대로 고려하지 못한다. 그리하여 지역공동체 내지 지역 사회라는 뜻을 갖는 'community'의 인접성이 갖는 한계 때문에, 이웃들의 친밀한 유대가 있는 지역공동체 내지 지역사회에 대한 향수를 갖고 이를 복원함으로써 도시 차원에서 시민의 참여를 활성화하려는 영국의 토니 블레어 (Tony Blair)와 퍼트넘의 시도는 정보화시대에 뒤떨어져 별로 성과를 거두지 못했다. 반면에 지역사회의 범위를 넘어서 더 넓은 범위의 국가 및 지구의 공간과 겹치는 도시 차원에서 지속가능한 환경과 삶의 질을 추구하는 '지속가능한 도시' 운동은 포르투알레그레(Porto Alegre)나 인도 케랄라 주, 마드리드, 바르셀로나 같은 몇몇 도시에서 괄목할 성과를 보이고 있으며, 이는 정보화시대에 도시거주자들의 정치 참여를 지역공동체의 복원이라는 협소한 틀에 가두어서는 안 된다는 점을 보여준다. 이는 현재 서울시의 마을공동체 만들기 사업이 서울시민의 공동체적인 참여를 활성화하는 데 필요할 수는 있지만 충분하진 못하다는 것을 시사한다.

앞서 지적했듯이 인터넷과 소셜미디어의 발전으로 오늘날의 공동체는 지역적 인접성의 울타리를 훌쩍 넘어 넓은 공간 차원에서 뜻을 함께하는 데 기초해 회비와 기부를 통해 마련한 공유지를 함께 전유하고 행동하면서 훨씬 멀리 퍼져나가고 있다. 스페인의 15-M운동과 같은 'Occupy' 운동이 이처럼 지역적 인접성에 기초한 협동적 공동체에서 발원했다고 보기는 힘들다. 오히려 지역공동체가 있었다고 해도 인터넷을 매개로 곧바로 지역적 인접성의 범위를 넘어서서 최소한 대도시 공간 차원의 공동체를 형성하면서 활발한 소통과 활동을 통해 처음부터 큰 단위의 공동체적 흐름을 만들었고, 지역공동체 가운데 일부가 여기에 합류했다고 보는 게 타당할 것이다. 곧 도시공동체는 작은 규모의 지역공동체나 친밀공동체를 포함할 수 있지만, 이러한 공동체로 환원되지는 않는다. 도시공동체 중에는 도시 전체의 공간을 아우르거나 심지어 국가 범위의 공간 차원에 해당하는 공동체도 있다. 그리고 이처럼 광역 범위의 도시공동체의 역할과 비중은 그 자체로 공유지이기도 한 소셜미디어가 발전하면서 점점 증폭되고 있다.

다시 도시로 돌아오자. 도시는 도시거주자 모두가 향유하는 도시공유지(urban commons)를 갖는 만큼 도시공동체가 된다. 공유지는 그동안 '공공적인 것(the public)'과 혼동되어왔다. 그러나 앞에서 밝혔듯이 공유(지)는 여러 단위의 국가권력이나 정부 기관 중심의 소유를 뜻하는 공공적인 소유와 질적으로 다르다. 보통 시장과 자본의 폐해를 막고 사회평등과 국민들의 보편적인 권리를 지켜줄 것으로 상상된 국가는 실상 시초부터 특권층과 자본을 위한 '사적인' 기구였다. 국유화가 극단화된 북한은 통째로 김일성 군벌가문의 사적 소유에 가깝고, 자본주의를 천명하는 남한의 국가기구는 국내 거주자 모두에게 거둔 세금을 특권층과 재벌의 이익을 위해 몰아주는 사적인 기구에 가깝다. 곧 "국가는 공유지의 수호자였던 적이 없다(Kratzwald, 2015: 32)". 다시 말하면 공적인 것은 사적인 것과 맞서 보편적인 이익을 지키는 것이 아니라 사적인 것의 보완물일 가능성이 크다. 이와 달리 공유지는 성원 각자의 평등한 이익을 보장하는 개념이다. 이는 '공적 국가 대 사적 시장'이라는 가상의 이분법을 전복하는 새로운 경제 패러다임이라 할 수 있다. 따라서 도시공유지는 도시의 광장, 거리, 공원, 공중권, 수도, 전기, 교통 체계, 복지, 시청, 공유 온·오프라인 플랫폼 등을 지칭할 뿐만 아니라, 도시는 시민들의 것이며 시민들이 그곳에서 일어날 일을 결정해야 한다는 것을 함의한다. 물론 시 행정부가 인프라스트럭처를 조직하고 관리할 수 있을지라도 시민들의 결정과 통제 아래서 이루어질 때 도시는 그만큼 공유지를 많이 갖춘 도시공동체가 될 수 있다(Kratzwald, 2015: 31). 이처럼 공유지는 사물로 한정되지 않는다.

공유지는 ① 공유재(common goods), ② 이 공유재를 사용하고 재생산하는 사람들의 집단, ③ 이 사람들이 목적을 달성하기 위한 규칙이라는 세 가지 요소로 구성된다(Kratzwald, 2015: 30). 이렇게 볼 때 현실에서는 미리 주어진 공유지보다 공유화(commoning)되는 사회적 관계와 실천이 있다고 하는 것이 적절할 것이다. 특히 도시공유지는 자연적으로 주어진 것보다 사회적·제도적으로 모두에 의해서 생산된 것이 많다. 그러나 도시공유지 중 상당수는 자본가나 토지소유자에의 의해 사유화되고 있다. 그만큼 도시공유지와 도시공동체를 위한 과정은 복합적인 전쟁의 과정이기도 하다(Kratzwald, 2015: 30).

4. 도시공유지와 기본소득

공유지에 대한 권리는 광장의 경우처럼 직접적으로 평등한 사용권으로 정해지는 경우도 있지만, 그 외에 무상급식이나 무상교육처럼 보편적인 현물내지 보편적인 현금 급여로 정할 수도 있다. 공유지에 대한 1/N 권리의 한 형태라고 할 수 있는 보편적인 기본소득도 공유지와 마찬가지로 마을, 도시, 국가, 지구의 상이한 차원에서 차별적으로 그리고 여러 차원에 동시에 겹쳐 있는 형태로 존재한다. 기본소득의 외연을 현금으로 제한하지 않고 현물까지 확대한다면 기본소득은 공유재와 상당 부분 겹치는 개념이다. 일찍이 필리프 판 파레이스(Philippe Van Parijs)는 ① 안전과 자기소유권 등 형식적 자유(formal freedom)를 위한 경찰, 법정, 국방, ② 각자의 기회를 증진하는 긍정적 외부성을 낳는 인프라스트럭처/교육 보조, ③ 각자가 지불하는 것보다 공동체가 제공함으로써 비용을 절감할 수 있는 오염 규제, 도로 건설 및 유지, 보행자전용 길, 의료보장 등은 현금보다 현물로 공급하는 것이 적합한 현물기본소득(basic income in kind)이라 정의한 바 있다(Van Parijs, 1995: 42~45). 이렇게 볼 경우 부분적인 기본소득은 범위에 차이가 있을지언정 어느 사회에나 존재한다. 한국의 경우 무상급식은 도시나 지자체 차원에서 제공하는 부분적인 현물기본소득이라고 할 수 있으며, 성남시의 청년배당은 부분 현금기본소득이라고 할 수 있다. 그리고 한국 수도권의 미세먼지는 도시나 지자체의 차원뿐만 아니라 국가차원 및 국가를 넘어선 차원에도 걸치는 겹친 마이너스 현물기본소득이라고 할 수 있다.

공유지 확대[13]와 이에 대한 권리 내지 공유지 수익의 배당으로서 기본소득의 확대는 현금이나 현물 형태로 다양한 사회공동체 차원에서 다채롭게 진행될 수 있다. 따라서 기본소득은 공공의료, 공교육, 공공보육 등 보편적인 사회복지 이후의 과제라고 주장하거나, 공공서비스의 사유화와 시장을 확대한다는 비난은 기본소득의 개념에 대한 오해에서 비롯되는 것이다.

공유지로부터의 수익에 대한 1/N의 지분권이 기본소득이라고 한다면 도시 내지 지자체의 차원에서도 공유지와 공유지 수익의 확대는 중장기적으로 도시나 지자체 기본소득의 주요한 재원이라 할 수 있다. 그런데 앞에서 보았듯 공유지나 공유지 수익이 미미한 현재 한국의 상황에서는 조세 수입이 기본소득 재원에서 큰 비중을 차지할 수밖에 없다. 더구나 조세권마저 제한된 한국의 도시나 지자체에서 기본소득의 재원은 제한적이다.

---

13) 기본소득의 정당성은 공유지에 대한 1/N의 권리에서 비롯되는 만큼, 공유재산이 확충되거나 사유재산을 공유재산으로 전환할수록 현금·현물기본소득의 재원은 더 확대될 것이다. 따라서 증세만이 기본소득의 유일한 경로라고 보는 것은 옳지 않다. 물론 불로투기소득에 대한 증세는 사유재산제가 주축을 이루는 동안 기본소득의 주요 재원일 수밖에 없지만, 이러한 증세는 공유지와 공유자원의 발굴 및 확대와 병행해서 진행될 필요가 있다. 한국의 경우 전파 대역의 임대수익을 확대한다거나, 공중을 공유화해서 용적률 상향을 통한 고층건물 신축이나 도시계획 용도 변경 때 기존의 공공기여금을 확대하거나, 기존의 사유지를 점차 공유지로 전환하고, 기존의 도시 지상철로를 지하화하면서 새롭게 가용할 수 있는 지상 공유 공간 중 일부를 상업공간이나 임대용 주거공간으로 개발해 임대함으로써 생겨난 수익을 기본소득의 재원으로 활용하는 방안 등을 고려할 수 있다.

그러나 제한적인 예산이라면 적은 규모의 부분적인 현금/현물 기본소득에서 시작하면 될 것이며 예산 부족을 이유로 기본소득 도입을 유보하는 것은 이치에 맞지 않다. 실제로 한국 지자체의 예산 사정이 열악하지만, 부분적인 현물기본소득의 한 형태인 무상급식은 다른 선진국에 비해서 한국에서 빠르게 그리고 만족스럽게 출범했고 또 진행 중이다. 이는 기본소득의 도입이 절대적인 예산 규모보다는 정치적인 의지에 의해서 결정된다는 것을 예증한다.

제한된 규모의 공유지 수익과 적은 세입에도 불구하고 부분적이나마 보편적인 기본소득의 다양한 형태를 확대하는 것은 정치공동체의 예산지출에서 획기적인 패러다임 전환을 가져온다. 자본주의에서 정부 예산수입은 크게 공유지수익과 조세수입으로 구성된다. 즉, 예산수입은 다소 누진적인 형식을 취하더라도 사회구성원 모두로부터 유래하는 것이다. 그러나 예산지출은 이에 비해 거대자본이나 부동산 부호의 자산과 소득을 비약적으로 증대시켜 경제적 양극화를 더욱 확대시키는 기제로 작동한다.

예를 들어 가장 대표적인 국민 수탈 시스템인 외국환평형기금채권(외평채) 운용을 보자.

정부가 발행한 외국환평형기금채권 이자는 결국 예산수입에서 지출되며 막대한 경상수지 흑자가 나더라도 달러화 가치를 인상하고 원화의 가치를 절하시키는 데 사용되어 수출 위주의 재벌기업에 막대한 차익을 안겨줄 뿐만 아니라, 수입재의 원화 가격을 앙등시켜 국내소비자에게 막대한 손해를 입히고 있다. 곧 정부는 외평채를 통해 국민을 이중으로 수탈해 거대자본에게 몰아주고 있는 것이다. 공유지 수익과 조세 수입의 외평채 이자 지급으로 한 번 더, 수입물가 상승을 국민에게 전가해 수출 위주의 재벌기업의 수출 증대와 수익성을 증폭함으로써 한 번 더. 재벌기업의 순이익 중 상당 부분은 이처럼 국민들로부터 간접적으로 수탈한 것이다. 반대로 국민의 손해는 수십 조를 상회한다. 그럼에도 이 같은 부당 이득을 거둔 재벌기업은 순이익의 일부분이라도 공유기금으로 내놓은 적이 없다. 이래서는 한국사회의 공동체성이 진화하기 힘들 수밖에 없다. 한국사회의 공동체성을 진전시키기 위해서 향후 외평채 운용은 수출 기업들의 순이익 중 일부를 공유기금으로 환수하는 방안과 연계해서 이루어질 필요가 있다. 그러기 위해서는 국민들과 다양한 사회운동이 이처럼 숨은 공유지의 수탈을 찾아내 공유지를 재전유하자고 적극적으로 요구해야 할 것이다. 또 국민연금적립액이나 공무원·군인·사학연금도 적어도 상한액까지는 고소득자일수록 고용주와 정부 예산에서 더 많은 보조금을 주는 역복지의 체계로 짜여 있다. 이외에도 국가 차원에서 공유지의 수탈이 이루어지는 경우는 헤아릴 수 없이 많다.

그리고 도시 차원에서 일어나는 신도시 개발과 도시재생사업, 공항 건설, 지하철 건설 등 도시공유지의 확대는 토지가 사유화된 상황에서는 개발 인근 지역 부동산 소유자에게 막대한 개발이익을 가져다준다. 특히 도시 차원에서도 삼성동 현대차 부지 개발 사례에서 보듯 용적률과 용도 변경을 통한 지가 상승은 일정 부분 현물이나 현금으로 환수할 수 있다. 즉, 도시 차원에서도 보편적인 기본소득의 재원이 생각보다 적지 않게 확보될 수 있다. 지금처럼 이렇게 환수된 개발이익이 개발지의 인프라스트럭처에 전액 재투자되어 개발지의 지가를 추가로 상승시키고 결국 재벌기업과 부동산 소유자들에게 재사유화되는 방식은 도시의 공동체성을 확대하기보다는 양극화와 지역 이기주의를 낳을 수밖에 없다. 이런 점에서 현대차 공공기여금을 전액을 현대차 개발지와 인근 지역의 인프러스트럭처에 건설에 사용하는 것은 용적률 내지 공중권이라는 서울시민 모두의 공유지를 시민들의 의견을 구하지 않은 채 재벌기업과 개발지 인근의 부동산 소유자들에게 헌납하는 셈이다.

이처럼 일부 저소득층을 지원하는 복지 예산을 제외한 주요한 예산·연금 지출이 경제적인 양극화를 확대시키는 걸 감안할 때, 재벌기업과 부자를 위한 예산 지출을 보편적인 기본소득의 형태로 전환하는 것은 가난한 다수를 위한 예산 지출로의 패러다임 전환이다. 나아가 국가 차원이건 도시 차원이건 공동체성을 획기적으로 확대하는 출구가 될 것이다.

이런 점에서 중앙정부의 지배적인 예산입출 구조가 쉽게 바뀌지 않을 때 제한된 예산이라도 도시나 지자체의 현금·현물 기본소득 확대는 다수를 위한 새로운 예산입출 패러다임을 선도적으로 시현하는 돌파구다. 나아가 1/N의 지분권이라는 공유지와 기본소득의 원리는 모두에게 이익이라는 공익(public interest)이 사실상 예산을 주관하는 국회의원, 정부 관료 및 거대자본의 사익(private interest)을 치장하는 포장에 지나지 않는다는 것을 폭로하면서 기존의 '국가 vs 시장'이라는 경제시스템을 대체하는 새로운 민주적 대안 경제시스템이기도 하다. 비록 도시나 지자체가 국가 차원에 비해 관료화와 부정부패가 더 심각할 수도 있지만, 반대로 국가권력과 기존 경제시스템의 전환이 쉽지 않은 상황에서 우선 몇몇 지자체에서 발효될 공유지와 기본소득 원리의 실현은 시스템의 전환을 촉발할 계기로 작용할 수 있다. 무상급식에 이어 최근 성남시에서 도입한 청년배당은 이런 점에서 기존의 '국가 아니면 시장'이라는 근대적 경제시스템을 넘어서서 민주적인 공유와 기본소득의 원리가 대안 경제시스템의 축이 될 것을 가시화해주고 있다.

공유와 기본소득은 아직 본격적인 경제활동을 시작하기 이전에 도시에 집중된 가난한 청년들에게 더 많은 미래의 기회를 가져다 줄 것이다. 왜냐하면 그들은 부모로부터 물려받은 것도, 자신의 노동을 통해 벌어들인 것도 없는 상황에서 알바생으로 시간을 뺏기느라 학업과 취업준비에서 뒤처질 수밖에 없었지만, 기본소득이 도입될 경우 시간을 덜 뺏기고 학업과 취업준비를 더 잘 할 수 있기 때문이다. 공유와 기본소득의 정당성은 특정 개인의 성과라 할 수 없는 공유지에 대한 지분권에서 유래하지만, 그 지향점은 금수저, 흙수저를 불문하고 "모든 사람들에게 자기 삶의 기회를 지속가능한 수준에서 최대한 평등하게 보장하는 것"이기에(Van Parijs, 1995: 25~29) 청년세대의 다수는 기본소득으로 절망을 넘어서고 더 많은 기회를 갖게 될 것이다.

그런 점에서 예산이 제약되었지만 성남시의 청년배당은 도시에 집중된 청년들에게 미래의 희망을 위한 새로운 버팀목이 되어줄 수 있을 것이다. 몇몇 도시에서 공유지와 기본소득의 확장이 청년들을 전 사회적인 차원에서 접속시키고 연결시켜 포괄적인 공유와 기본소득의 경제시스템과 민주적인 정치사회시스템을 맞을 주체로 진화시키는 마중물이 될지는 두고 볼 일이다.

특히 서울시와 수도권의 경우 용적률 상향 내지 토지용도 변경 등 사회적으로 생산된 공유지에 해당하는 토지 가치가 막대하게 상승하면서 토지소유자에게 독점적으로 귀속되고 있다. 이러한 공유지의 사적인 전유를 일정 부분만 환수해도 도시 거주자들의 공유지와 기본소득을 크게 확장할 재원을 확보할 수 있을 것이며, 서울과 수도권을 세계에 모범적인 공동체로 재탄생시킬 수 있을 것이다.

참고문헌

강내희. 2016. 『길의 역사』. 문화과학사.

강상구. 2014. 「서울시 마을공동체 사업 평가」. 《진보평론》, 60, 49~70쪽.

고트디너·버드(M. Gottdiener and L. Budd). 2013. 『도시연구의 주요개념』. 남영호·채윤하 옮김. 라움.

곽노완. 2008. 「글로벌폴리스와 희망의 시공간」. 《사회이론》, 33, 61~88쪽.

_____. 2016. 『도시정의론과 공유도시』. 라움.

김동영. 2013. 「건강을 위협하는 미세먼지, 원인과 대책」. 《이슈 & 진단》, 121, 1~25쪽.

네그리·하트(A. Negri and M. Hardt). 2014. 『공통체: 자본과 국가 너머 세상』. 정남영·윤영광 옮김. 사월의 책.

류보선 외. 2016. 『서울의 인문학』. 창비.

박원순. 2009. 『마을에서 희망을 만나다』. 검둥소.

박주형. 2013. 「도구화되는 공동체: 서울시 마을공동체만들기 사업에 대한 비판적 고찰」. 《공간과사회》, 43, 5~43쪽.

블랑쇼·낭시(M. Blanchot and J. L. Nancy). 2005. 『밝힐 수 없는 공동체/마주한 공동체』. 박준상 옮김. 문학과 지성사.

서울시. 2011. 「주민이 주도하는 '마을공동체'로 '사람가치' 회복」. 서울시 보도자료.

샌델, 마이클(M. Sandel). 2010. 『정의란 무엇인가』. 이창신 옮김. 김영사.

오스트롬, 엘리너(E. Ostrom). 2010. 『공유의 비극을 넘어』. 윤홍근·안도경 옮김. RHK.

윌리엄스, 레이먼드(R. Williams). 2013. 『시골과 도시』. 이현석 옮김. 나남.

이항우. 2014. 「인지 자본주의와 '자유노동'의 보상: 디지털 저작권 관리, 마이크로페이먼트, 기본소득」. 2014년 비판사회학대회 '사회적인 것'과 한국사회 자료집.

정보기획관·통계데이터담당관. 2015. 「2014년 '서울서베이'조사 결과」. 서울연구원.

정성훈. 2013. 『도시 인간 인권』. 라움.

최병두. 2009. 「도시 발전 전략으로서 정체성 형성과 공적 공간의 구축에 관한 비판적 성찰」. 서울시립대학교 도시인문학연구소 엮음. 『도시공간의 인문학적 모색』. 메이데이.

추이즈위안(崔之元). 2014. 『프티부르주아 사회주의 선언』. 김진공 옮김. 돌베개.

오건호. 2013.12.18. "'보편복지'가 '기본소득'에게". 시사IN Live.

Gorz, A. 1997. *Arbeit zwischen Miesere und Utopie.* Suhrkamp.

Hardin, G. 1968. "The Tragedy of the Commons." *Science*, 162(3859), pp. 1243~1248.

_____. 1978. "Political Requirements for Preserving Our Common Heritage." in H. P. Brokaw(ed.). *Wildlife and America.* Council on Environmental Quality.

Harris, M. and N. Gorenflo(eds.). 2012. *Share or Die.* new society publishers.

Harvey, D. 2000. *Spaces of Hope.* University of California Press.

_____. 2012. *Rebel Cities.* Verso.

Kratzwald, B. 2015. "Urban Commons: Dissident Practices in Emancipatory Spaces" in M. Dellenbaugh, M. Kip, M. Bieniok, A. Müller, and M. Schwegmann(eds.). *Urban Commons: Moving Beyond State and Market.* Birkhäuser Verlag.

Rifkin, J. 2014. *The Zero Marginal Cost Society.* palgrave macmillan.

Rose, C. 1986. "The Comedy of the Commons." *University of Chicago Law Review*, 53(3), pp. 711~781.

Standing, G. 2011. *The Precariat: The New Dangerous Class.* Bloomsbury.

Van Parijs, P. 1995. *Real Freedom for All.* Oxford University Press.

Walljasper, J. 2010. *All that we share.* The New Press.

Widerquist, K. 2015. "Lesson from the Alaska Model." 2015년 기본소득 국제학술대회 지역정치와 기본소득 자료집.

· 제 3 부 ·

희망의 도시,
어떻게 실천할 것인가?

자본주의 헤게모니와 대안적 도시 이데올로기

박배균 | 서울대학교 지리교육과 교수, geopbg@snu.ac.kr

1. 문제제기: 도시를 통해 한국 자본주의와 국가 바라보기

한국의 자본주의와 국가는 현재 심각한 위기 상황에 처해 있다. 현재 여러 가지 정치적·경제적 상황을 종합해보면, 한국 자본주의의 성장 에너지는 급격히 고갈되어 축적의 동력을 점차 상실하고 있고, 국가로 대표되는 기성의 정치체제 또한 그 정치적 정당성을 급격히 상실하고 있다. 그런데 이러한 위기의 모습보다 더 걱정스러운 점은, 경제와 정치가 위기의 상태임에도 한국의 자본주의와 국가를 둘러싼 기득권의 구조와 헤게모니는 여전히 그 영향력을 지속하고 있다는 사실이다.

한국의 정치-경제를 둘러싼 기득권적 구조가 왜 지속되고 있는가에 대해서 그동안 많은 연구가 진행되었고, 나름의 설명과 처방이 제시되어왔다. 그런데, 한국 자본주의와 국가를 고찰한 기존의 연구들은 방법론적 국가주의나 방법론적 글로벌주의의 영향 속에서 한국 자본주의의 성장, 위기, 재편을 둘러싼 정치, 경제, 사회, 문화 과정을 국민국가 차원이나 글로벌한 공간적 스케일에서 바라보고 해석하는 경향을 보였다. 그러다 보니 한국의 자본주의 체제와 발전주의 국가가 어떻게 사람들의 일상을 식민화하면서 그 헤게모니적 지위를 구축해왔는지에 대해서는 많은 관심을 기울이지 않았다. 그 결과 정치적·경제적 위기 상황이 닥쳤음에도 왜 산업화 세력이라 미화되어 불리는 보수적 기득권 세력이 여전히 그들의 헤게모니를 유지하고 있는지에 대해 만족스러운 답을 제시하지 못하고 있다. 본 연구는 도시적 스케일에서 펼쳐지는 정치, 경제, 사회, 문화 과정에 대한 사회-공간적 독해가 이러한 문제를 해결하는 데 어느 정도 도움을 줄 수 있다는 문제의식에서 출발한다.

비판지리학자인 하비는 자본주의와 도시의 관계를 마르크스주의 정치경제학적 관점에서 설명하는 독창적인 이론을 제시했다. 특히, 하비(Harvey 1982, 2012)는 도시를 자본의 지속적 축적과 자본주의의 재생산을 위해 필수적인 공간으로 이해했다. 이는 도시가 과잉축적에 따른 자본의 위기를 해결하는 핵심적 공간으로 이해되기 때문이다. 즉, 막대한 잉여와 과잉을 창출하면서 유지될 수밖에 없는 자본이 과잉축적의 위기를 벗어나기 위해 사용하는 중요한 방법 가운데 하나가 기존의 버려진 곳이나 새로운 도시나 지역의 건조환경에 투자를 하는 '공간적 돌파(spatial fix)'인데, 이 과정을 통해 도시가 새롭게 만들어지거나 확장된다는 것이다. 하비의 논의는 자본주의와 도시의 관계를 이해하는 데서 무시할 수 없는 중요한 이론적 자원이지만, 본 논문에서는 과잉으로 인한 자본축적의 위기를 해결하는 도시의 역할보다는 도시가 행하는 이데올로기적 역할에 초점을 두려 한다.

자본주의 산업화의 공간적 표현물이자 사람들의 일상생활이 이루어지는 도시라는 공간은 자본주의와 국가의 작동과 관련된 정치경제적 기제로만 이해되어서는 안 된다. 도시의 물리적 경관을 둘러싼 문화적 상징과 의미, 도시를 둘러싼 지식의 체계와 상식들, 도시에 대한 상상이나 욕망 등과 같은 도시에 대한 이해 방식과 담론의 체계는 현대의 도시민들이 자본주의와 국가를 이해하고 상상하는 방식과 긴밀히 연관될 수밖에 없다. 따라서 자본주의 체제에서 정치적·경제적 헤게모니를 이해하기 위해서는 도시가 지니는 이데올로기적 속성을 파악하는 것이 필수다. 이런 관점에서 본 논문은 도시 이데올로기가 자본주의 헤게모니의 형성에 어떠한 기여를 하는지에 초점을 둘 것이다. 특히 한국에서 자본과 국가의 헤게모니 형성에서 도시 중산층의 물질적 욕망과 기대가 어떤 역할을 했으며, 이러한 도시 중산층적 욕망을 형성하는 데 도시 이데올로기가 어떤 영향을 주었는지를 논하려고 한다.

2. 이론적 배경: 도시와 도시 이데올로기

1) 도시-촌락 이분법 비판과 '행성적 도시화'

도시를 설명하고 이해하는 전통적 방식은 도시와 촌락을 이분법적으로 구분하여 바라보는 관점에 바탕을 두고 있다. 도시와 촌락이 사회문화적 측면에서 대비되는 특성을 가지고 있다는 주장은 20세기 초중반에 페르디난트 퇴니에스(Ferdinand Tönnies), 에밀 뒤르켐(Emile Durkheim), 게오르크 지멜(Georg Simmel) 또는 루이스 워스(Louis Wirth) 같은 도시생태학적 시카고학파 연구자들을 통해 정식화되었고, 현재까지도 도시를 설명하는 주류적 관점으로 자리 잡고 있다. 하지만 최근 들어 도시와 촌락의 이념형적 구분에 기반을 두고 도시를 연구하는 전통적 방식에 많은 비판이 제기되고 있다. 도시화가 전 지구적인 현상이 된 상황 속에서 전통적인 도시 중심이나 대도시 지역뿐만 아니라 전통적으로 비도시적인 곳으로 분류되던 도시의 주변부, 준도시 지역 등도 전 세계적인 도시화 과정의 핵심적 요소가 되고 있다. 따라서 전통적 도시론의 바탕에 깔려 있던 도시-촌락 이분법적 인식론은 점차 그 근거를 잃어가고 있다(Brenner and Schmid, 2014: 20).

도시-촌락 이분법에 기반을 둔 도시론에 대한 이러한 비판은 프랑스의 도시이론가 앙리 르페브르가 제안했던 '행성적 도시화(planetary urbanization)' 개념에 영감을 받은 것이다. 도시에 대한 서구의 전통적 이론들이 도시와 촌락의 이분법적 구분에 기초해 도시를 독특한 삶의 양식을 제공하는 명확히 구분 가능한 '사회적 객체(social object)'이자 공간적 단위로 보았다면, 르페브르는 이와 달리 도시라는 형태보다는 도시화의 과정에 초점을 두어 도시를 훨씬 더 개방적인 방식으로 이해하려 했다(Schmid, 2012: 45). 특히 그는 '행성적 도시화'라는 개념을 제시하면서, 도시적 변화의 장기적 과정에서 도시화를 자본주의 산업화의 공간적 확산과 관련해 파악하려 했다.

르페브르는 도시화와 산업화가 서로 분리될 수 없는 하나의 과정임을 강조한다. 르페브르에 따르면, 산업화의 과정은 사회 전체적으로 산업의 논리가 확장되는 것인데, 이러한 산업화는 도시화와 매우 복잡하면서도 상호 갈등하며 얽혀 있는 하나의 과정이었다. "산업화는 도시화의 조건과 수단을 제공하지만, 동시에 도시화는 자본주의적 산업의 발달과 전 지구적 산업생산의 확산을 가능케 한 물질적 토대였다(Schmid, 2012: 46)." 산업적 생산은 사회의 도시화를 야기하고, 도시가 특정 수준 이상으로 성장하게 되면 도시화 그 자체가 산업발달을 위한 비옥한 조건을 배양해서 산업생산과 산업화를 촉진하고, 산업적 모순을 도시의 모순으로 변화시킨다(Merrifield, 2013: 911). 이러한 도시화의 과정을 통해 촌락 지역들은 점차 도시적 직조로 재구성되고 식민화되며, 전통적 도시들은 근본적 변화를 겪게 된다.

르페브르는 자본주의적 산업화가 점차 진전되고 심화함에 따라 나타나는 행성적 도시화와 함께 특정 지역의 중심지이자 좁은 공간에 집중된 사람들을 위한 집단 거주지로 기능하면서 고정된 공간적 형태를 지녔던 전통적 도시(city)는 사라지고, 공간적으로 펼쳐지고 모양과 형태가 없으며 경계도 불확실한 새로운 '도시적 직조(urban fabric)'가 등장한다고 주장했다(Lefebvre, 2003; Merrifield, 2013: 911). 즉, 전통적 의미의 도시가 한때는 단단하고 구체적인 실체로 존재했으나, 행성적 도시화의 결과로 도시가 유동적인 것이 되면서 더 이상 물질적 객체로 존재하지 않게 되었다는 것이다. 이런 인식론 속에서 르페브르는 '전통적 도시'의 폐허 위에 '도시적 사회(urban society)'가 등장하고 있고, 도시는 더 이상 사회적 대상으로 기능하지 못한 채 역사적 대상으로서만 존재하며, 그렇기 때문에 사회학적 의미로 보았을 때 도시는 일종의 허위 개념이라고 주장했다(Lefebvre, 2003: 57).

2) 이데올로기로서의 도시

그런데 실제로 도시라는 개념이 더 이상 쓸모가 없는 사라져야 할 개념인가? 애초에 'city'라는 개념이 염두에 두었던 전통적 도시의 공간 형태, 경관, 특성 등은 현대사회에서 다양하게 나타나는 도시적 공간 형태 및 사회적 특성과 더 이상 부합하지 않지만, 세계도시(world city), 혁신도시(innovation city), 창조도시(creative city) 등과 같이 도시를 지칭하는 다양한 용어가 언론 매체, 정부의 보고서, 학교의 교과서 등에서 지속적으로 사용되고 있다. 이런 상황에서 르페브르는 도시가 더 이상 사회적 객체가 아닌 것은 맞지만, 동시에 무시할 수 없는 역사적 존재물이라고 주장한다. 나아가 그는 행성적 도시화의 과정에 따라 여러 역사적 도시가 산업화된 도시의 논리에 의해 포섭되고 식민화되면서 사라져갔지만, 동시에 수많은 작은 도시는 우리 주변에 계속 머무르고 있고, 전통적 서구 도시에 대한 역사적 기억에 바탕을 두어 형성된 도시적 이미지와 도시에 대한 재현은 그 자체로 지속되면서, 나름의 이데올로기와 도회적 프로젝트를 유발할 것이라고 보았다(Lefebvre, 2003: 57). 다시 말해 르페브르에 따르면, 도시는 물질적 존재로서가 아니라 이미지와 이데올로기라는 사회적 객체로서 계속 존재하고 있는 것이다.

데이비드 박스무트(David Wachsmuth)는 르페브르의 입장을 받아들여 도시를 이데올로기로 볼 것을 적극 제안한다(Wachsmuth, 2013). 박스무트에 따르면 도시화는 너무나 복잡한 과정이어서 도시공간에서 우리가 겪게 되는 경험은 필연적으로 부분적일 수밖에 없고, 도시화의 복잡한 과정을 그 자체로 인지하는 것은 불가능하다(Wachsmuth, 2013: 4). 그리고 이처럼 그 전체성(totality)을 즉각적으로 경험할 수 없는 복잡한 사회적 과정에 직면했을 때 우리가 경험하는 것은 필연적으로 그것의 재현(representation)일 수밖에 없다. 이렇게 봤을 때 재현은 제대로 파악할 수 있는 범위를 벗어난 복잡한 사회적 실체를 우리가 인지할 수 있는 범위 내에 있는 것으로 만들어내는 한 방법이라고 할 수 있다(Wachsmuth, 2013: 3). 이런 점에서 도시는 '실제 대상(real object)'이라기보다는 '사고 대상(thought object)'이다(Wachsmuth, 2013: 4). 이러한 관점을 바탕으로 그는 도시를 '분석의 범주(a category of analysis)'로 바라보지 말고, '실천의 범주(a category of practice)'로 바라보면서 접근하자고 제안한다. 도시를 분석의 범주로 본다는 것은 객관적 실체로서 도시가 존재함을 인정하고, 그 객관적 실체인 도시의 특성을 존재론적으로 설명하고 분석할 수 있다는 믿음에 기반을 두는데, 행성적 도시화의 관점에서는 객관적 실체로서의 도시라는 아이디어가 거부되기 때문에, 도시를 분석의 범주로 보는 것은 문제가 있다. 박스무트에 따르면, 객관적 실체로서 존재하는지 의심되는데도 '도시'라는 개념이 계속 사용되는 것은 도시 개념을 둘러싼 논의들이 특정한 이해관계와 권력구조를 지속하려는 목적하에서 이루어진 이데올로기적 실천과 관련되기 때문이다. 즉, 도시는 중립적인 재현물이라기보다는 특정 사회적 세력과 집단에 편파적으로 이득을 주는 이데올로기인 것이다(Wachsmuth, 2013: 13). 즉, 도시는 도시화 과정의 실재를 모두 완전히 재현하기보다는 그 경험의 일부만을 재현하고, 이러한 부분적 재현은 도시화의 실재 가운데 어떤 부분을 강조하고 어떤 부분은 숨겨서, 특정 세력의 이익에 기여하는 이데올로기적 역할을 한다는 것이다.

도시의 이데올로기적 성격과 관련하여 박스무트는 도시 이데올로기의 몇 가지 예를 제시한다. 그중 하나가 도시를 촌락과 대비해 바라보는 방식이 지니는 이데올로기적 성격이다. 앞선 논의에서도 살펴보았듯이, 도시-촌락 이분법은 이제까지 도시를 설명하고 이론화하는 데서 중요한 기반이 되는 전통적 개념이었다. 그런데 이 전통적 개념은 ① 인클로저 운동 과정에서 산업과 농업이 나뉘며 공간적 분업이 발생하고, ② 도시는 사회를, 시골은 자연을 담는 공간적 틀이라는 가정이 생성되며, ③ 도시와 촌락이 서로 상이하고 대비되는 생활양식을 지닌다는 이미지가 생성되는 방식을 통해 구체화되었다(Wachsmuth, 2013: 7). 이러한 이분법적 사고는 시카고학파의 연구를 바탕으로 자본주의도시를 설명하는 매우 자명한 이론이 되었고, 또한 향후 자본주의 사회의 변화 방향을 지시하는 목적론적 분석의 기반이 되었다. 그런데 네오 마르크스주의 도시이론가들이 시카고학파 도시이론을 공격하면서, 도시-촌락 이분법적 사고의 영향력이 급격히 감소했다. 더구나 현실에서 벌어지는 도시화의 과정이 전통적 도시-촌락의 구분을 넘어서 매우 복잡하고 공간적으로도 광범위하게 진행됨에 따라, 도시-촌락 이분법적 사고가 실제로 극복되었다고 여겨졌다. 하지만 이러한 이분법적 사고는 여전히 지속되면서 영향력을 유지하고 있는데, 이는 이 이분법적 사고가 지니는 이데올로기적 기능 때문이다. 예를 들어 미국의 대중 담론에서 소규모 도시와 교외 지역은 도시-촌락 이분법의 틀 속에서 촌락의 자리를 차지하고 있는데, 이는 교외의 주택단지 개발을 홍보하기 위해 "악의 구렁텅이인 도시로부터 탈출하자", "전통적 촌락 가치로 복귀하자" 등과 같은 담론이 유포된 것과 관련된다. 이와 더불어 젠트리피케이션을 야기하는 도심지 개발사업은 최첨단의 진보적인 도시적 삶의 양식을 누릴 수 있는 기회로 홍보된다. 이처럼 도시-촌락이라는 이분법적 사고는 자본의 축적을 위한 전략으로 여전히 활발하게 사용되고 유포되는 이데올로기다(Wachsmuth, 2013: 7~8).

이상의 예에서 보듯, 도시는 특정한 방식으로 규정되어 객관적 분석과 설명의 대상이 되는 '분석의 범주'가 아니라, 특정한 이해관계와 권력구조를 대변하며 이데올로기적 역할을 수행하는 '실천의 범주'다. 그런데 도시의 이데올로기적 특성은 상황과 장소에 따라 매우 차별적이고 다양할 수 있다. '세계도시론', '창조도시론' 등과 같이 도시에 대한 추상적인 학술적 논의와 이론, 또는 정책적 담론과 같이 글로벌한 차원의 인지적 공동체를 통해 형성되고 뿌리 내린 글로벌한 보편성을 지닌 도시 이데올로기도 있을 수 있지만, 개별 국가나 사회, 로컬리티 차원에서 널리 유포되어 지배적인 도시담론으로 자리매김한 도시 이데올로기가 있을 수도 있다. 미국 대도시 교외에는 정원 있는 주택에서 거주하면서 잔디밭을 가꾸고 자동차로 출퇴근하는 삶을 도시의 이상적 생활양식으로 규범화하는 이데올로기가 발달했을 수 있고, 한국에서는 새로 건설된 신도시에서 잘 관리되는 고층 아파트단지에 거주하는 삶을 이상적 도시생활이라 바라보는 규범적 사고방식이 지배적 이데올로기로 자리 잡고 있을 수 있다.

　이러한 도시 이데올로기는 다양한 주체에 의해 다양한 방식으로 구성되고 확산된다. 먼저 국가나 지역 차원에서 지배 엘리트가 기득권적 이해관계와 권력구조를 유지하기 위한 방편으로 도시에 대한 특정한 담론과 이미지[예를 들어 도시를 특정한 방향으로 홍보하는 이미지, 도시의 과거를 특정한 방식으로 기억하는 역사적 해석, 도시의 정치적·경제적 실재(reality)에 대한 특정한 방식의 해석 등]를 만들고 유포할 수 있다. 하지만, 일반 시민들이 도시에 대해 가지는 상식(common sense) 차원의 지식, 담론, 감수성과 관련되어 도시에 대한 이데올로기가 형성될 수도 있다. 전자와 후자가 합쳐지면서 특정 사회에서 상식의 지위를 획득한 도시를 규정하는 특정의 사고방식, 지식, 담론, 정서 등이 생겨나는데, 이를 헤게모니적 도시 이데올로기라 할 수 있을 것이다. 이러한 헤게모니적 도시 이데올로기는 특정 사회에서 도시 주민들의 선호, 욕망, 가치 등을 형성하는 데 매우 큰 영향을 미치며, 도시공간의 소비방식과 도시화의 과정, 그리고 도시의 성격과 공간적 형태에 영향을 주고, 궁극적으로는 해당 사회의 자본주의적 정치적·경제적·문화적 질서와 국가 공동체의 헤게모니를 유지하고 지키는 데 중요한 역할을 한다.

3. 한국의 도시 이데올로기와 자본주의 헤게모니

1) 강남과 한국의 도시 이데올로기

한국에서는 도시가 어떻게 이해되고 있으며, 이러한 도시담론은 어떠한 이데올로기적 역할을 하는가? 한국의 현대 도시를 특징짓는 핵심적 키워드는 '아파트'일 것이다. 1980년대 이전까지는 단독주택이 지배적 주거양식이었으나, 1980년대 이후 아파트와 연립주택이 급격하게 많이 건설되었다. 특히 1989년부터 시작된 수도권 신도시 건설을 계기로 아파트 공급이 급격히 늘어났고, 현재는 아파트가 한국 도시의 지배적 주거양식이 되었다. 이를 반영해 최근 들어 아파트라는 주거양식에 대한 다양한 종류의 사회비평적 글이 쏟아져나오고 있다. 한국을 아파트 공화국이라 칭하기도 하고(줄레조, 2007), 아파트가 우리나라 중산층 문화 형성의 근거지로 묘사되기도 하며(박해천, 2013), 아파트에 거주하게 된 풍토가 우리나라 도시의 공동체성을 파괴한 주범으로 지적되기도 한다(박철수, 2013).

신도시는 아파트와 더불어 한국의 현대 도시를 특징짓는 또 다른 중요 키워드다. 1990년대 수도권에 분당, 일산 등의 신도시가 건설된 것을 필두로 전국에서 다양한 신도시가 건설되었다. 이를 뒷받침한 것이 1980년 제정된 택지개발촉진법이었다. 압축적 도시화의 결과로 주택 수요가 급격히 증가하자, 이 법을 통해 대규모의 신도시를 계획적으로 개발해 신속하고 저렴하게 택지를 공급하고자 했다. 1981년 11개 지구가 최초 지정되어 개발된 이래 현재까지 전국에 총 723개의 택지개발지구가 지정되었고, 2014년 말 기준 총 603개 지구가 준공되었다. 2014년 말 기준 택지개발사업을 통해 공급된 전체 택지의 면적은 우리나라 도시 육지부 면적의 24%를 차지하고, 우리나라 도시 인구의 약 23.5%가 택지개발사업으로 공급된 택지에 거주한다. 요약하면 1970년대 이후 한국의 도시화 과정은 고층 아파트단지와 신도시 건설이라는 두 가지 특징을 지닌다고 할 수 있다.

이처럼 고층 아파트와 신도시로 대변되는 한국의 현대 도시는 아파트단지, 신도시, 택지지구 등과 같은 예외적 공간의 건설에 기반을 둔 공간선택적 압축 도시화의 결과물이라고 볼 수 있다. 그런데 이러한 압축적 도시화를 단순히 물리적 도시공간의 건설과 관련된 현상과 과정으로 환원시켜 이해하면 도시의 중요한 특징을 놓치게 된다. 도시는 고층건물, 아파트, 직선의 도로 등으로 구성된 물리적 실체로 우리 앞에 가시화되어 나타나지만, '도시적인 것(the urban)'을 도시의 물리적 건조환경의 개발에만 국한해서 이해할 수는 없다. '도시적인 것'은 물리적 건조환경을 넘어서 사람들의 생활양식, 사고방식, 사회적 관계의 특성과 관련된 훨씬 더 포괄적 의미를 지닌다. 특히 도시의 이데올로기적 성격이 중요하다. 도시의 실제 물리적 형태, 도시에 대한 가시화된 이미지, 도시의 생활환경과 삶에 대한 담론적 재현, 도시에 대한 특정한 방식의 이론화된 논의와 개념 등과 같은 다양한 요소는 사람들로 하여금 '도시적인 것'을 특정한 방식으로 이해하고 해석하게 만들고, 도시적 삶에 대한 특정한 규범적 이상을 가지도록 하는 이데올로기적 효과를 지닌다. 아파트공화국과 신도시 개발로 대표되는 한국의 도시화 과정도 도시의 공간과 건조환경의 물리적 건설 및 개발 과정뿐 아니라, 사람들이 도시를 특정한 방식으로 규정하고 상상하며, 특정한 도시공간의 모습을 욕망하고 소비하게 만드는 특정한 (이미지, 담론, 상징, 지식체계, 권력관계 등으로 구성되는) 도시 이데올로기에 크게 영향을 받는다.

현대 한국의 도시화 과정은 고층 아파트단지 건설과 신도시 개발로 대표되며, 이러한 도시화 과정을 통해 한국에서는 서구와는 다른 독특한 도시 이데올로기가 형성되어 있으리라 추측할 수 있다. 특히 고층 아파트단지와 대규모 신도시에 거주하는 것을 선호하는 한국의 도시 중산층은 조방적으로 건설된 저층의 교외 주택지구에 거주하는 서구의 도시 중산층과는 차별적인 도시에 대한 상과 비전, 도시적 욕망을 가지고 있으리라 추측할 수 있다.

이런 면에서 '강남'이라는 장소의 담론적 재현을 분석하는 것은 한국의 도시 이데올로기를 이해하는 데 중요한 밑바탕이 될 수 있다. 이는 강남이 아파트단지와 신도시 개발로 특징지어지는 한국의 현대적 도시화가 시작된 곳이기 때문이다. 또한, 강남의 도시개발 과정은 부동산에 기반을 둔 자산의 축적을 가능케 해서, 한국에서 최초로 도시 중산층이 등장할 수 있게 해준 중요한 물질적 바탕이 되었다. 그러다 보니 보통의 한국 중산층은 현재 강남의 엄청난 주택 가격과 고급 소비문화를 감당하기 힘든 수준임에도, 여전히 강남은 도시 중산층의 공간으로 묘사되곤 한다. 이는 강남의 물리적 개발 과정과 그곳에서 도시적 삶과 자산 축적의 경험에 대한 담론적 재현이 한국 도시 중산층의 도시적 비전과 욕망을 형성하는 데 매우 중요한 요소가 되었음을 시사한다.

다시 말해, 한국의 도시 이데올로기는 1970년대 강남의 성장과 이를 해석하고 재현하는 방식에 의해 크게 영향을 받았다. 이런 차원에서 한국의 도시화 과정을 '강남화(Gangnam-ization)'라고 규정할 수 있다. 강남화는 ① 강남을 물리적으로 건설하고 담론적으로 재현하는 '강남 만들기'의 과정과 ② 강남 건설의 과정에서 형성된 신도시 건설의 제도적 장치와 강남에 대한 재현에 기초한 도시 이데올로기를 기반으로, 강남 이외의 공간에서 강남식 도시

공간을 복제하는 '강남 따라하기'의 과정으로 구성된다. 이러한 강남화의 과정 중에서 이 글은 강남의 담론적 재현을 통한 한국 도시 이데올로기의 형성 과정에 초점을 두고자 한다. 강남의 장소성과 담론적 재현을 다룬 선행연구에 따르면 강남은 한국사회에서 독특한 방식으로 재현되고 상징화되는 공간으로, 이러한 강남에 대한 재현은 강남 거주자들의 내부적 정체성 형성에 영향을 준다(이영민, 2006). 하지만, 강남의 내적 정체성은 결코 동질적이지 않아서, 다양한 이질적 정체성이 접합해 강남의 장소성을 형성한다(이동헌·이향아, 2011). 외부인들에 의한 강남의 재현 방식에는 질시와 부러움, 부정과 욕망이라는 이중적인 태도가 공존하고 있다. 외부인들이 강남에 대해 가지는 이러한 이중적 태도는, 부정적으로든 긍정적으로든 특정한 방식으로 강남을 신화화하도록 만들고, 궁극적으로 그러한 신화적 재현이 한국사회의 주류적 이데올로기가 되는 데 기여한다(김남일·백선기, 2008). 결국, 한국에서 볼 수 있는 도시에 대한 지배적 이데올로기도 강남의 개발과 중산층의 탄생 과정, 생활조건 등을 묘사하는 담론적 재현이 신화화되면서 만들어진다고 볼 수 있을 것이다. 그리고 이런 과정을 통해 신화화된 도시 이데올로기는 한국 중산층의 도시적 비전과 욕망을 형성하는 데 밑바탕이 되고, 궁극적으로 고층 아파트단지와 신도시 개발로 특징지어지는 한국의 현대 도시화 과정을 추동한 중요한 힘이 되었을 것이다.

2) '강남화(Gangnam-ization)' 이데올로기와 한국의 자본주의 헤게모니

한국의 도시 중산층들이 지니는 도시에 대한 지배적 이데올로기는 '강남화'라 할 수 있다. 이 강남화 이데올로기는 '강남에 대한 재현적 구성(강남 만들기)'과 이렇게 '재현된 강남의 공간적 복제 욕망(강남 따라하기)'으로 구성된다. 박배균·장진범(2016)은 이러한 강남화 이데올로기의 내용을 서울 강남,

성남 분당, 부산 해운대에 거주하는 도시 중산층을 심층 인터뷰함으로써 실증적으로 분석했다. 이 연구에 따르면 한국의 도시 중산층이 지니는 도시에 대한 사고방식은 다음과 같은 특징을 지닌다.

첫째, 그들은 강남을 '이상적 (신)도시'로 재현하고, 그러한 생활공간을 선호했다. 특히 강남을 '원형적 준거점'으로 삼아, '정돈된 공간'이나 '고급 대단지 아파트' 등 강남에서 '발명'된 도시경관을 이상적 (신)도시의 특징으로 재현했다. 또한, '고급 대단지 아파트'라는 '자기충족적 세계(self-sufficient world)'에 대한 선호가 강했는데, 이는 그 안에서 모든 것이 해결될 수 있다는 편의성뿐 아니라, 그곳에 살고 있는 사람들이 아파트단지 바깥 세계의 사람들과 굳이 얽히고 충돌하는 수고를 할 필요 없이 자신들이 꿈꾸는 도시적 삶을 살아갈 수 있도록 만들어준다는 '공간적 예외성'에 기인한다. 더불어 강남을 원형으로 하는 신도시라는 새로이 개발된 공간에 대한 강한 선호와 욕망도 한국 도시 중산층이 지니는 도시적 상의 중요한 특징이다.

둘째, 강남은 한국 도시 간 중심-주변 구조에서 중심의 자리를 굳건히 지키고 있는 '전국구'이며, 이 전국구가 제공하는 다양한 편익은 대체불가능하다는 재현 역시 강하게 나타났다. 그런데, 도시들 간의 중심-주변적 관계에 대한 이러한 재현은 다층적·다중적 특성을 지닌다. 즉, 강남에 거주하지 않는 도시 중산층은 도시 간 관계에 대한 중심-주변적 재현을 바탕으로 강남에 대한 상대적 열등감을 지니지만, 이와 더불어 그들이 거주하는 신도시의 중심성을 주변의 다른 도시와의 관계에 투영하면서 상대적 우월감을 표출하는 이중적 태도를 보인다. 결국 한국의 도시 중산층은 교육 서비스와 소비활동의 질적 차이에서 비롯된 '강남 vs 비강남'의 구분을 '중심-주변'적 위계관계로 재현하고, 이러한 위계적 서열화를 '신도시 vs 비신도시' 사이의 관계로도 일반화하며 확대 적용하면서 자신들의 장소적·계급적 정체성을 형성한다.

셋째, 한국의 도시 중산층은 주택과 도시를 '사용가치'보다는 '교환가치'의 측면에서 더 중요하게 인식한다. 그리고 이러한 교환가치의 측면에서 '대장주'의 지위를 점하는 강남을 정점으로 (신)도시들이 위계를 이루고 있다고 재현되기도 한다. 그 결과는 한편으로 강남을 정점으로 하는 (신)도시들을 향한 지속적인 욕망과 매혹, 다른 한편으로 자신들이 살았거나 살고 있는 강남 이하 (신)도시에서 밀려나거나 소외당할 것이라는 불안감으로 표출된다. 도시와 주택에 대한 이러한 재현은 특정한 물질적 이해와 권력관계를 정당화하는 이데올로기적 효과를 지닌다. 먼저 주택과 부동산 소유자들의 이해관계와 투기적 욕망을 뒷받침하고 도시에 대한 (재)개발주의를 정당화한다. 또한 이상의 재현 및 그것이 동반하는 욕망, 기쁨, 슬픔 따위 정서가 '자산으로서의 도시'를 추구하는 주체로 도시 중산층을 '호명(interpellate)'하는 경향을 갖는다.

한국 도시 중산층이 가지는 이러한 도시에 대한 사고방식은 도시화의 과정을 특정한 방식으로 유도하는 데 기여할 뿐 아니라, 한국이라는 국가와 한국의 자본주의적 기존 질서가 유지·재생산되는 데 중요한 역할을 했다. 1960년대 이래로 한국의 발전주의 국가는 동아시아에 형성된 냉전적 지정-지경학의 조건 속에서, 일본과의 국교 정상화, 베트남전쟁 참전 등을 통해 미국과 일본을 중심으로 형성된 환태평양 및 동북아 냉전 네트워크, 글로벌 군산복합체와 적극 결합했다. 그 결과로 한국 자본주의는 미국과 일본 자본이 중심이 되어 형성된 동아시아 국제 분업구조와 글로벌 생산네트워크에 깊숙이 편입될 수 있었다. 이러한 지정-지경학적 조건을 적극 활용하기 위해, 한국의 발전주의 국가는 국내적으로 강력한 권위주의적 통치와 '조국 근대화'를 기치로 한 경제 민족주의 이데올로기를 바탕으로 자본과 노동을 집약적으로 동원해 수출지향 산업화를 적극적으로 추진했다. 이러한 발전주의 프로젝트의 결과로 1960년대와 1970년대에 한국 경제는 급속한 성장을 이루었다. 하지만 내적인 모순도 심화되어 1960년대 말과 1970년대 초에는 발전주의 레짐이 정치적 위기를 맞이하기도 했다. 이를 극복하기 위해 1972년에는 유신개

헌을 통해 권위주의 통치와 반대 세력에 대한 정치적 탄압을 강화했다. 하지만 권위주의적 통치의 강화만으로 정치적 위기를 극복할 수 있는 것은 아니어서, 발전주의 레짐은 권위주의적 조절 방식에 대한 사회적 불만을 무마하며 정치적 정당성을 유지하기 위한 헤게모니 프로젝트도 다양한 방식으로 추진했다. 특히 1960년대 말부터 다양한 통로를 통해 표출되던 지역 격차에 대한 불만을 달래기 위해 대도시 지역의 인구와 산업을 지방으로 분산시키는 것을 골자로 하는 지역균형정책을 1970년대 초반부터 시행했고, 이와 더불어 국토종합개발계획이 실시되었다

강남 개발도 1970년대 초반 발전주의 레짐에 의해 추진된 헤게모니 프로젝트의 일환으로 이해될 수 있다. 공간적 선택성을 띠고 국가가 경제에 개입함으로써 대도시(특히 수도권) 지역의 인구가 급증했고, 이는 서울과 같은 도시의 혼잡성을 가중시켜, 서울을 공간적으로 확대할 필요성을 증가시켰다. 또한 대도시 인구의 급증은 도시 지역 노동자의 주거문제를 발생시켜, 주거문제를 해결하기 위해 주택을 공급할 필요성도 증가시켰다. 그 결과 도시 지역 재정비 및 주택공급정책이 1970년대 들어 본격적으로 시행되었다. 우리나라 최초의 신도시인 강남의 개발도 이러한 거시적인 정치적·경제적 상황과의 관련 속에서 이해할 필요가 있다. 심화된 정치적 정당성의 위기에 직면한 발전주의 레짐은 서울의 주거문제를 해결하고 근대화된 도시환경을 제공함으로써 체제에 순응적인 도시 중산층 집단을 만들어내고자 강남에 대규모 신도시를 건설해 대단위 아파트단지를 개발·공급했던 것이다.

이렇게 만들어진 강남이라는 신도시는 발전주의 레짐에 따라 1960년대와 1970년대에 추진된 수출지향 산업화가 성공적으로 진행되어 이룩한 '조국 근대화'가 더 이상 추상적인 구호에 머물지 않고, 반듯하게 뻗은 직선의 대로, 최신식의 도시 인프라와 고층의 현대적 아파트단지라는 매우 구체적인 가시성을 지니고 사람들의 눈앞에 등장한 것이었다. 즉, 강남은 국가주의적 경제

개발 프로젝트의 구체적 성공 사례로 표상되었던 것이다. 그런데, 강남의 이데올로기적 효과는 이 정도 차원에서 머물지 않고 더 뻗어나가, 한국의 도시 중산층이 상상하는 '이상적 (신)도시'라는 더 보편화된 도시적 상징성을 부여받았다. 따라서 강남 스타일의 도시공간에 대한 이념적 선호는 한국 자본주의와 국가의 발전주의 프로젝트에 대한 암묵적 지지로 쉽사리 연결된다. 그런데 1980년대 후반 이후 추진된 주택 200만호 건설과 수도권 신도시 건설 사업을 통해 강남식 도시공간은 강남을 넘어 더욱 대중화된 형태로 수도권 전역으로 확산되어 복제되었고, 이 과정을 통해 강남화 이데올로기를 공유하는 도시 중산층 집단도 더욱 대중화되고 확대되었다. 이는 강남식 도시화가 상징하는 한국 자본주의와 발전주의 프로젝트에 대한 암묵적 지지도 더욱 대중화되고 확산되었음을 의미한다. 그리고 이러한 과정을 통해 한국 도시 중산층의 이념과 '코리안드림'의 구체적 상도 완성되었다. 즉, 현대적 신도시에 위치한 대규모 아파트단지의 아파트를 소유하는 것이 한국의 발전주의적 자본주의 체제하에서 중산층의 지위를 획득하고 안정적 삶을 누릴 수 있는, '코리안드림'을 완성할 수 있는 지름길이라는 믿음이 공고화되는 것이다.

　강남을 이상적 도시로 재현하는, 강남화 이데올로기를 바탕으로 하는 코리언 드림에서 핵심적 요소는 부동산 소유와 자산가치 상승을 추구하는 욕망이다. 강남에서의 아파트단지 개발은 부동산 가격 상승을 통해 등장하는 새로운 도시 중산층의 양산이라는 결과로 나타났고, 이러한 강남의 경험은 수도권 신도시 개발 과정을 통해 다시 반복되면서 한국의 도시 중산층이 부동산 가치의 상승에 과도하게 의지하게 만들었다. 사회복지의 미발달 때문에 자산가치의 상승과 유지라는 방법 이외에는 중산층으로서의 안정적 삶을 지킬 수 있는 다른 수단이 존재하지 않았고, 이러는 상황은 한국의 도시 중산층이 자산가치에 더욱 집착하도록 만들었다. 이러한 부동산 가치 상승에 대한 욕망은 한국의 도시 중산층으로 하여금 자신이 소유하고 있는 자산의 가치를 지키는 데 도움이 되는 정치-경제시스템을 지지하는 경향을 지니게 만들었다. 이러한 이유로 한국의 자본주의와 국가의 토건지향적 성향은 더욱 강화되고 있다.

강남화 이데올로기의 또 다른 중요한 요소는 한국의 도시 중산층이 사회적 믹스보다는 그들만의 리그인 폐쇄적인 자기충족적 공간을 선호한다는 것이다. 앞에서 간단히 언급되었듯이, 한국의 도시 중산층은 대규모 고급 아파트단지라는 자기충족적인 '빗장마을(gated community)'에 거주하는 것을 선호하는데, 이는 한국의 도시 중산층이 국가라는 정치 공동체의 공공적 발전보다는 개별화된 사익의 추구에 더욱 몰두하도록 만드는 이념적 배경이 된다. 한국의 도시 중산층은 그들이 살고 있는 도시의 정치적·사회적·경제적·문화적 조건을 모두 바꾸려는 수고로움을 감수할 필요 없이, 대규모 고급 아파트단지라는 '자기충족'적 세계에 거주하면서 그러한 거주에 필요한 금전적 부담만 감수한다면, 그들이 이상으로 그리는 도시적 생활을 예외적으로 누릴 수 있다. 도시 중산층을 위한 '자기충족'적 공간으로서의 아파트단지에 의해 제공되는, 이러한 '공간적 예외성'은 한국 도시 중산층의 부동산 교환가치 의존성과 결합되어 한국 도시 중산층이 사회 전체의 공동체적 발전을 지향하기보다는 가족, 집단, 지역 등을 중심으로 파편화되고 개별화된 이익의 극대화를 추구하는 주요한 조건이 된다.

4. 대안적 도시 이데올로기

1) '마주침'의 장으로서의 도시

도시의 이데올로기적 성격은 반드시 국가와 자본의 이해관계와 기존 권력

질서를 지키려는 의도 속에서 구성되는 것은 아니다. 기존의 헤게모니적 질서에 저항하는 '대항 헤게모니적 실천(counter-hegemonic practices)'의 한 방편으로 도시 이데올로기가 만들어질 수도 있다. 이러한 대안적 도시 이데올로기의 한 예로 여기서는 도시를 '마주침(encounter)'의 장으로 보자는 르페브르와 메리필드의 주장을 소개하고자 한다.

영국의 비판 지리학자 앤디 메리필드(Andy Merrifield)는 도시-촌락 이분법에 기반을 둔 도시론을 반대하는 르페브르의 문제의식을 적극 받아들여, 전통적 의미의 도시 개념 대신에 '도시적인 것'에 초점을 두고 도시를 재이론화할 것을 제안한다(Merrifield, 2013: 912). 메리필드는 사고의 초점을 '도시'라는 고정된 실체에서 '도시적인 것'으로 이동하자고 제안한다. 알베르트 아인슈타인(Albert Einstein)이 상대성이론을 통해 역설했듯이, 휘어진 시간과 공간을 인정하고, 자본주의적 중력이 절대적 공간 위에서 작동할 뿐만 아니라 공간과 시간 그 자체가 자본주의적 구성물이며, 전 세계를 떠다니는 상품, 자본, 화폐의 덩어리와 속도는 그들 자신의 힘으로 시간과 공간을 휘거나 뒤틀어지게 하는 자기 자신의 시공간적 차원성을 가지고 있음을 인정해야 한다고 주장했다(Merrifield, 2013: 912). 이런 관점에서 '도시적인 것'은 고정된 공간적 구성물로 이해되어서는 안 되고, 도시 안에서, 그리고 도시를 통해서 지나가고 떠다니는 상품, 자본, 화폐, 사람, 정보 등의 만남과 마주침을 통해 만들어지는, 그리고 역동적으로 변화하는 유기체와 같은 것으로 이해되어야 한다. 이와 관련해 르페브르는 다음과 같이 말했다.

도시적인 것의 순수한 형태로서의 도시는 마주침, 모임, 동시성의 장소다. 이러한 형태는 어떤 구체적인 내용을 가지고 있지는 않지만, 그러한 만남이 이루어지는 곳은 매력과 살아 있음이 충만한 곳이다. 도시는 추상이지만, 실천적 행동과 관련된 구체적인 추상이다. 도시는 살아 있는 생명체이며, 산업, 기술,

부의 산물이고, 문화, 삶의 양식, 상황의 작품이며, 일상의 변조이자 파열이다. 따라서 도시는 모든 내용이 축적된 곳이다. 하지만 도시는 여러 상이한 내용물의 단순한 축적과는 달리 그 이상이다. 도시의 내용물(물건, 대상, 사람, 상황 등)은 상이하기 때문에 서로에게 배타적이다. 하지만 동시에 포용적인데, 이는 그 상이한 내용물들이 같이 한 자리에 모여 그들의 상호적 존재를 인정하기 때문이다(Lefebvre, 2003: 118~119).

이를 바탕으로 메리필드는 도시를 특정한 밀도(density)와 중심성(centrality)을 가진 만남, 마주침, 회합의 장소로 보았다(Merrifield, 2013: 916). 메리필드는 사람들의 만남과 사회적 관계들의 마주침을 벗어난 도시 그 자체는 아무 것도 아니라고 강조한다. 특히 그는 "도시가 보내는 표시는 모임의 신호"라는 르페브르(Lefebvre, 2003: 118)의 말을 인용하면서, 도시는 인간적 실재와 활동, 교환, 조합, 인간들 사이의 접근, 인간들의 집중과 마주침 등을 벗어나서 도시 자체만으로는 아무 것도 만들지 않으며, 어떤 목적에도 봉사하지 않고, 어떠한 실재도 가지고 있지 않다고 강조했다.

하지만 도시가 단순히 인간들의 모임과 마주침을 가능케 하는 빈 그릇(container)과 같은 역할만 하는 것으로 오해해서는 안 된다. 도시는 모든 것을 끌어모아 그것들을 동시적으로 존재하면서 만나게 하는데, 자본, 물자, 사람, 정보, 활동, 갈등, 긴장, 협력 등과 같은 것들이 모여 있는 '도시적' 상황은 이들 모인 주체가 변화하도록 추동한다. 즉, 도시가 만남과 마주침의 장소이긴 하지만, 사람들 사이의 마주침이 일어나는 그 마주침의 결과를 단순히 받아들이기만 하는 수동적 공간은 아니라는 것이다. 사람들이 서로 가까이 근접할 수 있고, 활동, 사건, 우연적 만남들이 동시적으로 발생할 수 있다는 것이 도시적인 것 그 자체에 대한 핵심적 정의다. 그리고 사람들은 그러한 마주침을 통해서 도시공간을 생산하고, 역설적이게도 '도시인(urban people)'이 되는 것이다. 아울러 도시적 환경에서 주어지는 높은 밀도는 마주침의 역량을 강화하고, 마주침은 또 다시 그러한 밀도의 정도를 높여준다. 그리고 그러한 마주침은 도시를 살아 있는 생명체와 같이 역동적으로 변하게 한다(Merrifield, 2013: 916).

도시를 만남과 마주침의 장으로 보자는 메리필드의 주장은 교환가치를 추구하기 위해 공간의 분절화와 사유화를 지향하는 현대 자본주의도시의 현실을 고려했을 때 다소 엉뚱한 주장으로 받아들여질 수 있다. 하지만 과잉축적의 위기를 해결하기 위한 공간적 돌파로서의 도시화 과정, 공간의 사유화, 분절화를 바탕으로 부동산 이윤의 추구 등과 같은 자본주의도시화의 논리로서만 도시를 규정하게 되면(비록 현대 자본주의도시의 문제와 위기의 핵심적 지점을 이해하는 데 도움이 될 수는 있지만) 우리는 의도치 않게 도시에서 작동하는 특정한 세력의 논리가 (비록 그 결과물이 우리가 싫어하는 모습일지라도) 도시의 존재론적 현실을 만들어내는 절대적 작동 방식이라고 믿으면서 무기력하게 받아들이는 태도를 취하게 될 수도 있다. 이런 차원에서 자본주의도시에 대한 자본 논리적 설명은 의도치 않게 이데올로기적 효과를 발휘할 수 있다. 반면에, 도시를 만남과 마주침의 장으로 보자는 메리필드의 주장은 지배적인 도시담론을 극복하기 위한, 도시에 대한 일종의 대안적 이데올로기 실천으로 이해될 수 있다. 도시를 사람과 활동들 사이에 마주침과 만남이 일어나는 장으로 봄으로써, 도시공간을 구획하고 사유화해서 도시에서 사람들의 활동을 통해 창출되는 잉여가치를 독점하려는 시도들을 만남과 마주침이라는 도시의 본연의 목적을 가로막는 장애물로 보게 만든다. 이와 관련해서 메리필드는 마주침을 벗어나서 도시란 그 자체로 아무것도 아니며, 마주침을 가로막는 분리에 대항해 사람들이 지속적으로 저항하는 한 도시에서 마주침이 일어날 가능성은 항상 열려 있다고 주장한다(Merrifield, 2013: 916). 르페브르도 만남과 마주침을 가로막는 분리에 저항해야 한다고 강조했다(Lefebvre, 2003,

174). 즉, 메리필드와 르페브르는 도시를 만남과 마주침이 일어나는 장으로 정의함으로써 그러한 만남과 마주침을 가로막은 채 공간을 분할하고 공유재로서의 도시공간을 사유화하려는 시도가 도시 본연의 가치와 어긋난다는 점을 강조하는 이데올로기적 실천을 하고 있는 것이다.

2) 한국에서 대안적 도시 이데올로기의 가능성은?

만남과 마주침의 장으로 도시를 보자는 메리필드의 주장은 한국에서 '강남화'라는 주류적 도시 이데올로기를 극복하고 대안적 도시의 담론을 고민하는 데 많은 시사점을 준다. 주류적인 방식의 강남에 대한 재현과 그 재현에 입각한 강남 따라하기의 이데올로기적 과정은 강남을 비롯한 한국의 주요 신도시에서 벌어지는 만남과 마주침의 실재적 모습을 전혀 담아내지 못하는 허구적 믿음이다. 강남은 한국의 도시 중산층이 믿는 바와 같이 곧게 뻗어 있는 대로, 대규모의 고급 아파트단지, 경쟁력 있는 사교육과 고급의 소비문화만 존재하는 곳이 아니다. 그곳에는 저소득층이 거주하는 빌라와 다세대 주택, 무허가 비닐하우스촌, 고급의 소비문화 산업에 종사하는 저임금의 비정규직 노동자들, 고급 아파트단지의 중산층 가정에서 일하는 다양한 국적의 파출부들 등 매우 다양한 사람이 공간을 전유하고 사용하며 공간적 실천을 하고 있는, 매우 복잡하고 역동적인 장소이자 만남과 마주침의 장이다.

이러한 복잡하고 다양하며 역동적인 만남과 마주침은 한국의 주류적 도시 이데올로기에서는 전혀 드러나지 않는다. 도시적 모순과 위기가 본격적으로 드러나기 전에는 주류적 도시 이데올로기와 도시 현실 사이의 괴리가 크게 문제되지는 않겠지만, 도시공간의 사유화와 분절화에 따른 문제와 도시적 위기가 점차 본격적으로 표현되기 시작하면, 현실에서 비롯된 괴리는 이데올로기를 점차 균열의 상태로 몰고 갈 것이다. 최근 들어 강남역에서 일어난 여성

혐오에 의한 살인사건, 아파트 주민들의 경비원에 대한 갑질, 가로수길 리쌍 건물에서 벌어진 것과 같은 젠트리피케이션 심화에 따른 임차 상인들의 강제 퇴거, 전세금의 폭등으로 인한 세입자 주거문제의 심화 등 여러 도시문제가 다양한 형태와 방식으로 출현하고 있다. 동시에 최근 부동산 가격이 침체되면서 도시와 주택을 교환가치로 바라보는 시선이 흔들리고 있고, 신도시 아파트의 미분양은 신도시 신화가 더 이상 제대로 작동하지 않음을 보여주고 있다. 즉, 강남화 이데올로기의 균열이 점차 가시화되고 있는 것이다.

이러한 상황 속에서 최근 도시에 대한 새로운 상상을 자극하는 다양한 실천들이 등장하고 있다. 성미산 마을공동체에서 촉발된 다양한 마을 만들기의 실험들은 '강남화'라는 주류적 도시 이데올로기와는 다른 방식으로 도시를 상상하고, 새로운 방식의 만남과 마주침이 가능한 대안적인 도시 만들기의 대표적 사례라 할 수 있다. 전세난이 심화되면서 최근 각광받고 있는 주택협동조합의 실험 또한 새로운 만남과 마주침을 촉발할 수 있는 대안적 도시 실천이라고 볼 수 있을 것이다. 이러한 실험들은 '강남화'라는 방식으로 이루어지던 만남과 마주침을 거부하고, 교환가치보다는 공동체적 협동과 공유를 강조하는 만남과 마주침을 촉발하려는 대안적 도시운동이라 볼 수 있다. 이보다 더 급진적인 공간적 공유를 위한 실천은 마포 민중의 마을이 행하고 있는 실험이다. 마포 민중의 집은 비싼 임대료를 주고 빌린 사무실 공간을 마포 지역의 풀뿌리 단체들에 전면 개방해서, 민중의 집이 자유롭고 해방감 넘치는 만남과 마주침이 장이 되도록 하기 위해 노력하고 있다(임미영, 2015).

물론 이러한 국지적 실험과 실천들은 그 로컬주의적 성향 때문에 많은 한계와 위험을 내재하고 있기도 하다. 특히 자본주의도시화 과정을 구조화하는 핵심적인 힘이라 할 수 있는 부동산 소유권을 기반으로 한 투기적 도시화의 영향을 과소평가해서, 대안적 실천을 위한 진보적 공동체들이 어렵사리 구축한 거점과 장소들이 인근 지역에 대한 투기적 개발과 젠트리피케이션을 유도하는 촉매제로서 기능하기도 했다(신현준·이기웅 편, 2016). 또한 '마을'과 '공동체'를 지나치게 낭만화해 공공성에 대한 국가의 책무 포기를 당연한 것으로 받아들이게 하고, 더 나아가 도시와 마을을 신자유주의적 통치성의 원리하에 관리하려는 신자유주의적 정치 기획의 일종이라고 비판받기도 한다(박주형, 2013). 하지만 필자는 이러한 실험들이 현재 상황에서 보여주는 몇 가지 한계와 문제점이 있지만, 장기적으로 '강남화'라는 한국의 주류 도시화 담론을 대체하는 새로운 대안적 도시 이데올로기를 만드는 데 매우 중요한 실천적 기반이 될 것이라 생각한다. 아파트단지라는 갇히고 폐쇄적인 공간 속에서 투기적 이해에 기초해 도시적 욕망을 중심으로 형성된 도시에 살기를 거부하고, 더욱 다양한 사람들과 조우하고 관계를 맺으면서 마을과 도시라는 공유재를 같이 만들고 그 책임과 결과를 나누자는 새로운 실험들은 '강남화'라는 헤게모니적 도시화에 대한 저항 담론과 대안적 도시화 모델을 만들 수 있는 소중한 경험과 이데올로기적 기반이 될 것이다. 특히, 이러한 실험들은 도시를 사유재산의 집합물이 아니라 여러 사람이 같이 만들고 같이 이용하는 공유재로 인식할 수 있는 경험적 기반을 제공해주어, 궁극적으로는 자산의 사적 소유권을 절대화하는 시각에 기댄 투기적 도시화에 저항할 수 있는 이념적 기초를 형성하는 데 큰 기여를 할 수 있을 것이다.

5. 결론

필자는 이 글에서 고층의 아파트단지 건설과 신도시 개발로 대표되는 한국의 현대적 도시화 과정을 '강남화'라 명명하고, 이 '강남화' 과정의 이데올로기적 특성을 조명하려 했다. 이와 더불어 이러한 '강남화'의 이데올로기적 성격이 어떻게 한국의 자본주의와 국가의 헤게모니적 재생산에 기여하는지 살펴보았다. 특히 ① '강남'이라는 한국 최초의 신도시와 그 장소 형성의 과정이 담론적으로 재현되는 '강남 만들기'의 과정, ② 강남에 대한 특정한 담론적 재현에 기반을 둔 특정한 도시적 상상과 욕망을 바탕으로 강남 이외의 공간에서 강남식 도시공간을 복제하려고 하는 '강남 따라하기'의 과정에 집중해서 한국의 도시 이데올로기를 규정하려 했다. 즉, 한국의 지배적 도시 이데올로기는 강남의 개발과 강남 아파트에의 투기를 기반으로 한 신중산층의 탄생 과정에 대한 담론적 재현이 신화화되면서 만들어진 것이다. 그리고 이렇게 신화화된 강남 이데올로기는 한국 중산층의 도시적 비전과 욕망을 형성하는 밑바탕이 되었고, 궁극적으로 고층 아파트단지와 신도시 개발로 특징지어지는 한국의 현대 도시화 과정을 추동한 중요한 힘이 되었던 것이다.

만일 한국의 기존 도시 체제가 현재 한국의 도시문제를 낳은 구조적 원인이고, 이 구조적 원인을 뒷받침하는 차원 중 하나가 지금까지 살펴본 도시 이데올로기라면, 한국의 도시문제를 극복하기 위한 실천적 방안 가운데 하나는 다른 식의 도시 체제를 뒷받침하는 대안적 도시 이데올로기를 구성하는 일이 될 것이다. '강남화', '신도시화', 최근 곳곳에서 벌어지는 '젠트리피케이션'과 (강남과 대비되는 '강북' 지역을 '강남화'하려는 기획으로 이해할 수 있는) '뉴타운' 등은 기존의 헤게모니적 도시 이데올로기를 바탕으로 한 도시담론이다. 현재의 도시문제를 극복하고, 새로운 대안적 도시의 건설은 이러한 도시적 담론과는 다른 도시(성)를 생각하고 말하고 실험하는 담론적, '이데올로기적 실천'을 필요로 하고 있다. 특히 도시를 만남과 마주침의 장으로 바라보면서, 이제까지의 모습과는 다른, 그리고 보다 다양하고 역동적인 만남과 마주침이 한국의 도시에서 이루어지도록 만드는 물질적이고 담론적인 실천이 필요하다. 최근의 마을만들기, 주택협동조합, 민중의 집 등의 실험은 이러한 실천의 대표적 사례다.

자본주의와 도시 사이의 관계를 살펴본 이 글의 입장에 따르면, 도시를 대안적으로 상상하는 것은 단순히 도시 패러다임을 바꾸고 도시의 문제를 해결하는 역할을 하는 정도에 머무르지 않고, 기존 한국 자본주의와 국가의 작동을 주도하는 헤게모니적인 정치적·경제적 관계와 질서를 바꾸는 데도 매우 중요한 역할을 할 수 있다. 한국의 도시화는 자본주의적 발전과 발전주의 국가의 공간프로젝트에 의해 크게 영향을 받았다. 하지만 동시에 도시화 과정 그 자체가 한국의 자본주의 발전과 발전주의 국가의 정당성을 확보하는 데 중대한 기여를 했다. 특히 도시화 과정에 대한 이데올로기적 재현과 이상적 도시에 대한 특정한 상은 한국에서 자본주의적 헤게모니가 지속되고 유지되도록 하는 결정적 기반이 되었다. 따라서 대안적 도시 이데올로기를 구성하는 것은 도시의 문제를 해결하는 것뿐 아니라, 더 이상 제대로 작동하지 않는 한국 자본주의와 국가를 제자리 찾게 하는 데서도 매우 중요한 조건이 될 수 있을 것이다.

참고문헌

김남일·백선기. 2008. 「언론매체의 '강남권역' 신화형성과 이데올로기」. ≪언론과사회≫,
    16(2), 2~36쪽.
박배균·장진범. 2016. 「'강남 만들기', '강남 따라하기'와 한국의 도시 이데올로기」. ≪한국지역
    지리학회지≫, 22(2), 287~306쪽.
박주형. 2013. 「도구화되는 '공동체': 서울시 마을공동체 만들기 사업에 대한 비판적 고찰」. ≪공
    간과사회≫, 23(1), 5~43쪽.
박철수. 2013. 『아파트: 공적 냉소와 사적 정열이 지배하는 사회』. 마티.
박해천. 2013. 『아파트 게임: 그들이 중산층이 될 수 있었던 이유』. 휴머니스트.
신현준·이기웅 편. 2016. 『서울, 젠트리피케이션을 말하다』. 푸른숲.
이동헌·이향아. 2011. 「강남의 심상규모와 경계짓기의 논리」. ≪서울학연구≫, 42, 123~171쪽.
이영민. 2006. 「서울 강남의 사회적 구성과 정체성의 정치: 매스미디어를 통한 외부적 범주화
    를 중심으로」. ≪한국도시지리학회지≫, 9(1), 1~14쪽.
임미영. 2015. 「사회운동에서의 공간의 탈영역화 전략: 마포 민중의 집과 서울시 청년일자리허
    브를 사례로」. 서울대학교 지리교육과 석사학위 논문.
줄레조, 발레리(V. Gelezeau). 2007. 『아파트 공화국: 프랑스 지리학자가 본 한국의 아파트』.
    길혜연 옮김. 후마니타스.

Brenner, N. and Schmid, C. 2014. "The 'Urban Age' in Question." *International Journal of
    Urban and Regional Research*, 38(3), pp. 731~755.
Harvey, D. 1982. *The Limits to Capital*, Basil Blackwell.
_____. 2012. *Rebel Cities: From the Right to City to the Urban Revolution*. Verso.
Lefebvre, H. 2003. *The urban revolution*. Minnesota University Press.
Merrifield, A. 2013. "The urban question under planetary urbanization." *International
    Journal of Urban and Regional Research*, 37(3), pp. 909~922.
Schmid, C. 2012. "Henri Lefebvre, the Right to the City and the New Metropolitan
    Mainstream." in N. Brenner, P. Marcuse and M. Mayer(eds.). *Cities for People, Not*

for Profit: Critical Urban Theory and the Right to the City. Routledge, pp. 42~62.

Wachsmuth, D. 2013. "City as ideology: reconciling the explosion of the city form with the tenacity of the city concept." *Environment and Planning D: Society and Space*, 31, pp. 1~16.

젠더차별을 넘어 희망의 도시 상상하기

정현주 | 서울대학교 인문학연구원 교수, jung0072@gmail.com

1. 도시담론에서 젠더 관점의 필요성

지난 100여 년간 페미니즘 운동과 연구는 자본주의 체제가 지닌 착취와 억압이 젠더화되어 있을 뿐 아니라 학계와 주류사회의 담론 역시 여성을 비가시화함으로써 남성중심적인 담론과 물질세계를 구성했다고 비판해왔다. 즉, 이들은 '근대문명의 남성중심성'을 폭로하고 해체하려 했다. 그러나 나름의 혁혁한 성과를 거두었음에도, 현재의 주류 도시이론과 담론은 여전히 젠더중립적으로 구성되고 있으며 도시와 젠더에 대한 적극적인 이론화는 페미니스트 도시연구가들 사이에서만 주로 논의되고 있는 실정이다. 현대의 도시연구라는 학문 분과를 태동시킨 시카고학파의 실증주의 모델은 물론, 비판적 도시연구의 핵심을 차지하는 마르크스주의 도시이론에 이르기까지 젠더 및 여성주의 의제는 마치 없는 것처럼 무시되거나 언급되더라도 '지엽적'인 것으로 치부되었다(로즈, 2011; 매시, 2015; Buckley and Strauss, 2016). 이에 대해 피크와 리커(Peake and Rieker, 2013: 1)는 페미니즘 진영의 분열을 뼈아프게 자성하면서 페미니즘 이론과 실천이 북반구와 남반구에서 차별적으로 발전함으로써 남성중심적인 이분법 체계를 무너뜨리고자 했던 페미니즘이 스스

로 거대한 이분화의 장벽을 만들어내는 아이러니를 연출하고 있다고 비판한
다. 서구·백인 페미니즘이라고 대변되는 북반구 페미니즘의 이론과 쟁점 및
실천은 개발도상국 페미니즘이라고 불리는 남반구 페미니즘의 관심사와 괴
리되어 있다는 뜻이다. 한마디로 북반구는 섹슈얼리티와 젠더의 담론적 구
성에, 남반구는 발전의 문제에 천착해온 감이 있다고 이들은 지적한다.

북반구와 남반구로 분열된 페미니즘 진영은 주류이론과 정책에서부터 소
외당하거나 스스로 거리두기를 해온 것이 사실이다. 가령 급진주의적인 페
미니스트 진영은 기존의 모든 지식을 남성중심적이라고 거부하면서 완전히
새로운 인식론과 상상 체계를 만들 것을 주장한다. 즉, 남성중심성에 물들지
않은 대안적인 언어와 사고 체계를 정립하고 젠더이분법을 완전히 해체하는
것이 이들의 학문과 실천의 최종 목표가 된다. 이러한 입장에서 제안되는 이
론과 지식은 페미니스트 진영 내에서만 주로 논쟁을 낳을 뿐 남성들이 지배
하는 주류 학문 세계에서는 거의 논의조차 되지 못한 감이 있다. 남성들이 지
배하는 학계와 정책 분야에서 그나마 선택적으로 수용되어온 페미니즘 주제
는 모성과 육아를 둘러싼 논쟁과 정책이다. 이는 남성중심적인 기존의 담론
이 간과해온 영역이며 전통적으로 여성에게 할당된 사회적·생물학적 역할이
기 때문에 여성주의 접근이 비교적 용이하게 수용되었다. 모성과 보육의 문
제가 공식적인 도시정책의 전면에 등장하고 심지어 중요한 선거전에서 핵심
적인 이슈로 부상하게 된 것은 그간의 여성주의 담론과 운동의 결실이라고
볼 수도 있다. 그러나 이러한 타협의 결과 여성주의 담론은 마치 여성들에게
만 국한된 주제를 다루며 남성들이 지배하는 세계와는 동떨어진 것으로 간주
되어왔다. 즉, 남성들은 이들의 주장에 귀를 기울일 필요가 별로 없는 것으로
여겨졌다는 뜻이다.

여성주의적 담론과 지식이 보편성을 결여했다는 인식은 학계에 너무 만연
해 있다. 일부 주제에 한정해서만 여성주의적 지식이 유용하다는 인식은 알

게 모르게 현대 학문 세계의 저변에 깔린 사고다. 여성주의 주제는 주요 텍스트의 마지막 한 장 정도를 장식하는 역할을 할 뿐이다. 논의의 다양성을 과시하기 위해 살짝 보여주는 교양 정도로 여성주의 의제가 축소되어 다루어진 결과, '중요한' 이론과 논의들은 젠더중립적인 입장에서 기술되고 제시되었다. 가령 20세기 후반 이래로 사회과학계에서 최대 이슈였던 지구화 담론을 예로 들어보자. 진보적인 지구화 담론에서는 신자유주의라는 유령이 마치 지구를 잠식하고 생활세계를 파괴하며 유례없는 양극화를 양산하는 듯한 상상이 퍼져 있다. 주류 입장 역시 금융과 정보와 네트워크가 시공간 압축을 통해 세계를 하나의 지구촌으로 만들고 있는 것을 기정사실로 간주한다. 국가의 통제를 벗어난 세계도시가 여기저기서 등장하고 지구화 시대 도시 네트워크는 국경을 가로질러 초국가적인 영역에서 작동함으로써 새로운 지구적 스케일의 도시 시스템을 만들어내고 있다고 주장한다. 모두 맞는 말이다. 그런데 여기에는 한 가지 중요한 논의가 빠져 있다. 그것은 이 모든 논의가 결여하고 있는 젠더 관점이다.

그렇다면 세계금융과 세계도시, 초국가적 네트워크는 과연 젠더중립적으로 작동하는가? 젠더는 마치 '중요한' 모든 논의가 끝나고 난 뒤 그 밖에 '소소한' 문제들을 이해하고 해결하는 데 상투적으로 동원되면 역할을 다하는 관념어인가? 가령 '여성친화적'이라는 최근 추세에 발맞추기 위해 여러 정책 의제 중 양념처럼 추가되는 것으로 충분한 장식품에 지나지 않는 것인가? 또는 많은 사회에서 제도적 남녀평등이 이루어졌으므로 페미니즘은 이제 동력을 상실한 관점이며 따라서 젠더 문제도 함께 역사의 뒤안길로 사라질 수밖에 없는 주제인가?

우선 여성주의 의제가 자본주의와 정치경제 등 거시 담론과는 거리가 먼 재생산과 일부 '소소한' 분야에 국한되어 있으므로 부차적이라는 관념은 남성주의적 문명이 만들어낸 이데올로기다. 여성주의 의제는 '일부' 여성을 위한 지엽적이고 수혜적인 복지정책에 국한되지 않는다. 주류 정치경제 및 모든 학문분야 담론에서 폄하되는 재생산의 문제만 놓고 보더라도 과연 재생산이 생산과 분리된 부차적 영역인지부터 재개념화할 필요가 있다. 지구적인 자본주의 생산이 매우 중요한 이슈고 우리 모두에게 해당되는 보편성을 지닌 탐구 대상이라면, 가령 '집안'에서 먹고 자는 문제나 미래 세대를 키워내는 문제는 지구적 자본주의와는 무관한 덜 중요한 문제인가?

이러한 지구적인 거시적 현상은 어느 날 갑자기 아무런 맥락도 없이 불쑥 우주에서 떨어진 것이 아니다. 지구적인 네트워크의 실제를 들여다보면 지역의 조건과 수많은 사회적 관계가 뒤엉킨 복잡한 과정이다. 세계금융 역시 런던, 도쿄, 뉴욕을 거점으로 지구 전체적으로 작동하는 절대적이고 포괄적인 과정이 아니다. 그것 역시 겹겹이 퇴적된 로컬의 역사와 조건을 반영하고 있으며 매우 구체적인 사회적 관계를 통해 조성된다. 젠더관계는 이러한 로컬의 조건과 그러한 로컬을 통해 구성되는 사회적 관계의 핵심적인 부분이다. 대표적인 예가 노동의 '젠더'분업이다(Massey, 1995). 마르크스가 말한 것처럼 노동분업은 자본주의 생산의 기본 조건이 되며 이는 계급 형성의 토대가 된다. 그런데 그러한 노동분업은 알고 보면 젠더라는 층을 통해 또 한 번 뒤틀리는 과정을 거친다. 즉, 노동의 분업은 동시에 젠더화되어 있는 것이다.

한때 도시연구에서 큰 주목을 받았던 세계도시담론을 사례로 생각해보자면, 세계도시 시스템의 작동과 그것을 구성하는 주요 동력(주로 금융이 사례로 동원되었다), 그리고 세계도시를 움직여가는 새로운 상층 엘리트 계층의 특징을 분석하는 데 주안점이 주어졌을 뿐 젠더 관점에서의 분석은 일부 연구를 제외하고 매우 미미한 수준에 그쳤다(예외적인 사례로는 Sassen, 2002, Massey, 2007 등 참고). 그러나 금융자본주의의 중심지인 세계도시 런던의 금융 엘리트의 일상을 한 번 상상해보자. 그는 아마도 전형적인 백인 남성일 가능성이 높고 중심가의 비싼 아파트에 살면서 날마다 잘 다려진 와이셔츠를 입고 건

강하게 관리된 몸을 유지하며 증권가로 출퇴근하는 사람일 것이다. 이러한 지구적 상위 엘리트 계층이 높은 생산성을 산출하기 위해서는 누군가가 날마다 와이셔츠를 다리고 영양식을 제공하며 쾌적하게 집을 관리해야 한다. 전통적으로는 전업주부가 이 역할을 담당해왔지만, 최근에는 제3세계에서 이주해온 이주노동자들이 제1세계의 재생산의 상당 부분을 담당하고 있다. 그리고 그들은 대부분 여성이다. 과거 제국의 중심지였고 영국의 국내 불균등 발전의 최대 수혜자인 런던은 가부장적 권력관계가 지구적으로 확장된 시대에도 권력의 정점을 차지하고 있는 젠더화된 지리적 입지다. 세계도시 런던을 움직이는 것은 단순히 금융자본주의라는 보이지 않는 손이 아니다(Massey, 2007 참고). 국내에서의 불균등한 지리적 분업 및 젠더분업이라는 탈산업화 시대의 공간구조 재편이 나타났고(Massey, 1995), 최근에는 제3세계 여성들의 돌봄노동 대체라는 노동시장의 젠더화된 변동이 이에 더해졌다.

남성과 비슷한 지위를 차지하게 된 21세기 제1세계 일부 여성이 '해방'되었다고 해서 페미니즘의 종말을 논할 수 없는 이유가 여기에 있다. 일부 여성은 해방되었을지 몰라도 지구 상 대부분의 여성들은 여전히 빈곤의 사다리에서 밑바닥에 위치하고 있으며, 지구적 자본주의는 이러한 권력관계를 충분히 활용하며 작동하고 있다. 노동의 젠더분업은 여전히 자본주의 작동의 핵심 기제다. 이는 자본주의 생산과 도시의 작동에서 젠더 담론이 배제될 수 없음을 시사한다.

이 글을 통해 본 연구자가 제기하고자 하는 문제의식은 첫째, 자본주의 생산과 재생산은 이분화되기보다는 상호 연동되어 작동해왔으며, 최근에는 특히 재생산이 급속히 유급노동화되면서 생산의 영역이 되었지만 여전히 일부 여성에게 국한된 이슈로 폄하되거나 주요 도시담론에서 주변화되고 있다는 점이다. 현 단계 자본주의 생산양식은 여성들을 (주로 단순 사무직 내지는 비정규직으로) 대거 노동시장으로 끌어들임으로써 노동의 유연화를 증대하고 있으며, 이에 따른 재생산의 공백은 또 다른 여성들의 유입으로 메우는 이른바 지구적 돌봄의 연쇄(global care chain)(Sassen, 2002)의 형성과 노동의 젠더분업(Massey, 1995)을 근간으로 해서 유지되고 있다.

둘째, 도시담론에서 젠더 관점을 수용해야 하는 근본적인 이유에 대한 성찰과 이에 대한 이론화 역시 필요하다. 인구의 절반을 차지하는 집단을 그간 학문세계와 공공영역에서 도외시해왔으므로 이들의 목소리를 복원하는 작업은 학문적 엄밀성을 높이는 목적 이외에도 사회정의와 윤리적 차원에서도 당연히 요구되는 일이다. 최근의 젠더주류화 정책은 이러한 입장의 연장선에 있다. 그러나 젠더주류화 접근에 동의하면서도 본 연구자가 우려하는 지점은 이것이 마치 '여성적' 관점과 목소리가 모든 영역에서 반영되기만 하면 문제가 해결되는 듯한 착각을 불러일으킬 수 있다는 점이다. 페미니즘이 제기하는 문제는 단순히 그동안 여성들이 남성들에 비해 억압되어왔으며 소외되어왔다는 데에 그치지 않는다. 무엇이 학문적 주제이고 누가 그것을 정하는가라는 지식생산의 정치에서부터 도시와 문명의 물질적·상징적 구축 자체가 특정 집단의 시선에서 만들어져왔으며 그것이 모두에게 (마치 진리인 것처럼) 강제적으로 적용되어왔다는 것이 페미니즘이 지적하는 문제다. 그 특정 집단은 '지배적 주체'(로즈, 2011)라고 호명되며, 현실 역사에서는 백인/이성애/남성으로 대표되는 권력집단이 그 자리를 차지해왔다. 도시담론에서 젠더가 중요한 이유는 간과된 여성의 역할이 중요하기 때문만이 아니라(그것도 물론 중요하다), 도시공간과 이에 대한 담론이야말로 젠더차별적 시스템을 태동시키는 데 기초가 되어 왔으며, 따라서 우리가 당연하게 간주하는 '도시' 또는 '도시화'라는 아이디어 자체의 남성중심성을 성찰해볼 필요가 있기 때문이다. 이에 대한 이론적 고찰은 너무 방대하므로 이 장에서 전부 다루지는 못하겠지만 이 책을 통해 이에 대한 성찰과 토론이 이루어지는 계기가 되기를 희망한다.

셋째, 글의 서두에서 언급했듯이 최근 페미니즘이 비판적 사회운동과 이론으로서 그 동력을 상실한 것처럼 보이는 이유 가운데 하나가 바로 페미니즘 내부의 분열이다. 나는 분열된 페미니즘을 하나로 다시 통합할 것을 주창하는 것이 절대 아니다. 오히려 그 반대로 분열될 수밖에 없는 상황을 정확히 인식하고 다원화된 페미니즘 이론'들'이 여러 층위에서 비판이론으로서 기능할 수 있도록 이론을 정교화해야 한다는 것이 나를 비롯한 최근 페미니즘 연구가들의 문제 인식이다. 페미니즘의 문제는 서로 소통하지 않고 연대의 가능성을 진지하게 모색하지 않은 '정치적' 문제지, 분열 그 자체가 문제는 아니다. 여성이라는 하나의 정체성이 있는가라는 문제가 제기될 만큼 '여성'은 다양한 정체성이 교차하고 경합하는 장이다. 전술한 사례처럼 제1세계 여성과 제3세계 여성은 삶의 장이나 당면 과제 등에서 동질화하기 어려울 정도로 차별화된 삶의 경로와 경험을 가지고 있다. 같은 사회에서도 백인 여성이냐, 흑인 여성이냐에 따라 완전히 다른 종류의 억압을 경험하기도 한다. 젠더뿐만 아니라 인종, 계급, 학력, 국적 등에 따라서 여성들은 셀 수 없이 많은 위치로 분화되어 있다. 이러한 여성들의 다양한 삶의 문제를 젠더 하나로 일원화하려는 것 자체가 비현실적인 동시에 폭력이 될 수 있다. 페미니즘이 비판적 동력을 회복하기 위한 이론적 대안은 다양한 여성의 입장을 성찰하고 (남성과의 차이뿐 아니라) 여성 간의 차이와 억압의 복잡한 메커니즘을 밝혀낼 수 있는 접근을 모색하는 것이다. 최근 여성학계는 교차성(intersectionality) 이론을 통해 이러한 접근을 취하고 있다. 교차성 이론이란 젠더와 인종, 계급 등 다양한 권력의 기제가 상호 교차하며 억압의 지점과 층위들이 만들어진다는 점에 착안해 여성들 간의 다원화된 정체성에 따른 입장의 차이를 이해하고자 하는 접근이다. 본문에서는 교차성에 입각한 접근을 소개하면서 아직 이론화에 머물러 있는 이러한 접근을 대안적인 도시연구 및 이론화에 어떻게 활용할 수 있을지 모색해보고자 한다.

2. 도시담론의 남성중심성

이상에서는 도시와 관련된 논의에서 젠더 관점의 결여를 언급하고 그 필요성을 제기했다. 도시연구에서 젠더 관점을 구축한 페미니스트 도시연구의 구체적인 성과와 한계를 점검해보기 전에 간략하게나마 도시와 도시연구에서 여성이 배제되었다는 것이 무슨 의미이며, 그 원인이 무엇인지 탐색해보고자 한다. 그러나 이에 관한 논의만 해도 너무 방대하고 이 글의 범위를 넘어서므로, 이 장에서는 이러한 논의의 시작점으로서 그간의 도시담론에서 여성과 젠더 관점이 어떻게 배제되어왔는지를 대표적인 몇몇 연구를 통해 보여주고자 한다.

1) '도시'라는 관념의 남성중심적 구축

전통적인 도시담론에서 여성이 배제되어온 것은 어떻게 보면 당연한 결과다. 도시라는 아이디어 자체가 젠더화된 이분법에 기초하기 때문이다. 근대적 도시의 원형으로 흔히들 인식하고 있는 고대 그리스의 폴리스만 해도, '남성' 시민권자들의 전유물이었지 여성과 노예, 어린이는 논의 대상에서 이미 빠져 있었다. 그로부터 2000년의 세월이 흐른 뒤 해방과 자유의 상징이 된 근대산업도시가 태동했지만 여성은 여전히 도시의 이방인이었고 도시와는 어울리지 않는 존재로 남아 있었다(Wilson, 1991; 2001; Wolff, 1990; 1995). 그녀들은 '집안'에 있거나 도시와 분리된 안전한 교외에 머물러 있어야 하는 존재로 규정되었다. 남녀의 제도적 평등이 이루어졌다는 21세기 대한민국 및 서구의 여러 도시에서도 여성은 여전히 혐오범죄의 대상이 되거나 상품화되는 등 도시의 타자로 각인되고 위치지어지고 있다.

지난 수천 년 동안 인류의 문명은 도시를 중심으로 발달되어왔으며 도시 그 자체가 문명의 상징이자 매개체였다(박용진·정현주 외, 2014). 심지어 현대 자본주의 발달을 견인한 산업화도 특정한 도시화의 한 양상이라고 주장된다 (Lefebvre, 1972; Merrifield, 2013: 911). 그런데 이러한 도시가 전통적으로 정의 되고 규정되어온 방식은 도시가 아닌 것들과의 대비를 통해서였다. 즉, 시골 또는 전원이라고 일컫는 지역과의 구분인데, 구분의 기준은 다양하지만 그 핵심적인 것은 문명, 문화, 진보를 상징하는 것을 도시로, 그에 대비되는 야 만과 자연을 상징하는 것을 비도시로 인식하는 것이었다. 이러한 이분법은 동서고금을 막론하고 인간과 사회, 이 세계에 대한 관념의 본질적인 부분을 차지해왔으나 특히 서구 근대철학과 근대성을 구축하는 데 핵심적인 역할을 했다. 이 이분법을 규정하는 핵심 원리는 바로 자연과 문화를 구분하는 것이 다(Strathern, 1980: 182). 간단히 말해 자연은 태고로부터 주어진 것, 문화는 그것을 극복한 인류의 성취물이라는 대립적인 인식이다. 이러한 이분법에서 자연은 모성/여성과 동일시되었고 문화는 여성의 반대항인 남성과 동일시되 었다. 자연을 여성과 결부시키는 인식은 고대부터 서구적 관념의 기저에 깔 려 있는 인식론이다. 여성은 신비하고 아름다운 '처녀지'로, 때로는 종잡을 수 없는 두려움의 근원인 야만적인 원시로 비유되면서, 항상 자연의 일부로 또는 자연 그 자체로 상상되고 이미지화되었다. 이렇게 아름답고 야만적인 자연을 지배하고 길들이는 것이 바로 인간(Man)의 역할이며 이를 문명이라 고 부른다. 페미니스트 지리학자들은 이러한 자연/문화의 이분법이 젠더화 되어 있으며 이것이 그대로 특정한 공간에 투영되어 공간을 이해하고 호명하 고 이론화하는 학문적 실천과 관행에도 영향을 미쳤다고 말한다. 즉, 공간은 도시와 시골, 공간과 장소 등으로 이분화되고 전자는 남성성, 후자는 여성성 과 결부되어 후자에 대한 전자의 우월성이 정당화되었다는 것이다(로즈, 2011: 181~188). 이러한 정당화에 힘을 실어준 결정적인 역사적 계기가 바로 과학의 우월성이 지배한 시대, 즉 서구 근대의 도래다.

젠더화된 이분법에서 도시와 문화를 상징하는 쪽, 즉 남성성의 핵심적 특징은 바로 외부와의 완결적 분리이며 이는 외부와 자아의 구분, 즉 과학의 요구 조건인 객관성을 담보하는 근거로 제시되었다. 이는 본인의 육체를 초월한 정신활동이 가능함을 의미하며 이로써 과학과 근대학문의 적합한 주체로서 남성이 정당화되었다. "나는 생각한다. 고로 존재한다." 근대철학의 '아버지'인 데카르트의 이 유명한 명제는 근대 관념철학의 상징적인 선언이다. 그것은 존재(육체)하기 때문에 생각하는 것이 아니라 존재 이전에 사유하는 근대적 남성상을 대표한다. 즉, 육체를 초월해서(자신의 육체와 자신이 처해 있는 환경이 무엇이든지 간에) 객관적인 사유를 하는 초월적 이성이 근대의 핵심적인 주체로 등장한다.

모든 것을 관통해서 보편적인 사유를 하는 초월적 이성에 의한 지식은 합당한 지식, 즉 과학적 지식이 되었고 그렇지 못한 나머지는 학문에 적합하지 못한 지식으로 폄하되었다. 폄하된 이유는 초월적이고 보편적이지 못하기 때문이다. 즉, 부분적이고 상대적이며 초월하지 못한 착근된 지식은 열등한 것으로 간주되었다. 그것은 바로 자연으로부터 벗어날 수 없고 자연의 일부가 된, 따라서 객관성을 담보할 수 없는 존재인 여성성의 핵심적 특징이 되었다.

자연과 가까운 그녀들은 문명의 핵심인 도시의 반대편에 위치해야 하는 존재로 정당화되었다. 남성들이 지배하는 도시가 문명을 주조하고 지식을 생산하는 생산의 장이 되면서, 도시의 반대는 생산과 반대되는 활동, 즉 재생산을 하는 장소로서 자연스럽게 귀결되었으며, 이는 '생물학적으로' 여성에게 적합한 역할로 간주되었다. 그녀들에게 적합한 장소는 도시가 아닌 집 안, 전원, 교외 등이라고 지정되었으며 이러한 장소의 디자인과 위치는 도시와 대비되는 형태를 취하게 되었다. 근대도시의 토지 이용 패턴의 근간이 된 직주분리는 이러한 관념에서 출발하게 된 것이다. 직장과 분리된 집, 도시와 분리된 교외, 문명·문화와 분리된 자연이 도시와 그 외의 지역을 분리하는 지표가 되었으며, 이러한 구분은 바로 성역할, 즉 젠더관계에 대한 관념이 공간 생산의 기본 원리로 작동한 결과다. 가령 직장과 주거를 아예 공간적으로 분리한 용도지구제(zoining system)는 젠더이데올로기가 실제 도시계획에 그대로 투영된 결과물로서, 젠더이분법의 20세기적 구현이라고 볼 수 있다. 그 결과 여성들은 재생산의 영역인 교외에 갇혀 있게 된 반면, 도시라는 공적 공간은 여성들에게 우호적이지 않으며 심지어 그것이 공공연히 합리화되기도 했다.

근대도시는 남성성을 상징하고 구현하는 공간으로서 작동할 뿐 아니라 남성성을 상징하는 방식으로 재현되었다. '여성적인 교외'와 대비되는 CBD로 상징되는 도시중심부는 남성성을 연상시키며(Bondi, 1998; Saegert, 1980), 모든 것을 조망하는 위치에서 도시를 내려다보면서 디자인하는 도시계획의 시선 역시 모든 것을 포괄하려는 남근적 욕망을 대변한다. 직선적인 근대적 빌딩 건축 양식도 진보와 성취 등 남성적 가치를 재현한다고 해석된다(Buckley and Strauss, 2016). 또한 이러한 도시를 작동시키는 '공식적' 활동에는 '집 안'에서 이루어지는 여성들의 노동은 포함되지 않았다.

도시의 남성중심성을 오늘날에도 대표적으로 보여주는 사례가 여성들의 도시이동성 제약이다. 음양의 분리에 근거해서 가부장적인 유교 공간을 생산했던 수백 년 전 조선시대뿐 아니라 오늘날의 대한민국과 서구의 많은 도시에서도 여성들은 실제로 이동성의 제약을 겪는다. 여러 도시공간은 여성의 출입을 제도적으로 제한하기도 했으며(가령 빅토리아 시대의 런던의 증권거래소나 한양의 종묘), 관행과 관습에 따라서도 여성들은 숱한 도시공간에서 배제되어왔다. 심지어 근대적 시민들의 공론장이라고 불리는 광장도 알고 보면 남성들의 전유물이었으며, 누구에게나 개방된 것처럼 여겨지는 도시의 거리에서도 여성들은 상품처럼 전시되거나(홍등가뿐 아니라 여성의 성을 상품화해서 전시하는 각종 광고물도 포함), 감시당하거나(여성의 복장과 행동 코드에 대한 시선 등) 위협당하는 것이 다반사이다. 여성들이 도시를 이동하는 것이 힘든 이유는 도시의 이용 주체를 애초에 남성이라고 설정했기 때문이다. 이러한 관행은 오늘날에도 여전히 남아 있어서 여성의 이동성 개선은 도시정책의 단골 메뉴가 되고 있다. 예를 들면 최근에 여성의 도시 밤거리 안전 문제라든지 도시 공공시설에 대한 접근성 문제가 사회적인 조명을 받고 있는데, 뒤집어 생각해보면 최근까지 여성은 도시에서 안전하지 않았으며 공공시설 접근성에 제약을 받았다는 점, 그리고 그러한 현실이 용인되어왔다는 점을 역설적으로 드러내고 있다[1]

이처럼 도시의 물리적이고 상징적인 남성중심성은 젠더이분법 등 남성중심적인 관념에 의해 오랜 세월 정당화되고 재생산되며 당연시되어왔다. 특히 근대도시는 문명과 이성과 진보의 요람으로 특징지어졌으며 이는 남성성과 동일시되었다. 도시와 대비되는 시골은 도시의 배후지로, 도시를 지원하

---

[1] 2016년 5월 17일 강남역 인근 상가 화장실에서 발생한 20대 여성에 대한 남성의 묻지마 살해 사건에 대한 대중들의 반응과 보도 행태는 이전의 유사한 범죄들에 대한 사회적 반응과 비교했을 때 차이가 난다. 5월 17일 사건 직후 (경찰은 이를 부인했지만) '여성혐오' 범죄라는 프레임이 만들어졌고 피해자를 추모하는 열풍이 불어 큰 사회적 공감대를 일으켰다. 반면 약 10년 전인 2007년 8월 택시기사로 위장한 3인조 강도가 강남역과 홍대 인근에서 여성을 납치해 살해한 사건이 일어났을 때 당시의 사회적 반응은 이와는 사뭇 달랐다. 피해자에 대한 추모보다는 여성이 그 시각에 그런 장소에 있는 것이 합당한가라는 처신 논란이 더 화제가 되었다. 시민들의 인식과 대처는 성숙해졌지만 사건의 해결책은 여전히 미봉책에 머물러 있다. 2007년 당시에도 대안으로 제시된 것이 핑크택시의 확대였고 2016년에도 여성전용 화장실 확대가 대안으로 제시되었다. 문제의 본질은 안전한 택시나 화장실이 부족한 것이 아니라 여성이라는 이유로 강력범죄에 무방비로 노출될 수밖에 없는 도시와 안전, 나아가 여성인권의 문제다. 여성전용 공간의 확대는 도시정책에서 비교적 용이하게 채택해온 여성정책이며 Spain(2016)의 미국 사례연구처럼 여성 힘 기르기에서 실질적인 성과를 내기도 했다. 핑크택시나 여성전용 화장실을 비롯해서 여성전용 주차구역, 지하철 여성전용칸 등이 비슷한 맥락의 공간정책이다. 이에 대한 성과와 한계는 또 다른 정교한 분석을 요하며, 이 연구에서는 따로 언급하지 않도록 한다.

는 공간으로 규정되었으며 이는 전원, 교외, 집, 자연 등으로 묘사되었고 여성성과 동일시되었다. 근대도시의 남성중심적 구축은 바로 근대문명의 남성중심성을 상징한다. 1990년대 학계를 뜨겁게 달군 모더니즘 비판과 포스트모더니즘 논의가 페미니즘 논의와 거의 궤를 같이 한 이유도 여기에 있다. 페미니즘 비판은 단순히 남성들에 대한 비판이 아니라 젠더이분법을 그 어느 때보다 심화하고 그에 기반을 두고 문명을 일군 근대성과 도시에 대한 성찰의 도구이기 때문이다.

2) 도시담론에서 젠더의 배제

페미니즘 비판은 도시에 대한 비판적 인식론과 실천으로서 매우 예리한 분석과 제안을 해왔다. 그러나 필자가 몸담고 있는 지리학에서의 도시연구는 이상하리만치 페미니즘의 수용에 소극적이었으며, 심지어 포스트모던 도시 논의와 최근의 비판지리학 논의에서도 페미니즘 비평은 그 입지가 매우 좁다[2]. 근대도시를 둘러싼 이데올로기와 정치, 물질적 구현이 남성중심적으로 구축되었다는 비판은 페미니스트 지리학자들이 등장하면서 제기된 비판

---

[2] 지리학의 포스트모더니즘 논의의 남성중심성을 비판한 대표적인 글은 도린 매시의 저서 『공간, 장소, 젠더』의 제10장을 참고할 만하다. 이 장에서 매시는 지리학계 포스트모더니즘 논의의 대표적인 두 저서인 하비의 「포스트모더니티의 조건(The Condition of Postmodernity)」과 에드워드 소자의 「포스트모던 지리학(Postmodern Geography)」을 구체적으로 분석하면서 이 두 책에 나타난 포스트모더니즘 논의의 남성중심적 왜곡과, 특히 페미니즘 논의의 의식적/무의식적 배제를 신랄하게 비판했다(매시, 2015). 한편 비판도시 연구의 가장 최근 논쟁 가운데 하나인 르페브르의 개념, '행성적 도시화'를 둘러싼 논의에서도 이와 유사한 경향성이 나타남을 지적하면서 페미니스트적 개입을 촉구한 최근 연구를 보려면, 버클리와 스트라우스(Buckley and Strauss)의 2016년 ≪환경과 계획 D(Environment and Planning D)≫에 실린 논문을 참고할 것. 이들의 주장과 연장선상에 있는 논의는 Peake(2015)에 의해서도 제기된 바 있다.

이다. 그 전까지는 이에 대한 문제제기가 거의 전무하다시피 했다. 도시를 이해하고 설명하는 데 젠더라는 관점은 거의 개입하지 않았던 것이다. 가령 근대적 학문으로서 도시지리학을 태동시킨 시카고학파의 그 유명한 모델들은 합리적 이성을 지닌 경제인(즉, 근대적 남성)을 행위주체로 상정했다. 모델들이 가정한 도시 내에서의 움직임이나 토지 이용 패턴 역시 선적(leanear)이고 배타적인 것으로, 공간의 겹침과 동시적 공존의 가능성을 배제했다. 이러한 비판은 실증주의에 대한 여러 비판에서도 제기된 것이지만 그 누구보다 이에 대한 반론을 풍부하게 제시한 페미니스트들의 연구와 주장은 크게 부각되지 못했다. 대표적인 페미니스트 도시연구로는 복잡한 역할을 제한된 시간 내에 동시적으로 수행해야 하는 여성의 일상성에 대한 시간지리학 연구(김현미A, 2005; Fortujin and Karsten, 1989; Hanson and Johnston, 1985; Miller, 1991; Tivers, 1985)가 있다. 또한 도시와 교외의 통근 패턴이나 취업 패턴의 젠더화를 보여주는 연구들도 실증주의 모델에 대한 반론으로 해석될 수 있다. 이러한 연구는 이동과 취업 같은 의사결정이 합리적 이성(경제성, 최단 거리 이동, 지식의 포괄성 등)에 따라 내려지는 것이 아니라 사회적으로 규정된 성역할(김현미A, 2005; Fortujin and Karsten, 1989), 여성의 제한된 정보와 이동성(Hanson and Johnston, 1985; Hanson and Pratt, 1991), 문화적 취향(Nelson, 1986), 행위주체들의 의지와 타협(England, 1993) 등에 의해서 복잡하고 다양한 방식으로 전개됨을 보여주었다.

도시담론에서 페미니즘 연구성과의 배제 내지 비가시화는 명백히 '근대적' 담론인 실증주의 도시연구에만 국한되지 않는다는 점에서 더 큰 문제가 있다. 가령 지리학 분파 중에서 페미니스트 접근이 주로 자리하고 있는 비판지리학 내에서도 페미니즘을 배제하는 경향은 매우 확연하다. 페미니스트 지리학자들은 비판지리학의 여러 주장과 문제의식을 공유하면서도 이들에게서 여전히 드러나는 남성중심성을 함께 비판했다. 이러한 비판은 특정인을 향한다기보다는, 이 시대 마르크스주의 (남성) 학자들이 보편적으로 지닌 편향된 인식론을 성찰하라고 촉구했다. 가령 도린 매시는 마르크스주의 도시연구 역시 도시의 구석구석을 조망하는 위치에서 모든 것을 관통하고 모든 것을 포괄하는 단 하나의 거대이론을 제시하고자 한다는 점에서 여전히 근대적 남성중심성을 벗어나지 못한다고 비판한다. 심지어 다양성과 공존을 찬양하는 포스트모더니즘 논의에서도 이러한 양상을 포괄적으로 이론화하고자 하는 충동을 여전히 못 버리고 있다고도 했다(매시, 2015). 전자는 하비로 대표되는 정치경제학자들에 대한 비판이고, 후자는 소자로 대변되는 (남성중심적) 포스트모더니즘 연구가들에 대한 비판이었다(매시, 2015: 10장 참고). 리처 나가르(Richa Nagar), 빅토리아 로슨(Victoria Lawson), 린다 맥도웰(Linda McDowell), 수전 핸슨(Susan Hanson) 등 대표적인 페미니스트 공간연구가들은 최근의 지구화 및 스케일 논쟁이 지구적 스케일과 글로벌 도시에 편향되어 있음을 지적하면서, 주류 논쟁에 잠재되는 있는 지구적 스케일은 강력하고 반대로 미시(로컬) 스케일은 수동적이고 취약한 이분법을 비판했다(Nagar et al., 2002).

최근에 르페브르의 '행성적 도시화' 개념을 둘러싸고 전개되고 있는 일련의 논쟁에서도 유사한 비판이 제기되고 있다. '행성적 도시화'는 르페브르의 『도시혁명(La Révolution Urbaine)』(1970)에서 제시된 가설로서, 인류 역사상 도시화가 그 어느 때보다 진전된 이 시대에 이제 물리적 경계로 구분된 특정한 공간 단위(즉, city)를 폐기하고 보편적인 '과정'이자 사회적 존재 양식인 'urban'으로서 도시를 볼 것을 제안한다. 즉, 특정 지역에만 존재하는 특정한 정주 패턴이 아니라 행성적 차원에서 끊임없이 확장하고 변형되고 경합되는 장으로서 도시를 재개념화하자는 것이다. 르페브르의 가설적인 제안을 수용하여 여러 비판 도시학자들이 이를 더욱 정교하게 이론화하고 있다(메리필드, 2015; Brenner, 2014; Brenner and Schmid, 2014; Merrifiled, 2012). 이 논쟁에 최근 페미니스트 도시연구자들이 가세해서 논의를 더욱 풍성하게 하고 있다. 이들은 도시를 더욱 가변적이고 잠정적이며 확장적인 개념으로 재이론화하자는 문제제기에 전적으로 동의하면서도 자칫 이러한 시도 자체가 서구의 경험을 지구적으로 보편화시키려는('지구적'보다 '행성적'이라는 더 장엄한 수식어를 사용하며) 선언이 될 수도 있다고 경계한다(Peake, 2015). 이에 버클리와 스트라우스(Buckley and Strauss, 2016)는 최근의 행성적 도시화 연구들이 르페브르를 재해석하는 방식과 선택적 독해에 문제를 제기하며, 또 다른 추상적이고 보편적인 이론을 만들기보다는 행성적 도시화가 실제로 작동하는 양상을 보여줄 것을 주장했다. 행성적 도시화 개념이 아무리 "도시의 차이와 다양성"을 강조한다 하더라도(Brenner and Schmid, 2014: 751) '행성적인 차원에서' 도시화의 양상을 추상적으로 일반화하려는 이 같은 노력[글의 맥락으로 볼 때 메리필드(Merrifield)보다는 브레너(Brenner) 등의 작업을 지칭함]은 결국 포스트식민주의 페미니스트들이 그토록 비판해온 서구중심주의(그 본질은 서구/백인/남성 중심주의)를 반복하는 것에 지나지 않는다는 것이다. 그 대신 이들은 르페브르의 또 다른 저작들을 종합적으로 독해함으로써 르페브르가 의미한 진정한 도시적 혁명은 중요하고 거시적인 것들이 다 빠져나가고 남은 잔여물(residue), 즉 일상성의 경험과 미시적인 차이들에 잠재되어 있다고 주장한다(Buckley and Strauss, 2016: 626~628).

페미니스트 도시연구가들이 공통적으로 보편성, 포괄성, 일반화를 향한 충동을 문제 삼는 이유는 다음과 같다. 첫째, 이러한 이론들이 마치 모든 것을 포괄하는 것처럼 가정하지만 그러한 (자칭) 포괄적 이론을 발화하는 화자의 시점은 정작 망각하고 있다는 점이다. 그들이 말하는 보편적 모델, 이론, 포괄적 설명도 결국 특정한 역사적 시점에, 특정한 이해관계와 권력관계에 놓인 특정한 주체들의 담론일 수 있는 가능성을 열어두지 않고, 이를 모든 이에게 보편타당한 것으로 간주하는 것은 매우 위험하다는 뜻이다. 서구중심적인 추상적 일반화 대신 로컬의 다양한 행위자의 실천과 다양한 역사적 궤도의 공존을 인정하자는 주장은 페미니스트 입장이론(standpoint theory)과 특히 포스트식민주의 페미니즘에서 매우 풍부하게 제시되었으나(샤프, 2011; 스피박, 2005; Harding, 2004), 이들의 연구는 마르크스주의 도시이론화에서 거의 수용되지 않았다. 둘째, 보편적이라고 주장하는 지식이 사실은 모든 것을 포괄하고 설명하지 못하기 때문이다. 보편화하고자 하면 할수록 보편화할 수 없는 예외가 생겨나는 법이다. 르페브르 역시 이론화를 하면 할수록 (이론화에서 배제된) 잔여물들이 계속 쌓여간다는 점에서 결국 진정한 도시적 혁명의 씨앗은 이러한 잔여물들(거시 이론으로 설명할 수 없는 실천의 영역)에 배태되어 있다고 했다(Buckley and Strauss, 2016). 셋째, 보편성을 추구하는 일반화 모델에서 주변부는 예외로 간주되고 그 정치적 중요성을 상실할 수밖에 없다는 점에서 타자들의 저항과 투쟁은 결국 부차적인 것으로 간주되기 때문이다.

이러한 문제점에 대한 인식하에서 다음 절에서는 페미니스트 도시연구가들의 비판과 주장을 검토함으로써 이분법과 교조주의를 탈피할 수 있는 방안을 모색해보고자 한다. 다만 그간의 수많은 페미니스트 연구물을 한 절에서 전부 검토할 수 없기 때문에, 서구 페미니즘 학계를 중심으로 대표적인 연구물들을 제한적으로 검토하고자 한다.

3. 서구 페미니스트 도시연구의 성과와 한계

1) 마르크스주의 페미니즘과 젠더화된 도시연구

도시와 젠더 문제를 본격적으로 다룬 것은 제2물결 페미니즘(마르크스주의 페미니즘이라고도 불리는)부터다. 1970년대 이후 근대도시가 당면한 문제와 자유주의 이론의 한계를 분석함에 있어서 페미니즘은 자본주의와 가부장제가 결합해서 도시공간을 통해 어떻게 젠더억압 기제를 재생산하는지 비판적으로 제시하고자 했다. 이들은 근대도시의 구조와 형태 자체가 남성중심적이며 여성억압적인 체제를 공고히 하는 데 기여했다고 비판한다. 마르크스주의 페미니스트 도시계획가이자 건축이론가인 헤이든(Hayden, 1984)은 『아메리칸 드림을 다시 디자인하기(Redesigning the American Dream)』을 통해 미국의 교외 핵가족 모델을 구현해준 건축 및 도시계획에 내포된 폭력성과 여성억압을 고발하고 공동체를 회복하는 대안적인 페미니스트 주거모델을 제시하면서 건축 및 도시연구에 센세이션을 일으켰다. 페미니스트 건축이론가인 바이스만(Weisman, 1992)은 현대 도시의 건축과 계획이 여성의 접근성을 제한하고 남성의 편익을 증진하도록 디자인되었음을 고발하면서 이러한 도시의 물질문명은 남성중심적 상징체계를 통해서 상호 구현되면서 인류의 대표적인 불평등을 역사적으로 구성해왔다고 주장했다.

한편 도시의 물리적 레이아웃과 디자인이 젠더불평등을 심화시킬 뿐 아니라 젠더불평등이 도시의 작동 방식을 구조화한다는 연구도 등장했다. 대표적인 연구는 핸슨과 프랫(Hanson and Pratt, 1991; 1994)의 서구 도시의 젠더화된 고용·통근 패턴 분석이다. 이들은 젠더관계와 젠더화된 노동분업이 서구 교외의 중산층 여성을 더욱 공간에 갇히게 만든 메커니즘을 실증적으로 분석했다. 성역할 때문에 생겨난 여성의 이동성 제약은 결과적으로 교외에 거대한 '핑크칼라 게토'(유순하고 유연한 파트타임 노동자 풀)를 양산했으며 이는 결국 교외 백오피스화의 배경이 되었다. 매시 역시 영국의 제조업이 대도시에서 중소도시로 분산, 이전한 산업의 탈중심화 및 공간적 재구조화 이면에는 노동조합 경험이 없는 유순하고 값싼 여성노동력을 제조업의 말단부에 포진시키려는 자본의 전략이 있었으며 이를 정치/사회적으로 용인하고 부추긴 것은 노동의 젠더분업 및 불평등한 젠더관계였다고 분석한 바 있다(매시,

2015). 이들 연구의 공통점은 20세기 중반 이후 도시화 과정의 핵심 기제 가운데 하나가 바로 젠더관계이며, 따라서 도시의 물질적·상징적 구조화는 젠더화된 과정임을 밝혔다는 점이다. 또한 이러한 젠더화된 과정은 젠더불평등을 심화시킴으로써 도시 및 자본주의의 위기를 초래했다는 것이다.

제2물결 페미니즘 이래로 페미니스트 공간 연구가들은 근대도시가 젠더이분법의 물질적 구현임을 정교하게 드러내고 이를 이론화하는 데 기여했다. 앞 장에서 이미 설명한 젠더이분법은 남성과 남성의 대립항으로서 여성을 이분화하고 이 둘의 차이를 다른 이분법들과 결합시키는 이분법적 세계관을 반영한다. 남성과 여성의 대립은 공적/사적, 생산/재생산, 문명/자연, 이성/감성 등의 끝없는 이분법의 결합으로 공고히 구축되었다. 이러한 이분법의 문제점은 제1항인 남성적 영역을 설명하기 위해 대립항을 설정함으로써 결국 제2항은 영구히 제1항의 반테제, 즉 타자가 된다는 점이며, 이 세계는 오로지 제1항과 나머지로 양분되는 이분법적 사고에 갇히게 된다는 점이다. 즉, 남성이 아닌 것은 다 여성적인 것이 되는 식이다. 따라서 여성은 남성의 반대항으로서만 존재할 뿐 그 독자적인 설명 체계를 가지지 못한 채 남성의 결핍으로만 정의된다(이성의 결핍, 객관성의 결핍, 문명의 결핍 등). 페미니스트 도시연구가들은 이러한 이분법적 세계관에 근거해서 '도시이론의 바깥을 구성하게 된 타자'들에 대한 연구를 제시함으로써 주류 도시이론이 간과하는 지점을 드러냈다(Buckley and Strauss, 2016: 623).

행성적 도시화 시대에 도시와 비도시의 구분은 무의미하므로 도시의 바깥을 별도로 구분하지 않는 도시이론을 제안하겠다는 브레너와 슈밋(Brenner and Schmid, 2015)의 야심과는 달리, 페미니스트 도시연구가들은 어떻게 특정 집단과 지역은 '도시가 아닌' 도시 바깥의 타자로 구성되어왔는지를 밝히는 데 더 관심을 기울여왔다. 도시로부터 분리되어 '가정의 천사'가 되도록 강요받아온 서구 중산층 주부들의 사회적·문화적·공간적 구성에 대한 연구나 제

3세계 빈민 여성들의 소외와 억압에 대한 연구가 대표적으로 이러한 도시 바깥의 외부에 대한 해체적 독해라고 볼 수 있다.

이상의 연구는 남녀의 차이가 물질적 공간과 그에 대한 담론을 통해 지속적으로 불평등하게 구성되어왔음을 밝힘과 동시에, 그동안 타자였던 여성의 시각에서 여성의 도시경험을 재해석했다. 이러한 문제제기와 연구는 실제로 도시정책과 디자인에 젠더 관점을 반영하는 데 결정적인 역할을 했다. 가령 제2물결 페미니즘 이래로 미국에서는 여성건강센터, 여성쉼터, 여성북카페 등 여성의 권익을 증진하는 안전공간이 급격히 증가했다(Spain, 2016). 또한 여성의 밤길 안전을 촉구하는 사회운동을 촉발하기도 했으며,3) 1995년에 열린 베이징 세계여성대회에서는 모든 공공정책의 입안과 결정에서 젠더 관점을 반영하도록 하는 성주류화가 주요 의제로 채택되기도 했다.

그러나 이상의 페미니스트 도시연구의 흐름은 큰 성과와 더불어 어느 정도 한계를 노정하기도 했다. 제일 많이 거론되는 문제점은 이러한 연구와 정책이 서구·중산층·백인 여성을 보편적 여성으로 상정함으로써 특정 계급 여성의 권익과 시선을 대변한다는 점이다. 이러한 비판은 주로 흑인페미니즘을 비롯한 제3세계 페미니즘 진영에서 제기되었다. 서구·중산층·백인 여성들의 현안인 보육과 모성, 가정폭력 문제가 마치 여성문제를 대변하는 것인 양 성주류화 담론의 주요 의제가 되는 것을 비판하면서 제3세계 및 유색인종 여성들은 빈곤과 노동의 문제, 인종차별이 결합된 젠더차별 문제, 성폭행과 인신매매 문제 등 여성들의 생존과 직결된 문제들을 더욱 적극적으로 다룰

---

3) 여성의 도시 밤거리 안전을 촉구한 사회운동은 서구의 'Take Back the Night' 운동이 대표적이다. 도시의 밤길에서 희생된 여성을 추모하면서 유럽에서 시작되어 북미와 전 세계로 퍼져나간 이 운동은 해마다 주요 도시와 각 대학 캠퍼스에서 열리고 있다 (www.takebackthenight.org). 한국에서도 2004년부터 2009년까지 '달빛시위'(www.dalbeat.net)라는 이름으로 개최된 바 있으며 최근 강남역 여성 살해 사건으로 전국 각지에서 달빛시위가 다시 열리기도 했다.

것을 주장했다.

여성들 간의 차별성 문제와 더불어 또 다른 근본적인 문제점은 여성을 위한 담론과 정책들이 남성/여성이라는 양성 간의 젠더이분법이라는 근본적인 틀을 깨지 못한 채, 여성을 수혜 대상으로 상정함으로써 오히려 이분법을 강화하는 방향으로 조성되어왔다는 점이다. 즉, 대부분의 젠더 의제가 '여성적' 문제에 국한되어 마치 남성들의 이해관계와 대립적인 것처럼 오해되거나 아니면 남성들과는 상관없는 지엽적인 문제로 폄하될 우려가 있다는 것이다. 여성에게 가해지는 억압을 완화하는 일은 남성들의 권익을 제약함으로써 성취되는 것이 아니다. 남성을 탓하고 책임을 전가한다고 해결될 문제가 아니라 약자들도 안전할 수 있는 사회시스템을 만들어야 하는 문제이며 이는 사회정의와 복지, 인권의 문제이므로 여성과 남성 모두에게 중요한 이슈다. '여성적' 문제에 대한 이처럼 지엽적인 접근은 여성-재생산을 남성-생산과 근본적으로 분리하는 뿌리 깊은 이분법적 세계관에서 기원한다. 생산과 재생산의 상호구성에 대한 연구나 이분법을 근본적으로 해체하는 접근이 필요하다. 그동안 핍박받던 여성의 권익을 증진한다고 해도 근본적인 젠더차별은 시정되지 않을 가능성이 크다. 남성과 여성을 대칭적인 집단으로 규정하는 한 상대적으로 어느 한 쪽은 계속 억압되는 존재가 될 수밖에 없기 때문이다. 따라서 무엇이 남성성이고 무엇이 여성성이라고 규정되는지, 누가 어떻게 그것을 결정하는지 등을 비판적으로 재구성하는 대안적 인식론과 실천이 필요하다. 따라서 이 시대의 페미니즘은 이러한 권력관계를 성찰하는 비판이론으로서 기능해야 한다.

2) 제3물결 페미니즘과 페미니즘의 다원화

제2물결 페미니즘이 마르크스주의와 결합해서 분배의 젠더 부정의 문제를 집요하게 제기하고 이에 대한 일부 성과를 이끌어냈다면 제3물결 페미니즘이라고 통칭되는 다양한 흐름은 여성 내부의 차이와 불평등 문제를 제기하면서 단일한 '여성' 범주 자체에 의구심을 제기한다. 거시적인 사회구조 변화를 통해 여성해방을 주창한 제2물결 페미니스트들과 달리, 이들은 모든 여성을 동시에 해방시킬 단 하나의 가장 근본적인 억압 기제가 있다는 가정부터 부정한다. 복잡한 권력의 지형 속에서 모든 여성은 상이한 위치에 놓여 있으며, 따라서 이들에게 필요한(또는 허용된) 저항 전략은 자신과 동떨어진 거시적인 사회변화보다는 일상의 공간에서 펼치는 미시정치다. 따라서 이들은 일상에서 담론화된 권력을 해체하고, 중심뿐만 아니라 주변의 목소리들을 복원시키는 전략을 구사한다(정현주, 2015). 제3물결 페미니즘은 흑인 페미니즘과 제3세계 페미니즘을 아우르는 포스트식민주의 계열과, 자크 라캉(Jacques Lacan)과 미셸 푸코 등 프랑스 정신분석학과 철학 전통에 대한 비판적 재구성을 추구한 포스트구조주의 계열로 크게 구분될 수 있다(정현주, 2015). 남성과 여성이라는 양성뿐 아니라 섹스와 젠더의 이분법을 해체하고 본질적인 여성 주체를 부정하는 포스트구조주의 학자들은 성차의 사회적 구성 및 무수히 다양한 젠더가 구성되는 방식을 탐구한다. 반면 포스트식민주의 학자들은 인종과 젠더 문제를 결합해 제3세계, 흑인, 제1세계의 빈민층 등 다양한 위치의 주변부 여성주체들의 해방과 연대를 모색하며, 따라서 해체적 입장보다는 연대의 가능성에 더 방점을 둔다.

최근 페미니즘은 여성이 인종, 국적, 계급, 학력, 종교 등에 따라 무수히 다양한 위치성을 지니며 교차하고 협상되는 정체성을 지닌다는 점에 주목한다. 여성 간의 차이는 남/녀 차이 못지않게 클 수 있기 때문이다. 따라서 젠더억압은 단순히 남/녀 문제가 아니라 젠더가 무수히 다양한 차이들과 결합되어 조성되는 매우 복잡한 과정이 된다. 따라서 도시연구에서도 도시를 단지 여성차별적인 추상적 실체로 단일화하는 것이 아니라, 도시 안에서의 파편화되고 다원화된 경험들에 주목하는 접근이 등장하게 되었다. 가령 젠더, 계급, 인종, 섹슈얼리티 등이 결합하는 양상에 따라 도시경험과 억압의 구조가 달라진다는 것이다. 흑인페미니즘의 대표적인 이론가인 벨 훅스(bell hooks)는 미국사회에서 흑인여성으로서 겪는 도시경험의 차별성을 한 편의 에세이에서 설득력 있게 제시한 바 있다. 『갈구: 인종, 젠더, 문화정치(Yearning: Race, Gender, and Cultural Politics)』(1990)의 한 장을 구성하는 'homeplace'에서 훅스는, 집과 가정은 백인페미니스트들이 말하는 것처럼 (젠더) 폭력의 온상이기만 한 것이 아니라 어쩌면 그보다 더 잔인한 인종차별과 폭력으로부터 그나마 흑인여성들을 보호해주고 흑인 저항운동을 배양한 산실로 볼 수도 있음을 역설했다. 즉, 도시 슬럼가에서 형성된 흑인공동체의 역할을 흑인 남성의 폭력 문제 때문에 폄하하고 부정해선 안 된다는 의미다(박용진·정현주 외, 2014: 287~288). 유색인종 페미니즘의 대표 주자인 글로리아 안잘두아(Gloria Anzaldúa)는 서구에 의해 유린되어온 '접경지대(borderlands)'라는 혼종적 공간을 통해 서구 백인 자본주의와 전통적 가부장제 양자에 저항하는 탈식민적 여성주체[이를 '메스티자(mestiza)' 주체라고 호명]의 형성 가능성을 제시한 바 있다. 메스티자 주체는 식민주의적 착취의 경험과 가부장제에 의한 성적 억압 등 이중, 삼중의 억압을 체현한 여성적 주체로서 신자유주의 지구화의 하위주체이자 강력한 저항의 상징이다(Anzaldúa, 1999; 노승희, 2005).

한편 포스트구조주의적 접근을 취하는 연구가들은 도시공간에서 젠더와 섹슈얼리티의 구성을 탐색해왔다. 가령 퀴어이론가인 버틀러 등은 섹스/젠더의 이분법적 구성 그 자체를 문제시함으로써 자연적으로 주어진 섹스란 없으며 젠더와 섹스 모두 강제적 이성애를 제도화하기 위해 만들어진 허구라고 보았다(배은경, 2004). 따라서 페미니즘의 주체로서 '여성'이라는 범주에 도전하면서 기존의 전형적인 여성/남성에서 벗어난 다양한 젠더의 도시적 수행과 이들을 타자화하는 근대도시성에 초점을 맞춘 연구가 주류를 이루었다(버틀러, 2008; Bell et al., 1994; Bell and Valentine, 1995; Duncan, 1996; Rothenberg, 1995).

이러한 접근들은 젠더이분법을 흔드는 이론적 기반을 제시했다는 점에서 이론적으로 매우 고무적이다. 또한 다양한 억압의 지점을 규명함으로써 페미니즘 실천과 연대의 새로운 지평을 제시하기도 했다. 페미니즘 내부의 분열은 반목하는 관계가 아니라 다원화된 입장이 보여주는 자연스러운 귀결이며, 오히려 차별화된 쟁점들을 더 정확하게 포착할 수 있는 장점이 있다. 그러나 이론적 다원화와 정치적 연대는 다른 차원의 문제임에도, 이러한 다원화에 따른 중심의 해체와 실천적 동원의 약화라는 문제가 제기되기도 한다. 무엇보다 여성적 중심이 해체된 마당에 무엇으로 연대를 제안할 것이냐는 현실적인 우려가 있다. 이러한 우려는 신자유주의적 침탈을 막아내고 대안적인 공동체를 상상하는 이론과 실천의 약화를 불러올 수 있다는 점에서 진지하게 성찰해보아야 할 지점이다.

3) 젠더차별을 넘어 교차적 억압의 이론화로

페미니즘 중심의 해체에 따르는 우려는, 다시 일원화된 중심을 설정하기보다는 다원화된 목소리들이 발원하는 맥락에 대한 분석으로 어느 정도 상쇄될 수 있다. 즉, 단일한 목소리는 없지만 다양한 여러 목소리들을 아우르며 그 목소리들의 맥락을 이해함으로써 연대의 틈새를 파악하고 간격을 좁히는 노력이 현실적인 대안이 될 수 있다. 이를 위한 한 가지 이론적·방법론적 대안은 최근 국내에서도 논의가 활발해지기 시작한 교차성 분석이다.

교차성은 계급, 젠더, 인종, 섹슈얼리티, 연령, 시민권, 장애, 종교 등이 각각 특정한 억압구조를 만들어내며, 이처럼 여러 억압구조가 특정한 방식으로 결합되어 특정한 사회구조와 권력관계를 규정한다고 보는 접근 방식이다(박미선, 2014; 정현주, 2015). 각 억압구조들은 '1+1' 식으로 완전히 독립적으로 작동하는 것이 아니라 서로를 규정하며 결합을 통해 강화되기도 하는 방식으로 작동한다. 이처럼 복잡하게 뒤엉켜 있는 억압구조는 개인들의 삶의 맥락에서 상이한 방식으로 교차하게 된다. 가령 어떤 이에게는 젠더문제가, 다른 이에게는 인종문제가 더 절박한 문제로 다가올 수 있으며, 그 차이는 주체들의 다양한 위치성(계급, 젠더, 인종, 섹슈얼리티 등등에 따라 위치지어지는)에 따라 결정된다.

이러한 접근은 입장이론에서 출발해 흑인페미니즘 이론가들에 의해서 본격적으로 제기되고 다듬어졌다. 주류 페미니스트들과는 또 다른 입장에 처한 이들이 보기에 젠더억압은 단순히 남녀의 문제가 아니라 인종차별 및 계급문제와 떼려야 뗄 수 없는 관계였다. 그들이 경험하는 젠더억압(가령 흑인 가정부가 겪는 차별)은 백인페미니스트들이 말하는 젠더억압과는 비교할 수 없이 크고 복잡한 문제였다. 흑인 여성들은 인권운동에 참여하면서도 끊임없이 인종차별주의와 성차별주의 사이를 방황하며 한 가지 방향에 헌신할 것을 강요받았다(박미선, 2014). 극심한 노동착취 체제인 노예제에서 시작되어 인종차별과 성차별로 공고해진 다중적 억압을 받았던 흑인 여성들에게는 인종차별 철폐와 성차별 철폐, 계급해방 투쟁이 분리된 것이 아니었다. 이러한 역사적 체험을 바탕으로 형성된 다중적 억압에 대한 인식은 퍼트리샤 힐 콜린스(Patricia Hill Collins)와 킴벌리 크렌쇼(Kimberle Crenshaw) 등에 의해 교차성 분석으로 발전했다. 페미니스트 법학자인 크렌쇼는 교차성을 분석의 개념어로 제시한 최초의 학자다. 그녀는 인종차별과 성차별은 항상 맞물려 작동하지만 사회운동은 인종차별과 성차별이 각각 배타적으로 작동하는 것처럼 인식한다고 비판하면서 교차성이라는 개념을 제시했다(Crenshaw, 1991).

억압을 교차적인 것으로 이해한다면 다양한 여성이 겪는 젠더억압은 매우 다른 것이 된다. 가령 21세기 서울에서 사는 중산층 주부가 겪는 가부장제의 문제점은 경상북도의 한 시골 마을 결혼이주 여성이 겪는 가부장제의 문제점과는 판이하게 다르다는 뜻이다. 이것이 도시연구 및 정책에 함의하는 바는 여성적 의제가 모든 여성에게 동일한 방식으로 적용되지 않으며, 따라서 정책의 대상을 더 치열하게 고민할 필요가 있음을 의미한다. 가령 '여성이 행복한 도시'의 수많은 정책은 어떤 여성들을 행복하게 하려고 하는 것인지, 누가 수혜를 입었는지 따져볼 필요가 있다는 것이다(이현재, 2010).

이러한 접근의 문제점과 한계는 이미 많은 연구에서 지적한 바와 같이 구체적인 현실적 문제에 적용시키기가 매우 모호하고 복잡하다는 점이다(Choo and Ferree, 2010). 너무 많은 복잡성을 고려해야 하다 보니 변수를 통제해야 하는 구체적인 분석에 적용하기가 현실적으로 어렵다는 뜻이다. 따라서 이론적 소개나 당위적 선언으로 주창될 뿐 실제 경험연구에서 교차성 분석을 적용한 경우는 거의 없다.[4] 현재까지 교차성 개념을 가지고 경험연구에 적용시킨 사례로서 유용한 시사점을 제공하는 연구는 발렌타인(Valentine, 2007)의 레즈비언 장애 여성 연구와, 추와 페리(Choo and Ferree, 2010)의 세 가지 유형의 교차성 분석이 대표적이다. 추와 페리(Choo and Ferree, 2010)는 교차성을 집단 지향적, 과정 지향적, 시스템 지향적으로 구분해 각각을 입장이론에서 발전한 특수한 위치에서의 목소리 전달, 억압의 상호작용 양상에 대한 다중적 분석, 제도적 분석을 주요 분석대상으로 제시했다. 이러한 접근은 분석의 대상에 따라 포커스를 두어야 할 교차성의 양상을 범주화해주며, 따라서 현실 분석에서 유용하게 활용할 수 있는 분류다.

한편 도시연구와 교차성의 이론적 접점은 발렌타인(Valentine, 2007)의 연구에서 더 구체적으로 찾아볼 수 있다. 발렌타인(Valentine, 2007)은 교차성 개념을 연구에 적용하는 방법으로서 '장소'를 기술의 맥락으로 활용할 것을

---

4) 한국 여성학계 역시 교차성을 유용한 이론적 자원으로 보면서도 이를 구체적인 정책연구에 적용하기에는 난관이 있음을 토로했다(배은경, 2016).

제안했다. 발렌타인(Valentine, 2007)은 시간의 흐름대로 개인의 일대기를 구성할 경우 다양한 교차성을 유기적으로 제시하는 데 어려움이 있으므로 시간의 흐름이 아닌 장소의 맥락에 따라 교차성의 양상을 서술하는 사례를 한 장애 여성이 나타내는 정체성의 정치를 통해 보여주었다. 이러한 접근의 이면에는 공간이 억압을 매개하는 역할을 하며 특정한 억압의 결합은 공간을 통해 배열되고 구조화된다는 인식이 깔려 있다. 즉, 공간은 억압이 작동하는 장인 동시에 그 결합 양상을 마련하는 구체적 맥락이다. 공간이 억압을 생산하고 그 결합 방식을 구조화하기 때문에 억압의 교차성을 포착하고 그것을 동시적으로 드러내는 유용한 방법론적 도구가 될 수 있다. 마찬가지로 도시의 여러 공간을 대상으로 특정 개인 내지는 집단에 교차하는 억압의 메커니즘을 분석하는 연구도 가능할 것이다.

하지만 아직 초기 단계에 있는 교차성 이론을 충분히 발전시키기도 전에 성급히 정책연구에 적용하려고 하다보면 부작용과 시행착오를 겪을 수 있으므로, 이론연구를 정책연구로 전환하는 과정에서는 신중을 기할 필요가 있다. 이미 시행되고 있는 정책을 비판적 분석 및 평가의 도구로서 활용하는 것이 더 유용한 방법일 수도 있을 것이다.

3. 한국 도시연구에 던지는 함의와 과제들

서두에서 제기한 문제로 되돌아가서, 최근의 도시화 과정은 그 어느 때보다 소위 말하는 '재생산'의 영역을 착취적으로 유급노동화함으로써 '생산'을 유지하는 신자유주의적 '강탈에 의한 축적'(하비, 2010)에 의해 작동하고 있다. 이는 급속한 경제재구조화와 신자유주의적 전환을 경험한 대한민국에서 매우 강력하게 나타나고 있다. 최근 한국 도시연구에서 젠더 관점이 긴급하게 요청되는 가장 중요한 지점은 이처럼 도시의 양극화와 빈곤화가 젠더화되어 나타날 수밖에 없는 자본축적의 구조와 도시화 과정을 분석하는 것이다. 한 예로 대한민국의 청소노동은 전체 업종 가운데 고용 인원에서 11위에 올라 있음에도, 전부 비정규직화되어 있는 대표적인 외주화된 재생산 영역이다(안숙영, 2012). 최소시급과 기본적인 노동 여건도 갖추지 않은 열악한 조건으로 고용된 이 청소노동자들의 80%는 여성이다(안숙영, 2012). 생산과 재생산의 이분법, 재생산의 비공식화는 여성 억압을 은폐할 뿐 아니라 신자유주의 세계화가 만들어내는 오늘날의 도시문제들을 정확하게 인식하지 못하게 한다. 전통적인 노동의 분업을 넘어 '젠더화된 노동분업의 지구화'를 통해 새로운 권력관계와 지리적 불균등이 지구적으로 양산되고 있다. 이러한 불균등 체인의 말단에는 제3세계 출신 이주노동자, 제1세계 내의 비정규직 노동자, 비체화된 주체(가령 성매매 여성, 장애인, 난민, 노숙자 등 공식 담론에서도 소외된 존재들) 등이 포진하고 있다. 이들의 다수는 여전히 여성임은 두말할 필요도 없다. 멀리 제3세계까지 갈 필요도 없이, 제도적 남녀평등이 이루어졌다고 믿는 21세기 대한민국은 여전히 여성에게 억압적인 남성중심적 사회다. 일하는 여성 중 비정규직의 비율이 70%에 달하고, 정규직 남성의 임금이 100이라면 정규직 여성의 임금은 66.1, 비정규직 여성의 임금은 36.3에 지나지 않는다(김현미B, 2015). 다른 통계자료 역시 비슷한 현실을 드러낸다. 세계경제포럼이 해마다 발표하는 자료에서도 한국은 통계조사가 실시된 이래로 주요 OECD국가들 중 남녀 임금격차에서 부동의 1위를 차지해왔다. 2015년 자료에 의하면 남녀 간의 임금격차가 36.7%이며 성평등 지수는 르완다나 인도보다 낮은 115위에 머물러 있다(≪연합뉴스≫, 2015.11.19). 이러한 정황들은 신자유주의적 도시화 및 세계도시화가 여성노동의 '유연화'를 통해 구조적인 남녀불평등과 빈곤의 여성화를 조장한다는 점을 단편적으로 보여준다. 도시정책과 담론에서 성 인지적 관점이 여전히 필요함을 보여주는 대목이다.

한국 도시연구가 직면하고 있는 두 번째 과제는 도시화 과정이 단순히 젠더화되는 것에 그치지 않고 젠더억압과 다른 모순이 결탁해 문제가 복잡해지고 있다는 점이다. 예를 들어 여성노동의 유연화와 비정규직화는 남녀 간의 격차뿐 아니라 여성 간의 분화 및 차별화를 심화시키는 결과를 낳기도 한다. 여성 간의 연대가 유일한 투쟁 방식이 되기 어려운 이유이다. 그뿐 아니라 초국가적 이주의 증가와 다문화사회로의 전환 같은 최근의 도전은, 성별 대결을 넘어서 인종과 국적 등에 따른 갈등과 억압의 다원화를 예고하고 있다. 최근 여성주의 프레임과 담론이 일반 대중에게 외면당하거나 소위 말하는 '여혐' 현상이 증가하고 있는 현실은 (진실이 무엇이건 간에) 대중들에게 비춰진 갈등과 모순의 구조는 단순히 성차의 문제가 아니라 훨씬 더 복잡한 것이기 때문일 것이다. 더구나 일부 남성에게 여성은 더 이상 약자가 아니므로 여성주의 프레임에 대한 공감은 점점 더 기반을 잃어가는 것일 수 있다. 즉, 모든 여성을 하나의 집단(특히 피해자)으로 이미지화해 성별 대결 구도하에서 전개하는 논의는 점점 복잡해지는 한국사회의 권력관계 구도에서 설명력을 잃어갈 수 있다는 뜻이다. 그보다는 정확히 어떤 억압이 어떤 상황에서 발생하는지, 젠더억압이 다른 종류의 억압과 어떻게 결합하는지 또는 그러한 결합을 통해 젠더문제의 본질이 어떻게 왜곡되거나 변화되는지 등을 짚어내는 설명이 필요하다. 앞 절에서는 교차성 개념을 하나의 이론적 자원으로서 소개했다. 그러나 전술했듯이 교차성 이론 자체가 가지고 있는 복잡성과 분석지향성 때문에 페미니스트 정치의 실천적인 도구로서 기능하기에는 다소 어려움이 따른다. 따라서 교차성 개념을 적용할 수 있는 국내의 많은 사례를 발굴해서 이 개념을 한국적으로 적용하고 변용하는 작업이 필요하다.

마지막으로 이 글은 서구에서 진행된 연구 성과를 주요 분석대상으로 함으로써 서구중심적인 한계를 노정했다. 그 이유 가운데 하나는, 국내 학계에서의 페미니스트 도시연구가 여전히 부진하거나 학문 분야별로 산발적으로 이루어지는 등 하나의 주요 접근으로 정립되지 못했다는 점이다. 제3물결 페미니즘 자체가 서구의 도시경험을 위주로 하거나(특히 포스트구조주의) 아니면 서구의 식민주의적 침탈을 직접적으로 받은 제3세계 위주로 구성됨에 따라(포스트식민주의) 아시아적 모델에 대한 연구는 페미니스트 도시연구에서 여전히 큰 공백으로 남아 있다. 한국의 페미니스트 공간연구가들은 주변과 중심의 틈새 공간으로서 아시아 또는 아시아 발전주의 패러다임, 유교적 가부장제 등 서구 편향적인 이론이 간과하고 있는 지점을 찾아서 이를 이론화에 개입시키는 작업이 추가적으로 필요하다. 최근 한국 도시연구에서 아시아 발전주의 도시화에 대한 논의가 시작되고 있다는 점은 이 점에서 매우 고무적이다(박배균·장진범, 2016; 지주형, 2016; 황진태, 2016). 이 장에서 다소 산만하게 제기한 여러 질문과 문제가 이러한 이론화 작업을 촉구하고 그 논의를 여는 장으로서 역할하기를 기대한다.

4. 마주침의 정치: 희망을 만들어내는 작은 실천

지금까지 도시연구에서 젠더 관점이 필요한 이유를 밝히고 젠더 관점을 차용한 도시연구의 사례를 서구페미니즘 연구를 중심으로 살펴보았다. 또한 최근 페미니즘을 둘러싼 한국 시민사회의 여러 논란과 의혹이 일어나지만, 젠더화된 관점과 의제는 여전히 한국사회에서 필요하다고 주장했다. 최근 서구뿐 아니라 한국사회에서 제기되고 있는 페미니즘에 대한 의혹과 논란에 직면해, 페미니즘 연구와 운동의 동력 상실에 대한 냉정한 자성과 분석이 그 어느 때보다 필요하다. 이 글에서는 페미니즘 접근이 여성들의 '일부' 문제에 국한된 것으로 치부되거나 스스로를 그렇게 위치지음으로써 일반화와 보편성을 주장하는 남성중심적인 주류 담론에 대해 효과적인 대안담론을 생산하는 데 미비했음을 성찰하고, 이를 상쇄할 수 있는 하나의 보완책으로서 권력관계의 복잡성을 분석할 수 있는 개념적 도구인 교차성 이론을 소개했다. 젠더문제가 여러 다른 갈등의 축 및 모순과 결합해 맥락에 따라 상이하게 전개된다는 교차성 이론과 더불어, 젠더문제는 재생산 영역에 국한된 것이 아니며 생산과 재생산 그 자체가 젠더화되어 작동함을 보여주고자 했다. 이에 대한 자세한 분석은 또 다른 후속 연구를 필요로 하지만, 이 장에서는 간략하게나마 신자유주의 도시화에서의 노동의 젠더분업을 사례로 들어 이에 대한 인식의 제고를 촉구했다.

도시는 다양한 권력관계와 억압이 생성되고 매개되는 대표적 공간이다. 인류가 만들어놓은 21세기 문명의 화려한 쇼케이스 장소인 동시에 그 이면의 어두움이 공존하는 야누스적 공간이다. 도시는 여성들에게 해방구 역할을 하기도 했지만 폭력과 배제의 공간이기도 했다. 많은 페미니스트가 주창해온 것처럼 도시는 여성들에게 안전하고 친절한 공간이 아니었다. 그 이유는 도시라는 관념과 그 물질적 구축이 남성중심적인 젠더이분법에 기초해 만들어졌으며 근대도시의 이데올로기와 제도, 물리적 구현은 남성적 도시와 그 반대 테제로서 여성적 전원(또는 교외, 비도시)이라는 이분법을 더욱 심화했다. 따라서 도시에 대한 재현과 담론 역시 남성중심적인 시선을 노정해왔으며 이는 시카고학파의 도시모델에서부터 마르크스주의 도시화 이론에 이르기까지 대부분의 도시담론을 규정해왔다. 여성은 도시연구에서 배제되어왔고 페미니스트 연구는 도시이론화에서 간과되어왔다.

그럼에도 도시를 통해 희망을 이야기할 수 있는 것은 도시야말로 창발적 에너지가 결집된 공간이며 다양한 삶의 궤적이 우연하게 배열되어 예상치 못한 결과를 만들어낼 수 있는 변종의 공간이기 때문이다. 메리필드(Merrifield, 2013)는 도시를 삶의 양식으로, 보는 방식(way of seeing)으로 이해할 것을 제안하면서, 도시가 매개하는 '마주침(encounter)'이야 말로 도시적 혁명을 가능하게 하는 실천이자 우연적인 힘이라고 주장했다(메리필드, 2015). 튀니지에서 촉발된 저항의 불씨가 바다와 대륙을 건너 '점령하라'라는 21세기의 새로운 도시적 저항을 만들어낼 수 있었던 것은, 바로 사람을 모이게 하고 다양한 분노를 결집하게 만드는 우발적 조합들이 도시공간을 통해 생산되었기 때문이었다(메리필드, 2015). 도시는 무수한 사람을 만나게 하고 소통하게 하는 에너지를 간직하고 있을 뿐만 아니라, 사람들을 지키고 보호함으로써 공동체를 만들어내기도 한다. 도시의 마을공동체나 공동부엌(Hayden, 2002), 쉼터를 비롯한 다양한 안전공간(Spain, 2016) 등은 도시의 지리적 조건(입지, 접근성, 대중교통, 유동인구 등)이 정치적 동력과 결합해 창출된 대안공간의 사례들이다. 그러나 도시에 대한 유토피아적 상상을 제시한 르페브르조차 도시화가 진전됨에 따라 일자리와 사람다운 삶의 조건이 상실되어감을 탄식했다. 자본과 관료주의가 그 어느 때보다도 공간을 잠식하고 통제하는 능력이 강화된 오늘날 가장 극심하게 도시공간에 갇히고, 통제당하고 위협받는 이들은 여성으로 상징되는 여러 갈래의 타자다. 페미니스트 공간 연구가들은 이러한 권력의 타자들이 역사적으로 어떻게 구성되었는지를 탐색해왔으며 그 불평등과 억압의 핵심 기제 역시 '도시'라는 점을 밝혀냈다. 따라서 도시는 저항의 틈새를 제공하고 해방구를 만들어주기도 하지만, 억압의 중층 지점이기도 하다. 억압의 중층 지점 사이로 생명의 에너지와 변종이 조합되는 도시공간을 찾아내고 생성해내는 것이 바로 도시연구의 학문적 실천이 될 수 있을 것이다. 이 글에서 소개한 논의들은 이러한 학문적 실천을 위한 이론적 자원이 될 수 있다. 특히 젠더이론과 관점은 우리 안의 권력을 성찰함으로써 학문 안에서의 권력이 어떻게 지식을 구성하는지를 역설적으로 드러낸다. 이를 통해 도시연구의 남성중심성을 성찰하는 지적 도구가 될 수 있을 것이다.

참고문헌

강미선. 2010. 「젠더 관점에서의 도시계획과 건축」. ≪국토≫, 372, 21~28쪽.

김현미A. 2005. "A GIS-based Analysis of Spatial Patterns of Individual Accessibility: A Critical Examination of Spatial Accessibility Measures." ≪대한지리학회지≫, 40(5), 514~533쪽.

김현미B. 2015. 「청년 여성의 일과 좌충우돌 이동의 생애사: 해법의 모색」. 청년노동, 말하는 대로: 20~30대 여성들의 일 경험을 중심으로, 정책토론회 자료집, 4~19쪽.

노승희. 2005. 「전 지구화 시대의 대항 페미니스트 주체: 글로리아 안잘두아의 유색여성 페미니즘과 메스티자 주체론」. ≪영어영문학 21≫, 18(1), 27~52쪽.

로즈, 질리언(G. Rose). 2011. 『페미니즘과 지리학: 지리학적 지식의 한계』. 정현주 옮김. 한길사.

매시, 도린(D. Massey). 2015. 『공간, 장소, 젠더』. 서울대학교출판문화원.

박미선. 2014. 「여성주의 좌파이론을 향해서: 흑인 페미니즘 사상과 교차성 이론」. ≪진보평론≫, 59, 105~125쪽.

박배균·장진범. 2016. 「'강남 만들기', '강남 따라하기'와 한국의 도시 이데올로기」. ≪한국지역지리학회지≫, 22(2), 287~306쪽.

박용진·정현주 외. 2014. 『사상가들 도시와 문명을 말하다』. 한길사.

배은경. 2004. 「사회 분석 범주로서의 '젠더' 개념과 페미니스트 문화 연구: 개념사적 접근」. ≪페미니즘 연구≫, 4(1), 55~100쪽.

_____. 2016. 「젠더 관점과 여성정책 패러다임: 해방 이후 한국 여성정책의 역사에 대한 이론적 검토」. ≪한국여성학≫, 32(1), 1~46쪽.

버틀러, 주디스(J. Butler). 2008. 『젠더 트러블: 페미니즘과 정체성의 전복』. 문현준 옮김. 문학동네.

샤프, 조앤(J. Sharp). 2011. 『포스트식민주의 지리』. 이영민·박경환 옮김. 여이연.

스피박, 가야트리(G. Spivak). 2005. 『포스트식민 이성 비판』. 태혜숙·박미선 옮김. 갈무리.

안숙영. 2011. 「젠더와 공간의 만남을 위한 시론: 젠더평등의 관점에서」. ≪여성학연구≫, 21(2), 7~37쪽.

_____. 2012. 「젠더와 공간의 생산: 여성청소노동자의 사례를 중심으로」. ≪여성학연구≫,

22(3), 89~112쪽.

이현재. 2010. 「여성주의적 도시권을 위한 시론: 차이의 권리에서 연대의 권리로」. ≪공간과사
    회≫, 34, 5~32쪽.

정현주. 2008. 「이주, 젠더, 스케일: 페미니스트 이주 연구의 새로운 지형과 쟁점」. ≪대한지리
    학회지≫, 43(6), 894~913쪽.

_____. 2009. 「도시와 여성」. 권용우 외 지음. 『도시의 이해』. 박영사, 358~391쪽.

_____. 2015. 「다문화경계인으로서 이주여성의 위치성에 대한 이론적 탐색」. ≪대한지리학회
    지≫, 50(3), 289~303쪽.

조영미. 2009. 「여성 친화 도시 만들기 정책의 실제와 과제: 서울시 여행 프로젝트를 중심으로」.
    발전의 시대 공간의 젠더정치. 한국여성학회 제25차 춘계학술대회 자료집. 51~69쪽.

지주형. 2016. 「강남 개발과 강남적 도시성의 형성: 반공 권위주의 발전국가의 공간선택성을
    중심으로」. ≪한국지역지리학회지≫, 22(2), 307~330쪽.

하비, 데이비드(D. Harvey). 2010. 『신자유주의 세계화의 공간들』. 임동근, 박훈태, 박준 옮김.
    문화과학사.

황진태. 2016. 「발전주의 도시 매트릭스의 구축: 부산의 강남 따라하기를 사례로」. ≪한국지역
    지리학회지≫, 22(2), 331~352쪽.

≪연합뉴스≫. 2015.11.19. "한국 양성평등 세계 115위…… WEF발표에 논란 확산."

Anzaldúa, G. 1999. *Borderlands/La Frontera: The New Mestiza*(2nd edition). Aunt Lute
    Books.

Bell, D. and G. Valentine. 1995. *Mapping Desire: Geographies of Sexualities*. Routlege.

Bell, D., J. Binnie, J. Cream and G. Valentine. 1994. "All hyped up and no place to go."
    Gender, Place and Culture, 1(1), pp. 31~47.

Bondi, L. 1998. "Gender, class, and urban space: Public and private space in contemporary
    urban landscapes." *Urban Geography*, 19, pp. 160~185.

Bondi, L. and Rose, D. 2003. "Constructing gender, constructing The Urban: a review of
    Anglo-American feminist urban geography." *Gender, Place and Culture*, 10(3), pp.
    229~245.

Braidotti, R. 1994. *Nomadic Subjects: Embodiment and Sexual Difference in Contemporary
    Feminist Theory*. Columbia University Press.

_____. 2006. *Transpositions: On Nomadic Ethics.* Polity Press.

Brenner, N. 2014. *Implosions/Explosion: Towards a Study of Planetary Urbanization.* Jovis.

Brenner, N. and C. Schmid. 2014. "The 'Urban Age' in question." *International Journal of Urban and Regional Research*, 38(3), pp. 731~755.

_____. 2015. "Towards a new epistemology of the urban?" *City*, 19, pp. 151~182.

Buckley, M. and K. Strauss. 2016. "With, against and beyond Lefebvre: Planetary urbanization and epistemic plurality." *Environment and Planning D: Society and Space*, 34(4), pp. 617~636.

Choo, H. Y. and M. M. Ferree. 2010. "Practicing intersectionality in sociological research: a critical analysis of inclusions, interactions, and institutions in the study of inequalities." *Sociological Theory*, 28(2), pp. 129~149.

Collins, P. H. 2000. *Black Feminist Thought: Knowledge, Consciousness, and the Politics of Empowerment.* Routledge & part of Talyor & Francis Group LLC.

Crenshaw, K. 1991. "Mapping the margins: instersectionality, identity politics, and violence against women of color." *Stanford Law Review*, 43(6), pp. 1242~1243.

Deutsch, S. 2002. *Women and the City: Gender, Space, and Power in Boston, 1870~1940.* Oxford University Press.

Duncan, N.(ed.). 1996. *BodySpace: Destabilizing Geographies of Gender and Sexuality.* Routledge.

England, K. 1993. "Suburban pink collar ghettos: the spatial enrapment of women." *Annals of the Association of American Geographers*, 83, pp. 225~242.

Fortujin, J. and L. Karsten. 1989. "Daily activity pattern of working parents in the Netherlands." *Area*, 21, pp. 365~376.

Freeman, C. 2001. "Is local: global as feminine: masculine? Rethinking the gender of globalization." *Signs: Journal of Women in Culture and Society*, 26(4), pp. 1007~1037.

Glass, M. and R. Rose-Redwood. 2014. *Performativity, Politics, and the Production of Social Space, 2014.* Routledge.

Hanson, S. and I. Johnston. 1985. "Gender difference in work-trip length: explanations and implications." *Urban Geography* 6(3), pp. 193~219.

Hanson, S. and G. Pratt. 1991. "Job search and the occupational segregation of women." *Annals of the Association of American Geographers*, 81(2), pp. 229~253.

_____. 1994. "On suburban pink collar ghettos: the spatial entrapment of women?" *Annals of the Association of American Geographers*, 84(3), pp. 500~504.

Harding, S.(ed.). 2004. *The Feminist Standpoint Theory Reader*. Routledge.

Hayden, D. 2002. *Redesigning the American Dream*(2nd edition). W. W. Norton.

Jarvis, H., P. Kantor and J. Cloke. 2009. *Cities and Gender*. Routledge.

Lefebvre, H. 2003(1970). *The Urban Revolution*. University of Minnesota Press.

Martin, Z. 2014. "Sex in the city: gender mainstreaming urban governance in Europe. The case of Sweden and Italy." *International Journal of Geography*, 192 (1), pp. 54~64.

Massey, D. 1995. *Spatial Divisions of Labour*(2nd edition). Palgrave Macmillan.

_____. 2005. *For Space*. Saga.

_____. 2007. *World City*. Polity Press.

McDowell, L. 1999. *Gender, Identity and Place: Understanding Feminist Geographies*. Polity Press.

Merrifield, A. 2012. "The urban question under planetary urbaniation." *International Journal of Urban and Regional Research*, 37, pp. 909~922.

_____. 2013. *The Politics of Encounter: Urban Theory and Protest under Planetary Urbanization*. University of Georgia Press.

Miranne, K. and A. Young. 2000. *Gendering the City*. Rowman & Littlefield Publishers.

Nagar, R., V. Lawson, L. McDowell and S. Hanson. 2002. "Locating globalization: feminist (re)readings of the subjects and spaces of globalization." *Economic Geography*, 78(3), pp. 257~284.

Nelson, K. 1986. "Labor demand, labor supply and the suburbanization of low-wage office work." in A. J. Scott and M. Storpper(eds.). *Production, Work, Territory: The Geographical Anatomy of Industrial Capitalism*. Allen and Unwin, pp. 149~171.

Parreñas, R. S. 2001. *Servants of Globalization: Women, Migration, and Domestic Work*. Stanford University Press.

Peake, L. 2015. "On feminism and feminist allies in knowledge production in urban geography." *Urban Geography*, 37(6), pp. 830~838.

Peake L. and M. Rieker. 2013. *Rethinking Feminist Interventions into the Urban*. Routledge.

Preston, V. and E. Ustundag. 2005. "Feminist geographies of the 'city': multiple voices, multiple meanings." in L. Nelson and J. Seager(eds). *A Companion to Feminist Geography*. Blackwell, pp. 211~227.

Rothenberg, T. 1995. "And she told two friends: Lesbians creating urban socal space." in D. Bell and G. Valentine(eds.). *Mapping Desire: Geographies of Sexualities*. Routledge, pp. 165~181.

Saegert, S. 1980. "Masculine cities and feminine suburbs: Polarized ideas, contradictory realities, Signs." *Journal of Women in Culture and Society*, 5, pp. 96~111.

Sassen, S. 2002. "Global cities and survival circuits." in B. Ehrenreich and A. R. Hochschild (eds.). *Global Woman: Nannies, Maids, and Sex Workers in the New Economy*. Metropolitan Books. pp. 254~274.

Spain, D. 2016. *Constructive Feminism: Women's Spaces and Women's Rights in the American City*. Cornell University Press.

Strathern, M. 1980. No nature, no culture: the Hagen case, in C. MacComack and M. Strathern(eds.). *Nature, Culture, Gender*. Cambridge University Press, pp. 172~222.

Thomas, M. and P. Ehrkamp. 2013. "Feminist theory." in N. C. Johnson, R. Schein and R. Winders(eds.). *The Wiley-Blackwell Companion to Cultural Geography*. Wiley-Blackwell. pp. 29~31.

Weisman, L. 1994. *Discrimination by Design: A Feminist Critique of the Man-Made Environment*. University of Illinois Press.

Wilson, E. 1991. *The Sphinx in the City*. Virago.

_____. 2001. *The Contradictions of Culture: Cities: Cultures: Woman*. Sage.

Wolff, J. 1990. *Feminine Sentences: Essays on Women and Culture*. University of California Press.

_____. 1995. *Resident Alien: Feminist Cultural Criticism*. Polity Press.

공간점거에서 수행성과 (비)재현 공간 행동주의

장세룡 | 부산대학교 한국민족문화연구소 HK교수. jdragon@pusan.ac.kr

1. 공간점거는 여전히 유효한 저항 방식인가?

2016년 초겨울 우리는 서울 광화문 광장에서 100만이 넘는 촛불이 주말마다 타오르는 장엄한 광경을 목격했다. 2014년 4월 16일 진도 팽목항 앞바다에서 일어난 비극적 사건의 '진실규명'을 요구하는 세월호 유가족들이 점거해온 그 장소를 좌절감과 무기력한 슬픔의 눈으로 바라보기만 하던 이들이 분연히 일어나 촛불로 세상을 밝히고 자유로운 광장으로 만들고 있다. 서울이 서울다운 모습을 온 국민에게 보여주는 오늘, 우리는 시민혁명의 현장을 목격하고 있다. 앤디 메리필드(Andy Merrifield)의 말이 떠오른다. "모든 혁명은 그 자신의 아고라를 가진다(Merrifield, 2014)." 광화문 광장이야말로 2016년 시민혁명의 '아고라'다.

서울이 자본과 권력의 중심이라는 너무나 자명한 사실 외에도 서울을 서울답게 하는 핵심 요소 가운데 하나는 온갖 사연을 가진 민중들이 장소를 점거하며 억울함과 고통을 호소하고 희망을 노래하는 광장이 존재한다는 점이다. 광장이란 무엇인가? 첫째 비어 있는 공간을 말한다. 둘째, 도시 내에 여백을 가진 공간으로서 자연과 인공이 교차하는 지점이다. 셋째, 제사와 축제 같은 의미와 상징이 작동하는 공간으로서 정치적 토론과 변론을 전개하는 공간이며 인간 삶의 필수적 구비 조건으로 작용하는 공간이다. 이 마지막 요소를 갖춘 공간의 양상에서 대표적인 것이 장소점거다. 장소점거란 무엇인가? 일반적으로 평화적인 시민불복종 운동의 한 종류로서 전략적으로 중요한 장소에서 강제퇴거당하거나 요구가 관철될 때까지 한 장소에 머물러 있는 행동이지만 점거의 양상과 내용은 시공간과 정치문화 및 점거 주체에 따라서 매우 다양하다. 에이프릴 카터(April Carter)는 장소와 공간의 점거를 직접 행동의 한 방법으로 진단한다.

공간의 점거는 직접 행동의 한 방법이며, 직접 행동은 통상적으로 민주주의의 결손(democratic deflect) 그리고 시민이 느끼는 좌절감에 대한 반응으로서 출현한다(카터, 2005: 32).

카터는 직접행동의 사례로서 인도 서부 마디아 프라데시 주 나르마다 (Narmada) 강의 댐 건설 예정지에서 나타난 시골 아낙들의 점거 행동, 브라질 무토지 농민들의 휴경지 경작, 중국의 노동자 파업과 공장 점거, 남아프리카 공화국 흑인 거주 지역(township) 도시빈민들의 민영화된 식수와 전기 무단 사용 등을 들고 있다. 어디 그뿐인가. 2008년 한국의 촛불시위, 2010년 아랍의 봄을 가져온 수많은 공간점거, 2011년 자본주의의 본산인 뉴욕과 런던 등 세계 각지에서 벌어진 '점령하라(Occupy)' 운동, 2013년 터키 이스탄불 게지 (Gezi) 공원과 탁심(Taksim) 광장 점거, 2014년 9~10월에 벌어진 홍콩 우산혁명에서 코즈웨이베이(Causewaybay), 몽톡(Mong Tok), 센트럴(Central), 애드마이럴리티(Admirality) 구역에서 일어난 대규모 거리 점거 등을 잘 알려진 사례로 들 수 있다. 여기에 2016년 서울 광화문 광장에서 생겨난 비폭력 평화 집회의 촛불 공간이 새로운 광장의 역사로 포함될 것이다.

한편 이들의 공간점거가 변화를 일구어내는 데 얼마나 성공적이었는지 회의적인 시선도 있는 것이 현실이다. 1976년 라디오 알리체(Radio Alice, 이탈리아 최초의 자유 해적 라디오 방송국)를 세운 프랑코 베라르디(Franco Berardi)는 물리적 공간의 점거 방식에 강력한 회의를 표명했다. 그는 2000년 이후 세계 각지에서 금융자본의 횡포에 저항하는 거리 점거 운동이 활발하게 벌어지긴 했지만, 현실 권력에 큰 타격을 가하지는 못했다고 본다. 거리 및 광장, 공장 점거 방식은 부르주아가 영토화한 사회에서는 유효하지만 지금 신자유주의를 특징짓는 금융자본과 금융권력은 탈영토화되어 있기 때문에 불가능하다는 것이다. 신자유주의 권력이 영토를 벗어나 기호와 언어, 숫자로 우리 삶을 착취하고 있는 판국에 기호자본에 대항하는 운동이 부르주아 시대 권력의 장소인 광장이나 거리를 점거하는 것으로, 예컨대 뉴욕 월가 '점령하라' 운동에서 보듯 주코티 파크(Zuccotti Park)를 점거하는 형식으로 나타나는 것은 모순이라는 평가다. 그는 이렇게 권고한다.

> 금융권력은 물리적 건물에 있지 않으며 숫자들, 알고리즘들, 그리고 정보 간의 추상적 연결에 있기 때문에 우리가 현재의 권력 형식에 맞설 수 있는 행동 형식을 발견하려면 우리는 먼저 인지노동이 금융투기를 가능하게 하는 기술-언어적 자동기제를 창출하는 주요한 생산력임을 이해하는 데서 출발해야 한다. 위키리크스의 사례들을 따라서 우리는 우리 모두를 노예화하는 기술-언어적 자동기제를 해체하고 재기술하는 장기-지속의 과정을 조직해야 한다(베라르디, 2012: 63).

프랑코 베라르디가 말하는 요점은 지금 우리에게는 기호의 알고리즘 점거 곧 위키리크스, 어나니머스(anonymous), 전 미중앙정보부 요원 에드워드 스노든(Edward Joseph Snowden)의 정보공개 활동 등 비장소적 공간점거가 더 유효할 가능성을 제안한다. 그러나 나는 신자유주의의 특징인 금융화가 세계 이해에 중요한 것은 두말 할 나위도 없지만, 그럼에도 금융화의 토대로서 공간의 생산, 즉 지리적 축적의 문제는 여전히 자본화의 핵심 요소라는 하비의 관점을 긍정한다(하비, 2010; 2014). 또한 공간점거는 공권력의 부당한 행사에 맞서 시민의 권리와 지위를 인정받고 길거리나 광장 같이 공적 가시성을 가장 풍부하게 보여주는 공간이자 사회를 환유적으로 표현하는 장소들을 점거하는 활동으로서 중요성을 인정한다. 곧 사회적 권리를 행사하는 시민이며 정치적 인민인 주체로서 존재감을 인정받고 새로운 자아를 발견하는 '인정투쟁'(호네트, 2011)의 장으로서 중요성을 긍정한다.

이 장은 공간점거 활동의 구체적 사례로서 집단 지성의 생성 문제를 제기한 2008년 서울 광장 촛불시위, 2011년 뉴욕 월가 주코티 파크 점거, 현재의 서울 광화문 광장에서 전개되는 세월호 유가족 공간점거와 온 국민의 마음을 모은 촛불시위 행위를 중심에 두고 논의를 전개한다. 메리필드는 주코티 파크 점거를 '마주침으로서의 점령하기'로 규정했다(메리필드, 2015: 159). 2008년 서울 광장 촛불 시위가 집단지성의 성립 문제를 제기한 것이나, 메리필드가 공간점거를 '마주침'의 생산물로 강조한 것은 네그리와 하트가 메트로폴리스에서의 정치를 특이한(singularité) 주체성들이 마주침을 조직해서 소통과 협력으로서 공통적인 것(commons)을 생산하는 공간이라고 규정한 것과 연결시키는 것이 가능하다(네그리·하트, 2014: 357, 418). 나는 먼저 이와 같은 관점을 르페브르의 '공간 생산론'과 연관시켜 점거공간의 성격을 탐색할 것이다. 이어서 특이한 주체성의 재현자로서 점거 행위자의 '행위수행성'에 주목하고, 주디스 버틀러(Judith Butler)의 견해를 빌려 점거공간을 정체성이 유동하는 '퀴어(queer) 공간'으로 이해할 가능성을 시론한다. 끝으로 점거공간이 급진민주주의 실현 공간으로서의 역할을 수행할 가능성과 한계를 검토한다.

2. 공간의 생산과 공간점거

공간점거를 과연 어떠한 이론적 근거로 설명하는 것이 바람직할까? 르페브르의 사회적 공간생산론의 관점에서 그것은 사회적 생산물인 공간에서 도시공간 계획자와 도시공간 이용자 각자가 공간에 관한 특수한 기호의 사용을 촉구한 데서 유발된 갈등의 산물이다. 그것은 르페브르가『공간의 생산』에서 말한 세 가지 공간 개념과 연관된다. 첫째는 일정 수준의 결속과 연속성을 제공하는 지식의 생산과 재생산을 수반하는 지각 공간(l'espace perçu), 둘째는 도시계획가와 기술 관료들이 지식·기호·부호를 부과하는 '공간의 표상들(representations de l'espace)', 세 번째는 이러한 공간에 맞서 은밀한 꿈과 상상력을 포함하며 '생명을 지닌 공간'인 '표상 공간들(espaces de représentation)'에서 '공간적 실천(pratique spatiale)'을 전개하는 것, 곧 전복적 활동을 감행하는 것을 말한다(르페브르, 2011: 42~43). '공간의 표상들'은 공간적 세계의 지각과 실천에서 놀이하는 다수의 사회적 실천보다는 더 균일한 방식으로 관철된다. 한편 사회적 재생산은 마르크스주의적 의미에서는 노동력의 재생산이지만, 동시에 '일상생활의 살 내음, 지저분하고, 애매한 것들'의 총합이다. 그리고 '공간적 실천'은 자본주의의 가치가 궁극적으로 생산되는 대다수의 노동을 표상하는 동시에, 자본에 맞서거나 자본을 넘어서며 새로운 가치를 생산하는 것을 말한다. 이런 측면에서 공간점거 활동에서 점거캠프는 파열의 순간 새로운 가치의 정치경제학을 생성할 가능성을 열고자 준비하는 반(counter)시공간 장소이자, 일상의 사회적 재생산을 실천하는 사회적 배려의 장소로서 틈새 공간(in-between spaces)의 기능을 수행한다. 이때 파열의 순간은 가능성주의자(possibiliste) 르페브르가『일상생활 비판』에서 말한 '가능성/불가능성'의 변증법에서 '불가능한 가능성'의 순간과 같다(Lefebvre, 1980: 347~348; Hess, 2009: 193; Guelf, 2010).

'불가능한 가능성'의 생생한 사례로서, 우리는 민주노총 부산본부 김진숙 지도위원이 한진중공업 영도조선소 865호 크레인에서 2011년 1월 6일부터 11월 10일까지 309일간 계속했던 고공 점거농성을 기억한다. 그리고 지극히 협소한 장소 점거였지만 그 사건이 신자유주의 자본의 논리에 얼마나 큰 파열을 일으켰고 자본과 권력이 얼마나 과민 반응을 일으켰는지를 잘 안다. 여기서 염두에 둘 것이 있다. 점거의 순간이 혁명적 변화에서 큰 역할을 하는 것은 사실이지만, 그것이 일상생활보다 앞서거나 일상생활의 지리학의 바깥에 놓이거나 분리된 것은 아니다. 송경동 시인이 제안한 희망버스는 우리의 일상과 멀리 떨어져 있는 사물이 결코 아니었다. 대중교통 수단인 버스를 타고서 만난 사람들과 정리해고 철회와 비정규직 없는 세상을 요구한 것이 큰 울림이 되었던 이유는 바로 그 사물의 일상성에 있다. 르페브르는 이미 일상생활의 명백한 진부함에 숨겨진 힘, 그것의 시시함 아래 놓인 심연, 그것의 지극한 일상성 안에 숨겨진 어떤 특별한 것들을 강조했다. 공간점거는 일상성과 결코 분리될 수 없지만 그것은 르페브르가 리듬분석(rhythmanalyse)에서 말한 단선적 시간의 '축적적 과정'에 도전하고, 심지어 역습을 가한다. 그 결과 순환적 리듬을 반복하며 작동하는 사회적 재생산이 '비축적적 과정'이라고 부른 것에서 수행하는 중요한 역할을 각성시킨다(Lefebvre, 1980: 340). 그 공간이 유지되는 것은 생활공간을 우위에 두는 계기가 아니라 점거에 어떤 결속과 연속성을 제공하는 공간적 실천을 통해서이다. "전유된 사회적 공간을 발생(생산)시키는 것은 한 사회에서 한 순간적 작업이 아니다(르페브르, 2011: 43)." 희망버스 탑승자들은 일상생활의 사회적 재생산 공간에서 정치로부터 소외시키는 '공간의 표상들'을 비판했다. 그 결과 새로운 사회를 향한 상상력을 고취시키고, 편지를 접어 날리고, 손 구호를 펼치며 생활공간에서 새로운 욕망과 희망이 교차하는 '표상 공간', '불가능한 가능성'을 실현하는 공간을 강력히 요청하도록 이끌었다. 그것은 새로운 공간정치를 강력한 행위로 전개할 계기와 접촉한다.

  최근 한국사회에서 공간정치가 구현된 대표적 사례로 어떤 것을 들 수 있을까? 나는 실천과 이론적 모색에서 치열한 쟁점을 제공했던 2008년 촛불시위 공간과 2016년 광화문 촛불공간에 주목한다. 물론 역사에는 수많은 점거공간이 존재했고, 가까이에서 보면 1987년 6월 항쟁의 절정기에 명동성당을 점거했던 사건은 한국현대사의 물줄기를 바꾸는 큰 계기로 작용했다. 그 외에도 손꼽히는 몇 개의 점거사건이 있었지만, 지금은 공간점거의 파급력이나 관심이 점점 줄어들고, 심지어는 진부한 행위로까지 보이던 상황이고 좌절감이 확산되는 시기였다. 그럼에도 서울은 끊임없이 공간점거가 이루어지는 장소다. 우리는 2009년 1월 20일 용산 4구역 철거 현장인 한강로 2가 남일당 건물 옥상에서 점거농성을 벌이던 세입자와 전국철거민연합회 회원들, 그들을 진압하려는 경찰과 용역 직원들 사이에 충돌이 일어나 다수의 희생자가 발생한 참사를 기억한다. 공간점거는 서울로 대표되는 대한민국의 모순을 적나라하게 드러내는 행위였다. 서울은 국민국가 대한민국의 모든 모순의 원천적 발생자이면서 해결자로 소환되었고 앞으로도 그럴 것이다. 그 가운데서도 먼저 서울시청 앞 서울광장을 중심으로 전국적으로 전개되었던 2008년 촛불공간에 주목하는 이유는, 첫째, 당시는 물론 지금까지도 여전히 다양한 정치적 입장의 견해가 개입하며 양극을 오가는 평가대상이라는 데 있지만, 그와 동시에 나는 감히 한국사회에서 지금까지의 공간점거와 시위는 촛불시위 이전과 이후로 나뉠 수 있다고 생각하기 때문이다.

  2008년 촛불시위를 평가하는 작업은 새로운 이론으로 설명되었기에 더 관심을 끌었다. 곧 대체로 참가 주체들의 다양성, 합리성, 주체성을 실현하는 다중지성의 투명한 자율공간이며 공론장이 성립되었다고 규정하는 아우또노미아(autonomia) 계열의 견해가 중요하게 인정받았다. 이것은 촛불시위 공간의 무수한 참여자들이 상호연대를 하지 않고 참여하면서 개별적으로 지성적 판단을 하는 존재라는 전제에서 출발한다. 그리고 누구의 명령이나 의도를 따라서가 아니라 자발적으로 참여해 비집단적이고 자유롭게 상호소통하며 공간과 실천에 관한 이야기를 만들어내고 집단지성을 형성했다고 보는 것이다(고길섶, 2008). 나는 촛불시위 공간 참여자 집단지성론이 사건의 의미 부여에 참신하고도 능동적인 관점을 제공한 측면을 인정하지만 실제로 점거공간은 훨씬 더 복잡한 성격을 가졌다. 시민 파수꾼 역할을 한 예비군, 유모차를 끌고나온 여성, 82 cook.com, miclub.com, 패션 전문사이트 '소울드레서'에 가입한 20대 직장여성들, 거기에 60~70대 노년층에서 실생활과 관련된 문제의식과 국가와 젠더의 권력관계가 작용했다. 이런 평가는 광장점거의 양상과 내용을 더욱 풍부하게 만든다. 독특하게도 참여자들의 70%가 여성들로 추산되는 촛불 공간의 참여자들은 디지털 의사소통을 통해서 교류하고 일상의 사회문화적 의례를 퍼포먼스로 수행하면서 권력에의 저항과 수용을 교차로 경합시켰다(한우리·허철, 2010). 이것은 촛불집회 공간을 다중의 집단지성이 생산한 투명하고 합리적인 유토피아 공간으로 보는 관점에 일단 제동을 걸면서, 일상의 모순과 갈등하는 사회적 의미의 수탁소(depository)로서 점거공간의 성격을 드러낸다. 그러면 촛불시위 공간을 정치적 상징공간에 관한 '공간적 은유'의 문제와 연결시키는 것은 어떨까? 비록 공간적 경험을 물질성에 근거해서 접근하더라도 어떤 공간도 투명하게 지도를 그릴 수는 없다는 것, 점거공간의 불명료함과 익명적인 모호한 대상에 관한 복잡하고 관계적인 성질을 늘 염두에 두고 이해하는 것이 필요하다.

'공간적 전회(spatial turn)'가 '언어적 전회(linguistic turn)'의 방법론과 관계를 맺는 계기도 여기에 있다(Miller, 2006). 언어와 공간의 관계를 사유하는 새로운 모색은 조지 레이코프(George Lakoff)와 마크 존슨(Mark Johnson) 같은 인지언어학자들에게서도 볼 수 있다. 이들은 개념적 은유와 환유에 초점을 맞추어 높은 수준의 일반성과 관습성의 차원에서 근원(source)영역과 목표

(target)영역이라는 두 영역의 체계적이고 직접적인 관계를 설정했다(Lakoff and Johnson, 1980). 그러나 질 포코니에(Gilles Fauconnier)와 마크 터너(Mark Turner)는 이를 비판하며 언어행위를 '정신 지도 만들기(mental mapping)', 곧 인간 존재들이 자신들의 행동을 주변 세계에 공간기획을 투사해 준거로 삼고 행동을 구상하는 과정으로 본다. 그리고는 근원영역과 목표영역이 일반적인 개념을 투사한 견본인 포괄 공간(generic space)의 일부라는 관점에서 혼합공간이라는 중간계 공간을 설정한다(포코니에·터너, 2009: 400~429). 이 관점에서 보면 2008년 촛불시위 공간에서 사용된 언어의 구조는 고도로 추상적인 진리 조건을 나타내는 인지구조와 동일하지는 않다. 당시에 사용된 구호는 매우 다양해졌고, 심지어 자주 불린 노래까지도 '대한민국은 민주공화국'이라는 헌법적 선언을 경쾌하게 개작한 것이었다. 참가자들이 '대한민국은 민주공화국'이라고 외쳤을 때 그것은 다만 인지구조를 이루는 인지적(cognitive) 구성체들의 표면적인 명시체일 뿐이라고 말할 수 있다. 즉, 국민이 주권자고 국민의 생명권은 주권자 스스로 결정한다는 정도의 담론이었다. 민주공화국이라는 용어의 언어적 의미를 이해하는 과정에는 높은 수준의 일반적 개념 영역이 아니라 구성체들 사이의 상호관계의 작용으로 수정되고 발전하는 가변적인 실제 언어의 사용 공간이 작동한 것이다. 인지적 구성의 특징은 언어 표현이 인지적 층위를 통해 실제 세계와 연결된 혼합공간이라는 사실이다 (Fauconnier, 1984: 32; Fau connier and Sweetser, 1996; cf. Whitehouse, 2009). 언어적 혼합공간을 역사적 공간과 연관시키면 바로 일상생활 공간이다. 혼합공간은 가변적인 실제 언어가 사용되면서 의미를 형성시키는 일상생활 공간이다. 그 공간은 물질성과 직결되고 일상의 지식을 '생산'하는 과정에서 공적 공간의 역할을 한다.

이와 연관시켜 필자는 촛불시위 공간 이해에 유용한 공간 개념으로서 푸코와 르페브르가 미묘한 차이를 담고서 제안한 헤테로토피아(heterotopia) 개념에 주목한다. 촛불시위 공간에서 중심의 창조와 파괴가 연속되는 잠재력을 가진 일상공간과 연관시킬 가능성을 모색하기 때문이다. 요즘 이 헤테로토피아라는 공간 개념이 주목받지만, 사실은 이 개념이 상당히 남용되며 자의적으로 사용되고 있다. 푸코가 헤테로토피아를 일종의 현실화된 유토피아이며 모든 장소의 바깥에 자리를 마련한 장소인 반-공간(contre-espaces)으로 설명했다면, 르페브르는 헤테로토피아를 어디에도 없는 비-장소(non-lieu) 유토피아로 설정하는 측면이 더 강하다. 푸코에게 헤테로토피아는 다음과 같다.

> 자기 이외의 모든 장소에 맞서서, 어떤 의미로는 그것들을 지우고 중화시키거나 정화시키기 위해서 마련된 장소들, 그것은 일종의 반-공간이다. 이 반-공간, 위치를 가지는 유토피아들…… (Foucault, 1986: 16, 22~27; 푸코, 2014: 13).

그러나 푸코에게 그러한 유토피아는 과학으로서의 유토피아가 아니라 일반적인 공간의 기능과는 다른 절대적 타자 공간의 과학이다. 다시 말하면 실제 사회생활 공간인 '외부공간'에서 현장의 공간들 사이에 펼쳐지는 이종적인 위상학(heteropologie)과 시간적 측면에서 이질적 연대기인 헤테로크로니(heterochroni)를 구성하는 공간이다(푸코, 2014: 16; Foucault, 1986: 22). 또한 서로 환원 불가능하고 절대로 포갤 수 없는 장소화(l'emplacement)[1]를 묘사하는 일련의 관계들 가운데서 살아가고, 공간성 위에서 전개되는 시간성에 따라 다양한 형태로 변화하는 공간이다.

---

1) 푸코는 추상적인 'espace'(space)와 좀 더 가깝고 주관적인 의미로 사용하는 'lieu'(place)를 함께 사용하지만 실제로는 특정 장소를 말하는 'emplacement'를 더 선호했다. 그런데 영어판에서는 'site'로 번역되면서 본래 의미를 크게 상실했으나, 최근 영어판에서는 'emplacement'를 그대로 사용하고 있다(Foucault, 1998).

또한 모든 문화, 모든 문명에는 모든 사회의 토대에 존재하면서 형성되는 장소인 실재 장소가 있다. 그것은 문화 안에서 발견할 수 있는 모든 다른 실재 장소화가 동시적으로 표현되고 경쟁하며 반전되는, 일종의 효과적으로 법규화된 유토피아로서 반(反)장소화와 같은 실재 장소화다(Foucault, 1994: 1574; Foucault, 1986: 24).

한편 르페브르의 헤테로토피아는 엄격한 계획, '상징, 정보 및 놀이'의 억압 과정을 통해서 동종성을 부과하는 기술관료정적 공간의 정치, 곧 '도시주의(urbanisme)'에 저항하고자 호출한 개념이다. 그것을 실현하는 방도는 무엇인가? 바로 휴일, 축제와 기념일 같이 '행복하지만 어디에도 없는' 유토피아적 희망의 변혁 공간 헤테로토피아를 생성하는 것이다. 르페브르는 그런 사례로서 정치적 도시의 바깥에서 발견되는 공간, 곧 도시에서 배제된 동시에 도시와 연관된 외곽에 신원이 의심스런 이방인들이 뒤섞인 교환과 교역의 장소이며 기능적으로 통합되는 모호한 이종적 공간을 헤테로토피아의 강력한 표시로 본다.

거기에 사는 사람들처럼 시작부터 정치적 도시에서 배제된 이들 장소는 너른 마당이 있는 대상 숙소와 장터인 교외다. 도시에서 시장과 상품들(사람과 사물)을 통합하는 이러한 과정들이 오랜 세기에 걸쳐 계속되었다(Lefebvre, 1970: 9, 37~38; Lefebvre, 2000a: 304; 르페브르, 2011: 387).[2]

미셸 푸코와 앙리 르페브르의 헤테로토피아는 '비장소(non-lieu)와 실재 장소', '반(半)허구이며 반실재', 폐쇄적이면서도 개방되고, 집중되면서도 분산

---

2) 헤테로토피아를 '상호 혐오를 주는 공간들'로 규정한 경우도 있다(Lefebvre, 2000a: 207~208).

되며, 가깝고도 멀고, 현존하면서도 부재하는, 일상과 정반대되는 역설적이고도 모순되는 반(反)공간인 데서 서로 비슷하다. 그러나 이들의 헤테로토피아가 같은 함의와 방향을 지향하지는 않는다. 푸코의 헤테로토피아가 끊임없는 분산과 부재의 '반공간'에 맴돌며 머문다면, 르페브르의 헤테로토피아는 동종화와 합리성에 저항하며 자본주의적 공간화를 관통하는 핵심적 도시공간이며, 발생적으로 차이를 '통합'하는 공간이다. 이런 측면에서 필자는 촛불공간이 사회에 전면적으로 대립하는 유토피아적 변혁공간이라거나, 집단지성이 만들어낸 투명한 자율공간이라고 보지 않는다. 그 대신 국가와 젠더관계, 공간을 채우는 삶의 미학화와 문화적 제례로서 행위 수행성이 만들어내는 반(反)공간의 측면에 주목하면서 푸코의 회의주의적 헤테로토피아 개념과 연결될 가능성을 일단은 긍정한다.

그렇다고 르페브르의 헤테로토피아 — 수레꾼, 무역업자, 용병 같이 신원이 의심스러운 온갖 하층민과 반(半)유랑민이 넘쳐나지만 또한 새로운 세상을 꿈꾸고 그것의 실현을 지향하는 장소로 설정한 — 를 포기하는 것도 아니다. 이 공간은 동종화와 합리성에 저항하며 자본주의적 공간화를 관통하는 핵심적인 도시공간으로 성장하며, 발생적으로 차이를 '통합'하는 공간이 되었다. 르페브르가 헤테로토피아를 "대비, 대립, 겹쳐놓음, 병렬이 분리와 시공간적 거리를 대체하는"(Lefebvre, 2003: 125) 도시의 장소를 중심의 창조와 파괴가 연속되는 잠재력의 공간으로 설정한 것은 공간점거에 새로운 가능성을 부여한다. 나는 수많은 촛불'들'이 광장을 장악한 기술관료정적 '도시주의'의 전횡과 억압에 맞서 다양한 구성원들이 참여한 파격적 연대와 희망의 축제를 지향한다는 점에서는 촛불공간이 르페브르의 헤테로피아, 다시 말하면 회의주의에 맴도는 푸코를 넘어서 유토피아의 가능성을 지향하는 헤테로피아에 더 가깝다고 판단한다. 푸코의 헤테로토피아 공간이 현실에 회의주의적 비관을 '표상'하는 탈근대적 공간이라면, 르페브르의 헤테로토피아는 여전히 도시 내부에 숨겨진 빛나는 혁명적 '잠세태(潛勢態)'를 깊이 낙관하기를 요청하며 유토피아를 지향하는 점에서 근대성을 심화시킨 공간을 지향한다. 문제는 혁명적 낙관주의에 입각한 그 공간이 유토피아의 이름으로 억압과 배제를 행할 가능성역시 내포한다고 진단할 수도 있다는 점이다. 그 경우에는 촛불시위 공간의파격적 요소들을 무시하는 것으로 보일 수도 있다. 나는 도시공간점거에서개별 점거행위자들의 수행성(performativity)에 주목하면서 그런 우려를 넘어서고자 한다.

3. 점거 행위의 수행성과 퀴어공간

2016년 4월 16일 세월호 참사 2주기를 맞아 서울 광화문 광장에서는 희생자를 추모하는 다양한 행사가 열렸다. '기억, 약속, 행동 문화제'가 4.16연대와 4.16 가족협의회 주최로 열렸고 오후 2시부터 가수 권나무, 문화평론가이도흠 등이 '세월호 버스킹'을 시작하며 행사의 막을 올렸다. 이어서 세월호다큐멘터리 영화 〈4.16프로젝트: 망각과 기억〉이 상영되었고 오후 7시에는이소선 합창단, 민중가요 노래패 우리나라 등이 함께하는 문화제가 열렸다.그 밖에도 다양한 프로그램이 세월호 피해자들을 추모하고 위로했고, 광장은추모 행렬로 가득 찼다.[3]

12월 3일 6차 촛불시위에서 세월호 유족들은 시민들과 416개의 국화송이를 들고 청와대에서 100m밖에 떨어지지 않은 곳까지 진출했다. 촛불공간을특징짓는 것은 2008년 촛불과 비슷하게 참가자들이 자발적 주체이며, 특정

---

[3] 보수언론은 이 광장은 세월호 유가족들만이 아니라 시민 모두의 것이기에 천막을 걷어
    내고 시민들에게 돌려주라는 명분으로 점거를 해체하라고 목소리를 높였다(조선일보,
    2016년 4월 16일 자 사설).

한 지도부의 부재, 토론의 활성화, 다양한 놀이와 구호, 핸드폰, 인터넷, 디지털 카메라 등을 이용한 사임과 퇴진을 촉구하는 직접 만든 온갖 다양한 내용의 패러디와 구호 피켓, 그리고 깃발들 — 장수풍뎅이연구회, 민주묘총 등등 — 공적 공간을 사적인 다양성으로 채우는 온갖 작업이다. 우리는 공적인 것과 사적인 것의 경계가 무너지고 개인주의화하면서, 동시에 보편주의에 공감하는 주체가 등장해 공적 공간과 사적 공간이 동시에 확장되는 현실을 목격한다. 거기에 진지한 것과 즐거운 것의 경계가 무너지는 공간, 집단지성의 표현이라고 말하면 그 자체가 또 하나의 억압과 배제로 작용할 것 같은 복잡계로서, 개인들이 촛불공간으로 스며들지만 사라지지 않고 자아를 드러내며 감정을 공유하는 큰 흐름을 본다.

공간점거는 시위와 직접 행동, 토론과 의사결정, 기억과 약속 등 다양한 언어행위를 필수적으로 수반하고 그것이 점거의 동력으로 작용한다. 이와 같은 언어행위들을 어떻게 볼 것인가? 나는 언어적 의미 생성의 틀에서 출발해 장소를 장악하고, 공간을 만들고, 정치적 의미를 가진 사회적 장소성과 공간성(spatiality)을 생산하는(Glass and Rose-Redwood, 2014: 2) 정치적 수행성의 지리학을 성찰한다. 성찰의 출발점은 담화행위이론(speech act theory)이다. 특히 일상언어학파의 존 오스틴(J. L. Austin)이 언어행위를 진위를 가리는 진술적(constative) 발화와 수행적 행위인 수행적(performative) 발화 개념으로 구분하고, 거기서 도출한 수행성(performativity) 개념 — 한 발화를 특정한 경우에 언표 될 수 있는 '힘'으로 파악한 개념 — 이다(Austin, 1976).[4] 공적 공간은 언

---

4) ① 발화적 행위(locutionary act): 무엇에 대해 말하며(of saying) 의미와 지시대로만 이해하는 행위 ② 발화효과적 행위(perlocutionary act): 무엇을 말함으로써(by saying) 결과적 효과를 획득하고 결과를 산출하는 행위 ③ 발화수반적 행위(illocutionary act): 무엇을 말하고 있는 중(in saying)의 언어행위로 구성된 발화행위를 말한다. 중요한 것은 오스틴이 발화수반적 행위를 발화효과적 행위와 구분하고, 그것의 특징을 관례어(convention)에 의존하는 데 둔 점이다. 이것이 가능한 것은 한 발화를 특정한 경우에 언

어규칙이 지배하는 언어행위의 상호교환으로 형성되고, 언어행위는 또한 권력행위다. '권력행위 = 언어행위' 안에서 각자는 서로의 행위를 수정하고, 담화를 사용하면서 타인 지배와 헤게모니를 추구하며, 여기서 초래되는 지배와 피지배 관계 또는 그 관계를 규정하는 규칙 자체가 '정치적 언어'의 본질이다. 지금까지 정치적 언어는 기본적으로 남성과 자본, 중심과 국가의 언어였으며 지배집단의 헤게모니 유지에 유리한 편향성을 가지고 여성과 노동자, 주변부와 로컬의 언어에는 별로 역할을 부여하지 않았다. 점거공간의 언어는 바로 후자에게 주체, 그러나 타자를 포용하는 주체의 역할을 부여하는 데 의미가 있다.

그러한 역할 부여에서 수행성 개념이 서사적 담화의 재현과 기호학적 해석 문제와 깊이 연관을 가진다. 그 점에서, 언어적 전환이 공간의 생성과 현존을 중심에 두는 세계 해석, 곧 공간적 전회(cf. Clark, 2004; Spiegel, 2005; Warf and Arias, 2009)와 연관성을 탐색하며 전유 가능한 주제다. 일정한 장소에서 장기간 지속적으로 수행된 우연적 행위 또는 권력의 수행적 표명이 반복적인 재현(representation) 과정을 거치면서 장소성(placeness)을 형성하고, 그것이 공간의 의미화, 곧 공간성(spatiality)을 산출하는 점에 착안한다. 최근 수행성 개념을 오스틴의 수행적 발화 개념이 아니라, 들뢰즈의 '차이와 반복' 개념, 담론적 재현이 아닌 비재현에서 찾는 관점도 제기되고 있다(Thrift, 2007). 그러나 이것은, 개인주의화하는 동시에 보편화하는 주권 주체의 이해에 유리한 것은 분명하고 촛불 공간을 이해하는 데도 유용하지만, 더러는 몸의 정치 개념으로 퇴각해 행위에 부과되는 사회적 억압이나 모순을 간과하는

표 될 수 있었던 '힘'으로 파악하기 때문이다. 발화수반적 행위는 단일 언어행위에 단일한 의도가 있지는 않기 때문에 이해(uptake)를 확보하는 데서 모호한 이해의 대상에 의미의 복합성을 제시한다. 의도성(intentionality)이나 지향성 개념은 존 설(John Searle)에서 더욱 발전한다(Searle, 1983).

작업을 소홀히 할 우려도 있다(Nayak and Jeffrey, 2011; Mitchell and Elwood, 2012).

점거공간을 생성하는 데 가장 중요한 것은 언어행위에 근거한 수행성이다. 수행성은 공간의 생성과 어떻게 관련되는가? 담화행위이론에서 모든 언어체계는 본래 자신의 자율성 및 인간성과 관련되는 다양한 특수 언어, 관용어, 수사 및 담화 형식의 혼합이고 그것이 제도화한 것이다. 그러나 일정한 지적 능력을 가진 발화자는 항상 구조적 체계를 벗어나려고 시도하고, 자신의 능력에 따라 언어를 사용하고 재결합시키는 다중가치(polivalent)적 패턴을 모색하며 주체화를 시도한다.[5] 관례어와 수사적 담론의 작동에 관한 연구는 인간의 행위가 구성되는 방식을 탐색하는 데 매우 중요하다. 인간 행위의 정체성 구성에는 반복과 행위성이라는 문제가 작용한다. 나는 여기서 의문을 제기한다. 장기간 지속적으로 반복되는 의미화 개념은 우리가 구조주의적 의미 생성의 틀 안에서 계속 맴돌게 만들지는 않는가? 사실 수행성 개념은 기본적으로 서사적 담화의 층위다. 담화는 기본적으로 잠재된 상태의 표명이고 그것을 가능하게 만드는 준비 과정에서 주체가 획득해야 하는 잠재능력(competence)이나 조종(manipulation)능력을 이해하는 것이 필요하다. 이번에는 그런 이해 방식을 적용할 수 있는 사례로서 외국의 경우를 검토해보자.

2011년 뉴욕 월 가를 비롯한 국제적 금융 중심지에서 벌어진, 조직도 없고 극단적인 개별 행위만 존재하는 항의 행위, 곧 '점령하라' 운동에서 공간점거자들은 공간을 일시적으로 장악하고 집단적 의견을 표명하는 작업에 돌입했다. '점령하라' 운동에서는 집단적 연대 못지않게, 점거행위자의 개별 행위에서 재현(representation)의 반복을 넘어서는 재현 불가능한 또는 비재현적인(non-representational) 수행성까지 목격할 수 있다. 버틀러는 관례어와 수사적

---

5) 그러나 다중가치적 패턴은 결코 개별 고립·분산된 것이 아니며, 하나의 패러다임을 형성한다.

담화의 언어수행적 작동에 관한 연구를 전유해 젠더정치 개념을 확립하는 과정에서 정치적 행위와 일상에서 거의 의례적인 실천 규범의 반복이 주권과 정치적 주체성과 사회적 공간을 생성하는 방식을 탐색했다(Butler, 1993: x; 1997: 16~17; cf. Gregson and Rose, 2000). 우리는 패러디가 '반복되는 재현의 실천' 안에서 오직 '재현의 무질서한 복수성'만이 작용하는 행위수행성에 주목하기를 요구하는(Buttler, 1993: 95; 1997: 16~17; Butler and Athenausiou, 2013: 99~103) 버틀러가 '연쇄관계이며 문화적 충돌하는 비공간'을 상정하는 사례로서 '점령하라' 운동이 신체의 요구에 따른 '공적 신체의 정치(2011년 10월 23일 버틀러 페이스북; Butler, 2015)'라고 규정하며 적극 지지한 사실과 상호 연관성을 발견할 수 있다.

주코티 파크 점거자들은 거의 매일 시위를 조직했다. 2011년 9월 24일 경찰은 시위에 개입해 80명을 체포하고 연좌하던 여성 시위자에게 최루가스 스프레이를 사용했다. 10월 1일 경찰은 시위대를 브루클린 다리로 토끼몰이해 700여 명을 체포했다. 경찰의 공권력 남용은 비디오와 인터넷으로 생생하게 전해졌고 시위대가 겪는 고통에 공감하는 시민의 목소리가 높아졌다. 99%를 대변한다는 점거자들의 구호는 오랫동안 사회경제적으로 억압받아온 계급들의 의견을 함축적으로 표현했다. 물론 그 구호가 전일적이라는 비판도 가능하지만, 99%라는 선언은 상식을 표현하는 구호일 뿐이었고, 내부에는 수많은 인종, 종족, 성별 및 성적 지향성을 포함했으며, 집단적 정체성을 표방하는 것이 결코 아니었다. 도리어 변화하는 기표를 따라서 경계를 횡단하며 생산하는 수많은 파편화된 개인들의 행위가 수행되었다(Writers for the 99%, 2012; Mitchell et al., 2013). 무엇보다 독특한 것은 이들의 점거와 시위 자체는 '공동 목표'가 없는 행동이었다는 점이다. 그럼에도 점거자들은 주코티 파크라는 '사적' 소유의 공적 공간에 공통체(commons)를 생성시켰다. 여기서 공통체는 네그리와 하트가 말한 공통체, 능동적인 정의가 아니라 소극적인 의미에서 사적인 것도 아니고 공적인 것도 아니며, '개방적 접근과 집단적이고 민주적인 결정 및 자주관리(네그리와 하트, 2014: 10)'와 근접한다.

점거자들은 시민들에게 심정적 지지를 넘어서 적극 가담하기를 촉구했다. "쳐다보지 말고 가담하라(Don't look at us, join us!)"는 널리 사용된 구호였다. 가담자들의 행위와 의견은 분리되어 있었다. 그러나 동시에 그것들은 서로 연결되어 있었기에 시위와 항의 구호의 선언에만 머물지 않았다. 점거공간은 독서, 명상, 블로그 업데이트, 렌틸콩 요리, 쓰레기 줍고 치우기, 부상자 상처 치료, 북치기, 권련 말기, 체스 두기, 토론, 예술품 만들기, 접시 닦기, 성생활 등의 일상적 커뮤니티로 변화해갔다. 그것은 점차 체험공간(l'espace vécu)에서 재현된 수행성으로 작용했다(Rehmann, 2013: 9). '자유로운 공간'이 된 점거공간은 지배 권력의 직접적 통제를 벗어나 하나의 독자적 커뮤니티로서 정치적 동원을 수행하는 문화적 도전의 장을 생성시켰다(Poletta and Kretschmer, 2013).

점거자들은 직접 민주주의 실천과 다수의 시민 불복종 행위를 전개했다. 주체적 측면에서 '점령하라' 운동 참가자들은 기존에 작동하는 정치 질서에 수용되는 것을 거부했다. 점거공간에서 발행한 소식지(OWAS journal)에서 보듯 그들은 기존 정치를 통제하는 방식이 아니라 대체하는 방식에 관심을 기울이며, 총회 절차와 참여 및 직접민주주의 의사결정 과정에 관심을 기울였다. 기존 정치 질서에 부정적인 태도는 국가기관, 특히 경찰로 확장되었다. 공권력의 개입을 거부하는 자율적 자치의 욕망은 국가의 권력 메커니즘과 뒤얽힌 항의 형식과 과격한 단절을 지향했다. 정치적 당파나 노동조합과 행동의 공동조직 및 협력을 거부한 것은 그와 연관 있다. 인류학자로서 참여 관찰자였던 데이비드 그래버(David Graeber)는 자신들을 마르크스주의 좌파 수직론자(verticalist)가 아니라 아나키스트 수평론자(horizontalist)라고 자평했다(Graeber, 2012; 2013). 물론 그 가운데는 좌파 그룹이나 노동조합과는 다른 입장을 설정한 자들도 있었고, 이들 조직과 관계 맺기를 둘러싼 예민한 갈등도 적지 않았다. 그렇다고 참여자들이 노동조합이나 정당의 '관념' 그 자체를 거부하지는 않았다. 다만 국가를 비롯한 기존의 정치적 실체들과는 거리를 두고 사회 현실에 상징적 무관심을 표현하고, 그것이 부과하는 규칙에 따른 역할을 거부했을 뿐이다. 사실 그것 자체는 이미 충분히 경계횡단적이었다. 이런 거부 행위는 자신의 행동을 가져온 신념을 급진적이고 윤리적인 책임을 지는 선행조건으로 도약시킨다.

'점령하라' 운동 참여자에게 공통적으로 묻고 싶은 점이 있다. 왜 그들은 국가가 과거와는 광폭으로 다른 무엇을 하기를 기대하지 않았던가? 다름 아니라 그들은 점거공간에서 일상의 삶을 영위하며 미래에 출현할 사회를 행동으로 예시하는 데 목적을 두었기 때문이다. 참여자들은 명백한 방향을 설정하지는 않고 발언과 투표로 의사결정을 전개했고, '한걸음 전진-한 걸음 후퇴'라는 참여의 평등화 원리를 지지했다. 총회에서 의사소통은 'open mic(확성기 열기)'와 'mic check(확성기 끄기)' 구호에 따라 발언을 반복해서 합창하는 '민중 확성기(people's mic)' 형식으로 진행되었다. 이는 처음에는 뉴욕 시가 공원에서 확성기 사용을 금지한 탓에 비롯된 것이었지만, 점차 정치적 의사결정에 보완적인 분할을 통해서 '타자를 타자로' 인정하는 다원주의에 입각한 새로운 민주적 카리스마 형식의 담화를 제공했다(Garces, 2013; Jones, 2014: 159). 그러나 '점령하라' 캠프에서 표방한 '99%'는 삶의 현실태와 직접민주정적 절차에서 전혀 동종적이지 않았다. 인종과 종족, 계급과 성별에 따라 견해는 걸핏하면 충돌했고, 가장 큰 약점은 만장일치(95% 이상) 합의를 목표로 삼았기에 누구든 투표에 영향을 끼치고 의사진행 과정을 뒤흔들 수 있었으며 소집단 회의와 달리 전체총회는 의사결정에 난관을 거듭했다는 사실이다(cf. 장세룡, 2016).

점거공간에는 윤리적 담화와 투쟁의 삶이 공존했다. 참여자들은 상호교육을 제공하며 새로운 능력을 발휘하도록 자극했다. 수십 개의 작업단이 숙식용 도구를 마련하고, 시위 활동에 사용할 구호판을 손수 만들고, 먹고 난 피자 박스는 예술가의 캔버스로 사용하는 등 모든 것을 말하고 듣는 권리(parrhēsia)가 행사되는 열린 공간이 창조되었다(Eagan, 2014; Happe, 2015: 219). 일상생활 자체가 숙련기술, 경험 및 항의와 논쟁하는 행동으로 움직이고 개인의 창의성을 실현하는 모습을 갖추는 궤적을 보이는 것은 어느 정도 후기자본주의에서 포스트정치의 양상을 드러낸다.

> 일상적인 것에서 특별한 것으로 그리고 다시 일상적인 것으로 되돌아가는 가교에 관해서 성찰하는 것이 중요하다(Auyero, 2004)

'점령하라' 운동에서 일상은 사람들의 행동 동기로 중요할 뿐 아니라 행동주의 실천 자체의 통합적 부분이다. 사회운동의 추동에서 일상적 행동주의는 중심 요소이며 또한 행동주의자 공간의 계속적인 생산에 중심적인 역할을 한다(Chatterton and Pickerill, 2010). 파열의 순간과 일상생활을 같은 과정의 내부적 요소로 인정하는 것이 필요한 이유가 여기에 있다. 자크 랑시에르(Jacques Ranciere)는 후기 자본주의 시대 커뮤니티를 다음과 같이 설명했다.

> 해방의 미래는 평등주의 원리를 실행하는 남녀의 자유로운 결합으로 만들어진 공통 공간의 자율적 성장을 의미한다(Rancière, 2010: 176).

랑시에르가 말하는 요점은 '자유로운 결합이 만들어지는 공간'에 있다. 이는 뜻밖에도 버틀러가 제시한 공간의 성격과 무관하지 않다. 버틀러가 재현 공간에서 수행성에 주목하는 이유는, 그것을 성적 정체성 논의와 수행성의 정치이론에서 '자유로운 결합이 만들어지는 공간'의 사회적 재현 문제로 재전유했기 때문이다. 그에 따르면 젠더 정치에서 남성과 여성의 정체성은 고정되지 않은 우연적인 것, 곧 자유로운 결합이고 오직 수행적 관계성의 산물인 '퀴어(queer)'에 지나지 않는다(Butler, 1990: 151). 이 개념은 다양하게 전유되어 정체성의 정치로서 퀴어정치와 퀴어정치가 수행되는 퀴어 수행성 공간, 곧 퀴어공간(queer space)을 상정할 계기를 제공한다(Bourcier, 2006: 131; Halley, 2011). 나는 점거 집회 공간이 퀴어 이론을 전유할 가능성을 모색한다. 많은 논쟁의 대상인 퀴어이론을 공간이론으로 전유하려는 이유는 무엇인가? 그것은 대부분의 점거공간이 인종, 이민, 국가가 뒤얽힌 공간이며 거기서 끊임없이 가변적인 공간 규모와 정체성 담론이 교차하고 분절되는 방식을 드러내고자 하기 때문이다. 그 결과 실제로는 고정된 정체성이란 없고, 오직 자기비판만 하며 끊임없이 만들어지는 과정만 존재할 뿐이라는 공간에 관한 이해와 연관이 있다(Romanow, 2008).

4. 공간 행동주의의 가능성과 한계

'점령하라' 공간을 퀴어공간으로 설명하는 것이 가능할까? 퀴어공간은 온갖 정체성 담론이 교차하고 분절되는 공간이다. 퀴어이론에서는 남성과 여성의 정체성도 고정되어 있는 것이 아니라 오직 관계성의 산물이라고 보듯이, 퀴어공간으로서 점거공간도 그렇게 전유 가능하다. 점거공간에서는 참여자의 기존의 사회적 형식과 관계가 전복되는 정도가 크면 클수록 그것이 가져올 파열의 규모도 커진다. 그러나 의문도 생긴다. 고정된 정체성이란 없고 오로지 자기비판하며 끊임없이 만들어지는 과정만 있을 뿐이라면, 그것이 남성(자본, 중심)과 여성(노동, 로컬)의 구분을 문화 구성물로만 받아들여 사회모순의 존재를 모호하거나 부정하게 만들 우려가 있지 않을까? 탈근대 페미니즘이 비록 소수자에 관심을 기울이며 젠더 개념의 확장에 공헌했지만, 젠더 내부에 인종, 계급, 언어, 민족의 다양한 입장과 모순을 드러내는 데 실패한 사례가 점거공간에서도 발생하지나 않을까? 이런 불확정성은 '공통체' 개념에도 적용될 수 있다. 그것도 장소나 공간 내부에서 작동하는 차별과 갈등과 모순의 기제들을 모호하게 만들 가능성은 없는가? 즉, 자본과 노동의 이분법을 해체시켜 계급문제를 증발시키고 종족이나 민족 갈등을 소거시키지는 않을까(Adair, 2005: 600; Penny, 2014; Rohy, 2015)? 특히 한 손에는 합리주의, 다른 손에는 신비적 기호로 모호하게 치장한 문화공간에서 우애(fraternity)와 자율적 공생(conviviality) 및 교양(civility)의 이름으로 모여들어, 유쾌하게 교류하는 겉모습만 강조할 우려가 있지는 않을까? 다시 말하면 바로 그런 겉모습만 보고 자유와 평등에 관한 사회적 미래 전망에 공통성을 가졌다고 판단하는 오류를 내포하지는 않을까?

무한경쟁으로 치닫는 시대에 사회운동이 위축되었다는 지표는 차고도 넘친다. 그럼에도 여전히 많은 이가 행동에 참여하고 있다. 문제는 많은 사람이 행동주의를 전자우편과 페이스북을 읽고 온라인 청원에 서명하는 행위로 한정하는 분위기가 확산된 것이다. 인터넷은 사람 관계의 본질에서 의사소통을 개인주의화로 추상화시키거나 제거시켜서 시민 참여를 비롯한 민주정치의 잠재력을 위축시켰다(Mascheroni, 2012). 주코티 파크 점거공간에서 활동가들의 일상적 상호 접촉은, 총회에서 거의 제례의식적(ritual) 재현을 거듭한 민중확성기로 의견을 전달하고, 찬성과 반대 등의 수신호로 의사소통 과정에서 강화되면서 집단 정체성을 강화시켰다. 흔히 '점령하라' 운동이 전자정보소통으로 확산되었다고 알려졌지만 사실 운동에 참여한 사람들은 인터넷의 전자 의사소통을 직접 참여를 대체할 수 없다고 인식했다. 물론 공간점거운동이 조율자 역할을 담당하는 코디네이터 관련 논의를 활성화시키고, 블로그에 견해를 올린 이들의 후기 산업주의 전자사회 연결망에 크게 의존한 것은 사실이다(Wang et al., 2013). 그러나 점거 참여자들은 인터넷에서 마우스를 클릭하고 청원서에 서명함으로써 참여의 의무를 다했다고 생각하는 것은 '느슨한 행동주의(slacktivism)'라고 비판했다. 점거자들은 전자매체를 비계서제적이고 평등주의적 참여일 경우에만, 특히 활동적인 참여를 촉진하는 경우에만 사용했다. 공간점거와 시위 경험자들은 자신이 거주하는 도시로 돌아가 점거를 조직하거나 참여했고, 주코티 파크에서 총회를 조직해본 경험자들은 다른 도시의 점거공간에 자문단을 파견해 공간 구성에 관한 지식을 제공했다(Hammond, 2103: 507~508).

이런 측면을 비판적으로 보면, 99%를 대표(representative)하려던 '점령하라' 운동은 실제로는 점거공간 행위자들의 수행성을 재현(representation)한 것에 지나지 않는다는 평가도 가능하다. 이들도 차이를 내포한 99%를 표방한 소수의 대표일 뿐이기에 반대의제도 또는 포스트 대의제도적이라고 보기 어렵다는 측면이 생겨난다. 그러나 대의제도라는 것도 끊임없이 가변적이고 다원적이라는 전제에서 '점령하라' 운동이 기존의 재현 곧 정당과 선거제도에 바탕을 둔 대의제도를 실패한 것으로 보고 새로운 재현, 곧 새로운 형식의 급진적 대표제도(Dean, 2014: 387)를 모색했다고도 평가할 수도 있다. 사실 지금 대의민주주의는 정치적 당파 형식으로 전문가의 경영에 맡겨진 채로 사회적 상호적대감을 강화시키는 데 몰두하는 형편이라 출구가 보이지 않는다. 자크 데리다(Jacques Derrida)는 이미 그것의 극단성을 평가한 바 있다.

무엇으로 중립화와 탈정치화의 징후를 드러낼 것인가? 진실에서 그것은 하나의 과잉 정치화 또는 극도의 정치화다(Derrida, 1994: 129).

이 말은 행동이 비의도적(non-intentional)일 때, 그것이 다름 아닌 정치적 행동이라는 말이다. '점령하라' 운동에 참여하는 사람들이 자본주의와 대의 제도라는 대타자(大他者)에서의 급진적 분리를 시도한 배경은, 그것의 중심에서 환상을 확인하고 급진적이고 직접적인 행동으로 현상 유지의 정당성에 의문을 제기한 것이다(Szolucha, 2015: 69). 그러나 이들은 사회구조를 정확히 묘사해 설명하기보다는 반헤게모니적 잠재력과 능력들을 자유롭게 드러내는 방식을 선택했다. 그러면 일상에서 포섭과 저항, 차이와 차별 등 국가 규범을 비판하는 활동으로 그러한 규범을 전면적으로 폐기하는 것이 목표인가? 결코 그렇지 않다. 그 비판은 그것을 가능하게 만든 기반을 문제 삼는 것이기에 자신의 존립을 설명하는 능력 그 자체에 대한 비판이기도 하다. 국가 규범에 대항하는 그 순간, 역시 하나의 권력 가운데 존재하는 한계에 직면하고 그 한계는 결코 해소될 수 없다. 이때 한 장소나 공간에 주어진 것, 곧 점거공간에 주어진 것은 국가 규범을 비틀고 왜곡시키는 행위로서 수행적 모순(performative contradiction)이 가능한 조건이 되는 것이라고 본다. 국가 규범이 구성원의 자유와 평등을 가로막는다면 모순을 수행하며 횡단해야 한다(Butler and Spivak, 2007). 그것은 국가 규범이 미리 설정해 요구하는 '진리의 정치(the politics of truth)'에 불복종을 감행하는 것이다(Butler, 2004: 72~74). 그러나 그것은 국가 규범에 완전히 종속되거나 국가 규범에서 완전히 해방되는 것을 묘사하는 재현의 이론틀로서 제시되지는 않는다.

이것을 버틀러가 한 정체성으로서의 젠더를 신체의 표면에 보이는 기호나 담론 도구로서 꾸며낸, 수행적 행위들의 반복으로서 파악한 것과 연관시켜 이해할 수 있다.

행위, 몸짓, 욕망은 내적인 핵심이나 실체라는 효과를 낳는다. 그러나 그 효과는 원인으로서 구성 원리를 암시하되 결코 폭로하지는 않는, 부재를 의미화하는 놀이를 통해서 신체의 표면에 만들어진다. 그리고 그러한 행위, 제스처, 행동들은 수행적이다. 본질이나 정체성이란 단지 육체적 기호나 여러 담론 도구를 통해서 만들어지고 유지된, 꾸며낸 구조물이기 때문이다. 따라서 젠더화된 육체가 수행적이라는 사실은 그 육체가 자신의 실제를 구성하는 다양한 행위 로부터 분리된 그 어떤 존재론적 지위도 갖지 못함을 시사한다(Butler, 1990: 173).

이와 같은 논의는 재현과 표현 공간, 재현되는 것과 재현되지 않는 것에 대한 관심으로 이끈다. 현재 국가와 시민사회가 사회구성원의 욕망과 의지를 대표(representation)하는 데 실패하면서 '재현' 문제가 다양한 논쟁을 불러일으키고 있다. 기존의 재현이 대표되는 양상에만 주목해 문화나 (영상) 언어를 정치나 경제의 파생물, 또는 심미적 탁월함의 대상으로 삼았다면, 이제는 삶의 특별한 방식 안에서 물질적 생산, 상징 생산, 텍스트 생산에 주목하고 대표되지 않는 것을 '표현(expression)'하는 방식에 관심이 커졌다. 이것은 점거 공간을 '문화적 공간'으로 접근할 기회를 제공한다. 거기서 우리는 유동하는 주체, 내면과 외면에서 복수의 표현을 제기하는 주체가 사회적 규범의 주체로서는 합리주의를 표방하면서도 집단의 주체로서 그것을 구성하는 자들이 상충하면서 표현하는 욕망과 쾌락, 이미지와 소비(물질, 기억, 상상)의 '차이', 곧 그것이 발생하는 다수의 길에 관심을 가져볼 수 있다. 우리는 서울 광화문 광장에 설치된 세월호 천막카페 교회, 얼핏 보면 균일성이 주도하는 것으로 보이는 종교적 공간에서도 수많은 차이를 가진 비재현적 행위들이 수행되는 이야기를 목격한다(양민철·김성률, 2016). 공간에 퀴어 정체성을 부여하려는 작업은 그 과정에서 발현되는 행위들의 비재현적 수행성을 이해하기를 요청한다.

비재현되는 수행성에 대한 관심은 삶의 특별한 방식 안에서 물질적 생산, 상징 생산, 텍스트 생산에 주목하고 그 과정에서 대표되지 않는 것을 '표현'하는 방식에 관심이 증가한 것과 연관이 있다(Thrift, 2007). 만일 점거공간 생성과 연관시켜 볼 때, 수많은 재현만 있다면 조직적 획일성이 활력과 상상력에 제한을 가하는 행위의 조직에 그치고 말 것이다. 그러나 만일 그와 다르게 차이만 있고 재현 불가능한 비재현적 행위수행성만 있다면 수없이 파편화된 개별 '행위'와 '장소'만 있게 되고, 공간의 생성은 불가능한 일이 되고 말 것이다. 만일 비재현만 강조되었다면 목표도 없고 조직도 없고 극단적인 개별 행위만 존재하는 '비공간'이 되고 말 것이다. 이 말은 결국 우리는 점거공간에서 행위는 가능하면 치우지지 않는 중도적인 길을 요청받게 될 것이라는 판단에 이른다. 주코티 파크 점거공간에서 시위대가 기존 질서를 거부하며 현실을 고발하고 99%를 대변한다는 무수한 구호와 슬로건을 제시했지만, 의사결정 과정은 어느 한쪽으로 치우는 것을 견제한 것을 볼 수 있다. 그 결과 의사결정 과정에서 중도적인 견해가 민주주의를 명분으로 주도권을 장악했다.

많은 점거자가 공적 공간에서 '공적'인 것의 의미를 확장시키기를 모색했고, 시 당국은 이를 제약하고 점거를 붕괴시키고자 노력했던 상황의 산물이다. 그 결과 점거자와 지지자들이 사실상 소유한 공간을 방어하는 데 더욱 적극 발 벗고 나서는 대결 양상이 전개되었다. 뉴욕 시장 마이클 블룸버그(Michael Bloomberg) 또한 천막촌의 건강과 안전에 위험을 강조하는 전략을 이용해 '점령하라' 공간을 위협했다. 그러나 법규를 위반한 집단적 점거에 참여하는 활동은 일종의 주체적 권력감을 제공했고 마음이 바뀌는 경험을 제공했다. 행동에 참여하는 것은, 위험했지만 평등주의적 커뮤니티를 형성하고 금지와 억압의 대상이 되면서 신념을 위한 행위가 정상 규칙을 넘어설 수도 있다는 자각을 제공했다(Hammond, 2013: 512). 공간 장악이나 점거는 점거자들의 활동 계획과 연관되어 있다. 어느 경우든 점거 행위는 경찰이나 공권력의 작용과 행동에 부분적으로 의존한다. 경찰은 2011년 11월 15일 뉴욕 월가 '점령하라' 운동의 중심 공간이던 주코티 파크를 한밤중에 기습해서 리포터를 비롯한 합법적 관찰자들을 내몰고 약 200명의 점거자를 체포해 수천 권의 책과 컴퓨터를 비롯한 개인 장비와 공동 장비를 파괴했다. 11월 17일 뉴욕 유니온 광장에 모인 4000여 명의 학생들은 5번가 한가운데로 행진하다가 경찰의 봉쇄에 직면해 스크럼을 짜고 맞섰지만 역부족이었다. 이들은 '우리는 99%'라는 구호를 외치며 도로변을 걷고, 달리며, 하이파이브하고 자동차 이용객들과 서로 지지 표시를 나누며 함께 함성을 올리는 위법과 준법 사이에서 카니발적 시위 놀이를 전개했다(Schrader and Wachmuth, 2012: 245).

시위자들은 재현과 비재현이 교차하는 행위수행성을 끊임없이 표현했다. 그런 수행적 행위와 작업들은 억압받아온 몸의 해방을 표현하는 것이었다. 물론 많은 시민이 이러한 시위놀이에 놀라서 겁먹고 불편해하며, 일상의 사회적 재생산의 순환 리듬이 관성적으로 전개되는 더 온건한 시간을 원한 것도 사실이다. 이것은 파열의 순간을 원하는 점거자와 일상의 공간적 실천을 모색한 점거자들 사이의 긴장 관계라고 설명할 수도 있고 공간점거가 가지는 일상성에서 비롯된 양상이라고 말할 수 있다. '점령하라' 공간과 민주주의는 이중적인 역할을 한다. 민주주의의 이름을 표방하는 상징화의 내적 한계를 드러내는 동시에 비록 예상하지는 않았지만 새로운 재현 가능성에 열린 자세로 도전을 요구한다. 그것이 새로운 재현 가능성을 열은 것은 과격한 놀이를 넘어 체류권이 도전받는 대결의 공간(space of confrontation)이던 데 있다. 랑시에르가 말한 '감각의 분할'이 공간의 분할을 초래하고 공안(police)의 논리와 평등주의 논리 사이에 충돌이 발생했다(Rancière, 2000: 12).

그렇다고 '점령하라'가 직면했던 긴장과 난관은 그것이 막다른 궁지에 도달했다는 의미는 아니다. 도리어 거기서 지배적인 상징적 구성이 정치 영역의 현실, 곧 정치적 현실의 긍정적인 행동양식에서 배제된 한계를 드러낸다. 점거운동은 결핍, 곧 지배적인 사회정치적 구조들의 혼란이 초래한 결핍과, 배제의 상기자로서 결핍된 주체로 재출현한다. 그 주체는 항상 지배적 담론, 권력 균형 그리고 언어 그 자체의 구조와 자격에서 소외된다. 결핍은 모든 시기 사회구조에 불안전하고 탈구(dislocation)될 때 재출현하고 그것은 사회변화를 추동한다. 만일 그것의 재출현이 불가피하다면 그것이 민중들의 미래에 어떤 의미가 될 수 있을까? '점령하라' 운동의 점거에서 비의도적 정치행동이 가져온 수행적 행동주의는 민주적이며 급진적인 공간을 생성하면서 파열을 준비하는 데 결핍된 요소를 상기시키고 차이를 넘어서는 연대의 가능성을 내보였다. 그 결과 수행적 공간점거를 넘어 추상적 의미를 확보했기에 언제든 새로운 전술 형식으로 재출현할 수 있다.

5. 점거공간의 유동적 재구성

이 연구는 공간점거를 이론적으로 해명할 방도를 모색했다. 그 출발점은 2008년 서울 광장에서 열린 촛불공간과 2011년 뉴욕 월 가 '점령하라' 공간, 그리고 2016년 서울 광화문 광장 촛불공간을 이해하고 성찰을 공유할 필요성의 자각이다. 먼저 촛불공간은 르페브르의 공간생산론에서 실마리를 찾으면서 점거공간에서 활동한 구성원의 다양한 속성을 중심에 두고 그 공간을 미셸 푸코와 르페브르의 관점이 경합하는 헤테로토피아 공간으로 잠정적으로 이해했다. 그리고 이 공간에서 행위자들의 재현 및 비재현적 행위들에 주목하고, 특히 '점령하라' 공간을 버틀러가 전유한 수행성 개념으로 포섭해서 점거공간의 퀴어정치 공간화에 주목했다. 그러나 퀴어공간 논의도 많은 문제점을 내포한다. 먼저 남성(자본, 중심)과 여성(노동, 주변)의 구분을 문화적 구성물로만 받아들이면서 사회 모순의 존재를 모호하게 받아들거나 심지어 부정하게 만든다. 나아가 이런 불확정성이 공간 내부에서 작동하는 차별과 모순의 기제, 곧 자본과 노동의 관계를 해체시키고 계급문제나 민족문제의 갈등을 증발시키거나 소거시킬 우려가 있다.

공간점거에 참여하는 활동은 일종의 도전하는 주체로서 권력감을 제공하고 마음이 바뀌는 경험과, 신념을 위한 행위가 정상 규칙을 넘어설 수 있다는 자각을 제공한다. 점거공간에서 직면하는 중요한 과제는 참여자의 평등주의적 커뮤니티 형성과 민주적 의사소통 및 의사결정의 문제다. '점령하라'는 정치적 행동은 현재의 지배체제를 넘어서는 입장, 다른 체제가 낡은 체제의 장소에 도입될 수 있다는 점을 알거나, 알게 되어야 한다는 입장에서 수행된 것이 아니므로 비의도적이었다. 비록 이 행동은 비의도적이었지만 결정적이고 단호한 행동으로 사회적 적대감을 깊이 정치화했다. 곧 비의도적 행동과 가장 광범한 정치적 주장 사이의 설명 불가능한 연계로서 사회정치적 체제 그 자체의 본질에 의문을 제기했다. 동시에 지배적인 사회정치적 구조의 혼란이 가져온 결핍과 배제의 상기자이자 결핍된 주체로 재출현하는 계기로도 작용했다. 점거행위자는 항상 지배적 담론과 권력균형, 언어 그 자체의 구조와 자격에서 소외될 수 있는 계기와 부딪치고, 가능성과 한계를 검토할 것을 요청받는다.

참고문헌

고길섶. 2008. 「공포정치, 촛불항쟁, 그리고 다시 민주주의는?」. ≪문화/과학≫, 55, 130~149쪽.

네그리·하트(A. Negri and M. Hardt). 2014. 『공통체: 자본과 국가 너머 세상』. 정남영·윤영광 옮김. 사월의 책.

메리필드, 앤디(A. Merrifield). 2015. 『마주침의 정치』. 김병화 옮김. 이후.

베라르디, 프랑코(F. Berardi). 2012. 『봉기: 시와 금융에 관하여』. 유충현 옮김. 갈무리.

양민철·김성률. 2016. 『광장의 교회: 광화문 세월호 광장 천막 카페이야기』. 새물결 플러스.

장세룡. 「도시공간점거와 직접행동 민주주의: 2011년 9월 뉴욕 월가 '점령하라' 운동에 관한 성찰」. ≪역사와 경계≫, 99, 251~296쪽.

카터, 에이프릴(A. Carter). 2005. 『직접행동』. 조효제 옮김. 교양인.

포코니에·터너(G. Fauconnier and M. Turner). 2009. 『우리는 어떻게 생각하는가?』. 김동환· 최영호 옮김. 지호.

푸코, 미셸(M. Foucault). 2014. 『헤테로토피아』. 이상길 옮김. 문학과 지성사.

하비, 데이비드(D. Harvey). 2010. 『신자유주의 세계화의 공간들』. 임동근·박훈태·박준 옮김. 문화과학사.

_____. 2014. 『반란의 도시: 도시에 대한 권리에서 점령운동까지』. 한상연 옮김. 에이도스.

한우리·허철. 2010. 「보여주기의 문화정치학: 촛불집회, 퍼포먼스, 수행적 정체성」. ≪평화연구≫, 18(2), 41~82쪽.

호네트, 악셀(A. Honneth). 2011. 『인정투쟁: 사회적 갈등의 도덕적 형식론』. 이현재·문성훈 옮김. 사월의 책.

≪조선일보≫. 2016.4.16. "국민안전도 비극 내면화도 이루지 못한 세월호 2년."

Adair, V. C. 2005. "Class Absences: Cutting Class in Feminist Studies." *Feminist Studies*, 31(3), pp. 575~603.

Merrifield, Andy. 2014. *The New Urban Question*. Pluto Press.

Austin, J. L. 1962(1976). *How to do things with words: The William James lectures delivered at Harvard University in 1955.* Oxford University Press.

Auyero, J. 2004. "When everyday life, routine politics, and protest meet." *Theory and Society,* 33, pp. 417~441.

Bourcier, M-H. 2006. *Queer Zones: Politiques des identités sexuelles et des savoirs.* Éd.

Butler, J. 1990. *Gender Trouble: Feminism and the Subversion of Identity.* Routledge.

_____. 1993. *Bodies that Matter: On the discursive limits of 'Sex'.* Routledge.

_____. 1997. *Exitable Speech: A Politics of the Performative.* Routledge.

_____. 2004. *Undoing Gender.* Routledge.

_____. 2015. "Bodies in alliance and the politics of the street." http://eipcp.net/transversal/1011/butler/en/print 접속일자 2015년 10월 26일.

Butler, J. and G. C. Spivak. 2007. *Who sings the nation-state? language, politics, belonging.* St Martins Press.

Butler, J. and A. Athenausiou. 2013. *Dispossesion: the performative in the political.* Routledge.

Chatterton, P. and J. Pickerill. 2010. "Everyday activism and transitions towards post-capitalist worlds." *Transactions of the Institute for British Geographers,* 35, pp. 475~490.

Clark, E. 2004. *History, Theory, Text: historians and the linguistic turn.* Harvard University Press.

Dean, J. 2014. "Occupy Wall Street: forcing division." *Constellations,* 21(3), pp. 382~389.

Derrida, J. 1994. *Politiques de l'amitié.* Galilée.

Eagan, J. L. 2014. "Withholding the red ink: Occupy, Foucault, and the administration of bodies." *Administrative Theory and Praxis,* 36(2), pp. 240~258.

Fauconnier, G. 1984. *Espaces mentaux: Aspects de la construction du sens dans les langues naturelles.* Minuit.

Fauconnier, G. and E. Sweetser(eds.). 1996. *Spaces, Worlds, and Grammar.* The University of Chicago Press.

Foucault, M. 1986. "Of Other Spaces." *Diacritics 6.*

_____. 1994. *Dits et écrits 1954~1988 Vo. II 1976~1988.* Gallimard.

_____. 1998. "Different Spaces." in J. Faubion(ed.). *Aesthetics: the Essential Works 2.* Allen Lane. pp. 175~185.

Garces, C. 2013. "People's mic and the democratic charisma: Occupy Wall Street's frontier assemblies." *Focaal-Journal of Global and Historical Anthropology*, 66, pp. 88~102.

Glass, M. R. and R. Rose-Redwood(eds.). 2014. *Performativity, Politics, and the Production of Public Space*. Routledge.

Graeber, D. 2012. *Inside Occupy*. Frankfurt/M: Campus Verlag.

_____. 2013. *The Democracy Project: a history, a crisis, a movement*. Spiegel & Grau.

Gregson, N. and G. Rose. 2000. "Taking Butler elsewhere: performativities, spatialities and subjectivities." *Environment and Planning D: Society and Space*, 18(4), pp. 433~452.

Guelf, F. M. 2010. *Die Urbane Revolution: Henri Lefebres philosophie der globaler verstä dterung*. transcrift.

Halley, J. E. 2011. *After Sex?: on writing since queer theory*. Duke University Press.

Happe, K. E. 2015. "Parrhēsia, biopolitics, and Occupy." *Philosophy and Rhetoric*, 48(2), pp. 211~223.

Hammond, J. 2013. "The significance of space in Occupy Wall Street." *Interspace: A Journal for and about Social Movements*, 5(2), pp. 499~524.

Hess, R. 2009. *Henri Lefebvre et la pensée du possible: théorie des moments et construction de la personne, préface de Gabriel Weigand*. Economica.

Jones, J. 2014. "Compensatory division in the Occupy movement." *Rhetoric Review*, 33(2), 148~164.

Lakoff, G. and M. Johnson. 1980. *Metaphors We Live*. The University of Chicago Press.

Lefebvre, H. 1970. *La révolution urbaine*. Gallimard; Bonono, R.(trans.). 2003. *The Urban Revolution*. The University of Minnesota Press.

_____. 1973(2000b). *Espace et politique: Le droit à la ville II*. Anthropos.

_____. 1974(2000a). *La production de l'espace*. Anthropos.

_____. 1980. *Critique de la vie quotidienne II: Fondements d'une sociologie de la quotidienne*. L'Arche.

_____. 2003. *Key Writings*. E. Stuat, E. Lebas and E. Kofman(eds.). Continuum.

Mascheroni, G. 2012. "Online participation: new forms of civic and political engagement or just new opportunities for networked individualism." in B. D. Loader and D. Mercea(eds.). *Social Media and Democracy: Innovations in participatory politics*. Routledge. pp. 207~223.

Miller, V. 2006. The unmappable: Vagueness and Spatial Experience. *Space and Culture*, 9(4), pp. 453~467.

Mitchell, K. and S. Elwood. 2012. "Mapping children's politics: The promise of articulation and the limits of nonrepresentational theory." *Environment and Planning D: Society and Space*, 30(5), pp. 788~804.

Mitchell, W. J. T., B. E. Harcourt and M. Taussig. 2013. *Occupy: three inquiries in disobediance*. The University of Chicago Press.

Nayak, A. and A. Jeffrey. 2011. *Geographycal thought: An introduction to ideas in human geography*. Harlow: Pearson.

Penny, J. 2014. *After Queer Theory: the limits of sexual politics*. Pluto Press.

Poletta, F. and K. Kretschmer. 2013. "Free spaces." in D. A. Snow, D. D. Porta, B. Klandermans and D. McAdam(eds.). *The Wiley-Blackwell Encyclopedia of Social and Political Movements*. Wiley-Blackwell.

Rancière, J. 2000. *Le partage du sensible: esthétique et politique*. la Fabrique.

_____. 2010. "Communists without communism." in C. Douzinas and S. Žizek(eds.). *The idea of Communism*. Verso.

Rehmann, J. 2013. "Occupy Wall Street and the question of hegemony: a Gramscian analysis." *Socialism and Democracy*, 27(1), pp.1~18.

Rohy, V. 2015. *Lost causes: narrative, etiology, and queer theory*. Oxford University Press.

Romanow, R. F. 2008. *Postcolonial Body in Queer Space and Time*. Cambridge Scholar Publishing.

Schrader, S. and D. Wachmuth. 2012. "Reflections on Occupy Wall Street: the state and space." *City*, 16(1~2), pp. 243~248.

Searle, J. R. 1983. *Intentionality: An essay in the philosophy of mind*. Cambridge University Press.

Spiegel, G. M. 2005. *Practicing History: new directions in historical writing after the linguistic turn*. Routledge.

Szolucha, A. 2015. "Real politics in occupy: Transcending the rules of the day." *Globalizations*, 12(1), pp. 66~82.

Thrift, N. 2007. *Non-Representational Theory: Space, Politics, Affect*. Routledge.

Wang, C-J, P-P Wang and J. Zhu. 2013. "Discussing Occupy Wall Street on twitter: longitudinal network analysis of equality, emotion, and stability of public discussion, Cyberpsychology." *Behavior and Social Networking*, 16(9), pp. 679~685.

Warf, B. and S. Arias(eds.). 2009. *The Spatial Turn: Interdisciplinary Perspectives*.

Routledge.

Whitehouse, B. 2009. *Mapping Mental Spaces*(2 vols). Createspace.

Writers for the 99%. 2012. *Occupying Wall Street: The inside story of an action that changed America*. IL: Haymarket.

· 제 4 부 ·

희망의 도시,
대안적 정책은 무엇인가?

도시의 진보와 진보도시의 구현

조명래 | 단국대학교 도시지역계획학과 교수. myungraecho@naver.com

1. 진보도시론의 문제설정

아시아 도시들에서는 최근 들어 사람중심 도시 만들기를 주된 내용으로 하는 '진보도시(progressive city)'론이 빠르게 대두하고 있다(자세한 내용은 Douglass, 2015와 Cho, 2015 참조). 이는 그간 경제가치 중심의 외형적 도시 성장에 대한 반성으로 사람중심의 도시가치를 찾기 위한 노력으로 간주된다. 길게는 지난 40~50년간, 짧게는 10~20년간, 아시아 도시들은 급격한 근대화를 겪으면서 화려한 물질적 성장과 장소적 번영을 이루었다. 그러나 이러한 변화에도 불구하고 도시적 삶의 온전함, 사람중심의 도시가치, 도시의 역사적 정체성, 도시 민주주의나 지속가능성 등은 갈수록 악화되고 있음이 목격되고 있다.

'진보도시 만들기'의 국제 네트워크 구축에 앞장서고 있는 싱가포르 국립대학교 마이클 더글러스(Mike Douglass) 교수에 따르면 '외형적 화려함이나 경쟁력보다는 토속성과 일상의 행복이 도시를 사람 중심으로 만드는 데 더 중요하다'고 한다. '장소의 번영'보다 '사람의 번영'이 곧 진보를 지향하는 도시의 진정한 조건이라는 것이다. 도시의 진보는 현재의 지배적인 도시 시스템에서 담보하지 못하는 사람중심의 가치를 도시 주체들이 자의식적으로 복원하고 실현하는 것으로 특징지어진다. 커뮤니티, 공공 공간, 사회경제, 토속문화, 인권과 정의, 참여 거버넌스, 도시권리 등이 곧 진보도시론을 구성하는 키워드다(조명래, 2016). 담론과 실천으로서 진보도시(론)는 사실 새로운 것이 결코 아니다. 파리의 코뮌도시, 영국의 전원도시론, 미국의 진보도시, 영국의 자치사회주의, 일본의 혁신자치 등은 진보도시 만들기의 역사적 경험들이다. 중남미권에선 브라질 상파울루 시가 2012년 '도시포럼'을 개최하면서 진보도시 만들기에 관한 담론을 확산시키는 데 앞장선 바 있다.

한국도 예외가 아니다. 2010년 무상급식 논쟁을 계기로 진보적 성향의 지자체를 중심으로 하는 사람중심 도시 만들기 물결이 일기 시작했다. 2010년 이후 지방선거에서는 정치적 성향에 구분 없이 많은 후보자들이[1] '사람중심 도시 만들기'를 핵심공약으로 내걸었고 당선된 뒤엔 다양한 시책으로 이를 실행으로 옮겼다. 시정 운영을 토건중심에서 사람중심으로 옮긴 모범적인 사례로서 2011년 중간선거를 통해 당선된 박원순 시장하의 서울시를 꼽을 수 있다. 글로벌 경쟁력을 추구한다는 명분으로 메가 프로젝트(mega project)를 추진하던 종전의 시장과 달리 박원순 시장은 처음부터 사람, 마을, 공동체, 사회적 경제, 문화유산, 소통, 참여, 복원 등을 중심 가치로 하는 시정을 펼쳤다(조명래, 2015). 1960년대와 1970년대 일본의 혁신자치 붐에 비견될 수

---

1) 2010년 서울시장 선거에 출마했던 한명숙 전 총리는 서울을 '사람공화국'으로 만들겠다는 구호를 내걸며 타 후보와 차별을 기했다. 당시 수원시의 염태영 시장 후보도 '사람이 반가운 수원'이란 기치를 내걸고 선거에서 선전을 했다. 충청남도의 안희정 지사 후보도 '사람중심 충남'을 으뜸 공약으로 내세웠고 재임하는 동안 이를 이행하는 데 심혈을 기울였다. 구 차원에서 서울의 중구, 금천구, 성북구, 강동구, 광주의 광산구 등이 '사람중심 도시 만들기'를 최우선 과제로 추진하고 있다. 그 밖에도 수많은 지자체장들이 다양한 이름으로 '사람중심 도시만들기'를 내걸고 사람 우선 혹은 사람중심의 자치행정과 정책들을 경쟁적으로 추진하고 있다. 사람, 공동체, 참여, 복지, 등을 강조하는 사람중심 도시 만들기 정책은 이렇게 해서 보수와 진보의 구분이 없게 되었다(조명래, 2015).

있는, 한국의 이러한 사람중심 도시 만들기 실천을 진보도시란 개념으로 특성화할 수 있고, 또한 이를 이념형으로 더욱 발전시켜갈 수 있다. 실제 2013년 10월 아시아권 도시학자들은 서울시장을 방문해 진보도시론을 확산시키는 데 서울시가 앞장 서 줄 것을 요청하기도 했다. 이에 따라 2015년 10월엔 서울연구원 주최로 '진보도시 국제 심포지엄'이 국내에서 최초로 열렸다.[2] '민주화 이후 민주화'의 한 현상(공간적 민주화)으로 간주될 수 있는 한국 도시들의 진보도시 만들기 실천은 비슷한 성장 경로를 밟고 있는 아시아권 도시들에겐 중요한 벤치마킹의 대상이 되고 있다(Cho, 2015).[3]

그러나 진보도시가 무엇이고, 진보도시가 대안도시가 될 수 있는가, 진보도시는 어떻게 만들어지는가 등과 관련해서는 기존의 제한된 논의에서는 여전히 명쾌한 답이 제출되지 않고 있다. 진보도시 논의와 관련해서는 논쟁 지점이 있다. 이러한 쟁점들은 진보도시론의 문제설정이기도 하다.

첫째, 진보도시에서 진보는 과연 무엇을 의미하는가? 도시의 진보는 무엇이고 어떻게 이루어지는가? 이에 대한 답을 주기 위해서는 진보 또는 도시를 통한 진보에 관한 역사적 시각의 해석이 필요할 것이다. 말하자면 크게는 인류의 역사를 통해, 작게는 도시라는 공간을 통해 진보는 과연 어떻게 이루어졌고, 역사의 흐름 속에서 추구된 도시적 차원의 진보는 어떤 것인가? 그러한 진보란 가치가 보편적인(통시적인) 것인가 아니면 상황적(시대에 특수한)인

---

2) 같은 해(2015년) 1월, '아시아와 서구에서 진보도시의 등장(Rise of Progressive Cities in East and West)'을 주제로 한 1차 국제워크숍이 싱가포르 국립대학교에서, 5월엔 2차 국제워크숍이 프랑스 파리 소르본 대학교에서 열렸다. 한편 국내에선 서울연구원이 주최한 '진보도시 국제심포지엄' 개최 이틀 전에서 수원시가 국내외 전문가들을 초청해 '아시아 진보도시네트워크 구축을 위한 인간도시 포럼'의 결성 준비 일환으로 '사람중심도시 만들기 관한 국제워크숍'을 열었다.

3) 각주 2)에서 소개한 진보도시 관련 국제워크숍이나 심포지엄에서 박원순 시장의 사람중 · 심 서울시정이 진보도시 만들기의 한 전형으로 논의되었다.

가? 이 모두는 진보나 도시적 진보에 대한 역사주의(historicism)적 해석을 필요로 한다.

둘째, 진보도시론에 함축된 진보주의(progressivism)는 급진 좌파적 문제설정[예를 들어 자본주의 모순과 대안의 모색, 계급중심적 해석과 실천, 지방 유토피아주의의 극복(전체 사회나 구조 차원의 변혁) 등]에 어떻게 연루되는가? 이러한 문제 설정에 구속되는가 아니면 자유로운가? 이는 진보도시가 표방하는 진보 이념과 그 실천의 수준에 관한 질문으로서, 그 답은 도시공간 차원의 진보의 가치나 의미가 어떠한 것인지에 대한 '실재론적 해석(realist interpretation)'을 통해 도출되어야 한다.

셋째, 진보도시는 과연 도시가 지향해야 할 목표 상태의 도시(진보가 이룩된 도시)인가 아니면 그 목표를 향해가는 도시(진보하는 도시)인가? 전자는 진보의 도시에서 진보를 '결과(outcome)'로 간주한다면, 후자는 '과정(process)'으로 간주한다. 분명한 것은 진보도시는 '동사형 명사'로서 진보, 즉 '나아짐'이라는 변화의 과정(변혁, 개선, 혁신)이 이룩되는 도시가 가장 일차적인 특징이다. 그렇다면, 그 나아짐은 어떤 목표 상태로 나아가는 것을 전제하고, 달성된 목표 상태의 도시는 어떤 도시인가? 이는 다시 첫 번째 질문으로 돌아가지만, 실천의 과정으로서 진보도시 만들기는 도시의 진보란 도시적 가치 구현을 추구하는 것이다. 그것이 기존 시스템하에서 향유되지 못하고 억압되고 배제되는 도시적 가치라면, 그것은 도시의 발전 상태나 상황에 따라 다를 것이다.

넷째, 실천으로서 진보도시를 말한다면 진보도시는 어떠한 조건(배경)이나 맥락에서 등장하고 또한 그것을 실천할 수 있을까? 역사적으로 보면 진보도시론이 등장하고 관심을 끌면서 실천으로 이어질 때는 대개 성장이나 발전을 이룬 이후인 경우가 많다. 발전이나 성장시스템하에서 배제되고 억압된 결과로 불평등, 차별화, 배제, 빈곤, 박탈, 황폐화 등이 만연할 때 도시의 진보

세력은 '진보도시'라는 언어와 실천으로 이를 극복하고자 한다. 이러한 모순이 출현하고 극복되는 도시적 틀과 조건은 도시가 전체 사회 시스템에 처한 위치나 상황, 도시의 발달 단계와 방식, 도시 내부구조 및 역학관계 등에 따라 다르다. 가령 강한 국가주의나 시장만능주의가 지배하는 시스템하의 도시에서는 국가나 시장의 대척에 있는 시민사회가 도시적 모순을 드러내고 실천하는 중요한 배경과 방식이 된다. 이러한 것들이 곧 진보도시 만들기의 중요한 조건이다.

다섯째, 실천(정책)과 관련해서 볼 때 진보도시 여부를 어떻게 판단하고, 또한 진보도시를 어떻게 만들어가며, 진보도시의 상태를 어떻게 지속시켜갈 수 있을까? 진보도시의 여부는 이론적·가치적 해석의 문제면서 경험적 측정의 문제이기도 하다. 또한 진보도시 만들기는 제도 틀 내의 정책 선택의 문제이면서 제도 밖의 운동의 몫이기도 하다. 진보도시의 지속성 여부는 진보도시의 현 상태를 유지하는 문제이기도 하지만, 동시에 진보도시를 어떻게 더욱 진보시켜갈 것인가의 문제이기도 하다. 정책과 실천의 문제로 돌아오더라도, 진보도시 만들기는 여전히 실천 주체들의 해석 문제로 남으면서, 앞의 문제로 돌아간다.

2. 진보의 의미와 도시를 통한 진보

1) 개념으로서 진보: '진보' 개념의 두 가지 층위

'진보'는 좌파 정치를 상징하는 낱말이다. 현실정치에서 진보주의자들(Progressives)은 기존의 지배적인 시스템에서 배제되거나 억압받는 집단, 사람, 지역, 부문 등의 이익이나 가치를 옹호하고 대변하며 실현하고자 하는 정치적 입장을 취한다. 진보는 그래서 권력화된 지배질서나 가치를 지키려는 입장, 즉 '보수주의자(Conservatives)'와 경쟁하거나 대립하는 관계에 있다. 실천 방법에서 기존의 권력과 가치체계를 비판하거나 뛰어 넘어야 하기 때문에 진보정치는 '급진적(radical)'인 경우가 많다. 자본주의 대안의 모색이나 계급 중심적 접근을 취하는 일 등은 진보주의자들이 취하는 이러한 정치적 입장에서 연유한 것이다. 그러나 우리가 사는 일상 삶터에서 고도로 추상적이고 구조주의적인 가치 개념인 진보를 어떻게 실현해낼 것인가와 같은, 진보에 관한 구체적인 물음을 제기하면, 진보라는 의미가 그렇게 간단하지 않다.

진보의 사전적 뜻은 '정도나 수준이 나아지거나 높아짐' 또는 '역사 발전의 합법칙성에 따라 사회의 변화나 발전을 추구함'이다(네이버 국어사전). 진보를 영어로 번역할 때 사용하는 단어 'progress'는 '점차 나아지거나 성취 또는 완성하고자 하는 것에 가까워지는 과정(the process of gradually improving or getting nearer to achieving or completing something)'으로 정의되고 있다(네이버 영영사전). 하지만 이러한 사전의 뜻만으로는 진보의 복잡한 의미구조가 다 드러나지는 않는다. 진보는 어떤 목표나 가치를 지향해야 하나? 진보는 누구의 관점에서 어떤 주체에 의해 실현되어야 하는가? 진보는 어떤 시대적 맥락(혹은 사회적 상황)에서, 어떠한 방법 또는 과정(절차)을 통해 실현되어야 하는가? 이와 같이 추상 개념인 진보를 현실(사회)의 구체 개념으로 규정하려면, 그 의미 해석에 많은 층위가 있다.

'현재보다 나아짐' 또는 '역사 발전'을 지향하는 진보의 개념을 확대해 일반화하면 특정 역사 단계나 사회(영역)에 국한되어 적용되지 않는 '초절적 개념(transcendental concept)'이 된다. 인간해방, 자아실현, 평등과 정의의 구현, 민주주의의 구현, 행복의 구현 등으로 지칭되는 진보는 동서고금을 막론하고 어느 시대, 어느 사회에서나 보편적으로 추구될 수 있는 진보의 초절적 가치 개념에 해당한다. 하지만 초절적 개념의 진보(예를 들어 계급해방)를 현실에서 구현하려면, 진보의 가치가 현실의 권력관계 속에서 어떻게 억압되어 있고, 어떠한 방식으로 복구될 수 있을지에 대해 (시스템과 대비되는) 주체적 관점에서 치열하게 해석하고 다투는 과정이 있어야 한다. 가령 '인간해방'이라는 초절적 진보가 현실에서 저절로 구현되지 않는다면, 인간해방을 가로막는 억압과 통제 기제는 어떤 것이고, 이를 어떻게 극복하면서 체감되는 것으로 구현해낼지는 모두 치열한 '해석투쟁'의 과정이 뒷받침돼야 한다. 이런 과정을 거칠 때 해방과 자아실현은 '시민참여'로, 평등은 약자(저소득층, 장애인 등)에 대한 우선 배려로, 정의는 정책자원의 공평한 배분으로, 행복의 구현은 소득 향상 및 시민행복감 고취 등과 같은 구체 수준의 진보 개념으로 재정의된다. 초절적 개념과 견주면, 이는 진보의 '상황적 개념(contingent concept)'에 해당한다. 물론 상황적 개념이 모두 해석적 투쟁의 결과로 도출된 것은 아닐 것이다. 역사 속의 진보는 진보의 초절적 가치를 특정 시대의 맥락에서 해석하고 삶 속으로 구현하는 투쟁의 결과일 뿐이다. 초절적 개념과 상황적 개념의 맞물림은 추상과 구체, 구조와 행위, 체제와 주체 간의 변증법적 관계를 함축한다. 그렇다면 진보라는 개념은 역사 속에서 실제 어떻게 등장하고 전개되어 왔나?

2) 역사로서의 진보

지식사에서 보면, 진보라는 말은 18세기 계몽주의적 가치 개념으로 등장해 사용되기 시작했다. 신의 관점이 아니라 인간의 눈높이에서 인간을 포함한 사물과 현상(자연과 사회)을 인식하고, 이러한 이해를 바탕으로 사람중심의 삶을 구현하려고 하는 것이 곧 계몽주의적 개념의 진보다. 18세기 초반 프랑스 귀족 지식인 중심으로 등장한 계몽주의(the Enlightenment)는 무지, 미신, 신학 등 '동굴에 갇힌' 사람들에게 '이성의 빛'을 쪼여 스스로의 능력을 가지고 해방적 삶을 살도록 돕는 신지식운동이자 그 이념이다(Hamilton, 1992). 역사적 실천과 경험에서 도출되는 계몽주의의 핵심 요소로는 '이성', '합리성', '시민성', '진보'가 꼽힌다(조명래, 2002; Hamilton, 1992). 이 가운데 진보는 '과학'(경험) 지식을 이용해 신체적·물질적 질곡에서 '인간상태(the human condition)'를 개선하는 것으로 지칭됐다. 근대 의학과 의료기술에 도움을 받은 '질병으로부터 해방'은 진보 개념의 일차적 피지시체(彼指示體)였다. 이렇듯 '인간상태의 개선'은 계몽주의적 진보 개념을 구성하는 핵심 요소고, 그 가능성은 계몽주의적 성찰과 자각을 통해 획득된 '인간 이성과 합리성'에 있었다.

18세기 중후반을 거치면서 초기 계몽주의적 지식은 대중적 지식(예를 들어 루소의 사회계약론)으로 바뀌면서 사람 중심의 삶 전반을 성찰하고 개혁하는 다양한 실천(시민혁명, 산업혁명)으로 옮겨졌다. 이로써 근대사회가 등장했다(조명래, 2002). 기술, 경제, 사회조직 등의 진보로 출현한 근대사회는 '개선된 인간상태' 자체고, 그 모습은 시장경제, 자본주의, 민주주의, 시민성 등이 '사회적으로 제도'화되는 것으로 나타났다. 19세기 들어 진보의 개념은 '사회적 다윈주의(Social Darwinism)', 생산양식의 발전, 사회 형태의 근대화 등과 같이 '사회적 진화(social evolution)'에 관한 것으로 확장되었다. 자유시장경제의 확립을 통한 자원의 효율적 배분, 부의 총량 증진, 사회적 후생의 향상 등으로 그려지는 (신)고전경제학류에서 말하는 '진보'는 19세기형 사회적 진보의 대표적인 예다.

그러나 19세기 중후반을 거치면서 자유시장 제도에 바탕을 둔 근대사회는 자본과 노동의 계급관계를 중심으로 하는 자본주의적 체제로 공고화되었다. 자본주의에 고유한 노동착취, 곤궁화, 불평등, 지배와 배제 같은 사회적 모순이 속출하면서 이를 둘러싼 사회세력 간 대립과 갈등이 본격화되었다. 이로써 자유주의적 전망의 진보 개념은 급진주의자들(예를 들어 사회주의자)에게 도전을 받게 되고, 이들이 내세운 '비판적 진보'가 진보의 새로운 개념이 되었다. ‘진보’가 급진적 정파의 정치적 아이콘과 같이 된 것은 이때부터다. 사회 약자들이 겪는 차별, 불평등, 소외 등의 탈인간적인 문제를 자본주의의 고유 모순으로 독해하고 계급적 실천을 통해 이를 급진적으로 극복하는 입장을 비판적 진보로 간주한 것이다. 19세기 말과 20세기 초반, 실제 영국과 미국 등에서는 실업, 빈곤, 차별 등의 사회문제 해소를 주창하는 다양한 진보적 정치 운동이 활성화됐다. 그 때문에 이때를 ‘진보의 시대(Progressive Era)’라고 부른다(Douglass, 2015). 하지만 20세기 들어 다양한 방식으로 시도된 복지, 성장, 개발, 경쟁 등이 진보라는 말을 대신하면서 20세기 후반에 이르러(특히 사회주의권의 몰락 이후 신자유주의가 전면화된 이후) ‘진보주의(progressivism)’는 퇴행적 좌파 이념으로만 치부되었다.

3) 도시와 진보의 관계

진보란 말은 18세기 계몽주의적 개념으로 사용되기 시작했지만, 도시의 진보는 사실 이보다 훨씬 오래된 계보를 가지고 있다. 인간 역사를 통해 확인되는 진보의 본질은, ‘인간상태의 개선’과 관련된다. 야만적 인간상태에서 문명적 인간상태로 이행을 진보의 궁극적 내용이자 형식이라고 본다면, 이는 ‘문명(화)(civilization)’와 같은 것이다. ‘Civilization’이라는 말은 라틴어 ‘civilis (키빌리스)’에 뿌리를 두고 있는데, 이는 ‘civis(키비스)’의 형용사 형태다. ‘civis’는 시민(citizen)을 뜻한다. 이렇게 보면 문명은 ‘시민화’[4]로 해석되어야 할 것이다. 이때 시민은 그리스 시대 도시 밖의 야만적 삶을 사는 사람들과 비교되는, 세련된 말투와 행동, 예의범절을 갖추고 살아가는 도성(도시) 안

---

4) ‘Civilization’은 정확히는 ‘도시 사는 시민처럼(civilis) 되도록 만들기’라는 의미지만 라틴어에는 이에 해당하는 말이 없다. 이 말은 상업과 권력의 중심지로 ‘도시’가 부각되는 근대에 생겨난 것이다.

사람5)을 지칭하지만 시민화로서 문명은 도시적 세련됨이 깊어지는 것과 같은 현상을 가리키는 말이다(김헌, 2011: 26~27).

'Civilization'이라는 말을 '문명'이라는 근대적인 의미로 영어권에서 가장 먼저 쓴 사람은 애덤 퍼거슨(Adam Fuguson)이다. 1767년 그는 "개인만이 유아기에서 성년기로 발전하는 것은 아니다. 인종도 거친 상태에서 문명 상태(civilization)로 발전하는 법이다"라고 말했다. 그 후 'civilization'이라는 말은 미개한 상태(barbarism), 비이성적 삶과 반대되는 '도시적 문명 상태, 이성적 삶이 더욱 깊어지고 일반화되는 현상'을 가리키는 말로 본격적으로 사용되었다(김헌, 2011: 27~28). 도시 사람의 '세련됨'을 뜻하는 키빌리타스(civilitas)는 도시를 무대로 해서 일궈진 문명(화)의 핵심 징표로 간주된 것이다. 도시를 중심으로 하는 문명은 교양, 덕성, 자의식을 두루 갖춘 사람이 도시의 진정한 주체가 되고, 이들 중심의 삶의 방식이 보편화되는 현상이 곧 문명인 셈이다. 이는, 도시가 사람중심의 삶을 규율하는 법률, 제도, 산업, 기술, 문자, 교육 체계와 이를 유지하고 확장하는 조직이 가장 높은 수준까지 이른 공간으로 생산된 결과이기도 하다(김헌, 2011: 30)6).

도시의 진보는 문명으로서의 진보이고, 그 본질은 계몽적이고 자의식적인 인간상태, 즉 인간성의 실현에 있다. 키빌리타스(교양, 세련됨 등)의 특질을 지닌 도시적 인간은 그리스 시대 폴리스의 자율적 시민 주체를 전형으로 한다. 그렇지만 중세의 신성 본위에서 사람의 가치나 인간성의 문제는 철저하게 왜곡·억압되었다가, 16~18세기 르네상스의 등장과 함께 휴머니즘7)에 대

---

5) 그리스 시대에 그리스적 교양을 갖추고 있는 사람을 헬레니스모스(Hellenismos)라고 불렀다면, 이와 대조되는 야만인을 바르바리스모스 또는 바르바리아(barbaria)라고 불렀다(김헌, 2011: 27).

6) 이런 점에서 문명이라는 개념은 도시가 갖는 힘의 확장을 설명하고 정당화하기 위해 고안된 것이라고 한다(김헌, 2011: 30).

7) 서양철학사에서 휴머니즘은 그리스 시대 도시 사람들이 누렸던 사람중심의 사유와 실천

한 재주목과 이의 부활이 이루어졌다. 르네상스인에게 '키빌리타스'의 의미
가 각별했던 것은 인간성(humanitas)과 품위 있는 교양인의 태도(civilitas)를
갖춘 인간이 르네상스 시대에 새로운 이상적 인간상으로 주목되었기 때문이
다(안성찬, 2011: 44). 하지만 본연의 인간에 대한 이러한 자각은 삶터인 도시
를 사람답게 바꾸고 사람 가치 중심으로 일상을 꾸리는 (공간의) 변화까지는
이어지지 않았다. 르네상스가 바탕이 되어, 18세기 계몽주의가 등장하면서
도시는 비로소 이성과 합리성을 갖춘 사람다운 삶이 조직되고 자유로운 인간
성이 구현되는 장으로 다루어졌다. 근대도시는 이런 점에서 볼 때 사람다움
을 자유롭게 구가하는 합리적 도시 주체들의 일상 관계가 조직되고 지탱되는
사회적 공간으로 생산된 것이다. 하지만 모든 도시 거주자가 도시공간 속에
서 자유 개인으로서 동등한 지위와 권리를 누리는 것은 아니다. 도시를 중심
으로 구축된 사회적 시스템에 편입된 결과, 도시의 일상세계는 '체제와 그 권
력에 의해 식민화'되고 도시인들은 스스로의 일상 과정에서 소외를 겪는다
(Kofman and Lebas, 1996). 삶의 편리를 위해 사람들이 도시를 만들었지만, 만
들어진 도시는 도시의 주체인 사람들을 거꾸로 규율하고 훈육해 객체로 전락
시키고 있다(신승원, 2016). 도시를 통한 주체의 억압과 소외는 도시 진보의
최대 역설이다. 이 역설 때문에 도시는 권력화된 체제의 지배와 자유로운 인
간본성을 추구하는 주체의 반지배가 변증법적으로 충돌하는 '해석적 투쟁의

이라는 이념에 뿌리를 두고 있다. 르네상스 문화의 바탕은 고대 휴머니즘의 복원이고,
이는 교회적 권위 아래 질식되어가는 자연스러운 인간성을 회복하기 위한 것이었다. 르
네상스는 고대의 문예를 부흥시켜 신학중심의 학문체계를 인간다운 학예로 바꾸는 변화
를 불러왔지만, 도시와 일상 삶터를 사람다운 것으로 바꾸는 변화까지 불러오지는 못했
다. 휴머니즘은 시대에 따라 여러 가지 사상 형태로 변하면서, 지향하는 바가 서로 상충
하기도 했다. 사람을 마치 신과 같이 절대 주체로 간주하는 입장이 있는 반면, 사람 이하
도 이상도 아닌 사람의 자연적 소질 자체를 추구하는 입장도 있다. 과학기술의 합리성
구현을 통해 인간성의 확충을 도모하는 입장이 있는 반면, 과학기술의 노예화와 비인간
화에 저항하고 그것을 극복함으로써 사람다움을 추구하는 입장도 있다.

장'으로 남게 되었다.

4) 역사 속의 도시의 진보

역사상 많은 (신)도시들은 나름대로 유토피아의 꿈을 실현하기 위한 의도로 건조되었다. 이러한 이상이 가장 실현된 역사 속의 최초 진보도시로는 그리스 시대의 폴리스를 꼽을 수 있다. 아리스토텔레스는 그의 저서 정치학(Politika)에서 사람은 폴리스의 정치적 삶을 통해 인간 본성(innate)을 발현하면서 최종적으로 '행복(eudaimonia)'의 상태에 이르게(일종의 자아실현) 된다고 했다(Douglass, 2015). 폴리스(polis)의 삶(특히 정치적인 삶)을 통해 도시인들은 계몽적인 문명인이 되고, 또한 도시인으로 살아가는 동안 인간다움의 자기실현을 이루게 된다. 폴리스의 사람은 그래서 도시 밖 자연에서 거친 삶을 영위하는 야만인과 구분된다. 도시의 진보는 바로 폴리스의 정치적 삶을 통한 '행복의 구현' 또는 '자아실현'으로 나타난다(김창성, 2008).[8] 폴리스의 삶이 자아실현의 문명적 삶을 가능케 하는 것은 아고라와 같은 소통의 장을 통해 삶의 공통 문제를 시민들이 자발적 논쟁과 합의를 통해 해결하고, 시민권에 기초해 그 해결의 편익을 향유하는 존엄한 인격체로서 자기실현이 이루어지기 때문이다. 이 모든 도시적 실천을 아리스토텔레스는 '정치'란 말로 지칭했다. 사람을 위해 고안된 도시가 자기실현으로 나타나는 사람다운 삶을 온전히 담아내는 용기가 될 수 있는 것은 토론, 합의, 권리화 등과 같이 '정치

---

8) 이러한 정치체를 아리스토텔레스는 '중산층 시민 다수에 의해 통치되는 체제'로서 폴리티에아(politiea)라고 불렀다. 이는 도덕적 책임감이나 판단력을 결여한 빈곤 대중에 의해 통치되는 민주정과 구분했다. 폴리티에아가 시민결사체적 정치체라면, 폴리스(polis)는 일종의 지리적 공동체와 같은 것이다. 물론 폴리스의 의미는 이렇게 단순하지 않다. 폴리스 국가, 시민결사체, 시장 등 다양한 의미를 가진 것으로 분석된다. 자세한 논의는 김창성(2008) 참조.

하는 사람들의 관계'가 도시 속의 사람들의 일상관계로 규칙화되어 있기 때문이다.

로마시대가 되면서 도시는 키비타스(civitas)라는 자치 단위로 제국의 통치체제에 들어오게 된다. 키비타스의 구성원은 그 성격 면에서 그리스 폴리스의 구성원과 다르다. 폴리스의 구성원이 시민적 공동체의 구성원, 즉 자율적인 시민이라면, 키비타스의 구성원은 공화적 정치체제의 구성원, 즉 통치에 참여하는 공민 또는 인민(국민)에 해당한다(김창성, 2008). 그리스의 폴리스(특히, 폴리티에아)가 동등한 시민권을 보유한 자율적인 시민의 결합체, 즉 '시민적 공동체'라면, 로마의 키비타스는 제국의 통치 시스템 속에 편입된 구성원(인민 등)이 법률로서 주어진 자치권과 의무를 행하는 '법률적 자치결사체'와 같은 것이다(자세한 내용은 김창성, 2008 참조). 따라서 이러한 통치와 자치의 원리로 구성되고 작동하는 키비타스는 그 자체로서 공화정적 정치체여서 '공화적 도시(the publican city)'라 부를 수 있다. 공화정이 운영되는 원리는 국가와 같아서 키비타스를 확장하면 마치 국가와 같은 의미를 갖는다. 그래서 키비타스의 구성원들은 그들이 속한 키비타스를 국가라 부르고 스스로를 국민이라 칭하기도 했다. 법률적 권리주체로서의 위상은 그리스의 폴리스 시민에 비해 강화되었지만, 폴리스 시민이 그들의 시민권적 삶 전체를 공동체 틀 내에서 보호받으면서 자아실현을 통한 행복의 구현을 추구할 수 있었던 데 비해, 키비타스 시민(인민)은 공화정에 참여하면서 권리주체로서 제한된 삶의 보호와 실현을 이룰 수 있었다. 폴리스의 자아실현이라는 추상적·초절적 개념의 진보가 키비타스의 참정권 실현이라는 구체적·상황적 개념의 진보로 진보의 의미가 축소된 것이다.

중세 봉건도시(feudal city)는 토지를 바탕으로 신분질서가 구축되어 있는 봉건제를 지탱시키는 거점과 같은 곳으로 기능했다. 봉건제는 왕이 봉토를 제후에게 나눠주면, 제후는 봉토를 중심으로 구축된 영지를 다스리면서 왕에게 충성을 하는 지배-종속 시스템으로 작동한다(Katzelson, 1992). 보통사람은 영지 내에서 봉건지주와 소작농이라는 엄격한 신분 관계를 맺고 삶을 살아간다. 토지라는 생산 수단의 소유 관계를 바탕으로 형성된 신분질서는 지배와 착취의 관계로 작동하면서 피지배층에 속하는 사람들의 물질적·정신적 삶은 철저하게 통제되고 억압되었다. 하지만 중세는 동시에 기독교 권력이 지배하는 시대이기도 했다. 신성본위의 봉건적 질서하에서는 사람 대신 신이 모든 문명의 중심이었고, 사람의 존재 가치는 신의 가치에 비해 상대적으로 축소되거나 억압되었다. 중세의 (보통)사람들은 이렇게 보면, 신에 의해 인간성의 발현을 억압당하는 동시에 봉건 지배자에 의해 인간으로 삶이 철저하게 통제받고 착취를 당하는 이중적인 탈인간화를 겪었다. 봉건제적 지배의 거점으로 봉건도시의 사람과 삶은 이러한 이중적 탈인간화를 깊숙이 내면화하고 있었던 셈이고, 도시의 각종 시설물들(예를 들어 성, 교회, 시장, 주택, 광장, 공연장 등)은 바로 이를 돕는 공간적 장치들이었던 것이다. 일부 자치도시(예를 들어 베니스)가 출현하지만, 그것은 왕과 지역 통치자(영주) 간의 권력관계가 좀 더 자유로울 뿐, 도시의 보통사람들이 봉건제적 질서에 갇혀 살았던 것은 다른 봉건도시와 크게 다르지 않았다. 중세도시의 거주자들은 관리인, 지주, 장인, 상인이 대부분이지만, 봉건제하에서 피지배층에 속하는 도시거주자들이 겪는 탈인간화는 도시 밖 농업생산자(농노)들이 겪는 것과 또한 크게 다를 바 없었다. 이러한 인적 구성은 자유 상공인들이 출현하는 중세 후기까지 계속되며, 중세 도시 사람들이 겪는 종교적 지배와 신분적 지배에 의한 이중적 탈인간화, 탈주체화는 변화 없는 중세 봉건도시의 특징이었다. 중세 봉건도시에서 진보는 신학적 의미의 진보(예를 들어 신학적 세계로의 귀의, 세속으로부터 해방, 신적 존재와 일체화 등) 이외의 것은 찾을 수 없었다.

사람중심이라는 진보의 가치나 의미를 중세 봉건도시에서 찾을 수 없었다면, 이후의 변증법적 역사는 도시를 사람중심의 가치를 복원하고 실현하는 진보의 현장으로 만들었다. 16세기 르네상스(고대 인본주의의 부활), 이를 바탕으로 하는 18세기 계몽주의(사람중심·이성중심의 삶을 추구)가 도시를 무대로 꽃피우는 까닭이 되기도 했다(Kofman and Lebas, 1996). 또한 18세기 이후 도시가 산업혁명의 요람이 되었던 것도 중세 봉건도시하에서 억압된 인간성과 자유의지가 분출한 결과라 할 수 있다. 근대의 도시는 이렇게 해서 이성과 합리성을 중심으로 하는, 철저한 사람중심의 일상(거래) 관계를 조직하고 구현하는 장으로 생산되었다. 자유시장 거래의 중심지로 조직되고, 근대 시민권을 조직하고 구현하는 시민사회가 등장하고, 근대 민주주의적 통치와 권력질서가 제도화되고 작동하는 곳이 곧 근대도시다. 이성과 합리성이라는, 사람의 능력과 가치를 중심으로 하는 계몽주의적 진보가 사회적 삶 전반으로 확장되면서 이룩된 사회적 진보가 도시에서 꽃을 피우는 듯 했다. 하지만 도시를 중심으로 하는 근대 합리적 삶의 조직화는 자본주의적 생산양식과 자본주의라는 시스템을 도시를 중심으로 만들어냈다. 그 결과 이성과 합리성을 바탕으로 하는 도시의 일상성은 자본주의 상품 소비관계, 화폐관계, 계급관계 속으로 들어오게 되었다. 자본주의적 생산양식이 구축되는 도시의 일상관계에 포함되면서, 사람(의 몸과 정신) 자체가 자본화와 상품화의 대상으로 전락한 것이다(Merrifield, 2002). 계몽주의적 진보로 시작한 근대도시의 진보는 결국 자본주의란 생산력과 생산양식의 발달로 대체되어버렸다. 인간성의 해방과 체제의 억압성 간의 길항은 근대도시공간에 갇힌 '진보의 오랜 딜레마'로 재현되고 있다.

3. 진보도시를 위한 실천

1) 진보도시 만들기의 역사

　도시는 인간의 삶의 편리를 돕기 위한 공간적 장치이며, 문명은 바로 도시의 진보가 이룩한 내용물이다. 인류의 역사를 통해 인간은 더 나은 삶을 담아내기 위한 도시, 즉 진보적인 도시를 만들기 위해 줄곧 노력해왔다. 고대사회에서는 그러한 노력이 신의 힘을 빌려 이뤄졌다. 동서양을 막론하고 대부분의 고대사회에서 도시는 신을 대신해 사람을 다스리는 통치의 거점이었다. 가령, 고대 중국에서 왕은 하늘의 아들이란 뜻으로 천자라고 불렀고, 그의 책무는 하늘(신)로부터 위탁받은 숭고한 임무를 수행하기 위하여 현인(賢人)의 도움을 빌려 민중에게 질서와 평화를 누리게 하는 것이었다. 천자의 도시는 신정(神政)을 펴기 위한 시설과 기능을 갖추고 건조된 신의 도시였다. 고대 그리스 아테네는 신전을 중심으로 도시를 만든 후 신의 계시에 따라 시민들은 도시적(정치적) 삶을 자율적으로 꾸려갔다. 신이 보낸 자(者)가 사람으로 환생하여 신시(神市)를 만들어 인간 세상을 다스렸다는 한국의 건국신화[9]는 신시의 의미를 잘 보여준다. 고대 도시는 이렇듯 신정의 방식을 빌려 자연의 질서(신의 섭리)에 순응하면서 자아실현적인 풍요한 삶의 구현을 위해 건조된 공간이었다는 점에서 진보도시의 한 역사적 형태였다 할 수 있다.

---

9) 신인 환인(桓因)의 아들 환웅(桓雄)이 천부인(天符印) 세 개와 무리 3000명을 거느리고 태백산(太伯山) 꼭대기 신단수(神壇樹) 아래로 내려왔는데, 이곳을 '신시'라고 했다. 신시는 그 뒤 환웅이 웅녀(熊女)와 혼인해서 단군(檀君)을 낳고, 단군이 평양을 도읍지로 정해 고조선을 건국할 때까지 고조선 종족의 중심지였다. 하지만 신시에 대해서는 신정시대에 도읍 주위에 있던 별읍(別邑)으로서 삼한의 소도와 성격이 같은 신읍이었다는 해석과, 신시는 지명이 아니라 인명으로서 환웅을 가리키며 왕을 뜻하는 '신지(臣智)'가 존칭화한 것이라는 해석이 있다(한국민족문화대백과, 한국학중앙연구원).

이미 살펴보았다시피, 그리스의 폴리스는 덕성과 교양을 갖춘 시민들의 자율적인 정치적 실천을 통해 자아실현을 추구하는 시민적 결사체였다. 반면 로마시대의 키비타스는 시민권적 합의와 계약을 통해 공동선을 실현하는 공화적 통치체였다. 폴리스에서 진보는 인간의 자아실현과 행복을 구현하는 것이었다면, 키비타스에서는 합의된 공동선의 실현으로 가늠된다. 물론 폴리스나 키비타스 거주자(구성원) 모두가 평등하면서 대등한 권리를 행사하고, 또 그 결과를 공평하게 향유했느냐 하면 반드시 그렇지는 않다. 이런 측면에서 폴리스와 키비타스를 진보도시 만들기의 역사적 경험태로 일반화하는 데는 한계가 있다. 그럼에도 '자아실현'과 '공공선의 구현'을 각 역사적 도시의 존재 이유이자 도시 통치의 원리로 삼았던 것은 도시를 통한 인간중심의 초절적 진보를 꿈꾸어왔음을 의미한다.

그리스와 로마시대의 이러한 진보도시의 이상은 중세시대 다양한 '자치도시'에서도 이어졌다(Kofman and Lebas, 1996). 로마제국이 해체한 이후 중세 도시는 왕이 선임한 집정관이나 제후에 의해 다스려졌지만 교역이 발달하고 자유 상공인들의 힘이 커지면서 이들을 중심으로 하는 자치가 부분적으로 강화되기도 했다. 그 덕분에 일부의 도시(예를 들어 베니스)는 자치도로서 독립을 유지했지만 봉건제하의 자치도시 대부분은 왕을 대신한 영주를 정점으로 위계적인 신분질서에 바탕을 둔 권력적 시스템을 내부화했다. 경쟁과 통합을 통해 결국 군주제에 예속됨으로써 자치도시는 역사적인 유형으로만 남게되었다. 자아실현이라는 초절적 진보를 추구하던 폴리스의 이상은 중세의 봉건(자치)도시에서는 더 이상 찾아볼 수 없게 되었다. 이 점에서 도시의 발달은 퇴보를 동반했다고 할 수 있다. 역설적으로 도시의 이러한 퇴보, 즉 권력이 도시에 대한 지배와 통치를 강화하는 상황은 도시인들의 빼앗긴 자유와 자율권의 회복, 인간성의 자유로운 발현을 추구하는 강한 욕망을 자극했다. 16세기 르네상스(고전적 휴머니즘의 복원)가 여유 있는 도시인들의 문예운동으로부터 시작되었고, 토마스 무어(Thomas Moor) 류의 유토피아 운동이 도시 지식인을 중심으로 일었던 것은 도시의 역사적 퇴보에 대한 도시인들의 저항과 무관치 않았다. 중세에서 근대로의 이행을 가져온 여러 역사적 사건, 가령 시민혁명이나 산업혁명이 도시를 무대로 전개되었던 것도 이러한 도시적 저항이 확장된 결과였다. 19세기 들어 도시공간 자체를 물리적으로 개조하기 위한 권력의 개입[예를 들어 오스망 남작(Baron Haussmann)의 파리 대 개조]은 중세적 유제가 남아 있는 도시공간 질서를 지우기 위한 것이었다.

하지만 이러한 도시공간의 개조는 중세적 유제를 지우는 것을 넘어서 막 등장한 근대의 새로운 질서(예를 들어 자본주의적 질서)를 새겨 넣기 위한 노력과 동시에 이루어졌다. 이로 인해 중세에서 근대로 이행하는 시기에 도시들은 새로운 공간질서의 창출을 둘러싼 '해석적 투쟁'의 장이 되었다. 1871년 3월 28일에서 5월 28일까지 파리 민중에 의해 건설된 코뮌도시는 핍박받는 도시 약자들이 고대 폴리스의 이상인 자율공동체로 모델로 건설한 것이지만, 이는 기실 오스망 남작의 '파리 대 개조'에서 실행된 차별과 배제에 대한 저항으로 나왔던 것이다(Kofman and Lebas, 1996). 비록 단명으로 끝났지만, 공동체 사회주의자들에 의해 주도된 파리 코뮌운동은 근대적 진보도시 만들기 운동이라 할 수 있는 '자치 사회주의(municipal socialism)'의 실천적 기원이 되었다. 비록 역사적 흐름을 약간 달리할지 모르지만, 19세기 말이나 20세기 초반에 들어와서 영국을 중심으로 전개된 신도시운동이나 전원도시운동도 '도시의 자본주의화'에 의한 공동체적 삶의 해체에 대한 진보적 도시지식인들의 해석적 저항에서 비롯된 것이다. 사상적으로는 토마스 무어(1477~1535)의 유토피아론에 뿌리를 두고 있지만, 이들 대안 도시운동은 막 시작된 '도시적 자본주의'가 가져온 탈인간화 문제(인간성 발현의 억압, 사회적 정의의 상실, 일상 소외 등)를 대안공동체 건설을 통해 극복하려 했던 것이다. 이 중에서 전원도시론(1898년)을 제시하고 근교에 실제 건설해 영국 신도시의 기원을 만든 에버니저 하워드(Ebenezer Howard)는 페이비언 협회(페이비언 사회주의자들의 클럽)의 열성 멤버였던 점을 감안하면, 그가 건조했던 신도시(가령 웰빈이나 레치워스 같은)는 자본주의에 대한 비판적 해석과 사회주의적인 이상을 담으려고 했다는 점에서 '해석적 투쟁'에 의해 생산된 진보도시라 할 수 있다. 오늘날 제도화된 도시계획이 19, 20세기 영국의 신도시 계획을 중요한 출발점으로 삼는다고 한다면, 그 바탕엔 곧 전원도시라는 하워드의 진보도시의 이상이 깔려 있는 셈이다. 실제 근대도시계획에서 도시의 공간구성(특히 주거지)이 페리(C. A., Parry)의 근린주구(neighborhood unit)란 근린 공동체 공간을 기본으로 하는 것도 폴리스적 공동체 삶의 방식에 대한 회구를 투영하고 있다. 그리고 오늘날 다양한 도시운동(특히 시민사회적 운동)도 대부분 알게 모르게 공동체성을 복원하고 지키며 구현하는 것을 중심에 두고 있다. 르페브르의 '도시에 대한 권리(Right to the City)' 개념에 기반을 둔 도시운동들은 자본주의에 의해 박탈된 도시적 삶의 재전유를 권리로 추구하는 것이며, 역사상 계속 이어온 진보도시의 이상을 현대 자본주의 상황에서 복원하고 구현하려는, 현대 도시인들의 대표적인 실천운동이다(Harvey, 2012).

2) 도시자치로서의 진보도시 만들기

근대에 이르러 진보도시의 이상은 다양한 도시자치제도로 담아내려는 구체적인 시도들이 있는데, 영국의 자치사회주의, 미국의 진보도시, 일본의 혁신자치제 등이 그 대표적인 사례다. 이 중 영국의 자치사회주의(municipal socialism)는 19세기 말 자본주의 황금기[가령 프랑스의 벨 에포크(belle époque) 시대, 미국의 도금의 시대(Gilded Age) 등]를 배경으로 해서 점증하는 사회적 불평등과 노동궁핍화(자본주의의 모순)를 해결하기 위해 시도된 사회주의식 도시개혁을 말한다. 1873~1875년 재임한 버밍엄 시장 조지프 체임벌린(Joseph

Chamberlain)이 추진한 자치사회주의가 그 대표적인 예다. 도시에서의 토지와 산업을 공유화(시유화)하고 종래 개인 소유자가 차지했던 과잉이윤을 사회 전체의 이익을 위해 사용하며, 자본주의적 생산의 영리주의 대신 소비자 본위의 실질주의 경제 질서의 확립 등을 자치사회주의의 이상(목표)으로 삼았다. 이러한 이상하에서 도시 정부를 장악한 페이비언파(페이비언 사회주의자)들은 가스·수도 등을 우선적으로 공기업화(시의 소유하에서 직영)했고, 그 덕분에 자치사회주의는 '수도와 가스의 사회주의'로 불렸다. 하지만 자치사회주의는 전통 사회주의자들에 의해 자본주의 혁파를 위한 계급혁명 같은 본질적 문제를 비켜간 것으로 간주되어 비판과 배척의 대상이 되어 지속적인 진보도시 만들기 실천으로 이어지지 못했다. 1980년대 중반, 신좌파 리더로 부상한 켄 리빙스턴(Ken Livingston) 시장이 런던을 '노동자 주도의 사회적으로 유용한 생산의 도시'로 재구조화(개혁)를 추진했다. 이를 두고 자치사회주의의 현대적 부활이라는 평가가 나오기도 하지만, 대처 정부가 노동당 좌파를 무력하기 위한 목적으로 런던광역의회(1918~1986)를 폐지함으로써 자치사회주의의 실험도 끝났다(자세한 논의는 서영표, 2011 참조).

한편 도금의 시대(Gilded Age)라 불리는 미국의 1890년대 말과 1900년대 초에는, 정의로운 사회를 지향하는 진보주의자들의 정치적 실천운동이 크게 일었다(Douglass, 2015). 이 시대를 그래서 '진보의 시대'라고 불렀다. 도시 차원의 진보운동을 영국에서는 자치사회주의라고 불렀다면 미국에선 '진보도시(progressive city)운동'이라고 명명했다. 정의, 분배, 형평성 등의 진보적 가치를 도시 차원에서 실현하고자 하는 자치운동을 진보도시운동이라 했던 것이다. 미국에서 진보도시운동의 전통은 연방정부의 보수적 정책 운영에 맞서 지방정부의 진보주의자(progressives)들이 약자를 포함한 지역주민의 실질적 편익을 위한 다양한 개혁적 정책을 펴는 데서 생겨났다(Schragger, 2009; 2013). 양차 대전을 거치는 동안 진보도시운동은 크게 약화되었다가, 1970년대와 1980년대 탈산업화로 급격한 도시 쇠락을 겪는 가운데 시민운동이 활발하게 일어났던 일부 동부 도시(보스턴, 시카고, 클리블랜드 등)를 중심으로 다시 부활했다(Clavel, 1986: 2010). 개혁적 시장의 등장과 함께 시정을 개방해 시민의 참여를 대폭 허용하고, 경제적 이익을 우선하는 성장과 개발중심의 의제를 사람중심의 복지나 분배 중심으로 과감하게 바꾸며, 정부 대신 지역 주민들이 지역사회 과제를 자율적으로 추진할 수 있는 자치의 시민사회화 등이 진보도시 만들기의 중요한 방식이자 내용이었다. 이런 시도는 일부 도시에 국한했고, 그나마 1990년대 들어 신자유주의 영향으로 미국의 주요 도시들은 첨예해지는 도시경쟁에서 살아남기 위한 성장 드라이브를 추진하는 데 올인(all-in)했다. 그에 따른 폐해가 2000년대 들어 속출했다. 소득계층 간 불평등, 공공서비스의 위축, 공공자원의 불공정한 배분, 계층 격차의 심화, 사회적 약자의 배제, 부동산 개발의 붐과 주거불안정, 빈곤의 심화, 성장 연합에 의한 정책의 편향화 등이 그러했다. 이런 상황에서 진보주의자들이 다시 진보도시론을 들고 나왔다(Schragger, 2009; 2013). 뉴욕 시가 대표적인 예다. 2015년 취임한 빌 드 블라지오(Bill de Blasio) 뉴욕 시장은 복지, 의료, 주택, 일자리, 환경 관리 등 모든 면에서 정치적·제도적 경직성 때문에 연방정부가 하지 못하는 정책을 뉴욕에서는 보란 듯이 추진하겠다고 하면서 스스로 그러한 뉴욕을 진보적 도시라고 불렀다(Corbin and Parks, 2014; Ranghelli, 2011; Strasser, 2013). 전임 마이클 블룸버그(Michael Bloomberg, 2002~2013) 시장하에서 뉴욕은 창조경제에 기반을 두어 글로벌 경쟁력을 회복하게 되었지만 전체 인구 20%가 빈곤선 이하로 떨어질 정도로 도시빈곤 및 양극화는 더욱 악화되었다(Goldberg, 2014). 이런 도시적 상황을 배경으로 해서 빌 드 블라지오는 '뉴욕을 모든 사람을 위한 도시'로 만들겠다는 슬로건을 내걸었고 압도적 지지를 받으며 당선됐다. 워킹맘에 대한 보육서비스 확대, 사회적 임대주택 공급 확대, 인권 침해 소지가 큰 검문·검색 중단 등 사람중심(특히 약자 우선)의 여러 도시 정책을 내놓았는데, 이 중에서도 임대료 인상 동결 정책은 대표적인 진보도시 정책으로 평가받고 있다(Goldberg, 2014). 뉴욕 시를 필두로 진보도시 정책이 여러 대도시로 확산되고 있는데, 이를 두고 골드버그(Goldberg, 2014)는 '대도시 진보주의 시대(the era of big-city liberalism)'가 시작되었다고 선언했다. 미국에는 현재 300여 개의 진보적 지자체의 연합체인 '지방적 진보(Local Progressive)'가 결성되어 활동 중이다.

일본에서는 1960년대와 1970년에 고도성장에 따른 도시화의 폐해를 극복하기 위해 도시 차원에서 참여 자치를 통한 시빌 미니멈(civil minimum) 실현을 주창하는 진보적 도시개혁(혁신 자치)운동이 전국적인 선풍을 일으켰다. 공산당과 사회당이 이데올로기 대신 '가치 동맹'을 내걸고 선거를 통한 자치혁신을 주창했고, 이에 많은 지역 정치세력이 동조하고 동참함으로써 전국적 자치혁신 운동으로 확산됐다. 혁신자치의 핵심은 일본의 오랜 관료적 위임 자치를 풀뿌리 민초에 의한 참여자치로 바꾸고, 나아가 이를 기반으로 해서 개발성장 중심의 정책 의제들을 사람중심의 환경복지 의제로 바꿈으로써 도시를 다시 사람중심으로 전환시키는 데 있었다. 복지 기준선의 제정, 환경오염 척결을 위한 환경 기준의 강화, 토목개발사업의 중단과 교육·복지사업의 확대, 시빌 미니멈(civil minimum) 제정과 시민권의 제도화, 주민대표의 지방의회 진출, 지역 정당의 출현 등은 혁신자치제의 성과였다(박경, 2011). 1970년대 중반까지 일본의 전체 도시 인구 절반이 혁신자치도시에 속할 정도로 혁신자치는 큰 유행을 이루었다. 1967~1979년까지 재임한 동경 미노베 시장의 혁신자치는 그 대표적인 예다. 1970년대 중반을 거치면서 보수당과 중앙정부가 혁신자치의 의제와 방식을 수용함으로써 진보세력이 주도한 혁신자치의 차별성은 사라졌고, 그 결과 이 운동은 크게 약화됐다. 하지만 이 운동의 유산은 1990년대 일본 전역에서 일어났던 '마치즈쿠리 운동(마을 만들기 운동)'으로 이어져 일본의 지방자치가 훨씬 더 풀뿌리에 기반을 둘 수 있게 해주었다.

3) 진보도시 만들기의 조건과 함의

진보도시 만들기의 실천 경험을 통해 진보도시는 어떻게 등장하고, 어떠한 조건과 요소를 갖추고 있으며, 도시유형으로 일반화는 어느 정도 가능할까? 진보도시(progressive city)라는 말을 정의한 피에르 클레빌(Pierre Clavel) 교수는 시차를 두고 쓴 두 권의 책(Clavel, 1986; 2010)에서 이에 대한 답을 주고 있다. 이 중 최근에 출판한 두 번째 책, 『시청에 들어간 활동가(Activists in City Hall』(2010)에서 그는 벌링턴, 오클랜드, 보스턴, 시카고를 사례로 분석하면서 진보도시의 필요조건(또는 전제)으로 다섯 가지를 제시했다.

첫째는 시장(후보)의 사회운동적 기반(social movement base supporting a mayoral candidate)이다. 오늘날 정부(government)의 역할 한계를 시민사회의 참여와 협력으로 보완하는 통치의 새로운 방식을 '거버넌스(governance)', 즉 협치라고 부른다. 이러한 새로운 통치의 관점에서 보면 성장 우선, 개발중심, 친기업주의, 하향적 의사결정 등을 특징으로 하는 정책 시스템의 한계는 정부(통치의 원리로 조직된 사회적 기구)와 시민사회(소통과 연대의 원리로 조직된 사회적 기구)가 연대와 협력을 통해 극복되어야 할 것이다. 따라서 단체장(정부)의 리더십이 시민운동에 기반을 둔다는 것은 시민사회적 가치와 자원을 정부 영역으로 끌어들여 진보적 자치를 구현할 수 있는 첫 번째 조건이 갖추어지는 것을 뜻한다. 실제 미국에서 진보도시로 일컬어지는 도시들을 보면, 시민활동가 출신들이 자치정부 구성에 참여하고, 자치의 주요 과제들을 시민 참여와 협치를 거쳐 결정해 추진하는 경우가 대부분이다. 진보도시일수록 지방정부의 권한과 정책은 지역시민사회에 의해 지지되고 시민주체들의 참여와 협력에 의해 추진되는 것이 일반적이라는 것이다. 이 모든 것의 가능성은 단체장의 리더십이 사회운동에 얼마만큼 기반을 두고 있느냐로 가늠된다.

둘째는 도시 정부의 분배적 역할 비전 및 혁신정책의 추진이다(distributive vision of government's role, development and implementation of innovative policies). 성장과 개발, 기업 부문, 부동산 개발 등의 부분으로 정책자원을 우선 배분하게 되면, 도시주민들이 일상에서 필요로 하는 공공서비스의 공급과 배분을 그만큼 줄이고 왜곡시키게 된다. 이는 경제중심의 외형적 물리적 성장을 추구하는 정책이 특정 세력(산업계, 기업, 중산층 등)에 의해 포획되어 있는 것과 무관하지 않다. 따라서 진보주의자들이 시정의 주체가 될 때는, 기존 정책 의제를 사람중심 의제(복지, 환경, 문화, 공동체 등과 관련된 의제)로 바꾸고 정책자원을 우선 배분하는 것과 관련된 비전을 정확하게 제시하고, 또한 이를 실현하는 혁신정책을 실제로 강도 높게 추진해야 진보도시의 구현이 현실적으로 가능해진다.

셋째는 도시사회의 다양한 계층(특히 빈곤층과 유색인)을 광범위하게 대표할 수 있는, 시정부의 개방을 위한 개혁이다(reforms that often up government to broader representation, especially by the poor and people of color). 진보도시는 사람을 도시진보에 중심에 두는 다양한 실천이 실제 이루어지는 도시인 바, 그 출발점은 시정에 대한 시민의 포용이다. 이는 시민참여와 대표성의 문제지만 그보다 궁극적으로는 진보도시의 (계급적) 주체 설정에 관한 문제와 결부된다. 따라서 혁신시정에 참여하는 제도화는 진보도시의 한 조건인 '포용성(inclusivity)'을 구현하는 가장 중요한 조건이자 수단이다. 특히 기존 정책 시스템에서 배제된 약자(저소득층, 빈곤층, 유색인 등)들이 혁신시정에 주체로 참여할 수 있는 '업무수행적 거버넌스(performative governance)'의 제도화가 중요하다. 이를 위해서는 주요 직책과 조직의 개방은 물론, 정책 작성 과정 전반을 열어 시민 유권자들이 정책의 생산자이면서 소비자로 참여할 수 있는 절차, 기구, 프로그램 등이 실질적으로 강구되어야 한다.

넷째는 시장의 임기를 넘어서는 자치개혁의 지속이다(long term impact that often extends beyond the mayor's tenure). 지방자치라는 제도 틀 내에서 추진되는 진보도시를 지향하는 혁신정책들은 단체장(시장)의 임기가 종료되면서 바로 멈추는 경우가 적지 않다. 정책 단절의 문제는 혁신과제일수록 더 두드러져, 임기를 넘어 지속되는 것은 중요하다. 이는 새 정책의 제도화 문제이기도 하지만, 동시에 혁신의 성과에 대한 사회적 지지와 수용의 문제이기도 하다. 제도화와 사회적 수용을 처음부터 고민하고 해결해가는 것도 진보도시를 지향하는 혁신의 장기적 지속을 위한 필수적인 전제조건이다.

다섯째는 이니셔티브에 서로 반응하고 수용하는 정부와 근린사회(시민사회) 간의 상호작용 체계의 구축이다(the relationship between the city and local communities is such that each is responsive to initiatives from the others). 진보도시 만들기가 가능하고 또한 지탱될 수 있는 가능성은 정부와 시민사회가 서로의 이니셔티브에 반응하고 수용하는 작용 체계를 어떻게 구축하느냐에 달려 있다. 이는 파트너십이나 협치 같은 다양한 제도화로 풀 수 있지만, 이보다 중요한 것은 양 주체(영역) 간 신뢰의 구축이다.

미국의 진보도시를 사례로 한 것이기는 하지만, 그간의 경험에서 얻을 수 있는 진보도시 만들기의 함의는 다음과 같다. 우선 진보도시 만들기를 위해 추진 세력은 시민사회나 근린사회에 지지 기반을 두어야 하고, 풀뿌리 주민(시민) 주도성을 존중하고 보호해야 한다. 이는 정책에 시민사회적 관점이나 가치가 투영된다는 것을 의미한다. 혁신시정에 대한 주민참여는 좀 더 길게 보면 '도시에 대한 권리(right to the city)'의 실현을 돕고 구현한 것으로 확장되어야 하고, 또한 특정 계층과 이익에 맞춰진 정책의 생산구조나 의제를 혁파하는 것으로 이어져야 한다. 이를 위해서는 지역 권력의 편향된 대표성을 바꾸는 지역정치의 혁신이 뒤따라야 한다. 가령 선거 등을 통해 자치를 대표하는 중추 세력을 특정 계층의 이익을 독점적으로 대변하는 반민주적 엘리트

세력에서 일반 이익을 대변하는 민주적 시민세력으로 교체하도록 해야 한다. 이렇게 될 때 풀뿌리 주민들의 이니셔티브로 성장과 개발중심의 의제 대신 분배와 복지중심의 의제를 우선으로 하는 자치혁신이 시동될 수 있다. 사회적 약자의 이익을 우선 배려하면서 풀뿌리 주민들의 참여가 보장되기 위해서는 보수적인 정책의 생산 시스템을 바꾸어야 한다. 이는 참여적 거버넌스(participatory governance)를 어떻게 제도화하느냐의 문제이면서 자치의 틀 내에서 주요 정책의 결정 구조를 어떻게 민주화하느냐의 문제이기도 하다. 이러한 제도개선의 효과는 기존의 정책 시스템에서 배제되거나 억압된 사람·가치·부문·세력을 배려하고 옹호하는 '사람중심의 혁신정책'들이 얼마만큼 실질적으로 추진되느냐로 가늠된다. 하지만 진보도시의 실천은 진보를 가로막는 '구조나 시스템'의 (모순적) 문제를 직접 다루기보다[10] '구조와 시스템 작용의 (모순적) 결과'로 생겨난 구체적(상황적) 문제(예를 들어 약자의 배제, 자원의 불공평한 배분 등)를 도시 주체들이 직접 해결하는 데 더 역점을 둔다. 즉, 문화전쟁으로 불리는 이념 갈등(가령 시장주의 대 공동체주의)에 빠져드는 대신, 도시문제(가령 공공임대주택의 부족)를 도시 시스템 작용의 모순(가령 주택 산업 세력에 포획된 주택정책시스템의 문제)으로 읽으면서도 이를 실용적으로 해결하는 것이 곧 (미국식) 진보도시 만들기의 특징이다. 이러한 이유로 슈레거(Schragger, 2009; 2013)는 미국의 진보도시 이념을 '자유주의(liberalism)' 또는 '실용주의(pragmatism)'로 특징짓고 있다.

---

10) 이는 국가나 사회 전체 차원에서 근본적이면서 급진적인 방법(예를 들어 계급투쟁)으로 해결해야 할 과제에 해당한다.

4. 진보도시의 조건과 구성요소

1) 진보도시의 구성 조건

진보도시에서 '진보'라는 말은 '나아짐'이라는 뜻의 동사형 명사다. 따라서 진보도시에서 진보는 현재 상태를 벗어나 나은 상태로 나가는 과정(process)을 의미하면서, 이러한 과정을 통해 이룩된 결과 상태(outcome)라는 의미를 동시에 가지고 있다. 과정이란 측면에서 보면, 진보도시는 기존 도시 지배 시스템에서 배제되거나 억압된 부문(사람, 가치, 영역 등)을 옹호하고 구현하기 위한 개혁(reform)이 이뤄지는 도시라면, 결과라는 측면에서는 개혁을 통해 진보적 가치의 목표가 구현된 도시다. 진보의 과정과 결과는 서로 연동되어 있다. 양자를 묶는 것은 진보의 가치를 읽으면서 구현하는 '해석적 투쟁'이다. 진보의 초절적 개념(예를 들어 주체화)을 도시의 맥락에서 어떻게 읽고, 이를 진보의 상황적 개념(예를 들어 참여)으로 도출해 어떻게 현실의 실천을 통해 구현하느냐는 모두 '해석적 투쟁' 가운데 하나로 연결된다.

'어떻게 진보의 가치를 읽고 현실로 구현하느냐'라는 해석적 투쟁은 진보도시 만들기의 전체 과정(목표 설정과 실행)뿐만 아니라 개별 과제의 추진에도 적용된다. 진보를 가로막는 현 상태, 진보(가치)를 이끌어내는 실천 방법, 진보의 지속을 위한 제도 기반, 진보의 궁극적 지향성이나 결과 등은 모두 해석적 투쟁의 대상이자 영역이다. 첫째, 현재 상태(시스템)에서 무엇이 진보적 가치의 발현을 가로막고 있는지에 대한 해석이다. 국가나 시장의 힘이 우월해서 시민사회의 이니셔티브가 배제된다면, 이를 어떻게 해결할 것인가를 고민해야 한다. 둘째, 억압된 진보의 가치를 실현할 수 있는 적실한 방법에 대한 해석이다. 가령 시민사회 주체가 개혁 주체로 나서려면, 공공적 삶(public life)에 시민이 참여하고 개입할 수 있는 방법이 강구되어야 한다. 셋째, 진보도시를 향한 혁신들이 지속될 수 있는 기반을 어떻게 구축할 것인가에 대한 해석이다. 예를 들어 시민권력의 강화, 거버넌스의 제도화, 시민의 실질적 주체화를 위한 제도 기반을 어떻게 만들어낼지를 고민해야 한다. 마지막으로 진보의 최종 성과에 관한 해석이다. 가령 포용과 참여를 통한 시민의 주체화를 궁극적으로 어떠한 것(예를 들어 도시에 대한 권리 등)으로 구현해야 할지를 철저히 고민해야 한다.

해석적 투쟁을 통해 성취될 도시의 '진정한 진보(real progress)'는 '사람의 번영(human flourishing)'이다. 이는 경제가치 중심의 외형적 도시성장에 대한 반추이면서, 역사적으로 계속되어온 도시의 초절적 진보('자아실현', '인간성의 실현', '인간다움의 발현' 같은)의 구현이다. 도시의 진정한 진보는 사람(people)이 '도시 진보의 초점(focus of urban progress)'에 놓일 때 가능하고, 도시의 진보성(progressiveness)은 (초계급적 의미의) '사람의 번영(human flourishing)'이라는 잣대로만 측정되어야 한다.

2) 진보도시의 구성 요소(pillars)

사람중심의 도시적 진보는 시민의 주체화를 통해 도시자치를 시민중심(주도)적인 것으로 바꾸고, 나아가 경제중심의 성장 의제들을 사람중심의 진보 의제로 바꾸는 것으로 시작되어야 한다. 전자는 도시의 포용성을 위한 '기존 거버넌스의 혁신'을 의미한다면, 후자는 도시의 분배정의를 향한 '(정책과 실천) 의제의 혁신'을 의미한다(〈그림13〉 참조). 혁신(진보)의 이 두 영역은 진보 도시를 향해 가는 과정(process)의 두 축이다. 이 두 축의 혁신(진보)을 통해 '생태적 지속성'을 바탕으로 하면서 '문화적 풍부화'에 의한 사람중심의 삶, 즉 '사람의 번영'이 구현된다. 이 중 '생태적 지속성'이 인간-자연 간 공생을 구현해 인류세(Athropocene) 시대, '진정한 사람의 번영'(즉, 생태적 번영)을 이

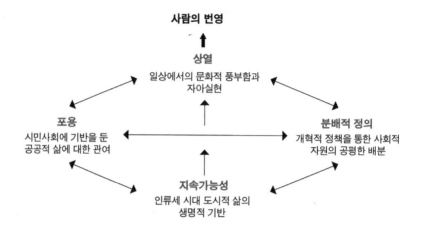

통합적(holistic) 개념으로서 진보도시 구성의 네 축

자료: Douglass(2016)를 기초로 필자가 작성.

끌어내는 존재론적 기반이 된다면, '문화적 풍부화'는 시민들의 자율적 삶을 구현함으로써 진보도시의 이상인 '사람의 번영'을 표출해내는 경로이자 수단이 된다. 이 네 요소를 모두를 합쳐보면, '통합적인 개념(holistic concept)'으로서 진보도시는 '과정'으로서의 '포용성(inclusion)'과 '분배정의(distributive justice)', '결과 상태'로서의 '문화적 풍부화(convivality)'와 '생태적 지속(가능)성(ecological sustainability)이라는 네 축으로 구성된다.

(1) 포용성: 시민 주체화를 통한 도시 권리의 구현

포용성은 시민들을 공적 삶(public life) 전반에 포함시키는 것을 의미한다. 도시의 공적 삶에 대한 그간의 배제와 소외에서 주체적·능동적 참여와 개입으로 전환한다는 의미가 포용성에 함축되어 있다. 진보도시 만들기와 관련해서 포용성의 실체적 내용은 사람(과 그 가치)을 진보도시 만들기의 중심으로 끌어들이고 위치시키며, 사람을 중심으로 한 진보의 가치실현(사람의 번영)을 이끌어내는 방식과 제도의 규칙화로 구체화되어야 한다. 포용성의 제도화는 도시의 통치체제(지방정부)를 열어 시민 누구나 참여할 수 있도록 하고, 나아가 정책에서 시민 주도성을 담보하면서 시민(사람)의 필요(needs) 충족을 우선하는 것으로 이뤄져야 한다. 이를 위해선 국가나 시장과 대립·보완 관계에 있는 시민사회의 요소(인력, 가치, 자원, 방법 등)들이 국가나 정부 영역으로 투입되고, 'GO-NGO' 간 협치에서 다양한 제도화가 이루어지며, 시민의 주체화나 권능화(empowerment)가 실효적으로 이뤄져야 한다. 특히 시민을 자치의 주체로 설정하는, 즉 '시민 주체화'는 포용성이 만들어낼 핵심 결과물에 해당한다. 이는 시민 주도로 진보도시 만들기가 다양한 참여와 협력의 방식으로 추진되는 것을 담보하는 전제 조건이면서, 또한 누구나 도시에서 자아실현적인 행복한 삶을 살 수 있는 권리를 실현하는 것을 촉진하는 매개 조건이다. 따라서 포용성은 궁극적으로 도시 주체들이 소외된 도시적 삶을 재전유할 수 있는 권리, 즉 '도시에 대한 권리'로 구현되어야 한다.

(2) 분배정의: 사회경제화를 통한 분배정의의 구현

공적 삶에 대한 참여(포용성)는 정책 결정에 대한 주체적 개입을 통해 도시 자원들을 거주자들에게 공평하게 배분해 공동으로 번영을 누리도록 하는 것을 지향한다. 경제적 번영(성장)에만 맞춘 기존의 지배적인 정책 결정 구조에서는 정책자원들이 시장경쟁 논리에 따라 배분됨에 따라 사람의 번영을 우선해야 하는 부문(복지 부문, 사회적 약자 부문 등)은 배분에서 상대적으로 배제되는 차별을 겪는다. 따라서 참여(포용성)를 통한 주체화는 이러한 자원의 왜곡된 배분 구조를 바꾸는 것으로 이어져야 한다. 이는 일차적으로 시민 참여를 통해 기존의 (토건적) 성장과 개발중심의 정책 의제들을 분배와 사람중심의 것으로 바꾸는 것으로 실현되어야 한다. 정책자원의 배분도 이에 맞게 이루어져야 한다. 개발과 성장중심의 예산 비중을 줄이고 포괄적인 복지 관련 예산의 비중을 확대하는 것이 한 방법이다. 하지만 이는 인위적 개입(정치적 타협 등)을 통해 자원을 소극적으로 배분하는 것이기 때문에 장기적으로 볼 때 지속가능하지 못하다. 사회적으로 지속가능하면서 정의로운 분배가 되기 위해서는 자원 분배를 왜곡하는 도시인의 '경제하는 방식' 또는 '경제적 삶' 자체가 근본적으로 바뀌어야 한다. 약육강식 경쟁을 강제하는 시장경제에 덜 의존하는 대신, 삶과 경제가 함께하는 '사회경제'에 더 의존하는 '경제하는 방식'으로의 전환이 그것이다. '호혜의 경제', '생계의 경제', '협동경제' 등으로 불리는 사회경제는 공동성의 원리나 협동과 호혜의 원리를 바탕으로 작동하는 '경제하는 방식'이다. 사회경제를 중심으로 하는 일상경제의 영역이 확장될수록, 도시의 각종 자원 배분도 이를 반영하게 되어 더욱 정의롭고 지속가능해진다. 이런 원리를 보다 적극적으로 조직하고 실천하는 경제를 '공유경제(sharing economy)'[11]라 부른다. 자동차, 집, 기구, 재능 등을 '함께 나누어 쓰는' 공유경제는 자원의 '소유독점'을 벗어나 공동화(commoning)와 호혜적 사용을 실천하는 경제활동인 만큼 그 자체로서 지속가능한 자원분배를 실행하는 것이 된다. 오늘날은 생활에 필요한 자원을 얼마나 생산하느냐 보다 생산된 자원을 어떻게 (재)활용하면서 공평하게 나누어 쓰느냐가 더 중

---

11) 공유경제는 물품을 소유의 개념이 아닌 서로 대여해 주고 차용해 쓰는 개념으로 인식하는 경제활동을 지칭한다. "2008년 미국 하버드대학교 로스쿨 로런스 레식(Lawrence Lessig) 교수가 처음 사용한 말로, 한 번 생산된 제품을 여럿이 공유해 쓰는 협력소비를 기본으로 한 경제 방식을 말한다. 대량생산과 대량소비가 특징인 20세기 자본주의 경제에 대비해 생겨났다. 즉, 물품은 물론, 생산설비나 서비스 등을 개인이 소유할 필요 없이 필요한 만큼 빌려 쓰고, 자신이 필요 없는 경우 다른 사람에게 빌려 주는 공유소비의 의미를 담고 있다. 최근에는 경기침체와 환경오염에 대한 대안을 모색하는 사회운동으로 확대돼 쓰이고 있다(네이버 백과사전)."

요하다. 시장경제를 넘어서거나 보완하는 사회경제의 확장과 활성화는 지속 가능하면서 정의로운 분배를 지향하는 진보도시의 핵심적 실천 방법이다.

(3) 상열: 문화적 풍부화를 통한 시민 자율적 삶의 구현

'상열(相悅, conviviality)'은 한자어로 행복을 함께 나누어 갖는 것을 의미한다. 상열의 도시(city of conviviality)는 도시의 구성원들이 물질적 번영을 넘어서 행복과 같은 비물질적 번영을 함께 누리는 도시다. 이는 '자아실현을 통해 행복'의 상태에 이르는 자율적(주체적) 삶이 이루어지는 폴리스를 이념형으로 하는 진보도시의 한 모습이다. 기쁨으로 은유되는 '행복'이란 정신문화적 삶을 진보도시의 중요한 상태지표로 삼는 것은 그간의 도시적 삶이 개발주의나 시장주의 문화에 젖어 있는 것에 대한 반성과 극복을 전제로 한 것이다. 속물적 이익 추구에 경도된 개발주의의 극복은 탈개발주의 정책으로만 가능하지 않고, 생활방식이나 일상문화 자체가 탈물질적 가치를 존중하고 추구하는 것으로 바뀔 때 가능하다. 상열의 도시는 '포용'과 '분배정의'를 구현함으로써 이룩되는 진보도시의 결과 상태지만, 진보도시 만들기 관점에서 보면, 시민들이 행복하면서도 자아실현적인 자율적 삶을 살 수 있는 문화를 만드는 정책의 대상이기도 하다. 문화정책이 하나의 수단이다. 진보도시를 지향하는 문화정책은 부문으로서의 문화가 아니라 행복하고 자율적인 삶으로서의 문화 구현을 지향하는 정책이어야 한다(예를 들어 수원시의 인문학도시 정책 같은). 이러한 문화는 자본주의의 헤게모니 문화와는 다른 것이어야 한다. 즉, 글로벌 문화 대신 토속문화, 상업문화 대신 생활문화, 제도문화 대신 일상문화, 외래문화 대신 전통문화, 개발문화 대신 보존문화, 시장경제 대신 문화경제, 문화생산 대신 문화향수가 진보도시를 지향하는 문화정책으로 육성해야 할 대상이자 영역이 되어야 한다. 상열은 삶이 문화적으로 풍부화되면서 나타나고, 이를 통해 시민의 자아실현적이면서 자율적인 삶이 가능해진다.

(4) 지속가능성: 생태순환의 복원을 통한 인간-자연 공생의 구현

문명으로서 도시의 진보는 자연에 대한 지배와 그 파괴를 비용으로 성취된 것이다. 생태적 성찰성을 결여한 문명적 진보는 자연이 갖는 생명순환적 기능을 약화시켰고, 환경 위기 시대인 오늘날에 와서는 인간의 생명적 기반 자체를 지탱 불가능하게 만들고 있다. 사람중심의 도시의 진보와 번영은 자연의 수용력 범위 내에서만 가능하게 되었다. 사람의 번영은 자연의 번영과 함께 가야 한다는 것이다. 자연은 도시적 삶의 존재적 토대가 되고 있으며, 그 토대가 견딜 수 없는 인간중심의 삶은 결코 더 이상 지탱될 수 없게 되었다. 도시의 진보는 이젠 생태적 진보와 함께 가야 하고, 도시의 정의는 생태적 정의와 함께 가야 한다. 이를 위해서는 생태환경체제로서 도시의 생태순환이 복원되어야 한다. 에너지 순환 시스템의 개혁, 훼손된 도시자연의 복원, 도시 차원에서 지구적 환경 책임의 수행, 녹색소비로의 전환, 생태윤리의 실천 등은 환경공생적 도시진보를 위한 실천 방안이다. 이러한 생태적 전환을 도시 차원에서 어떻게 이끌어낼지는 도시정치를 얼마만큼 녹색정치로 바꾸어내느냐에 달려 있다. 도시의 녹색정치는 도시권(도시에 대한 권리)의 하나로 생태권이 인정되고, 또한 도시 주체들의 자발적인 정치적 실천을 통해 구체권리로서 생태권이 행사될 때 비로소 가능해진다. 권리로서 생태권은 환경약자나 생태약자의 권리를 인간종(사람)이 보호하고 대변하는 것으로 행사된다. 따라서 도시권으로서 생태권이 행사될 수 있는 진보도시에서는 인간종과 생물종 간의 정의, 즉 생태정의가 실현된다. 진보도시 만들기의 일환인 도시의 생태순환 복원은 궁극적으로 도시 차원에서 생태정의를 실현하는 것으로 이어져야 한다.

5. 맺음말: 진보도시론의 한계와 과제

진보의 초절적 가치(자아실현, 정의의 구현, 계급해방 같은)를 염두에 둔다면, 현실에서 '완전한 진보도시(a complete model of progressive city)'는 불가능하다. 단지 '이념형(ideal type)'으로만 존재하고, 현실에서는 이를 적용해 최대치로 구현하고자 하지만, 결코 그렇지 못한 '불완전한 진보도시'만 존재한다. 진보도시의 진보(성)는 따라서 최종적으로 성취되는 도시의 '인간상태'로서가 아니라, 이러한 상태를 구현하는 과정의 진보성으로만 가늠될 수 있다. 즉, 권력화된 지배적인 시스템을 얼마만큼 바꾸고, 또한 의식화된 주체들이 개혁적 실천을 어떻게 이끌어내느냐로 진보도시의 '진보성'이 상대적으로 평가될 수 있다.

진보도시의 진보성을 과정으로 규정한다 해도 현실에서 진보를 이끌어낼 수 있는 틀과 제도를 어떻게 조직하느냐는 여전히 지난한 과제로 남는다. 오늘날 지구도시화 시대 메갈로폴리스화하는 거대도시에서 사람중심의 자치적, 자율적 삶을 어떻게 조직해내고 유지해갈 것인지는 결코 간단한 문제가 아니다. 이는 '상이한 스케일의 상충 문제'와 관련된다. 즉, 거대도시의 발전이 지향하는 초광역적, 범지구적 스케일 내에서 사람중심의 삶을 담아낼 '휴먼 스케일'을 어떻게 확보하느냐의 문제다. 이 스케일의 문제는 실체적으로 파고 들어가면 결국 범지구화 되는 자본주의의 문제로 귀결된다. 범지구화 되는 자본주의적 공간사회 체계 내에서 인격적 주체인 사람의 중심성이 회복되고 시민 주체적 삶의 관계가 구현될 때 진보도시의 진보성이 비로소 이룩될 것이다. 하지만 현실에서 자본주의 메가트렌드의 스케일을 일상 주체의 저항적 미시 스케일로 바꾸고 넘어선다는 것은 결코 쉬운 일이 아니다.

과정으로서 '이상적 진보도시 만들기'의 가능성은 범지구화되는 자본주의적 도시의 맥락에서 진보의 초절적 가치 개념을 도시의 주체들이 어떻게 상황적 가치 개념으로 해석해 실천하느냐에 달려 있다. 현실에서 이 과정은 기존 시스템을 지키려는 세력과 이에 저항하는 세력 간의 대립과 갈등이라는 정치적 과정으로 전개될 수밖에 없다. 여기서 관건은 해당 도시의 상황이나 맥락에서 어떠한 진보의 가치를 누가 주창하면서 도시적 변혁을 실질적으로 주도해낼 것인가다. 이는 '진보의 주체'에 관한 것이다. 진보가 이룩되는 맥락을 범지구화되는 자본주의의 구조 문제로 확장한다면 주체는 계급적 주체가 되어야 하지만 (자본주의 문제가 드러나는) 일상 문제로 좁힌다면 반드시 그럴 필요가 없을 것이다. 전자의 관점에서 초도시적 권력 및 계급구조를 어떻게 읽고 어떻게 바꾸어내느냐가 중요하지만, 후자의 관점에서는 장소에 기반을 둔 일상정치를 자치제도 속에 어떻게 담아 풀어 가느냐가 중요하다. 최근 미국의 진보도시 만들기는 후자의 관점과 방식으로 접근되고 추진되는 경우가 대부분이다. 그래서 진보주의는 '자유주의(liberalism)'와 같은 개념으로 사용되고 있는데, 이는 보수주의와의 대립을 전제로 한 것이다(Schragger, 2013).

이러한 (미국식) 진보도시 만들기에서는 '진보의 시대, 변혁과 개혁의 문제'를 깊게 성찰하고 이를 바탕으로 한 변혁적 실천을 어떻게 이끌어낼 것인가라는 문제가 상대적으로 소홀히 다루어진다. 아울러 상황성에 의존하는 진보도시 만들기에서 이룩된 도시의 진보성이 과연 얼마만큼 진정성을 가지고 있을까라는 근본 물음도 제기된다. 이는 진보도시의 진보성을 어떻게 형량하고 측정할 수 있느냐의 문제이기도 하다. 특히 실용적 정책으로 진보도시 만들기를 추진할 때, 진보성의 성과를 평가하거나 측정하는 문제는 더욱 첨예한 이슈가 될 수 있다. 아울러 개별 도시의 상황과 맥락에서 추진되는 진보도시 만들기의 구체적인 경험을 다른 나라, 다른 맥락의 도시에 어떻게 도입하고 적용할 수 있을까도 중요한 문제로 대두한다. 이는 진보도시가 하나의 보편모델로서 얼마만큼 가능할까 하는 문제다. 이 모든 쟁점과 문제는 진보도시론이 앞으로 풀어야 할 중요한 숙제다.

참고문헌

김창성. 2008. 「폴리테이아와 키비타스: 정치체제와 공간구조의 비교」. 서울시립대학교 도시
　　인문학연구소 주최 인문 한국 사업 제 1회 학술대회, ‘도시공간 및 도시사의 인문학적
　　패러다임’ 발표 논문.

김헌. 2011. 「역사적 상상력으로 재구성한 문명의 기원」. 김민정 외 엮음. 『문명안으로』. 한길사.

안성찬. 2011. 「문명은 언제, 어디서, 어떻게 시작되었나?」. 김민정 외 엮음. 『문명안으로』. 한
　　길사.

박경. 2011. 「혁신 자치체는 가능한가?: 일본의 경험과 교훈」. 조명래·김수현 외 지음. 『저성장
　　시대의 도시정책』. 한울.

서영표. 2011. 「풀뿌리 진보정치의 가능성: 광역런던시의회의 사례」. 조명래·김수현 외 지음.
　　『저성장시대의 도시정책』. 한울.

신승원. 2016. 『앙리 르페브르』. 커뮤니케이션북스.

조명래. 2001. 『현대사회의 도시론』. 한울.

＿＿＿. 2002. 「사회과학의 등장배경으로서 계몽주의의 재조명」. ≪공간과사회≫, 18, 161~
　　179쪽.

＿＿＿. 2013. 『공간으로 사회읽기』. 한울.

＿＿＿. 2015. 「박원순 시정의 거버넌스: 진보도시를 위한 업무수행적 거버넌스」. ≪대구경북
　　연구≫, 13(2), 1~19쪽.

＿＿＿. 2016.5.9. “도시의 앞날, ‘진보도시’의 조건은 무엇인가?”, ≪한겨레≫.

최병두. 2016. 『데이비드 하비』. 커뮤니케이션이론 총서.

Cho, M. R. 2015. “Progressive city in the making?” paper presented at the International
　　Symposium on Progressive city, hosted by The Seoul Instituted, held in Seoul,
　　15th~16th October 2015.

Clavel, P. 1986. *The Progressive City: Planning and Participation*. Rutgers University Press.

＿＿＿. 2010. *Activists in City Hall*. Cornell University Press.

Douglass, M. 2015. “The rise of progressive cities for human and planetary flourishing: a global perspective on Asia's urban transition, paper presented at the International Symposium on Progressive city." hosted by The Seoul Instituted, held in Seoul, 15th~16th October 2015.

Hamilton, P. 1992. "The Enlightenment and the birth of social science." in S. Hall and B. Gieben(eds.). *Formations of Modernity*. Polity.

Harvey, D. 2012. *Rebel Cities: From the Rights to the City to the Urban Revolution*. Verso.

Katzelson, I. 1992. *Marxism and the City*. Oxford University Press.

Kofman, E. and E. Lebas(trans. & eds.). 1996. *Writings on Cities: Henri Lefebvre*. Blackwell.

Merrifield, A. 2002. *Metromaxism: a Marxist Tale of the City*. Routledge.

Schragger, R. 2009. "The progressive city." *Public Law and Legal Theory Paper Series* 2009-16.

_____. 2013. "Is a progressive city possible? reviving urban liberalism for the twenty-first century." University of Virginia School of Law, *Public Law and Legal Theory Paper Series* 2013-22.

Corbin, D. and M. Parks. 2014.4.13. "New York, New York: what a progressive city looks like." *The Federalist Today*.

Goldberg, M. 2014.4.2 "The rise of the progressive city." *The Nation*.

Ranghelli, L. 2011.2.7. "Building the progressive city." *Shelterforce*.

Strasser, A. R. 2013.11.6. The progressive future of New York City. *ThinkProgress*.

발전도시위기와 포용도시로서 도시정체성의 재정립

정병순 | 서울연구원 협치연구센터장, jbs66@si.re.kr

1. 대도시위기, 그 기원에 관하여

서울은 지난 60년 이래로 급속한 성장을 거쳐, 오늘날 세계적 규모의 대도
시로 성장했다. 1965년 당시 347만 명이던 인구가 1980년에 두 배를 상회하
는 836만 4000명으로, 2015년에는 1000만 명을 상회하는 수준으로 성장했으
니, 가히 비약적인 성장이라 할 만하다. 경제적으로도 1965년에 77만 3000
명, 1350억 원이던 취업자 수와 지역총생산(GRDP)이 1980년에 339만 1000
명, 10조 5100억 원으로, 그리고 2015년에 이르면 513만 5000명, 327조 6020
억 원에 달하는 글로벌 대도시로 성장했다. 선진 대도시가 약 200여 년에 가
까운 시간을 두고 이룩한 것을 한 세대 만에 달성한, 실로 놀라운 성장이라
할 수 있겠다.

이러한 예외적 성장은 자연히 대도시 서울 시민의 삶에 많은 변화를 초래
하고 있다. 글로벌 도시로 도약하면서 도시의 경제적 부와 시민의 소득이 비
약적으로 확대되었고, 그 결과로 시민들은 물질적 풍요와 문화생활을 향유하
고 있다. 그렇다면 이러한 외견상의 성장과 번영은 오늘날 대도시 서울이 바
람직한 모습이고 지속가능할 수 있다는 것을 의미할까? 오늘날의 대도시 서

울이 과연 사람중심의 도시이고, 그래서 도시구성원들은 도시 안에서 모두 행복하다고 느끼고 있을까? 이 같은 근본적 물음을 던져보면 선뜻 긍정적 답을 내리기 어려운 것이 현실이다. 오늘날 대도시 서울이 직면하고 있는 다양한 구조적 현안을 생각해보면 정말 그러하다.

우선 경제적 측면을 고려해보자. 인구의 저출산과 고령화 추세가 심화되는 가운데, 수십 년 지속되어온 고성장이 막을 내리고 저성장이 새로운 성장이 되는, 이른바 뉴 노멀(new normal)의 시대가 도래하고 있다. 이런 상황에서 우리 경제가 가지고 있는 산업 경쟁력 기반은 날로 약화되는 반면, 새로운 성장동력 역시 아직 뚜렷하지 않다는 점은 서울 경제의 미래를 어둡게 하는 구조적 현안 가운데 하나다. 사회적 측면의 구조적 현안들은 또 어떠한가? 지난 40~50여 년에 걸친 압축성장은 사회 곳곳에 많은 후유증을 남겼는데, 다양한 차원으로 전개되고 있는 불평등이 특히 그렇다. 1차로 경제 영역에서 심화되고 있는 불평등은 특정 계층이나 부문이 주거·복지·건강·교육 등에 접근하는 데서의 불평등, 즉 기회의 불평등을 유발하고 있다. 이러한 경제적·사회적 불평등은 대도시 내 지역 간 불균형 발전과 중첩되어 그 파장이 더욱 증폭되어 나타나고 있다.

거버넌스 위기 또한 대도시가 처한 다른 구조적 현안에 해당한다. 가치와 이해관계가 전례가 없이 다원화·복잡화·첨예화되고 있는 이 시대에 사회 주체들의 소통과 배려, 그리고 지역사회를 결속시켰던 일종의 접착제와도 같은 공동체 유대감 등은 모두 약화되어 도시사회가 더욱 경쟁과 갈등의 사회로 변화되고 있다. 이 같은 거버넌스 위기적 상황에서 지속가능한 도시 발전의 동력이라 할 수 있을 시민사회와 지역사회의 사회적 자본은 여전히 미약한 수준이다. 이러한 다면화된 구조적 현안들이 복잡하게 뒤얽혀 도시의 지속가능한 발전을 심각하게 위협하고 있는 오늘날의 대도시는 진정 '위기의 대도시'라 하지 않을 수 없다.

이러한 대도시의 위기를 해소하고 대안적 도시 발전 모델을 모색하는 것이 우리 시대 대도시 서울이 직면하고 있는 중차대한 과제다. 이러한 도시위기에 현명하게 대처하기 위해서는 무엇보다도 위기의 실체와 원인을 정확하게 진단하고 이해하는 것이 급선무이리라. 아마도 이는 도시의 다양한 구조와 현상들이 역사적 경로 속에 축적·심화된다는 의미에서, 오늘날의 도시위기가 형성되던 시기, 말하자면 위기의 기원까지 거슬러 올라가야 하지 않을까 싶다. 이 글에서는 이러한 관점에 기초해 이른바 '발전도시'라는 대도시의 서울의 특수한 역사적 경로를 살펴봄으로써 오늘날 대도시 서울이 처한 위기의 성격과 그 실체를 면밀하게 진단하고, 위기를 해소하기 위한 대안적 도시 발전 경로를 제언하고자 한다. 포용성장(inclusive growth) 모델에 기반을 둔 '포용도시(inclusive city)'의 경로가 오늘날 대도시 서울이 직면한 위기적 도전과제를 해결하고 지속가능한 발전을 실현할 수 있다고 주장하고자 한다.

2. 발전도시 서울의 어제와 오늘

1) 권위주의적 발전국가와 발전도시

(1) 새로운 국가 발전 모델로서 발전국가와 권위주의 발전국가 한국

잘 알려진 것처럼 서구의 선진국들이 경제위기를 경험하던 1970년대와 1980년대에 동아시아 국가들은 역설적이게도 눈부신 경제 성공을 거두었다. 한국의 경우 1954~1959년에 5.8% 정도이던 연평균 경제성장률은, 1960년대에 8.8%, 다시 1970년대와 1980년대에 이르면 10.5%와 8.7%라는 경이적인 수치를 기록한다. 이에 많은 학자는 이러한 예외적 현상을 설명하기 위한 새로운 이론으로 '발전국가(developmental state)'라는 모델(패러다임)을 정립했다(Johnson, 1982; Amsden, 1989; Wade, 1990; Weiss and Hobson, 1995; Evans, 1995). 이 패러다임에 따르면, 일본, 싱가포르, 한국, 대만의 경제성장은 자본주의 시장경제 그 자체가 아닌, 국가 주도의 발전전략에 기인한다. 발전국가 이론의 선구적 학자인 차머스 존슨(Chalmers Johnson)의 '계획합리적 개입국가(plan-rational interventional state)', 피터 에반스(Peter Evans)의 '배태된 자율성(embedded autonomy)'에 놓여 있는 정부 등이 이 시기 동아시아 국가의 성격을 논하는 핵심 개념이다.[1] 물론 발전국가의 운영양식(modus operandi)은 각 국가가 처한 역사적 맥락, 사회 각 영역에 대해 정부가 가지는 자율성의 정도, 정부 기구와 관료의 다양한 행동양식에 따라 국가마다 차별화된다.

한국의 경우에도 1960년대 이후의 특수한 역사적 맥락 속에 한국 특유의 '발전국가' 경로가 형성되었다. 대외적으로 국가의 주권이 취약한 가운데, 시장경제가 부재하고 근대적 자본가 계층도 미발전한 사회적 진공 상황에서 쿠데타를 일으켜 출현한 정부가 빠른 경제성장을 통해 자신을 정당화하고자 했던 것이 한국적 발전국가가 형성된 특수한 역사적 맥락이다. 이러한 구조적 여건 속에 국가는 지배와 통제, 규율, 이른바 권위주의 메커니즘에 의해 국가발전을 모색한다. 이 권위주의적 발전국가는 '발전주의(developmentalism)'라 부르는 패러다임을 근간으로 운영되는바, 다음과 같은 몇 가지 특성을 나타낸다.

우선 경제성장이 국가 정당성의 토대이자 정책의 최우선 목표가 되었다. 말하자면 경제성장, 경제개발이 사회의 모든 가치를 압도하고, 이러한 가치

---

1) 서구의 시장합리적 규제국가(market-rational regulatory), 사회주의의 계획이념적 국가 (plan-ideological state)에 대비되는 계획합리적 개입국가(plan-rational interventional state)가 그것이다. 에반스가 말한 '배태된 자율성'이란, 국가가 시민사회의 특수한 그룹의 사익에 구속되지 않고 공적 이익과 목표를 구성하는 성격과 능력을 의미한다.

위계에 따라 정책의 우선순위가 배열되고, 각종 물적·인적 자원의 동원과 통제가 이루어졌다. '개발연대'라는 표현에 함축되어 있듯이, 경제성장을 물리적으로 구현한 경제개발의 논리에 의해 국토 전역은 물론이거니와 도시공간도 구조화되었다. '계획합리성(plan rationality)'에 기초한 국가의 행동양식 또한 중요한 특성으로 언급되고 있다(Amsden, 1989). 경제개발 5개년 계획과 이를 공간적으로 뒷받침하는 국토종합개발계획이 이를 구체화한 것으로, 특히 개발연대 기간 내내 강력하게 추진되었던 경제개발계획은 발전국가 경제전략의 이정표로서 지대한 역할을 수행했다. 셋째, 경제정책과 공간정책 속에 구현된 '전략적 선택성(strategic selectivity)'의 원리 또한 다른 중요한 요소다. 제한된 자원과 시장경제의 부재, 신속한 가시적 성과의 압박 등은 자연히 국가의 주요 정책에서 전략적 선택의 원리가 작동하도록 하는 요인이 되었다(Wade, 1990; Weiss and Hobson, 1995). 이러한 전략적 선택성은 전략산업 육성과 같은 산업정책에 더해 공간정책으로도 구현되었는데, 특정 지역을 선별해서 집중 육성하는, 말하자면 '의도된 불균형'을 창출하는 성장거점(growth pole) 전략이 그것이다. 이외에 경제개발의 선도적 기구(pilot agency)와 관료조직에 엘리트가 충원되었는데, 일반적으로 동아시아 발전국가에서 관료제적 선도 기구는 중요한 요소로 인식된다(Onis, 1991; 김병국, 1996).

(2) 권위주의적 발전국가와 의제적 발전도시로서의 서울

발전국가가 경제개발 정책을 추진하는 데 있어서 경제활동이 집중된 도시는 전략적 의의를 지닌 공간으로서 발전국가와 긴밀하게 통합되어 있었다. 특히 서울과 같은 대도시는 발전국가가 독점하던 권력과 자원의 소재지(locus)인 동시에 경제활동의 집결지라는 중대한 의의를 가진다. 발전국가는 이러한 (대)도시를 지배와 통제의 대상으로 활용한다. 그럼에도 다양한 조건에 따라 국가가 약화되는 시기에는, 대도시가 내·외부의 다양한 변화에 힘입어 제한적 수준에서 자율적인 도시 발전 전략을 모색할 수 있다. 실제로 경제성장에 힘입어 성장한 재벌을 중심으로 1980년대 후반 전개되었던 경제적 자유화와 정치적 민주화, 그리고 1990년대 초반에 있었던 행정적 분권화와 지방자치제의 도래는 대도시에 새로운 기회조건을 제공했다. 특히, 경제의 중심성과 재정자립성을 확보한 대도시 서울은 다른 대도시와는 다른 특수한 위상과 자립성에 기반을 두고 자기주도적인 성장 기반과 공간개발 전략을 확립하기 시작했다. 이는 대도시 서울이 과거 발전국가 시대에 학습한 발전주의 패러다임을 모방·학습하고 응용함으로써 '발전도시(developmental city)' 경로를 확립하게 됨을 의미한다.

여기서 발전도시는 발전국가의 작동양식이었던 발전주의 패러다임을 시정의 작동양식(modus operandi)으로 삼는 도시로, 발전국가와의 특수한 관계 속에 일정한 존재 기반을 가진다. 물론 '발전'도시라고 개념화는 했으나, 발전'도시'는 도시가 가지는 정치적·행정적 제약 때문에 (발전)국가와 동일한 수준으로 독자적인 정책, 특히 경제발전 전략을 수행할 수 있는 권한과 역량을 가지고 있다고 보기는 어렵다. 오히려 발전도시는 그 경로의 초기에 국가의 경제발전 전략을 뒷받침하는 환경의 조성과 '공간개발', 특히 물적 공간개발을 중심으로 특정한 역할을 수행하는 '의제적(pseudo)' 성격의 발전주의, 엄밀히 말하자면 '개발주의'에 입각해 있다고 할 수 있겠다. 그럼에도 발전도시는 정치적·행정적 권한과 역할의 확대, 그리고 재정적 자립 기반을 강화함으로써 내생적 발전도시로 진화해갈 여지가 있다. 이렇게 해서 대도시 서울은 이중의 발전도시 경로를 형성하는바, 그 경로의 초기에는 국가의 발전주의에 의해 포섭된 '이식된 발전도시' 경로를, 다른 한편으로 자립적 기반에 기초해 모방과 학습을 통해 개발주의 패러다임을 모색하는 '자기주도적 발전도시'의 경로를 나타낸다.

2) 발전도시 서울의 경로 1: 압축성장, 개발연대, 그리고 이식된 발전도시

 권위주의적 발전국가가 경제개발전략을 시작하던 1960년대에 서울은 발전국가의 전략적 선택성에 따른 경제성장의 거점이었다. 실제로 1960년대의 수출주도형 전략과 이를 뒷받침하는 경공업 육성정책은 구로공단이나 동대문시장, 세운상가 등을 신산업공간과 전략의 중심지로 탈바꿈시켰다. 생산활동의 집중은 자연히 노동력의 대량 유입과 집중을 초래해 폭발적으로 증가하는 인구를 수용할 수 있는 대규모의 주거공간을 조성하고 도시 인프라를 확충하는 것이 시장(mayor)의 최우선 과제가 되었다. 1960년대에서 1980년대에 이르는 '이식된 발전도시'는 바로 이러한 역사적 맥락에서 형성되었다. 특히 1960년대 후반과 1970년대에는 오늘날 우리가 목도하는 근대적 도시공간구조가 만들어졌다고 해도 과언이 아닌데, 이를 가능하게 한 것이 바로 발전도시라고 부르는 새로운 도시경로다. 이 시기의 발전도시는 성장기계(growth machine)인 발전국가의 발전주의 패러다임에 의해 근본적으로 규정되고 포섭되어 있다는 점에서 '이식된 발전도시'라 할 수 있겠다. 발전도시 서울은 다양한 조건에 의해 규정되었는데, 다음과 같은 네 가지 요소가 시정 운영의 중요한 메커니즘으로 작용했다.

(1) 권위주의 발전국가에 의한 정책가치의 부과: 성장과 안보
 식민지 유산을 이어받고 동란을 겪은 한국사회는 서구사회의 정상적 도시 발전과는 질적으로 상이한 경로를 형성했다는 점을 이미 언급했다. 시장경제의 성장에 의한 자생적 도시 발전과 비교해 국가주도, 국가에 대한 시장의 의존성이 절대적이었다는 점이 발전경로상의 결정적 차이다. 이러한 정치경제적 맥락하에 정치권력의 소재지인 서울은 당시 국가권력의 최정점에 위치하는 통치권자(박정희 대통령)의 인식과 도시관이 도시공간을 구조화하는 데서 결정적 요소로 작용했다. ① 성장지상주의, ② 도시미관주의, ③ 안보와 체제경쟁이라는 세 가지 정책가치가 이에 해당하는데, 이들 요소는 1960년대와 1970년대 발전주의(엄밀히 말하자면 개발주의)를 작동하게 한 견인차라 할 수 있다.

우선 권위주의 발전국가가 지닌 제1의 정책목표이기도 한 경제성장은 대도시 서울에도 투영되어 '성장중심주의'가 지배적 목표가치가 되도록 했다. 이러한 여건 속에서, 국가 성장거점의 하나인 서울은 구로공단이나 동대문 일대, 도심부 등을 중심으로 경제활동을 위한 성장거점이자 물적 공간으로 구조화되었다. 대표적 경제거점 공간인 구로 수출산업단지는 한때 국가 수출액을 10% 가까이 담당하면서 성장 일변도 정책가치를 구현하고자 했던 국가의 의지가 응축된 공간으로 자리매김했다.

둘째, 도시미관주의가 다른 지배적 정책가치로 작용했다. 서구 자본주의 초기, '도시미화운동(urban beautiful movement)'을 연상시키는 이 '도시미관주의' 도시관은 '아름답고, 질서 있고, 깨끗한 서울'로 요약될 수 있다(심융택, 2015).[2] 이러한 정책가치가 대도시에 투영됨으로써 도로를 곧고 넓게 다듬거나 신설하고, 판잣집을 철거하고 철저히 단속하는 것이 시정의 핵심 정책으로 자리 잡았다. 문제는 이 시기의 도시미관주의는 그 과정이 대단히 권위주의적·억압적이었고, 급격한 물리적 개발을 수반한 파괴적인 방식에 기초했다는 점에 있다. 마지막으로 발전도시가 가지는 또 다른 역사적 특수성은 국가안보 가치에 의한 정책의 지배로, 이는 한국사회에 특수한 한국동란의

---

[2] 1973년 당시 박정희 대통령의 훈시에 따르면 "이제부터라도 우리가 아름답고, 질서 있고, 깨끗한 수도 서울을 만들기 위해 강력한 행정을 밀고나가야 하겠습니다. …… 이제부터 무허가로 짓는 것은 사정없이 그냥 철거다, 미리 통고도 없이 그 즉시 가서 뜯어버리란 말이오. …… 무작정하고 서울로 올라온 사람들이 지은 집을 뜯는 건 좀 가혹할지 모르지만, 도리 없이 정부에서는 강경책을 쓰지 않을 수 없습니다"(심융택, 2015, 347~360).

경험과 그 산물인 체제경쟁에서 비롯된다. 국가안보에 대한 인식과 우려는 생각보다 근원적인 요소로, 당시 통치권자가 가진 안보에 대한 의식은 국토 공간구조 전반에 심대하게 영향을 줄 정도였다.3) 강북 인구의 강남 이전, 나아가 신행정수도 모두 안보 가치가 발전국가 정책을 지배한 데 따른 결과다.

(2) 돌진주의 리더십에 기반을 둔 시장과 효율성 위주의 행정체제

발전도시 시정 운영 메커니즘은 시장의 리더십과 행정체계에도 강력하게 투영되어 있다. 관선제이던 당시의 서울시장은 최고 통치권자의 가치와 의도를 충실히 구현하는 사람으로 충원되었다는 점에서 사실상 발전국가의 한 부분이다. 1960년대와 1970년대의 시장들, 특히 김현옥 시장이나 구자춘 같은 군부 출신의 시장은 독특한 리더십에 기초해 당시 발전국가가 요구했던 개발행정을 완성했다. 우리는 이러한 시장 리더십을 이른바 '돌진주의 리더십'4)이라고 부를 수 있는데, 이 리더십은 명령과 통제, 개발주의와 실적주의 일변도의 행정체계로 대변된다. 특히 '불도저 시장'으로 널리 알려진 김현옥 시장의 경우 최고 권력자의 인식과 정책의지를 충실히 이행하려 한 대리인으로, 군사작전을 방불케 하는 추진력에 기초해 오늘날 우리가 목도하고 있는 각종 근대적 도시 구조물을 축조한 시장이라는 점에서 돌진주의 리더십의 총아다. 주요 도로는 물론 서울역고가와 청계고가, 도심부의 세운상가, 낙원상가 등이 모두 당대 김현옥 시장에 의해 조성된 시설물이다. 이외 한강 윤중제

---

3) 당시에 했던 다른 훈시도 살펴보자. "우리의 수도 서울은 적과 접촉한 지역에서 너무 접근해 있어서 적의 지상 포화의 사정거리 안에 들어 있습니다. …… 서울을 잘 정비하고 정돈하는…… 동시에 국방이라든가 국가안보 면에서 가장 적합한 체제로 도시를 정비해나가는 것입니다(심융택, 2015: 375)."

4) 당시에 시장을 역임한 김현옥은 '돌격'이라는 글자가 새겨진 헬멧을 쓰고 시도 때도 없이 건설현장에 출현한 것으로 알려져 있으며, 대규모 개발사업을 속성으로 추진하기 위해 'ㅇㅇㅇ작전'과 같은 군사 슬로건을 즐겨 사용한 것으로도 유명하다.

건설 등의 한강종합개발, 서울 변두리의 16만여 동에 달하는 판잣집 정리, 시민 아파트 건설 등은 모두 김현옥 시장이 건설한 도시 인프라로, 개발주의에 기반을 둔 발전도시의 면모를 잘 드러내고 있다. 이러한 돌진주의 리더십은 발전국가의 통치방식, 이를테면 '하면 된다', '안 되면 되게 하라' 식의 통치방식을 적극적으로 학습·모방한 것으로, 후임인 양택식 시장으로 이어지고 구자춘 시장에 이르러 정점을 찍었다. 900만 평에 달하는 천문학적 규모의 강남개발도 이러한 돌진주의 리더십이 효과적으로 작동할 수 있었기에 가능한 일이었다.

　이 돌진주의 리더십을 뒷받침하는 것은 속도 우선, 효율 지향의 시정이었다. 김현옥 시장이 추진한 '한강 윤중제 개발' 등은 모두 속도주의, 효율주의가 최고의 덕목으로 간주되고 시장의 능력으로 인정되던 '이식된 발전도시' 시대의 대표적 사업이다. 한강개발과 함께 추진된 한강 윤중제 개발은 둘레 7.6km, 높이 16m의 제방을 쌓아 인공섬을 조성한 사업으로, 김현옥 시장이 이른바 '100일 작전'으로 명명하고 밤낮없이 공사를 추진해 110일 만에 완공한 것은 잘 알려진 일화다. 이러한 돌진주의 리더십과 효율 일변도의 행정체계는 시정 곳곳에 체화되었고, 그런 결과 10여 년 만에 서울을 오늘날과 같은 근대적 도시로 탈바꿈시켰다. 그럼에도 이 과정에서 공공에 의한 시민사회의 압도, 절차적 합리성의 무시, 고도(古都) 서울의 역사성과 도시성 해체, 도시 발전의 어둡고 우울한 자화상으로 오늘날까지도 뿌리 깊게 이어지고 있다.

　(3) 기업가 정부로서의 서울시, 그리고 개발연합의 형성
　급격한 도시성장에 따른 주거 부족은 사회갈등을 증폭시키는 요인으로, 국가는 물론 대도시 정부도 사활을 걸고 대처해야 하는 현안 중의 현안이었다. 이런 상황에서 단기에 주택을 대량으로 공급할 수 있는 효과적 수단으로

대두된 것이 아파트였다. 아파트라는 새로운 주거모델이 현실화되려면 대규모 공적자금을 동원할 수 있는 공공 주도의 개발이어야 했지만, 당시만 해도 공공 또한 무상원조나 외자에 주로 의존하던 시기여서 아파트개발이 확산되기에는 여러 가지 현실적 제약이 존재했다. 따라서 대규모 아파트 공급이 현실화되기 위해서는 당시 미약하나마 성장하던 민간자본, 특히 건설자본을 유인하는 것이 절대적 요소였는데, 당시 아파트개발에 대한 각종 지원과 특혜, 그리고 행정과 민간 자본의 특수한 관계, 즉 관민유착은 이러한 구조적 상황 속에 형성된 것이다. 실제 1970년대 초반에 제정된 '주택건설촉진법'(1972년)과 '특정지구 개발촉진에 관한 임시조치법'(1972년)에서는 정부가 주택시장 형성을 위해 주택건설에 참여하는 주체에 막대한 특혜를 제공하는 내용을 담고 있었다. 이러한 제도적 지원은 이후 서울시가 요청한 '아파트지구제'(1976년)와 '주택개발업체등록제'(1977년) 등으로 이어졌다.[5]

다른 한편으로 공공은 많은 경우에 (주택)개발 과정에서 개발자(developer)라고 불러도 좋을 적극적 역할을 수행하며 시장(market)을 선도하기도 했다. 서울시의 경우 주택공급을 포함한 도시개발에 필요한 택지조성을 대부분 토지구획 정리사업 제도, 즉 민간에게 택지를 매각해 공공사업에 필요한 재원을 충당하는 방식으로 시행했다. 나아가 민간 건설업자를 유인하는 일환으로 스스로 시범 아파트단지까지 조성했는데, 공공 주도로 개발된 대규모 택지 위에 대단위 아파트단지를 조성한 여의도 아파트지구 개발이 대표적인 예다. 이러한 메커니즘은 1970년대에도 지속되어 한강변 공유수면 매립을 통해 광활한 택지를 개발하고 주택공사를 통해 대규모의 아파트단지(반포아파

---

5) 아파트지구제는 토지구획 정리사업에 따라 조성된 영동 1, 2지구(약 900만 평)에 대해 건설 대기업 주도로 아파트개발을 추진하기 위한 제도로 도입되었다. 아파트지구로 지정된 곳은 아파트로만 개발하도록 한 것인데, 재정적 여건상 소규모 지주들은 주택을 건설하기가 용이하지 않아 결국 아파트개발업자에게 땅을 매각할 수밖에 없는 구조였다.

트)를 조성하는 것으로 이어졌다. 공공 그 자신이 택지개발, 주택개발 과정에서 적극적 역할을 수행하는 기업가주의 시정(urban entrepreneurialism)의 면모를 여실히 보여준 셈이다.6) 공공디벨로퍼로서 역할에 기초한 기업가주의 시정이 정점을 이루는 것은 1970년대 후반과 이어지는 1980년대의 대규모 아파트단지 개발에서다. 이 시기에 정부와 서울시가 다양한 제도적 지원을 하는 데 대규모 (건설)자본들이 주택개발에 동원되었다.

전체적으로 말해, 급증하는 주거 수요에 따른 대규모의 택지개발과 주택개발, 특히 아파트개발은 이식된 발전도시 시대에, 개발을 둘러싸고 정부-서울시-건설자본의 3자간 연합으로 구성된 '성장 트라이앵글'이 작동했음을 잘 보여주고 있다. 그리고 이 과정에서 정부의 제도적 특혜에 의해 현재의 건설 대기업으로 성장하고 대규모 부동산 시장과 건설 산업도 형성되는, 이른바 '주산복합체(Housing-Industry Complex)'가 창출되었다고 할 수 있겠다. 정부는 토지를 손쉽게 확보하고 저렴하게 공급해 개발이익을 향유할 수 있는 기반을 마련한 반면, 건설자본은 각종 제도적 특혜를 받아 확실성이 높은 사업에 참여함으로써 엄청난 수익을 창출하는 권위주의 발전국가 특유의 공간개발 메커니즘이 작동한 것이다. 이러한 발전도시 특유의 메커니즘에 기초한 개발주의 역사는 오늘날에도 면면히 이어져, 경제적 측면에서 물량주의에 기초한 재벌·대기업 의존형의 주택공급체계, 민관유착 내지 개발연합에 기초한 공공-대기업 간 관계를 강화하고, 사회적 측면에서는 대규모 개발에 따른 도시의 역사성 및 공동체성의 해체를 초래했다.

---

6) 약 340만 평에 달하는 잠실 지역 아파트단지 개발도 유사한 메커니즘을 보여준다. 토지
    구획 정리사업의 집행 주체인 서울시는 62만 평 정도의 체비지를 확보했는데, 이 땅 가
    운데 35만 평을 주택공사에 매각하고, 땅을 양도받은 주택공사가 잠실 아파트단지를 조
    성한 것이다(손정목, 2005).

(4) 공간개발의 전략적 선택성과 불균형 발전

발전국가와 유사하게 발전도시 또한 특정한 지역을 전략적으로 육성하거나 집중 개발하는, 이른바 '전략적 선택성(strategic selectivity)'이 시정의 주요 운영 메커니즘으로 확립되었다. 도시의 중심지 육성이나 특정 지역의 주거 및 산업 개발이 이러한 전략적 선택성에 따른 공간개발 메커니즘으로, 대도시의 핵심 정책 원리 가운데 하나로 면면히 이어지고 있다. 이 경우에 발전도시 서울이 취한 공간개발 전략의 요체는 전통적인 '일극 중심'에서 '다극화 이행 전략'으로 요약할 수 있다. 도심부를 중심으로 한 단일한 성장극에서 탈피해 여의도와 강남을 중심으로 새로운 성장극을 창출하는 공간개발 전략이 그러한데, 대도시 압축성장의 상징인 동시에 오늘날 대도시 서울이 내재한 구조적 현안인 불균형 발전의 기원을 이룬다.

① 공간개발의 전략적 선택성 1: 도심부의 구조고도화와 여의도의 신성장거점 개발

도심부 (재)개발이 발아하던 1960년대 중반까지도 도심부 (재)개발은 단순히 도심부 미관 개선을 위한 사업이었고, 1970년대 들어서는 개발억제의 대상으로까지 인식되어 그마저도 약화되었다. 도심부 개발이 대도시 성장의 전면에 다시 부상한 것은 1980년대 중반 무렵으로, 고도성장의 과실이 점차 공간개발로 전환되는 가운데, 1986년과 1988년 두 번에 걸친 메가이벤트의 개최가 주된 계기로 작용했다. 이러한 전략적 전환을 뒷받침하기 위해 '도시재개발법'(1982년) 제정되고 용적률을 완화하며 세제 혜택을 제공하는 등 다양한 제도적 지원책이 모색되었다. 이 시기 도심재개발을 통해 을지로, 태평로, 다동, 무교동, 서린동, 도렴동, 공평동 등이 오늘날과 같은 도심부로 탈바꿈하게 된 것이다.

1980년대 중반을 전후로 해서 전개된 대규모의 도심부 재개발은 발전도시의 성장이라는 맥락에서 적지 않은 의의를 지닌다. 고도성장을 통해 재벌·대

기업으로 성장한 기업들은 생산 기능에서 분리된 명령과 통제의 기능(본사가 수행하는 기능)을 수용할 수 있는 공간을 탐색하기 시작했는데, 정치·행정 기능이 집중한 도심부가 이러한 입지적 수요를 충족시킬 수 있는 전략적 공간으로 활용되었다. 1980년대의 도심부 재개발은 이러한 입지 수요를 뒷받침하는 공간개발 메커니즘으로 활용되었으며, 이에 따라 도심부는 1990년대의 침체기를 거쳐 발전도시가 자기주도성을 갖추게 된 2000년대 이후에 다시 한 번 전략적으로 중요한 위상을 점하는 공간으로 재인식·재활용되기도 했다. 결국 발전도시에서 도심부는 1970년대와 1990년대의 예외적 기간을 제외하면 대부분의 시기에 발전도시가 품고 있던 개발주의의 힘이 항상 작용하고, 그 힘에 의해 전략적으로 개발이 모색된 공간이었던 셈이다.

여의도 또한 전략적 차원의 공간개발과 발전도시 성장을 상징하는 거점 공간의 하나다. 이 여의도 개발은 발전국가의 충실한 대리인이자 발전도시의 선도적 주체인 김현옥 시장의 경우 '제2의 서울' 구상으로까지 지나친 의미를 부여했으며, 양택식 시장과 구자춘 시장 재임기에도 이어져 장기간 많은 자원과 노력이 투입된 메가프로젝트로 발전했다.[7] 김현옥 시장에 의해 '한강 윤중제 개발'로 시작된 여의도 개발이 양택식 시장에 의해 대규모 주거지 개발로 확대되고, 구자춘 시장에 의해 대도시 서울의 경제개발을 상징하는 전략적 거점의 하나로 완성되기에 이른다. 실제로 여의도에 국내 굴지의 지상파 방송사들이 입주하고, 연이어 증권 관련 기관들이 입주함에 따라 여의도는 도심부와 함께 서울시는 물론 국가적 차원에서 또 하나의 경제성장 거점(금융 및 방송)으로 탄생하게 된다. 여의도가 겨우 15년이라는 짧은 기간에 전략적 거점이자 국가의 선도적 경제공간이 개발될 수 있었던 것은 발전도시라는 특수한 메커니즘이 없이는 사실상 불가능한 일이었다.

---

7) 여의도 개발을 둘러싼 상세한 이야기는 손정목(1997b)을 참고할 것.

② 공간개발의 전략적 선택성 2: 강남개발

이식된 발전도시가 터하고 있는 공간개발의 전략적 선택성이라는 측면에서 그 정점에 해당하는 공간이 강남이다. 강남개발은 국가안보라는 정책가치에 강하게 사로잡힌 국가의 인구 분산 정책을 돌진주의 리더십으로 무장한 시장들이 공간적으로 뒷받침한 대규모의 개발 전략으로 충실히 이행한 개발주의 패러다임의 전형을 보여주고 있다. 900만 평에 달하는 영동 1지구와 2지구 개발 현장, 400만 평의 잠실지구, 258만 평의 개포지구, 그리고 41만 평의 수서지구 등 천문학적 규모의 공간이 토지구획 정리사업에 따라 개발용지로 전환되었는데, 1970년대의 여의도 개발이 80만 평 정도임을 고려해보면 개발의 규모가 어느 정도인지를 가히 짐작해볼 수 있다.[8] 이렇듯 강남개발은 20년도 채 안 된 기간에 중소 규모 도시 4~5개를 공공이 주도해 조성한, 발전도시의 본질을 극명하게 보여준 개발 사례에 해당한다.

실제로 영동지구(삼성·청담·압구정·대치동 일대) 개발을 추진한 양택식 시장 시기에 오면, 강남개발은 이전의 단순 택지개발로 추진된 영동 1지구와 전혀 다르게 '제2의 서울계획'이라는 구상에 기초해 추진되기에 이른다. 권위주의적 공간개발 전략을 상징하는 다수 공공기관 이전 계획도 그러한 개발 전략의 일환으로 모색되었다. 그러나 무엇보다도 개발주의 메커니즘의 정수라 볼 수 있는 것은 뒤이은 구자춘 시장의 재임기로, 국가의 강북 인구 집중 억제 및 인구분산 전략과 맞물려 강남개발이 강도 높게 추진되었다. 비록 실현되지는 않았으나 국가적 차원의 권력과 자원이 동원되지 않으면 계획을 세우는 것조차 불가능한 상공부 종합청사와 서울시청 이전 구상은 물론, 지하철 2호선의 건설과 고속터미널 입지, 개발촉진지구와 아파트지구 지정 등 상상하기조차 쉽지 않은 파괴적 혁신 전략이 모색되었다.

---

8) 강남개발에 관한 상세한 내용에 대해서는 손정목(1998a), 안창모(2010) 등을 참조할 것.

전체적으로 상술한 개발사업들은 발전도시의 공간개발 메커니즘을 구현한 개발사업으로, 오늘날 대도시 서울에 중요한 의미를 시사한다. 일종의 '발전도시의 역설'이라고 부를 만한 것이 그 한 가지로, 불균형 발전을 해소하기 위해 의도적으로 불균형을 창출하려 한 전략이 새로운 불균형을 구조화했다. 더욱 역설적인 점은 강남 일변도의 불균형 발전은 뒤에서 언급할 것처럼 뉴타운 사업과 같은 새로운 전략 거점 개발을 낳고, 이것이 다시 새로운 도시문제를 초래했다는 점이다. 여기에 더해, 전략적 거점을 향한 공간개발이 앞서 언급한 개발주의 시정 체제와 결합함으로써, 도시구성원의 삶에 광범위한 영향을 주었다는 점도 간과해서는 안 될 일이다. 공간개발의 전략적 선택성의 메커니즘은 오늘날 지역불균형 발전의 기원이며, 주민들을 그들의 생활세계에서 뿌리 뽑히게 하고, 길게 보면 공동체 자체의 해체로 이어지게 했다.

3) 발전도시 서울의 경로 2: 자기주도적 발전도시와 개발주의 패러다임의 귀환

발전국가의 성공은 역설적이게도 자신의 존재 기반을 침식하는 요인이다. 1980년대 후반에서 1990년대 초반에 이르는 기간에 이루어진 발전국가의 약화 또는 해체는 수십 년의 발전도시 역사 속에 축적된 다양한 후유증 때문에 새로운 균열을 창출했다. 성수대교 붕괴(1994년), 삼풍백화점 붕괴(1995년) 등이 대표적인 사례로, 이 사건을 계기로 과잉 개발과 효율 일변도 행정에 대한 문제제기와 자기성찰도 부분적으로 있었다. 이에 따라 1995년 민선 시장이 출현한 이후, 특히 민선 1기와 2기에 시정 기조와 정책가치를 전환하려는 노력도 전개되었다. 기존의 도시 발전 경로에서 탈피해, 이전보다 계획적이고 지속가능한 개발을 지향하는 '도시관리주의(urban managerialism)' 경로를 모색하려는 시도가 그것이다.

그럼에도 수면 아래에 잠복해 있던 성장과 개발을 향한 사회적 압력, 그리고 1990년대 후반과 2000년대 초반 세계화와 글로벌 도시경쟁 등을 중심으로 한 도시의제의 대두는 이전의 도시관리주의에서 벗어나 민선 3기와 4기에 새로운 도시 발전 경로를 출현하게 하는 주된 계기로 작용했다. 이것이 바로 '자기주도적 발전도시'의 경로로, 전통적인 개발주의 패러다임에 터하고 있으면서 다른 한편으로 새로운 정책가치와 도시 발전 전략도 모색하려는 양가성을 지닌다. 달리 말해 도시의 경제 및 인구 성장에 기초해 (외연) 성장을 지향하는 개발주의에서 도시경쟁력 의제를 중심으로 한 개발주의로의 전환이 이루어졌다는 의미다. 이제 도시경쟁력주의가 발전도시의 핵심 정책가치로 부상하고, 이를 고려한 다양한 내용의 경성 도시정책과 연성 정책이 모색된다. 이하에서 살펴볼 민선 3기의 '경성(hard) 발전도시'와 이어지는 민선 4기의 '연성(soft) 발전도시'가 자기주도적 발전도시를 견인하는 시정 운영 양식(modus operandi)이다.

(1) 자기주도적 발전도시 1: 민선 3기 경성 발전도시

이명박 시장으로 대변되는 민선 3기는 민선 1기, 2기의 도시관리주의에서 탈피해 물리적 개발을 중심으로 하는 다양한 대규모 프로젝트가 추진되던 시기다. 이 시기에 추진된 두 가지 대표적 사업인 '청계천 복원 사업'과 '뉴타운 사업'은 이러한 경성 발전도시의 성격을 구현하는 것으로, 현대적 개발주의 패러다임과 공간개발의 전략적 선택성이라는 원리를 보여주고 있다.

우선 잘 알려진 바와 같이 청계천 사업은 발전국가의 산물인 고가도로와 복개된 도로를 해체하고, 3900억 원에 달하는 공공자금을 투입해 5.8km 구간의 개천을 복원한 사업이다. 이 사업은 1970년대와 1980년대의 '이식된 발전도시'에서 탈피해 새로운 '자기주도적 발전도시'로의 이행을 상징하는 이중적인 의미를 가지고 있다. 이 사업은 도시 발전에 다양한 긍정적 효과도 주었지만, 개발주의 패러다임에 구속됨으로써 많은 사람의 논란과 비판의 대상이 되기도 했다. 이 사업이 생태계와 역사·문화의 복원을 지향하고 절차적 합리성을 모색했다는 일각의 주장에도 불구하고 그러하다(양윤재, 2008; 황기연·나태준, 2005). 이 사업은 외견상 생태와 역사·문화 복원을 표방했지만, 그것이 물리적 시설의 개조나 인공 하천의 조성을 통해 실현하고자 했던 특유의 접근 방법, 그리고 사업 과정에서 제기된 다양한 이견과 반대를 가시적 성과를 통해 정당화하려고 했던 점은 전통적인 발전도시 메커니즘과 맥이 닿아 있다. 청계천 복원 사업이 가지는 개발 지향성은 이 사업과 연계된 도심부 발전계획에도 잘 나타나 있다. 당시 발표된 '청계천 복원에 따른 도심부 발전계획'은 이 사업이 복원보다는 개발에 초점이 맞춰져 있음을 보여주고 있다. 이 계획에서는 당시 평균 용적률이 300% 이하인 청계천 주변 지역에 대해 기준 용적률을 600%, 최대 1000%까지 가능하도록 했다(조명래·배재호, 2005). 이러한 조치는 시간이 흐르면서 도심부를 과밀화된 고층의 초현대적 공간으로 변모시키고 도심부를 경제적·산업적 가치와 효율이 지배하는 공간으로 계속 전환시켜 나갈 것이다.

경성 발전도시의 메커니즘을 더욱 분명하게 보여주는 다른 사업은 뉴타운 사업이다. 강북의 균형 발전, 광역 개발을 목적으로 시작된 뉴타운 사업에는 개발주의나 효율주의에 지배된 발전도시의 메커니즘이 곳곳에 스며들어 있다. 무엇보다도 뉴타운 사업은 개발주의 동학을 강력하게 다시 촉발시켰는데, 이는 대규모 공공재원의 투입, 종상향(up-zoning)과 같은 규제완화 등 일련의 노력들에 구현되어 있다. 당초 세 곳의 시범 사업으로 시작된 뉴타운 사업의 대상지가 3차에 걸쳐 지속적으로 확대된 것도 궁극적으로 개발을 둘러싼 강력한 경제적 이해관계와 정치적 힘이 작용한 데 기인한 바 크다. 아울러 뉴타운 사업이 기반을 두고 있는 효율주의 또한 민선3기 발전도시를 견인하는 또 다른 중요한 힘이다. 은평 뉴타운사업에서 볼 수 있듯이, 사업을 신속하게 추진하기 위해 그린벨트 해제가 적극 활용되었고, 설계와 시공을 일괄적으로 추진하는 사업 방식(즉, 턴키 방식)도 채택됨으로써 공사 기간을 단축하려 했으며, 토지 보상 또한 다소 과도하게 진행되었던 점 등은 모두 효율 일변도의 사업 추진 과정에서 파생된 산물이라 할 수 있다.

민선 3기와 4기 대도시 서울의 도시개발을 견인했던 뉴타운 사업은 과잉 개발주의와 효율주의가 작용한 결과로, 현실에서 많은 문제점을 노정하며 점차 실효성을 상실해가고 있다. 그것은 무엇보다도 고도성장, 압축성장의 시대에 소유자의 개발이익 향유와 계층 간, 세대 간 부의 이전을 전제한 것으로, 저성장이 정상이 된 새로운 시대에는 더 이상 작동하기 어려운 것이다. 아울러 뉴타운 사업이 가지는 다른 더 근본적 문제는 대도시사회의 지속가능성에 대한 심각한 도전, 즉 거주민이 배제된 효율 지향, 물적 개발 일변도의 사업이 궁극적으로 주민들의 생활세계를 식민화하거나 갈등적 구조로 만들고, 나아가 공동체를 해체시키는 결과를 초래한다는 점에 있다.[9]

(2) 자기주도적 발전도시 2: 민선 4기 연성 발전도시

민선 3기에 이은 민선 4기는 자기주도적 발전도시라는 동일한 도시 발전 경로 위에 '연성적' 발전도시라는 차별성도 가진다. '컬처노믹스(culture-nomic)'나 '디자이노믹스(designomics)' 등이 이러한 전환을 상징하는 키워드에 해당한다. 물론 이러한 서술이 연성 발전도시에서 도시를 성장시키고 물리적으로 개발하려는 개발주의 패러다임이 크게 약화되었다는 것을 의미하지는 않는다. 그보다는 글로벌 도시경쟁력이나 디자인도시 같은 연성적(soft) 요소들이 도시의 성장과 개발을 견인하는 새로운 정책가치로 작용하게 되었음을 의미한다. 이 연성 발전도시를 구현하는 대표적인 사업으로 '한강르네

---

9) 실제로 뉴타운 사업이 추진되고 난 지역의 원주민 재정착 여건을 살펴보면, 미아나 노량진의 경우 동일지구 내 재정착률은 30%에도 못 미치며, 생활권으로 재정착하는 경우도 50% 이하인 것으로 조사되고 있다(서울시, 2010).

상스와 용산 국제업무지구 프로젝트', 그리고 '디자인서울 정책'을 고려해볼 수 있다.

한강르네상스 사업의 경우, 1960년대와 1970년대에 서울시의 전략적 거점 개발로 추진된 '한강종합개발'이 민선 4기 이르러 '한강르네상스 프로젝트'라는 표제를 달고 도시개발의 무대 위로 다시 소환된 것이다. 이 사업 또한 종합적·전략적 계획으로서 한강과 그 주변부를 아우르는 중장기의 전략적 거점개발을 지향했다. 당시 발표된 계획에 따르면, 이 프로젝트는 한강을 중심으로 한 공간구조의 재편, 한반도의 새로운 성장동력 창출과 토지 이용의 다양화를 통해 경제적 부가가치를 증대시키는 것을 목표로 하고 있으며, 이를 위한 다양한 물리적·비물리적 개발사업이 모색되었다.[10] 이 프로젝트에서 연성적 발전도시 성격을 잘 보여주는 요소 가운데 하나는, 첫 번째 과제로 설정된 '한강중심의 도시공간 재편'으로, 이 과제는 시간이 흐르면서 한강과 연접한 '용산 국제업무지구 개발 프로젝트'와도 긴밀하게 연계되어 있다. 초기에는 철도청 부지 개발에 한정되던 용산개발 사업은 한강르네상스 프로젝트와 맞물리면서 한강변 아파트개발을 중심으로 하는 초대형 개발 프로젝트로 변모한 것이다.[11] 이렇게 사업의 내용이 주거지개발, 산업 및 상업 개발, 그리고 주거를 포함하는 복합 개발로 확장되면서, 자연히 사업에 영향을 주고받는 이해당사자 또한 더욱 다원화되고 이해 간 갈등도 더 첨예해졌는데, 이는 사업 추진에서 절차적 합리성, 주체들 간 소통과 협력이 사업 추진에서 중요한 요소가 됨을 시사한다. 그러나 정작 자신의 재산이 사업에 편입되는 지역 주민들은 계획수립 과정에 거의 참여하지 못한 반면, 시 정부는 해당 지역 개발에 관한 계획(안)을 일방적으로 발표하고 공모를 통해 개발디벨로퍼를

---

10) 한강르네상스 프로젝트의 계획에 관한 세부 내용은 서울시(2007)를 참조할 것.

11) 당초(2007년 3월) 사유지는 전체의 0.3%에 불과했으나, 서부 이촌동 아파트 부지가 포함되면서 11.5%로 확대되었다.

선정해 사업을 추진하고자 한 것으로 알려졌다(김경민, 2011).

연성 발전도시의 다른 핵심 사업은 '디자인서울 정책'이다. 본래 디자인서울 정책은 무질서한 도시개발에 직면해, 통합적 디자인을 통해 도시공간을 재구성하고 도시경쟁력을 강화한다는 취지로 추진되었다. 앞서 이식된 발전도시 단계를 논의하면서 개발주의 패러다임을 견인했던 요소의 하나로 당시 최고 통치권자의 도시관인 '도시 미관주의'를 언급한 바 있다. 디자인서울 정책은 이 미관주의 도시관과 이를 뒷받침하는 물리적 개발이 연성적 요소와 결합된 채, 민선 4기의 자기주도적 발전도시 시대에 세련된 모습으로 재출현했다고 볼 수 있다. 디자인서울 정책이 시설 조성이나 물리적 환경 조성에 주력했던 점은 여전히 개발주의 패러다임에 구속되어 있음을 의미하지만, 문화주의적 접근이나 창조도시를 강조한다는 점에서 전환의 힘도 내포하고 있다. 비록 이러한 연성적 요소들의 근저에 도시의 성장과 도시경쟁력 강화라는 정책가치가 놓여 있기는 하나, 기존의 발전도시 경로에서 벗어나 새로운 도시 발전 경로로 이행할 수 있는 잠재력도 내재하고 있다는 의미다. 이러한 전환의 국면에서 도시가 어떤 경로로 이행할 것인가는 도시 미관주의, 그리고 이를 구현하는 각종 물적·비물적 요소가 '과연 누구를 위한 것인지', '누가 정책과정에 참여할 것인지'를 깊이 인식하고, 이를 실천할 수 있는 제도와 정책 기반을 마련할 수 있는가에 의존한다.

3. 위기의 도시에서 희망의 길을 찾아서

1) 발전도시 서울의 도전과제

앞서 논의한 바와 같이 지난 1960년대 이래 우리 사회가 경험한 급속한 경제개발과 고도성장은 권위주의적 발전국가라는 특수한 모델에 기인한 바 크다. 그리고 이 국가모델의 핵심을 차지하는 것 중 하나가 이 글에서 '발전도시(developmental city)'라고 명명한 도시 발전 경로다. 발전도시는 초기에 발전국가에 포섭되어 발전주의(개발주의) 패러다임이 '이식된 발전도시' 단계를 거쳐, 1990년대 중반 이후 스스로 발전주의 패러다임을 모색하는 '자기주도적 발전도시' 단계로 이행했다. 경제의 세계화 조류 속에 전개되었던 1990년대 초중반의 경제 자유화, 정치적 민주화, 그리고 정치적·행정적 분권화 같이 발전국가의 해체를 초래했던 힘이 발전도시 내부에 변화를 유발했다는 점은 앞서 언급한 바와 같다. 특히 자기주도적 발전도시 후반에는 도시의 물적 성장이나 개발과 함께, 비물리적 요소들에 대한 사회적 인식도 확대·강화되면서 도시의 성장과 개발에 관련된 가치와 이해관계, 정책 프로세스가 예전보다 다원화·복잡화·첨예화하고 있다. 이에 따라 자기주도적 발전도시에서 내적인 분화가 다시 싹트고 있는 것으로 보이는데, (자기주도적) 발전도시는 연성적 요소와 결합함으로써 새로운 도시 발전 경로로 전환해갈 잠재력을 내포하고 있다.

이와 같이 압축적이고도 역동적인 역사적 변화와 발전을 거치면서 오늘날 대도시 서울은 다양한 현안에 직면하고 있다. 말하자면 현재 대도시 서울이 경험하고 있는 각종 도시 현안 문제는 지난 반세기 동안 '이식된 발전도시'에서 '자기주도적 발전도시'로 이어지는 역사적 국면에서 창출된 구조적 문제들이 누적·중첩되어 만들어진 결과물이라는 의미다. 이와 같이 도시의 퇴적층 속에 켜켜이 쌓여 있는 구조적 현안을 고려해 향후 대도시 서울이 해결해야 할 도전 과제를 도출해볼 수 있다. 이들 도전 과제들은 향후 대도시 서울이 위기에서 벗어나 어떠한 새로운 도시 발전 경로로 이행해갈 것인가를 모색할 때 이정표로 삼아야 하겠다.

(1) 뉴 노멀 시대 지속가능한 도시경제의 확립

한국 경제와 서울 경제는 1960~1980년대에, 이른바 '압축성장', '개발연대'로 상징되는 눈부신 성장을 경험했다. 연평균 경제성장률이 1970년대에 10.5%에 이를 정도로 고도성장을 겪었으며, 1980년대에도 8.7%에 달하는 높은 성장률을 보였다. 동일한 시기에 서구의 선진 경제는 이른바 자본주의 황금기(golden age)를 끝내고 1980년대 이후 들어 포드주의 경제시스템이 가진 경직성 때문에 심각한 경제위기에 직면하던 시기였다. 그러던 것이 1990년대 후반 이후 약 십년을 주기로 전개된 두 차례의 글로벌 경제위기는 우리 사회에 잠재해 있던 다양한 문제를 표출시키는 계기로 작용함으로써 대도시 서울이 대응해야 할 근본적인 도전 과제 가운데 하나로 부상했다. 이 글로벌 위기는 국가 전반에서 다양한 형태의 심각한 경제적 궁핍과 위기를 초래했으며, 다른 한편으로는 우리 경제에서 새로운 환경에 노출시키고, 새로운 구조로 이행하도록 압박하는 계기가 되었다.

이른바 뉴 노멀 시대로의 전환이 그 핵심을 지적한 것인데, 글로벌 경제 전반에서 저성장이 정상이 되는 새로운 시대로 돌입하는 징후가 나타나고 있다. 주목할 점은 서구 선진 경제가 지난 1980년대 이래 지속적인 침체를 경험하면서 오랜 기간에 걸쳐 저성장 체제로 전환했던 것과 다르게, 우리 경제는 비교적 최근까지도 높은 경제성장률을 보이다 급속하게 저성장 체제로 전환되고 있어서 뉴 노멀 경제체제가 주는 영향을 깊고도 넓다는 점이다. 말하자면 압축성장과 대비되어 '압축저성장'이라 부를 만한 현상이라 할 수 있겠다. 이러한 압축저성장의 기조 속에 산업의 경쟁력은 날로 약화되며, 새로운 성장동력은 아직 뚜렷하지 않다는 점이 현 시점에서 대도시 서울이 직면하고 있는 중대한 도전 과제인 것이다. 이러한 트릴레마가 지속될 경우 국가경제의 중심지이자 지식산업 집적지, 산업혁신의 허브로서 그간 서울 경제가 확립한 위상과 역할이 심각하게 위협받을 수 있는바, 현재와 같은 저성장 체제에서 새로운 성장동력을 창출하고 지속가능한 성장을 실현하는 것이 현재 대도시 서울이 직면하는 시급한 과제인 것이다.

(2) 성장지상주의/개발중심주의 정책가치에 대한 근본적 재성찰

지난 반세기 동안 국가와 대도시를 견인하는 핵심적 정책(목표)가치는 성장과 이를 뒷받침하는 공간개발이었다. 이른바 성장지상주의, 개발중심주의가 국정 운영을 물론, 시정 전반에 이식·확산된 핵심가치였다고 할 수 있다. 그리고 이러한 정책가치에 기반을 두고 정부와 서울시는 특정한 영역과 특정한 공간, 그리고 특정한 주체를 전략적으로 선택해 자원을 동원·배분하고 개발을 추진해왔다. 그러나 오늘날 국가와 도시 모두에서 (경제)성장주의적 시각에만 일방적으로 의존해서는 더 이상 지속가능한 발전, 사회 전반의 균형적 성장을 유지하기 어려운 시대가 되고 있다. 유사한 맥락에서 개발지상주의 또한 역사의 뒤안길로 서서히 퇴장하고 있다.

이러한 변화는 21세기 들어 경제사회의 근본적 구조 변화에서 비롯한다. 즉, 사회계층의 분화가 활발해지고 그 결과 이해관계가 다원화·복잡화·첨예화되면서 가치의 다원화도 활발해지고 있다. 전통적인 성장과 경쟁 일변도의 가치, 개발중심적 인식에 더해, 새로운 탈근대적·탈물질적 가치가 서로 경쟁하고 때로 충돌하는 가치의 다원화 시대로 접어들고 있는 상황은 오늘날 대도시가 직면하고 있는 또 다른 도전 과제다. 이러한 도전 과제에 적극 대응하기 위해서는 다양한 가치가 서로 경쟁하는 가운데, 서로 다른 가치에 대해 상호 인정과 조화를 실현할 수 있는 대안적 패러다임이 적극 모색되어야 한다. 성장과 개발의 가치 못지않게 복지 실현, 차별과 배제의 해소, 불평등의 완화, 연대와 협력 등의 사회적 가치는 물론, 사회적 약자·소수자에 대한 포용과 배려, 소통과 경청 같은 인문학적 가치 등을 포용할 수 있어야 한다.

(3) 공공 주도 계획합리성과 효율주의 원리로부터 대전환 모색

발전국가와 발전도시가 기반을 두고 있는 주요 메커니즘의 하나는 공공계획에 기초한 기술합리성이었다. 경제개발 5개년계획과 10개년 국토종합개발계획이 이를 구현한 대표적 계획이며, 대도시 서울 또한 대규모 개발에서 공공이 일방적으로 수립한 각종 계획에 기반을 두고 있었다. 이러한 계획합리성은 정치 영역이 불안전하고 가용할 자원이 부족한 시대에는, 정책을 일관되고 효율적으로 추진하게 하는 수단이었던 점은 분명하다. 아울러 기술합리성, 즉 목표를 실현(성과)하기 위한 수단의 강조는 효율주의, 즉 제한된 자원으로 신속한 결과를 창출하는 방식의 지배로 이어졌다.

그러나 합리적 공공계획에 기반을 둔 경제개발 및 국토개발 전략의 추진과 이를 뒷받침하는 기술합리성 및 효율주의는 다변화되는 기술 및 시장경제로 이행하는, 글로벌화되는 경제 환경에서는 물론이거니와, 시민사회가 양적·질적으로 발전해가고 있는 복잡하고도 불확실한 정책 환경에서 실효성을 확보하기 어렵다. 후자와 관련해, 정책의 기획(계획)과 실행 과정에서 투명성, 개방성, 대표성, 참여 같은 절차적 민주주의 가치가 날로 강조되고, 이에 따라 다양한 차원의 계획합리성이 수용·옹호되어야 한다는 사실은 대도시 서울이 직면하고 있는 또 하나의 새로운 도전 과제로 부상하고 있다. 다시 말해 공공정책 및 공공계획에서 절차적 합리성, 소통적 합리성에 관한 인식의 확산과 이러한 합리성에 기반을 둔 상향적·참여적 계획 원리의 실천과 확산이 요구되고 있다는 의미다.

(4) 과잉개발주의에 따른 생활세계의 식민화와 공동체 해체의 극복

앞서 논의된 바와 같이 발전도시가 지향하는 발전주의(개발주의) 패러다임은 돌진주의 리더십과 개발행정에 기초해 20여 년도 안 되는 기간에 3극 중심의 공간구조를 창출해냈다. 토지구획 정리, 대규모 아파트개발, 그리고 재개발 수법 등에 매개되어 도심부, 여의도, 강남을 중심으로 추진된 일단의 대규모 개발사업이 발전도시의 이행 경로를 극명하게 대변하고 있다. 이러한 개발주의 패러다임은 자기주도적 발전도시 단계로 면면히 이어져, 기존의 공간을 탈바꿈하거나 새로운 공간을 창출한 바 있다.

돌이켜 보건대 이러한 개발주의 패러다임과 그 결과로 달성된 도시의 성장과 번영은, 사실상 해당 지역의 적지 않은 희생, 즉 주민들이 뿌리내리고 있는 생활세계를 식민화하고, 심지어 일부 지역의 공동체 해체를 동반하는 일이었다. 거슬러 올라가 보면 1960년대의 무허가 판자촌 철거에서 1970~1980년대 달동네 재개발, 그리고 최근의 뉴타운 사업이나 용산개발에서 나타난 지역사회의 변화는 개발의 역사가 사실상 공동체 해체의 역사와 다르지 않다는 점을 예증하고 있다. 이렇듯 약화·해체되고 있는 공동체를 회복하고, 자신의 생활세계를 재영토화하는 반성적 프로젝트를 모색하는 것이 향후 대도시 서울의 다른 도전 과제이다.

(5) 대도시 내 심화되는 경제적·사회적 불평등의 완화와 해소

국가경제의 지속적인 성장과 대도시경제의 번영에도 불구하고 경제적 불평등은 날로 심화되고 그 여파로 사회적 불평등 또한 확대·심화되고 있다. 특히 신자유주의적 세계화와 글로벌 경제위기는 계층 간 불평등을 심화시키는 결정적 계기로 작용했다. 실제로 OECD와 같은 국제기구의 분석에 따르면 회원국 모두에서 경제적 불평등이 심화되어 지난 30여 년간 소득 10분위 배율이 1985년 7배에서 2013년 9.6배로 크게 상승한 것으로 나타나고 있다(Keeley, 2015; OECD, 2015). 물론 한국의 경우에도 크게 다르지 않아 1990년대 중반 이후 임금소득과 가계소득을 기준으로 불평등지수(지니계수)가 상승하고, 상용근로자 임금소득을 기준으로 한 10분위배율 또한 1995년 이후 상승한 것으로 분석되고 있다(김낙년, 2013; 장하성, 2015).

경제적·사회적 불평등에 더해 대도시 서울의 경우에는 공간적 불균형 발전이 고착화되는, '다중적 불평등' 구조가 형성되어 있다. 즉, 대도시경제발전 과정에서 초래된 경제적·사회적 불평등 위에 지역 간 발전의 격차가 중첩되어 있는 점이 대도시 서울이 직면하고 있는 또 하나의 심각한 도전 과제인 것이다. 이러한 공간적 불평등이 발전도시 서울이 오랫동안 운용해온 3극 중심의 '공간개발의 전략적 선택성'에서 비롯했다는 점은 이미 언급한 바와 같다. 역으로 이러한 불균형 발전은 주민들의 생활세계에서 기반 시설의 격차, 교육 훈련이나 보건의료 같은 공공서비스에 접근하는 불평등으로 이어져, 전통적인 경제적 불평등을 더욱 심화시킨다. 이러한 구조적 현안에 직면해 향후 대도시 정책은 더 현명한 접근, 즉 물적·제도적 인프라의 지역 간 격차를 해소하고, 시설 및 서비스로 접근하는 데서 기회의 형평성을 제고하는 포용적 정책을 모색하는 것이 향후 대도시 서울이 직면하고 있는 중차대한 도전 과제다.

(6) 공공 주도형 거버넌스에 따른 시민사회와 지역사회의 미발전

앞서 논의된 바와 같이 권위주의적 발전국가와 이 국가에 의해 규정된 발전도시 서울은 공공 주도성이 시정의 기본 원리로 확립되었다. 이러한 공공 주도형 모델이 자원이 제한적이고 정책의 선도 주체와 조직 기반이 부재한 시기에 효과적인 원리가 되었던 점은 부인하기 어렵다. 고도성장기 발전국가의 경제적 성과와 발전도시가 당면한 도시문제를 해결하는 데서 이러한 공공 주도형 거버넌스가 성공의 기본 요인이었다는 의미다. 그러나 사회구성원들의 가치와 이해관계가 복잡하게 분화되고, 그 과정에서 상호 경쟁과 충돌이 빈번하게 일어나는 시대에는 이러한 공공 주도형 거버넌스는 오히려 제약으로 작용할 수 있다.

공공 주도 거버넌스에 내재하는 다른 문제는 그것이 21세기 도시에서 사회발전의 견인차로 부상하고 있는 시민사회와 지역사회의 발달을 제약하는 요인으로 작용하고 있다는 점이다. 실제로 빠른 경제성장을 통해 서구 선진 도시에 못지않은 경제발전과 비약적 성장을 실현한 것과 비교해 대도시, 특히 대도시 내 지역사회가 축적하고 있는 사회적 자본(social capital)은 대단히 취약한 실정이다. 다행히 최근 많은 지역에서 '지역 문제는 지역 스스로'라는 자치·분권주의와 공동체 회복이라는 공동체주의에 기초해 시민사회와 지역사회를 활성화하려는 노력이 폭발적으로 증가하고 있는 점은 새로운 가능성을 시사한다. 즉, 과거 공공에 가려져 있던 시민사회와 지역사회가 도시 발전의 새로운 주체로 전면에 부상할 수 있는 토대가 형성되고 있는 것이다.

2) 포용도시를 향한 두 갈래의 길

21세기 들어 현대도시가 직면하고 있는 다양한 도시문제들, 특히 앞서 논의된 근본적 도전 과제들은 그것이 해결되지 않으면 도시가 심각한 위기 국면으로 치달을 가능성이 높다. 근자에 이러한 구조적 상황을 심각하게 인식해, 대안적 도시모델에 관한 다양한 논의가 진행되고 있다. 이 경우에 대안적 도시모델이 가지는 적실성은 도시가 직면하는 도전 과제를 해결하는 데 실효성 내지 유용성이 얼마나 있는가에 있다. 최근 국제사회를 중심으로 활발하게 모색되고 있는 '포용도시(Inclusive City)' 모델이 유용한 프레임으로 기여할 것으로 기대된다.

포용도시를 둘러싼 논의와 실천은 초기에 '사회적 배제(social exclusion)'[12]

---

12) 사회적 배제는 1970년대 프랑스 사회부 장관이던 르네 르누아르(Rene Renoir)가 처음으로 제기했고, 1980년대 중반 이후에는 근로 빈곤층과 장기 실업자의 존재를 두고 새로운 빈곤문제가 제기되자 사회당 정부가 이를 사회적 배제라고 표현했다. 이 경우에 배제라는 개념은 초기에는 사회적 안정망에 속하지 못한 취약계층을 의미하다가, 점차 장애

의 관점 내지 '사회적 포용(social inclusion)'의 관점에서 출발했다. 1970년대 들어 유럽 사회에서는 빈곤과 사회적 안전망에서 배제된 주체를 사회로 편입시키는 것이 주요 정책 의제로 출현했는데, 이 사회적 배제를 유발하는 주범으로 빈곤과 실업이 지목되었다. 이러한 문제의식과 의제 설정에 기초해, UN은 '유럽사회헌장'(1989년)에서 공식적으로 사회적 배제를 해결하고 통합적인 유럽을 건설해야 한다고 피력했고, 암스테르담 조약(1997년)에서도 유럽이 추구해야 할 목표로 '사회적 배제의 해소'를 지목했다. 사회적 배제에 관한 논의는 1990년대 들어서 더욱 확대·심화되었다. 즉, 사회적 배제는 단순히 경제적 결핍을 넘어 교육, 고용, 직업교육, 건강, 주택 등 여러 차원에서 나타나는 결핍과 배제를 의미하는 개념으로 확대되었고, 해결책으로 '사회적 포용'이 논의되기 시작했다(Hills et al., 2002; Verma, 2002). 가령 세계은행 (World Bank)에서는 1997년부터 포용 정책에 관한 논의를 본격화하기 시작했고, EU 또한 사회적 포용 지표를 개발해서 회원국들이 적극적으로 추진하도록 권고한 바 있다. 이러한 사회적 배제 및 포용의 관점에서 볼 때, '포용도시'는 사회적 배제를 해소하고 사회적 포용을 지향하는 도시로 이해할 수 있다. UN Habitat, WIEGO, ADB 등 국제기구가 기반을 두고 있는 포용도시가 이러한 접근에 기초한 것으로 볼 수 있는데, 제3세계 국가의 빈민층이나 도시 근로빈곤계층의 빈곤문제를 해소하고 사회적·정치적·경제적 기회를 제공하는 데 초점을 두고 있다.

포용도시에 관한 다소 상이한 접근은 최근 국제사회를 중심으로 활발하게 논의되고 있는 '포용성장(Inclusive Growth)'에서 찾을 수 있다(OECD, 2014; OECD, 2015).[13] 포용성장론은 글로벌 경제위기 이후 경제적·사회적 불평등

인, 고용보험 미가입자, 일탈 청소년 등 소외된 개인을 의미하는 용어로 확대되고 있다.

13) OECD에서는 2012년부터 이 논의를 시작했는데, 2012년 OECD 각료이사회(MCM)가 경제적 도전에 대한 새로운 접근의 일환으로 '포용성장을 위한 전략적 정책과제 개발'이라

이 심화되고, 이 불평등이 궁극적으로 경제의 중장기적 지속가능성까지 위협하는 작금의 상황에 대한 문제의식에서 출발하고 있다. 이 포용성장론은 불평등 해소와 지속가능한 성장을 위해 전통적인 경제성장 모델에 매몰되지 않고 기회의 형평성 제고, 사회구성원의 복지 증진 등을 모색하는 대안적 성장 전략을 추구한다. 이러한 인식에 기초해 포용성장론은 전통적인 거시경제적 안정화 정책의 기조 위에, '기회의 형평성 제고'와 '소득재분배 실현', 그리고 협치기반(governance)의 조성 등이 핵심적인 전략 방향으로 모색되고 있다 (OECD, 2014). 바로 이 '포용성장 기반의 도시'를 포용도시의 또 다른 접근 방법으로 고려해볼 수 있는데, 사회적 포용에 기반을 둔 포용도시가 빈곤과 사회적 배제, 차별을 해소하는 데서 출발한 것이라면, 이 접근 방법에서는 (경제적)불평등이나 불균형 성장에서 출발하고 있다. 이 글에서는 대도시 서울의 도전과제를 고려해볼 때, '포용성장 기반의 포용도시'가 문제 해결에 기여할 것이라고 주장하려 한다.

4. 희망의 도시 서울: 서울형 포용도시를 향해

앞서 논의한 바와 같이 이 글에서는 대도시 서울이 위기적 상황의 도시에서 벗어나 새로운 도시정체성을 정립하고 지속가능한 발전으로 나아가기 위한 실천 전략으로 '포용성장 패러다임에 기반을 둔 포용도시(Inclusive City)' 모델을 실현할 수 있는 전략을 제언하고자 한다. 이 포용도시 모델은 거시경제적 안정과 경제성장을 향한 전통적 경제정책의 토대 위에, 기회의 형평성 및 결과의 형평성(즉, 재분배)을 제고하고, 공간 불균형을 해소하기 위한 다양

는 과제를 부여받고, 이에 관한 다양한 논의와 보고서 발간에 착수한 바 있다.

한 사회정책과 공간정책을 포괄하는 통합적 성장 전략으로 구현된다. 구체적으로 다음과 같은 다섯 가지 요소가 포용도시를 실현하는 데 필요한 전략의 방향으로 고려될 수 있겠다.

- 지속가능한 대도시경제기반 구축
- 소통과 배려의 공감도시(empathic city) 실현
- 모두가 함께 번영하는 균형과 형평의 도시
- 공동체 회복과 생활세계의 재영토화
- 협력적 거버넌스(collaborative governance)의 질적 고도화

1) 지속가능한 대도시경제기반 구축

앞서 언급한 바와 같이, 현재 국가와 대도시경제 모두 구조적 위기에 직면해 있다. 1990년대까지의 고도성장 이후 두 차례의 경제위기를 계기로 성장동력이 급속하게 약화되는, '압축저성장'의 국면으로 전환되는 가운데 산업경쟁력은 지속적으로 약화되고 새로운 성장동력은 뚜렷해 보이지 않은 트릴레마(trilemma) 상황이 그것이다. 이러한 구조적 위기 상황은 서울 경제의 지속가능성을 위협하고 궁극적으로 도시의 지속가능한 발전도 불가능하게 할 것이므로 지속가능한 경제를 위해 건실한 기반을 확립하는 것이 무엇보다 중요하다. 이러한 경제기반 구축을 위해 다음과 같은 세 가지의 방향을 중요하게 고려할 필요가 있다.

- 산업구조의 다양화와 중소기업주도형 경제시스템 구축
- 혁신주도형 대도시경제의 실현
- 경제적 회복력(economic resilience) 강화

발전국가의 정책 유산 가운데 하나는 소수의 특정한 산업을 전략적으로 육성하는 것으로, 이 때문에 재벌기업, 수출 대기업에 대한 경제적 의존도가 날로 심화되고 있다. 이러한 국가주도의 특정 산업 육성 전략은 시장경제가 미발달한 상태에서는 효과적일 수 있겠지만, 현재와 같이 주력 산업은 성숙 단계에 이른 반면, 기술 및 사업 모델이 다변화되고 있는 시대에는 성과를 거두기 어려울 것으로 보인다.

이러한 여건을 고려해보면, 향후 대도시경제정책은 특정 산업에 집중하기보다는 다양한 기술과 산업이 출현하기 쉽고 다양한 주체가 창조적 사업을 통해 자생적으로 성장할 수 있는 산업 기반을 조성하는 전략이 바람직하다. 아울러 이러한 정책적 전환 속에 중소기업 주도의 경제 시스템을 확립하고, 이를 실현하기 위해 중소기업들이 출현·성장할 수 있는 환경을 조성하는 일 또한 긴요한 과제다. 중소기업 친화형의 환경을 조성하기 위해서는 ① 어떤 산업이든 필요한 인력을 쉽게 확보할 수 있도록 돕는 인적자원 개발, ② 중소기업들이 성장할 수 있는 공정한 거래 환경과 대기업과 중소기업 간 협력관계 구축, 그리고 ③ 중소기업을 위한 유리한 입지환경의 조성 등이 우선적으로 고려될 필요가 있다.

다가올 4차 산업혁명, 다변화하는 기술융합화 등을 고려하면, 발전국가가 초래한 다른 유산인 요소투입형, 나아가 투자주도형 경제 시스템의 질적 개선도 매우 중요한 요소다. '혁신주도형' 대도시경제의 조성이 그것으로, 산업 전반의 연구 및 기술개발 역량을 강화할 수 있는 정책들에 더해, 기업이나 개인들이 보유하고 있는 창조적 아이디어와 기술이 분출하고, 사업적 거래 및 활용이 활성화될 수 있는 창조적·모험적 환경을 조성하는 것이 중요할 것으로 본다(정병순, 2010; 정병순, 2011). 연구 및 기술개발 역량 강화와 관련해서는, 정부와 대도시 간 적절한 역할 분담이 모색될 필요가 있는데, 중앙정부가 기초과학연구, 글로벌 선도 기술이나 미래지향형 첨단기술을 중심으로 한

R&D 육성에 초점을 둔다면, 대도시는 중소기업의 혁신 역량을 강화하고 기존 산업의 기술고도화와 개발된 기술의 사업화를 촉진·지원하는 데 초점을 두는 것이 바람직하다.

마지막으로 두 차례에 걸친 글로벌 경제위기를 돌이켜 볼 때, 앞으로도 위기 대응 체제의 확립이 대도시경제가 모색해야 할 정책 방향이다. 특히 위기를 사전에 예측하기가 점점 어려워지고 있는 상황을 고려해볼 때, 위기가 발생했을 때 신속하게 대응하고 다시 안정된 상태로 돌아올 수 있는 회복력 내지 탄력성이 무엇보다 중요한 요소로 인식된다. 위기 발생에 따른 경제적 영향 분석, 위기 대응 거버넌스 구축, 그리고 경제 취약계층에 대한 최우선의 지원체계 마련과 이에 필요한 자원동원 전략 등이 적극적으로 고려되어야 할 요소다.

2) 소통과 배려의 공감도시 실현

경제성장과 개발을 통한 산업화와 도시화를 거치면서 물질적 가치가 사회 전반을 지배하던 발전국가 시대를 넘어, 이제 탈물질적 가치들이 사회 곳곳에서 발현되고 있다. 한 저명한 미래학자가 주장한 것처럼, "산업화되고 도시화되는 사회에서······ 가치관의 방향도 생존가치에서 물질가치로, 종국에는 탈물질주의와 자아표현, 삶의 질 등의 가치로 바뀌어갔다. ······ 산업사회가 제조업에서 서비스업으로 진화하고 산업기반 지식이 늘며, 기본적인 물질적 욕구가 채워졌을 때 사람들은 가치관의 방향을 비물질적인 쪽으로 바꾸어 삶의 질을 추구하기 시작했다"라고 주장한다(리프킨, 2010: 559~560). 그는 이러한 변화를 공감의 정신과 공감감수성이 사회구성과 운영에서 결정적 요소가 되는 '공감의 시대'로의 전환이라고 규정한다.

이러한 시대사적 전환에도, 발전도시 서울에 구조화된 경로의존성(path

dependency)은 사회 전반이 물질적 가치중심성에서 탈피하기 어렵도록 만들고 있다. 즉, 사회가 지닌 취약한 공감역량은 오늘날 청소년, 청년, 노인 계층이 고립과 단절, 소외와 갈등을 경험하도록 방치하고 있으며, 정책의 추진과정에서 가치와 이해관계의 충돌이 발생할 때 갈등을 조정하는 상황에서 공공을 무기력하게 만드는 요인으로 작용하고 있다. 이런 여건에서 대도시 서울이 '공감도시(empathic city)', 즉 공감역량(내지 공감감수성)에 기반을 둔 도시로 전환하기 위해서는 사회 전반에서 과거와 다른 패러다임이 확립되어야 할 것이다. 이 패러다임은 무엇보다도 탈물질적 가치를 상호 인정하고 존중하며, 타인에 대한 소통과 배려 등에 기초해야 할 것인데, 다음과 같은 몇 가지 방안이 이에 기여할 수 있을 것으로 본다.

- 공감친화형 행정체계의 구축
- 사회주체들의 공감역량 배양을 위한 교육 및 학습 실행
- 시민사회 토대 구축과 사회취약계층의 사회참여 촉진

우선 공감친화형의 행정체계는 공급자 시각이 아닌 시민의 관점과 기대에서 제반 정책들을 추진하려는 노력이 무엇보다 중요할 것이다. 이를 위해 행정 내부에 시민(주민)과 소통·교류를 촉진할 수 있는 제도적 기반을 조성하는 것이 필요하다. 아울러 기존 물질적 가치 중심의 정책 운용에서 탈피해, 다양한 가치들이 반영될 수 있는 '시민 공감형' 정책 지표들, 특히 무형적이거나 질적인 가치들이 반영될 수 있는 정책 지표들을 인식하고 수용하는 것 또한 중요할 것으로 보인다. 공감역량 배양을 위한 교육·학습과 관련해, 1차적으로는 공공 주체들의 공감역량을 강화하는 교육프로그램을 다양하게 운영해볼 수 있겠다. 여기에는 공감을 주제로 한 워크숍, 공감 아카데미 운영, 공감 관련 현장교육 등 다양한 교육방법이 개발·활용될 수 있다. 중장기적으로

는 미래를 선도하게 될 아동 및 청소년으로 공감 교육을 확대하는 방안을 강구한다. 그리고 필요하다면 교육청과 협력해 공식적인 교과 과정에 공감역량을 강화하는 프로그램을 추가하는 방안도 적극적으로 모색해볼 필요가 있다. 이러한 노력은 궁극적으로 공공과 민간 영역 모두에서 포용도시의 한 축인 공감도시 서울을 선도하는 주체들을 양성하는 데 기여할 것이다.

여기에 더해 공감도시를 향한 시민사회의 기반을 구축하고 사회취약계층의 사회참여를 촉진하는 일도 매우 중요하다. 무엇보다도 시민사회가 동질적 유대감을 형성하고 정치문화적 활기를 촉진하며 지역사회에 사회적자본(social capital)을 축적할 수 있는 기반이라는 점에서, 시민사회의 활성화는 공감사회, 공감도시의 자양분이 될 수 있다. 아울러 다양한 이유로 고립, 단절, 소외를 경험하고 있는 노인, 청소년 및 청년, 장애인 등 사회계층의 사회참여를 촉진하는 혁신적 프로그램의 도입도 모색한다. 이 경우에 공감친화형 정책을 도입하는 데서 정책 운영에 관한 새로운 원리가 중요하게 고려되어야 함을 지적하고 싶다. 목표-수단-성과 같은 전통적인 정책 타당성 원리에서 탈피해 정책의 과정 지향적 원리, 즉 대상자들의 정책 참여 그 자체나, 정책의 추진과정에서 소통이나 공감지향성 같은 요소들이 중요한 목표로 재정립되는 정책원리가 그것이다.

3) 모두가 함께 번영하는 형평과 균형의 도시

앞서 지적한 대로 대도시 서울에는 '다중적 불평등' 구조가 형성되어 있다. 즉, 발전국가가 형성하고 신자유주의에 의해 심화된 경제적·사회적 불평등에 더해, 발전도시 서울의 오랜 역사를 통해 축적된 지역 간 불균형 발전이 그것이다. 최근 국제사회의 진단은 불평등과 불균형이 단순히 사회통합을 저해하는 것을 넘어, 경제성장까지 저해하는 역설을 초래하는데 그 심각성이 있다고 본다. 이 경우에 포용성장 기반의 포용도시 접근(모델)에 비추어 볼 때, 대도시에서 불평등의 해소는 다음 세 가지 요소가 중요하게 고려되어야 한다.

- 기회의 형평성 강화
- 결과의 형평성(재분배) 제고
- 지역 간 균형 발전 모색

무엇보다도 자산 및 소득의 불평등으로 귀결되는 경제적 불평등은 궁극적으로 경제주체들이 노동시장에 참여할 때 발생하는 '기회의 불평등'이 결정적 요소로 작용하고 있다. 이와 관련해 최근 국제기구에서는 노동시장에서 기회의 불평등에 영향을 주는 요인으로 교육 및 훈련, 보건의료, 공공서비스 인프라 등에 대한 공평한 접근 기회 외에, 공정한 거래와 이중 노동시장의 해소 등의 경제민주화 의제를 중요한 요소로 인식하고 있다(OECD, 2015). 누구라도 공평하게 노동시장에 진입할 수 있도록 양질의 교육·훈련을 받을 수 있고, 어떠한 경제주체도 건강상의 이유로 노동시장에서 배제되지 않도록 보편적 보건의료를 제공하며, 취약계층에 공평한 접근권(교통·통신·에너지 등)을 부여하는 것이 향후 중요한 정책 의제가 되어야 한다는 의미다.

다른 한편, 기회의 형평성을 제공해도 사회에는 항상 사회취약계층이 존재하기 마련이다. 이 사회적 약자들이 사회구성원의 일원으로 존중받을 수 있도록 하는 것이 포용도시가 지향하는 다른 목표라 할 수 있다. 여기에는 포용성 내지 보편성의 원리에 기초해 조세 체계와 재정 체계를 재정립하고 사회보장 급여 체계도 합리적으로 개편하는 국가적 차원의 전략이 요구되는데, 대도시 또한 이 과정에서 적극적인 역할을 수행할 필요가 있다. 국가는 복지 서비스의 전달 체계가 효과적일 수 있도록 복지 사무를 지방정부로 이양하는

'지역화 모델'로 전환하되, 대도시 서울은 시민 밀착형, 사용자 주도의 거버넌스를 구축하는 방법을 모색할 필요가 있다.

4) 공동체 회복과 생활세계의 재영토화

발전국가와 발전도시가 기반하고 있는 발전주의(개발주의) 패러다임은 국가경제의 압축성장을 가능하게 한 핵심 요인이며, 돌진주의 리더십에 기초한 시장들이 대규모 개발프로젝트를 추진하게 한 원동력이었다. 그러나 발전도시의 성장과 개발에 대한 과도한 집착은 오늘날 도시사회 곳곳에 어두운 그늘을 길게 드리우고 있다. 가장 근원적인 문제는 주민들의 생활세계가 식민화되고, 나아가 지속가능한 도시 발전의 토대인 공동체가 약화·해체되는 방향으로 변화하고 있다는 점이다. 따라서 대도시의 지속가능한 발전을 실현하기 위해서는 도시의 공동체성을 회복하고 지역사회 주민들이 생활세계를 재영토화하는 다양한 정책이 강구될 필요가 있다.

다행히 최근 민선 5기와 6기에 들어 기존의 개발주의 패러다임에서 탈피해 공동체주의에 기초한 다양한 사회혁신 정책이 모색되고 있는 점은 시의적절하다 여겨진다. 마을공동체 활성화나 사회적 경제 육성, 주거재생 정책, 지역사회 기반 복지시스템 구축 등이 이를 구현하고 있는 정책으로 발전도시에서 포용도시로의 전환을 시사하는 대표적인 정책이라 할 수 있겠다. 아울러 민선 6기에 새롭게 모색되고 있는 '도시재생 전략'과 '찾아가는 동 주민센터 사업' 또한 발전도시 경로에서 대전환을 예고하는 주요 사업이다. 향후 포용도시 전략은 이들 사회혁신 정책들이 더욱 확산되고 지역사회에 굳건히 뿌리내리게 하는 데 초점을 두어야 할 것이다.

5) 협력적 거버넌스의 고도화

오늘날 공공 주도의 정책추진은 특히 앞서 언급한 사회혁신 정책의 추진은 근본적으로 도전에 직면해 있다. 이러한 도전은 새로 도입되는 정책의 대부분에서 사업의 실행 가능성이나 성과가 모두 민간의 참여와 협력에 결정적으로 의존하고 있는 데서 비롯한다. 이러한 맥락에서 향후 포용도시 실현에 있어서 정책의 추진과정에 민간이 적극 참여하고 공공과 민간이 상호 협력하는 제도적 틀, 즉 협치(collaborative governance) 기반을 구축하고 더욱 고도화함으로써 다양한 가치와 이해관계가 정책과정에 투입될 수 있게 하는 것이 정책의 실효성과 성공 여부에 필수불가결한 요소다. 그럼에도 현재 대도시 서울은 협치를 고도화하는 데 여전히 많은 구조적 제약이 있으므로, 이를 개선할 수 있는 다각적인 방안이 요구된다(정병순, 2015). 이 가운데 다음과 같은 세 가지 요소가 우선적 요소라고 강조하고 싶다.

- 협치 시정을 위한 제도적 기반 조성
- 지역사회 기반 협치 모델 구축
- 시민사회와 지역사회의 협치 역량 강화

대도시 시정은 위원회제나 민간위탁제, 이외 다양한 방식의 시민참여제도가 도입되어 있어서 협치를 위한 형식적 수준의 제도는 마련되어 있으나, 실효성을 가지지 못하는 경우가 많다. 가령 위원회제의 경우, 단위에서 많은 위원회가 설치·운영되고 있으나 대다수 위원회는 운영상의 활력이 떨어진 상태고, 민간위탁제의 경우에도 위탁자와 수탁자 간 위계적 관계나 편의적 계약 절차 같은 점 때문에 지속적인 개선이 요구되고 있다. 향후에는 이들 협치 관련 제도들이 더욱 실효성을 가지도록 제도 개선이 모색될 필요가 있으며,

특히 시정 제도의 근간인 예산체계나 정책의 평가체계 등은 더 협치친화적인 방식으로 재정립할 필요가 있다(정병순, 2016a). 아울러, 이들 제도개선 노력들이 상호합의에 기초하고, 그 결과로 사회적 구속력을 지닌 해동규약으로 자리 잡을 수 있도록 '사회협약(compacts)'도 모색해볼 필요가 있다.

시정 단위와 더불어 지역사회(community) 단위에서도 협치실현을 위한 제도적 기반을 마련하는 것이 필요하다(정병순, 2016b). 이를 위해 ① 현재 분절적으로 추진되는(fragmented) 사업들의 연계·융합, ② 이 과정을 선도할 수 있는 지역사회 기반의 협치 기구 구성 및 운영, ③ 자치분권형 통합예산제 도입 등이 적극 모색될 필요가 있다. 실제 지역사회를 무대로 추진되는 협치형 사업들은 현재 시정 주도의 경쟁적·하향적 정책추진 체계 속에 사업별로 분리되어 추진되고 있어 정책의 현장에서는 사업들이 중복되거나 연계가 결여되는 등 상당한 불합리성을 초래하고 있으므로, 이를 연계·조정·통합할 수 있는 융합형 모델의 정책추진 체계가 시급하다. 아울러 지역사회에서 실행되는 협치 친화형의 사업들, 가령 마을공동체 사업이나 사회적 경제 육성, 도시재생 사업, 지역사회 기반 복지서비스 제공 등에 대해서는 예산의 운용도 지역사회가 주도하고 주민 주도의 원리가 충실히 구현되어야 하며, 사업 간 연계·융합을 유도할 수 있어야 할 것이다. 이러한 요소들은 상호 결합되어 21세기 대도시를 선도하는 혁신적인 형태의 지역사회 기반 협치 모델로 자리매김할 수 있을 것이다.

마지막으로 포용도시 전략의 하나로서 협치 서울을 실현하는 데 있어서 제도 개선에 더해, 주체들의 강화 또한 매우 중요한 과제로 대두할 가능성이 높다. 그렇지만 우리 사회가 경험한 역사적 발전 경로에 비추어 볼 때, 시민사회와 지역사회가 발전할 수 있는 토대나 경험이 상대적으로 부족해, 아직은 그 역량이 취약한 실정이다. 이러한 여건을 개선하기 위해서는 다양한 제도적 방안이 모색될 필요가 있겠다. 주민들의 역량을 강화할 수 있도록 주민주도형 공간 계획의 수립, 주민발의형 사업의 발굴과 기획 등은 말할 것도 없고, 이를 뒷받침하는 교육 프로그램을 활성화하는 것도 바람직하다. 이외, 지역재단의 설립, 시민자산화 프로그램 등도 중장기적으로 지역사회의 역량을 강화하는 데 매우 효과적인 수단이 될 것으로 기대한다.

참고문헌

김경민. 2011.『도시개발, 길을 잃다』. 시공사.

김낙년. 2013.「한국의 소득분배」. 낙성대 경제연구소, Working Paper 2013-06.

김덕현. 1994.「한국의 자본주의적 산업화와 지역불균등발전」. 한국공간환경연구회 엮음.『지역불균형연구』. 한울.

김병국. 1996.「개발국가: 제도와 정책」. 한배호 엮음.『한국현대정치론』오름.

김일영. 1999.「1960년대 한국 개발국가의 형성과정: 수출지향형 지배연합과 개발국가의 물적 기초의 형성을 중심으로」. ≪한국정치학회보≫, 33(4), pp. 121~143.

김진열·이규명. 2012.「도시재생으로서 청계천 복원사업의 협력적 거버넌스 참여과정 분석」. 한국정책학회 동계학술대회.

대한민국 정부. 1971.「국토종합개발계획: 1972~1981」.

문돈·정진영. 2014. 「'발전국가모델'에서 '신자유주의모델'로」. ≪아태연구≫, 21(2), pp. 129~164.

박은홍. 1999.「발전국가론의 재검토: 이론의 기원, 구조, 그리고 한계」. ≪국제정치논총≫, 39(3), pp. 117~134.

_____. 2003.『동아시아의 전환: 발전국가를 넘어』. 아르케.

박인수. 2006.「서울시 뉴타운 정책 다시 생각하기: 도심형 뉴타운 계획을 중심으로」. ≪건축과 사회≫, 5, pp. 38~45.

박태균. 2007.『원형과 변용: 한국 경제개발계획의 기원』. 서울대학교출판문화원.

서울특별시. 2007.「한강르네상스 마스터플랜」.

_____. 2010.「뉴타운 사업의 원주민 재정착률 문제점과 개선방안」.

_____. 2011.「뉴타운사업의 원주민 재정착률 문제점과 개선방안에 관한 연구」.

손정목. 1997a.「만원 서울을 해결하는 첫 단계, 한강개발」. ≪국토≫, 7월호, pp. 109~120.

_____. 1997b.「여의도 건설과 시가지가 형성되는 과정」. ≪국토≫, 10월호, pp. 117~131.

_____. 1998a.「강남개발계획의 전개」. ≪국토≫, 11월호, pp. 87~99.

_____. 1998b.「다핵도시 구상의 파급효과」. ≪국토≫, 8월호, pp. 100~111.

_____. 2003.『서울도시계획이야기: 서울 격동의 50년과 나의 증언』. 한울.

_____. 2005.『한국 도시 60년의 이야기』. 한울.

손정원. 2006. 「개발국가의 공간적 차원에 관한 연구」. ≪공간과 사회≫, 25, pp. 41~79.

심융택. 2015. 『박정희 경제강국 굴기18년: 국토종합개발』. 동서문화사.

안창모. 2010. 「강남개발과 강북의 탄생과정 고찰」. ≪서울학연구≫, 41, pp. 63~98.

양윤재. 2008. 「도시재생 전환기제로서 청계천 복원사업의 역할과 성과에 관한 연구」. ≪한국도시설계학회지≫, 9(4), pp. 307~328.

유철규 엮음. 2004. 『박정희 모델과 신자유주의 사이에서』. 함께읽는책.

윤상우. 2002. 『동아시아 발전의 사회학』. 나남출판.

윤일성. 2001. 「서울시 도심재개발 30년사」. ≪한국사회학회 사회학대회 논문집≫. pp. 147~167.

이병천. 2014. 『한국 자본주의 모델: 이승만에서 박근혜까지, 자학과 자만을 넘어』. 책세상.

이완범. 1999. 「제1차 경제개발 5개년계획의 입안과 미국의 역할」. ≪한국사연구휘보≫, 제108호.

이제민 외. 2016. 『한국의 경제 발전 70년』 한국학중앙연구원출판부.

이주영. 2015. 「한국의 제1차 국토종합개발계획 수립을 통해서 본 발전국가론 '계획합리성' 비판」. ≪공간과 사회≫, 25(3), 11~53.

임동근·김종배. 2015. 『메트로폴리스 서울의 탄생』. 반비.

장경석. 2006. 『발전국가의 공간개발』. ≪공간과사회≫, 25, pp. 194~212.

장하성. 2015. 『왜 분노해야 하는가』. 헤이북스.

정병순. 2010. 「기술융복합에 대응하는 개방형 서울혁신체계 구축방안」. 서울시정개발연구원.

＿＿＿. 2011. 「서울시 창조산업 육성을 위한 전략적 방안」. 서울시정개발연구원.

＿＿＿. 2015. 「서울형 협치 모델 구축 방안」. 서울연구원.

＿＿＿. 2016a. 「서울시 협치예산제 도입 및 운영방안 연구」. 서울연구원.

＿＿＿. 2016b. 「지역사회 기반의 지역협치모델 구축 방안」. 서울연구원.

조명래·배재호. 2005, 「청계천 복원의 성과와 한계」. ≪대한토목학회지≫, 53(11).

조희연. 1997. 「동아시아 성장론의 검토: 발전국가론을 중심으로」. ≪경제와 사회≫, 36권, pp. 46~76.

황기연·나태준. 2005. 「청계천 복원사업의 갈등관리 사례분석」. ≪서울도시연구≫, 6(4), pp. 169~190.

Amsden, A. H. 1989. "Asia's Next Giant: South Korea and Late Industrialization." Oxford Univ. Press.

de Mello, L and M. A. Dutz(eds). "2012. Promoting Inclusive Growth: Challenges and Policies." OECD Publications.

Deyo, F. C.(ed.). 1987. *The Political Economy of the New Asian Industrialism*. Cornell Univ. Press.

Evans, P. 1995. *Embedded Autonomy: States and Industrial Transformation*. Princeton Univ Press.

Hills, J., J. Le Grand and D. Piachaud(eds.). 2002. *Understanding Social Exclusion*. Oxford Univ. Press.

IMF. 2015. "Causes and Consequences of Income Inequality: A Global Perspective." IMF Staff Discussion Note.

Johnson. C. 1982. *MITI and the Japanese Miracle: The Growth of Industrial Policy, 1925~1975*. Stanford Univ. Press.

Keeley, B. 2015. *Income Inequality: The Gap between Rich and Poor*. OECD Publications.

OECD. 2014. *All on Board: Making Inclusive Growth Happen*. OECD Publications.

_____. 2015. *In It Together: Why Less Inequality Benefits All*. OECD Publications.

Onis, Z. 1991. "The Logic of the Developmental State." *Comparative Politics*, 24(1), pp. 109~126.

Rifkin, J. 2009. *The Empathic Civilization: The Race to Global Consciousness in a World Crisis*. Penguin.

UN Habitat. 2004. "Urban Governance Index: Conceptual Foundation and Field Test Report."

Verma, G. K. 2002. "Migrants and Social Exclusion, A European Perspective."

Wade, R. 1990. *Governing the Market: Economic Theory and the Role of Government in East Asian Industrialization*. Princeton Univ. Press.

Weiss, L. and J. M. Hobson. 1995. *States and Economic Development: A Comparative Historical Analysis*. Polity Press.

사회적 경제와 대안적 도시만들기

박세훈 | 국토연구원 연구위원. shpark@krihs.re.kr

1. 왜 '사회적 경제'인가?

최근 사회적 경제(social economy)에 대한 관심이 뜨겁다. 광의에서 사회적 경제는 공적인 부문과 사적인 부문의 중간에 위치한 경제활동을 의미한다. 협동조합, 커뮤니티 비즈니스 같이 수익을 창출하면서도 조직의 목적이 단순히 수익의 극대화가 아닌 사회적 목표를 추구하는 활동이 그 대표적인 예다. 전통적인 의미의 사회적 경제는 특정 공동체의 자구적인 경제활동 가운데 하나였으나 최근 사회적 경제는 사회문제, 특히 도시문제를 해결하기 위한 수단으로 부각되고 있다. 사회적 경제를 통해 지역 고용을 창출하고, 지역에 새로운 서비스를 공급하며, 지역공동체를 활성화하는 것이다. 중앙정부나 지방자치단체가 이러한 '새로운' 사회적 경제를 지원하는 데 앞장서기 시작하면서 최근 사회적 경제에 대한 관심이 더욱 커지고 있다.

사회적 경제가 이렇게 주목받게 된 것은 오늘날 우리 도시가 처한 여건과 밀접한 관련이 있다. 현재 우리의 도시는 구조적 전환기에 들어섰다. 한국의 도시들은 1960년대 이후 지속적으로 인구팽창과 시가지의 외연 확대를 경험해왔다. 개발사업을 통해 끊임없이 개발이익이 창출되었으며, 그 개발이익이 도시를 움직이는 동력이 되었다. 그러나 오늘날 우리 도시가 처한 여건은 성장시대와는 크게 달라졌다. 인구가 감소하고 있으며, 도심이 쇠퇴하고 있다. 무엇보다도 그동안 도시 운영과 관리의 재원이 된 개발사업이 크게 줄어들었다. 사회적 양극화, 외국인 인구의 증가, 일자리의 감소 등 성장시대에 경험하지 못했던 새로운 문제들도 나타나고 있다. 즉, 더 이상 개발이익을 기초로 한 도시만들기 메커니즘이 작동하지 않는 시대이며, 도시만들기의 대안적인 방향이 모색될 시점인 것이다. 사회적 경제는 이러한 오늘날의 문제 상황에 하나의 대안이 된다.

물론 사회적 경제가 만병통치약이 될 수는 없다. 특히 우리나라는 사회적 경제의 밑거름이 되는 시민사회의 기반과 역량이 매우 취약하다. 많은 사회적 경제조직이 정부의 지원에 의존하고 있다. 우리나라의 사회적 경제 부문은 2007년 '사회적기업 육성법'이 제정되어 '사회적기업'이 인증되기 시작하면서 크게 성장했다. 오늘날 기획재정부, 고용노동부, 행정자치부, 농림부 등 여러 부처가 사회적기업, 협동조합, 마을기업, 농어촌 공동체회사, 자활기업 등 서로 다른 이름으로 지원 정책을 내놓고 있다. 중앙정부뿐이 아니라 지방자치단체에서도 사회적 경제를 지원하는 데 적극적이다. 서울시는 2012년 '사회적경제 종합지원계획'을 발표했으며, 충청남도 역시 2012년 사회적 경제 5개년 전략을 수립해 지원을 시작했다. 그밖에 대전광역시, 부산광역시, 강원도 등 지방자치단체에서 독자적인 사회적 경제 지원 프로그램을 운영하고 있다(한국행정연구원, 2013). 이에 따라 사회적 경제 조직이 급속히 성장했고, 정부의 지원을 받는 곳만 수만 개소에 이른다. 그러나 모든 사회적 경제 조직이 기대만큼 잘 운영되고 있는 것은 아니다.

문제는 현재 운영 중인 대부분의 사회적 경제 조직이 정부의 지원을 받아 급성장을 하다 보니 사회적 경제 특유의 혁신성과 자생 능력을 갖추지 못한 곳이 많다는 점이다. 고용노동부의 자체평가(고용노동부, 2013)만 보더라도,

많은 사회적 기업이 단기적인 일자리 창출에 치중해 자생력이 떨어지고 있으며, 민간의 전문성과 자발성이 부족한 상황이다. 특히 정부 지원에 의존하다 보니 수익기반을 독립적으로 확보하지 못한 조직이 많다. 한편 사회적 경제 조직이 지역사회와 유리되어 있다는 점도 문제점으로 지적되고 있다. 현재 사회적 경제 조직에 대한 지원이 주로 일자리 창출에 초점을 맞추면서 지역공동체 활성화나 지역사회 공헌이 부족하고, 결과적으로 사회적 경제의 지속가능성이 떨어진다. 마지막으로 사회적 경제 부문의 관료화 현상도 지적할 수 있다. 초기 혁신적인 사회적 가치를 제기했던 사회적 경제 조직도 장기간 정부 지원을 받거나 정부의 위탁 사업을 추진하게 되면서 관료화되는 경향이 있다. 이상의 문제는 사회적 경제의 지역성, 수익성, 혁신성의 과제로 요약된다. 오늘날 사회적 경제가 도시사회문제에 대한 대안으로서의 역할을 수행하기 위해서는 이와 같은 과제를 안고 있는 셈이다.

이러한 여건 속에서 이 글은 지역성과 수익성, 그리고 혁신성을 갖춘 것으로 평가되는 사회적 경제 조직에 대한 조사와 인터뷰를 통해 해당 조직들이 어떻게 이러한 과제를 해결하고 있으며, 이를 통해 어떻게 새로운 도시만들기를 실천하고 있는지를 살펴보고자 한다. 이하에서는 다음과 같은 내용이 논의될 것이다. 우선 제2절에서는 사회적 경제의 개념과 그것이 오늘날 도시문제와 어떠한 관련을 갖고 있는지 개념적 수준에서 논의할 것이다. 제3절은 분석대상과 분석방법을 설정하는 논의와 분석대상 조직에 대한 개론적인 정보를 제공할 것이다. 제4절은 본격적으로 수익성, 지역성, 혁신성의 차원에서 개별 사회적 경제 조직들이 어떠한 문제를 안고 있으며, 어떻게 문제를 극복했는지 논의할 것이다. 마지막으로 제5절에서는 사회적 경제 조직이 대안적 도시만들기의 수단으로 발전할 수 있는 가능성을 살펴봄으로서 결론을 대신하겠다.

2. 도시전략으로서의 사회적 경제: 개념과 배경

1) 사회적 경제의 정의와 발달 과정

사회적 경제에 대한 보편적인 정의는 다음과 같다. OECD(1998)는 사회적 경제를 "경제적 측면에서 재화와 서비스의 직접적인 생산 및 판매, 높은 수준의 자율성 및 참여와 탈퇴권한 보유, 구성원들의 실질적인 재정적 결정, 최소한의 임금노동자 고용 등을 강조하고, 사회적 측면에서는 시민들의 주도에 의해 만들어지고, 참여자의 민주적 의사결정에 의해 운영되는 경제"로 정의하고 있으며, 드푸르니와 니센(Defourny and Nyssens, 2006)은 "이윤창출보다 구성원이나 공공에 대한 공헌을 목적으로 하고, 경영의 자율성, 민주적 의사결정, 수익 배분에 있어서 자본보다는 사람과 노동을 중시하는 이해 당사자 경제(stakeholder economy)를 의미"한다고 정의한다. 국내 학자인 장원봉(2006)은 자본과 권력을 핵심 자원으로 하는 시장이나 국가와 달리, 대안적 자원 배분을 목적으로 하며 시민사회나 지역사회의 이해 당사자들이 그들의 다양한 생활세계의 필요를 충족하기 위해 실천하는 자발적이고 호혜적인 참여경제(Participatory economy) 방식"으로 규정한다. 한편 신명호(2009)는 "한국에서 사회적 경제란 협동조합들 가운데 사회적 목적, 자율성 및 민주적 의사결정, 이윤배분 제한 같은 기준을 충족하지 못하는 농업 협동조합, 수산업 협동조합 등 일부 협동조합을 제외한 대부분의 협동조합, 비영리 민간단체 중에서 생산, 교환, 분배, 소비 등 경제활동과 무관한 단체를 제외한 NGO를 포괄하는 개념"으로 설명하고 있다. 이상의 정의에서 볼 때, 사회적 경제는 민간과 공공의 중간 지점 또는 그 밖에서 운영되는 제3의 경제이며, 동시에 민간이나 공공부문과 달라 사회성, 민주성, 상호 호혜성 등을 특징으로 한다.

사회적 경제는 역사적으로 자본주의 시장경제의 폐해를 시정하거나 보완하기 위한 대안적 경제활동으로 발달했다. 사회적 경제라는 용어를 처음 사용한 사람은 1900년대 전후에 활동하던 프랑스의 경제사상가인 샤를 지드(Charles Gide)로 알려져 있다. 그는 자본주의가 진행되면서 시장경제가 유발하는 여러 사회적 위험에 노동자들이 집단적으로 대응할 필요가 있다고 생각했고, 시장경제를 사회적으로 공평한 경제체제로 전환하는 것을 목표로 했다. 그는 사회적 경제의 목적을 ① 노동조건의 개선, ② 주류 경제 및 사회시스템의 개선, ③ 각종 위기에 대한 안전보장, ④ 경제적 자립의 보장으로 설정하였다(신명호, 2009). 이런 점에서 볼 때, 그는 사회주의적 대안을 꿈꾸기보다는 현실을 개선하는 데 초점을 둔 실용적 개량주의자로 볼 수 있다. 이후 그의 이러한 노력은 19세기 후반 협동조합이나 민간결사체가 법적인 지위를 인정받으면서 결실을 맺게 된다. 이때부터 사회적 경제는 시장경제에 대항하는 위협적인 존재가 아니라 시장경제에 의존하는 보완물로 이해되기 시작했다(신명호, 2009). 즉, 시장이 팽창함에 따라 그 폐해를 시정하기 위한 국가 개입의 한 부분으로 자연스럽게 자리 잡게 된 것이다.

사회적 경제가 법적인 지위를 인정받게 되자 기존 체제 내에서 사회적 경제 부문이 빠르게 성장하기 시작했다. 유럽에서 협동조합, 상호공제조합, 민간단체(associations) 등은 특히 제2차 세계대전 이후 국가의 재정 지원을 받으면서 복지국가를 건설하는 과정에서 깊이 관여했다. 예를 들어 아동과 노인을 위한 돌봄서비스는 초기 민간단체의 자발적인 봉사활동으로 시작했으나 국가의 사회서비스 사업으로 전환되면서 자원적(voluntary) 활동이 점차 국가의 공식 활동으로 전환되었다. 사회적 경제 부문은 국가가 미처 파악하지 못한 새로운 사회적 욕구를 발견하고, 다양한 복지기금을 사회서비스 부문의 일자리에 배분했다. 즉, 제2차 세계대전 이후 복지국가가 건설되는 과정은 사회적 경제 부문이 국가의 공식 영역으로 대체되어가는 과정이라고 이해할 수 있다.

오늘날 사회적 경제가 자본주의 시장경제에 대안으로 평가받게 된 것은 역설적으로 시장경제가 원활하게 작동하지 않게 된 1970년대 이후의 일이다. 사회적 경제는 시장경제가 비약적으로 성장하던 시기에는 점차 위축되었으며 오히려 전 세계적인 경제위기와 함께 부각되었다. 1970년대 이후 세계적인 경제위기, 재정위기가 발생하며 복지국가의 후퇴, 사회주의권의 몰락, 신자유주의적 처방의 실패 등으로 국가가 더 이상 복지서비스의 주체로서 역할을 수행할 수 없게 되자 사회문제를 해결하기 위한 자구적 노력으로 사회적 경제가 다시 부상하게 된 것이다. 이때 사회적 경제는 정부의 복지정책의 지원이나 민간의 자선적 도움을 호소하기보다는 자율적으로 빈곤, 실업 등의 문제를 해결하고 그 과정에서 자율과 자치, 신뢰와 협력, 연대와 협동을 통해 실질적인 민주주의를 실현하는 것으로 도모했다. 또한 전 세계적으로 재정위기를 겪고 있는 많은 정부는 사회문제에 대응하기 위해 민간 차원의 노력을 지원하고 있는 실정이다(김경희, 2013).

한국의 사회적 경제는 1960년대 협동조합과 관련된 법적 기반이 마련되면서 시작되었다. 1961년 '농업협동조합법'과 '농협은행법'을 폐지하고 '농협법'을 제정하면서 오늘날의 농협이 탄생했으며, 1973년 '신용협동조합법'이 통과되면서 신용협동조합 연합회가 공식적으로 출범했다. 그러나 당시 농협의 탄생은 정부가 상업적 농업 지원 서비스를 담당하면서 오히려 자발적 협동조합이 설립되지 못하는 원인이 된 것으로 여겨진다(장원봉, 2006). 신용협동조합 역시 정부의 관리·감독의 도구였지 자발적이고 자율적인 조직으로 보기는 어렵다. 이렇게 볼 때 민주화 시기 이전의 협동조합은 오늘날의 의미에서 사회적 경제와 부합한다고 보기 어렵다.

한국에서 실질적인 사회적 경제는 1990년대, 특히 외환위기 이후에 출현했다고 할 수 있다. 당시 대규모 실업이 발생하면서, 정부는 이에 대응하는 방안으로 공익성이 높은 공공근로 사업을 추진했는데 사회적 경제 부문이 이를 통해 확대되었다. 이후 지역의 풀뿌리 단체를 중심으로 지역공동체운동이 확대되면서 소비자 생활협동조합이 성장했다. 2007년에는 '사회적기업 육성법'이 제정되면서 본격적으로 정부 차원에서 사회적 경제를 지원하기 위한 제도적 기반이 마련된다. 이후 사회적 경제에 관한 용어들이 본격적으로 사용되기 시작했으며, 이에 대한 연구와 정책 개발이 활발해졌다. 사회적 경제 관련 정책은 부처별로 확대되어 고용노동부의 사회적 기업 육성사업(2007년) 이외에도, 행정안전부의 마을기업(자립형 지역공동체 사업, 2010년), 농림수산식품부의 농어촌 공동체기업 육성 사업(2011년), 지식경제부의 커뮤니티 비즈니스 사업(2010년 사업 중단), 기획재정부의 협동조합 기본법(2012) 제정으로 이어졌다(채종헌, 2015). 이러한 지원 정책에 덕분에 한국의 사회적 경제 부문은 급속히 성장했다. 부처별로 관리하고 있는 사회적 경제 조직의 수는 수만 개소에 이르고 있다. 그러나 이미 서두에서 언급한 바와 같이 사회적 경제가 정부 지원에 과도하게 의존해 성장하면서 부작용도 나타나고 있는 상황이다.

한국에서 사회적 경제의 발달 과정을 돌이켜 볼 때, 사회적 경제를 '전통적' 사회적 경제와 '새로운' 사회적 경제로 구분할 수 있다(엄형식, 2008). 전통적 사회적 경제에는 농협, 수협, 산림조합, 새마을금고, 신협이 해당하며, 새로운 사회적 경제에는 소비자 생활협동조합, 사회적 기업, 마을기업, 농어촌 공동체 회사 등이 포함된다. 그러나 이미 언급한 바와 같이 전통적 사회적 경제는 자발성과 민주성을 결여하고 있고, 무엇보다도 민간기업과 차별화된 운영 목표와 운영 방식을 가지고 있다고 보기 어렵다. 따라서 여기서는 새로운 사회적 경제만을 대상으로 논하기로 한다.[1]

---

[1] 물론 그 밖에도 각종 협회나 법인 등 일반 결사체의 형태를 띤 비영리 경제 조직도 무수히 많은데, 이들을 모두 사회적 경제 조직으로 볼 수 있는가라는 문제가 있다. 필자가 논의하고자 하는, 그리고 많은 전문가 공유하는 사회적 경제는, 해당 공동체의 배타적

2) 사회적 경제와 도시만들기

이상에 언급한 사회적 경제는 도시만들기에 어떠한 함의를 가지는가? 사회적 경제는 우리의 도시가 직면한 '개발에 의존한 성장' 메커니즘을 극복할 수 있는 효과적인 대안이 될 수 있다. 그동안 우리의 도시들은 주로 개발과 성장의 관행에 의존해서 발전했다. 우리의 도시들은 급속한 도시화를 경험했기 때문에 도시는 언제나 성장하고 개발은 항상 가능하다는 인식이 팽배하다. 그러나 이제 한국의 도시들은 개발과 성장의 시대가 아닌 성숙과 정체의 시대에 들어섰다. 1990년 이후 서울을 시작으로 대도시의 인구가 감소하기 시작했다. 1990년과 2010년의 인구를 비교해보면 전국 기초 지방자치단체의 2/3에서 인구가 감소했다(박세훈, 2013). 문제는 이러한 인구감소의 시대에도 도시정책의 관행은 성장시대에 머물러 있다는 점이다. 아직까지 대부분의 도시 기본계획은 인구를 과다 계상해 수립되고 있다. 인구감소가 엄중한 현실인데도 인구감소에 적극적으로 대응하기보다는 새로운 개발 요소를 찾고 이를 토대로 인구를 확대하는 것이 도시정책의 목표가 되고 있다.

사회적 경제는 도시정책 및 지역정책이 개발과 성장 중심에서 지역사회 내부의 자생적 힘을 키우는 방식으로 전환하는 데 기여할 수 있다. 성장의 시대에는 개발사업을 통해 도시를 유지하고 관리하는 비용이 마련되었으며, 행정은 인프라가 공급될 수 있는 제도적인 기반을 마련하는 데 주력했다. 주민들은 도시 인프라가 확충되고 부동산 가치가 상승하는 것으로 보상받을 수 있었다. 그러나 개발의 시기가 지나면서 새로운 도시문제가 대두되고 있다.

이익을 추구하는 것이 아니라 사회 일반의 이익에 부합하는 민주적 결사체다. 이 경우 특정 집단의 배타적 이익을 도모하는 결사체는 모두 사회적 경제의 범주에서 제외된다. 반면에 생활협동조합의 경우, 구성원들의 이익을 일차적으로 도모하지만 동시에 일반 소비자의 보편적 이익을 추구하는 운동으로서의 성격을 가지고 있기 때문에 사회적 경제의 범주에 포함된다. 지역화폐 운동이나 각종 민간의 중간지원조직도 마찬가지다.

일자리 감소, 사회적 양극화의 심화, 고령화에 따르는 복지 부담 증가, 사회 서비스 수요의 연령별, 계층별, 지역별 다변화 등이 그것이다. 국가나 시장에서 공급하지 못하는 서비스가 증가하고 있다. 문제는 이러한 도시문제가 등장하고 있지만, 개발이익을 통해서는 더 이상 이에 대응할 수 없다는 점이다. 오늘날의 도시정책 및 지역정책에서는 어떻게 주민들이 사회자본(social capital)을 구축하고, 자발적 참여를 통해 주도적으로 지역사회를 만들어갈 수 있는가가 중요하다. 이러한 측면에서 사회적 경제는 새로운 도시만들기에 기여할 수 있다(장원봉, 2015). 다음 〈그림 14〉은 사회적 경제가 어떻게 기존의 지역정책을 변화시킬 수 있는지를 도식적으로 보여준다.

구체적으로 사회적 경제는 다음과 같은 방식으로 지역사회에 기여할 수 있다. 첫째, 사회적 경제는 고용을 창출함으로써 지역사회의 경제적 자립을 지원한다. 사회적 경제는 기존에 노동시장에 접근하기 어려웠던 취약계층(고령자, 장애인 등)에게 일자리를 제공할 수 있다. 이들에게 제공되는 일자리는 지역의 소득과 소비를 증가시켜 지역경제를 선순환시키는 데 기여한다. 한편 사회적 경제는 경제활동을 통한 이익을 지역사회에 재투자해서 지역사회를 개선할 수 있다. 많은 사회적 경제 조직은 이익의 일부를 지역사회 활동에 투자하고 있다. 두 번째, 사회적 경제는 지역의 사회서비스 확대에 기여한다. 많은 사회적 경제 조직이 기존에 서비스가 공급되지 않은 영역에서 활동하면서 새로운 서비스를 공급한다. 저소득층 집수리 사업, 보육과 돌봄 서비스, 공동체 교육 등은 사회적 경제가 아니라면 기존의 시장에서는 제공되지 않는 서비스다. 이러한 서비스의 확대는 주민들의 필요를 충족시키고, 삶을 풍요롭게 하여 궁극적으로 지역사회 발전에 기여한다. 마지막으로 사회적 경제는 지역공동체를 활성화한다. 사회적 경제는 주민교육, 마을축제, 마을공동체 활동 등을 통해 마을공동체의 활동을 활성화시키고 주민들의 소속감과 자존감을 높일 수 있다. 주민공동체가 활성화되면 이를 통해 또 다른 사회적 경

자료: 서울시(2014).

제가 출현할 수 있기 때문에 사회적 경제와 주민공동체가 선순환 구조를 구축할 수 있다.

이러한 이유로 최근 도시재생에서도 사회적 경제의 활용이 매우 중요한 과제로 떠오르고 있다. 취약계층에 일자리를 제공하고, 지역에 새로운 서비스를 공급하며, 주민들 간에 연대를 강화하는 활동은 모두 도시재생에 핵심적인 일이라 할 수 있다(Murtagh, 2013). 또한 대부분의 도시재생사업이 국가와 지방자치단체의 지원을 기반으로 하고 있기 때문에 지원이 중단된 이후 어떻게 도시재생사업을 지속가능하게 유지하는가라는 점이 매우 중요하다. 도시재생사업의 일환으로 사회적 경제가 잘 운영된다면 도시재생사업이 지속적으로 추진되는 데 크게 기여할 수 있다. 최근 중앙정부에서도 이러한 이유로 도시재생사업에 사회적 경제를 결합시킬 것을 권장하고 있다(국토교통부, 2014).

3. 사회적 경제조직 분석개념과 분석대상

1) 분석범주와 개념

본 연구는 사회적 경제가 어떻게 도시혁신, 즉 대안적 도시만들기의 도구가 될 수 있는가에 초점을 맞추고 있다. 따라서 분석 범주 역시 사회적 경제가 지향해야 할 규범적 요소에 맞추어 도출하고자 한다. 앞서 언급한 바와 같이 오늘날 사회적 경제의 핵심적 과제는 시장경제에서 생존 가능하고 행정의 제도적 관행에 완전히 포섭되지 않으면서, 어떻게 도시사회에 새로운 가치를 제공하는가 하는 것이다. 이러한 측면에서 지역성, 수익성, 혁신성이라는 세 가지 범주를 고려할 수 있다. 이하에서는 이 세 가지 범주를 자세히 살펴보자.

첫 번째는 지역성이다. 지역성은 사회적 경제 조직이 추진하는 사업의 콘텐츠가 얼마나 지역사회를 지향하고 있는가, 얼마나 지역사회와의 연계 속에서 활동하며 그 활동의 결과 역시 지역사회에 기여하는가를 의미한다. 지역성은 몇 가지 다른 층위를 가지고 있다. 가장 쉽게 생각할 수 있는 것은 지역주민을 고용해 일자리를 창출하는 것이다. 기존에 제공되지 않던 일자리가 지역주민에게 제공된다면 이는 그 자체로 지역사회에 기여하는 것으로 볼 수 있다. 한편 해당 조직의 수익의 일부를 지역사회에 환원하는 것도 지역성으로 판단할 수 있다. 수익을 마을축제에 사용하거나, 주민교육 사업에 활용하는 등 다양한 지역사회 활동에 활용함으로써 지역사회 발전에 기여할 수 있다. 그러나 지역성의 측면에서 더욱 중요한 층위는 사업의 콘텐츠 자체가 지역사회의 개선에 초점을 맞추고 있는 경우다. 예를 들어 기존에 제공되지 않았던 집수리 사업, 시장에서 제공되지 않는 돌봄 사업, 지역문화 관광 프로그램 개발사업 등 지역의 자산과 특성 자체가 사업의 콘텐츠가 될 수 있다. 이러한 요소들이 지역성의 의미에 더 잘 부합한다.

두 번째는 수익성이다. 수익성은 말 그대로 시장경제 속에서 수익을 내면서 생존할 수 있는가 하는 점이다. 이는 사회적 경제가 단순히 공공의 지원을 받는 공공부문이 아니라 기본적으로 시장에서 생존해야 하는 민간 부문이라는 점에서 중요하다. 수익성을 갖춘다는 의미는 시장에서 경쟁력을 갖춘다는 것을 의미하며, 동시에 새로운 시장을 개척한다는 것을 의미한다. 상당수의 사회적 경제 조직들은 시장에서 이미 제공되고 있는 서비스를 동시에 제공하면서 시장과 충돌을 일으키곤 한다. 이 경우 단기적으로는 생존할 수 있을지 모르지만 장기적으로는 생존하기 어려울 뿐만 아니라, 지역사회의 민간 부문 활동에 오히려 장해물이 될 수 있다. 따라서 수익성은 기존의 시장질서와 충돌하지 않으면서 새로운 시장을 개척하며 생존해야 하는 매우 어려운 과제다.

세 번째는 혁신성이다. 혁신성은 단순히 지역사회에 서비스를 제공하는 것을 넘어서서 지역사회의 대안적인 발전비전을 제시하기 위해 노력하는가, 지역사회에 새로운 가치를 제공하기 위해 노력하는가 하는 점이다. 혁신성은 사회적 경제 조직이 가장 갖추기 어려운 요소이기도 하지만 동시에 사회적 경제 조직에 가장 요구되는 요소이기도 하다. 사회적 경제조직은 민간의 수익창출 논리에서 어느 정도 자유로우며 정부의 관료적 통제에서도 벗어나 있다. 그렇기 때문에 사회의 다른 어느 조직보다 대안적인 발전 비전을 고민할 수 있는 위치에 있다. 사회적 경제의 혁신성에서는 최근 제도적 동형화(institutional isomorphism) 현상이 하나의 문제로 제기되고 있다. 이는 민간기업이나 비영리기관이 정부와 지속적으로 관계 맺으면서 독자적인 정체성을 상실하고 관료화되는 경향을 의미한다(DiMaggio and Powell, 1983). 최근 한국의 비영리기관 역시 이러한 제도적 동형화로부터 자유롭지 못하다. 만약 이러한 경향이 지속된다면 조직은 혁신성을 상실하고 정부의 수탁을 받는 하위 행정기관의 역할에 머무르게 될 것이다. 혁신성은 이러한 경향에 저항하면서 어떻게 지역사회에 비판적이면서 새로운 가치를 제공하는가를 가늠하는 요소다.

2) 분석대상과 분석방법

분석대상은 위에서 언급한 지역성과 수익성, 혁신성의 측면에서 비교적 성공적으로 평가되는 사회적 경제 조직 여섯 개를 대상으로 했다. (주)동네목수, 공공미술프리즘, 사하품앗이, 대전 사회적자본지원센터, 안산 좋은마을만들기지원센터, 완주 마을공동체지원센터 여섯 개소다. 이 가운데 동네목수는 주식회사이자 마을기업이며, 공공미술프리즘은 주식회사이자 사회적기업이고, 사하품앗이는 비영리조직이다. 한편 대전 사회적자본지원센터는 풀뿌리사람들이라는 사단법인이 대전시의 위탁을 받아 운영하는 중간지원조직이며, 안산 좋은마을만들기지원센터는 안산 YMCA에서 안산시의 위탁을 받아 운영하고 있다. 완주 마을공동체지원센터는 완주시에서 설립한 재단법인이다.

지방자치단체의 지원을 받아 운영되는 중간지원조직들이 사회적 경제로 분류될 수 있는지에 대해 논란이 있을 수 있다. 분석대상 중 대전 사회적자본지원센터와 안산 좋은 마을만들기지원센터는 지방자치단체의 위탁 업무를 수행하는 중간지원조직이며, 완주 마을공동체지원센터는 완주시의 출자로 설립된 재단법인이다. 따라서 이들의 활동은 엄밀히 말하면 공공부문으로 분류할 수 있다. 그러나 여기서 분석대상으로 선정한 이유는 이들의 활동 내용이 실질적으로 다른 사회적 경제의 활동과 구분되지 않으며, 오히려 사회적 경제 본연의 역할을 수행하는 측면이 강하기 때문이다. 또한 사업을 수탁하는 모(母)법인의 경우 오랫동안 사회적 경제 부문에서 활동한 조직들이어서 모법인과 중간지원조직을 구분하기 어려운 측면도 있었다. 단지 이 조직

〈표 4〉 분석대상 조직과 주요 활동

조직	인터뷰 대상자	조직의 주요 활동
(주)동네목수	박학룡 대표	· 집수리 · 마을협의회 운영 · 마을카페 운영
(주)공공미술 프리즘	유다희 대표	· 문화기획 및 프로모션 · 지역재생 컨설팅 · 공공디자인, 시설물 디자인
사하품앗이	이현정 대표	· 지역화폐 · 주민 청소년 교육 · 환경교육
대전 사회적자본 지원센터	김제선 센터장	· 주민 주도 마을만들기 · 사회적자본 지향 행정 · 협동네트워크 도시
안산 좋은마을 만들기지원센터	이현선 사무국장	· 마을만들기, 주민대학운영 · 조직지원사업, 교류협력 사업
완주 마을공동체지원센터	임경수 센터장	· 커뮤니티비지니스 운영 · 로컬푸드 사업 · 사회적 경제 지원사업

주: 2014년 말을 기준으로 한 정보이며 최근 대표자 및 조직의 명칭이 변경된 경우가 있음.

들은 수익을 내면서 시장에서 경쟁하는 조직은 아니기 때문에 수익성을 평가하기는 어려우며, 행정과 밀접하게 연계되어 활동하기 때문에 관료화될 위험성이 크다. 이러한 측면을 고려해서 분석했다.

한편 분석에서는 조직의 기능과 역할 못지않게 활동가 개인의 역할을 중요하게 고려했다. 이는 많은 경우 활동가의 개인적 역량이 조직의 성패를 좌우하기 때문이다. 아직 우리의 사회적 경제 조직은 시작하는 단계이기 때문에 조직이 안정되어 있지 않고 활동가의 역량에 크게 좌우되는 특성을 지닌다(박세훈, 2015). 그렇기 때문에 어떤 일을 수행하고 있는가와 함께 누가, 왜, 어떠한 비전을 가지고 사업을 추진하고 있는가가 큰 의미를 가진다.

한편 이 글은 조사대상 조직이 한국의 사회적 경제 조직을 대표하는 것으로 보지 않는다. 이 글은 우리나라 사회적 경제 조직의 현황과 과제를 파악하려는 것이 아니라, 사회적 경제가 어떻게 대안적 도시만들기의 도구가 될 수 있는지 그 가능성과 과제를 고찰하고자 한다. 따라서 '평균적'인 조직을 대상으로 하지 않았으며 오히려 가능성을 보여주는 조직을 그 대상으로 했다. 동일한 의미에서 이 글은 조사대상 조직이 어느 정도 지역성, 수익성, 혁신성을 가지고 있는지를 평가하지 않는다. 그보다는 각 조직이 지역성, 수익성, 혁신성의 측면에서 어떠한 과제를 안고 있으며 그것을 어떻게 극복했는지, 또는 극복하고자 노력하는지에 초점을 맞추고 있다.

조사분석은 2014년 6월에서 2015년 5월에 걸쳐 이루어졌다. 반(半)구조화된 조사지를 활용했으며, 주로 사회적 경제 조직이 설립된 경위, 주요 활동, 수익구조, 지역사회 기여, 정부와의 관계 등을 집중적으로 파악했다. 본 연구의 주요 개념인 지역성, 수익성, 혁신성은 이들과의 면접조사를 토대로 재구성한 것이다.[2]

4. 제도화와 시장화의 사이: 사회적 경제의 도전

1) 지역성: 도시에 무엇을 줄 수 있는가?

지역성은 앞서 언급한 바와 같이 사회적 경제 조직이 얼마만큼 지역 기반을 가지고 있으며, 지역에 기초한 콘텐츠를 확보하고 있는가 여부다. 이는 곧 지역사회에서 공급되지 않는 서비스를 제공해야 하며, 그것이 기존의 시장질서와 충돌하지 않아야 함을 의미한다.

조사대상 조직들은 지역사회 요구가 있으나 시장에서 공급하지 않는 서비

---

[2] 이 연구는 국토연구원에서 수행한 두 건의 연구를 토대로 작성되었다(박세훈·임상연, 2014; 국토교통부, 2014). 실제 면접조사는 이 두 연구를 수행하는 과정에서 진행되었으며, 여기에서는 면접 자료를 새롭게 구성해서 정리했다.

스를 발굴해 사업을 시작하는 경우가 많았다. (주)동네목수는 박학룡 대표가 2008년부터 재개발에 대한 대안 모색을 위한 연구 모임을 운영하던 중, '집수리'를 사업 내용으로 활동을 시작하면서 출범했다. (주)동네목수가 활동하는 장수마을은 구릉진 경사지이자 서울성곽 주변에 위치한 마을로, 재개발 구역으로 지정되어 있지만 대규모의 철거 재개발이 불가능한 곳이었다. 구릉지이기 때문에 주민들이 집을 고치려고 해도 민간업체에서는 일을 맡으려고 하지 않았다. (주)동네목수에서는 이러한 특수한 여건을 사업 기반으로 해서 지역 주민을 고용한 집수리 사업을 시작한 것이다.

민간기업에서는 이런 일을 하려고 하지 않습니다. 여기는 경사가 급해 일반 공사 차량이 들어오지 않고 공사도 까다롭습니다. 그런데 의외로 집수리에 대한 수요가 많아요. 이것만 잘 파악해도 수익성이 있습니다(박학룡 대표).

(주)공공미술프리즘은 문화예술을 기반으로 지역재생을 도모하는 사회적 기업이다. 현재 서울과 일산을 중심으로 환경디자인, 문화기획, 지역활성화, 문화예술 교육 등의 사업을 추진하고 있다. 현재 일산 서구 아울렛 지역에서 문화예술 교육과 상가활성화 프로그램을 운영하고 있다. 이 지역은 상업지구가 쇠퇴하면서 지역사회 전체가 침체되었는데, 이를 개선하기 위해 고양시의 지원으로 상가 옥상 공간을 활용해 문화예술 교육, 상가활성화 프로그램, 청소년체험 교육, 간판디자인 개선 등을 추진했다. 이 역시 시장에서 공급되지 않는 서비스를 독자적으로 개발해 제공하는 사례로 볼 수 있다.

최근에는 문화예술을 기반으로 하는 조직이 많이 생겼습니다. 저희는 공공디자인과 도시재생에 특화되어 있고 10년 정도 이 일을 해오고 있습니다. 주민들에게 문화예술을 교육하기도 하고, 주민과 함께 마을만들기, 공공디자인 사업을 하기도 합니다. 전국적으로 수요가 있기 때문에 운영에 큰 어려움은 없습니다(유다희 대표).

지방자치단체의 중간지원조직은 본격적으로 지역에 필요한 사업을 발굴해 지원하는 역할을 한다. 완주 마을공동체지원센터는 사회적 경제의 육성을 중심으로 마을공동체를 지원하는 대표적인 조직이다. 지역공동체 발굴·육성 지원 및 교육, 마을공동체 사업과 연계한 커뮤니티 비즈니스 육성 지원, 주민 상담 및 홍보 사업 등을 추진하고 있다(완주 마을공동체지원센터 홈페이지 참조. www.wanjucb.org). 특히 완주 마을공동체지원센터는 지역사회에서 사회적 경제 조직을 육성하는 데 많은 노력을 기울이고 있다. 사회적 경제조직이 지역을 중심으로 서로 연계한다면 지역활성화에도 도움이 될 뿐 아니라 장기적으로 사회적 경제의 지속가능성에도 도움이 되기 때문이다.

이상에서 언급한 사회적 경제 조직이 담당하고 있는 사업은 기본적으로 민간기업이 담당할 수 없는 서비스다. 시장에서는 수익이 발생하지 않는 사업에는 진입하지 않는다. 또한 그 성격상 민간기업이 담당하기 어려운 공적인 특성을 요구하는 사업도 있다(공동체 지원 등). 동시에 이러한 사업은 공공부문에서도 담당하기 어렵다. 공공부문은 대체로 전문성이 부족하고 예산 사용에서도 경직되어 있기 때문이다. 이렇게 지역에 필요하지만 민간과 공공부문이 담당하기 어려운 사업들을 사회적 경제 조직이 발굴해서 제공하고 있다.

그러나 모든 사회적 경제 조직이 이렇게 적절한 사업콘텐츠를 제공하고 있는 것은 아니다. 오히려 많은 사회적 경제 조직은 지역에서 틈새시장을 찾는 데 실패하고 시장에서 공급하는 서비스를 중복 제공함으로써 실패하곤 한다. 지역주민을 대상으로 카페나 식당을 운영하는 경우가 대표적인 예라 할 것이다. 사회적 경제 조직의 입장에서는 공익적인 가치를 추구하기 때문에 지역사회에서 그 역할을 인정받지만, 시장에서 경쟁하는 것은 쉬운 일이 아니다. 또한 경쟁에서 생존한다 하더라도 지역의 시장을 잠식하는 결과를 초래하기 때문에 바람직하지 않다.

한편 시장에서 공급되지 않지만 의미 있는 서비스를 발견하더라도 그것을 수익성 있게 운영하는 것도 녹록하지 않다. 대체로 주민들은 사업 경영의 경험과 노하우가 부족하다. 그렇기 때문에 적절한 콘텐츠가 있다 하더라도 성공적으로 운영되지 못하는 사례가 많다. 이 글의 조사대상은 대부분 해당 분야에 오랫동안 종사한 전문가가 조직을 설립하고 운영하는 사례다. 즉, 그만큼 전문성과 노하우를 필요로 한다.

2) 수익성: 시장에서 어떻게 생존할 것인가?

수익성은 조직이 지속적으로 운영될 수 있는 수익 기반이다. 앞서 언급한 바와 같이 현재 대부분의 사회적 경제 조직이 정부 지원에 재정적으로 의존하고 있으며, 자체적으로 지속가능한 수익 기반을 갖추고 있는 조직은 매우 드물다. 일반적으로 정부의 지원금(특히 인건비 보조)에 의존하는 기업은 정부 보조가 중단되면 조직을 유지하기 어려워진다. 이런 경우 진정한 의미의 사회적 경제 조직이라고 할 수 없다. 한편 수익성의 확보는 지속가능성 문제 뿐 아니라 조직의 정체성과 혁신성이 유지되는 것과도 밀접한 관련이 있다. 재정적으로 독립되어 있지 않으면 혁신성과 정체성을 유지하기가 어렵기 때문이다.

(주)동네목수는 지역의 새로운 서비스 수요에 착목해서 수익성을 확보한 드문 경우에 해당한다. 이는 활동가 개인이 지역사회에 깊은 애정을 가지고 오랫동안 연구한 결과라 할 수 있다. 현재 박학룡 대표는 이와 유사한 사업을 여건이 유사한 지역에 확대해서 추진하는 것을 계획하고 있다. 장수마을과

유사한 특성을 가진 성곽 주변 마을은 집수리에 대한 수요가 있을 것으로 판단하는 것이다. 단지 현재의 사업이 마을공동체의 육성, 주민조직화 등과 함께 이루어지고 있기 때문에 이 부분을 어떻게 확대할 수 있을지는 조금 더 지켜보아야 할 것이다.

부산의 사하품앗이는 황실목욕타올이라는 독특한 수익상품을 판매하고 있다. 사하품앗이는 2006년 지역주민들의 지역화폐 연구 모임에서 출발했다. 현재 비영리 민간단체로 운영되고 있으며, 주민교육, 어린이 마을학교, 환경운동, 지역화폐 운동 등을 추진하고 있다. 여기에 황실목욕타올을 판매한 수익금으로 자금을 공급한다. 황실목욕타올은 인견으로 제작한 목욕 수건으로 사하품앗이에서 자체적으로 특허를 가지고 사업화했다. 현재 이 타올 판매로 월 1000만 원 가량의 수익을 얻고 있으며, 이를 토대로 공간 임대료 및 각종 지역사업을 추진한다. 사하품앗이의 수익구조는 제조업 상품판매를 통해 그 이익을 지역에 환원하는 것으로, 다른 조직이 쉽게 모방할 수 없는 독특한 구조다. 이현정 대표 역시 다음과 같이 말한다.

저희는 타월 판매를 통해서 수익을 얻습니다. 매우 특이하고 운이 좋은 경우라 할 수 있어요. 타월 제작을 통해 어려운 주민들에게 일자리를 제공하고 거기서 발생하는 수익은 공동체 활동에 사용합니다. 청소년 교육, 지역화폐, 환경교육 등의 활동을 합니다(이현정 대표).

완주군의 로컬푸드 사업은 지역공동체가 함께 수익을 창출하는 한 방법을 제시한다. 완주군은 공동체지원센터와 로컬푸드센터를 두고 지역 농민과 행정, 그리고 관련 전문가가 함께 로컬푸드 사업을 추진하고 있다. 기존의 단순한 직거래를 넘어서 농산물을 계획적으로 생산하고, 가공, 판매, 전시 및 체험 교육까지 아우르는 선순환 체계를 구축했다. 여기서 농산물의 생산과 가

정책통합	• 완주군 농업·농촌 발전 약속 프로젝트 • 로컬푸드 활성화 종합 대책 • 각종 소득마을 육성사업과의 연계 강화	• 농가 주체의 가공산업 육성을 위한 정책 • 일자리 정책, 농촌노인 복지정책
지원통합	• 매년 100억 원의 약속 프로젝트 추진 예산 • 로컬푸드 활성화 관련 국도비 확보 • 마을 밥상, 로컬푸드 농식품 발굴사업 지원	• 로컬푸드형 작목반 지원(자재, 포장재, 인증 등) • 소득마을 육성, 일자리 창출 등 각종 예산 연계
주체 역량 강화	• 다양하고 중층적인 지역주민 교육과 토론 • 가족 소농과 고령농에 대한 정보 전달 체계 구축 • 마을 단위 작목반 단위 리더 육성	• 소비자이자 정책 집행자인 공직자에 대한 교육 • 소비자그룹 특성을 반영한 교육, 교류
시스템 구축	• 로컬푸드 활성화 TF팀 구성·운영 • 로컬푸드 지원 센터 건립·운영 • 향후 5년간 시스템 구축, 사회적 기업으로 독립	• 기획·생산, 로컬푸드형 소비시장 창출 • 농가는 기획·생산에 전념할 수 있는 환경 조성

자료: 「건강한 밥상, 꾸러미」 홈페이지. www.hilocalfood.com

공은 농민들이 맡고, 전시, 판매, 교육은 위탁업체에서 맡아서 하며, 농산물의 브랜드화, 공장 운영, 각종 인허가는 관에서 담당한다. 현재 완주군의 로컬푸드 브랜드인 '건강한 밥상, 꾸러미'는 완주군 두 개 읍, 열한 개 면의 개별 생산농가와 마을의 대표자가 출자해 2010년에 설립했으며, 약 80여 명의 조합원과 300여 명의 농민이 참여하고 있다(건강한 밥상 홈페이지, www.hilocalfood.com). 이러한 방식으로 소농들의 영농기반을 보장하고 지역경제를 활성화하며, 나아가 안전한 먹거리를 확보하고 있다.

한편 여러 활동적인 사회적 경제조직은 정부의 공모사업을 적극적으로 활용해 재원을 조달하고 있다. (주)공공미술프리즘의 경우 주로 지방자치단체의 위탁사업을 수주하는 방식의 사업구조를 가지고 있다. 대표자에 따르면 현재 문화예술 관련 사업의 경우 지방자치단체에서 주최하는 공모사업이 많고 그 규모도 커지고 있기 때문에 어느 정도 경험을 축적하면 운영에 어려움이 없다고 한다. 그 밖의 안산 마을만들기 지원센터나 대전 사회적자본 지원센터의 경우, 모법인이 지방자치단체의 위탁사업을 수주하여 운영하는 경우라 할 수 있다.

수익성의 확보는 조직의 생존과 직결된 문제이기도 하지만 동시에 조직의 정체성과 관련된 문제이기도 하다. 조직을 유지하는 데 급급하다 보면 조직의 본래 설립 취지에 부합하는 활동을 하기 어려워진다. 재원 조달에서 정부에 지나치게 의존하다 보면 행정에 대해 비판적인 목소리를 내기 어려워진다. 다음과 같은 활동가의 지적은 경청할 만하다.

어느 정도라도 재정적으로 독립하는 것이 매우 중요합니다. 저희 같은 경우 지방자치단체 예산이 전체 예산의 70% 이상이 되지 않도록 관리합니다. 각종 공모사업, 민간기업의 SR사업 등을 통해 나머지 운영비를 조달합니다. 그렇지 않으면 지자체에 완전히 예속되거든요. 그러면 우리가 하고 싶은 일을 하기 어려워지는 거죠(임경수 대표).

사회적 경제 조직의 수익구조는 지역공동체 내에서, 지역공동체와 함께 서비스를 공급함으로써 확보하는 것이 가장 바람직하다. 특히 (주)동네목수와 완주의 로컬푸드사업과 같이 지역공동체의 참여를 통하여 수익성을 확보하는 것이 이상적이다. 그러나 이를 위해서는 사회적 경제 조직을 운영하기 전에 지역공동체를 구축하는 지난한 작업이 선행되어야 한다. 또한 몇몇 활동가의 노력뿐 아니라 행정의 협조도 필요할 것이다. 이러한 방식이 단기적으로 어려울 경우, 외부의 공모사업 및 행정의 예산을 효율적으로 활용하는 방법도 고려해볼 수 있다. 향후 사회적 경제, 마을만들기, 도시재생, 문화예술 사업 등 지역사회와 연계된 지방자치단체의 각종 공모사업이 확대될 것으로 예상된다. 이러한 공모사업을 적절히 활용한다면 수익성 확보에 도움이 될 수 있을 것이다.

3) 혁신성: 사회운동인가 행정의 도구인가?

혁신성은 사회적 경제 조직이 단순한 서비스 공급자의 역할을 넘어서서 지역사회 발전을 위한 대안 세력이 되는 데 필요한 요건이다. 오늘날 상당수의 사회적 경제 조직은 초기 지역공동체 지원을 위해 설립되었으나 이후 시장에서의 수익 활동에 치중하거나 지방자치단체의 수탁사업을 중심으로 운영되면서 사실상 관료화되는 현상이 나타나곤 한다. 결국 혁신성은 사회적 경제가 장기적으로 '대안적'인 도시만들기의 한 주체가 될 수 있는지 아니면 기존의 시장과 국가의 질서에 포섭될 것인지를 가늠하는 기준이라 할 수 있다.

조사대상 조직 중 (주)동네목수와 사하품앗이는 매우 혁신성이 높은 조직으로 평가되었다. 이 두 조직은 지역 운동에 오랜 경험을 가지고 있는 활동가에 의해 설립되었으며 지역사회와 단단하게 결합되어 있다. 재정적으로도 독립되어 있어 재정적 압박이나 정부의 통제로부터 상대적으로 자유롭다. (주)동네목수는 초기 집수리 사업에서 시작해 주민공동체의 육성, 마을축제 개최 등을 거쳐 현재에는 주민공동체의 실질적인 구심점 역할을 하고 있다. 사하품앗이 역시 지역화폐 운동, 청소년교육 운동, 친환경먹거리 운동 등 지역공동체를 기반으로 다양한 사업을 실험하고 있다. 이러한 활동은 이들 조직이 지역사회에 뿌리내리고 있고, 재정적으로 독립되어 있기 때문에 가능한 것이다.

이에 비해 지방자치단체의 중간지원조직인 안산 좋은마을만들기센터와 대전 사회적자본지원센터는 이 부문에서 상대적으로 취약하다. 중간지원조직에 대한 관련 연구에 따르면 우리나라의 지방자치단체 중간지원조직은 행정과 밀접하게 관계된 반면, 상대적으로 시민사회 기반과 혁신 기반은 취약한 것으로 나타났다(박세훈, 2015). 중간지원조직은 원칙적으로 행정의 경직성을 탈피하고 시민사회의 전문성과 유연성을 받아들이기 위해 행정 외부에 설립된다. 그러나 여전히 지방자치단체에서 예산 제약을 받기 때문에 독자적으로 혁신적인 실험을 시도할 수 있는 여지가 적다. 관련 부서의 행정적인 통제를 받는 경우도 있다. 다음과 같은 활동가의 지적은 행정의 통제 때문에 조직 본연의 활동에 집중하기 어려운 사정을 알려준다.

> 최근 독립적으로 활동하기가 점점 어려워지고 있어요. 행정에서 이래라저래라 간섭하고 자료를 요구하고 성과를 요구해요. 행정은 속도가 빠르기 때문에 우리는 그 속도를 따라가기는 어렵습니다. 행정 직원처럼 일하면 센터 활동을 하기가 어려운 거죠(이현선 사무국장).

행정적 통제가 야기하는 더 심각한 문제는 사회적 경제 조직이 사실상의 행정조직으로 변화할 수 있다는 점이다. 이는 곧 학자들이 지적하는 '제도적 동형화(institutional isomorphism)'라는 문제다. 행정은 예산 사용의 권한과 사업 집행 능력을 가지고 있기는 하지만, 주어진 역할을 넘어서는 혁신적인 활동을 기대하기는 어렵다. 특히 부서 간 예산의 통합적 활용, 부서 간의 경계를 뛰어넘는 활동, 기존의 관행에 저항하는 활동은 행정부서에서 추진하기 어려우며 그렇기 때문에 사회적 경제 조직의 역할이 요구되는 것이다. 그러나 상당수의 중간지원조직은 행정과 긴밀한 관계를 맺은 나머지 업무상의 제약을 받곤 한다.

> 아무래도 위탁을 받고 있기 때문에 정부에 비판적인 이야기를 하기는 어렵죠. 지역에 다른 시민단체가 있으면 그런 이야기를 해주면 좋은데 저희는 그런 단체가 없어요(임경수 대표).

> 저희도 관료화될 가능성은 충분히 있습니다. 일부 민간단체도 위탁사업을 계

속 운영하다 보면 그러한 가능성이 있습니다. 시 정부에 비판적인 목소리를 내기 어렵고, 지역사회의 새로운 요구에도 대응하기 어렵습니다. 지자체의 감사가 있기 때문에 활동이 위축되는 경우도 있습니다(김제선 센터장).

이상과 같은 경향은 행정과의 연계가 긴밀한 중간지원조직에서 두드러지게 나타나지만 다른 사회적 경제 조직에서도 유사하게 관찰된다. 특히 사회적 경제 조직에 대한 지원이 주로 일자리 창출에 집중되면서 소정의 요건을 갖추어 인건비 등을 지원받지만 혁신성을 갖추었다고 보기 어려운 조직이 늘어나고 있다. 이러한 조직이 대안적인 도시만들기의 주체가 되기는 어려울 것이다.

현재까지 사회적 경제 조직이 혁신성을 갖추는지 여부는 조직을 이끄는 활동가의 역량과 헌신성에 크게 좌우되는 것으로 보인다. 혁신성이 강화되기 위해서는 사회적 경제 조직이 시민사회단체 및 주민조직과 체계적으로 연계되어 이들의 목소리를 반영할 수 있어야 한다. 그러나 우리의 현실은 시민사회가 사회적 경제를 견인하기보다는, 오히려 사회적 경제 부문에서 활동하는 몇몇 활동가가 시민사회를 견인하는 상황이다. 따라서 활동가의 개인적인 역량이 혁신성에 크게 영향을 미치고 있다.

5. 마무리하며

최근 사회적 경제는 지역사회의 문제를 해결할 수 있는 효과적인 수단으로 부상하고 있다. 사회적 경제는 지역사회에 일자리를 창출하고 새로운 사회서비스를 공급하며 지역공동체를 활성화한다. 이러한 활동은 기존에 국가나 민간기업(자본)이 수행하던 방식과는 질적으로 상이하다. 사회적 경제는 시장경제에서 소외되고 행정체계에서 포괄할 수 없는, 한계가 드러나고 다면화된 요구를 수용하며 이를 기반으로 성장한다. 사회적 경제의 이러한 특성은 특히 우리 도시가 당면한 고령화, 저성장, 사회적 양극화 등의 문제 상황에 효과적인 대응책이 될 수 있다. 시장과 국가가 작동하지 않는 상황에서 주민들이 스스로의 힘으로 도시를 만드는 방편이 되는 것이다.

이 글에서는 오늘날 사회적 경제가 어떻게 대안적 도시만들기의 주체가 될 수 있는지를 지역성, 수익성, 혁신성의 관점에서 고찰했다. 지역성의 측면에서 볼 때, 우리의 사회적 경제 조직은 기존의 시장질서와 충돌하지 않으면서 지역사회에 새로운 서비스를 제공할 수 있는 콘텐츠를 발굴해야 하는 과제를 안고 있다. 집수리, 문화예술 교육, 로컬푸드, 지역화폐 등 다양한 영역에서 지역성이 높은 사업 콘텐츠가 발굴되고 있으며 이를 통해 새로운 서비스가 제공되고 있었다. 단순히 지역주민을 고용하거나 수익을 지역에 환원하는 차원을 떠나서 사업 콘텐츠 자제가 지역의 혁신을 가져올 수 있도록 기획하는 것이 중요하다. 두 번째 수익성은 현 단계 사회적 경제 조직이 가장 취약한 부분이다. 전문성을 갖추지 못하고 사업을 시작한 경우, 정부의 지원이 중단되면 더 이상 생존하지 못하는 사례가 많다. 이 글의 사례들은 주로 지역공동체의 활성화를 통하여 수익 기반을 확보했다. 완주군의 로컬푸드 사업이 그 대표적인 예라 할 수 있다. 지역공동체가 함께 사회적 경제를 위한 공동의 기반을 마련할 경우 지역성과 수익성의 문제를 동시에 해결할 수 있다. 마지막으로 혁신성 역시 많은 사회적 경제 조직에서 부족한 부분이다. 단순히 개별 기업으로 생존하는 것을 넘어서서 어떻게 지역사회에 혁신을 가져올 것인지 끊임없이 고민하고 새로운 대안을 실험하는 노력이 필요하다. 이 부분에서 많은 사회적 경제 조직 및 중간지원조직이 어려움을 겪고 있었다. 한편으로는 활동가 개개인이 혁신적인 노력을 지속하는 경우가 많아 희망을 엿볼 수 있었다.

종합적으로 볼 때 우리의 사회적 경제 조직이 지역성, 수익성, 혁신성의 측면에서 안정적인 기반을 마련했다고 보기 어렵다. 현재까지는 몇몇 혁신적인 조직이 모범 사례를 보이고 있는 상황이며 대다수의 사회적 경제 조직은 조직의 운영 자체에 어려움을 겪고 있다고 보아야 할 것이다. 많은 사회적 경제 조직은 명확한 콘텐츠를 가지지 못해 정부의 지원에 의존하고 있다.

몇몇 우수한 실천 사례에서 주목할 만한 점은 그것이 조직적 역량에 의한 것이라기보다는 소수의 헌신적인 활동가에게 의존하고 있다는 점이다. 이는 아직 우리 사회에서 사회적 경제 조직을 체계적으로 뒷받침할 수 있을 만큼 시민사회가 성숙되지 못한 데 그 원인이 있다. 장기적으로 시민사회에 다양한 풀뿌리 조직이 뿌리내리고 이에 대한 다양한 재원 조달 체계가 마련될 필요가 있다. 사회적 경제에 대한 정부의 지원도 현재와 같은 직접지원보다는 다양한 형태의 간접지원 방식이 마련되어야 한다. 사회적 경제는 이러한 성숙한 시민사회의 기반 위에서 크게 성장할 수 있다. 현재 우리의 상황은 사회적 경제가 시민사회로부터 체계적인 지원을 받지 못하는 여건에서 개별 활동가가 개인적인 역량과 노력을 통해 이를 극복해나가는 상황이라 할 수 있다.

이 글은 현 단계의 사회적 경제 조직이 대안적 도시만들기의 주체로서 갖는 가능성과 한계를 보여준다. 혁신적인 실천 사례들은 사회적 경제 조직이 기존의 자본과 권력의 도시만들기에서 주민중심의 도시만들기로 전환하는 것이 실제로 가능하다는 것을 보여주었다. 작금의 정치, 경제, 사회적 여건 속에서 사회적 경제가 지역성과 수익성, 혁신성을 유지하는 것은 무척 지난한 과정이다. 그렇지만 몇몇 활동가는 개인적인 역량과 헌신을 쏟아부으며 이러한 어려움을 극복하고 있었다. 장기적으로 이러한 실천들이 더 보편화되도록 시민사회의 저변을 확대할 필요가 있다. 바로 지금이 우리의 문제를 스스로의 힘으로 해결해야 할 시점이기 때문이다.

참고문헌

고용노동부. 2013. 「사회적기업 활성화 추진계획」.

국토교통부. 2014. 「도시재생 추진을 위한 사회적경제법인 육성 마스터플랜 수립 연구」.

김경희. 2013. 「사회적 경제를 통한 지역혁신의 가능성과 한계」. ≪공공사회연구≫, 3(2), 126~150쪽.

박세훈. 2013. 「도시재생의 동력으로서의 사회적 경제: 운영실태와 과제」. ≪국토≫, 409, 18~25쪽.

_____. 2015. 「마을만들기 중간지원조직 운영특성 연구: 정부-시민사회 관계의 관점에서」. ≪도시행정학보≫, 28(3), pp. 75~104.

박세훈·임상연. 2014. 『도시재생 중간지원조직 연구: 정부-시민사회 관계의 관점. 국토연구원.

서울시. 2014. 「사회적경제 지역생태계조성사업 성과보고회 자료집」.

신명호. 2009. 「한국의 사회적 경제 개념 정립을 위한 시론, 동향과 전망」. 75, 11~46쪽.

엄형식. 2008, 「한국의 사회적 경제와 사회적 기업, 서울: 실업극복국민재단 함께 일하는 사회.

장원봉. 2006. 『사회적 경제의 이론과 실제』. 나눔의 집.

_____. 2015. 「지역재생을 위한 사회적 경제의 의미와 역할」. ≪국토≫, 409, 6~11쪽.

채종헌. 2015. 「지역활성화를 위한 사회적 경제의 정책현황과 과제」. ≪국토≫, 409, 12~17쪽.

한국행정연구원. 2013. 「사회적 경제 공동체 지원체계 연구」. 한국행정연구원.

Defourny, J. and M. Nyssens. 2006. "Defining social enterprise." in M. Nyssens(ed.). *Social Enterprise: At the crossroads of market, public policies and civil society.* Routledge.

DiMaggio, P. and W. Powell. 1983. "The Iron Cage Revisited: Institutional Isomorphism and Collective Rationality in Organizational Fields." *American Sociological Review* 48, pp. 147~160.

Murtagh, B. 2013. "Urban Regeneration and the Social Economy." in M. Leary and J. McCarthy(eds.). *The Routledge Companion to Urban Regeneration.* Routledge.

OECD. 1998. "Key Employment Policy Challenges Faced by OECD Countries." Labor Market and Social Policy Occasional Papers No.31. OECD Submission to the G8 Growth, Employability and Inclusion Conference, London, 21~22 February 1998.

· 제 5 부 ·

희망의 도시,
지구적 동향과 서울의 상황

자본순환, 자본주의의 복률적 파괴, 노숙의 영속: '보복주의적 도시'에서 '모두를 위한 도시'로

돈 미첼(Don Mitchell) | 시러큐스대학교 지리학과 석학교수

미국 법무부는 심사숙고 후 미국 서부 아이다호의 작은 도시 보이시(Boise)에서 노숙자들을 대상으로 한 법들(그리고 확장하면 미국 전역에 있는 유사한 법들)이 법적으로 잔인하다고 판단을 내렸다. 2015년 8월, 법무부는 보이시 시의 한 소송에서 노숙자 원고 측에 참여하겠다는 의사를 밝혔다. 원고인단은 보이시 시가 "잔인하고 비정상적인 처벌"(즉, 미 연방 헌법 수정 제8조 위반)을 했다며 고발했다. 시가 쉼터에 빈 침대가 없어서 어쩔 수 없이 공공 공간에 '캠프'를 차린 노숙자들을 법정에 소환하고 때로 체포하기도 했기 때문이다.[1]

미국의 도시에서는 '캠핑'이 각별한 의미를 지닌다. 미국에서는 지금까지 35년간 노숙은 그야말로 '위기' 상황이었다. 이 기간 내내 도시들은 거리의 노숙자들을 통제하거나, 길거리에서 노숙자들을 완전히 쓸어버리기 위해 법률을 이용해 끊임없이 실험을 진행해왔고, 이 과정에서 종종 법적인 문제에 직면하기도 했다. 가령 공공 공간에서 '잠을 자는 것'을 범죄화하려던 초기의 시도는 불균등하게 집행되다가 좌초되었다. 점심식사를 마치고 앉아서 조는 사무직 노동자나, 피크닉을 마치고 낮잠을 즐기는 사람은 공공 공간에서 잠

---

1) "Statement of Interest of the United States," Bell et al v. City of Boise et al, Civil Action No 1:09-cv-540-REB, August 6, 2015.

을 자도 기소되지 않은 반면, 누가 봐도 노숙자인 사람은 종종 기소되었던 것이다.

이런 '계급' 입법은 종종 법적 효력이 없어져버렸기 때문에, 도시들은 수면 금지 조례를 캠핑 금지 조례로 대체했다. '캠핑'이란 일체의 캠핑 '장비'를 갖추고 잠을 자는 것을 말하는데, 여기서 장비란 담요나 침낭, 텐트나 다른 은신처 같은 것을 말하며, 많은 도시에서는 보온 재킷, 두꺼운 종이로 된 상자(매트리스나 은신처 용도)처럼 이런 용도로 사용할 수 있는 일체의 것이 포함된다. 콜로라도 주 볼더의 경우에는 어쩌면 사생활을 확보해줄 뿐 아니라 비와 눈을 피할 수 있는 약간의 은신처라도 제공할 수 있는 나무나 관목까지 캠핑 장비로 여긴다(Mitchell, Attoh, and Staeheli, 2015). 만일 여러분이 인정된 쉼터를 가지지 못 했다면, 미국 도시에서 캠핑 금지는 수면 금지와 같은 뜻이다.

법무부는 언론에 배포한 보도자료에서 이렇게 말했다. "인간으로 살아가면서 피할 수 없는 보편적인 결과로 행해지는 행위를 처벌하는 것은 제8조를 위반한다는 점에 논쟁의 여지가 없어야 한다. …… 수면은 생명을 지속하기 위한 행위다. 즉, 수면은 일정한 시간에 일정한 장소에서 발생할 수밖에 없다. 어떤 사람이 말 그대로 달리 갈 데가 없을 경우, 그 사람을 상대로 캠핑 금지 조례를 이행하는 것은 그 사람이 노숙자라는 이유로 처벌하는 것과 마찬가지다."[2] 이들의 표현대로 여기에는 논쟁의 여지가 없어야 하지만, 실제로는 그렇지 않다. 가령 그달 말 경, 전직 뉴욕 시장인 루돌프 줄리아니(Rudolf Giuliani)가 자신이 살고 있는 어퍼이스트사이드(Upper East Side) 지역에서 자신이 느끼는 삶의 질 하락에 대해 불평하며 논쟁에 끼어들었다. 그는 지역 텔레비전과의 인터뷰에서 이렇게 물었다. "사람들이 실내의 욕실을 이용하지 않고 거리에서 살던 때가 언제인지 아십니까? 그걸 바로 암흑기라고 하죠

---

2) Press Release, "Justice Department Files Brief to Address Criminalization of Homelessness," Office of Public Affairs, Department of Justice, August 6, 2015.

(Bellafonte, 2015)."[3]

이와 동시에 뉴욕의 타블로이드 신문들은 뉴욕 시의 거리에 노숙자들이 존재한다는 사실을 두고 법석을 떨기 시작했다. 뉴욕의 노숙자 인구는 꾸준히 증가해왔다. 줄리아니 전 시장이 1990년대에 '삶의 질' 캠페인을 벌이던 때도 그랬고, 전국적으로도 상황은 마찬가지다. 그리고 '노숙과 빈곤에 대한 국가법률센터(National Law Center on Homelessness and Poverty)'가 매년 기록을 통해 보여주듯, 노숙자(그리고 공공 공간에서 무료급식을 제공하는 이들처럼 노숙자들을 돕는 사람들)를 상대로 한 법률도 꾸준히 증가하고 있다. 여기서 무엇보다 중요한 것은 그저 노숙자들을 몰아내고픈 단순하지만 냉혹한 욕망인 듯하다. 8월 중순 샌프란시스코 시장은 도시 내의 모든 노숙자를 2월에 있을 슈퍼볼(Super Bowl)에 맞춰 "떠나게 만들어야 할 것"이라고 말했다. 시장은 이를 어떻게 완수할지에 대해서는 언급하지 않았지만, 시장의 말을 인용한 기사는, 샌프란시스코에서는 노숙자용 쉼터를 찾으려고 "굳이 노력하는 일"이 가치가 있는지 여부가 "논쟁거리"라고 지적했다(Nir, 2015). 다른 한편, 뉴욕에서는 줄리아니 전 시장이 뉴욕 시는 자신이 시장으로 재임하던 시절 노숙자들에게 했던 일들을 다시 해야 한다는 충고를 덧붙였다. "그들을 추적하고, 추적하고, 추적해야 합니다." 줄리아니는 한 기자에게 이렇게 말했다. "그래서 그들이 마땅한 대우를 받게 하거나 아니면 뉴욕 시에서 몰아내야 합니다(Flagenheimer, Stewart, and Navarro, 2015)".

이 같은 관료 집단의 대중적인 견해는 30년간 상당히 일관된 것이기도 하다(이 시기에는 쉼터를 활성화하고 쉼터 자금을 마련하기 위한 정책들이 실행되기도 하고, 그보다 훨씬 드물긴 해도 캘리포니아 버클리의 2012년 투표처럼 노숙자들이 보도에 앉거나 눕는 것을 불법화하려 했던 'sit-lie' 법령의 제정을 거부하는, 노숙

---

3) 거리 생활을 하는 노숙자들 때문에 마치 중세 암흑기로 돌아간 듯하다고 비아냥거리는 것이다. — 옮긴이

을 범죄화하는 계획에 반대하는 시민들의 저항이 일어나기도 했다)(Mitchell, Forthcoming). 법무부의 보이시 시 개입이 무엇보다 중요해지는 건 이 때문이다. 이는 도로상에 있을 헌법상의 권리를 인정한 연방 최초의 결정이다. 법원 기록물에 적힌 법무부의 언어는 마치 노숙과 빈곤에 대한 국가법률센터의 보고서나, 노숙자의 존재 자체를 불법화하려는 법의 맥락 안에서 지닐 수 있는 노숙자의 능력의 공간성을 수년간 서술하고 분석해온 학자들의 언어처럼 읽힌다.

하지만 법무부의 조치는 세 가지 중요한 질문을 제기하기도 한다. 첫째, 현대 도시에서 노숙은 어째서 끊이지 않고, 사실상 지속적으로 늘어나고 있는가? 둘째, 어째서 노숙자에 대한 주요한 대응은 노숙자가 된 사람들을 줄기차게 범죄자화하는 것이었을까? 셋째, 법무부가 지금, 이런 형태로 개입한다는 건 어떤 의미일까? 이 장에서 나는 이 세 질문에 대한 몇 가지 대답을 내놓을 것이다. 그리고 이 과정에서 이 대답들은 비단 미국 내에서뿐 아니라 전지구적으로 자본주의가 불균등하게 발달하는 시대에 전 세계에 해당하는 내용이라는 점이 분명해지리라고 생각한다. 왜냐하면 내가 내놓을 대답들은 자본순환에 대한 좀 더 일반적인 이론과 계급투쟁의 유동적인 승패, 그리고 세계자본주의 내에서 도시의 역할 변화에 맞닿아 있기 때문이다.

이어질 분석에서 나는 ① 첫 번째 문제, 노숙은 어째서 없어지지 않고 늘어나는가는 1차적으로 '주거문제'가 아니라 자본축적이 어떻게 진행되는가라는 근본적인 문제이고, ② 두 번째 문제, 노숙에 대한 탄압이 어째서 사라지지 않고, 도시는 어째서 '보복주의적(revanchist)' 색채를 띠고 있는지는 사회심리학의 문제(도시 보복주의에 대한 비평이 종종 암시하듯)가 아니라 건조환경에서 대단히 현실적이고 물질적인 축적 과정, 도시공간을 추상공간으로 생산할 것을 요구하는 과정에 대한 대단히 현실적이고 물질적인 대응이며, ③ 세 번째 문제, 법무부가 지금 개입을 하고 있는 까닭은 인권을 옹호하려는 국가의 문제가 아니라, 노숙에 대한 탄압은 건조환경을 통해 순환하는 자본을 지켜주는 방편이 되지 못한다는 확실한 깨달음과 공동 투쟁(계급투쟁)의 산물임을 보여줄 것이다. 다시 말해서 노숙에 대한 탄압이 항상 자본가 계급의 이익에 부합하지는 않는다.

1. 자본순환과 보복주의적 도시

이런 주장을 전개하는 최고의 방법은 역사적으로 짚어가는 것, 즉 초반 수십 년간 노숙 위기를 되짚어 본 뒤 연구를 앞으로 밀고 가는 것이다. 왜냐하면 스미스(Smith, 1996)가 『새로운 도시 전선(The New Urban Frontier)』에서 분명하게 밝혔듯, 노숙의 등장은 뉴욕 시가 낳은 현대적인 보복주의의 핵심에 있었기 때문이다. 그리고 뉴욕에서는 1980년대(도시위기가 20년째 지속되던 시기이자 노숙위기가 10년째 지속되던 시기)가 투쟁과 소요의 10년이었다면, 1990년대는 (다른 곳들과 마찬가지로) 특히 잔혹한 10년이었다. 일반적으로는 1990년대를 이런 식으로 생각하지 않는다. 어쨌든 대처-레이건 혁명가들은 권력의 정점을 클린턴-블레어에게 이양했다. 스튜어트 홀(Stuart Hall)이 대처리즘 이데올로기의 핵심이라고 밝힌 '권위주의적 포퓰리즘'은 (항상 실행된 건 아니라도) 클린턴의 "치료를 위한 권위주의"라고 할 만한 것에 길을 내주었다 (Hall, 1979). 1980년대에는 선진 자본주의 경제의 '위대한 유턴(Harrison and Bluestone, 1988)'이 강력하게 진행되면서, 공장이 줄줄이 문을 닫고 사회복지라는 이름으로 시행되던 모든 것이 도려내졌으며 도시가 송두리째 탈공업화의 직격탄을 맞게 되었다. 이 때문에 누구도 부정할 수 없는 사악하고 불균등한 영향들이 반대 세력을 똘똘 뭉치게 만들었다. 미국에서는 도시의 거리에 후기산업주의의 낙오자들, 즉 새로운 노숙자들(Hoch and Slayton, 1989)이 그 어느 때보다 넘쳐나게 되자 전국의 운동 조직이 반격을 가했다. 고통스러운 정치경제적 변화와 도시의 재건 모두에서 계급적 측면들은 누가 봐도 자명하게 드러날 정도였다.

당연하게도 운동가와 종교인 등은 사용하지 않는 건물에 노숙자 쉼터를 만들도록 시에 압력을 넣고, 교회 건물 일부에서 빈민들이 지낼 수 있게 하는가 하면, 식료품 저장실을 개방하고 무료급식 프로그램을 시행하는 등 앞다투어 쉼터와 음식을 제공했지만, 다른 한편으로 노숙자용 서비스를 위한 상당한 기금을 마련하는 매키니-벤토(McKinney-Vento) 법안을 의회가 통과시키고 레이건 대통령이 서명하도록 강제하는 방식으로 정치적인 투쟁 역시 전개했다.[4] 하지만 매키니-벤토가 노숙자 서비스의 전문화를 촉진하면서 이 모든 활동은 거리에서 살아가는 사람들의 수에는 거의 영향을 미치지 못하는 듯 보였다. 레이건빌(Reaganvilles)과 같은 노숙자 캠프장들은 많은 미국 도시의 특징이 되었고, 때로는 중요한 조직 현장이 되어 노숙자들이 서로의 공통점을 찾아 자신들을 재조직하고 집단적으로 그들의 이해관계에 따라 행동하는 법을 찾아 나서기 시작하는 장소가 되기도 했다.

하지만 동시에 이 상황에 대한 관료들의 반응이 노숙의 위기를 완화하는 데 거의 도움을 주지 못하자, 전문가들이 좋아하는 표현에 따르면 '동정심의 감퇴'가 집을 가진 많은 사람 사이에 싹트기 시작했다. 많은 사람이 노숙자를 위기라기보다는 골칫거리로, 타인에 대한, 도시에 대한, 심지어는 자신에 대한 위협으로 여기기 시작했다. 1990년대에는 노숙에 대한 재정의가 이루어졌다. 이제 노숙은 더 이상 사회의 분명한 위기가 아니라, 무질서하고 혼란스러운 개인들의 탓으로 돌려졌다. 마거릿 대처(Margaret Thatcher)의 유명한 선언에 따라, 이제 더 이상 사회 같은 건 존재하지 않고, 오로지 개인과 가족만

---

4)　이 논의는 Mitchell(2011)의 주장을 재현한 것이다.

있을 뿐이었다. 1980년대 말 경과 1990년대에 접어들면서 점점 더 많은 개인과 가족이 길거리에서 생활하면서 구걸을 하고, 다리 아래에서, 강변의 낮은 땅에서, 공원에서 거처를 구하고, 건물 출입구에 몰려 지내거나, 소지품을 쇼핑카트에 담아 이곳저곳으로 끌고 다니며 하루를 보내게 되었다. 이런 비생산적이고, 비경제적이며, 가치 없는 개인들에 대한 응징이 논의되어야 했다.

이에 대한 대응은 이중적이었는데, 두 가지 대응 모두 노숙과 노숙자를 탈정치화시켰다는 공통점이 있다. 먼저 노숙문제에 대응하기 위한 '돌봄의 연속체' 모델의 체계화 등, 노숙서비스의 전문화를 배가하는 작업이 이루어졌다. 이 모델은 노숙이 사회의 조건이 아니라 개인들의 속성이라고 선언했다. 이 논리에 따르면, 사람들이 노숙을 하는 것은 정신적으로 문제가 있거나 알코올 중독자 또는 마약 중독자라서, 아니면 생산적인 사회구성원이 되는 데 관심이 없기 때문이다. 이런 입장은 노숙을 양산하는 정치적·경제적 조건을 부정할 뿐 아니라, 노숙자의 계급지위(영구적이고 잠재적인 노동예비군의 일원이라는) 역시 부정하고, 그 대신 노숙자들이 유인책에 의해, 돌봄이라는 이름의 개입에 의해, 또는 강제에 의해 어떻게 개혁되고 치유될 수 있는지에 주력한다. 여기서 치료를 위한 권위주의의 시대가 등장하는 것이다. 노숙은 개인의 입장에서 보면 대체로 도덕적인 결함이다. 이들에게는 삶을 추스를 적절한 인센티브나, 예나 지금이나 '거친 사랑'이라고 불리는 것, 즉 아마도 동정심에 기반을 두었겠지만 이들이 '정신을 차릴' 수 있으려면 어쩔 수 없이 엄격한 감시(자선단체, 종교 기관, 또는 경찰에 의한 감시)가 필요하다.

두 번째 전략은 첫 번째 전략과 완벽하게 맞아떨어지는데, 그것은 바로 앞에다 차려주는 거친 사랑을 이용하지 못하는 사람들, 계속 도로에 퍼져 앉아 있고, 공원에서 잠을 자고, 버스정류장에서 구걸을 하거나, 다소 독자적인 캠프장을 만드는 사람들에게 벌을 주는 법을 만들어내는 것이다. 처음에 노숙금지법들은 미국의 거의 모든 도시에 있는 여러 돌봄 센터의 개발과 매우 긴

밀한 관계 속에서 작동했다. 돌봄의 치료 권위주의의 연속체가 이용 가능해
졌기 때문에, 많은 사람은 노숙을 범죄화하는 법들이 사회를 위해, 그리고 노
숙자 자신의 이익을 위해 필요할 뿐 아니라 정당한 것으로 이해하게 되었다.
저명한 노숙반대법 주창자 롭 티어(Rob Tier)의 세계에서는 이런 법들은 거리
에서 질서와 문명을 '복원하는' 수단이었으며, 경찰이 "쫓고 쫓고 또 쫓을" 권
위를 부여하는 기제였다(Tier, 1998). 그리고 지금도 이는 마찬가지다.

여기서는 '복원(restoring)'이라는 단어가 중요하다. 스미스(Smith, 1996)에
의하면, 전형적인 사례는 1988년 톰킨스퀘어 공원(Tompkin Square Park)을
'되찾으려는' 뉴욕 시의 노력이었다. 뉴욕의 로어이스트사이드(Lower East
Side)에 있는 톰킨스퀘어는 당시(1980년대 후반) 젠트리피케이션이 막 들이닥
치려는 동네의 한 중간에서 노숙자들, 즉 뉴욕 노숙자에 대한 로살린 도이치
(Rosalyn Deutsch)의 정확한 묘사에 따르면 '퇴거당한 사람들'의 거대한 캠프
장이 되었다. 오랜 세월 이민자들이 모여 산 로어이스트사이드는 수십 년간
투자가 빠져나가면서 고통을 겪었지만, (폭격을 맞은 듯한 모습에도 불구하고)
여전히 탐나는 위치에 흥미 있는 (그리고 괜찮은 가격의) 주택들을 보유하고
있었는데, 이 중 많은 집에는 무단점유자들이 들어와 살고 있었다.

한 급진적인 게릴라 가드닝 운동(guerilla gardening movement)[5]은 로어이
스트사이드의 날카로운 가장자리를 어느 정도 부드럽게 다듬어주면서, 사람
들을 조직할 수 있는 공간을 창출했다. 그 덕분에 이 동네 전역에서, 그중에
서도 특히 노숙자들 사이에서 정치적인 조직화가 활성화되었다. 상징적으로,
톰킨스퀘어 공원은 중산층과 상류층의 뉴욕 시 '재정복'을 완수하려면 되찾
아야만 하는 대상을 의미하게 되었다. 톰킨스퀘어 공원은 1960년대와 1970

---

[5]   1973년 리즈 크리스티(Liz Christy)라는 예술가가 동료 및 지역주민과 공터의 쓰레기를
      치우고 꽃밭을 만들어, 이를 그린 게릴라(Green Guerrillas)라고 칭한 데서 시작되었다.
      ─ 옮긴이

년대에 뉴욕 시에서 어긋나버린 모든 것, 반문화와 마약 문화에서부터 새로운 형태의 급진적인 정치의 등장, '비생산적인' 계급에 의한 도로와 주거의 점거를 의미하게 되었다. 또한 공원은 새로운 경제에는 '패자'가 있음을, 사회경제 질서를 위협하는 듯한 패자들이 있음을 놀라울 정도로 선명하게 보여주기도 했다.

톰킨스퀘어 공원을 교정하려는 노력은 폭력적으로 노숙자들을 퇴거시키고 몇 달 동안 공원을 완전히 폐쇄하며, 주위에 방범 펜스를 치고 재개장한 뒤 승인받은 이용자만 드나들 수 있게 하고, 근처에서 캠핑을 하거나 점유하는 행위는 거의 불가능하도록 경관을 완전히 새롭게 탈바꿈시켰으며, 벤치에서 눕는 행위를 금지하는 등 오늘날까지 이행되고 있는, 새로운 깐깐한 사용 규정을 작성하는 것 같은 행위를 동반했다. 이러한 노력은 스미스(Smith, 1996: 44)의 주장처럼 모두 "뉴딜과 뒤이은 전후 시기에 시작된 사회정책 구조에 대한 전면적인 공격"을 공고화하는 1980년대 말의 거대한 문화적 변동의 일부였다. 이 공격은 "소수자와 노동계급 여성, 환경입법, 게이와 레즈비언, 이민자에 대한 복수" 같은 열망을 표출했다. 차별철폐 조치와 이민정책에 대한 공격, 게이와 노숙자를 상대로 한 길거리 폭력, 여성주의에 대한 공격, 정치적 올바름과 다문화주의를 상대로 한 공개적인 교전은 가장 가시적인 반발의 수단이었다(Smith, 1996: 44~45). 후기 케인즈주의 도시는 보복주의적인 도시였다.

톰 슬레이터(Tom Slater)가 주장하듯 스미스의 주장은 그 역사적인 맥락 안에서 상당히 옳았다. 하지만 도시를 '보복주의적'이라 칭하는 것은 어떤 점에서는 부정확한 표현이었다. '보복주의'는 '복수(revenge)'를 의미하지만, 1980년대 말부터 1990년대로 이어지는 뉴욕 시의 특징은 복수라기보다는 광범위한 앙갚음(vengefulness) 같은 것이었다. 엘리트 계급 권력을 복원하려는 공동의 노력이 진행되는 동안, 그리고 많은 사람이 도시와 사회가 좀 더 넓게 자유주의자와 소수자, 게이와 펑크족, 노숙자 같은 사람들에게 넘어가버렸다고 분명히 느끼는 동안, (특수한 계급 분파나 그런 분파들의 동맹에 의한) 복수의 정치적 논리는 신경제의 신흥계급들이 가진 더 넓은 역사적이고 지리적인 자격 의식 앞에서 재빨리 사그라들었다. 신흥계급을 방해하는 모든 것은 쓸어버려야 했다. 도시는 앙갚음으로 되찾아와야 할 대상이었다.

하지만 누가, 무엇을 위해 그렇게 할 것인가? 어떤 도시에 '보복주의적'이라는 이름을 붙이는 것은 이 문제에 대한 답을 직접 내놓지 못할 뿐만 아니라, 내가 앞서 제기한 두 가지 질문에도 직접 답하지 못한다. 노숙은 왜 사라지지 않고 꾸준히 증가하고 있는가, 그리고 노숙금지법은 왜 이 사실에 대한 합리적 대응으로 인식되는가? 다시 말해서 스미스가 밝힌 계급권력의 재천명에는 어떤 이유가 있다는 건 합리적인 가설이며, 우리는 그 이유가 무엇인지 알아낼 필요가 있다. 이를 위해서는 먼저 분명한 것부터 짚어나가는 것이 좋다. 도시는 자본축적을 위한 중요한, 심지어는 1차적인 현장이 되었고, 점점 더 그렇게 되고 있다. 스미스(Smith, 2002)의 주장에 따르면 건조환경을 통한 축적은 이미 전 지구적인 계급적 필요가 되었기 때문에 도시개발, 특히 자본순환의 특수한 형태인 젠트리피케이션은 전 지구적인 계급전략이다.

이 이야기의 개요는 이미 잘 알려져 있다. 1930년대와 제2차 세계대전 시기의 케인즈주의적인 개혁은 부분적으로 자유주의적 자본주의의 명백한 모순, 내부의 급진적인 계급투쟁과 강력한 노동계급조직의 등장, 사회주의 세계에서 행사한 외부적인 압력에 의해 강제되었다. 이러한 개혁은 한편으로는 주택에서 의료서비스에서 교육에 이르기까지 재생산의 상당한 부분에서 사회화를 강제했고(이는 도시경관의 지형과 사회 지리에 상당한 영향을 미쳤다), 다른 한편으로는 자본 잉여의 많은 몫을 떼어 노동자의 손에 쥐어주었다. 1960년대에 이르러 이윤율이 하락하고 실질임금이 상승하면서(군사 예산이 부풀려진 것은 말할 것도 없고) 자본축적에 대한 구조적인 압력이 가해졌고, 시대의 전반적인 번영에서 배제된 사람들(미국에서는 주로 아프리카계 미국인), 현대의 거대한 재개발 프로젝트에 필요한 자리를 만들기 위해 도시경관을 바꿔놓은 불도저의 뭉툭한 끝에 매달린 사람들(이번에도 역시 주로 아프리카계 미국인), 그리고 새롭게 번영해서 교외로 도망치듯 빠져나간 백인 노동계급이 남긴 투자 철회의 잔해 한가운데서 살아가야 하는 사람들(이번에도 다시 주로 아프리카계 미국인)은 반격을 했다. 축적의 위기는 도시의 위기와 짝을 이루었다. 그 결과 나타난 대대적인 손상은 사회적인 영역에 공동의 치안이 필요하도록 만들었고, 이전의 도시 영역을 재투자하기 좋은 상태로 만들었다.

하지만 먼저 새로운 축적체제를 만들어내야 했다. 이를 위해서는 이윤율 하락과 연동된 축적위기와 재정위기를 해결해야 했다. 쿠데타 이후 칠레에서 시범적으로 운영해본 뒤 최종적으로 결정한 해법은, 물론 산업과 금융의 대대적인 규제완화였다. 이는 전 지구적인 생산과정과 금융자본을 위해 전 세계 시장을 만들어내는 데 도움을 주었고, 이와 함께 사회복지를 도려내고, 국가의 억압적인 폭력을, 특히 노동계급조직들을 상대로 단계적으로 늘려나갔다(Harvey, 2005; Mann, 2013). 또한 이 과정은 노동력의 가치를 재설정하는, 즉 사회적 재생산의 사회화를 통해 달성될 수 있는 것을 훨씬 넘어서는 정도로 노동력의 가치를 하락시키는 한편, 축적된 잉여의 상당 부분을 자유롭게 풀어줌으로써 생산적인 투자처를 찾고 있는 전 세계에 미끼를 던져주었다. 이로써 자본이 자본을 대상으로 행사하는 경쟁의 압력이 크게 증가되었다. 늘어난 절대적 잉여가치 생산(노동시간은 1970년대 이후로 꾸준히 늘기만 했고, 이제는 취약한 '제로시간' 노동[6]의 이용 증대로도 이어진다)과 늘어난 상대적 잉여가치 생산(기계는 곧 우리 모두를 정리해고 시킬 것이다) 양자를 통해 완성된 축적의 새롭고 사악한 라운드는 거의 영구적인 경제위기에도 불구하고 이

---

6) 노동시간을 정하지 않고 고용주가 원하는 시간에만 일하는 고용 계약. — 옮긴이

제는 신자유주의라는 형태로 자본주의에 다시 생기를 부여했다(Harvey, 2010).

하지만 거의 영구적인 경제위기는 간단하게 넘길 문제가 아니다. 위기는 이 과정에서 없어서는 안 되는 핵심적인 부분이다. 자본주의는 영구적인 과잉축적의 위기를 안고 있다. 여기에는 대대적인 실현과 흡수 과정이 들어 있다. 하비(Harvey, 2014)의 주장처럼 자본주의의 성장은 복률적 성장이어야 하며, 실제로도 그렇다. 역사적인 성장률(전 세계적으로 약 2.2%)이 지속될 경우 자본주의 경제의 규모는 30년마다 두 배가 된다. 레이건-대처 시대의 전성기였던 1985년과 비교했을 때 오늘날에는 자본가치가 약 두 배로 실현되어야 하고, 자본가치의 약 두 배가 생산적인 투자처를 찾아야 하는 것이다. 그리고 다시 2040년이 되면 지금의 약 두 배가 생산적인 출구를 찾아야 할 것이다.

2. 복률의 자본주의적 파괴: 추상공간과 노숙탄압의 지속

이 사실과의 관계에서 기억해야 할 첫 번째 사항은 자본주의 축적의 일반 법칙은 결코 작동을 멈추지 않는다는 사실이다. 이 법칙에 따르면 한쪽에서 자본이 성장하면, 다른 한쪽에서 갈수록 많은 사람들이 궁핍해진다. 이는 자본주의적 과정의 논리적이며 역사적 결과다. 자본축적은 빈곤을 양산할 수밖에 없다(Marx, 1987). 이렇게 양산된 빈곤의 일부는 항상 영구적이든 잠재적이든 산업예비군의 몫이었다. 자본의 유기적 구성의 증가는 우리 모두가 경험하고 있는 '기술혁명'의 목적이자, 이 기술혁명에 의해 가속화된다. 그러나 이 구성이 증가하면서, 점점 더 많은 사람이 간단하게 일자리를 잃게 된다. 자본축적은 필연적으로 실업과 빈곤, 노숙을 양산한다. 케인즈 시대에는 주택정책, 일자리 창출 정책, 교육·복지·보건 정책을 통해 이를 (해결하지는 못해도) 완화시켰지만, 이제는 더 이상 그렇게 하지도 못한다.

그 결과 필수적이고 필연적으로 증가하는 자본주의 축적의 부산물이 도시의 거리를 어지럽히고, 판자촌이나 텐트촌을 짓거나 버려진 건물을 무단 점거함으로써 거처를 확보하려 하고, 생계를 위해 암시장에 뛰어들고, 모퉁이 가게나 버려진 학교 운동장을 어슬렁거리며 하루를 탕진하거나 분노를 참지 못하고 도시 중심가를 점거함에 따라, 대대적인 관리의 문제가 나타나게 되었다. 이를 관리하는 한 가지 해법은 강경한 치안활동이다. 노숙금지법, 반사회행위 훈령, 정지-몸수색, 금지 구역 설정, 무단점거 금지 법률과 정책, 케틀링(kettling)[7] 등은 모두는 나름의 근거를 가진다. 긴축의 시대에는 사회주택, 보편교육(전에는 산업예비군의 일부를 잡아두는 중요한 장소였다), 임금지원 같은 방법들은 그림의 떡으로 보이게 되었기 때문에(최소한 자본주의적 정치계급들에게는), 한 가지 더 떠올릴 수 있는 관리상의 해법은 자선 영역에 의지해 위대한 자본주의의 목구멍이 게워낸 것들을 원조하게 만드는 것이다[데이비드 캐머런(David Cameron)의 '큰 사회'. 아버지 조지 허버트 워커 부시(George H. W. Bush)의 '천개의 등불'].

자본주의의 필연적인 복률 성장에서 기억해야 할 두 번째 사항은 그렇게 새로 만들어진 잉여자본은 모두 대부분 어딘가로 흘러들어간다는 점이다. 자본의 유기적 구성의 증가는 사람들만 해고시키지 않는다. 이는 투자된 자본의 수익률(총량은 아니더라도) 역시 감소시킨다. 그러므로 수익률을 늘리려는 경쟁 압력은 자본이 새로운 투자 영역을 찾아내야 함을 의미한다. 이 때문에 특히 실현의 문제, 즉 생산된 상품을 모두 판매하는 문제가 결코 줄어들지 않으면서, 상품 시장과 생산 시스템은 악명을 떨칠 정도로 변동성이 높아진다. 생산에 대한 투자와 같은 맥락에서 유통에 대한 투자는 순식간에 그 빛을

7) 경찰력을 동원해서 대규모 시위 저지선을 형성하고 시위대를 제한된 공간으로 유도해 통제하는 전략. ― 옮긴이

잃게 될 수 있다. 하지만 건조환경의 이야기는 이와 다를 수 있다. 우선 자본과 자본주의는 '대체로 적합한' 경관(Harvey, 1982의 표현에 따르면)을 필요로 하는데, 자본주의적 생산과 순환, 축적의 논리와 입지가 변하게 되면 이 적합성도 변한다. 어떤 자본이 순환하려면 다른 자본은 장소에 고정되어야 하고, 따라서 새로운 건조환경이 항상 생산되어야 한다. 돈을 벌 기회는 넘친다. 돈은 지대라는 군침 도는 가능성을 통해 벌 수 있을 뿐만 아니라, (직관과는 반대일 수도 있지만) 어쩌면 특히 건조환경에 고정된 자본의 상대적으로 느린 회전 시간은 도시경관을 매력적인 투자처로 만들어준다.

하지만 이 모든 이야기는 모순적이다. 동결된 자본, 즉 장소에 고정된 자본이 순환과 축적을 위해 절대적으로 필요하지만, 이는 또한 위험한 자본이하다. 생산상의 필요는 변동할 수 있고 실제로 변동하며, 교통과 통신 혁신은 경관마저 쓸모없게 만들어버린다. 허리케인과 지진이 타격을 입히기도 하고, 전쟁이 개시될 수도 있다. 경관이 파괴되면 이와 함께 거기에 투자된 모든 것이 날아간다. 파괴는 투자 철회의 일차적인 수단이다. 하지만 유한한 세상에서, 스미스(Smith, 1990)가 상세하게 밝힌 바와 같이 자본의 절대적인 지리적 팽창이 더 이상 불가능한 세상에서, 이제는 불균등 발전이 자본의 순환과 축적에 기본이 되는 세상에서, 이런 파괴는 이 동학을 가동하는 데 필요한 일부이기도 하다. 자본의 파괴는 자본축적을 유지하는 데 필수적이다. 복률의 자본주의적 성장은 복률의 자본주의적 파괴를, 또 다른 축적의 라운드를 위한 발판을 준비하는 파괴를 수반한다. 물론 이런 동학은 스미스의 젠트리피케이션 이론의 토대에 자리하고 있으며, 스미스의 젠트리피케이션 이론 자체는 그의 불균등 발전 이론과 뗄 수 없는 관계다. 지대 격차는 여기서는 기만적일 정도로 소극적인 '투자 철회'라는 이름으로, 특정한 장소에서 나타나는 복률의 자본주의적 파괴를 현상적으로 보여주는 한 형태다.

투자 철회, 지대 격차와 같은 복률의 자본주의적 파괴는 절박할 때 꺼내드는 타개책이 아니라, 그보다는 완전히 그리고 불가피하게 사회적인 것이다. 복률의 자본주의적 파괴는 삶 속에서 확인된다. 이는 네 가지 의미에서 그렇다. 첫째, 분명하게도 불도저의 뭉툭한 날 끝에서, 또는 집주인에게 자산이 털린 집에서 살아가는 사람들에게, 버려진 공장에서 고생하는 사람들에게, 모든 것을 초토화시키는 폭탄이 지나는 길 위에 있는 사람들에게, 잘 관리되지 못한 제방 때문에 홍수 피해를 입은 사람들에게 이는 사실이다. 아무리 많은 투자가 빠져나가고, 겉보기에 아무리 버려진 것 같아도 이런 곳들은 집의, 삶의, 추억의 경관이며, 사람들은 어쨌든 그 속에서 자신의 삶을 가꾸고 변화시키려고 애쓰면서 이런 경관을 지키려 할 것이다. 이는 루스 윌슨 길모어(Ruth Wilson Gilmore)가 밝힌 자본과 국가에 의한 조직된 폐기, 또는 계획된 가치절하를 표적으로 삼는 그런 도시경관에서 특히 그렇다(Gilmore, 2008). 하지만 그 안에서 이런 폐기는 아직 한 번도 완전히 실현되어본 적이 없다.

둘째, 자본은 분할되어 있다. 서로 다른 자본에는 서로 다른 사회적·경제적 필요, 욕망, 논리가 있다. 모든 자본이 완전한 이동성과 완전한 자유를 갖추고 있다고 생각하기 쉽지만, 단지 일부 자본만이 그만한 이동성을 가질 뿐이다. 장소에 뿌리를 내린 자본도 있다. 그 가치를 보존하고 그 잉여가치(또는 최소한 수익)를 파생시키는 그 능력의 보존을 위해서는, 그 주위에 있는 가치들을 파괴하는 것이 아니라 이들을 구축하고 지켜야 한다. 자본 분파들의 이해관계 속에서, 자산수탈형 주식형 펀드는 그들의 동네에 발을 붙이지 않을 것이라고 안심시킨다. 자본 간의 투쟁은 건조환경을 통한 자본순환의 동학에서 핵심적인 부분을 차지한다. 장소에 발이 묶인 자본은 상대적으로 안정적이라고 인지되거나 안정적이기를 희망하는 자본의 내부 투자를 추구하고, 따라서 이를 유도하기 위해 공짜 땅에서부터 세금 우대 조치, 국가의 재정이 뒷받침되는 정교한 기반시설 제공에 이르기까지 모든 종류의 유인책을 제시할 수도 있다. 이런 분파에는 이동성이 있는 자본은 엄청난 선망의 대상이며,

또한 실존적인 위협이다.

우리는 지역개발청이나 상공회의소 회의장에서, 또는 시장 집무실에서 최신 스타 건축가를 어떻게 끌어들여서 노후된 하수 시설을 보수할지를 떠올릴 때, 아니면 새롭게 젠트리피케이션을 겪은 멋들어진 창고를 보러온 지역주민, 관광객, 자유로운 자본을 겁주며 돌아다니는 노숙자들이 갈수록 늘어만 가는 것을 어떻게 관리할지를 놓고 고심할 때, 이와 유사한 것들을 마주칠 수 있다. 왜냐하면 셋째, 지역의 자본 분파에 대한, 따라서 지역경제와 지역의 삶에 대한 위협은 실존적이기만 한 것도, 사회의 특정 분파들에 한정된 것도 아니기 때문이다. 그보다 이러한 위협은 한 편에 쪼그리고 있다가, 세금 수입에서 그 위력을 나타내기도 한다. 신자유주의 혁명을 통해 고소득자와 재산이 많은 사람, 그리고 특히 기업에 대한 세금이 축소되면서, 지역사회는 판매세와 부동산세에 어느 때보다 더 의지하게 되었다.

이 두 가지 종류의 세금은 모두 도시경관의 '성공'에, 즉 도시경관의 폐기보다는 개발이나 재개발에 좌우된다. 부동산세의 경우 특히 의존도가 높은데, 이는 부동산 가치가 관계적이기 때문에, 즉 전반적인 지대면(rent surface)의 함수이기 때문이기도 하지만, 최소한 미국 도시들에서 선택된 개발 수단들이 점점 더 조세담보금융(tax-increment financing)에[8] 의존하게 되었기 때문이다. 조세담보금융을 시행할 경우, 내부 투자 조건을 조성하려는 예비적 사회기반시설에 대한 공공 투자의 최종 지불액은 부동산의 총가치가 아니라, 재개발 전에 우세했던 가치에서 증가한 부분이다. 도시의 세수는 건조환경에서 꾸준히 증가하는 교환가치에 좌우된다. 교환가치의 이런 증가를 위협하는 모든 것은 맞서야 할 대상이다.

넷째, 어쩌면 이제 상당히 분명한 것으로, 투자와 투자 철회의 동학, 건조

---

8) 지방정부가 도시의 개발 또는 재개발에 필요한 재원을 해당 지역에서 발생할 미래의 세금 수입, 특히 부동산관련 보유세 수입을 기초로 충당하는 방법. — 옮긴이

환경 내와 이를 통한 자본순환의 동학은 다면적인 투쟁이라는 점이다. 이는 추상공간(즉, 통약 가능하거나 교환 가능하게 만들어진 공간)을 어떻게 생산할 것인가를 둘러싼 투쟁이다. 추상공간은 추상노동과 유사하다(Lefebvre, 1991). 노동은 유용해지려면 크게 차별화되어야 하지만, 구매 가능하려면 통약 가능해야 한다. 추상노동에 대한 마르크스(Marx, 1987)의 범주는 우리가 차이와 통약 가능성 간의 변증법을 이해하는 데 도움을 주고, 차별화된 노동이 어떤 종류의 사회적 투쟁과 과정을 통해 어떻게 교환 가능하게 되는지, 그리고 우리는 X만큼의 잡역부 노동이 Y만큼의 건설 노동이나 Z만큼의 기술직 노동과 동일하다는 것을 어떻게 알아낼지에 관심을 가지도록 유도한다.

추상공간에 대한 르페브르(Lefebvre, 1991)의 범주도 동일한 기능을 수행한다. 두 경우 모두 이는 구체적 추상화인데, 말하자면 이들은 단순히 개념이 아니라 실제적인 물질적 기초를 묘사한다. 건조환경은 가치를 보유하고 있는데, 그 가치가 무엇인지는 그 가치가 다른 건조환경의 가치와의 관계에서 얼마나 실현되는지에 따라 달라진다. 추상공간을 둘러싼 투쟁은 결코 추상적이지 않다. 이 투쟁이 정확히 어떻게 전개될지, 즉 공간이 어떻게 추상화되고 가치가 어떻게 실현될지(아니면 실현되지 않을지)는 결코 장담할 수도, 미리 알아낼 수도 없다. 투쟁은 틀림없이 전개될 것이고, 누군가는 분명히 이길 것이다. 그렇지 않으면 자본의 꾸준한 축적을 완전히 위협하지 못하고, 가치를 적당히 매기고 실현시키는 일종의 타협과 정전이 자리를 잡게 될 것이다(Mitchell, Forthcoming).

그러면 이제 우리는 어째서 도시의 계급적인 재정복이 앙갚음과 함께 등장하게 되었는지를 이해할 수 있다. 이는 어떤 계급에 속한 어떤 사람들(사실 여기에는 주택을 소유한 노동계급과 중산층이 포함될 수도 있다)이 도시를 합법적으로 자신들의 것이라고 생각하게 되었기 때문일 뿐만 아니라(이를 무시해서는 안 되지만), 도시가 구체적인 측면과 추상적인 측면 양자 모두[즉 추상공간의 (구체적) 추상화]에서 이들의 것이기 때문이다. 이들은 부동산에 투자를 함으로써 투자에 대한 소유권을 획득했고, 따라서 자신들의 투자금과 부동산이 보유한 가치를, 그리고 시간이 지나면서 실현될 것이라 기대했던 가치를 보호하기 위해 해야 하는 일을 할 것이다. 이들은 다른 자본 분파의 반대에 직면한다. 또는 반대까지는 아니더라도, 적절한 환경이 제공되지 않으면 이러한 다른 분파는 더 좋은 미개발지로 날아가 버릴 수 있기 때문에 분명 눈치를 보게 될 것이다. 자본의 파업은 매일 같이 벌어지는 일이고, 노동자와 산업에 비군뿐 아니라 자본 분파마저 위협하는 중단 없는 위협 요소다.

이제 우리는 앞의 두 가지 질문에 대한 해답을 얻었다. 노숙은 어째서 끈질기게 지속되는가? 자본축적의 정상적인 작동의 일부로 빈곤이 필연적으로 생산되고, 케인즈주의의 특징이었던 여러 종류의 개선 조치들이 도려내졌기 때문이다. 동시에 도시는 자본축적의 핵심 현장이기 때문에, '가장 높게 그리고 가장 좋게 활용'되지 못하는 건조환경들은 파괴하거나 재건축되거나 수용되어야 한다. 지대는 상승해야만 하고 사람들은 퇴거당해야만 한다. 그리고 어째서 노숙금지법들이 지속적으로 해법으로 제시되는가? 눈에 보이는 노숙은 꾸준한 축적에, 추상공간의 생산과정에 위협 요소이기 때문이다. 자선 또는 돌봄은 노숙 인구를 관리하는 데 일익을 담당하지만(Cloke et al., 2010), 자선행위에 의존하는 것으로는 불충분하다. 노숙금지법은 (국가를 통해 조직된) 계급전략이지만 (개인의 취향에 좌우되는) 자선은 최소한 이런 의미에서는 계급전략이 아니다. 노숙자를 '쫓고, 쫓고, 또 쫓는 것', 이들이 확실히 '떠나도록' 애쓰는 것은 사회적이고 정치경제적으로 해석할 수 있는 의미를 만들기 시작한다.

3. 노숙의 영속과 노숙금지의 한계?

하지만 우리는 아직 세 번째 질문에 대답하지 못했다. 어째서 법무부는 '쫓고, 쫓고, 쫓는' 전략을 저지하기 위해 지금 개입하게 되었는가?

이에 대한 답은 매우 간단하다. 노숙금지법이 효과가 없기 때문이다. 집단학살이라도 하지 않는 한 노숙자들을 '그냥 떠나게' 할 수는 없다. 사방에서 이들을 쫓는 것은 국지적인 효과 이상을 기대하지 못 한다. 자본주의적 축적의 일반법칙은 노숙을 끊임없이 양산하고 노숙자들을 끊임없이 토해낸다. 최소한 미국에서는 계급전략으로서 노숙을 범죄화하는 것이 이미 분명한 한계를 드러냈다. 30년간 다양한 형태로 시행되어온 노숙금지법은 미국 도시 경관의 점점 더 많은 부분을 뒤덮게 되었지만, 노숙의 부담을, 또는 노숙자들이 일으킨다고 인지되는 위협을 줄이는 데는 아무런 역할을 하지 못했다. 하지만 스미스(Smith, 2008)가 신자유주의를 지배적이긴 하지만 죽었다고 천명한 것과 마찬가지로, 노숙금지법은 지배적이긴 하지만 죽은 것과 다름없다.

실제로 노숙금지는 확산 중이다. 유럽노숙연합(FEANTSA)은 최근 바르셀로나에서 부다페스트에 이르기까지, 그리고 폴란드에서 벨기에에 이르기까지 유럽 전역의 가혹한 노숙정책의 확산을 상세하게 밝혔다(Jones, 2013). 유럽에서는 긴축의 공습이 이미 죽었거나 죽은 것과 마찬가지인 신자유주의적 프로젝트를 완성하려고 안간힘을 쓰면서 노숙자들에 대한 악랄한 법적 공격이 미국에서처럼 점점 무르익고 있다. 이유는 동일하다. 유럽에서도 경관은 자본축적의 주요 현장이 되었고, 위기에 노출되어 있긴 하지만 지금도 여전히 그렇기 때문이다. FEANTSA는 범죄화 공세의 무익함을 상세히 설명하고 있다. 금융자본 계급 분파에 완전히 의지하고 있는 오바마 정부의 법무부 역시 그 무익함과 비용을 확신하고 있는 것 같다. 보이시 시의 많은 법원 서류에는 다른 개입 양식도 아닌 범죄화와 관련된 불필요한 비용이 들어간다. 법무부가 관심을 갖는 것은 노숙자들의 권리가 아니라 이런 작업이 지방정부와 국가에 가하는 재정적인 부담이다.

도시권을 바탕으로 한 헝가리의 인상적인 노숙자 정치조직의 이름을 빌려서 표현하자면, 법무부는 '모두를 위한 도시(City for All)'를 만드는 데는 아무런 관심이 없다. 이 단체를 조직한 사람 가운데 한명인 발린트 미세틱스(Balint Misetics)에 따르면 모두를 위한 도시는 "근본적으로 거대한 기숙사형 쉼터와 길거리 사회사업, 그리고 겨울철의 추가적인 긴급 대책들로 구성되는 정부의 지배적인 공공정책 대응(이 모든 대책은 사실 미국 법무부가 법률기록물에서 홍보하고 있는 것이다)처럼, 노숙에 대한 그릇되고 피상적인 해법들을 맹렬히 비판"하는 한편, "노숙의 근원적인 원인인 빈곤과 사회적 불평등, 부담 가능 주택의 부족, 집행 가능한 주택권의 부재, 광범위한 사회적 주택시스템의 부족, 또는 이미 존재하는 얼마 안 되는 공공주택의 활용 미비 등을 강조한다"(Misetics, 2013: 216). 이를 좀 더 적극적으로 해석하면, 모두를 위한 도시는 오늘날 도시와 정치경제를 지배하고 있는 계급권력에 맞서기 위한 노력의 일환으로 계급조직화에 착수한다.

반면 자본축적의 과정이 필연적으로 노숙을 양산할 수밖에 없음에도, 법무부는 계급권력을 보호하고 축적을 보장할 수 있는 새로운 방법을 찾고 있다. 하지만 그렇게 함으로써, 즉 노숙자의 도시권을 어쩌면 별 생각 없이 지지하고 이들이 도시에서 지낼 권리를 옹호함으로써 죽은 신자유주의에 난 균열에 지렛대를 밀어 넣었는지도 모른다. 우리는 이제 이에 의존해서 죽은 신자유주의적 자본주의를 옆으로 밀쳐놓고 그 자리에 어떤 다른 것이 자라도록 할 수 있을 것이다. 미국 법무부가 별 생각 없이 벌이고 있는 일은 바로 이런 것이다.

참고문헌

Cloke, P., J. May and S. Johnsen. 2010. *Swept Up Lives? Re-Envisioning the Homeless City.* Wiley-Blackwell.

Deutsche, R. 1996. *Evictions: Art and Spatial Politics.* MIT Press.

Gilmore, R. W. 2008. "Forgotten Places and the Seeds of Grassroots Planning." in C. Hale(ed.). *Engaging Contradictions: Theory, Politics, and Method of Activist Scholarship.* Global Area and International Archive, pp. 31~61.

Hall, S. 1979. "The Great Moving Right Show." *Marxism Today*, January, pp. 14~20.

Harrison, B. and B. Bluestone. 1988. *The Great U-Turn: Corporate Restructuring and the Polarizing of America.* New York.

Harvey, D. 1982. *The Limits to Capital.* University of Chicago Press.

_____. 2005. *A Brief History of Neoliberalism.* Oxford University Press.

_____. 2010. *The Enigma of Capital and the Crises of Capitalism.* Oxford University Press.

_____. 2014. *Seventeen Contradictions and the End of Capitalism.* Oxford University Press.

Hoch, C. and R. Slayton. 1989. *New Homeless and Old: Community and the Skid Row Hotel.* Temple University Press.

Jones, S.(ed.). 2013. *Mean Streets: A Report on the Criminalization of Homelessness in Europe.* FEANTSA.

Lefebvre, H. 1991. *The Production of Space.* D. Nicholson-Smith(trans.). Blackwell.

Mann, G. 2013. *Disassembly Required: A Field Guide to Actually Existing Capitalism.* AK Press.

Marx, K. 1987. *Capital*(Vol. 1). International Publishers.

Misetics, B. 2013. "The City is For All from the 'Human Rights-Based' Perspective." in S. Jones(ed.). *Mean Streets: A Report of the Criminalization of Homelessness in Europe.* FEANTSA, pp. 211~219.

Mitchell, D. 2011. "Homelessness, American Style." *Urban Geography*, 32, pp. 932~956.

_____. Forthcoming. "People's Park Again: On the Ongoing History of the End of Public Space." *Environment and Planning A*(doi:10.1068/a140435p).

Mitchell, D., K. Attoh and L. Staeheli. 2015. "Whose City? What Politics? Contentious and Non-Contentious Spaces on Colorado's Front Range." *Urban Studies*, 52, pp. 2633~2648.

Smith, N. 1990. *Uneven Development: Nature, Capital and the Production of Space*(2nd ed.). Blackwell.

_____. 1996. *The New Urban Frontier: Gentrification and the Revanchist City*. Routledge.

_____. 2002. "New Globalism, New Urbanism: Gentrification and Global urban Strategy." *Antipode*, 34, pp. 443~457.

_____. 2008. "Comment: Neoliberalism: Dominant but Dead." *Focaal: European Journal of Anthropology*, 51, pp. 155~157.

Tier, R. 1998. "Restoring Order in Urban Public Spaces." *Texas Review of Law and Politics*, 2, pp. 256~291.

Bellefonte, G. 2015.8.25 "Rudolph Giuliani's Outrage on Homelessness, and Richard Gere's." *New York Times*.

Flagenheimer, M, N. Stewart and M. Navarro. 2015.9.2. "After Playing Down a Homeless Crisis, Mayor De Blasio Changes His Tune." *New York Times*.

Nir, S. 2015.8.26. "San Francisco Firefighters Become Unintended Safety Net for the Homeless." *New York Times*.

서울, 희망의 도시를 향하여:
박원순 서울시장과 데이비드 하비 교수의 대담

일시 | 2016년 6월 24일 오후 1시~ 2시 30분

장소 | 서울 글로벌센터 국제회의장

진행 | 최병두(대구대학교 지리교육과)

편집자의 말

박원순 서울시장과 데이비드 하비 교수 간에 진행된 이 대담에서는 두 대담자의 발언 시간을 제한하지 않고 자유롭게 대담하도록 요청했으며, 또한 진행자가 두 분의 대담에 가능한 한 개입하지 않기로 했기 때문에 두 대담자의 발언이 다소 길게 이어졌다. 전체적으로 발언의 횟수는 많지 않았지만, 두 대담자는 어느 정도 충분하게 자신의 의견을 개진했을 뿐 아니라 상호교감을 통해 진지한 대담을 나눈 것으로 평가할 수 있다. 이 글은 대담 과정을 녹취한 후 되도록 원문을 살리면서 어색한 구어체 문장을 부분적으로 수정하고 적절하게 문단을 나눈 것이다. 하비 교수의 발언은 원문과 번역문을 함께 게재했으며, 추가 설명이 필요한 경우는 [ ] 속에 서술했다.

최병두 며칠 전 출판사 창비에서 개최했던 여러 행사를 통해 하비 교수님에 대해 소개했고, 또 이곳에 모이신 청중들께서는 두 분에 대해 이미 많이 알고 계시기 때문에 두 분의 직접적인 인사 말씀이나 소개는 생략하도록 하겠습니다. 시간이 촉박한 관계로 이 대담이 가지는 취지만 간단하게 말씀드리겠습니다. 사실 오늘 컨퍼런스는 저희 한국공간환경학회와 서울연구원이 공동으로 진행했던 책 프로젝트를 발표하는 자리입니다. 이 프로젝트의 주제는 '위기의 도시에서 희망의 도시로'의 전환이며, 저희는 나름대로 열심히 준비한 논문들을 이 자리에서 발표하려고 합니다.

이 컨퍼런스를 준비하는 과정에서, 마침 하비 교수님이 창비의 50주년 창립 기념 학술대회에 참여한다는 이야기를 듣고 저희들이 이 자리에 모시게 되었습니다. 하비 교수님은 우리 한국 사람들에게 아주 잘 알려져 있고, 또한 한국의 도시공간 정책에도 많은 관심을 가지고 있습니다. 다시 말씀드리면, 하비 교수님은 물론 세계적으로 굉장히 저명한 이론가이시지만 또한 실천적으로 그것을 어떻게 풀어낼 수 있느냐, 즉 실천적 정책에 나름대로의 이론적 개입이 의미 있는 것으로 생각을 하십니다. 이 점은 한국의 경우에도 그대로 적용될 것이고, 실천적 정책의 구체적 사례들을 통해 자신의 이론이나 개념들을 재확인할 수 있을 것으로 생각합니다.

박원순 시장님도 여러분이 다 잘 아시는 것처럼 우리 한국에서는 가장 진보적인 시장님이시고, 시민단체 조직을 담당하셨던 활동가 출신이십니다. 그동안 사회 조직 활동을 통해 쌓아온 자신의 경험을 현재 서울시장으로서 시정에 원용하시고자 하는 실천적 행정가라고 생각합니다. 행정가의 입장에서 봤을 때 자신의 실천적 활동이 제대로 되고 있는가, 어디에 위치지어질 수 있는가, 또 다른 한편으로 실천적 활동가의 입장에서 자신의 행정 활동이 어떤 의미를 가지는가, 앞으로 나아갈 방향은 어디인가, 이런 의문들에 대해 자기 확인을 하고 싶을 것이라고 생각합니다. 이를 위해 좀 더 이론적인 조언이 필요하다고 생각합니다.

최병두 데이비드 하비 교수님은 이미 세계적인 명성을 가지고 계시지만, 사실 박원순 시장님도 작년에 영국의 《가디언(The Guardian)》에서 세계 5대 거대도시의 주도적인 시장님 중에 한 분으로 꼽힐 정도로 이제는 세계적인 인물이 되셨다고 생각합니다. 이렇게 한편으로 전 세계적인 이론가 데이비드 하비 교수님과 또 다른 한편으로 세계적 인물로 부상하고 있는 박원순 서울시장님과의 대담은 사실 세계적이고 역사적인 의의를 가진다고 생각합니다. 이러한 의의를 가지는 대담을 통해, 두 분께서는 각자의 입장에서 서로가 서로를 위해 해주시고자 하는 말씀을 나누는 자리가 되기를 바랍니다.

오늘 두 분의 대담에서 이론과 실천을 매개할 수 있는 고리는 '희망'이라고 저는 생각합니다. 사실 하비 교수님은 『희망의 공간』이라는 책을 쓰셔서, 저희에게 오늘 컨퍼런스의 주제인 희망의 도시에 관한 중요한 지침을 제공해 주셨습니다. 또한 박원순 시장님은 다 아시겠지만, 희망제작소를 만드셔서 우리 사회, 우리 도시에 희망을 주기 위한 실천을 직접 제안하고 수행하셨습니다. 우리는 오늘 대담에서 '이론과 실천을 매개하는 고리가 희망이다'라고 생각하며, 두 분이 바로 우리의 희망이십니다. 오늘 이 자리가 아무쪼록 우리의 희망, 도시의 희망을 만들어나가기 위해 함께 하는 자리가 되기를 간절히 바랍니다.

그럼 우선 서울연구원의 조권중 박사님의 서울 시정에 관한 간략한 설명을 듣고 두 분의 대담을 진행하도록 하겠습니다(15분 정도 이에 관한 발표가 진행되었음).

* * *

최병두 예, 조 박사님 서울 시정에 관한 압축적 발표 감사드립니다. 시간이 많지 않아서 발표를 급하게 끝내도록 한 것 같아 죄송합니다. 어떤 특정 정책들은 구체적인 내용들을 담고 있는데, 박원순 시장님의 그동안 서울 시정을 위한 정책들은 사실 한두 가지 단어, 예를 들어 '포용도시'나 '공유도시' 같은 어떤 압축적 용어로 표현하거나 개념화하기 어려운 면도 있다고 하겠습니다. 이런 경우 개별 정책들이 가지는 의미를 몇 가지 구체적 사례로 발표하고 그 의의를 논의하는 것도 의미 있는 브리핑이 되지 않았을까라는 생각도 해봅니다.

최병두 어쨌든 박 시장님의 정책들은 대부분 과거 어떤 시장들의 정책들보다도 훨씬 더 진보적이었고, 적극적이었고, 희망적이었습니다. 그것은 시민 사회를 조직한 활동을 통해서 경험한 바를 현실에 반영하기 위한 노력의 결과이고, 또한 앞으로 희망의 도시를 향해 나아가려는 변화라고 생각합니다. 어쨌든 조금 전에 발표한 정책들의 내용에 바탕을 두고 대담이 진행되길 바랍니다. 사실 두 분과 함께 오늘 컨퍼런스의 발표자들이 점심식사를 같이 하면서 나눈 말씀들이 있습니다. 이 주제들도 오늘 대담의 주요한 주제가 될 것 같습니다. 이제 이런 주제들을 중심으로, '서울, 희망의 도시를 향하여' 나아갈 방향과 실천 과제들에 관해, 두 분께서 직접 동시통역을 통해서 대담을 하는 시간을 가지도록 하겠습니다.

두 분 앞으로 나와 주십시오. 다시 한 번 말씀 드립니다. 제가 두 분에 대한 소개는 더 이상 따로 하지 않겠습니다. 그냥 자유롭게, 우선 어느 분부터 먼저 말씀하실지 모르겠습니다마는…… 그러면 먼저 박 시장님께서 인사 말씀부터 하시겠습니까?

박원순 여러분 정말 반갑습니다. 이렇게 청중이 가득 찬 회의는 제가 근래 보기 참 힘들었는데요, 이렇게 어려운 주제에 여러분, 왜 오셨습니까? 이렇게 뒷줄에 가득 앉아서 계시고, 이렇게 앞에도 앉아 계신 청중 여러분이 그야말로 서울시의 수준, 서울시민의 수준을 보여주는 게 아닌가, 그렇게 생각되어서 굉장히 기쁩니다. 오늘 데이비드 하비 교수님하고 제가 대담을 한다고

| 박원순 서울시장과 데이비드 하비 교수 대담 모습, 서울시 언론담당관 제공

그래서, 우리 직원들이 책을 이렇게 많이 사다줬는데요. 보니까 이게 전부 한국어로 번역이 되어 있더라고요. 교수님, 돈 좀 버셨나요? (청중 웃음) 저도 책을 한 40권 정도 썼는데요, 저는 늘 초판 클럽 멤버라서 저의 책은 초판밖에 안 팔렸습니다. 그런데 오늘 이렇게 청중이 많은 것을 보면, 아마도 교수님 책을 읽은 독자들이 많기 때문이 아닌가라는 생각이 되는데요, 아무튼 이렇게 와주신 여러분 정말 감사드리고, 또 하비 교수님 이렇게 서울을 방문해주시고 오늘 이런 좋은 기회를 주셔서 감사드립니다.

박원순 오늘날 흔히 '도시의 시대'라는 말을 합니다. 지금 현재 인류의 약 50% 정도가 이미 도시에 살고 있고요. 여러분도 잘 아시는 것처럼 중국의 경우는 날 새고 나면, 도시가 하나 생길 정도로 도시화가 빠른 속도로 진행되고 있다고 합니다. 도시화의 속도가 과거에는 상상도 할 수 없었을 정도로 빠르다고 하겠는데요, 많은 학자가 2030년이 되면 아마 60% 정도의 인구가 도시에 살지 않을까 예측하고 있습니다. 그만큼 도시의 중요성이 커진다고 하겠죠.

박원순 제가 지난번 파리에서 열린 신기후체제 협상에 참여했는데요, 과거에는 사실 도시의 시장들은 아무런 중요한 역할을 하지 못했죠. 그런데 지난번 경우는 달랐습니다. 'Compact of Mayors'라고 하는 '시장들의 협약'이 굉장히 강조가 되었습니다. 그 회의에 UN 사무총장, 프랑수아 올랑드(Francois Hollande) 프랑스 대통령까지 참석했고, 그래서 실제 정부가, 중앙정부가 큰 틀에 관한 어떤 가이드라인을 만들지만, '그것을 실행하는 건, implementation은 역시 도시다'라는 점을 반영하는 게 아닌가 싶었습니다. 하비 교수님도 도시에 대해 굉장히 관심이 많으신 걸로 제가 알고 있고요. 그래서 이런 도시화의 시대, 도시의 어떤 중요성, 도시의 역할, 또 시장의 역할, 뭐 이런 것에 대해서, 조금 말씀을 해주시면 좋겠습니다.

데이비드 하비 제가 여기에 있다는 것, 그리고 당신과 말할 기회를 가진다는 것, 제가 평생 가지지 못했고 앞으로도 가지지 못할 그런 정치적 권력을 가진 누군가와 대담을 할 수 있다는 것은 분명 제게 대단한 특권입니다. 물론 이런 정치적 권력을 한 번도 가지지 못하는 것은, 사람에게 모든 종류의 것에 대해서 공상에 잠길 자유를 주지만, 사실 모두 불가능한 것입니다. 오늘 그 특권을 많이 누리고 있습니다.

> Surely, it's a great privilege for me to be here and to have this opportunity to talk with you, but also to be in a conversation with somebody who has the kind of political power that I have never, ever had. Of course, never having the political power liberates one to fantasize about all sorts of things, which are clearly impossible. And I've enjoyed that privilege a lot.

그러나 제가 생각하기에는, 저는 이 질문들을 '사회 권력에는 두 가지 논리가 있다'라는 말로 요약하고 싶습니다. 하나는 영토에 기초하고 있는 권력의 논리입니다. 국가와 지방정부, 그리고 심지어 '폐쇄적 지역사회'와 같은 더욱 작은 실체들이 이러한 영토적 논리의 권력을 행사합니다. 또 다른 권력의 논리는 제가 근본적으로 자본에 부여하는 것인데, 이것은 화폐와 상품들의 움직임이며, 더 많은 상품을 생산함으로써 더 많은 화폐를 끊임없이 추구합니다. 이러한 두 논리는 교차하는데, 여기서 저는 언제나 『국부론』에서의 애덤 스미스(Adam Smith)의 다음과 같은 정식화로 되돌아갑니다. 통치자는 늘 영토의 권력에 관심을 갖게 됩니다. 그런데 국가를 더욱 부자로 만드는 가장 좋은 방법은 국경 내에서 경제활동과 자본주의적 권력의 논리를 자유롭게 하는 것입니다. 그러면 국가는 부유하게 될 것입니다. 애덤 스미스는 또한 국가의 역할에 대해서 — 보수주의자들이 많이들 간과하는 말이지만 — 다음과 같은 말도 했습니다. 정치인들은 부와 권력을 그들이 원하는 방향으로 이용할 수 있는 위치에 있고, 거기에는 사회의 주요 분야에 부를 재분배하거나, 공공재 등 공공성을 추구하는 일도 있고, 또 전쟁을 일으키거나 하는 다른 명청한 일을 할 수도 있다는 것이죠.

> But, in my own thinking, I tend to simplify these questions into saying there are two logics of power in society. One is the logic of power which is based in territory. The state, and municipal governments, and even smaller entities like gated communities exercise that kind of territorial logic of power. There's another logic of power which I essentially attribute to capital, which is a movement of money and commodities, perpetually seeking more money through the production of more commodities. Now these two logics intersect and I always go back to Adam Smith's formulation of the Wealth of Nations when he pointed out that, to statesmen who were concerned of the territorial logic of power, now the best way that you could get your state to become rich was to liberate economic activity and the capitalist logic of power within the borders. And that way the state would become, very wealthy. Adam Smith did go on to say, which most conservatives forget, that the states would then be in a position to use that wealth and power whatever way they wanted including the necessary redistribution of that wealth to significant sectors in the population, and the pursuit of public works, and the public good, or of course the statesmen could use it to go to war and do other completely stupid things.

데이비드 하비 권력의 이러한 두 논리는 상호의존적이며, 저는 지방자치의 차원에서 이것이 뚜렷하게 나타난다고 생각합니다. 문화행사를 위한 공간을 만들거나, 공공 공간에 투자를 하거나, 시민들에게 이로움을 가져다주는 등의 일을 수행할 수 있도록 어떤 종류의 부와 권력을 가지기 위해서 당신은 자본주의적 권력의 논리와 협상을 해야 합니다. 자본주의적 권력의 논리는 국가로 하여금, 말하자면 일정 수준 자본주의의 필요와 요구에 부합하도록 요구합니다. 제가 지금껏 만나본 모든 시장님은 이런 말씀을 하시더군요. "나는 자본을 통해 수입을 얻어내서 사람들에게 좋은 일을 하는 것이 중요하다는 점을 이해합니다." 그러나 그들은 항상 그런 식의 말을 하지만, 그들이 항상 그런 일을 실행하지는 않습니다. 왜냐하면, 자본가들은 더 많은 도움, 더 많은 재정 지원, 심지어 더 많은 것을 요구하기 때문이죠. 결국 그래서 이 과정을 통해 생산된 잉여들을 공공의 이익을 위해 이용할 능력은 점점 더 먼 미래로 계속 지연되는 것입니다.

So, the two logics of power are dependent upon each other, and I think we see this very clearly at the municipal level that in order to have the kind of wealth and power to be able to do things like, you know, create spaces for cultural events, invest in public spaces, bring benefits to the citizenry, and the like, you have to negotiate with the capitalist logic of power. Now the capitalist logic of power requires that states be, let's say, compliant to some degree with their needs and their requirements. So, every mayor I've ever met said, "Well, I can see something to capital in order to get the revenues to do something good for people." They always say that, they don't always do that because sometimes the capitalists demand even more help, even more subsidies, even more, so that, the ability to utilize the surpluses that are produced through this process in the public benefit gets delayed well and well into the future.

지금 저는 이것이 서울의 사례라고 말하는 것은 아니지만, 제가 보기에는 아무래도 그 어떤 도시의 그 어떤 시장도 이러한 민감한 위치에 있다고 생각합니다. 마르크스주의자로서 제가 말씀을 드리자면, 당신은 '모순의 중심'

에 있다고 할 수 있죠. 그리고 이 모순은, 당신이 절대로 무너뜨릴 수가 없는 것입니다. 그러므로 당신은 모순의 한 측면에서 참살이(well-being)를 창출해 낼 수 있을 만큼 그 모순의 나머지 한 측면도 잘 다루는 방법을 찾아내야 합니다. 그리고 방금 서울시에 대해 들은 것들로 보건대, 서울시에서는 부와 권력을 재분배하려는 진정한 노력을 하고 있는 것 같습니다. 공공투자를 통해서나 보조금이나 사회보장 프로그램 같은 것을 통해 시민들에게 직접 재분배하려는 그런 노력 말입니다.

> Now I'm not saying this is the case in Seoul, but it seems to me that any mayor of any city is in this delicate kind of position, or me being a Marxist though I'd say, you sit at the center of a contradiction. And that contradiction is, you can't abolish it. You therefore have to figure out a way to manage that contradiction such that you do enough on one side to be able to create well-being on the other side. And I see from the kinds of things that you've just heard about the city of Seoul that there are genuine efforts being made to redistribute wealth and power either in kind, through public investments, or directly to populations in terms of assistance and social security programs, and the like.

데이비드 하비｜ 제가 여기 서울에서 무슨 일이 일어나고 있는지에 대해 많은 말을 할 입장은 물론 아니지만, 그럼에도 몇 가지 언급하고자 하는 다소 일반적인 몇 가지 사항을 관찰했습니다. 하나는 방금 발표에서 자본이 한 번도 언급되지 않았다는 점입니다. 저는 이것이 매우 흥미롭다고 생각하는데, 자본이 바로 권력의 중심이기 때문입니다. 어쩌면 현재 많은 어려움과 문제를 겪고 있는 그러한 권력의 중심에 자본이 위치하고 있을 것입니다.

> Now I'm not in a position of course to say very much about exactly what has happened here in Seoul, but I do have some very general observations of it I'd want to make. One observation I would make about the presentation we just had was that, capital was never mentioned. I find this very interesting because that's the center of the power, and in some ways, the center of power which currently is experiencing a lot of difficulties and a lot of problems.

데이비드 하비 제가 지적하고 싶은 문제는, 자본의 순환이 새로운 이익을 창출할 적절한 투자 기회를 규정하는 데 큰 어려움을 겪고 있다는 것입니다. 여기에는 유의미한 두 가지 측면이 있다고 봅니다. 마르크스는 일찍이 『자본론』에서 이 점을 지적했습니다. 당신이 만약 생산된 상품을 가지고 있는데 아무도 이것을 원하지 않고, 필요로 하지 않고, 욕망하지 않는다면, 이 상품은 아무 쓸모도 없는 것이 됩니다. 사실 자본이라는 건 욕구, 필요, 욕망을 배양하는 데 엄청난 의미를 두고 있다는 것입니다. 자본의 역사는 항상 이에 대한 것이었고, 긍정적 함의와 부정적 함의를 둘 다 가지고 있습니다. 새로운 욕구, 필요, 욕망은 어쩌면 인간에게 축복, 즉 인간의 역량과 권력의 향상을 위해 만들어지는 것이라고 하겠습니다.

> And the problem to me is that the circulation of capital has a great deal of difficulty in defining adequate investment opportunities to try to create new profits. And there are two aspects to this that I think are very significant. Marx pointed out very early on in Capital that if you have a commodity that is produced but nobody wants, needs, nor desires it, then it is not worth anything. Therefore, the fact is that the cultivation of wants, needs, and desires is very much what capital is about. And the history of capital has been about that, and this has both positive and negative connotations. New wants, needs, and desires are created which in some respect (is) complimentary to human, the advancements of human capacities and powers.

우리는 예를 들어 더 좋은 교육, 문화, 자연의 존중 등을 위한 욕구, 필요, 욕망에 투자하고 이들을 창출할 수 있겠죠. 역시, 이러한 노력이 서울시에서도 일어나고 있다는 것을 보았습니다. 하지만 이런 욕구, 필요, 욕망의 배양은 또한 자본의 흡수와 같은 것을 유도할 수 있는데, 저는 이것을 현대 도시화의 무분별한 측면들이라고 부르고 싶습니다. 현대 도시화의 이러한 무분별한 측면들에는 모든 종류의 메가 프로젝트들의 추구, 즉각적인 소비에 대한 특정한 종류의 이벤트들의 추구, 그리고 스펙터클에 대한 추구 등이 포함되겠죠. 예를 들면 월드컵, 올림픽, 비엔날레, 이런 것들입니다. 재빠르게 순환하는 모든 것을 열거할 수 있을 겁니다.

> We can for example invest and create a want, need, and desire for better
> education, for culture, for appreciation of nature, and the like. And again, I
> see some initiatives of that sort going on in this city. But the cultivation of
> wants, needs, and desires can also lead to kind of, the absorption of capital,
> to what I would call the insane aspects of contemporary urbanization. And
> these insane aspects of contemporary urbanization include the pursuit of
> mega projects of all kinds, the pursuit of certain kinds of events which are
> about instantaneous consumption, that is, the pursuit of spectacle. So you
> know World Cups, Olympic Games, Biennales, you name it, everything
> that is kind of turning very fast.

데이비드 하비 그리고 동시에 도시적 삶의 구조화는 욕구, 필요, 욕망이 필수
적인 것들이 되는 그런 방식으로 이루어집니다. 살기 위해서 당신이 자동차
를 필요로 하는 것처럼 말입니다. 도대체 어떻게 자동차 없이 산다는 말입니
까? 자, 그런데 뭐 아시다시피, 저는 인류가 지구 상에 나타난 이래로 자동차
에 대한 비밀스러운 욕망을 가지고 있었다고 생각하지는 않습니다. 인류가
교외 주택을 소유하려는 비밀스러운 욕망을 가졌다고 믿지 않습니다. 저는
현대의 도시적 삶을 영위하기 위해서 인류가 다수의 이러한 것들에 대한 비
밀스러운 욕망을 가지고 있었다고 믿지 않습니다.

> And at the same time the structuring of urban life in such a way that wants,
> needs, and desires become necessities, that you have, in order to live, you
> need an automobile. How can you live without an automobile? Now I don't
> believe that humanity since, you know, its presence on this Earth has had a
> secret desire for an automobile. And I don't believe it had a secret desire for
> a suburban house. I don't believe it has had a secret desire for many of
> those things which we have to have in order to live contemporary urban
> life.

어제 제가 참석했던 한 회의에서 논의되었던 흥미로운 말이 있는데, 에
드워드 톰슨(E. P. Thompson)이 '욕망의 배양'에서 이를 언급한 바 있습니다.
제가 보기에는 오늘날 도시적 삶의 질에 대한 불만이 팽배해 있다고 생각합

니다. 고민이 엄청나게 많은데, 이것은 도시적 삶의 양이 아니라 질에 대한 것입니다. 그러므로 우리는 이 주제에 훨씬 더 관심을 기울일 필요가 있습니다. 그리고 이건 일자리 문제에서도 마찬가지입니다. 일자리가 있다고 할지라도 그 일자리의 대부분은 이미 무의미한 것이거나, 일자리를 가진 사람들에게 무의미한 것으로 보일 수 있습니다. 그러니까 만약 당신이 의미 있는 삶을 살고자 한다면, 일자리의 속성이나 질이나 일상적인 삶의 질은 욕망의 배양이라는 측면에서 핵심적 주제가 되는 것입니다. 도시화에 이로운 방향으로 말입니다. 그리고 저는 지속가능성, 포용, 기타 등등의 이런 문제들에 대한 기술 관료적 접근이 우리의 도시 경험에 바탕을 두고 우리가 진정으로 원하는 것이 무엇인지에 대해 생각할 수 있는 대안적인 세계, 나에게는 대안적 세계로 보이는 것을 지배하는 경향이 있는 건 아닐까 걱정합니다.

Now there's an interesting phrase which we discussed yesterday at one of the meetings I had, which is what E. P. Thompson talked about on 'the cultivation of desire'. And it seems to me that right now there is a lot of discontent with the qualities of urban life. There's a great deal of distress, not at the quantity, but at the qualities of urban life. And that therefore we need to pay much more attention to this issue. And the same is true of jobs. Even when the jobs are available, none of the jobs are meaningless, or seem to be meaningless to the people holding them. So if you wish to have a meaningful life, then it seems to me that both the nature of the jobs, and the quality of the jobs, and the quality of daily life becomes a central issue in terms of the cultivation of desire, in such a way as to make for, beneficial for urbanization. And I sometimes fear that the sort of technocratic approach to these questions of sustainability and inclusion and so on tends to dominate what seems to me to be an alternative world of thinking about what it is that we really want, from our urban experience.

데이비드 하비 | 제가 지적하고 싶은 두 번째 측면은 바로 이것입니다. 도시 생활에서 여러 형태로 일어나는 불화는, 사실 욕구, 필요, 욕망을 제가 의미 있다고 생각하는 방식으로 반영하려는 충동을 실제로 나타내지 않는다는 것입

니다. 그것은 우리가 자본이라고 부르는 거짓 사회의 욕구, 필요, 욕망을 대변하고 있습니다. 자본은 확장해야 합니다. 자본은 성장해야 합니다. 성장에 대한 당위성은 정말 단순한 이유에서 중심적입니다. 자본가들은 이익을 추구합니다. 그런데 모두가 이익을 낸다면 하루의 시작에 비해 하루의 끝에 훨씬 더 많이 가지게 되고, 더 많이 흡수가 됩니다. 그리고 날이 갈수록, 우리는 자본의 이러한 복률적 성장이 회피할 수가 없는 장해물에 부딪히는 것을 많이 보게 됩니다. 그리고 자본이 스스로의 잉여를 이용하는 방법 가운데 하나는 도시생활을 획기적으로 바꾸는 것입니다. 제가 강조하고 싶은 것이, 지금 세계에서 일어나고 있는 일은, 그리고 제가 어디서든 볼 수 있는 상황은, 우리가 자본을 위해 도시를 건설하고 있다는 점입니다. 사람들이 살기 위한 도시가 아니라 자본을 투자하기 위한 도시들을 만들고 있다는 것입니다. 그리고 이것은 다시금, 인구가 어떻게 욕구, 필요, 욕망을 형성하는지에 영향을 미친다고 봅니다.

The second thing I would point out is this. That, in many ways the disruptions which are occurring to urban life, do not really represent any drive to meet wants, needs, and desires in what I would call a meaningful way. They really represent the wants, needs, and desires of that factional society that we call capital. Capital needs to expand. It needs to grow. The growth imperative is absolutely central for a very simple reason. The capitalists seek profit. If all of them make profit it means there is more at the end of the day then there was at the beginning of the day, and that more has to be absorbed. And increasingly we are seeing this compound growth of capital, running into barriers that it cannot circumvent. And one of the ways in which capital actually utilizes its surpluses is through a radical transformation of urban life. I'd like to point out that, in many ways, what is happening around the world, and I see it everywhere to some degree, is that we're building cities for capital to invest in, not cities for people to live in. And that, it seems to me, to again affect how populations structure their wants, needs, and desires.

데이비드 하비 다시 말해 미래에 무언가를 물려주기 위해서는, 우리는 안정된 투자 방식을 필요로 합니다. 주식시장은 더 이상 적합하지 않습니다. 다른 것들이 가능하겠습니까? 요즘 사람들이 믿기 시작하는 것은, 부동산을 소유하는 것이 부를 유지하고 다음 세대에게 물려주는 가장 좋은 방법이라는 것입니다. 다시 말해 사회보장은 더 이상 정부에 의해서 보증되지 않습니다. 우리가 보다시피 그것은 시종일관 위협 아래 있기 때문입니다. 사회보장은 점점 더 개인행동에 의해서 보장되는데, 부동산 소유가 저축의 수단이 되고, 부를 이전하는 수단이 됩니다. 이것은 또한 부수적으로 돈을 세탁하거나 온갖 불법적 방법들로 이익을 획득하는 수단이 되고 있습니다.

> In other words, in order to hand on something to the future, we need a secure form of investment. The stock market is not any good anymore. What kinds of other things are there? One thing people begin to believe is that having property is actually one of the best ways in which you can preserve wealth and hand it on to the next generation. In other words, social security is no longer guaranteed by governments because we see that it's consistently under threat. It's more and more guaranteed by individual action in which property ownership becomes a means of saving, and a means of transfers of wealth. It is also incidentally becoming a means of laundering money and gaining advantages in all sorts of illicit ways.

데이비드 하비 이러한 상황에서, 우리가 볼 수 있는 것은 투자의 흐름이 전 세계에 존재하는, 소위 말해 IMF가 '유동성의 잉여'라고 부르는 것을 흡수하는 방식으로 도시화로 흘러들어가고 있다는 것입니다. 자본의 잉여는 어디로 가야할지 모릅니다. 어쩌면 우리가 해야만 하는 것은 아마도 광적인 메가프로젝트에 종사하는 것일 수도 있습니다. 어쩌면 우리가 해야만 하는 것은 새로운 주택, 아파트단지 그리고 그와 유사한 것들이 건설되도록 매우 열심히 밀어붙이는 것일 수 있습니다. 현재 제가 세계 어느 곳을 가든 부담 가능한 주택(affordable housing)의 위기가 거의 모든 곳에서 존재하는데, 동시에 고소득 스타일의 주택이라고 부를 수 있는 건축 호황이 존재하는 정말로 경이적 상황에 처했습니다. 이러한 대비는 우리가 뉴욕 시에서 매우 강하게 느낄 수 있는 것입니다. 이와 같은 거대한 건물들이 있고, 그 건물들의 다수에

| 데이비드 하비 교수
자료: 서울시 언론담당관 제공

는 사람이 살지 않고 있습니다. 그것들은 단순히 투자의 대상일 뿐입니다. 자신들의 돈을 일시적으로 보관할 수 있는 안전한 장소를 찾고 있는 세계 곳곳의 사람들이 투자한 것입니다. 대중들이 부담 가능한 주택의 부족으로 위기에 빠진 와중에 이런 텅 빈 건물들이 존재합니다. 이것이 바로 제가 무분별한 도시화라고 부르는 것입니다.

With that, what we see is a flow of investment, pouring into urbanization in such a way as to absorb what the International Monetary Fund calls the Surplus of Liquidity that exists around the world. The surpluses of capital don't know where to go. Well, maybe what we should do is engage in a crazy mega project. Maybe what we should do is to try to push very hard for the construction of new housing, apartment blocks, and the like. Now we have the really phenomenal situation of a crisis of affordable housing almost everywhere I go in the world, but the same time there are building booms, what might be called upper income style housing, and this contrast, is something which in New York City we feel very strongly. There's these huge buildings. A lot of the buildings are not lived in. They're just invested in. Invested in by people from all around the world looking for a secure place to park their money. So you have all of these empty buildings in the midst of a crisis of affordable housing for the mass of the population. This is what I call insane urbanization.

데이비드 하비 그런 측면에서, 문제의 그런 측면에서 보자면…… 예를 들어 뉴욕 시의 시장은 이런 상황에서 어떻게 해야 할까요? 이것은 시장의 잘못이 아니고, 그들이 공모한 것도 아닙니다. 그냥 일어나는 일입니다. 실제 통제되어야 하고, 사실상 뒤로 밀어내야 할 일이지요. 마지막으로 제가 하고 싶은 말을……

> As a the tendency to that, on that focuses to the problem…… to what degree can a mayor in this case of let's say New York City actually deal with that situation? It is not something that's of the mayor's fault, it's not something that they'd complicit in, it is something that is going on, which needs, actually, to be controlled, it needs, in effect, to be pushed backwards. One final point I would make, that's this……

최병두 죄송합니다만……

데이비드 하비 마지막으로 한 가지만 말씀 드리고 싶습니다. 바로……

> One final point I would like to make, that's this……

최병두 이번이 마지막 말씀입니까? 알겠습니다.

데이비드 하비 네. 시장은 개인으로서 통치를 할 수 없습니다. 시장은 오직 대중의 지지, 대중적 지지의 동원, 그리고 대중적 지지의 교육을 통해서만 통치를 할 수 있습니다. 도시가 어떤 의미를 지녀야 하는지, 그리고 어떻게 운영이 되어야 하는지에 대한 것들. 그것이 바로, 시장이 대안적 미래의 가능성에 대한 위대한 스승, 위대한 사상가, 위대한 계시자가 되는 지점이지요.

> Ok. A mayor cannot govern as an individual. A mayor can only govern with popular support, and I think the mobilization of popular support, and the education of that popular support, around what it is that a city should be about and how it should work. That becomes as it were... the point where the mayor can become the great teacher, the great thinker, the great revealer of what the possibilities are in the alternative future.

최병두ㅣ 예 고맙습니다. 제가 두 분의 말씀을 어떻게 요약해드려야 할지 모르겠습니다. 제가 시간이 없어서 1분만 쓰겠는데요, 왜냐하면 사실은 하비 교수님이 처음 시작부터 지금까지 굉장히 이론적인 말씀을 하셨기 때문입니다. 권력의 논리에는 두 가지가 있고, '그 논리는 영토적 논리와 자본의 논리다'라고 말씀을 하셨는데 이 이야기는 『신제국주의』라는 책에서 두 가지 논리가 모순적이고 국가적인 차원에서 국제적으로 확장되고 나가는 제국주의를 설명하는 논리였습니다. 이 이야기를 도시에 직접 적용을 할 거라고 저는 전혀 생각을 못했는데…… 그런 면에서 말씀을 잘해주셨고, 이에 따라 도시에서 실제 잉여가치를 실현해나가는 자본의 논리에 의해 작동되는 과정에 대해서 몇 가지 경계해야 될 부분들, 특히 현대 자본주의의 'insane aspects(무분별한 측면들)'에 대해 말씀해주셨습니다. 이 부분은 아마 서울시나 오늘날 현대 거대도시들이 당면하고 있는 문제점이지 않을까라는 생각을 합니다. 이런 점에서 박 시장님의 말씀을 이어서 듣도록 하겠습니다.

박원순ㅣ 예.

최병두ㅣ 그런데 잠깐만요. 네, 두 분 말씀은 오늘 대담을 하기 위한 것입니다. 그래서 한 분당 한 3분 정도만 얘기를 해주셨으면 합니다. 죄송합니다.

박원순ㅣ 아니, 하비 교수님은 이미 20분을 쓰셨는데(청중 웃음).

최병두ㅣ 예, 그러면……

박원순ㅣ 교수님은 역시 교수님이시니까 강의를 하시고, 저는 또 시장이니까 시장으로서 이런저런 여러 가지 구체적인 현실에 대한 이야기를 드리고 싶고

요. 그럼에도 하비 교수님, 저는 어젯밤에 이 책을 다는 못 읽었고요, 열심히 읽어보면서 굉장히 큰 영감 같은 걸 많이 받았습니다. 말하자면, 우리는 늘 이렇게 하나의 도시에서 발생하는 현실적 문제에 갇혀서 많은 고민을 하는데요, 이에 비해서 하비 교수님 같이 어떤 큰 시대의 흐름을 놓고, 또 세계적 차원의 구조를 생각해보시는 것을 우리가 정말 배워야 된다, 또 가슴에 새겨야 된다, 그런 생각을 했습니다.

박원순 좀 전에 말씀하신 그 'territorial power(영토적 권력)'를 저희들이 가지고 있죠. 그렇지만 또 말씀하신 'capital power(자본의 권력)'를 우리가 물론 부분적으로는, 특히 그 'capital(자본)'을 규제하는 힘이 부분적으로는 있지만…… 이 capital power라는 게 워낙 거대하니까…… 예컨대 다국적 기업들은 워낙 크고 또 글로벌한 차원에서 움직여지는 힘이니까, 사실 거기에 비하면 우리가 가진 힘의 한계가, 예컨대 공공기관으로서 서울시가 가진 힘의 한계가 있는 것도 사실입니다. 물론 부분적으로, 예를 들어 지난번에 슈퍼마켓의 영업시간을 우리가 규제한다든지, 이런 것들이 우리가 행사한 대표적인 권한이라고 볼 수 있는데요. 또한 문제는 자본의 힘이 워낙 거대할 뿐만 아니라, 이를 규제하는 힘이 대부분 중앙정부에 속해 있기 때문에, 도시의 입장에서 보면 여러 가지 힘의 한계를 갖고 있는 걸 제가 많이 발견을 하게 되었습니다.

박원순 예를 들어서, 지금 주택 임대료가 굉장히 오르고 있고 그래서 도시 전체에 젠트리피케이션이 일어나고 있는데…… 제가 생각할 때 해결하는 딱 하나의 방법은, 가장 파워풀한 방법은, 임대료 상한선을, 임대료 요율 상한선을 정하는 겁니다. 뉴욕 시가 지금 그렇게 하고 있는데…… 시장이 제한할 수 있는 그런 권한을 가지고 있지만, 우리 도시의 경우는 그게 없다는 것이고요. 그리고 또 좀 전에 말씀하신 바에 의하면 'insane urbanization(무분별한 도시화)'라는 표현을 쓰셨잖아요? 그러니까 이 도시화나 도시의 재개발이 정말 정상적이지 않은 상태, 뭐 저는 이런 걸 피부로 느끼고 있는데, 말하자면 지금까지는 서울에 중요한 도시 구역들을 아예 통째로 썰어버리고 완전히 전면 철거형의 도시재개발을 해왔죠. 제가 취임해서 보니까 서울 전역에 이런 식으로 진행된 1000여 개의 뉴타운 도시재개발 지역이 있더라고요. 이미 상당 정도 진행되었거나, 벌써 완성된 데도 있고, 상당한 정도로 포기된 데도 있고, 또 새로 시작하는 데도 있고. 여러 가지 방식이 있었는데…… 아마 그 결과물은, 어디 계시죠? 『아파트 공화국』을 쓰신 교수님, 네, 발레리[Valerie Gelezeau] 교수님. 아마 여기에 쓰인 게 아닐까라는 생각이 듭니다.

그래서 가능하면 그 도시의 어떤 인문적·역사적·자연적 요소를 살리면서 재개발이 자연스럽게 되는 게 중요하다고 하겠지요. 그런데 말씀하신 그 자본의 힘이라는 것은 너무나 막대해서, 말하자면 사실 이런 도시재개발의 이익을 기본적으로는 그 거대 건설자본이 가지는 것이고, 그다음에는 그곳의 집주인들이 거기에 버금가는 정도의 이익을 유지할 수는 있겠죠. 예컨대 같은 평수의 아파트를 가지게 된다든지, 그렇게는 할 수 있지만…… 사실 상당한 숫자인데요, 거의 절반 내지는 다수를 차지하고 있는 집주인이 아닌, 월세 사는 임차인들은 갈 곳이 없게 되고 이 사람들은 점점 도시의 외곽이나 또는 더 형편없는 그런 주거로 옮겨갈 수밖에 없는 상황이죠.

박원순 그런데 제가 발견한 것은요, 이런 과정에 대한민국의 법률 체제가 바로 이런 무지막지한 야만적인 개발을 합법화시켜주고 있다는 것입니다. 다시 말씀 드리면, 이 낙후된 지역의 재개발을 결정하는 것은 그 지역 주민들인데, 그 주민의 표, 숫자에는 소유권을 가진, 집을 가진 사람들만 계산되고, 이들에 의해 결정된다는 겁니다. 하지만 거기에 임차인들은 제외됩니다, 아무런 권한이 없다는 것이죠. 말하자면 저는 이런 시스템에 또 하나의 문제가 있다고 생각이 되고요.

이러한 자본의 탐욕이라는 것이, 사실 과도한 공공 토목 내지 개발사업을 지금까지 가져왔다고 생각합니다. 물론 그중에는 지속적인 발전을 위한 인프라의 투자가 없을 수는 없습니다. 도시를 유지해야 되니까. 여러분 잘 아시는 것처럼, 울리히 벡(Ulrich Beck) 같은 사람이 『위험사회』라는 책을 쓰면서, 말하자면 이런 산업화가 위기의 사회를 만들었다는 그런 지적을 하고 있지 않습니까? 그래서 이에 대한 대안으로 성찰적 근대화가 필요하다는 그런 결론인데.

말하자면 서울의 경우는 한국전쟁 이후에 완전한 폐허에서부터 지난 한 50년, 60년간 지속적으로 인프라에 투자해왔고 도시를 건설해왔기 때문에 성장을 했는데…… 지금 이 시간에는 이게 굉장히 노후화되고, 위기에 처한, 도시가 되었다고 할 수 있겠지요. 그래서 도시 인프라를 최신으로 유지하는 것이 한편으로는 필요하지만…… 그렇다고 여전히 도로를 건설하고 인프라를 만드는 것은, 그러니까 안전이나 최소한의 유지 차원을 넘어서서 계속 투자하는 것은 사실 그런 자본의 논리가 배경에 존재한다는 그런 게 아닌가 생각합니다. 이렇게 생각하다 보니까 그만큼 도시가 안게 되는 문제는, 아까 지적하신 어떤 삶의 질, 그러니까 삶의 'quantity(양)'가 아니라 'quality(질)'의 문제라고 할 수 있겠죠.

박원순 물론 이것은 서울시만의 문제가 아니라 대한민국 전체의 문제인데요, UNDP(유엔개발계획)의 어떤 보고서에 따르면, 지금 우리 삶의 질이 세계적으로 거의 80위대로 떨어졌다고 하지 않습니까? 그래서 시민들은 한편으로 삶의 질을 요구하고 좀 더 나은, 인간적인 삶을 요구하는 것이고, 다른 한편으로는 그렇게 되다 보니, 말하자면 그동안 우리 사회가 자살이라든지 범죄라든지 하는 이런 위험들, 그 외에도 수많은 어떤 시대적 과제들을 해결하지 못해왔던 것이 아닌가 이렇게 생각이 됩니다.

제가 이 말씀을 일단 정리하고 싶은데요, 지난 번 재선 때 제 상대가 여러분 잘 아시는 정몽준 후보였잖아요? 이분이 저를 이렇게 공격을 했습니다. "서울은 잠자는, 잠자고 있다. 내가 잠자는 서울을 깨우겠다." 이런 얘기를 한 것, 여러분 기억하시죠? 저는 사실 겁이 났어요. 왜냐하면, '어 내가 진짜 서울을 잠재웠나? 그동안 개발을 제대로 못했나?' 이런 생각을 하게 되었고요. 그런데 저희들이 빅데이터를 한번 돌려보니까 서울 시민들이 바라는 것은 그런 거대한 개발이 아니고, 예컨대, 도서관, 보육, 카페, 공원, 삶의 질, 이런 단어더라고요. 그래서 나름 자신 있게 선거를 했는데 역시 제가 압도적인 표 차로 이겼습니다. 그러니까 저는 서울 시민들이 오늘 이런 주제의 회의에도 이렇게 몰려들고 제가 그렇게 재선에서 이길 수 있었던 것도 말하자면 이런 시대적 변화와 요구를 정말 이해하고 계시기 때문인 게 아닌가라고 생각하고요. 물론 여전히 이런 거대한 개발에 대한 압력이나 탐욕의 힘이 적은 것은 아니라고 생각합니다. 그래서 만만히 볼 일은 아니지만 어쨌든 그런 변화는 분명 우리 사회에 있다, 이런 생각이 들고요.

박원순 제가 드리고 싶은 말씀은 많은데, 그래도 우리 하비 교수님한테 다시 마이크를 넘기고 싶습니다. 이제 우리 한국사회도 확실히 저성장의 기조로 안착되고 있는 것 같습니다. 말하자면 이제 3%대 성장률에서 곧 2%대 성장을 하는 시대로 들어오고 있습니다. 그러면 성장, 고도성장을 경험했던 세대가 이런 저성장을 겪게 되는데, 저성장의 시대에는 굉장한 불편함과 어려움으로 고통을 굉장히 많이 느끼게 될 텐데요, 그래서 이런 저성장의 시대를 우리가 경험하면서 동시에 삶의 질은 높여가는 방법, 물론 서울시는 예컨대 사회적 경제를 증진한다든지 또는 마을공동체를 추진해서, 말하자면 개인, 분산 고립화된 개인이 아니고 '함께 이런 문제를 해결해가자'라고 하는 이런 식의 여러 노력을 하고 있습니다마는, 전 세계를 이렇게 둘러보시면서, 저성장시대에 도시들이, 또 시장이 어떤 일을 해서 이런 모순되는 일을 함께 달성할 수 있는지에 대해서도 해답을 좀 주시면 좋겠습니다.

데이비드 하비 모든 나라에는 그…… 각 국가의 지방자치 거버넌스의 가능성은 아주 다르다고 생각합니다. 권력이라는 것의 근본적인 속성에 따라, 권력은 중앙정부와 지방정부로 나뉘어서 부여됩니다. 예를 들어 우루과이의 사회적 선도 활동을 매우 흥미롭게 본 적이 있습니다. 상당 정도 시민에 의해 직접 건설이 되고 또 설계가 되는 사회적 주거의 오랜 전통이 있었습니다. 이것은 바로, 시장(market) 외의 마을이나 공동체를 형성한 사례입니다. 이것은

I think in every country there are…… The level of municipal governance has very different possibilities. Given the nature, the way which powers are, the powers are divided between the national government and the local government. The social initiatives, I found extremely interesting in Uruguay for example. There has been a long tradition of social housing which is to some degree self-built by the people, self-built and designed. And what happens is this forms a neighbourhood or a community which is outside of the market. It is space outside of the market where certain stability and continuity can be guaranteed.

안정성과 지속성을 보장 받을 수 있는 시장(market) 밖의 공간입니다.

데이비드 하비 ┃ 지방정부 지원 장치와 이를 완수하는 사회운동 간에 어떤 종류든 결속이 이루어질 수 있는 메커니즘이 오랫동안, 늘 있었습니다. 이는 자본주의적 도시화에 의해 규정되어온 규범의 바깥에서 무언가를 건설하게 되죠. 그리고 이 방식으로 부담 가능한 주택이 생성될 뿐 아니라, 또한 여러분이 아시다시피 보호가 되어야 합니다. 왜냐하면 처음에 아무리 부담 가능한 주택으로 시작한다고 하더라도, 시장의 개입이 일어나면 부담 불가능한 주택이 되는 것은 시간문제이기 때문입니다.

> So there, there are, there has been, long been a mechanism in which some sort of coalition is set up between a supportive local state apparatus and a social movement that accomplishes, builds something outside of the norms being defined by capitalist urbanization. And this is one of the ways in which affordable housing can be, not only produced, that is I think you probably know, you to protect it. Because even if it's affordable housing when you start, if the market is there, it will soon turn it into non-affordable housing.

이런 방식으로 지방정부가 시장 주택이 아닌 그 자신의 주택을 분리시켜서 생산하고 창출하기 위해 지역사회에 땅과 전문 지식을 제공한 선도적 사례들이 있습니다. 저는 이것이 아주 흥미로운 실험이라고 생각합니다. 이러한 실험은 새로운 주택을 건설하는데 응용될 뿐만 아니라, 최근에는 몬테비데오[우루과이의 수도]의 중심지에 있는 낙후된 지역을 재생하는 데도 적용되고 있습니다.

> So, there are initiatives of this kind in which the local state helped find the land and provided the expertise to a community to largely divide, produce, and create its own housing which was not market housing. This, I found a very, very fascinating experiment. Not only did it apply to construction for the new housing, but it's now just recently being applied to the rehabilitation of decayed areas in the center of Montevideo.

데이비드 하비 이러한 선도적 활동들은 저나 당신이 삶의 질에 대해 던지는 질문들에 어느 정도 답이 된다고 생각합니다. 하지만 꼭 삶의 질이 아니더라도 도시에서 소외되지 않은 삶에 대한 답이 될 수도 있습니다. 사람들이 자신의 공간을 생산하고, 이에 충성심을 느끼는 정도와 수준 말입니다. 또한 이러한 공간의 지속성에 관심을 기울이고 오랫동안 그렇게 지속될 수 있도록 많은 관심을 가지게 하는 것 말입니다. 이것은 또한 정치적 결과를 낳는데, 아무래도 이러한 형태의 주거는 오랫동안 경험을 쌓아왔고, 또 군사독재 시절에는 이러한 공동체들의 구성원들은 반(反)민주주의적 형태의 정부에 대한 수호자들이었습니다. 그래서 제 생각에는, 방금 언급했듯이 이것은 하나의 사례입니다만, 바로 이런 것이 도시 정부와 사회운동이 협력하는 방식이라고 생각합니다. 도시 정부가 사회운동과 파트너십을 가지게 된다면, 정부는 사회운동의 구축을 지원하고 또한 동시에 사회운동은 대안적 형태의 도시화를 창출하는 데 목적을 둔 그 도시와 그 행정부를 지원할 것입니다.

Now, initiatives of this kind I think in part answer some of the questions which I think both you and I are posing about quality of life, but also about unalienated living in the city, that the degree or level people feel they produce their own space, they have a loyalty to it. And very concerned to maintain its continuity and go to great lengths to do so. This also tends to be, have political consequences because this form of housing has been around for some time and during the years of the military dictatorship these entities of communities were bastions of anti, the anti-democratic forms of governments. So I think there are, I just mentioned, this is one example, and I think those are the sorts of things that, if the city government moves into partnership with social movements then it supports the building of the social movement at the same time as it also supports the city and its administration that are in the aim of creating an alternative form of urbanization.

박원순 제가 하려는 이런 말이 잘 통역이 될지 모르겠네요. 시장(mayor)이, 시장(market) 외에 시장(market)을 만들어야 된다. 이런 말씀을 하신 거예요,

그렇죠? 네, 제가 재래시장에 가니까 아니 왜 시장님이 여기 웬일이냐고 물어요. 아니 시장(mayor)이 시장(market)에 왔는데, 뭐가 잘못되었냐, 제가 이런 농담을 해드렸습니다.

박원순 아주 굉장히 중요한 말씀이라고 생각이 되고요. 그래서 서울연구원도 사실 이 주택난을 해결하기 위해 연구하고 있고요. 사실 이미 제가 지난번 임기에 8만 호의 공공임대주택을 지었고, 이번[임기]에도 공공임대주택 8만 호를 짓고 있습니다. 그리고도 또 모자라서, 리츠(REITs) 방식으로 약 2만 호. 또 최근에는 청년주택을 위해서 약 4만 호 정도를 역세에 도시계획적 수단을 통해서 더 제공하겠다고 이런 발표를 제가 했었는데요. 공공기관으로서 서울시가 사실 엄청난 돈을 들여서 이렇게 시민들의 주택문제를 해결하는 것도 물론 중요하지만, 그 외에 저는 시민사회가, 아니면 시민들 스스로가 이런 공동체적 주택을 좀 더 지을 수 있도록 하는 것이 굉장히 중요하다고 생각합니다. 그야말로 방금 하비 교수님이 말씀하신 바와 같이, 말하자면 기존의 시장적 방법이 아닌 방식으로 주택을 마련하는 그런 방식이지요.

예를 들어서 이건 굉장히 작은 프로젝트지만, 장수마을[성북구 삼선동 장수마을]이라고 한양도성 주변에 작은 마을이 있습니다. 상당히 오래전 1950년 이후에 피난민들이 지은 주택들이지요. 산에 지어진 이 오래된 주택들이 낡아서 동네 목수라고 할 수 있는, 말하자면 작은 건설 또는 수선회사가, 사실은 사회활동가 출신인데요, 이 분들이 들어가서 그 허름한 주택들을 개선해내는 작업을 계속했고요. 그리고 거기에 하도 산꼭대기니까 도시가스가 안 들어갔는데, 지금은 서울시가 도시가스를 넣어드리고, 또 할머니 할아버지들이 편하게 다닐 수 있게 가드레일도 만들어 드리고, 이렇게 하면서 그 마을이 나름 재생된 사례가 있고요.

그다음으로, 최근 서울시는 '협동조합의 도시 서울'이라는 선언을 했는데, 그중에 주택협동조합이 많이 생기고 있습니다. 사람들이 지금까지는 인생의 문제를 개인적으로, 자기 인생에 닥치는 많은 문제를 분산적·고립적으로 해결하려고 노력했어요. 그럼 아이도 혼자 낳고 혼자 키우고 그다음에 교육도 혼자 시키고, 그 모든 삶의 어려움을 혼자서 다 해결하려 했지요. 그런데 만약에 20대 내지 30대 초반에, 여기 젊은 여성분도 계신데, 결혼을 하면 우리가 아이를 함께 공동으로 키울 주택을 하나 만들자고 조합을 구성할 수 있을 겁니다. 만약에 30명 내지 50명이 모이면 서울시가 돈을 빌려드리고 그러면 일정한 토지를 사서 건축을 하고, 그다음에는 거기에 국공립 어린이집을 하나 넣어드리는 거죠. 그렇게 되면, 아이들의 학습 공부방을 일일이 만들 필요가 없잖아요? 그냥 크게 하나 내지는 두 개를 만들고, 그리고 밥을 왜 저녁마다 따로 해먹습니까? 왜 그거 뭐라고 그러죠? 팟럭[Potluck, 각자 음식을 준비해 와서 나눠먹는 행사]이라고 하나요? 그렇게 하면 되잖아요. 그렇게 되면 건축의 비용을 훨씬 줄일 수가 있죠.

박원순 | 이런 방식으로 요즘 주택 사업이 벌어지고 있습니다. 바로 이걸 소행주'소통이 있는 행복한 주택의' 줄임말]라고 하는데, 벌써 아홉 개째 만들어지고 있죠. 말하자면 이런 것들을 저희가 지원을 한다든지, 또 서울 시유지를 임대해주고 거기서 집을 짓게 해준다든지. 이런 방금 말씀하신 시장 밖의 시장을 확대해가는 것, 이것이 바로 굉장히 중요한 실험이라고 생각하고요. 이런 것들을 지금 저희가 조금 더 체계적으로 많이 연구하고 실행할 수 있게, 그리고 이런 주택 회사가 한 20여 개가 되는데요, 이런 회사를 더욱 강화시키고 확대시켜가는 것이 중요한 게 아닌가 생각합니다.

그런데 서울에서는 사실 지금까지는 너무나 고도성장시대를 살아오면서 사람들이 누구나 투기하고 부동산으로 돈을 벌려고 하는, 주택을 살기 위한 것, 'to live in'이 아니고 'to earn', 돈을 버는 수단으로만 생각해왔죠. 그래서 서울에서 한 집에 사는 기간이 평균 3.5년입니다. 이렇게 되니까 사람들이 늘 옮겨 다니는 거예요. 이렇게 되니까 정주성이 없어지고, 이렇게 되다 보니까 마을공동체 사업을 하기가 굉장히 힘들어지는 거죠. 그래서 제가 지난 4년 동안 이 마을공동체 사업을 하고 여러 가지 노력을 하고 있는데, 크게 보면 이렇게 투기하고 부동산을 투기의 대상으로 보는 이 거대한 흐름이 사라지는 것이 정말로 중요하다고 하겠습니다.

박원순 그래서 부동산의 경기 부양책을 위해서 계속해서 사고팔고 하는 이런 현상은 줄어들어야 할 것입니다. 물론 이렇게 되면 취득세를 중심으로 하는 서울시의 재정은 아주 바닥을 칠 것입니다. 그래서 저는 지방 재정의 지원을 부동산의 취득세로 줄 게 아니고, 사실은 부가가치세, 소비세로 줘야 한다고 생각하고 있고요. 그래서 이건 아마 하비 교수님이 아시면 좋을 정보인데요, 지금 지방정부와 중앙정부의 세수의 비율이 2대 8입니다. 일은 실제 서울이나 지방이 많이 하면서, 재원은 중앙정부가 8을 가져가고 있습니다. 그래서 세수의 권한 문제는 물론이고, 지금 우리 시대 또 하나의 가장 중요한 과제는 자치와 분권이라는 것입니다. 사실은 새로운 시대에 시민들 가까이에서 이런 다양한 실험을 할 수 있는 재정과 권한을 중앙정부가 가지고 있지만 중앙정부는 지방의 변화를 잘 모르고 있기 때문에, 늘 시행착오가 거듭되는 상황이 오는 게 아닌가라고 생각합니다.

그래서 저는, 이게 한국의 특징만은 아닐 텐데요, 이런 질문을 드리고 싶습니다. 아마도 이런 현상은 저성장 사회라든지 어떤 공공성 대신에 자본의 탐욕이 지배하는 것이 국제적으로 많은 도시들의 현상일 텐데, 어떻게 우리가 힘을 합쳐서 이런 문제를 함께 해결할 수 있는가라는 질문입니다. 제가 어제 『자본의 17가지 모순』이라는 책을 보니까 이 얘기를 해놓으셨더라고요. 서문에, 우리에게는 자본이 어디 있는지 어디로 가고 있는지, 이와 관련해서 무슨 일을 해야 하는가를 고민할 수 있는 열린 장이 필요하다. 이를 테면 세계의회, 글로벌 어셈블리, 이런 게 필요하다고 하셨고요. 또 제가 좀 알고 있는 벤저민 바버(Benjamin Barber)라고 하는 교수님은 'Mayor's Congress(시장

| 박원순 서울시장과 데이비드 하비 교수의 대담을 경청하는 청중
자료: 서울시 언론담당관 제공

회의)' 같은 게 하나 필요하다고 해서 여러 가지 토론을 했던 적도 있는데, 아무튼 뭐 그런 것에 관한 아이디어가 어떠신지, 묻고 싶습니다.

최병두 실례하지만, 지금 저희가 10분밖에 없습니다. 죄송합니다.

데이비드 하비 저는 Mayor's Congress에 대해서는 다소 회의적입니다. 아무래도 바버 교수의 책에 많이 등장하는 시장들 중 하나가 뉴욕 시의 마이클 블룸버그 시장인데 그는 저의 큰 적이었죠(청중 웃음). 그러니까, 좋은 시장도 있고 나쁜 시장도 있는데, 들리는 바로 당신은 좋은 시장으로 분류가 되는 것 같습니다. 그러니…… 아, 이것은 그저 당신을 칭찬하기 위한 것은 아니고 제가 들은 바를 바탕으로 얘기하는 겁니다.

그래도 논의하고 싶은 주제가 많이 있습니다. 지금 떠오르는 한 가지는…… 서울은 평판이 아주 좋은 도시고, 제가 직접 경험한 바로 세계에서 가장 좋은 대중교통체계 가운데 하나를 보유하고 있다고 생각합니다. 하지만 여전히 자동차 문제가 있다고 봅니다. 자동차 문제는 어떻게 하실 것입니까?

I'm rather skeptical about the Mayor's Congress because one of the mayors that featured very heavily in professor Barber's book was Michael Blumberg of New York who was my big enemy. So, there are good mayors and there are bad mayors and I think for everything I hear you are in the good category, so... And I say that not just simply to flatter you, but from what I hear.
But there are many issues I think to discuss. One struck by…… Seoul has tremendously good reputation and from first hand experience I would support this, that you have one of the better public transportation systems in the world. But you still have a problem with the automobile. What are you going to do about the automobile?

박원순ㅣ 교수님이 지적해주신 것과 같이, 사실 서울은 대중교통이 외국의 어느 도시보다도 나은 편이긴 하죠. 그런데 아직도 부족합니다. 왜냐하면 지하철의 소외 지역이 아직도 많기 때문에, 그래서 이미 기존에 있는 아홉 개의 라인에다가 소외 지역을 연결해주는 그런 경전철 프로젝트도 저희들이 지금 추진을 하고 있고요. 그리고 말씀하신 자동차의 문제인데요, 그래서 제가 특히 사대문 안에는 그냥 자동차가 일체 못 들어오게 어느 날 새벽에 그냥 가로막아버릴까 이런 생각도 하는데요, 그러면 제가 다음 선거에서 떨어지겠죠. 그래서 그렇게 교수님만큼 혁명적인 생각은 못하고 그 대신 또 여러 가지 저희들이 패키지 정책을 갖고는 있습니다.

우선 대중교통 전용지구나 '차 없는 거리'를 계속 지속적으로 확대해가고 또 기존의 도로 중에도 '도로 다이어트'라든지 아니면 차선을 하나씩 줄여서 보행자들과 자전거에게 돌려주려고 합니다. 작년부터 저희들은 'public bike system(공공자전거 시스템)'을 도입해서 '따릉이'라고 하는 자전거를 시내에 2000대를 풀었는데, 금년 안에는 2만 대로 늘리고자 합니다. 그리고 서울역

고가를 중심으로 해서, 거기는 본래 자동차 전용도로였는데 그걸 금지하고 지금은 사람만 다니는 도로로 만들고 있습니다. 그다음에 남북축으로 세운 상가에 2층 데크를 깔아서 보행로를 만들고, 종로에 중앙차로제를 강화하면서 차선을 하나씩 없애버리려고 생각 중입니다. 이렇게 되면, 자동차는 들어와서 그냥 너무나 힘들게 되는 거죠. 그리고 불법주차는 과감하게 'tow back(견인)'하고요. ……

박원순 네, 뭐 이걸 단계적으로 하면 아마 사람들이 불만을 가지겠지만, 오랜 시간을 두고 조금씩 바꾸어나간다면 아마도 눈치 못 채고도 이런 것들을 만들어갈 수 있지 않을까 생각합니다. 사실은 여러분 여기 광화문도 주말마다 막는 것 아시죠? 그래서 이걸 계속 시행하다 보면, 사람이 안 다니는 찻길보다는 사람이 다니는 길이 얼마나 좋은가를 알 수 있을 텐데요. 이걸 지금 계속 익숙하게 만들어가는 과정이라고 보는데요. 아무튼 이런 걸 통해서 서울을 확실하게 보행 친화 도시로 만들고자 하는 그런 정책은 가지고 있습니다.

최병두 네, 정말 죄송합니다만 지금 5분밖에 안 남아있는데 혹시 3분 정도만 말씀해주실 수 있습니까? 마지막 한 마디 정도?

데이비드 하비 결론을 말하는 게 어려울 것 같습니다. 하지만 제가 강조하고 싶은 것들 중의 하나는, 아시다시피 당신의 도시가 무엇을 할 수 있는지에 대해 이야기하는 것이 중요하다는 것입니다. 하지만 또한 더 좋은 도시적 삶의 문제를 어떻게 동원하고 그리고 어떻게 추구하는지 결정하는 것은 당신에게 달려 있습니다. 만약 당신이 수동적이라면 의심의 여지도 없이 자본이 이길 것입니다. 만약 당신이 적극적이라면, 아시다시피 가능합니다. 그리고 저는 무정부주의자가 아니라서, 국가가 무의미하다고 보지 않습니다. 사회운동에 있어 국가는 아주 강력한 조력자가 될 수 있다고 생각합니다. 그리고 당신의 도시가 어떠한가의 문제는 당신과 분리될 수도 있지만 또한 당신에게 많이 달려 있게 됩니다. 그리고 저는 이러한 협력이 반드시 필요하다고 봅니다.

> It'd be difficult to come to a conclusion. But one of the things I would want to emphasize is that, you know, it's important to talk about what the city can do but it's also up to you to decide how to mobilize and how to pursue the question of better urban life. If you are passive then capital wins, hands down. If you are active, then it, you know, it is possible. And I'm not an anarchist, and I don't believe that state is irrelevant. I believe that the state can be a very strong partner to the social movements. And the question of what your city is, is going to depend, much on you, as it does apart you. And I think that to that partnership is what is really required.

데이비드 하비 전체적으로 좌파는, 제 생각에는 동시대의 중요한 문제 가운데 하나로 일상생활의 정치에 긴밀한 관심을 기울어야 된다고 봅니다. 좌파는 종종 노동 현장의 문제들을 우선시합니다. 저는 이것이 매우 중요하다고 생각하고, 저는 이것이 중요하지 않다고 말하려는 것이 아닙니다. 그렇지만 제가 말씀드리고 싶은 것은, 생활공간에 대한 문제들도 역시나 중요하다는 것입니다. 그리고 통제를 벗어난 자본을 다시 통제하기 위해서는, 동맹이 만들어져야 하는데, 왜냐하면 자본은 오늘날 무분별하게 행동하고 있고, 우리를 그렇게 몰아가고 있기 때문입니다. 그리고 저는 이러한 이유에서 반(反)자본주의자입니다. 그리고 저는 분별 있는 사람이라면 누구나 반자본주의자여야 한다고 생각합니다. 저는 당신도 그러기를 권유하겠지만, 아시다시피 그건 당장 내일 혁명을 일으켜야 한다는 말은 아닙니다. 이는 점진적 전환을 말하는 것입니다. 시간이 오래 걸리는 일이며, 욕망에 대한 교육도 그러한 예입니다. 그리고 저는 이렇게 오랜 기간에 걸친 과정이 진정한 혁명이자 전환이라고 생각합니다. 하지만 그게 위에서부터 내려오지는 않을 것입니다. 당신이 아무리 선한 [국가] 지도자를 뒀다고 해도, 그 전환은 [지자체의 장인] 당신에게서 시작되어야 합니다.

And I think the left in general has to, I think pay very close attention to the politics of daily life as being one of the crucial questions of their time. The left has often prioritized problems in the workplace. I think those are very important and I'm not going to say that I don't think they are important. But what I'm going to say is, that the problems of the living space are just as important. And that alliances have to be built to try to control an out-of-control capital, because it's, capital, it's going insane in these times, and driving us along with it, and I'm an anti-capitalist for that reason. And I think that any sane person should be anti-capitalist. So I would encourage you to that, but obviously that just doesn't mean, you know, making a revolution tomorrow, it means gradual transformations. The education of desire for example which takes a long time, and I think those kinds of long growing out processes are what revolutions, transformations are about. But it's not going to come from above. No matter how benevolent a leader you may have it's going to be, it's going to have to come from you.

최병두 | 예 시장님. 끝으로 한 말씀 부탁드리겠습니다.

박원순 | 하비 교수님 카테고리에 따르면 저는 아마 100% 'sane'하지는[100% 분별력을 갖추지는] 못할 것 같아요. 그렇지만 sane하려고 노력하는 시장이고자 합니다. 지난번 구의역 사고를 경험하면서, 저는 제가 참, 노동 존중 도시 서울이라든지, 비정규직의 정규직화라든지, 또 거대 자본에 대한 여러 가지 규제를 통해서 사람 중심의 도시 서울을 만들려고 했던 것이 정말 완전하지 못했구나, 여러 가지 허점이 아직도 있다. 우리 사회에 그동안 거대한 파도처럼 몰아쳤던 신자유주의의 망령을, 사람보다는, 사람의 생명보다는, 자본의 어떤 효율성이나 합리화라는 그런 망령을 다 떨쳐내지 못했구나 하는, 굉장히 큰 성찰과 반성을 하게 되었습니다. 그래서 제가 그 당시 기자회견에서도 말씀드렸지만, 서울시라도, 서울시에서만이라도 이러한 흐름을 막아내고 그리고 이전보다 더 인간이 중심이 되는 도시를 만들겠다고 하는 결의를 했고, 그리고 지금 지속적으로 그걸 발표해나갈 생각입니다. 실천해나갈 생각입니다.

저는 우리 시대가 하나의 큰 전환기를 맞고 있다고 생각합니다. 과거 거대하고도 또 급속한 산업화, 성장의 시대에서 이제는 그런 성장보다는 방향이 더 중요해지는, 사람이 더 중시되는 그런 시대로 가야지, 그래야 진정한 경제성장의 목적도 우리가 달성할 수 있고. 또 그럼으로써 우리가 지속가능한 성장, 또는 앞서 발표했던 포용적 성장, 이런 것들을 이룰 수 있는 단초가 잡힌다고 저는 생각하고 있습니다. 그래서 오늘 우리 하비 교수님이나 또 이 자리에 오신 분들에게 많은 말씀을 듣고 가고요, 이 모든 것을 좌우하는 것은 결국 시민의 정신과, 시민의 수준과, 또 시민의 참여와 시민의 압력이라고 생각합니다. 제가 아무리 이런 좋은 정책, 이런 방향의 정책을 가지고 있다고 하더라도 결국은 저도 유권자와 표에 의해서 좌우되는 사람이기 때문에 그런 과정에서 결국은 시민의 힘이 최종적으로 우리 사회를 결정짓는 요소다, 그런 힘이다, 이렇게 생각하고 있습니다. 동의하시죠, 여러분? 감사합니다.

최병두 │ 예, 대단히 고맙습니다. 오늘 두 분 말씀에 대해 제가 마무리 말씀을 드리지는 않겠습니다. 어쨌든 두 분의 말씀이 오늘 저희들에게 시사하는 점은, 우리가 어떻게 해서 희망의 도시를 만들어낼 수 있는가에 대한 비전을 제시해주었다는 점입니다. 그뿐 아니라 두 분의 대화의 모습은, 한편으로는 사실 처음에는 상당히 당혹스러웠고, '두 분의 대화가 잘 안 되면 어쩔까?'라고 우려를 하기도 했는데, 오늘 두 분의 대담은 진정하게 서로를 위하면서도 서로 경합하는, 상호 인정을 위한 말씀이었다고 생각합니다. 그 상호 인정을 위한 투쟁에서 두 분은 정말 적극적이고, 뭐라고 할까요? 정말 서로가 서로를 필요로 하는 그런 모습을 보여주셨습니다. 그리고 마지막 두 분의 상호 공감은 바로 여러분이 함께 참여함으로써 우리가 희망을 만들어갈 수 있고, 실현할 수 있다는 그런 말씀으로 마무리된 것 같습니다. 두 분에게 다시 한 번 뜨거운 박수 부탁드립니다.

(녹취와 번역: 서울대학교 지리학과 박채연)

지은이 소개

최병두

대구대학교 지리교육과 교수다. 서울대학교 지리학과를 졸업하고 영국 리즈(Leeds)대학교에서
박사학위를 받았다. 자본주의 도시의 공간환경 문제와 대안의 모색에 관심을 가지고 연구하고
있다. 한국공간환경학회 회장, 미국 존스홉킨스대학교 방문교수 등을 역임했으며, 현재 한국도
시연구소 이사장을 맡고 있다. 최근에 출간한 저서로는 『자본의 도시』(2012), 『국토와 도시』
(2016) 등이 있고 역서로는 『공간적 사유』(2014), 『세계시민주의: 자유와 해방의 지리학』(근
간), 『데이비드 하비의 세계를 보는 눈』(근간) 등이 있다.

강내희

중앙대학교 영문학과와 문화연구학과에서 가르치다 퇴임했다. 민주화를위한전국교수협의회
공동의장, 진보네트워크센터 대표, 문화재 위원, 인문정책 연구위원, 미국 코넬대학교 인문학
연구소 초빙연구원, 계간 《문화/과학》 발행인, 문화연대 공동대표를 지냈으며, 현재 지식순
환협동조합 대안대학 학장, 민중언론 참세상 이사장, 맑스코뮤날레 공동대표, 격주로 발행되는
《워커스》의 발행인으로 활동 중이다. 최근 펴낸 저서로 『인문학으로 사회변혁을 말하다』
(2016), 『길의 역사: 직립 존재의 발자취』(2016), 『신자유주의 금융화와 문화정치경제』(2014)
등이 있고, 논문으로는 「노동의 이중적 성격과 코뮌주의」(2016), 「일상의 금융화와 리듬 변화」
(2015) 등이 있다.

조정환

도서출판 갈무리, 다중지성의 정원의 대표다. 서울대학교와 동 대학원에서 한국 근대문학을
연구했다. 최근에는 정치사상사와 정치철학, 정치미학을 연구하면서 주권 형태의 변형과 21세
기 정치의 새로운 주체성에 대해 공부하고 있다. 주요 저서로 『아우또노미아』(2003), 『공통도
시』(2010), 『인지자본주의』(2011), 『예술인간의 탄생』(2015) 등이 있고 이외에 여러 권의 편

역서와 번역서를 냈다.

김용창

서울대학교 지리학과 교수다. 서울대학교 지리학과를 졸업하고 서울대학교에서 지리학 박사학위를 받았다. 토지·주택정책, 도시·지역정책, 공간생산의 금융구조, 도시재생과 재산권 차별화 등의 주제에 관심을 갖고 있다. 최근에 쓴 책으로는 『남대문시장』(2012), 『토지정책론』(2015), 『인현동』(2016) 등이 있고, 발표한 논문으로는 「미국 도시개발사업에서 사적이익을 위한 공용수용: 연방 및 주 대법원 판례를 중심으로」(2012), 「신자유주의 도시화와 도시 인클로저(I): 이론적 검토」(2015) 등이 있다.

신현방

영국 런던정치경제대학 지리환경학과 교수다. 도시학과 도시지리 전공이며 동아시아 도시 경험연구를 바탕으로 도시화의 정치경제학, 젠트리피케이션, 메가이벤트, 철거, 도시권 등을 주제로 활발한 저술 활동을 하고 있다. 대표 저서로는 *Global Gentrifications: Uneven Development and Displacement*(2015, 공동 편저), *Planetary Gentrification*(2016, 공저) 등이 있다. 현재 단독 저서 *Making China Urban*과 공동으로 엮은 *Contesting Urban Space in East Asia*를 저술 중이다.

곽노완

서울시립대학교 도시인문학연구소 HK교수다. 서울대학교 경영학과를 졸업하고 동대학원 철학과에서 석사학위를 받았으며 베를린자유대학교에서 경제철학을 주제로 철학박사학위를 받았다. 금융위기론의 철학, 기본소득과 공유사회를 비롯한 대안사회론, 도시공유지 이론을 연구하고 있다. 최근에 쓴 저서로 『기본소득운동의 세계적 현황과 전망』(2014), 『기본소득의 쟁점과 대안사회』(2014), 『도시정의론과 공유도시』(2016)가 있다.

박배균

서울대학교 지리교육과 교수다. 서울대학교 지리학과를 졸업하고 미국 오하이오 주립대학교에서 박사학위를 받았다. 싱가포르 국립대학에서 교수로 재직하다가, 2005년 말 서울대학교에 부임했다. 정치지리와 경제지리를 전공하고, 한국의 지역주의 정치, 국가의 공간성, 동아시아의 발전주의적 도시화 등을 연구 중이다. *Locating Neoliberalism in East Asia*(2012), 『국가와 지역』(2013), 『산업경관의 탄생』(2014), 『위험한 동거』(2014) 등의 저서를 썼다.

정현주

서울대학교 인문학연구원 교수다. 서울대학교 지리교육과를 졸업하고 미네소타대학교 지리학과에서 박사학위를 받았다. 공간이론, 공간과 젠더, 지구화 시대의 이주와 여성 등의 주제에 관심을 갖고 있다. 최근에 쓴 저서로는 『공간, 장소, 젠더』(2015), 『디아스포라 지형학』(2016, 공저)이 있고, "Exploring ethcial issues in visual methodology"(2015), 「다문화경계인으로서 이주여성들의 위치성에 대한 이론적 탐색」(2015) 등의 논문을 썼다.

장세룡

부산대학교 한국민족문화연구소 HK교수다. 영남대학교 사학과를 졸업하고 동 대학원에서 문학박사학위를 받았다. 계몽사상, 일상과 공간, 로컬리티, 이주와 이동 등의 주제에 관심을 갖고 있다. 최근 쓴 저역서로는 『프랑스 계몽주의 지성사』(2013), 『미셸 드 세르토: 일상생활의 창조』(2016), 『글로벌 모더니티』(2016)가 있고, 「도시 공간 점거와 직접행동 민주주의」(2016), 「집시의 공화국 시민화 정책의 향방」(2016), 『집시공동체 포용정책과 '스페인 견본'의 실체』(2016) 등의 논문을 발표했다.

조명래

단국대학교 도시지역계획학과 교수다. 단국대학교 법정대학을 졸업하고 영국 서섹스대학교에서 도시지역학으로 박사학위를 받았다. 공간이론 및 도시정치경제학 관련 연구주제에 관심을 갖고 있다. 『지구화 되돌아보기, 넘어서기』(2010), 『공간의 사회읽기』(2014), 『녹색토건주의와 환경위기』(2014) 등 70여 권의 저서(공저 포함)를 썼으며, 「모바일 어버니즘」(2015), "Progressive City in the Making?"(2015), "Ethnic place-making in the globopolis"(2016) 등 350편의 논문을 발표했다.

정병순

현재 서울연구원에서 협치연구센터장으로 재직 중이며, 서울대학교 환경대학원에서 행정학박사학위를 받았다. 서울연구원에서 전략연구센터장을 지냈으며, 서울시의 각종 정책위원회에 참여해 다양한 정책자문 및 심의활동을 수행하고 있다. 주요 연구 분야는 도시 및 지역의 경제정책으로, 서울시가 추진하는 산업정책 및 기술혁신정책 개발·연구를 수행하고 있다. 최근에는 전략연구센터를 운영하면서 대도시의 중장기 전략개발, 도시거버넌스 연구 등으로 연구 분야를 확대해가고 있다. 『정체성 권력』(2008, 옮김), 「기술융복합에 대응하는 개방형 서울혁신체계 구축」(2011), 「서울시 창조산업 육성을 위한 전략적 방안」(2012), 「서울형거버넌스 모델 구축 연구」(2015), 「서울대도시론」(2016) 등의 연구를 수행했다.

박세훈

서울대학교에서 도시계획으로 박사학위를 받고 현재 국토연구원에서 연구위원으로 재직 중이다. 일본 도쿄대학 방문연구원, 국무총리실 전문위원을 역임했다. 도시계획의 이론과 역사에 두루 관심을 가지고, 이주민의 공간형성, 도시문화와 공동체, 도시재생과 사회적 경제 등을 연구하고 있다. 주요 연구로 『창조도시를 넘어서: 문화개발주의에서 창조적 공동체로(2014)』, "Can We Implant an Artist Community?"(2016), "Overcoming Urban Growth Coalition" (2016) 등이 있다.

돈 미첼(Don Mitchell)

미국 시러큐스대학교(Syracuse University) 맥스웰 학부(Maxwell School) 지리학과 석학교수이며, 2017년부터 스웨덴 웁살라대학교(Uppsala University) 경제사회지리학과 교수를 겸하고 있다. 1992년 러트거스대학교(Rutgers University)에서 닐 스미스와 함께 연구하면서 박사학위를 받았다. 저명한 급진주의적 지리학자로, 특히 문화이론 및 도시이론에 관심을 가지고 연구하고 있다. 『문화정치와 문화전쟁: 비판적 문화지리학(Cultural Geography: A Critical Introduction)』(2001), *The Right to the City: Social Justice and the Fight for Public Space*(2003) 등의 주요 저서가 있으며, *Justice, Power and the Political Landscape*(2009) 등의 책을 엮었다.

특별 대담

박원순

2011년 서울시장으로 당선되어 첫 번째 임기를 마치고, 2014년 재선되어 현재까지 소통과 혁신의 리더십으로 서울시정을 이끌고 있다. 과거에 인권변호사로 활동하며 한국사회의 민주화와 인권운동의 중심에 서 있었고, 시민운동가로 활동하며 한국사회 시민운동 시대의 서막을 열었다. 기부재단을 설립해 나눔과 봉사라는 화두를 사회에 제시했고, 민간 싱크탱크를 설립해 사회혁신을 주도했다. 소셜디자이너로 불리며 낡은 사회의식이나 제도를 바꾸는 데 헌신해왔다. 주요 저서로는 『세기의 재판』(2016), 『아름다운 세상의 조건』(2010), 『경청』(2014), 『정치의 즐거움』(2013), 『희망을 걷다』(2013), 『박원순의 아름다운 가치사전』(2011), 『세상을 바꾸는 천 개의 직업』(2011), 『마을이 학교다』(2010), 『야만시대의 기록 (1~3)』(2006), 『성공하는 사람들의 아름다운 습관... 나눔』(2002), 『한국의 시민운동: 프로크루스테스의 침대』(2002), 『박원순과 도올, 국가를 말하다』(2016) 등이 있다.

데이비드 하비(David Harvey)

미국 뉴욕시립대학교(City University of New York) 도시대학원센터(Graduate Center of the City)의 인류학 및 지리학 석학교수다. 1961년 케임브리지대학교에서 지리학박사학위를 받았으며, 존스홉킨스대학교 교수, 옥스퍼드대학교 석좌교수 등을 역임한 세계적으로 저명한 지리학자이자 마르크스주의자다. 그가 최근에 쓴 저서로는 *Seventeen Contradictions and the End of the Capitalism*(2014), *The Ways of the World*(2016) 등이 있다. 20여 권에 달하는 그의 저서들은 대부분 한글로 번역되어 있으며, 최근에는 『반란의 도시』(2014), 『자본의 17가지 모순』(2014)이 번역되어 출간되었고, 조만간 『세계시민주의: 자유와 해방의 지리학』, 『데이비드 하비의 세계를 보는 눈』이 출간될 예정이다.

한울아카데미 1951

/

희망의 도시

/

엮은이 서울연구원
지은이 최병두 · 강내희 · 조정환 · 김용창 · 신현방 · 곽노완 · 박배균 · 정현주 · 장세룡 ·
        조명래 · 정병순 · 박세훈 · 돈 미첼
펴낸이 김종수
펴낸곳 한울엠플러스(주)
편집   김경희

초판 1쇄 인쇄   2017년 2월 10일
초판 1쇄 발행   2017년 2월 20일

주소   10881 경기도 파주시 광인사길 153 한울시소빌딩 3층
전화   031-955-0655
팩스   031-955-0656
홈페이지 www.hanulmplus.kr
등록번호 제406-2015-000143호

Printed in Korea.
ISBN 978-89-460-5951-1 93330

※ 책값은 겉표지에 표시되어 있습니다.

인문지리학개론(개정판)

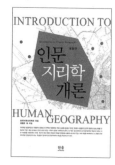

인문지리학으로의 첫발을 함께하는 입문서

지리학은 연구 주제 및 방법론에 따라 전통적으로 지역지리학과 계통지리학으로 크게 양분된다. 지역지리학은 포괄적으로 '지역'을 연구 대상으로 하는 지리학을 의미하지만, 지리학의 연구 분야를 지칭할 경우에는 한국지리, 아시아지리, 유럽지리 등 특정 지역에 관한 지리학을 의미한다. 계통지리학은 지형·기후·토양·식생 등을 다루는 자연지리학과 경제·정치·사회·문화·도시·역사 등을 다루는 인문지리학, 그리고 각 영역 내의 다양한 전공 분야로 구분된다. 인문지리학은 경제지리학, 정치지리학, 사회지리학, 문화지리학, 역사지리학 등으로 구분되는데, 도시공간을 연구하는 도시지리학도 이에 포함된다.

2008년 11명의 필자들이 오랜 연구와 교육 경험을 바탕으로 인문지리학 개론서의 필요에 공감해 초판을 펴낸 뒤 8년여의 시간이 흐르면서, 그간의 변화를 담은 개정판이 계속 요구되었다. 이러한 요구에 부응해 각 장을 수정·보완하고 초판에 미처 싣지 못한 사회지리학, 문화지리학, 정치지리학에 관한 장을 추가해, 2016년 인문지리학의 전 분야를 아우른 개정판 『인문지리학 개론』으로 거듭났다.

이 책은 공간과학인 인문지리학의 주요 이론과 기본 개념을 정리하는 한편, 이 분야에 제시되고 있는 여러 개념을 체계적으로 소개함으로써 지리학을 전공하고자 하는 학생들이 알아야 할 인문지리학의 핵심을 제공한다.

엮은이
한국지역지리학회
지은이
최병두 외

2016년 2월 29일 발행
크라운판
392면

국토와 도시

한국 사회와 공간환경에 관한 간략한 비평1

개발에 중독된 대한민국의 국토와 도시,
도시 개발은 무엇을 위해, 누구를 위해 이루어져야 하는가?

지은이
최병두

2016년 2월 19일 발행
신국판
312면

『한국 사회와 공간환경에 관한 간략한 비평 1: 국토와 도시』는 지난 6년간 대구대학교 최병두 교수가 신문과 기타 매체에 기고한 글을 모은 책이다. 이 책에서는 그 기간 화제가 된 이슈들을 살펴보고 지리적인 맥락에서 그 이슈들을 평가한다.

그중에서도 특히 창조경제에 관한 평가가 눈길을 끈다. 박근혜정부는 출범하면서부터 창조경제의 실현을 목표로 내세웠다. 하지만 창조경제론은 그 개념이 모호하고 구체적으로 어떤 비전을 제시하는지 알기 어렵다는 비판을 받았다. 창조경제는 예전처럼 거대한 자본을 투입해서 경제를 활성화시키는 방식이 아니라, 창조계급이 주도해 다양한 문화와 산업 분야에서 창조산업을 일으키는, 일종의 지식기반 경제 체제다. 이 책에서는 이러한 창조경제가 제대로 작동하기 위해서는 창조계급이 형성될 수 있는 창조도시와 자유로운 사회 분위기, 경제민주화 등이 갖추어져야 한다고 지적한다. 현재와 같은 방식으로는 창조경제가 일종의 수사 이상의 역할을 하기 어렵다는 것이다.

이 외에도 혁신도시, 주택정책, 다문화사회와 지역, 메르스 사태의 지리학 등의 주제를 통해 우리가 마주한 사회 문제를 지리적인 측면에서 이해할 수 있는 단초를 제공한다. 또한 닐 스미스, 데이비드 하비, 안토니오 네그리, 마이클 하트 등 최근 주목받는 비판 지리학자들을 소개하고 세계화와 관련해 일어나는 일들을 이해하는 데 도움이 되는 책들을 논평한다.